Führungsaufsicht

Würzburger Schriften
zur Kriminalwissenschaft

Herausgegeben von Klaus Laubenthal

Band 36

PL ACADEMIC RESEARCH

Daniela Ruderich

Führungsaufsicht

Die Entwicklung und Ausgestaltung des Instituts der Führungsaufsicht auch im Hinblick auf die einzelnen Bundesländer sowie die Darstellung und Bewertung der Übergangskonzepte zum Umgang mit rückfallgefährdeten Sexualstraftätern

PL ACADEMIC RESEARCH

Bibliografische Information der Deutschen Nationalbibliothek
Die Deutsche Nationalbibliothek verzeichnet diese Publikation in der Deutschen Nationalbibliografie; detaillierte bibliografische Daten sind im Internet über http://dnb.d-nb.de abrufbar.

Zugl.: Würzburg, Univ., Diss., 2013

D 20
ISSN 1618-078X
ISBN 978-3-631-65270-1 (Print)
E-ISBN 978-3-653-04377-8 (E-Book)
DOI 10.3726/978-3-653-04377-8

PL Academic Research ist ein Imprint der Peter Lang GmbH.

Peter Lang – Frankfurt am Main · Bern · Bruxelles · New York · Oxford · Warszawa · Wien

Dieses Buch erscheint in einer Herausgeberreihe bei PL Academic Research und wurde vor dem Erscheinen peer reviewed.

www.peterlang.com

In Liebe und Dankbarkeit

für meinen Vater

Vorwort

Die vorliegende Arbeit wurde im Wintersemester 2012/2013 von der Juristischen Fakultät der Universität Würzburg als Dissertation angenommen. Aktuelle Gesetzesänderungen und Literatur konnten bis zum 31.10.2012 berücksichtigt werden.

Mein herzlichster Dank gilt all jenen, die mich bei der Erstellung dieser Dissertation in vielfältiger Art und Weise unterstützt haben.

Für die Stelle als wissenschaftliche Mitarbeiterin und der damit verbundenen Gelegenheit zur Promotion, der Betreuung sowie für die Aufnahme dieser Arbeit in die „Würzburger Schriften zur Kriminalwissenschaft" danke ich zuvorderst Herrn Prof. Dr. Klaus Laubenthal, ferner Herrn Prof. Dr. Frank Zieschang für die zügige Erstellung des Zweitgutachtens sowie Herrn Prof. Dr. Frank Weiß für die Übernahme des Vorsitzes der Prüfungskommission.

Ganz besonderen Dank schulde ich meiner Familie und meinen Freunden, die mir während der Entstehung dieser Arbeit, aber auch während meiner gesamten Ausbildung stets den notwendigen Rückhalt gegeben haben und mir auf liebevolle Weise jede erdenkliche Unterstützung haben zu Teil werden lassen.

Langensendelbach, Dezember 2013 — Daniela Ruderich

Inhaltsverzeichnis

Abbildungsverzeichnis

Abkürzungsverzeichnis

a.A.	andere Ansicht
Abb.	Abbildung
a.F.	alte Fassung
Abs.	Absatz
ca.	circa
ACR	Archiv des Criminalrechts
Allg.	Allgemeiner
Alt.	Alternative
Az.	Aktenzeichen
Anl.	Anlage
Anm.	Anmerkung
AÖR	Archiv des öffentlichen Rechts
Art.	Artikel
AE	Alternativentwurf
AT	Allgemeiner Teil
Aufl.	Auflage
AV	Allgemeinverfügung
bad. StGB	Badisches Strafgesetzbuch
Bay.	Bayerisches
BayOLGSt.	Sammlung der Entscheidung des Bayerischen Obersten Landgerichts in Strafsachen
BayVBl.	Bayerische Verwaltungsblätter
BeckOK	Beck´sche Online Kommentar
Begr.	Begründung
Bek.	Bekanntmachung
Beschl.	Beschluss

BewHi	Bewährungshilfe
Bd.	Band
BGB	Bürgerliches Gesetzbuch
BGBl.	Bundesgesetzblatt
BGH	Bundesgerichtshof
BH	Bewährungshilfe
BLKA	Bayerisches Landeskriminalamt
BR-Drs.	Drucksache des Bundesrates
BT-Drs.	Drucksache des Bundestages
BtMG	Betäubungsmittelgesetz
BVerfG	Bundesverfassungsgericht
BVerfGE	Entscheidungen des Bundesverfassungsgerichts
bzgl.	bezüglich
BZRG	Bundeszentralregistergesetz
bzw.	beziehungsweise
C. P.	Code pénal
d.	Des
d.h.	das heißt
DRiG	Deutsches Richtergesetz
Diss.	Dissertation
DJT	Deutscher Juristentag
DÖV	Die Öffentliche Verwaltung
DRiG	Deutsches Richtergesetz
DRiZ	Deutsche Richterzeitung
DVBL.	Deutsches Verwaltungsblatt
E	Entwurf
ED-Unterlagen	Erkennungsdienstliche Unterlagen
EDV	Elektronische Datenverarbeitung

EGStGB	Einführungsgesetz zum Strafgesetzbuch
EMRK	Europäische Konvention zum Schutze der Menschenrechte und Grundfreiheiten
ErfK	Erfurter Kommentar
f.	folgende
FA	Führungsaufsicht
ff.	fortfolgende
FoKuS	Für optimierte Kontrolle und Sicherheit
Forens Psychiatr Psychol Kriminol	Forensische Psychiatrie, Psychologie, Kriminologie
FS	Festschrift/Forum Strafvollzug
GA	Goltdammer´s Archiv für Strafrecht
GE	Gesetzesentwurf
gem.	gemäß
GesR	GesundheitsRecht
Gem. RdErl.	Gemeinsamer Runderlass
GG	Grundgesetz für die Bundesrepublik Deutschland
gGmbH	Gemeinnützige Gesellschaft mit beschränkter Haftung
GmbH	Gesellschaft mit beschränkter Haftung
GPS	Global Positioning System
GS	Der Gerichtssaal
HEADS	Haft-Entlassenen-Auskunfts-Datei-Sexualstraftäter
HK-GS	Nomos Handkommentar für das gesamte Strafrecht
Hrsg.	Herausgeber
Hs.	Halbsatz
HSM	Hessisches Sozialministerium
i.S.	im Sinne
INPOL	Informationssystem der Polizei

insb.	insbesondere
ISIS	Informationssystems zur Intensivüberwachung besonders rückfallgefährdeter Sexualstraftäter
iVm.	in Verbindung mit
JGG	Jugendgerichtsgesetz
JMBl.	Justizministerialblatt
JMBl. NW	Justizministerialblatt Nordrhein-Westfalen
JMS	Schreiben des Bayerischen Staatsministerium der Justiz
JR	Juristische Rundschau
JuM	Justizministerium
Jur.	Juristische
jurisPR-StrafR	juris PraxisReport Strafrecht
JuS	Juristische Schulung
JZ	JuristenZeitung
K.U.R.S.	Konzeption zum Umgang mit Rückfallgefährdeten Sexualstraftäter und Sexualstraftäterinnen in Niedersachsen
Kap.	Kapital
KG	Kammergericht
KJ	Kritische Justiz
KrimJ	Kriminologisches Journal
KritV	Kritische Vierteljahresschrift für Gesetzgebung und Rechtswissenschaften
KSKS	Kieler Sicherheitskonzept Sexualstraftäter
KURS	Konzept zur Umgang mit besonders rückfallgefährdeten Sexualstraftätern
LBGS	Landesgesetz über die Bewährungs- und Gerichtshilfe sowie die Sozialarbeit im Justizvollzug
LG	Landgericht
LK	Leipziger Kommentar

LPK	Lehr- und Praxiskommentar
LT	Landtag
LT-Drs.	Drucksache des Landtags
LVwG	Landesverwaltungsgesetz
m. w. N.	mit weiterem Nachweis/mit weiteren Nachweisen
MdIuS	Ministerium des Inneren und für Sport
MdJ	Ministerium der Justiz
MDR	Monatszeitschrift für Deutsches Recht
MedR	Medizinrecht
MI	Ministerium des Inneren
MschrKrim	Monatszeitschrift für Kriminologie und Strafrechtsreform
MüKo	Münchener Kommentar zum Strafgesetzbuch
MzVdSdBvrS	Maßnahmen zur Verbesserung des Schutzes der Bevölkerung vor Straftaten von haftentlassenen rückfallgefährdeten Sexualstraftätern
NJ	Neue Justiz
NJOZ	Neue Juristische Online-Zeitschrift
NJW	Neue Juristische Wochenschrift
NK	Nomos Kommentar/Neue Kriminalpolitik
NKrimPol	Neue Kriminalpolitik
NordÖR	Zeitschrift für Öffentliches Recht in Norddeutschland
Nr.	Nummer
NRW	Nordrhein-Westfalen
NStZ	Neue Zeitschrift für Strafrecht
NStZ-RR	NStZ-Rechtssprechungs-Report
NW	Nordrhein-Westfallen
OLG	Oberlandesgericht
OVG	Oberverwaltungsgericht

OWiG	Gesetz über Ordnungswidrigkeiten
PC	Personal computer
PHW SEXT	Personengebundener Hinweis Sexualtäter
PolG	Polizeigesetz
Preuß. StGB	Preußisches Strafgesetzbuch
Psychol. Praxis	Psychologische Praxis
RdErl.	Runderlass
RGBl.	Reichsgesetzblatt
Rn.	Randnummer
Rpfleger	Der Deutsche Rechtspfleger
RPflG	Rechtspflegergesetz
RpflStud	Rechtspfleger Studienheft
RStGB	Strafgesetzbuch für das Deutsche Reich
R & P	Recht und Politik
S.	Seite(n)/Satz
SächsABl. Sdr.	Sonderdruck zum Sächsischen Amtsblatt
SchwZStr	Schweizerische Zeitschrift für Strafrecht
SexBG	Gesetz zur Bekämpfung von Sexualdelikten und anderen gefährlichen Straftaten
SK	Systematischer Kommentar
sog.	sogenannte/sogenannten/sogenannter
StGB	Strafgesetzbuch
StPO	Strafprozessordnung
StR	Strafrecht
StraFo	Strafverteidiger Forum
StV	Strafverteidiger
StVollStrO	Strafvollstreckungsordnung
StVollzG	Strafvollzugsgesetz

T.O.P.	Täterorientierte Prävention
ThürOLG	Thüringer Oberlandesgericht
u.a.	unter anderem/unter anderen
USA	United States of America
v.	vom/von
VE	Vorentwurf
Vgl.	Vergleiche
ViCLAS	Violent Crime Linkage System
Vorb.	Vorbemerkungen
VwV	Verwaltungsvorschrift
z.B.	zum Beispiel
ZfStrVo	Zeitschrift für Strafvollzug und Straffälligenhilfe
ZJJ	Zeitschrift für Jugendkriminalrecht und Jugendhilfe
ZRP	Zeitschrift für Rechtspolitik
ZStrR	Schweizerische Zeitschrift für Strafrecht
ZStW	Zeitschrift für die gesamte Strafrechtswissenschaft

Einleitung

„Wie derjenige behandelt werden soll, welcher nicht bedingt entlassen werden kann und der nach Verbüßung der ganzen Strafe noch der Fürsorge bedarf, ist eine crux des Strafrechts.“[1]

Als schon lange sehr umstritten gilt die Frage, wie der Umgang mit Straftätern[2] durch die Justiz nach Verbüßung der Strafe zu geschehen hat. Seit einigen Jahren ist in der Bevölkerung diesbezüglich ein Gefühl der Unsicherheit spürbar. Die Bürger betrachten die Behandlung gefährlicher Straftäter zusehends kritischer und stellen immer höhere Anforderungen hieran.

Die Massenmedien tragen durch dramatisierende, reißerische und zunehmend emotionale Berichterstattung dazu bei, dass sich diese Angst verstärkt und Zweifel sowie Kritik an der Behandlung von Straftätern aufkommen.[3] Nicht zuletzt ein Fall aus Dortmund im Jahr 2011, bei dem ein vorzeitig aus der Sicherungsverwahrung entlassener Sexualstraftäter rückfällig wurde und sexuelle Handlungen an einem siebenjährigen Mädchen vornahm sowie die Fälle Mitja aus Leipzig (2007) und Peter aus München (2005), die gemeinsam haben, dass beide Täter wegen sexuellem Missbrauchs bzw. sexuellem Missbrauchs und Mords bereits mehrfach verurteilt wurden, führen dazu, dass die Diskussion kein Ende findet. Folglich wächst das subjektive Gefühl in der Bevölkerung, man müsse den Umgang mit Sexualstraftätern verhindern, eventuell die Maßnahmen verstärken. Aber nicht nur die Berichterstattung der Medien, sondern auch Äußerungen von Politikern schüren die Angst der Gesellschaft. „Wegschließen und zwar für immer“[4] forderte Ex-Bundeskanzler Gerhard Schröder im Wahlkampfsommer 2001 populistisch für Sexualverbrecher, die Kinder töteten, da diese seiner Ansicht nach, nicht therapierbar seien.[5] Auch das Urteil des Europäischen Gerichtshofs für Menschenrechte, das die nachträgliche Sicherungsver-

---

1 Zitiert nach Schultz, veröffentlicht in Kühnel, BewHi 1972, S. 22 (22).

2 Der Gesetzgeber bevorzugt mit dem Gesetz zur Reform der Führungsaufsicht und zur Änderung der Vorschriften über die nachträgliche Sicherungsverwahrung von 2007 auch die ausdrückliche Nennung der weiblichen Berufsbezeichnungen, z.B. Bewährungshelferinnen und Bewährungshelfer. Einzig aus dem Bestreben einer besseren Lesbarkeit wird bewusst – entgegen dem Gesetzgeber – in der vorliegenden Arbeit nur das generische Maskulinum verwendet.

3 Hefendehl, KJ 2000, S. 174 (181).

4 Schröder in einem Interview mit „BILD am Sonntag“, abgedruckt in BILD am Sonntag v. 8. Juli 2001 (Nr. 27), S. 8.

5 Siehe dazu BILD am Sonntag v. 8. Juli 2001 (Nr. 27), S. 8. Bezugnehmend darauf z.B. Tondorf/Tondorf, Psychologische und psychiatrische Sachverständige im Strafverfahren, S. 66.

wahrung in ihrer aktuellen Form für konventionswidrig erachtete, verstärkte die Diskussion, da es zum Teil die Entlassung noch gefährlicher Straftäter zur Folge hat. Dies zeigt wiederum, dass, auch wenn nur ein geringer Anteil der Täter, trotz ihrer bestehenden Gefährlichkeit tatsächlich nicht lebenslang eingesperrt werden können.

Dies wirft die Frage auf, was mit jenen Tätern anschließend geschehen soll. Es erfordert aber nicht nur für die besagte Tätergruppe einer Lösung, sondern auch für die aus der Haft Entlassenen, die zum Teil ein gewisses Rückfallrisiko in sich tragen und damit eine Gefahr für die Allgemeinheit darstellen können. Derjenige Anteil von ihnen, der der Hilfe zur Wiedereingliederung in die Gesellschaft bedarf, muss ebenso von dem Ansatz erfasst werden.

Durch diesen Hintergrund bedingt, ist das durch den Gesetzgeber vor mehr als 35 Jahren eingeführte Rechtsinstitut der Führungsaufsicht wieder in den Mittelpunkt der Diskussion gerückt. Es stellt neben der Bewährungshilfe, welche nicht Gegenstand vorliegender Arbeit ist, eine der zwei Formen der ambulanten Begleitung von bereits strafrechtlich verurteilten Personen nach Verbüßung der Strafe mit spezialpräventiver Zweckrichtung dar.[6]

Die Führungsaufsicht, die im Rahmen der Großen Strafrechtsreform am 1. Januar 1975, in den §§ 68 bis 68g StGB normiert, eingeführt wurde, soll zu einem Allheilmittel für die derzeit bestehenden Probleme werden.[7]

Bei dem umstrittenen Rechtsinstitut der Führungsaufsicht geht es nicht um einen Schuldausgleich oder Sühne, vielmehr stellt die Führungsaufsicht eine Form ambulanter Betreuung und Überwachung nach Verbüßung von Freiheits- bzw. Jugendstrafe oder nach Entlassung aus dem Maßregelvollzug dar. Im Gegensatz zur Bewährungshilfe zielt sie jedoch auf gefährliche oder gefährdete Tä-

---

6 Popp, Die Haftentlassenenauskunftsdatei Sexualstraftäter, S. 18.

7 Auch Schneider spricht sich in seiner Stellungnahme v. 26. Februar 2007 (abzurufen unter cdu-erzgebirge.de/2007-02/fuehrungsaufsicht-und-sicherungsverwahrung-verschaerfen/) für eine strikte Erweiterung der Führungsaufsicht aus. Ebenfalls wird grundsätzlich der Ausbau der Führungsaufsicht in der Stellungnahme der Humanistischen Union v. 29. November 2010 (verfasst von Puschke, abzurufen unter www.humanistische-union.de/aktuelles/aktuelles_detail/back/aktuelles/article/neuordnung-der-sicherungsverwahrung/) positiv bewertet und bestätigt, dass diese Maßregel ein wichtiges Mittel zur Verhütung der Begehung einer erneuten Straftat sein kann. Vgl. zur Notwendigkeit der Überarbeitung der Regelungen auch FD-StrafR 2010, 309715 (abzurufen unter http://gesetzgebung.beck.de/node/1006824); bereits seit dem Gesetz zur Bekämpfung von Sexualdelikten und anderen gefährlichen Straftaten von 1998 steckt in der Führungsaufsicht die Rolle des Hoffnungsträgers, vgl. hierzu Ostendorf, Neugestaltung der Führungsaufsicht, S. 406 (406).

ter ab und hat als Maßregel der Besserung und Sicherung Doppelcharakter.[8] Ziel ist es, die verurteilte Person auch in Freiheit von der Begehung weiterer Straftaten abzuhalten. Dies soll einerseits mit Hilfe für und Betreuung des Täters, andererseits durch seine Überwachung und Kontrolle erreicht werden. Fraglich bleibt, ob die Führungsaufsicht das bewirken kann, was viele von ihr fordern.[9]

Die derzeitige Entwicklung gab den Anreiz, einen genaueren Blick auf die Führungsaufsicht zu werfen. Gegenstand dieser Arbeit soll sein, die zwar oft zitierte, meist aber noch unbekannte Maßregel der Besserung und Sicherung umfassend darzustellen. Dem Umstand Rechnung tragend, dass es sich hierbei um eine sehr komplexe Materie handelt, kann die Führungsaufsicht nicht in allen Einzelfragen abschließend erörtert werden. Ziel war es, neben den allgemeinen Grundlagen, die wesentlichen Neuerungen und Änderungen durch die Reform von 2007[10] und dem Gesetz von 2010[11] aufzuzeigen sowie einen Überblick über die gängigsten Streitpunkte zu vermitteln. Des Weiteren finden diesbezügliche Beurteilungen statt, welche gegebenenfalls Verbesserungsvorschläge mit einschließen.

Demzufolge befasst sich der erste Teil dieser Arbeit zunächst mit der Entstehung der Führungsaufsicht, wobei die Entwicklung von den gesetzlichen Vorgängern im 18. Jahrhundert bis zum Gesetz zur Neuordnung des Rechts der Sicherungsverwahrung und zu begleitenden Regelungen von 2010[12] erläutert wird.

Der zweite Teil beinhaltet eine Darstellung der Grundlagen des Rechtsinstituts der Führungsaufsicht, die den Begriff, das Wesen und den Zweck dieser Maßregel behandelt. Daneben beschäftigt sich diese Arbeit mit den rechtlichen Grundlagen, der Dauer, dem Beginn und Ende sowie der Zuständigkeit und Tätigkeit der beteiligten Organe. In diesem Zusammenhang befasst sich vorliegender Text mit den wichtigsten bestehenden Streitfragen und Meinungsstände so-

---

8 Kindhäuser/Neumann/Paeffgen-[Ostendorf], NK-StGB, Vor §§ 68 bis 68g StGB Rn. 1; Laubenthal/Nestler, Strafvollstreckung, Rn. 371; Neubacher, BewHi 2004, S. 73 (74).

9 Dazu Stellungnahme Puschke v. 29. November 2010 (abzurufen unter www.humanistische-union.de/aktuelles/aktuelles_detail/back/aktuelles/article/neuordnung-der-sicherungsverwahrung/); www.justizportal.niedersachsen.de/portal/live.php?navigation_id=56752&_psmand=50 (Stand: 21. November 2011).

10 Gesetz zur Reform der Führungsaufsicht und zur Änderung der Vorschriften über die nachträgliche Sicherungsverwahrung von 2007, BGBl. I, 2007, S. 513. Siehe dazu auch BT-Drs. 16/1993.

11 Gesetz zur Neuordnung des Rechts der Sicherungsverwahrung und zu begleitenden Regelungen von 2010, BGBl. I, 2010, S. 2300. Siehe dazu auch BT-Drs. 17/3403.

12 BGBl. I, 2010, S. 2300; vgl. auch BT-Drs. 17/3403.

wie mit den Veränderungen durch die Reform von 2007[13] und dem Gesetz von 2010[14]. Auch darf hierbei eine kritische Auseinandersetzung mit dem Institut an sich nicht fehlen. Aufgrund der oben beschriebenen Komplexität der Maßregel kann dies aber nur in gebotener Kürze erfolgen. Des Weiteren findet eine Betrachtung der Weisungen und der Möglichkeit der Sanktionierung bei einem Verstoß im Bereich der Führungsaufsicht statt. In diesem Rahmen wird insbesondere die Vorschrift des § 145a StGB gewürdigt. Schließlich soll die Arbeit noch einen Überblick über die Anwendbarkeit der Maßregel im Jugendstrafrecht geben.

Ferner spielt die Entwicklung der Führungsaufsicht für die Beurteilung der Akzeptanz dieser Maßnahme, aber auch für die Planung des Personal- und Finanzbedarfs eine erhebliche Rolle, so dass sie näher zu beleuchten ist. Der Mangel an der Öffentlichkeit zugänglichen statistischen Werten machte eine eigene empirische Untersuchung, um die Gesamtzahl der unter Führungsaufsicht stehenden Personen und die Entwicklung dieser Anzahl ermitteln zu können, im Rahmen der vorliegenden Arbeit notwendig. Zwar liegt das Hauptaugenmerk auf dem Institut der Führungsaufsicht in seiner Gesamtheit, jedoch müssen um die Entwicklung dieser Maßregel beurteilen zu können, auch die einzelnen Bundesländer Berücksichtigung finden. Erst das Eingehen auf diese ermöglicht beispielsweise die Ermittlung einer Gesamtzahl der unter Führungsaufsicht stehenden Personen. Daher ist Gegenstand des dritten Teils dieser Arbeit die praktische Relevanz der Führungsaufsicht in den einzelnen Bundesländern, die, das Ergebnis vorweggenommen, unterschiedlich hoch ausfällt. Deshalb soll ferner der Versuch unternommen werden, Gründe und Ursachen für die verschieden hohe Belastung in den einzelnen Bundesländern zu benennen. Auch die zu diesem Zwecke erfolgende Gegenüberstellung der Gefangenenrate mit der Führungsaufsichtsrate und deren Auswertung liefern dabei einen weiteren Erklärungsversuch für die unterschiedliche Fallbelastung innerhalb der Bundesländer.

Die einzelnen Bundesländer haben die Gefährlichkeit bestimmter rückfallgefährdeter Straftäter erkannt und Projekte zur Behandlung und zum Umgang mit besonders gefährlichen Tätern entwickelt, die zumeist in erster Linie Sexualstraftäter umfassen. Da die Konzepte Ansatzpunkte für eine Vielzahl von ganz unterschiedlichen Fragestellungen und Untersuchungen sein können, bedarf es eines gesicherten Wissens über diese Konzeptionen. Allerdings sind diese größtenteils nicht öffentlich zugänglich.

---

13 Gesetz zur Reform der Führungsaufsicht und zur Änderung der Vorschriften über die nachträgliche Sicherungsverwahrung von 2007, BGBl. I, 2007, S. 513. Siehe dazu auch BT-Drs. 16/1993.

14 Gesetz zur Neuordnung des Rechts der Sicherungsverwahrung und zu begleitenden Regelungen von 2010, BGBl. I, 2010, S. 2300. Siehe dazu auch BT-Drs. 17/3403.

Ziel der vorliegenden Arbeit ist es daher, zunächst die verschiedenen Konzepte vorzustellen und Informationen hierüber darzulegen, um einen Ausgangspunkt auch für weitere Forschungen zu liefern. Zwecks der Übersichtlichkeit beschränken sich die Ausführungen dabei auf die Entstehung, die Zielsetzung, die Zielgruppe und den Verfahrensablauf. Die Vorschriften zur Möglichkeit der Datenerhebung, -speicherung und -weitergabe innerhalb der jeweiligen Konzeptionen sind nicht Gegenstand vorliegender Arbeit.

Ferner erfolgt eine kritische Auseinandersetzung mit den Behandlungskonzepten im Bundesvergleich. Durch die Darstellung der Rückfälligkeits- und Präventionslage soll vorab die Notwendigkeit der Konzepte veranschaulicht werden, ehe eine Beurteilung dieser stattfindet. Neben der Herausarbeitung ausgewählter Gemeinsamkeiten und Unterschiede befasst sich die Arbeit mit der Rechtmäßigkeit der Projekte an sich als Ergänzung bundesrechtlicher Regelungen sowie ausgewählten polizeilichen Regelmaßnahmen. Das Aufzeigen von Verbesserungsmöglichkeiten im Anschluss hieran wird durch ein abschließendes Fazit abgerundet. Die Frage nach der tatsächlichen Effektivität kann im Rahmen dieser Arbeit allenfalls gestreift werden und muss einer künftigen evaluativen Untersuchung vorbehalten bleiben.

Eine Zusammenfassung bildet den Abschluss dieser Arbeit.

Erster Teil: Entstehung der Führungsaufsicht

Ob das Institut der Führungsaufsicht eine crux des Strafrechts zu lösen vermag, ist eine Frage, die im Laufe der Untersuchung geklärt werden muss. Die Antwort hierauf ist aber nicht nur in der Betrachtung der Ausgestaltung der Führungsaufsicht im Allgemeinen und speziell im jeweiligen Bundesland zu finden, sondern auch in ihrer Entwicklung. Insbesondere für das Verständnis der Reformentwicklung sind die rechtshistorischen Wurzeln bedeutsam, die, obwohl es sich bei der Führungsaufsicht um ein Rechtsinstitut des 20. Jahrhunderts handelt, bis ins 18. Jahrhundert zurückreichen. Bis zu der Entstehung der Gesetzesnorm folgte ein jahrelanger Entwicklungsprozess. Seither musste die Führungsaufsicht in ihrer bislang über 30-jährigen Existenz einige Veränderungen erfahren.

A. Vorgänger der Führungsaufsicht im 18. Jahrhundert

Vorläufer und Ansätze des heutigen Instituts der Führungsaufsicht galten bereits Mitte des 18. Jahrhunderts als allgemein bekannt. Dies gilt sofern, dass man von dem Zweck des Schutzes und der Sicherung der Gemeinschaft sowie der Hilfe für den Rechtsverbrecher, ein ehrliches Leben nach Verbüßung der Strafe zu führen, ausgeht.[15]

I. „Poena extraordinaria“

Den Ursprung des heutigen Instituts der Führungsaufsicht bildete die „poena extraordinaria“. Sie entwickelte sich aufgrund der ungenügenden Beweisregeln der Peinlichen Gerichtsordnung, an welche die Richter gebunden waren, und durch die daraus resultierenden Probleme.[16] Die Peinliche Gerichtsordnung enthielt als ein Verfahrenselement die peinliche Befragung. Darunter verstand man den Einsatz von Folter, um von einem Angeklagten ein Geständnis zu erwirken. Hintergrund hierfür war, dass nach mittelalterlicher Auffassung eine Verurteilung eines Angeklagten entweder aufgrund der Aussage zweier glaubwürdiger, unmittelbarer Augenzeugen oder aufgrund eines Geständnisses erfolgte.[17] Für

---

15 Kwaschnik, Führungsaufsicht im Wandel, S. 35.

16 Hassenpflug, Polizeiaufsicht, S. 5.

17 Schulz, Führungsaufsicht, S. 33.

den Fall, dass weder Zeugenaussagen noch ein freiwilliges Geständnis vorlagen, leitete man die Entscheidung über Schuld oder Unschuld aus dem Ergebnis der Folter des Angeklagten ab. Gestand der Angeklagte während der Folter die Tat, so galt er als schuldig, worauf eine rechtskräftige Verurteilung seinerseits folgte. Die Gefährlichkeit dieser Methode lag an den vielen Fehlverurteilungen, die aufgrund der falschen oder mangelnden Geständnisse ergingen. Oft gaben Angeklagte durch die Folter ein falsches Geständnis ab oder hielten diese ohne ein Geständnis abzulegen aus, obwohl sie Schuld hatten.[18] Da dieser Mangel an ordentlicher Beweisführung untragbar war, entstand neben verschiedenen Formen von Sicherheitsmaßregeln die „poena extraordinaria", eine abgeschwächte Verdachtsstrafe, die für solche Fälle Anwendung fand, in denen ein Richter zu der Überzeugung der Schuld des Angeklagten gelangte, aber ein Mangel an Beweisen weder eine Verurteilung, noch die Unschuld erweisen konnte.[19] Die Gesellschaft sollte durch diese Maßnahme Schutz vor dringend verdächtigen, jedoch nicht überführten Beschuldigen erfahren.[20] Die Folge bestand zunächst darin den Angeklagten mit der Einschränkung einer Verfahrenswiederaufnahme bei neuen Verdachtsmomenten freizusprechen.

Später fand die „poena extraordinaria" auch bei Kapitalverbrechen nach verbüßter Strafe Anwendung und zwar oftmals dergestalt, dass der Angeklagte nach Verbüßung seiner Strafe entlassen, allerdings zuvor noch einmal zu einem besseren Lebenswandel ermahnt wurde. Ferner erfolgte eine Belehrung über die Folgen eines Verstoßes und die Obrigkeit durfte zur Sicherung des Gemeinwesens erforderliche Maßnahmen treffen, die von der Einsperrung über Sicherheitsleistungen in Geld oder durch Stellung eines Bürgen bis hin zur Anzeigepflicht bei Wohnsitzänderungen oder längerer Abwesenheit reichten.[21] Der Anwendungsbereich dieser Maßnahme erweiterte sich nun auch auf Täter, die zwar ihre eigentliche Strafe verbüßt hatten, jedoch immer noch als gefährlich und rückfallgefährdet erschienen.[22] Ziel war es, den Angeklagten damit einzuschüchtern, ihn zu einem künftigen Wohlverhalten zu veranlassen und ihn weitestgehend daran zu hindern, der Gemeinschaft weiterhin zu schaden, um diese so zu schützen.[23] Um dies allerdings zu verwirklichen, wurde der Grundsatz „nulla poena sine lege – keine Strafe ohne Schuld" oftmals durchbrochen, infolgedes-

18 Fuhr, Strafrechtspflege, S. 1; Klusmann, Polizeiaufsicht, S. 12.

19 Grote, Polizeiaufsicht, S. 3; Hassenpflug, Polizeiaufsicht, S. 5; Hebler, Probleme Polizeiaufsicht, S. 8; Schulz, Führungsaufsicht, S. 33; Thäle, Verdachtsstrafe, S. 15.

20 Kwaschnik, Führungsaufsicht im Wandel, S. 41.

21 Goehrke, Polizeiaufsicht in Preussen, S. 15; Hassenpflug, Polizeiaufsicht, S. 7; Kwaschnik, Führungsaufsicht im Wandel, S. 37; Schulz, Führungsaufsicht, S. 33.

22 Kwaschnik, Führungsaufsicht im Wandel, S. 41.

23 Kwaschnik, Führungsaufsicht im Wandel, S. 35, 37; Schulz, Führungsaufsicht, S. 34.

sen die Rechte des Gesetzesbrechers dem Schutzbedürfnis der Allgemeinheit weichen mussten.[24] Die Begründung für die Verhängung von sichernden Maßnahmen trotz der Ermangelung einer nachgewiesenen Schuld lautete folgendermaßen: es sei nur gerecht, wenn die Freiheit desjenigen, welcher durch seine Schuld den Verdacht erregte, er missbrauche seine Freiheit zur Beeinträchtigung der Rechte seiner Mitmenschen, auf eine zweckmäßige Freiheit eingeschränkt werde.[25] Außerdem glaubte man zu dieser Zeit nicht an eine nachhaltige Besserung im Strafvollzug geglaubt, so dass die Sicherheitsmaßregeln als ergänzende Maßnahmen zum Schutz der Bevölkerung vor rückfallgefährdeten Täter für erforderlich gehalten wurden. Neben den bereits erwähnten Maßregeln gab es noch die Aufsicht durch Verwandte oder durch die Polizei mit gleichzeitiger Anweisung eines Wohnortes und als ultima ratio die Einsperrung in ein Zucht- oder Arbeitshaus.[26]

Nicht nur die oftmalige Durchbrechung des Gebots „nulla poena sine lege“, sondern auch die fast ausschließliche Anwendung der „poena extraordinaria“ und der Sicherheitsmaßregeln ohne gesetzliche Grundlage stießen häufig auf Kritik.[27] Da auch Sicherheitsmittel nicht nur aufgrund bloßen Verdachts angeordnet werden konnten, wuchs die Forderung nach einer gesetzlichen Normierung der Anordnungsvoraussetzungen und -folgen von Sicherungsmaßregeln und die Abschaffung von Verdachtsstrafen.[28] Insbesondere wurde vorgeschlagen, eine gesetzlich verankerte, besondere Polizeiaufsicht als Sicherungsmittel zur Verhinderung drohender Straftaten zu schaffen.[29]

II. Strafgesetzbuch Josephs II. von Österreich von 1787

Im Strafgesetzbuch Josephs II. von Österreich von 1787 erfolgte in § 32 des zweiten Teils erstmals die gesetzliche Normierung der Polizeiaufsicht als Vorgängerin der Führungsaufsicht.[30]

---

24 Hassenpflug, Polizeiaufsicht, S. 7; Kwaschnik, Führungsaufsicht im Wandel, S. 37.

25 Fuhr, Strafrechtspflege, S. 7; Schulz, Führungsaufsicht, S. 34.

26 Fuhr, Strafrechtspflege, S. 17 ff.; Schulz, Führungsaufsicht, S. 34 f.

27 Fuhr, Strafrechtspflege, S. 8; Kwaschnik, Führungsaufsicht im Wandel, S. 37; Schulz, Führungsaufsicht, S. 35.

28 Kwaschnik, Führungsaufsicht im Wandel, S. 38 ff., der starken Bezug auf Eisenhart, Archiv des Criminalrechts 1801, II. Stück, S. 1 ff. nimmt.

29 Eisenhart, Archiv des Criminalrechts 1801, II. Stück, S. 1 (37 f.); Schulz, Führungsaufsicht, S. 35.

30 Klusmann, Polizeiaufsicht, S. 13; Venter, Polizeiaufsicht Preußen, S. 2.

„§ 32 des Strafgesetzbuches Josephs II. von Österreich von 1787
Die Strafe des politischen Verbrechens, des Diebstahls ist nach dem Grade des unterlaufenen Betruges und des dem Bestohlenen zugegangenen Schadens: Arrest, Züchtigung mit Streichen und sonstiger Verschärfung zu treffen, dass der Schuldige auch nach ausgestandener Strafe durch angemessene Zeit unter der Aufmerksamkeit der Polizei in Ansehung seiner Aufführung und ehrbaren Nahrungserwerbung gehalten werde.“[31]

Das Abstellen unter polizeilicher Aufsicht wurde der gesetzlichen Begründung zu Folge erst dann notwendig, wenn „die unbeschränkte, nur durch die Zweckbestimmung normierte Gewalt durch die Gesetzgebung zum Schutze der persönlichen Freiheit begrenzt werde und es ausnahmsweise nötig sei, diesen Schutz zugunsten der Polizei den Verbrechern zu versagen“.[32] Im Wege der einsetzenden Kodifikationsbewegung fand die Sicherheitsmaßregel in vielen deutschen und ausländischen Strafgesetzbüchern ihren Einzug.[33]

B. Entwicklung nach der Auflösung des Heiligen Römischen Reiches deutscher Nation

I. Beeinflussung durch den Code pénal von 1810

Das deutsche Strafrecht war, ebenso wie die politische Landschaft Deutschlands im ausgehenden 18. Jahrhundert, sehr zersplittert.[34] Gerade die Auflösung des Heiligen Römischen Reiches deutscher Nation 1806 brachte keine einheitliche Strafgesetzgebung. Als ausschlaggebend für die weitere Entwicklung galt der französische Code pénal von 1810, der starken Einfluss auf die deutsche Gesetzgebung hatte.[35] Dieser normierte in Art. 44 bis 50 die Polizeiaufsicht als „renvoi sous la surveillance de la haute police de l'État“, die kraft Gesetzes oder aufgrund richterlicher Anordnung nach Verbüßung der Strafe eintrat. Diese gab der Staatsanwaltschaft oder dem Verletzten das Recht, von dem Verurteilten eine Bürgschaft für künftiges Wohlverhalten bis zu einer vom Gericht festgesetz-

31 Zitiert nach Venter, Polizeiaufsicht Preußen, S. 2.
32 Hebler, Probleme Polizeiaufsicht, S. 9.
33 Fuhr, Strafrechtspflege, S. 26; Schulz, Führungsaufsicht, S. 36; Liszt, Deutsches Strafrecht, S. 263.
34 Brandt, Code pénal, S. 251.
35 Kwaschnik, Führungsaufsicht im Wandel, S. 41; Schubert, Code pénal, S. 7; Schulz, Führungsaufsicht, S. 37.

ten Höhe zu verlangen. Erbrachte der Verurteilte diese Sicherheitsleistung, war er in der Folge frei und keinen weiteren Beschränkungen unterworfen. Kam es während der Aufsicht allerdings zu einer erneuten Verurteilung, verlor dieser dann die hinterlegte Sicherheitsleistung.[36] Erbrachte der Verurteilte jedoch nicht die Sicherheitsleistung, konnte die Polizeibehörde dem Rechtsbrecher nach der Verbüßung seiner Strafe entweder einen Ort nennen, von dem er sich auf Dauer fernzuhalten hatte oder einen ständigen Aufenthaltsort unter besonderer behördlicher Kontrolle bestimmen, den er ohne Genehmigung nicht verlassen durfte.[37] Widersetzte sich der Verurteilte dieser Anordnung, konnte dies zu einer weiteren Haftstrafe führen. Diese Regelung hatte neben dem Schutz der Opfer und Verfahrensbeteiligten vor der Rache des Verurteilten, folgenden Hintergrund: eine Konzentrierung von Straftätern, welche die öffentliche Sicherheit hätten beeinträchtigen können, sollte vermieden werden.[38] Damit unterschied sich die Polizeiaufsicht in Frankreich von den deutschrechtlichen Sicherheitsmaßregeln erheblich. Während die Sicherheitsmaßregeln ein zweispuriges Ziel verfolgten, nämlich zum einen den Schutz der Allgemeinheit, zum anderen aber auch die Besserung des Täters, war für die Polizeiaufsicht des französischen Rechts, die unter der Herrschaft Napoleons I. als Disziplinierungsmaßnahme zunächst für politische Gegner entstand, nur der Schutz der Allgemeinheit ausschlaggebend. Es wurde nicht nur auf eine, weitere Straftaten verhütende, Einschüchterung gebaut, sondern vor allem auch auf einen schnellen Zugriff auf potentielle Wiederholungstäter.[39] Eine Wiedereingliederung des Täters in die bürgerliche Gesellschaft war ihr fremd.[40] Ihre Anordnung konnte als Haupt- oder Nebenstrafe erfolgen.

Insbesondere aufgrund der politischen Vormachtstellung Frankreichs in Europa zu Beginn des 19. Jahrhunderts avancierte der Code pénal zum Vorbild zahlreicher deutscher und ausländischer Strafgesetzbücher. Die Polizeiaufsicht wurde als Haupt- oder Nebenstrafe in zahlreichen Gesetzesbüchern normiert, in einigen deutschen Staaten blieb sie hingegen als bloße Sicherheitsmaßregel bestehen.[41]

---

36 Fuhr, Strafrechtspflege, S. 40; Venter, Polizeiaufsicht Preußen, S. 3.

37 Art. 44 C.P. 1810; Brandt, Code pénal, S. 116.

38 Schulz, Führungsaufsicht, S. 37.

39 Brand, Code pénal, S. 116; Kwaschnik, Führungsaufsicht im Wandel, S. 42; Schulz, Führungsaufsicht, S. 38.

40 Hassenpflug, Polizeiaufsicht, S. 13 f.; Venter, Polizeiaufsicht Preußen, S. 3.

41 EStGB Norddeutscher Bund 1870, Anhang III, S. 96; Brandt, Code pénal, S. 381 f.; Hassenpflug, Polizeiaufsicht, S. 14.

II. Rechtsentwicklung in ausgewählten Staaten

Während im absolutistischen Polizeistaat eine gesetzliche Regelung der Polizeiaufsicht noch als überflüssig galt, hielt man diese mit den im 19. Jahrhundert einsetzenden Kodifikationsbewegungen größtenteils für erforderlich. Jedoch war die Ausgestaltung der Normierung aufgrund der bis zur Reichsgründung 1871 bestehenden staatlichen Zersplitterung in den einzelnen Staaten weitgehend unterschiedlich.[42]

1. Preußen

Den wohl erheblichsten Einfluss auf die nachfolgende reichsdeutsche Gesetzgebung erlangte das Preußische Recht.[43]

Aus dem französischen Code pénal von 1810 wurde die Polizeiaufsicht als Nebenstrafe über das Rheinische Recht in das Preußische Strafgesetzbuch von 1851 übernommen.[44] Erstmals fanden sich besondere Überwachungsmaßnahmen in Form einer fortdauernden Aufsicht der Polizei in einer königlichen Verordnung Friedrich Wilhelm III. vom 22. Februar 1799. Auch wurde in der Preußischen Kriminalverordnung vom 11. Dezember 1805 in § 410 und § 569 eine Abwandlung der Polizeiaufsicht normiert, jedoch erfolgte eine Ausgestaltung der Polizeiaufsicht ausdrücklich erst im Entwurf eines Strafgesetzbuchs für die Preußischen Staaten aus dem Jahr 1843 und in den darauf folgenden Entwürfen als Nebenstrafe. § 59 des Entwurfs eines Strafgesetzbuches für die Preußischen Staaten sah beispielsweise die Stellung des Verurteilten nach Abbüßung seiner Strafe unter Polizeiaufsicht vor, wenn er eine Gefahr für die öffentliche Sicherheit darstellte und einer der vom Gesetz bestimmten Fälle vorlag.[45] Schließlich fand die Polizeiaufsicht, deren Dauer von einem bis zu zehn Jahren reichen konnte, in das Preußische Strafgesetzbuch von 1851 in den §§ 26 bis 28 als Nebenstrafe Eingang. Sie galt als umstritten, war nach damaliger Auffassung aber trotz aller Kritik – mit der Verbüßung der anerkannten Freiheitsstrafe sei das Delikt gesühnt, außerdem stelle diese Maßnahme ein Hindernis für die Bemü-

---

42 Fuhr, Strafrechtspflege, S. 135 ff.; Kwaschnik, Führungsaufsicht im Wandel, S. 43; Schulz, Führungsaufsicht, S. 47.

43 Grote, Polizeiaufsicht, S. 6; Hippel, Deutsches Strafrecht, S. 314.

44 EGStGB Norddeutscher Bund 1870, Anhang III, S. 96; Hippel, Deutsches Strafrecht, S. 299; Klusmann, Polizeiaufsicht, S. 18; Schulz, Führungsaufsicht, S. 47; Venter, Polizeiaufsicht Preußen, S. 3.

45 Fuhr, Strafrechtspflege, S. 155.

hungen des Entlassenen um ein ehrliches Fortkommen dar[46] - das geeignetste Mittel zur Kontrolle des Lebenswandels von kriminellen und unbelehrbaren Individuen zum Schutz der Gesellschaft.[47] Dadurch konnte dem unter Polizeiaufsicht Stehenden der Aufenthalt an bestimmten Orten untersagt werden. Darüber hinaus war auch die Durchsuchung seines Hauses jederzeit möglich. Ferner bestand die Möglichkeit bestimmten, per Gesetz festgelegten, Tätergruppen die Auflage zu machen, den Wohnort oder die Wohnung nicht während der Nachtzeit zu verlassen. Missachtungen konnten mit einer bis zu sechsmonatigen Gefängnisstrafe geahndet werden.[48]

Hervorzuheben ist aber, dass die „preußische Polizeiaufsicht" im Unterschied zu ihrem französischen Vorbild nie kraft Gesetzes, sondern immer nur kraft Richterspruchs eintrat. Ferner benannte der Gesetzgeber auch hier die obligatorischen Fälle für den Eintritt der Polizeiaufsicht.[49] Diese gesetzgeberische Entscheidung hatte folgenden Hintergrund: eine allgemeine Generalklausel, deren Festsetzung beispielsweise an eine bestimmte Strafhöhe oder Strafart anknüpfte, konnte den spezifischen Besonderheiten des Einzelfalles und den jeweiligen Täterpersönlichkeiten nicht gerecht werden.[50] Weiterhin besonders erwähnenswert ist der Umstand, dass eine Anordnung gegen Ausländer überhaupt nicht und bei Jugendlichen nicht vor Vollendung des 16. Lebensjahres möglich war.[51]

Aufgrund der zunächst völlig undifferenzierten und oftmals rücksichtslosen Anwendung der Polizeiaufsicht seitens der preußischen Behörden, die nicht nach Schwere der einzelnen Straftat, der Höhe der Strafe, dem Maß der konkreten Rückfallgefahr und der Führung des Bestraften unterschieden, führten die strengen Überprüfungs- und Kontrollpraktiken zu sehr großen Problemen bei der beruflichen und gesellschaftlichen Wiedereingliederung des Verurteilten.[52] Um eine bessere Differenzierung zwischen den Verurteilten und eine flexiblere Überwachung dieser zu ermöglichen, wurden daher im Jahr 1866 zwei verschie-

---

46 Zitiert nach Brandt, Code pénal, S. 432 f.; Hassenpflug, Polizeiaufsicht, S. 19; Kwaschnik, Führungsaufsicht im Wandel, S. 47.

47 Brandt, Code pénal, S. 432 f.; Hassenpflug, Polizeiaufsicht, S. 19; Kwaschnik, Führungsaufsicht im Wandel, S. 47.

48 §§ 26 bis 28, 116, 333 preuß. StGB 1851; Brandt, Code pénal, S. 434 f.; Schulz, Führungsaufsicht, S. 48.

49 Brandt, Code pénal, S. 433; Goltdammer, Material zum StGB für die preußischen Staaten, S. 148 f.; Kwaschnik, Führungsaufsicht im Wandel, S. 45.

50 Schulz, Führungsaufsicht, S. 47 f.; Venter, Polizeiaufsicht Preußen, S. 4.

51 §§ 29, 43 Nr. 1 preuß. StGB 1851; vgl. hierzu auch Goehrke, Polizeiaufsicht in Preussen, S. 37 f.

52 Hassenpflug, Polizeiaufsicht, S. 19.

dene Aufsichtsklassen[53] eingeführt. Damit ging die Absicht einher, die erheblichen, durch die undifferenzierten Überprüfungen bedingten, Hindernisse bei der Resozialisierung des unter Polizeiaufsicht Unterstellten zu verringern. Bei Betroffenen der ersten Aufsichtsklasse beschränkte sich die behördliche Überprüfung auf die Erkundigung nach Führung und Erwerbsverhältnissen des Verurteilten bei der Ortsverwaltung. Im Gegensatz dazu durfte die Behörde bei der für die schweren Fälle vorgesehenen zweiten Klasse sämtliche der Polizeibehörde zur Verfügung stehenden Kontroll- und Überwachungsmaßnahmen anwenden. Doch auch hier musste sich die Behörde auf das schonendste Mittel und das erforderliche Maß beschränken. Je nach Art der Führung war ein Wechsel des Betroffenen in die jeweils andere Aufsichtsklasse möglich. Dieses differenzierte Modell der Polizeiaufsicht war Vorbild und wesentliche Grundlage für die spätere Gesetzgebung des Norddeutschen Bundes und des Deutschen Reiches.[54]

Die landesrechtliche Entwicklung der Polizeiaufsicht in Preußen fand mit der Gründung des Norddeutschen Bundes und der damit einhergehenden Gestaltung des Strafgesetzbuches von 1866 ihr Ende.[55]

2. Bayern

Im Strafgesetzbuch für das Königreich Bayern von 1813 gab es eine Besonderheit. Neben der Möglichkeit der Anbindung der Polizeiaufsicht an die Hauptstrafe, konnte diese Maßnahme auch ohne Verhängung einer Hauptstrafe angeordnet werden.[56] Art. 59 des bay. Strafgesetzbuches von 1813 bestimmte hierzu, dass im Fall eines straflosen Versuchs von Verbrechen[57], die vom Gesetz mit

---

53 Personen, die zum einen aus Straf- und Gefangenenanstalten freigelassen wurden und die zum anderen der Polizeiaufsicht unterstanden, wurden in zwei Klassen zur Aufsicht eingeteilt. Hierbei unterschied man zwischen einer milderen und einer strengeren Aufsichtsklasse. Vgl. hierzu Teltower Kreisblatt v. 20.5.1968 (abzurufen unter http://zefys.staatsbibliothek-berlin.de/amtspresse/teltower-kreisblatt/view/?no_cache=1&tx_3pctltkrbl_pi3[keywords]=Classen-Kappelmann%2BKlassen-Kappelmann tx_3pctltkrbl_pi3[hl]=1&tx_3pctltkrbl_pi3[window]=1&tx_3pctltkrbl_pi3[date]=1868-05-20&tx_3pctltkrbl_pi3[page]=3&tx_3pctltkrbl_pi3[alto]=teltower%2Bkreisblatt-1868-05-20-_21_3.xml).

54 EGStGB Norddeutscher Bund 1870, Anhang III, S. 103 bis 105; Schulz, Führungsaufsicht, S. 48 f.

55 Hassenpflug, Polizeiaufsicht, S. 20; Hebler, Probleme Polizeiaufsicht, S. 12.

56 Hassenpflug, Polizeiaufsicht, S. 20.

57 Im Gegensatz dazu ist nach der derzeitigen Gesetzeslage nach § 23 Abs. 1 StGB der Versuch eines Verbrechens (, d.h. nach rechtswidrigen Taten, die im Mindestmaß mit Freiheitsstrafe von einem Jahr oder darüber bedroht sind, § 12 Abs. 1 StGB) stets, der Versuch eines Vergehens (, d.h. nach rechtswidrigen Taten, die im Mindestmaß mit ei-

Todes- oder Kettenstrafe, mit Zucht- oder Arbeitshaus bedroht waren, die Stellung unter eine besondere persönliche Polizeiaufsicht angeordnet werden sollte. Auch nach Art. 253 des bay. Strafgesetzbuches von 1813 konnte die Polizeiaufsicht in den Fällen, in denen der Täter nach Brandlegung tätige Reue zeigte an Stelle der peinlichen Strafe treten. Im Übrigen normierte Art. 117 des bay. Strafgesetzbuches von 1813 eine von vier bis zehn Jahren andauernde Polizeiaufsicht für solche Täter, die entweder wegen zweifachen Rückfalls zu Arbeitshaus oder wegen einfachen Rückfalls zu Zuchthaus verurteilt worden waren. Die Durchführung der Polizeiaufsicht oblag weitestgehend den Polizeibehörden.[58] Lediglich Art. 36 des bay. Strafgesetzbuches von 1813 sah die Begrenzung auf einen bestimmten Aufenthaltsort als wesentlichen Bestandteil der Polizeiaufsicht vor, die der Verstrickung des Code pénal von 1810 entsprach.[59]

In einem späteren Entwurf zu einem Strafgesetzbuch von 1855 sollte die Polizeiaufsicht bei Vergehen stets und bei Übertretungen in bestimmten Fällen angeordnet werden können, zum Teil sollte sogar die Polizei die Befugnis erhalten bei bestimmten Vergehen selbst die Polizeiaufsicht verhängen zu dürfen.[60] Dieser Vorschlag fand aber keine Aufnahme in das Bayerische Strafgesetzbuch von 1861. Vielmehr wurde die richterliche Kompetenz dadurch gestärkt, dass der Richter in Art. 36 des bay. Strafgesetzbuches von 1861 die Ermächtigung zur Erkennung der Polizeiaufsicht, deren Dauer zwei Jahre nicht überschreiten durfte, bei Verbrechen stets und bei Vergehen oder Übertretungen nur in den gesetzlich vorgeschriebenen Fällen neben der Strafe erhielt.[61] Die richterliche Anordnung erteilte der zuständigen Polizeibehörde die Befugnis Polizeiaufsicht über den Verurteilten zu verhängen, wenn sie es nach den jeweiligen Umständen für angemessen hielt.[62]

In ihrer Wirkung unterschied sich die bayerische Polizeiaufsicht nicht viel von der der Preußischen.[63] In Bayern war es jedoch nach Art. 38 des bay. Strafgesetzbuches von 1861 möglich, dem Verurteilten das Aufsuchen bestimmter

---

ner geringeren Freiheitsstrafe oder die mit Geldstrafe bedroht sind) nur dann strafbar, wenn das Gesetz dies ausdrücklich bestimmt. Der Täter wird bei Vorliegen besonderer Voraussetzungen (§ 24 StGB) nicht wegen des Versuchs bestraft. Vgl. dazu allgemein Heintschel-Heinegg-[Beckemper], BeckOK StGB, § 23 StGB Rn. 1 f.; Lackner/Kühl, StGB, § 23 StGB Rn. 1; Schönke/Schröder-[Eser], StGB, § 23 StGB Rn. 1 ff.

58 Hebler, Probleme Polizeiaufsicht, S. 13; Hassenpflug, Polizeiaufsicht, S. 21; Kwaschnik, Führungsaufsicht im Wandel, S. 49.

59 Schulz, Führungsaufsicht, S. 49.

60 Hassenpflug, Polizeiaufsicht, S. 21; Kwaschnik, Führungsaufsicht im Wandel, S. 49.

61 Kwaschnik, Führungsaufsicht im Wandel, S. 49.

62 Fuhr, Strafrechtspflege, S. 175; Schulz, Führungsaufsicht, S. 50.

63 Schulz, Führungsaufsicht, S. 50.

Orte zu verbieten, falls seine Anwesenheit dort gefährlich erschien. Anders als in Preußen konnte hier ebenso eine gute Führung des Betroffenen gem. Art. 39 des bay. Strafgesetzbuches von 1861 eine Verkürzung der Dauer der Polizeiaufsicht bewirken.[64]

3. Übrige deutsche Staaten

Preußen und Bayern hatten in der Ausgestaltung der Polizeiaufsicht die Vorreiterstellung. Grundlegend andere Gestaltungen dieser Maßnahme fanden in den übrigen deutschen Staaten nicht statt. Zwar gab es in einigen Ländern größere Entscheidungsfreiheit für die Polizei, jedoch waren die dortigen Regelungen für die spätere einheitliche Ausgestaltung in Deutschland nicht von großer Relevanz.[65] Dem Anspruch auf Vollständigkeit ist es aber geschuldet, zumindest kurz auf die Regelungen der Polizeiaufsicht in den wichtigsten deutschen Staaten einzugehen.

a) Württemberg

Das Königreich Württemberg regelte in seiner Württembergischen Generalverordnung von 1807 erstmals die Polizeiaufsicht. Von den oben genannten Rechtsordnungen unterschied sich hier aber der Kreis der betroffenen Personen erheblich, da nach den §§ 21, 22 dieser Generalverordnung alle einheimischen und nicht zum Militär diensttauglichen Landstreicher und Bettler der Ortsobrigkeit zur näheren Aufsicht übergeben wurden.[66] Als Folge dieser Verordnung durften die Betroffenen ohne behördliche Genehmigung den Ort nicht mehr verlassen und konnten im Fall eines Verstoßes mit Arrest und körperlicher Strafe, im Wiederholungsfalle mit Zucht- oder Arbeitshaus, bestraft werden.[67] Erst im Rahmen des Erlasses des Kriminalsenats des Obertribunals vom 20. September 1833 fand eine Erweiterung des Anwendungsgebiets auf alle Verbrecher, die von einem Gericht unter strenge Polizeiaufsicht gestellt wurden, statt.[68] Im Jahr 1839 erfolgte sodann in Art. 42 Abs. 1 des Strafgesetzbuches für das Königreich Württemberg die gesetzliche Normierung. Gemäß dieser konnte die Anordnung der Polizeiaufsicht ohne Bindung an bestimmte Urteilsvoraussetzungen kraft

64 Fuhr, Strafrechtspflege, S. 167; Hassenpflug, Polizeiaufsicht, S. 21 f.; Kwaschnik, Führungsaufsicht im Wandel, S. 50; Schulz, Führungsaufsicht, S. 50.

65 Hassenpflug, Polizeiaufsicht, S. 22.

66 Hebler, Probleme Polizeiaufsicht, S. 13; Kwaschnik, Führungsaufsicht im Wandel, S. 50.

67 Fuhr, Strafrechtspflege, S. 27 f.; Schulz, Führungsaufsicht, S. 50.

68 Fernholz-Niemeier, Pönalisierung von Weisungsverstößen, S. 7; Kwaschnik, Führungsaufsicht im Wandel, S. 50.

Richterspruch nach Verbüßung der Strafe erfolgen, wenn nach der Beschaffenheit des verübten Verbrechens oder Vergehens und der Täterpersönlichkeit befürchtet werden musste, dass der Verurteilte weiterhin die öffentliche Ordnung oder Sicherheit gefährdete. Die Dauer konnte ein bis fünf Jahre betragen.[69] Auch waren hier die Möglichkeiten der Verstrickung an einen zugewiesenen Ortsbereich und die Anordnung eines Aufenthaltsverbots gesetzlich in Art. 43 des Strafgesetzbuches für das Königreich Württemberg vorgesehen.[70] Die Besonderheit bei der Unterstellung unter württembergische Polizeiaufsicht lag darin, dass nach Art. 44 des Strafgesetzbuches für das Königreich Württemberg der Unterstellte während der Dauer der Aufsicht seine staats- und gemeindebürgerlichen Wahl- und Wählbarkeitsrechte verlor.[71]

b) Hansestädte Bremen, Hamburg und Lübeck

Die Freie Hansestadt Bremen normierte als eine von wenigen Städten, die Polizeiaufsicht nicht in ihrem Strafgesetzbuch. Der Entwurf des Strafgesetzbuches der Freien Hansestadt Bremen von 1868 sah keine diesbezügliche Bestimmung vor. Allerdings war diese Maßnahme auch in Bremen nicht unbekannt. Das bremische Gericht verhängte gelegentlich die Polizeiaufsicht, jedoch nur, wenn ein einheimischer Gesetzesbrecher wiederholt Verbrechen gegen das Eigentum eines anderen ausübte.[72] Ausländische Täter wurden ausgewiesen.[73] Damit fand eine Anordnung der Polizeiaufsicht in Bremen nur von Fall zu Fall statt.[74]

Hingegen gestaltete die Hansestadt Hamburg in Art. 20 des Kriminalgesetzbuches für Hamburg von 1869 die Polizeiaufsicht dermaßen aus, dass kraft Richterspruch diejenigen Täter, welche die öffentliche Sicherheit und Sittlichkeit gefährdeten nach Verbüßung der Strafe maximal für fünf Jahre unter Aufsicht der Polizei gestellt werden konnten.[75] Neben Württemberg ließ Hamburg

---

69 Schulz, Führungsaufsicht, S. 51.

70 Fuhr, Strafrechtspflege, S. 164 ff.

71 Schulz, Führungsaufsicht, S. 51.

72 EGStGB Norddeutscher Bund 1870, Anhang III, S. 98; siehe dazu auch Kwaschnik, Führungsaufsicht im Wandel, S. 50 f.

73 EGStGB Norddeutscher Bund 1870, Anhang III, S. 98; Hassenpflug, Polizeiaufsicht, S. 23 f.; Kwaschnik, Führungsaufsicht im Wandel, S. 50 f; Schulz, Führungsaufsicht, S. 54.

74 Hebler, Probleme Polizeiaufsicht, S. 14.

75 Gesetzessammlung der freien und Hansestadt Hamburg 1869, S. 138; EGStGB Norddeutscher Bund 1870, Anhang III, S. 98; Hebler, Probleme Polizeiaufsicht, S. 14; Kwaschnik, Führungsaufsicht im Wandel, S. 51.

als einziger deutscher Staat die staatsbürgerlichen Rechte des Verurteilten während der Dauer der Polizeiaufsicht ruhen.[76]

Das Strafgesetzbuch von Lübeck aus dem Jahr 1863 sah die Polizeiaufsicht in den §§ 24 bis 27 vor, die ähnlich zu den Regelungen in Preußen ausgestaltet waren.[77] Auch hier galt als Voraussetzung für die Stellung unter Polizeiaufsicht die Verurteilung wegen eines bestimmten Verbrechens.[78] Ebenso kann hinsichtlich der Wirkung der Polizeiaufsicht auf das Modell in Preußen verwiesen werden.[79]

c) Hessen

Vorbild für die ersten Entwürfe des hessischen Strafgesetzbuches war ebenfalls der Code pénal von 1810, welcher großen Einfluss auf das hessische Strafgesetzbuch von 1841 hatte.[80] In Art. 35 des hessischen Strafgesetzbuches von 1841 erfolgte die gesetzliche Normierung der Polizeiaufsicht. Diese war fakultativ für jene Straftäter anwendbar, die zu einer Zuchthausstrafe verurteilt wurden und die nach der Art der begangenen Tat sowie nach bestimmten Merkmalen in ihrer Person für die öffentliche Sicherheit gefährlich erschienen.[81] Ferner war die Polizeiaufsicht gem. Art. 66 des hessischen Strafgesetzbuches von 1841 für solche Fälle vorgesehen, in denen die Vorbereitung eines Verbrechens mit Todes- oder Zuchthausstrafe bedroht war. Auch konnte nach Art. 250 des hessischen Strafgesetzbuches von 1841 bei Verurteilung wegen Landstreicherei oder wiederholten Bettelns sowie gem. Art. 419 und 422 des hessischen Strafgesetzbuches von 1841 bei Androhung einer Brandstiftung oder Überschwemmung zum Zwecke einer Erpressung auf Polizeiaufsicht erkannt werden.[82] Die Dauer betrug zwischen einem und fünf Jahren. Neben der Unterstellung unter Polizeiaufsicht wurden die Landespolizeibehörden dazu ermächtigt, dem Verurteilten bestimmte Auflagen zu erteilen. So konnten sie Aufenthaltsverbote und -gebote aussprechen und jederzeit Hausdurchsuchungen durchführen.[83]

---

76 EGStGB Norddeutscher Bund 1870, Anhang III, S. 98; Hassenpflug, Polizeiaufsicht, S. 24.

77 EGStGB Norddeutscher Bund 1870, Anhang III, S. 97; Schulz, Führungsaufsicht, S. 54.

78 Fuhr, Strafrechtspflege, S. 156; Hassenpflug, Polizeiaufsicht, S. 24.

79 Hassenpflug, Polizeiaufsicht, S. 24.

80 Fuhr, Strafrechtspflege, S. 151; Schulz, Führungsaufsicht, S. 52.

81 Siehe hierzu auch Fuhr, Strafrechtspflege, S. 152; Hassenpflug, Polizeiaufsicht, S. 23 f.

82 Fuhr, Strafrechtspflege, S. 152 f.; Schulz, Führungsaufsicht, S. 52.

83 EStGB Norddeutscher Bund 1870, Anhang III, S. 98; Fuhr, Strafrechtspflege, S. 162, 164, 166 f.; Schulz, Führungsaufsicht, S. 52.

d) Baden

Besondere Aufmerksamkeit verdient auch der Staat Baden, dessen Großherzogliche Gesetzgebungskommission im Rahmen der Vorarbeiten zum badischen Strafgesetzbuch von 1845 bereits darauf hinwies, dass man sich auf die Besserungsfähigkeit der Strafanstalten nicht verlassen kann und es daher der Polizeiaufsicht als ergänzende Maßnahme bedarf, um die Allgemeinheit vor weiteren Straftaten zu schützen.[84] Das Vertrauen in eine nachhaltige Verbesserung des Verhaltens des Strafgefangenen im Vollzug hatte sich damit seit dem ausgehenden 18. Jahrhundert nicht vergrößert, jedoch wies die Kommission auch darauf hin, dass die Polizeiaufsicht aufgrund der für die Verurteilten mitgebrachten Nachteile nur beschränkt Anwendung finden sollte.[85] Daher wurde nach § 25 des Strafgesetzbuches für das Großherzogtum Baden neben der Verhängung von Zuchthausstrafe auf Polizeiaufsicht erkannt, wenn der Betroffene für die öffentliche Sicherheit besonders gefährlich erschien. Daneben konnte noch bei Verurteilung zu Arbeitshausstrafe in bestimmten, gesetzlich normierten Fällen polizeiliche Aufsicht eintreten.[86] Nach § 26 des Strafgesetzbuches für das Großherzogtum Baden betrug die Dauer, wie in vielen anderen Staaten auch, zwischen einem und fünf Jahren. § 27 des Strafgesetzbuches für das Großherzogtum Baden normierte bestimmte Wirkungen der Polizeiaufsicht, insbesondere das nächtliche Aufenthaltsgebot und Hausdurchsuchungen. Verstöße wurden nach § 28 des Strafgesetzbuches für das Großherzogtum Baden mit Gefängnisstrafe bis zu drei Monaten geahndet. Auch im Kleinstaat Baden ist die Beeinflussung durch den französischen Code pénal spürbar. So war in den §§ 29 bis 32 des Strafgesetzbuches für das Großherzogtum Baden die Befreiung von den Wirkungen der Polizeiaufsicht durch Hinterlegung einer vom Gericht festgelegten Sicherheit normiert. Kam es innerhalb des Zeitraumes, für den er die Sicherheit geleistet hatte, zu einer erneuten Verurteilung wegen eines mit Zuchthausstrafe bedrohten Verbrechens, verfiel die Sicherheit an die Staatskassen.[87] Zu dem Zeitpunkt ihrer gesetzlichen Verankerung galt die Polizeiaufsicht überwiegend als nützliche Präventivmaßregel und „wohlverdiente Verschärfung“[88] der verwirkten Zuchthausstrafe. Dieses Empfinden wandelte sich jedoch durch die praktischen Erfahrungen sehr stark, so dass zwei Jahrzehnte nach der gesetzlichen Einführung die Forderungen nach deren Abschaffung immer lauter wurden. Insbesondere wurde kritisiert, dass diese Form der Polizeiaufsicht als Schutzmittel wirkungslos ist

84 E bad. StGB, S. 12; Schulz, Führungsaufsicht, S. 52.
85 Schulz, Führungsaufsicht, S. 52.
86 Fuhr, Strafrechtspflege, S. 153.
87 Fuhr, Strafrechtspflege, S. 159, 177; Schulz, Führungsaufsicht, S. 53.
88 Zitiert nach Schulz, Führungsaufsicht, S. 53.

und darüber hinaus üble Folgen für die Resozialisierung des Verurteilten aufweist.[89]

e) Braunschweig

Die Ausgestaltung der Polizeiaufsicht in Braunschweig ähnelte der Früheren in Württemberg und Hamburg. Nach § 22 des Criminalgesetzbuches für das Herzogtum Braunschweig von 1840 konnte der für die öffentliche Sicherheit und Sittlichkeit gefährliche Verbrecher nach Verbüßung der Strafe für die Dauer von einem bis zu fünf Jahren unter Polizeiaufsicht gestellt werden. Daneben bestand für die Dauer von sechs Monaten bis zu drei Jahren die Möglichkeit, diese auch obligatorisch anzuordnen, wenn eine Wiederholung von Polizeivergehen wie Müßiggang Mittelloser, Bettelei, Landstreicherei oder gewerbsmäßige Unzucht vorlag. Obendrein konnte dem Betroffenen auch verboten werden, einen bestimmten Ortsbereich während der Nacht zu verlassen oder ohne behördliche Genehmigung länger als drei Tage abwesend zu sein.[90]

f) Sachsen

Der Entwurf zu dem Kriminalgesetzbuch für das Königreich Sachsen enthielt in Art. 27 einen Anordnungsvorschlag der Polizeiaufsicht.

Dieser lautete:

> „Handlungen, wodurch die Ausführung eines beabsichtigten Verbrechens erst vorbereitet, aber noch nicht angefangen ist, unterliegen, sofern sie an sich selbst nicht strafbar sind, keiner Strafe. Es kann jedoch nach der Beschaffung der Umstände die Stellung des Täters unter Polizeiaufsicht angeordnet werden."[91]

Jedoch lehnte die Deputation[92] sowohl der I. als auch der II. Kammer die Polizeiaufsicht ab[93] und es erfolgte auch keine diesbezügliche Normierung in dem Gesetz von 1855. Erst im Jahr 1862 wurden Regelungen hinsichtlich der

89 Schulz, Führungsaufsicht, S. 53; Thilo, StGB für Großherzogthum Baden, § 26.

90 Kwaschnik, Führungsaufsicht im Wandel, S. 51; Schulz, Führungsaufsicht, S. 51.

91 Zitiert nach Fuhr, Strafrechtspflege, S. 326.

92 Unter Deputation ist die Abordnung einiger Mitglieder aus der Versammlung zur Betreibung einzelner Angelegenheiten zu verstehen. Die Ausschüsse von Mitgliedern haben beispielsweise an die Versammlung gelangende Anträge zu begutachten, bevor diese darüber berät. Vgl. dazu Brockhaus Bilder-Conversations-Lexikon, Bd. 1, S. 530; Meyers Großes Konversations-Lexikon, Bd. 4, S. 651.

93 Näher hierzu Hartitzsch, Criminalgesetzbuch für das Königreich Sachsen, S. 65.

Polizeiaufsicht getroffen.[94] Die Besonderheit der Polizeiaufsicht im Staat Sachsen gestaltete sich solcherart, dass diese als rein administrative Maßnahme, d.h. als Verwaltungsmaßnahme und nicht als ein im Strafgesetzbuch verankertes Institut, ausgestaltet war. Die Stellung unter Polizeiaufsicht konnte damit unabhängig von einem richterlichen Urteil ergehen. Ihre Verhängung und Ausgestaltung lag in der im Jahr 1862 verliehenen Kompetenz der jeweiligen Polizeibehörde.[95] Die polizeiliche Entscheidung hing jedoch von dem Gutachten der Strafanstaltsdirektion ab, in welcher der Verurteilte seine Strafe verbüßt hatte. Dieses musste die Maßnahme vorsehen, damit die Polizeibehörde eine derartige Aufsicht verhängen konnte.[96] Dementsprechend gab es zwei Hauptgruppen der aus der Haft Entlassenen. Einerseits stellte die Direktion den Sträflingen, von deren Besserung und dem ernsthaftem Willen, ein ehrliches Leben zu führen, sie überzeugt war, ein Vertrauenszeugnis aus, das diese von der Polizeiaufsicht befreite. Andererseits fand eine Einteilung aller übrigen Sträflinge in zwei Klassen statt, die einer unterschiedlich strengen Polizeiaufsicht unterstanden. Die Zuweisung des Sträflings erfolgte zumeist nicht aufgrund der Persönlichkeit des zu Entlassenden, vielmehr gaben freundschaftliche, verwandtschaftliche oder sonstige ähnliche Beziehungen des Betroffenen an dem betreffenden Ort den Ausschlag. Bei den Betroffenen der ersten Klasse sollte die Polizeiaufsicht mit besonderer Schonung und Vorsicht ausgeübt werden, insbesondere durften nur Erkundigungen bei ortsüblichen Organen hinsichtlich des Lebenswandels, der Erwerbsverhältnisse und dessen Umgang eingeholt werden, wohingegen bei der zweiten Klasse keine Milde herrschen sollte.[97]

C. Inkrafttreten des Reichsstrafgesetzbuches von 1871

Die Ausgestaltung der Polizeiaufsicht verlief aufgrund der bestehenden Zersplitterung in einzelne Staaten unterschiedlich und fand daher auch eine verschiedenartige Anwendung. In der darauf folgenden Zeit wurde versucht, eine für alle deutschen Staaten einheitliche Lösung zu finden.[98] Hierbei konnte als erster

---

94 Hebler, Probleme Polizeiaufsicht, S. 14.

95 Fuhr, Strafrechtspflege, S. 145 f.; Hassenpflug, Polizeiaufsicht, S. 23; Hebler, Probleme Polizeiaufsicht, S. 14; Schulz, Führungsaufsicht, S. 54; Allgemein zur Polizeiaufsicht in Sachsen Schwarze, GS 1863, S. 371 (374 ff).

96 Fuhr, Strafrechtspflege, S. 146; Hebler, Probleme Polizeiaufsicht, S. 14; Kwaschnik, Führungsaufsicht im Wandel, S. 51 f.; Schwarze, GS 1863, S. 371 (371).

97 Fuhr, Strafrechtspflege, S. 146 f.

98 Kwaschnik, Führungsaufsicht im Wandel, S. 52 m.w.N.

kleiner Durchbruch zur Erreichung dieses Ziels der Zusammenschluss von Preußen und 17 weiteren norddeutschen Staaten zum Norddeutschen Bund und dem damit einhergehenden Strafgesetzbuch für den Norddeutschen Bund, welches 1871 in Kraft trat, verzeichnet werden.[99] Die Übernahme der Polizeiaufsicht erfolgte mit einer an die preußischen Ausführungen angelehnten Regelung, jedoch war der Anwendungsbereich im Vergleich zu jener eingeschränkt, so dass sie als fakultative Nebenstrafe mit einer Höchstdauer von fünf Jahren geregelt wurde. Auch fand eine Wirkungsbeschränkung auf das Aufenthaltsverbot und jederzeitige Hausdurchsuchungen statt.[100] Der Beitritt der süddeutschen Staaten zum Norddeutschen Bund und die Gründung des Deutschen Reiches am 18. Januar 1871 machten ein einheitliches Strafgesetzbuch immer unentbehrlicher.[101] Zunächst wurde das Strafgesetzbuch für den Norddeutschen Bund durch § 2 des Gesetzes betreffend der Verfassung des Deutschen Reiches vom 16. April 1871 zum Reichsgesetz erklärt und erlangte dadurch Rechtsverbindlichkeit auch für die süddeutschen Staaten. Unter der Bezeichnung Strafgesetzbuch für das Deutsche Reich wurde das Gesetz ausgefertigt, neu verkündet und trat am 1. Januar 1872 in Kraft, so dass ab diesem Zeitpunkt eine einheitliche Regelung der Polizeiaufsicht für das Deutsche Reich bestand.

I. Ausgestaltung der Polizeiaufsicht

Die Polizeiaufsicht war nun in den §§ 38, 39 und 361 des Strafgesetzbuches für das Deutsche Reich normiert. Aufgrund der Erfahrungen, die Preußen mit der im Jahr 1851 geregelten Polizeiaufsicht gemacht hatte, entschied der damalige Gesetzgeber bei der Ausgestaltung der Polizeiaufsicht diese nicht als obligatorische Nebenstrafe bei Begehung eines Verbrechens festzulegen.[102] Dies folgte aus Mitteilungen der Strafanstaltsverwaltungen. Diese bestätigten nämlich, dass „in vielen Fällen nichts der Änderung des verbrecherischen Sinnes mehr entgegenstehe, nichts mehr den lebendigen Vorsatz so leicht im Keime ersticke, nach der Haftentlassung ein neues ehrbares Leben zu beginnen, als die an den vor Jahren ergangenen Richterspruch unabwendbar geknüpfte Aussicht, nach er-

---

99 Baltzer, Reichsstrafgesetzbuch, S. 158 f.,176; Eisenhardt, Deutsche Rechtsgeschichte, § 67 Rn. 569; Hippel, Deutsches Strafrecht, S. 341; Kwaschnik, Führungsaufsicht im Wandel, S. 52.

100 Hassenpflug, Polizeiaufsicht, S. 25; Schulz, Führungsaufsicht, S. 55.

101 Liszt, Deutsches Strafrecht, S. 62.

102 Kwaschnik, Führungsaufsicht im Wandel, S. 53.

langter Freiheit sofort der Aufsicht der Polizei und damit der äußeren Gemeinschaft mit dem Verbrechertume anheimzufallen (…)".[103]

Daher entschied sich der damalige Gesetzgeber folgende Regelungen zur Polizeiaufsicht zu schaffen:

§ 38 RStGB

„Neben einer Freiheitsstrafe kann in den durch das Gesetz vorgesehenen Fällen auf die Zulässigkeit von Polizeiaufsicht erkannt werden.

Die höhere Landespolizeibehörde erhält durch ein solches Erkenntnis die Befugnis, nach Anhörung der Gefängnisverwaltung den Verurteilten auf die Zeit von höchstens fünf Jahren unter Polizeiaufsicht zu stellen.

Diese Zeit wird von dem Tage berechnet, an welchem die Freiheitsstrafe verbüßt, verjährt oder erlassen ist.

§ 39 RStGB

Die Polizeiaufsicht hat folgende Wirkungen:

1. Dem Verurteilten kann der Aufenthalt an einzelnen bestimmten Orten von der höheren Landespolizeibehörde untersagt werden.

2. Die höhere Landespolizeibehörde ist befugt, den Ausländer aus dem Reichsgebiet zu verweisen.

3. Hausdurchsuchungen unterliegen keinerlei Beschränkungen hinsichtlich der Zeit, zu welcher sie stattfinden dürfen.

§ 361 RStGB

Mit Haft wird bestraft:

1. wer, nachdem er unter Polizeiaufsicht gestellt worden ist, den in Folge derselben ihm auferlegten Beschränkungen zuwiderhandelt;

2. (…)"[104]

Damit brachte das Reichsstrafgesetzbuch hinsichtlich der Voraussetzungen und Wirkungen der Polizeiaufsicht wesentlich gemilderte Vorschriften mit sich. Im Vergleich zu den Bestimmungen des preußischen Strafgesetzbuches änderte sich die Polizeiaufsicht insbesondere in der Hinsicht, dass nicht mehr der Richter auf Unterstellung unter Polizeiaufsicht erkannte, sondern nur noch deren Zu-

103 Diese Argumente entstammen den Äußerungen des preußischen Ministers des Innern [bei Braune, ZStW 9 (1889), S. 807 (822 f.)], die dieser der Kommission amtlich abgab und die in die Motive aufgenommen wurden; vgl. auch Hassenpflug, Polizeiaufsicht, S. 26 f.

104 RGBl. 1871, S. 134, 197.

lässigkeit aussprach. Stattdessen oblag nun der höheren Landespolizeibehörde nach Anhörung der Gefängnisverwaltung die Entscheidung über den Eintritt der Polizeiaufsicht. Hierbei waren alle die Person betreffenden Umstände, vor allem das bisherige Verhalten des Verurteilten, seine Führung während der Haft und auch die Lebensumstände nach der Haft, zu berücksichtigen.[105] Um eine gleichmäßige und unbefangene Entscheidung hierzu zu treffen, lag die Entscheidungskompetenz nicht bei den Ortspolizeibehörden, sondern bei der höheren Landespolizeibehörde.[106] Die Befugnis wurde gerade deshalb nicht auf den Richter übertragen, da man davon ausging, dass die höhere Landespolizeibehörde eher imstande ist, die Lebensumstände nach der Haft treffend zu beurteilen als der Richter. Zudem oblag es den Behörden Maßregeln anordnen, die aufgrund der Rücksicht auf die Allgemeinheit notwendig waren und diese durch die ihr zur Verfügung stehenden Hilfskräfte kontrollieren. Änderten sich die Lebensumstände des unter Aufsicht Gestellten, konnte die Behörde hierauf flexibel reagieren, indem sie die Maßnahmen entweder erleichterte oder verstärkte.[107] Da die in Preußen geregelte Dauer von zehn Jahren als ungerechtfertigte Härte und auch nicht für erforderlich angesehen wurde, senkte man die Dauer auf einen Maximalzeitraum von fünf Jahren ab, wie dies in einigen Staaten bereits der Fall war. Auch fand eine Anpassung der gesetzlich vorgesehenen Fälle statt. Leichte Delikte, die nach dem Preußischen Strafgesetzbuch von 1851 noch die Polizeiaufsicht vorsahen, wurden aus dem Anwendungsbereich herausgenommen. Dies hatte folgenden Hintergrund: nur eine ernste Gefahr für die öffentliche Sicherheit kam als ausreichende Grundlage für den Eintritt der Maßnahme in Frage.[108] Aufgrund praktischer Erfahrungen der Polizeibehörden entschied sich der Gesetzgeber des Reichsstrafgesetzbuches dazu die Wirkungen im Vergleich zur preußischen Polizeiaufsicht abzumildern. Es sollten nur noch diejenigen Freiheitsbeschränkungen Zulassung finden, die zum einen für die Erreichung des Zwecks der Maßregel erforderlich waren und zum anderen den unter Polizeiaufsicht Gestellten nicht in seinen Bemühungen um ein ehrliches Fortkommen hinderten. Daher wurden die Wirkungen der Maßnahme in § 39 RStGB abschließend normiert, wobei die höhere Landespolizeibehörde hiervon keinen Gebrauch machen musste.[109]

Diese Vorschriften blieben bis zum 31. Dezember 1974 fast unverändert in Kraft.

---

105 Hassenpflug, Polizeiaufsicht, S. 27 f.; Klusmann, Polizeiaufsicht, S. 29.

106 Hassenpflug, Polizeiaufsicht, S. 27 f.; Klusmann, Polizeiaufsicht, S. 32.

107 Klusmann, Polizeiaufsicht, S. 31.

108 Hassenpflug, Polizeiaufsicht, S. 28; Venter, Polizeiaufsicht Preußen, S. 5.

109 Hassenpflug, Polizeiaufsicht, S. 29 f; Klusmann, Polizeiaufsicht, S. 36.

II. Kritik an der Polizeiaufsicht

Bereits vor der Einführung der Polizeiaufsicht gab es etliche Stimmen, die diese Maßnahme sehr kritisch beäugten. Jedoch setzten sich die Befürworter dieses Instituts durch und die Polizeiaufsicht wurde schließlich eingeführt. Es stellte sich allerdings heraus, dass es sich hierbei nur um einen vermeintlichen Sieg handelte. Bereits eine im Jahr 1890 durchgeführte Umfrage[110] nach den Erfahrungen bei den mit der Polizeiaufsicht befassten Stellen zeigte, dass die Maßregel seit ihrem Bestehen kaum Bedeutung und Effektivität erlangt hatte.[111] In dieser Umfrage wurden die mit der Polizeiaufsicht erreichten Erfolge überwiegend mit „gleich Null“ und die Maßnahme selbst als „wenig wirksam“ und „nicht besonders befriedigend“ bewertet.[112] Auch die Urteile der Praktiker fielen im Ergebnis ähnlich bedenklich aus.[113] Es kamen Stimmen auf, die der Polizeiaufsicht ihren Nutzen absprachen und die These aufstellten, eine derartige Maßregel schade wohl eher, als dass sie nütze, auf jeden Fall verhindere sie aber nicht die Begehung weiterer Straftaten.[114] Die Verhängung der Polizeiaufsicht führe, so die Auffassung einiger Gegner dieser Maßnahme, bei einigen durchaus motivierten Verurteilten nicht, wie anfänglich gehofft, zu einem Streben nach Besserung und gutem Betragen, sondern ganz im Gegenteil zu dem Gefühl, nach Verbüßung der Haftstrafe beginne nun erst die eigentliche Strafe. Diese Überzeugung berge oftmals die Gefahr eines Rückfalls.[115] Daher wurden Rufe nach ihrer Abschaffung zum Teil immer lauter.[116]

Als Ursache für das Scheitern der Polizeiaufsicht in der Praxis werden unterschiedliche Gesichtspunkte angeführt.

Manche Kritiker[117] hielten die gesetzliche Ausgestaltung der Polizeiaufsicht für ausschlaggebend für das Misslingen dieser Maßnahme. Sie bemängelten den Anwendungsbereich der Polizeiaufsicht, der sich lediglich noch auf einige bestimmte Delikte erstreckte. Damit sei der potentielle Täterkreis auf ein Mindestmaß reduziert worden. Kritik fand auch die Einwirkungsmöglichkeiten, die sich lediglich auf Aufenthaltsbeschränkungen, Ausländerverweisungen und die

110 Fuhr, Strafrechtspflege, S. 235.

111 Raabe, Führungsaufsicht, S. 2.

112 Fuhr, Strafrechtspflege, S. 235; Hebler, Probleme Polizeiaufsicht, S. 15; vgl. hierzu auch Dessecker, FS Heinz, S. 631 (633).

113 Hassenpflug, Polizeiaufsicht, S. 91.

114 Fuhr, Strafrechtspflege, S. 234; Hassenpflug, Polizeiaufsicht, S. 91; Raabe, Führungsaufsicht, S. 2 f.

115 Hassenpflug, Polizeiaufsicht, S. 91 f.; Klusmann, Polizeiaufsicht, S. 55 f.

116 Stellvertretend für viele Raabe, Führungsaufsicht, S. 3.

117 Hierzu gehören z.B. Jacobsen, Führungsaufsicht; Jescheck, Strafrecht AT.

Durchführung zeitlich unbegrenzter Hausdurchsuchungen bezogen. Diese reichten aber für eine wirksame Verbrechensbekämpfung nicht aus.[118]

Andere[119] wiederum sahen das Problem nicht in der gesetzlichen Ausgestaltung, sondern in der praktischen Anwendung der Polizeiaufsicht durch die ausführenden Organe.[120] Vor allem die Richter kritisierten ihre unzureichende Kompetenz in diesem Bereich, die nur die Zulassung, nicht aber die Ausführung und Ausgestaltung der Polizeiaufsicht umfasste. Damit hätten sie den weiteren Ablauf und die Auswirkungen der Maßnahme aus den Augen verloren. Dies sei zudem rechtsstaatlich sehr bedenklich, da ausschließlich ein Gericht einen Eingriff in die persönliche Freiheit anordnen könne.[121]

Ferner führten viele als Grund für das Scheitern der Polizeiaufsicht deren Zweckrichtung an. Der nur als Überwachungsmaßnahme und damit als reine Sicherungsmaßnahme ausgestalteten Polizeiaufsicht habe es an den Punkten Fürsorge für und Betreuung der Entlassenen gemangelt, Komponenten, welche ausschließlich privaten Initiativen wie Fürsorgevereinen und anderen Anlaufstellen überlassen wurden.[122] Zudem erwies sie sich in der Ausgestaltung stark resozialisierungsfeindlich und hatte bloßstellende Wirkung. Dies war oftmals ein gewichtiger Grund für die Rückfälligkeit des Unterstellten. Daher sollte die Polizeiaufsicht als diskrete Verwaltungsmaßregel angewandt werden.[123]

Allerdings kamen alle Kritiker darin überein, dass sich die Maßregel weder zur Verhinderung der Rückfälligkeit eignete noch ihren Zweck, dem Verurteilen eine gewisse Betreuung und Fürsorge zu bieten, erfüllte.[124]

Die heftige Kritik an der Polizeiaufsicht wirkte sich auch unmittelbar auf die Praxis der Gerichte aus, die die Polizeiaufsicht immer seltener verhängte:

---

118 Jacobsen, Führungsaufsicht, S. 7 f.; Jescheck, Strafrecht AT, S. 545.

119 So z.B. Mittermaier, ACR 1856, S. 326 ff.

120 Mittermaier, ACR 1856, S. 326 (340 ff.).

121 Vgl. hierzu Raabe, Führungsaufsicht, S. 6.

122 Jacobsen, MschrKrim 1984, S. 254 (255); Raabe, Führungsaufsicht, S. 5.

123 Gennat, Strafensystem, S. 47; Jacobsen, MschrKrim 1984, S. 254 (255); Jescheck, Strafrecht AT, S. 545.

124 Hassenpflug, Polizeiaufsicht, S. 95.

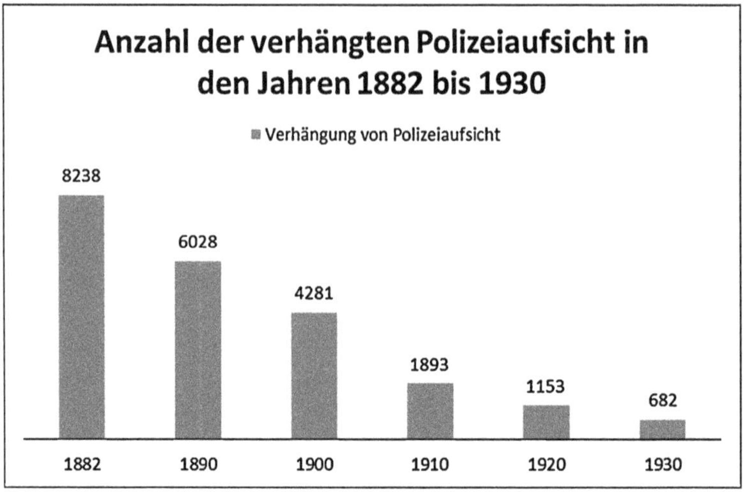

Abbildung 1: Anzahl der verhängten Polizeiaufsicht in den Jahren 1882 bis 1930[125]

Während die Gesamtzahl der rechtskräftig Verurteilten von ca. 315.000 im Jahr 1882 auf 596.000 im Jahr 1930 stark anstieg, ist im Vergleich dazu eine außerordentliche Reduzierung von Verhängungen der Polizeiaufsicht zu verzeichnen. Diese ging im gleichen Zeitraum von einer Gesamtanzahl von 8.238 auf 682 zurück. Neben den, gegenüber der Polizeiaufsicht bestehenden erheblichen Bedenken, waren für diesen sehr starken Rückgang auch Richtlinien verantwortlich, welche die Länderregierungen kurz nach Inkrafttreten des RStGB an die Polizeibehörden erließen. Danach sollte der Verurteilte nur in wirklich sehr dringenden Fällen unter Polizeiaufsicht gestellt werden.[126]

Aufgrund dieser lauter werdenden kritischen Stimmen gegenüber dem Institut der Polizeiaufsicht und der mangelnden Effizienz in der Praxis, setzten schon zu Beginn des 20. Jahrhunderts Reformbestrebungen ein, die eine wirksame Maßnahme der Sicherung und Besserung zum Ziel hatten.

125 Elster/Lingemann-[Hafner], Handwörterbuch der Kriminologie, S. 312; Gesamtzahl entnommen aus Kwaschnik, Führungsaufsicht im Wandel, S. 65.

126 Elster/Lingemann-[Hafner], Handwörterbuch der Kriminologie, S. 311 f.; siehe m.w.N. Kwaschnik, Führungsaufsicht im Wandel, S. 66.

III. Reformbestrebungen

Bereits im Jahr 1893 entwickelte Stooss[127] in einem Vorentwurf zu einem Strafgesetzbuch Allgemeiner Teil das Konzept der Zweispurigkeit von Rechtsfolgen. Neben der Vornahme der herkömmlichen Strafe sollte es seiner Meinung nach auch sichernde Maßnahmen für die Behandlung des Täters geben.[128] Die deutsche Strafrechtsreformbewegung griff diesen Gedanken auf, in deren Folge die positive Spezialprävention, welche die Resozialisierung und Erziehung des Täters zum Ziel hat, an Bedeutung zunahm. Bereits ab dem Jahr 1908 kamen die klassische und soziologische Schule zu dem gemeinsamen Schluss, dass für die Behandlung des Täters die positive Spezialprävention zumindest in der zweiten Spur unumgänglich war.[129] Die soziologische Schule forderte eine stärkere Individualisierung des Strafrechts und die Schaffung eines, auf den jeweiligen Tätertyp abgestimmten Sanktionensystems.[130]

Bei näherer Betrachtung der mit dem Vorentwurf von 1909 beginnenden Reformbestrebungen wird deutlich, dass man bestrebt war, sich von der Polizeiaufsicht des RStGB von 1871 abzuwenden und eine alternative Maßnahme zu entwickeln:

1. Vorentwurf zu einem Deutschen Strafgesetzbuch von 1909

Schon der Vorentwurf zu einem Deutschen Strafgesetzbuch von 1909 wollte die bestehende Kritik an der Polizeiaufsicht umsetzen und schaffte die Polizeiaufsicht zumindest formell ab. Einen Ersatz hierfür sollten die in § 53 Vorentwurf zu einem Deutschen Strafgesetzbuch von 1909 vorgesehenen Aufenthaltsbeschränkungen bilden, die sich jedoch hinsichtlich der Voraussetzungen und Wirkungen nur unwesentlich von der der Polizeiaufsicht des RStGB von 1871

127 Carl Stooss (1849-1934), Rechtswissenschaftler, erstellte den Vorentwurf für das schweizerische Strafgesetzbuch, auf den das schweizerische Strafgesetzbuch von 1937 zurückgeht, und wirkte bei der Erarbeitung einer österreichischen Strafrechtsreform mit. Insbesondere wurde er dadurch bekannt, dass er als Erster die Notwendigkeit von sichernden Maßnahmen für Gewohnheitsverbrecher und Unzurechnungsfähige erkannte. Angaben entnommen aus , Österreichische Akademie der Wissenschaften, Österreichisches Biographisches Lexikon, S. 321 f.

128 Kaenel, Kriminalpolitische Konzeption von Stooss, S. 96; Kwaschnik, Führungsaufsicht im Wandel, S. 66; Welzel, Allg. Teil des deutschen Strafrechts, S. 132.

129 Goldschmidt, Ausländisches und deutsches Strafrecht, S. 438 ff.; Kaenel, Kriminalpolitische Konzeption von Stooss, S. 97; Schmidhäuser, Studienbuch StR AT, Kap. 16 Rn. 2.

130 Schulz, Führungsaufsicht, S. 59.

unterschieden.[131] Auch hier betrug die vorgesehene Höchstdauer der gegen Inländer zulässigen Aufenthaltsbeschränkungen fünf Jahre. Das Verfahren zur Verhängung dieser Beschränkung sollte sich dabei an dem der Polizeiaufsicht orientieren, allerdings war in diesem Entwurf vorgesehen, dass die Ausführung der Aufenthaltsbeschränkung bereits vor Verbüßung der Hauptstrafe in der Kompetenz des Richters lag. Auch beabsichtigte man die Möglichkeit der Hausdurchsuchung in diesem Vorentwurf durch eine Neuregelung der Strafprozessordnung zu normieren. Zweck dieser Aufenthaltsbeschränkungen war weiterhin der Schutz der Gesellschaft, wobei man aber die Interessen des Verurteilten stärker berücksichtigen wollte. Diese als rein polizeiliche Maßnahme gedachte Maßregel, sollte nicht als Übergangsmaßnahme für Verurteilte zur Anwendung kommen, um ihr so den Strafcharakter zu nehmen. Eine Anordnung war nur bei vorliegender besonderer Gefahr zum Schutz bestimmter Personen oder der öffentlichen Sicherheit vorgesehen.[132] Insgesamt beinhaltete dieser Entwurf in Bezug auf die Polizeiaufsicht damit keine wesentlich andersartige Maßnahme und stellte wiederum lediglich einen Versuch unter neuem Deckmantel dar. Aufgrund der nur geringen Veränderungen im Vergleich zur ursprünglichen Polizeiaufsicht von 1871 konnte die Maßnahme der Aufenthaltsbeschränkung den Zweck der Reform, eine wirksame Maßnahme zur Sicherung und Besserung zu finden, nicht erreichen.[133]

2. Gegenentwurf zum Vorentwurf eines Deutschen Strafgesetzbuches von 1911

Auch der Gegenentwurf zum Vorentwurf eines Deutschen Strafgesetzbuches von 1911 hatte u.a. zur Aufgabe, die Polizeiaufsicht grundlegend zu reformieren, da man die im Vorentwurf vorgesehene Aufenthaltsbeschränkung zu Recht für ein untaugliches Mittel zur Überwachung der Entlassenen hielt.[134] Besondere Beachtung schenkte man hierbei auch im Rahmen des strafrechtlichen Sanktionensystems der Notwendigkeit persönlicher Wiedereingliederungshilfe für den Verurteilten.[135] Die in § 60 des Gegenentwurfes vorgesehene Regelung der Schutzaufsicht war als individuelle Betreuung nach der Strafe ausgestaltet. Diese konnte unter Ausschluss der Polizeibehörde und des erkennenden Gerichts vom Vormundschaftsgericht hauptsächlich für Zuchthausgefangene und bei

131 VE 1909, Begr., S. 180; Hebler, Probleme Polizeiaufsicht, S. 17.

132 VE 1909, Begr., S. 179 f.; Koch, Polizeiaufsicht, S. 7 f., 11; Raabe, Führungsaufsicht, S. 7 f.

133 Vgl. dazu S. 27, S. 28.

134 GE 1911, Begr., S. 108 f.

135 GE 1911, Begr., S. 85.

Vorliegen besonderer Umstände auch für Gefängnisinsassen für eine Höchstdauer von fünf Jahren angeordnet werden. Die Ausübung erfolgte unter der Leitung eines Fürsorgers, der den Betroffenen überwachen, ihn beraten und ihm vor allem bei der Arbeitssuche behilflich sein sollte. An diese Maßnahme war die Absicht geknüpft, die notwendige Kontrolle nach der Entlassung sicher zu stellen. Die Verfasser des Entwurfes verzichteten bewusst auf die Normierung einer besonderen Zwangsgewalt und hielten für die Sicherstellung der Maßnahme die Verfügungsmacht der Aufsichtsbehörde über das Arbeitsentgelt des Betroffenen und den drohenden Widerruf der vorläufigen Entlassung oder der nur bedingten Verurteilung als ausreichend.[136] Damit stellt sie inhaltlich im Wesentlichen eine Vorstufe der heutigen Bewährungshilfe dar.[137] Der Entwurf zeigt deutlich, dass nur durch eine repressive Maßnahme, wie es die Polizeiaufsicht darstellte, die Wiedereingliederung des Entlassenen in die Gesellschaft nicht erreicht werden kann. Der Gegenentwurf von 1911 führt damit die Zweispurigkeit des Strafrechts ausdrücklich in die Reform ein.[138] Aufgrund der zunehmenden innen- und außenpolitischen Schwierigkeiten des Kaiserreichs gerieten allerdings die gesamte Strafrechtsreform und damit auch dieser viel versprechende Entwurf ins Stocken.[139]

3. Entwurf der Strafrechtskommission von 1913

Die erste aus Vertretern der Rechtslehre und Praxis zusammengesetzte Strafrechtskommission schuf den Entwurf von 1913. Dieser beinhaltete zunächst die Abschaffung der Polizeiaufsicht. An deren Stelle sollte aber nicht die Schutzaufsicht stehen, stattdessen sah der § 108 des Entwurfes von 1913 ein Aufenthaltsverbot vor, das der Aufenthaltsbeschränkung des Vorentwurfes von 1909 weitgehend angeglichen war.[140] Allerdings sollte zusätzlich die Normierung eines Ausweisungsverbots erfolgen, so dass eine Ausweisung des Verurteilten aus dem Ort des Unterstützungswohnsitzes, seinem Arbeitsort oder aus Orten, an denen für seinen Unterhalt durch andere Weise gesorgt war, möglichst nicht stattfinden konnte. Zusätzlich erging der Vorschlag, in § 96 des Entwurfes von 1913 eine Schutzaufsicht für Jugendliche einzuführen, die wegen mangelnder Verstandesreife freigesprochen oder außer Verfolgung gesetzt worden waren oder bei denen von Strafe abgesehen bzw. deren Strafe gemildert worden war.

---

136 Vgl. hierzu Hassenpflug, Polizeiaufsicht, S. 99; Koch, Polizeiaufsicht, S. 15 ff.; Raabe, Führungsaufsicht, S. 10; Schulz, Führungsaufsicht, S. 60 f.

137 Jescheck, Strafrecht AT, S. 91.

138 Aschrott, Schutzaufsicht, S. 20 f.

139 Hassenpflug, Polizeiaufsicht, S. 100.

140 Koch, Polizeiaufsicht, S. 19.

Die Aufsicht sollte eine Höchstdauer von drei Jahren nicht überschreiten, wobei sie nicht über das 21. Lebensjahr hinaus andauern durfte. Aufgrund des Ausbruches des ersten Weltkrieges fand keine parlamentarische Beratung über diesen Entwurf mehr statt.[141]

4. Reformbestrebungen nach dem ersten Weltkrieg

Auch zur Zeit der Weimarer Republik entstanden zahlreiche Entwürfe einer Strafrechtsreform, in denen auch eine Reformierung der Polizeiaufsicht ergehen sollte. Jedoch hatten, insoweit sei das Ergebnis vorweggenommen, sämtliche Entwürfe keine Änderung der reichsgesetzlichen Vorschriften zur Folge.

a) Radbruch-Entwurf

Nach dem Ende des ersten Weltkrieges erarbeitete Gustav Radbruch im Rahmen seiner ministeriellen Tätigkeit als Reichsjustizminister 1922 den zu diesem Zeitpunkt modernsten Entwurf, der die Geldstrafe in den Mittelpunkt des Strafsystems stellte und nach der Meinung vieler einen Höhepunkt der strafgesetzlichen Reformarbeit darstellte.[142] Als Leitbild dieses Entwurfs diente die Verbindung der Notwendigkeit einer effizienten Strafrechtsgestaltung mit liberalen Prinzipien. Radbruch forderte damit eine Kombination von Strafen und Maßregeln.[143] Der Täter unterstand daher gem. § 51 des Entwurfes von Radbruch einer Schutzaufsicht, die ihn vor zukünftigen Straftaten bewahrte und an ein Leben nach dem Gesetz gewöhnte. Zudem sollte ihm das wirtschaftliche Leben erleichtert werden. Dieses Institut diente demnach nicht der Bestrafung, sondern verstand sich als sichernde Maßnahme. Bei dieser war vorgesehen, dass sie kraft richterlicher Anordnung, nicht aber kraft Gesetzes, als Folge einer bestimmten Straftatbegehung, eintrat.[144] Doch auch dieser Entwurf fand keine Verabschiedung durch das Kabinett. Zunächst wurde die Beratung abgesetzt, anschließend rückte durch die Besetzung des Ruhrgebiets und des Währungszusammenbruchs der Schwerpunkt der politischen Arbeit von der Strafrechtsreform ab.[145] Andere „drängende Sorgen um Lebensfragen des deutschen Volkes“[146] standen im Vordergrund und drängten auf eine Lösung.

---

141 Vgl. hierzu Busch, Deutsche Strafrechtsreform, S. 33; Fehl, Monetäre Sanktionen, S. 31; Raabe, Führungsaufsicht, S. 10 f.; Schulz, Führungsaufsicht, S. 61 f.

142 Busch, Deutsche Strafrechtsreform, S. 34; Dehler/Schmidt, Radbruchs Entwurf, S. 7.

143 Dehler/Schmidt, Radbruchs Entwurf, S. 53; E 1962, Begr., S. 94.

144 Dehler/Schmidt, Radbruchs Entwurf, S. 53.

145 Busch, Deutsche Strafrechtsreform, S. 34; Schubert, Strafrechtsreform, S. XII (XII f.).

146 GE 1925, Begr., S. 3.

b) Erster amtlicher Entwurf eines allgemeinen deutschen Strafgesetzbuches nebst Begründungen von 1925

Die Reichsregierung veröffentlichte im Jahr 1925 den ersten amtlichen Entwurf eines allgemeinen deutschen Strafgesetzbuches nebst Begründungen, in dem eine Übernahme der Vorschläge Radbruchs erging. Danach wurde die Polizeiaufsicht als Nebenstrafe abgeschafft, die Schutzaufsicht des Gegenentwurfes von 1911 hingegen übernommen. Diese hatte dabei den Charakter einer Fürsorgemaßregel, wodurch sie sich grundlegend von der Polizeiaufsicht des Strafgesetzbuches des deutschen Reiches unterschied. Nähere Bestimmungen zur Ausgestaltung der Schutzaufsicht sollte ein zu schaffendes Strafvollstreckungsgesetz enthalten, das vor allem eine Heranziehung von durch das Vollstreckungsgericht ausgesuchten Helfern vorsah.[147] Das Ziel dieser Maßnahme bestand in der Bewahrung des Täters vor künftigen Straftaten, im Bemühen um sein gesetzmäßiges Leben und in der Erleichterung seines wirtschaftlichen Lebens.[148] Angeordnet werden sollte die Schutzaufsicht vor allem in Fällen des bedingten Straferlasses, der bedingten Entlassung aus einer Heil-, Pflege- oder Trinkanstalt oder aus der Sicherungsverwahrung.[149]

c) Zweiter amtlicher Entwurf eines allgemeinen deutschen Strafgesetzbuches nebst Begründungen von 1927

Der im Jahr 1927 vorgelegte Entwurf nahm im Wesentlichen den Entwurf von 1925 auf. Zwar wurden einige Veränderungen vorgenommen, diese betrafen allerdings nicht die Schutzaufsicht. Da die Polizeiaufsicht weiter als untaugliches Mittel eingestuft wurde, hielt man am Institut der Schutzaufsicht fest, welches seine Regelung in den §§ 55 Nr. 5, 43, 61 des Entwurfes von 1927 fand. In diesem Entwurf gab es, im Gegensatz zu dem aus dem Jahr 1925, keine gesetzliche Normierung der Zwecksetzung. Nach der Entwurfsbegründung diente die Schutzaufsicht dazu, den Betroffenen während der Probezeit auf die rechte Bahn zu bringen und ihn zu unterstützen.[150] Damit knüpfte man an die Schutzaufsicht des Jugendgerichtsgesetzes von 1923 an, die sich an die Verbüßung der Strafe anschloss, welches diese Maßnahme ausschließlich als Besserungs- und nicht als Sicherungsmaßregel verstand.[151] Die Schutzaufsicht grenzte sich somit als ein

147 GE 1925, Begr., S. 43; Hassenpflug, Polizeiaufsicht, S. 100; Raabe, Führungsaufsicht, S. 14.

148 Raabe, Führungsaufsicht, S. 14; Venter, Polizeiaufsicht Preußen, S. 37.

149 GE 1925, Begr., S. 43; Hassenpflug, Polizeiaufsicht, S. 100.

150 E 1927, Begr., S. 37.

151 Elster/Lingemann-[Hafner], Handwörterbuch der Kriminologie, S. 309 f.; Hassenpflug, Polizeiaufsicht, S. 101.

mit Zwang verbundenes Sicherungsmittel, das zugleich die Fürsorge des Betroffenen umfasst, eindeutig von der Polizeiabsicht ab. Im Vordergrund des Entwurfs stand hierbei die Resozialisierung und Erziehung des Täters.[152]

Die Verwirklichung dieses Reformvorschlags wurde jedoch u.a. aufgrund der Zerstrittenheit der politischen Parteien, die aus den übergroßen innerpolitischen Schwierigkeiten Anfang der 30-er Jahre des letzten Jahrhunderts resultierten, verhindert. Der Widerstand der nationalsozialistischen Parlamentsmitglieder erwies sich bereits zu diesem Zeitpunkt als so groß, so dass eine erfolgreiche Durchführung der Reform nicht möglich war. Mit dem Ende der Weimarer Republik durch die Ereignisse im Jahr 1933 fand auch die Strafrechtsreform in ihren ursprünglichen Bestrebungen zumindest ihr vorläufiges Ende.[153] Zwar sah man die Notwendigkeit von wirksamen Maßnahmen zur Ergreifung von Personen, die zwar noch keine Gewohnheitsverbrecher geworden, jedoch auf die schiefe Bahn geraten waren, im Mittelpunkt der Reformüberlegungen stand allerdings immer mehr der Kampf gegen die gefährlichen Gewohnheits- und Berufsverbrecher.[154]

D. Entwicklung im Dritten Reich

Die Zeit des Nationalsozialismus stellt einen besonderen Zeitabschnitt dar, der die Entwicklung der Polizeiaufsicht stark prägte. Auch während dieser Zeit wurde diese als Teil der vorbeugenden Verbrechensbekämpfung angesehen.[155]

Mit dem 1933 erlassenen Gesetz gegen gefährliche Gewohnheitsverbrecher und über Maßregeln der Besserung und Sicherung, das Maßregeln zur Besserung und Sicherung einführte, erfuhr die Polizeiaufsicht keine Neuregelung. Zwar wurden Maßnahmen, die im Wesentlichen mit Freiheitsentzug einhergingen, normiert, jedoch unterließ es der Gesetzgeber eine Regelung der Polizeiaufsicht, wie sie in den Entwürfen vorgesehen war, für in der Freiheit befindliche, als gefährlich eingestufte Täter, zu verabschieden. Auch die Gesetzesentwürfe von 1936 und 1939 beinhalteten keine diesbezügliche Regelung. Gleichwohl

---

152 Raabe, Führungsaufsicht, S. 15 f.; Kwaschnik, Führungsaufsicht im Wandel, S. 73.

153 Fehl, Monetäre Sanktionen, S. 35; Kwaschnik, Führungsaufsicht im Wandel, S. 73 f.; Raabe, Führungsaufsicht, S. 16; Schmidt, Geschichte der deutschen Strafrechtspflege, S. 408.

154 Hassenpflug, Polizeiaufsicht, S. 101; Hebler, Probleme Polizeiaufsicht, S. 21; Terhorst, Polizeiliche Überwachung im Dritten Reich, S. 15 ff.

155 Hassenpflug, Polizeiaufsicht, S. 101; Terhorst, Polizeiliche Überwachung im Dritten Reich, S. 8.

wurde die Polizeiaufsicht auf dem Verwaltungswege erheblich ausgebaut.[156] Aufgrund der auf Art. 48 Abs. 2 der Weimarer Reichsverfassung gestützten Verordnung des Reichspräsidenten zum Schutz von Volk und Staat vom 28. Februar 1933 erließ der preußische Minister des Innern am 13. November 1933 eine Verordnung betreffend der Anwendung vorbeugender Polizeihaft gegen Berufsverbrecher. Diese fand eine Ergänzung durch den Runderlass hinsichtlich der planmäßigen Überwachung der auf freiem Fuß befindlichen Berufsverbrecher von 1934. Der Anwendungsbereich dieser Verordnung umfasste zunächst nur kommunistische, staatsgefährdende Gewaltakte, wurde jedoch später auch auf das allgemeine Verbrechertum ausgeweitet.[157] Der ergänzende Runderlass von 1934 gab der Polizei ausgedehnte Kontrollbefugnisse zur Überwachung des Berufsverbrechertums. Danach konnte sie ein Verbot, den Wohnort ohne polizeiliche Genehmigung zu verlassen oder sich zur Nachtzeit außerhalb der polizeilich gemeldeten Wohnung aufzuhalten, aussprechen. Ferner durfte sie den Überwachten verbieten, Kraftwagen und Motorräder zu führen und zu benutzen, sich an bestimmten Orten aufzuhalten sowie unter Chiffre in Zeitungen zu inserieren oder Inserate eines bestimmten Inhalts aufzugeben. Zuwiderhandlungen wurden mit vorbeugender Polizeihaft bedroht.[158] Die planmäßige Überwachung durch die Polizei und die polizeiliche Vorbeugungshaft fanden im Zuge der Übernahme der Polizei in die Reichszuständigkeit 1937 einen stetigen Ausbau und erstreckten sich auf das gesamte Reichsgebiet.[159] Insbesondere erweiterte man den Maßnahmenkatalog zu Präventionszwecken, also für die Behinderung der Vorbereitung und Planung neuer Verbrechen. Damit wurde eine planmäßige polizeiliche Überwachung als Maßnahme zur Sicherung der Allgemeinheit geschaffen, die in ihrer Ausgestaltung nicht länger der des Strafgesetzbuches des Deutschen Reiches ähnelte. Das Ziel durch fürsorgliche Maßnahmen den Besserungszweck anzustreben, wurde völlig verworfen. Die Polizeiaufsicht in dieser Ausgestaltung diente allein zur Kontrolle von und dem Schutz der Allgemeinheit vor Schwerverbrechern.[160] Auch entfiel die richterliche Kontrolle, da die Polizeibehörde in Alleinzuständigkeit, d.h. ohne Gerichtsurteil, Maßnahmen anordnen durfte.[161] Bezüglich der Erfolgsaussichten der Maßnahme, vor allem hinsichtlich der Rückfallkriminalität, herrschte Uneinig-

156 Fernholz-Niemeier, Pönalisierung von Weisungsverstößen, S. 19 Fn. 3; Hassenpflug, Polizeiaufsicht, S. 102; Schulz, Führungsaufsicht, S. 65.

157 Hebler, Probleme Polizeiaufsicht, S. 21; Raabe, Führungsaufsicht, S. 17.

158 Schulz, Führungsaufsicht, S. 65 f.

159 Hebler, Probleme Polizeiaufsicht, S. 21 ff.; Raabe, Führungsaufsicht, S. 18; Schulz, Führungsaufsicht, S. 66.

160 Hassenpflug, Polizeiaufsicht, S. 102 f.; Raabe, Führungsaufsicht, S. 18.

161 Kwaschnik, Führungsaufsicht im Wandel, S. 76 f.

keit. Offensichtlich war der beträchtliche Rückgang der Schwerkriminalität in den 1930er Jahren.[162] Nach der Meinung Vieler[163] ging dieses Phänomen auf die Maßnahme der Polizeiaufsicht zurück.[164] Andere[165] wiederum hielten die Polizeiaufsicht in ihrer damaligen Ausgestaltung nicht für effektiv genug und führten als einen Grund für den Rückgang der Kriminalität die Unterbringung von mehrfach Rückfälligen in Konzentrationslagern an.[166] Vorliegend kann jedoch offen bleiben, ob die Polizeiaufsicht ursächlich für den nachweislichen Rückgang der Schwerkriminalität war, da die Maßnahme, die ihren Höhepunkt in der Überwachung in den Konzentrationslagern fand, als reine Überwachungsmaßnahme und mit rechtsstaatlichen Grundsätzen unvereinbare Regelung abzulehnen ist.[167]

E. Entwurf eines Strafgesetzbuches von 1962

Jedoch behielt man die Polizeiaufsicht in ihrer Ausgestaltung vor 1933, geregelt in den §§ 38, 39 und 362 Nr. 1 RStGB, ohne jegliche Beratung nach dem Zweiten Weltkrieg zunächst bei und gab sie mit dem 3. Strafrechtsänderungsgesetz von 1953 erneut unverändert bekannt. Allerdings wurde die Maßnahme von Seiten der Gerichte kaum genutzt. Während die Gesamtzahl von Verbrechen und Vergehen von 275.182 im Jahr 1950 auf 472.992 im Jahr 1954 stark, nämlich um ca. 72 %, anstieg, nahm die Anordnung der Polizeiaufsicht nur gering zu. Im gleichen Zeitraum kam es lediglich zu einem Zuwachs von etwa 34 %. Die Gesamtanzahl ist von 304 auf 406 Fälle gestiegen.[168]

---

162 Werner, Kriminalistik 1938, S. 58 (59).

163 Hierzu gehörten z.B. Hebler, Probleme Polizeiaufsicht; Werner, Kriminalistik 1938, S. 58 ff.

164 Vgl. hierzu Hebler, Probleme Polizeiaufsicht, S. 21; Werner, Kriminalistik 1938, S. 58 (59).

165 So z.B. Stellungnahme Sieverts, Niederschriften über die Sitzungen, Bd. 1.

166 Insb. Stellungnahme Sieverts, Niederschriften über die Sitzungen, Bd. 1, S. 291.

167 Hassenpflug, Polizeiaufsicht, S. 105; Schulz, Führungsaufsicht, S. 66; vgl. hierzu auch Jacobsen, Führungsaufsicht, S. 9, der die Überwachung in den Konzentrationslagern als Perversion bezeichnete.

168 Statistik der Bundesrepublik Deutschland, Bd. 110, S. 25 ff., Bd. 129, S. 16 ff. und S. 35 ff.

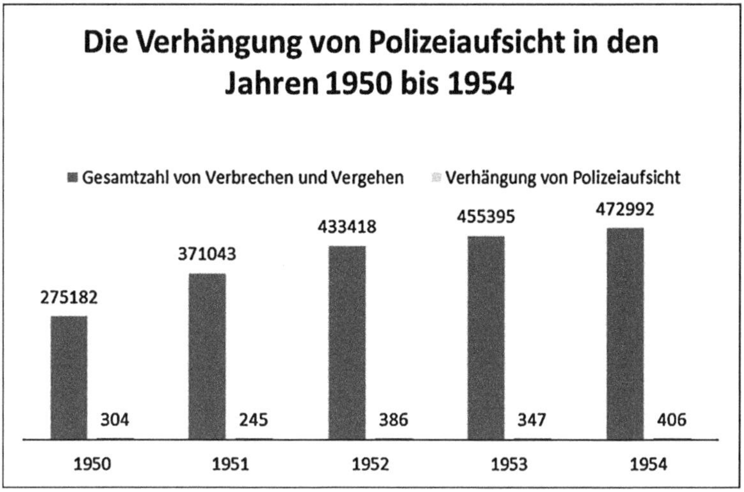

Abbildung 2: Die Verhängung von Polizeiaufsicht in den Jahren 1950 bis 1954[169]

Diese zögerliche Nutzung lag hauptsächlich in den Bedenken gegen das Institut der Polizeiaufsicht begründet. Es darf allerdings auch nicht verkannt werden, dass nach dem Zusammenbruch der nationalsozialistischen Herrschaft der Wiederaufbau der gerichtlichen Organisation aufgrund von noch bestehenden unübersichtlichen innerpolitischen und rechtlichen Gegebenheiten nur schleppend voranschritt und erst 1950 die geordnete Strafverfolgung einsetzte, so dass mithin auch Registrierungseffekte als Erklärung in Betracht kommen.[170]

Die durch die Ära des Nationalsozialismus und den Zweiten Weltkrieg unterbrochene Reform des gesamten Strafrechts fand mit Wiederaufnahme der parlamentarischen Arbeit daraufhin auch eine Fortsetzung. Aufgrund dessen kam 1954 die aus Strafrechtslehrern und Praktikern bestehende Große Strafrechtskommission zusammen, die wegen der zunehmenden Diskussion um das Institut der Polizeiaufsicht auch hierüber zu befinden hatte. Sie entschied, anstelle der Polizeiaufsicht, die Sicherungsaufsicht als Maßregel der Besserung und Sicherung in den Entwurf aufzunehmen. Ihre Arbeiten waren Teil des ersten Gesamtentwurfs eines Strafgesetzbuches von 1960, jedoch konnte aufgrund des Legislaturendes darüber nicht mehr parlamentarisch beraten werden, so dass der Entwurf im Jahr 1962 erneut dem Bundestag zur Beschlussfassung zugeleitet wur-

169 Statistik der Bundesrepublik Deutschland, Bd. 110, S. 25 ff., Bd. 129, S. 16 ff. und S. 35 ff.

170 Jescheck, Strafrecht AT, S. 17; Kwaschnik, Führungsaufsicht im Wandel, S. 79; Rückerl, Strafverfolgung von NS-Verbrechen, S. 33.

de. Dieser Vorschlag hatte erheblichen Einfluss auf die Ausgestaltung der weiteren Strafgesetzgebung und bildete die Grundlage für weitere Reformdiskussionen.[171]

I. Ausgestaltung der Sicherungsaufsicht

Das Institut der Sicherungsaufsicht war im Entwurf von 1962 in den §§ 91 bis 98 als freiheitsbeschränkende Maßregel vorgesehen, die sich in ihrer Ausgestaltung an der Schutzaufsicht des Gegenentwurfes von 1911 orientierte und sich damit deutlich von der Polizeiaufsicht unterschied.[172] Insbesondere wurde zu dieser Zeit erkannt, dass nicht nur Verurteilte mit einem ganz oder teilweise zur Bewährung ausgesetzten Strafmaß der Aufsicht bedurften, sondern auch Straffällige nach Verbüßung der Freiheitsstrafe. Hierbei sollte nicht nur die Allgemeinheit Schutz vor weiteren Taten des Verurteilten finden. Vielmehr stellte auch die Resozialisierung des Täters ein kriminalpolitisches Ziel der Sicherungsaufsicht dar. Vor allem aufgrund des Täterkreises, welcher auch Rückfall- und Hangtäter umfasste, stand der Schutz der Allgemeinheit im Vordergrund.[173] Dieser Entwurf sah die Anordnung von Sicherungsaufsicht bei bestimmten Tätergruppen vor. § 91 Abs. 1 des Entwurfes von 1962 differenzierte hierbei zwischen Rückfalltätern, Nr. 1, parasitären[174] Tätern, Nr. 2, und Tätern, bei denen die Sicherungsaufsicht gesetzlich besonders vorgesehen war und gegen die auf zeitliches Zuchthaus oder Gefängnis von mindestens sechs Monaten erkannt wurde, Nr. 3. Des Weiteren normierte § 97 des Entwurfes von 1962 die Möglichkeit der Sicherungsaufsicht als gesetzliche Nebenfolge. Danach sollte diese, bis auf wenige Ausnahmen,[175] nach vollständiger Verbüßung einer mindestens zweijährigen Freiheitsstrafe wegen einer vorsätzlichen Straftat mit der Entlassung aus der Haft eintreten. Weiterhin sah der Entwurf von 1962 die Sicherungsaufsicht gem. §§ 105, 107 Abs. 3 in den Fällen vor, in denen die Unter-

---

171 Busch, Deutsche Strafrechtsreform, S. 40; Jacobsen, Führungsaufsicht, S. 9; Raabe, Führungsaufsicht, S. 20 f.; Schulz, Führungsaufsicht, S. 67.

172 BT-Drs. IV/650, S. 100.

173 BT-Drs. IV/650, S. 208; Bruns, ZStW 71 (1959), S. 210 (245 f.); Bülow, Führungsaufsicht, S. 145 (145); Ehrhardt, ZStW 76 (1964), S. 216 (234); Schulz, Führungsaufsicht, S. 67 f.; Stöckel, BayVBl. 1975, S. 5 (5); Zipf, JuS 1974, S. 273 (276 f.).

174 Parasitäre Täter sind nach Schulz, Führungsaufsicht, S. 68 f. solche Täter, die aus Arbeitsscheu oder aus Hang zu einem unsteten oder ungeordneten Leben straffällig geworden waren und die entweder zeitiges Zuchthaus oder Gefängnis oder wegen gewerbsmäßiger Unzucht, Anlocken zur Unzucht, Bettelei oder Landstreicherei Strafhaft verwirklicht hatten.

175 Vgl. hierzu BT-Drs. IV/650, S. 224.

bringung in einem Arbeitshaus ausgesetzt wurde sowie bei der Aussetzung der Sicherungsverwahrung und der vorbeugenden Verwahrung. Erstmalig äußerte sich ein Entwurf auch konkret zur inhaltlichen Ausgestaltung der Maßnahme. Danach erhielt das Gericht die Möglichkeit zur Erteilung von Weisungen an den Verurteilten, um diesen zum einen von weiteren Straftaten abzuhalten und ihm zum anderen zu helfen, ein geordnetes Leben nach dem Gesetz zu führen. Der Inhalt der Weisung wurde durch § 93 des Entwurfes von 1962 abschließend normiert. Hierbei fand eine Differenzierung zwischen strafbewehrten nach Abs. 1 und nicht strafbewehrten Weisungen nach Abs. 2 statt. Die Strafandrohung zielte darauf ab, dass der Verurteilte die Sicherungsaufsicht und die erteilten Weisungen ernst nimmt und ihnen Folge leistet.[176] Das Gericht musste nach Vorstellung des Entwurfs die Klausel des § 93 Abs. 3 beachten, die besagte, dass nur Weisungen zulässig seien, die keinen unzumutbaren Eingriff in die Lebensführung des Verurteilten darstellten. Damit ging das Ziel einher, der Sicherungsaufsicht eine höhere Wirksamkeit als der Polizeiaufsicht zu verleihen.[177] Ferner konnte das Gericht, wenn es für die Erreichung des Zwecks der Sicherungsaufsicht die Erteilung und Überwachung von Weisungen für nicht ausreichend hielt, den Verurteilten gem. § 92 Abs. 2 des Entwurfes von 1962 einer Aufsichtsstelle zuteilen. Je nachdem, ob der Verurteilte eher der Sicherung oder der Betreuung bedurfte, war entweder eine Überwachungsbehörde oder ein Bewährungshelfer zu bestellen. Die Aufsichtsstelle hatte nach § 92 Abs. 3 des Entwurfes von 1962 die Überwachung des Verurteilten, die Erfüllung seiner Weisungen und die Betreuung des Verurteilten zur Aufgabe. Die Dauer hatte zwei bis fünf Jahre zu betragen, wobei dieser Entwurf auch schon das Abkürzen der Höchstdauer und die vorzeitige Aufhebung dieser Maßregel kannte, §§ 94 Abs. 1, 96 Abs. 1 des Entwurfes von 1962.[178] Dieser Entwurf diente der Schaffung eines neuen Instituts, dessen Grundlagen ausführlich geregelt wurden. Die Frage, ob die Sicherungsaufsicht eine geeignete Maßnahme der Sicherung und Besserung darstellte, konnte nicht eindeutig beantwortet werden. So löste dieses Institut nicht nur in den parlamentarischen Beratungen heftige Diskussionen und Kritik daran aus.[179]

---

176 BT-Drs. IV/650, S. 221.

177 BT-Drs. IV/650, S. 221.

178 Vgl. insgesamt zur Ausgestaltung der Sicherungsaufsicht: Schulz, Führungsaufsicht, S. 67 ff.

179 Vgl. hierzu Bülow, Führungsaufsicht, S. 145 (145 f.).

II. Kritik an der Sicherungsaufsicht

Die Sicherungsaufsicht sah sich von verschiedenster Seite der Kritik ausgesetzt. Einige beanstandeten etwa die unklare Zweckbestimmung dieser Maßregel. Nach dem Entwurf sollte sie einerseits als Bewährungshilfe, andererseits aber auch als Überwachungsmaßregel ausgestaltet sein. Hierbei wurden allerdings keine Kriterien aufgestellt, wann welcher Zweck im Einzelfall Vorrang besaß, so dass hierdurch eine gewisse Unklarheit und Unsicherheit entstand.[180] Nach dem Entwurf oblag es dem Gericht über den Zweck befinden, wonach die Ausgestaltung durch den einzelnen Richter und nicht durch das Gesetz erfolgte. Diese unbestimmte Rechtsfolge stuften viele als rechtsstaatlich sehr bedenklich ein.[181] Auch würden durch die Doppelstellung dieser Maßnahme, die Resozialisierung des Täters auf der einen Seite, der Schutz der Allgemeinheit auf der anderen Seite, nach anderer Meinung erhebliche Probleme für das gesamte Institut hervorgerufen. Die innere Gegensätzlichkeit der beiden Zwecksetzungen könnte dazu führen, dass die Sicherungsaufsicht als Institut auseinander gesprengt würde. Die Vorschriften über die Sicherungsaufsicht seien in dem Streben nach möglicher Perfektion hierdurch unübersichtlich und für die Verfolgung des Zwecks viel zu kompliziert geworden.[182] Ferner hielt man es zum Teil für rechtsstaatlich sehr bedenklich, einen Täter nach vollständiger Verbüßung der Haftstrafe wieder einer fortdauernden Aufsicht zu unterstellen.[183] Vor allem müsse auch das Anwendungsgebiet der Sicherungsaufsicht eine starke Einschränkung finden, da dieses sonst die persönliche Freiheit des Einzelnen zu stark beeinträchtige. Nur auf diese Weise könne das Institut ein taugliches kriminalpolitisches Instrument werden.[184] Des Weiteren wurde gegen die Sicherungsaufsicht das Argument hervorgebracht, sie sei in ihrer Ausgestaltung sehr unrealistisch und wenig an der Praxis orientiert. Die Absicht, die Bereitschaft des Täters durch die Strafandrohung des § 429 des Entwurfes von 1962 wecken bzw. erzwingen zu wollen, sei völlig idealistisch. Die Resozialisierung des Täters und der Schutz der Allgemeinheit können nicht durch die Bestrafung der Nichteinhaltung der Weisung erreicht werden.[185] Dies sei darüber hinaus auch

---

180 Vgl. hierzu z.B. m.w.N.: Schulz, Führungsaufsicht, S. 71.

181 Zitiert nach Grünwald, ZStW 76 (1964), S. 633 (662).

182 Preiser, ZStW 81 (1969), S. 249 (251); Schröder, Referat, E 3 (E 20); nicht speziell zur Sicherungsaufsicht Zipf, JuS 1974, S. 273 (277), der für eine befriedigende Lösung im Allgemeinen die Trennung von Eingliederungshilfe und Überwachung fordert.

183 AE 1969, Begr., S. 159; Schulz, Führungsaufsicht, S. 73.

184 Grünwald, ZStW 76 (1964), S. 633 (665); Preiser, ZStW 81 (1969), S. 249 (251 f.).

185 Schröder, Referat, E 3 (E 21).

rechtsstaatlich bedenklich und schwer haltbar.[186] Der Entwurf sei ferner auch nicht praxisorientiert, da nicht an den Mangel der Bewährungshelfer gedacht wurde. Die unterbesetzten Bewährungshelfer hätten noch mehr, durch den Entwurf vorgesehene, neue Aufgaben übernehmen müssen. In Anbetracht der fehlenden Bereitschaft, die Anzahl an Bewährungshelfern zu erhöhen und angesichts des zu betreuenden Täterkreises seien die Bewährungshelfer regelmäßig ihren Aufgaben nicht gewachsen. Ferner stünden den Bewährungshelfern auch keine Machtbefugnisse zur Verfügung, sie seien also lediglich auf den guten Willen und die Bereitschaft des Verurteilten angewiesen.[187]

F. Entwicklung des Entwurfes von 1962 und Inkrafttreten der Führungsaufsicht

Obwohl das Institut sich vielfach der Kritik ausgesetzt sah und sich auch der von Strafrechtslehrern vorgelegte Alternativentwurf zum Allgemeinen Teil eines neuen Strafgesetzbuches[188] gegen die Sicherungsaufsicht aussprach, wollte der Sonderausschuss des Bundestags grundsätzlich an diesem Institut festhalten. Mit Rücksicht auf die bestehende Kritik gestaltete er jedoch die Maßregel um. Insbesondere benannte er die Sicherungsaufsicht in Führungsaufsicht um. Hierdurch sollte verdeutlicht werden, dass der Sicherungszweck erst an zweiter Stelle stand und die Hilfe für den Verurteilten dem gegenüber vorrangig war.[189] Ferner sah man eine Verkleinerung des Täterkreises auf wirklich gefährliche Täter vor. Nach Auffassung des Sonderausschusses habe das Strafrecht die Verhütung von Straftaten zur Aufgabe und nicht die Bekämpfung des Hangs zu einem unsteten oder ungeordneten Leben oder der Arbeitsscheu.[190] Zudem wurde vorgebracht, dass die Begriffe „Arbeitsscheu" und „gemeinlästig" zu unbestimmt waren, um eine derartig schwerwiegende und belastende Maßnahme zu rechtfertigen.[191] Daraufhin nahm man gemeinlästige Täter aus dem Anwendungsbereich, der sich nunmehr nur noch auf Rückfalltäter, Täter bestimmter Straftaten, bei denen die Führungsaufsicht ausdrücklich zu erfolgen hatte sowie auf langstrafi-

186 Jescheck, Strafrecht AT, S. 511; Preiser, ZStW 81 (1969), S. 249 (258 f.).

187 Ehrhardt, ZStW 76 (1964), S. 216 (235); Hassenpflug, Polizeiaufsicht, S. 130; Schröder, Referat, E 3 (E 21).

188 AE 1969, Begr., S. 159.

189 BT-Drs. V/4095, S. 35; Jacobsen, Führungsaufsicht, S. 10; Niedersächsisches Ministerium, Empfehlungen, S. 54 f.; Schulz, Führungsaufsicht, S. 73; Stöckel, BayVBl. 1975, S. 5 (6).

190 BT-Drs. V/4095, S. 35

191 BT-Drs. V/4095, S. 35

ge Vollverbüßer erstreckte. Voraussetzung hierbei war allerdings auch das Vorliegen einer negativen Prognose.[192] Auch hielt der Sonderausschuss die obligatorische Bestellung eines Bewährungshelfers für die Sicherstellung einer persönlichen Betreuung für notwendig, wobei der Bewährungshelfer sich hierbei auf die helfende und betreuende Tätigkeit zu beschränken hatte. Die besonderen Überwachungsmaßnahmen sollten durch die Aufsichtsstelle erfolgen.[193]

Im Rahmen des Zweiten Gesetzes zur Reform des Strafrechts vom 4. Juli 1969, das am 1. September 1973 in Kraft trat, wurde die neu gefasste Führungsaufsicht eingeführt. Die Vorschriften über die Polizeiaufsicht verloren nach Art. 2 § 3 desselben Gesetzes ihre Gültigkeit.[194] Die in den §§ 68 bis 68g neu gefasste Führungsaufsicht erfuhr durch das Einführungsgesetz zum Strafgesetzbuch vom 2. März 1974 noch kleinere Korrekturen und trat schließlich am 1. Januar 1975 in Kraft.

G. Entwicklung der Führungsaufsicht seit Inkrafttreten am 1. Januar 1975

Das Institut der Führungsaufsicht soll den Täter sowohl durch Überwachung und Kontrolle an der Begehung neuer Straftaten hindern und dadurch die Allgemeinheit schützen als auch durch Hilfe und Betreuung ihm den Übergang in die Freiheit erleichtern und ihn zu einem Leben ohne Straftaten befähigen.[195] Indem nun die Betreuung auch für aus der Strafhaft entlassene Verurteilte angeboten wird, bei denen die Gefahr der Begehung weiterer Straftaten besteht, schloss sich eine empfindliche Lücke des Strafrechts. Der Gesetzgeber erkannte damit erstmals die Behandlungsbedürftigkeit und -fähigkeit schwer belasteter Straftäter an.[196] Dies bedeutet eine Ausdehnung der Bewährungsaufsicht auch auf Fälle mit schlechter sozialer Prognose.[197] Demzufolge stellt dieses Institut keine Fortsetzung der als rechtsstaatlich bedenklich eingestuften Polizeiaufsicht dar, sondern ersetzt dieses durch ein sozialpädagogisch orientiertes, an Erziehungsbei-

192 Schulz, Führungsaufsicht, S. 73.

193 BT-Drs. V/4095, S. 35; Raabe, Führungsaufsicht, S. 22.

194 Raabe, Führungsaufsicht, S. 22.

195 Herbst, Führungsaufsicht und Bewährungshilfe, S. 170 (176); Neubacher, BewHi 2004, S. 73 (73 f.).

196 Jacobsen, Führungsaufsicht, S. 13; ähnlich Kober, Bewährungshilfe und Führungsaufsicht, S. 41.

197 Zumindest im Ergebnis Antons, BewHi 1992, S. 282 (283); Preiser, ZStW 81 (1969), S. 912 (912).

stand erinnerndes Instrument der Hilfe und Überwachung.[198] Im Übrigen spiegelte auch die Namensänderung von Sicherheits- in Führungsaufsicht die Einstellung des Gesetzgebers, dass ab diesem Zeitpunkt die Sicherung nicht mehr im Vordergrund stehen sollte, wider.[199] Jedoch war die Führungsaufsicht bereits vor ihrer Einführung und blieb auch in den Jahrzehnten danach in der Wissenschaft sehr umstritten[200], wenn nicht bloß aufgrund ihrer Existenz[201], dann wenigstens in ihrer Ausgestaltung[202]. Im Mittelpunkt der Diskussion stand die Frage, ob die Führungsaufsicht ihrer Aufgabe, Straftätern mit schlechter Sozialprognose eine Lebenshilfe vor allem im Übergang von der Strafhaft in die Freiheit zu geben, Folge leisten könnte.[203] Die Auswertung der Rückfallstatistik ergab, dass bei unter Führungsaufsicht gestellten Personen generell sehr hohe Rückfallraten vorlagen, die bei den Vollverbüßern sogar über derjenigen der nicht unter Führungsaufsicht stehenden Täter lagen.[204] Des Weiteren kritisierte man das Nebeneinander von Aufsichtsstelle und Bewährungshilfe, wodurch in der Praxis neben der Doppelbetreuung, Zuständigkeits- und Kompetenzprobleme entstanden, die eine Kooperation schier unmöglich machten.[205] Auch der Umstand, dass die Führungsaufsicht neben der Bewährungshilfe kein eigenständiges Leistungsprofil gewinnen konnte und Faktoren, wie der immer noch bestehende heterogene Personenkreis, die zunehmende Ressourcenknappheit der Bewährungshilfe sowie die komplizierte Gestaltung und der Zielkonflikt zwi-

---

198 Jacobsen, Führungsaufsicht, S. 13; Niedersächsisches Ministerium, Empfehlungen, S. 54.

199 Stein, BewHi 1975, S. 215 (216); Stöckel, BayVBl. 1975, S. 5 (6).

200 Brause, BewHi 2002, S. 194 (197); Dölling/Duttge/Rössner-[Pflieger], StGB, Vorbemerkung zu §§ 68 ff. StGB Rn. 2; Glasenapp, ZRP 1979, S. 31 (33); Gross, FS Böttcher, S. 579 (581); Herbst, Führungsaufsicht und Bewährungshilfe, S. 170 (177); Kindhäuser/Neumann/Paeffgen-[Ostendorf], NK-StGB, Vor §§ 68 bis 68g StGB Rn. 12; Maelicke, NK 2004, S. 75; Neubacher, BewHi 2004, S. 73 (75); Raabe, Führungsaufsicht, S. 38 ff.; Schöch, NStZ 1992, S. 364 (369).

201 Dölling, ZStW 104 (1992), S. 259 (288); Glasenapp, ZRP 1979, S. 31 (33); Herbst, Führungsaufsicht und Bewährungshilfe, S. 170 (177); Horstkotte, BewHi 1992, S. 90 (96); Neubacher, BewHi 2004, S. 73 (75); Schöch, NStZ 1992, S. 364 (369).

202 Für einen Ausbau des Instituts statt vieler BR-Drs. 876/96, Begr., S. 9. Siehe sogleich auch die Kritik an der Ausgestaltung und die Änderungen der Vorschriften durch das Gesetz von 1998, durch die Reform von 2007 sowie durch die Reform von 2010.

203 Weigelt/Hohmann-Fricke, BewHi 2006, S. 216 (217).

204 Schneider, NStZ 2007, S. 441 (442); Schöch, NJW 1998, S. 1257 (1260); Weigelt, ZRP 2006, S. 253 (253).

205 Jescheck, SchwZStr 1975, S. 1 (42); Meier, Strafrechtliche Sanktionen, S. 255; Morgenstern, NK 2006, S. 152 (152); Rasch, Wie soll es weitergehen?, S. 157 (164); Schöch, NStZ 1992, S. 364 (371).

schen Hilfe und Betreuung stufte man als bedenklich ein.[206] Diese Aufzählung von Umständen, welche die Ziele der Führungsaufsicht nicht zu fördern vermochten, verlangte eine Erörterung von Lösungswegen um diesen negativen Aspekten entgegenwirken zu können. Daher wurde von vielen Seiten eine Reform gefordert, wobei die Meinungen von der Ausweitung[207] bis hin zur Abschaffung der Führungsaufsicht reichten.[208]

I. Gesetz zur Bekämpfung von Sexualdelikten und anderen gefährlichen Straftaten von 1998

Dass die Abschaffung aber nicht ernsthaft zur Debatte stand, zeigte der Gesetzgeber durch das Gesetz zur Bekämpfung von Sexualdelikten und anderen gefährlichen Straftaten von 1998,[209] indem er die für die Führungsaufsicht zulässige Dauer erheblich erweitert hat.[210] Dieses Gesetz hatte die aufkeimende Diskussion über die Behandlung von Sexualstraftätern zum Hintergrund. Nicht nur die Berichte über die Morde an sexuell missbrauchten Kindern anlässlich der Dutroux-Vorfälle in Belgien, sondern insbesondere auch die Sexualmorde an Kindern in den Jahren 1996[211] und 1997[212], in denen der jeweilige Täter ein bereits bestrafter Sexualtäter war, ließen die Empörung in der Bevölkerung erheblich ansteigen. Gestützt durch eine Million Unterschriften aus der Bevölkerung, forderten mehrere Bürgerinitiativen eine härtere Behandlung und Bestrafung für derartige Täter.[213]

---

206 Floerecke, Was leistet die Führungsaufsicht?, S. 51 (73 f.); Gross, FS Böttcher, S. 579 (582); Lemke/Vetter, BewHi 1992, S. 146 (147); Neubacher, BewHi 2004, S. 73 (76); Schneider, NStZ 2007, S. 441 (442); Schöch, BewHi 2003, S. 211 (223).

207 Der damalige Bundesrat war beispielsweise für eine Verbesserung und Ausbau des Instituts der Führungsaufsicht, da er diese für ein wirksames Instrument zur Verhinderung von Rückfällen hielt, vgl. hierzu BR-Drs. 876/96, Begr., S. 9.

208 Glasenapp, ZRP 1979, S. 31 (33); Herbst, Führungsaufsicht und Bewährungshilfe, S. 170 (177); Neubacher, BewHi 2004, S. 73 (75).

209 BGBl. I, 1998, S. 160.

210 Meier, Strafrechtliche Sanktionen, S. 255 f.

211 Die 7-jährige Natalie Astner aus Bayern wurde im September 1996 von einem vorzeitig aus der Haft entlassenen, rückfälligen Sexualtäter ermordet [vgl. DER SPIEGEL, Nr. 40/1996, S. 31 ff.; Schöch, NJW 1998, S. 1257 (1257)].

212 Im Januar 1997 wurde die 10-jährige Kim Kerkow aus Niedersachsen von einem rückfälligen Sexualtäter ermordet [vgl. FOCUS Magazin, Nr. 4/1997, S. 48 ff.; Schöch, NJW 1998, S. 1257 (1257)].

213 Zitiert nach Kwaschnik, Führungsaufsicht im Wandel, S. 98 f.; Rosenau, StV 1999, S. 388 (388); Schöch, NJW 1998, S. 1257 (1257).

Der Gesetzgeber erkannte die Notwendigkeit der Bereitstellung von sanktionsfähigen Maßnahmen für bereits vollständig verbüßte Straftäter an.[214] Mit Hilfe dieser Vorkehrung wollte er die Gefahr eines Rückfalls und damit die Wahrscheinlichkeit einer Wiederholungsstraftat reduzieren sowie potentielle Opfer schützen.[215] Zur Verhinderung von Rückfällen hielt der einer Gesetzesinitiative des Bundesrats folgende Gesetzgeber das Institut der Führungsaufsicht für eine besonders wirksame Bestimmung, so dass dieses im Rahmen des Gesetzes zur Bekämpfung von Sexualdelikten und anderen gefährlichen Straftaten von 1998 ausgebaut wurde.[216]

Zur Erreichung der Ziele wurde zunächst der Anwendungsbereich der Führungsaufsicht und der Strafenkatalog des § 181b StGB solcherart erweitert, dass nun jede Verurteilung zu einer mindestens sechsmonatigen Freiheitsstrafe wegen eines Sexualdelikts nach §§ 174 bis 174c, 176 bis 180, 180b bis 181a und 182 StGB gleichzeitig die Anordnung der Führungsaufsicht ermöglicht. Auch halbierte man die Mindestvollstreckungsfrist des § 68f Abs. 1 S. 1 StGB, wodurch nun die Führungsaufsicht auch bei Verurteilten, die eine Freiheitsstrafe von mindestens einem Jahr wegen einer in § 181b StGB genannten Straftat vollständig verbüßt haben, mit Entlassung aus der Haft eintritt. Damit hat das Gesetz zur Bekämpfung von Sexualdelikten und anderen gefährlichen Straftaten von 1998 die in § 68f Abs. 1 StGB normierte Regelvermutung der Rückfallgefahr im Sinne einer standardisierten Negativprognose für bestimmte Taten erweitert.[217] Nur hierdurch konnte nach Auffassung des Gesetzgebers eine umfassende Betreuung und Überwachung des Verurteilten nach Strafverbüßung sichergestellt werden.[218] Ferner führte der Gesetzgeber bei Verweigerung einer therapeutischen Heilbehandlung die Möglichkeit einer Sanktion ein. Vor der Neuregelung durfte der sich weigernde Verurteilte nur gem. § 68c Abs. 2 StGB mit einer bis zu fünfjährigen Führungsaufsicht belangt werden. Nach der Gesetzesreform besteht nun die Möglichkeit einer zeitlich unbeschränkten Führungsaufsicht, die

214 Dies vermuten Böttner, Rollenkonflikt der Bewährungshilfe, S. 96; Sigusch/Berner/Richter-Appelt/Böllinger/Gromus, MschrKrim 1998, S. 368 (368); Schöch, NJW 1998, S. 1257 (1257).

215 Dazu Böttner, Rollenkonflikt der Bewährungshilfe, S. 96; Sigusch/Berner/Richter-Appelt/Böllinger/Gromus, MschrKrim 1998, S. 368 (368).

216 Vgl. hierzu BR-Drs. 876/96, Begr., insb. S. 9, 15 ff.; Kwaschnik, Führungsaufsicht im Wandel, S. 99.

217 Zweiter Periodischer Sicherheitsbericht des Bundesministerium des Innern und des Bundesministerium der Justiz (Hrsg.), 2006, S. 632 (abzurufen unter http://www.bmi.bund.de/SharedDocs/Downloads/DE/Veroeffentlichungen/2_periodischer_sicherheitsbericht_langfassung_de.pdf?__blob=publicationFile); Kwaschnik, Führungsaufsicht im Wandel, S. 102.

218 Siehe dazu BT-Drs. 13/9062, S. 6.

nach § 68c Abs. 2 StGB verhängt werden kann, wenn der Verurteilte in eine Weisung nach § 56c Abs. 3 Nr. 1 StGB nicht einwilligt oder einer Weisung, sich einer Heilbehandlung oder einer Entziehungskur zu unterziehen, nicht nachkommt und aufgrund dessen eine gewisse Gefahr für die Allgemeinheit durch das mögliche Begehen weiterer erheblicher Straftaten besteht. Vor dem Hintergrund der Verhältnismäßigkeit hat jedoch regelmäßig, spätestens nach fünf Jahren, eine richterliche Überprüfung stattzufinden, um festzustellen, ob die Führungsaufsicht weiterhin erforderlich ist, § 68e Abs. 4 StGB a.F. (§ 68e Abs. 3 StGB n.F.).

Die im Rahmen des Gesetzes zur Bekämpfung von Sexualdelikten und anderen gefährlichen Straftaten im Jahr 1998 vorgenommenen Änderungen fanden seitens der Literatur unterschiedliche Bewertungen. Der überwiegende Teil[219] hielt die Neuregelungen für „durchaus vertretbar und sinnvoll“[220] und die zur Strafe hinzu getretene Therapie „für eine geeignete Vorsorge vor einschlägigen Rückfalltaten und damit für den besten Schutz der Kinder vor sexuellem Missbrauch“[221]. Jedoch gab es auch kritische Stimmen[222], die insbesondere zum Teil verfassungsrechtliche Probleme in einer Zwangstherapie und darin einen möglichen Verstoß gegen die Menschenwürde nach Art. 1 Abs. 1 GG bzw. gegen das Rechtsstaatsprinzip nach Art. 20 Abs. 3 GG sahen.[223] Des Weiteren wurde der Erfolg bei einer Zwangstherapie als wenig vielversprechend angesehen. Dieser könne nur bei einer Therapie auf freiwilliger Basis eintreten.[224] Dagegen ist einzuwenden, dass eine erfolgreiche Therapie die Mitwirkung des Verurteilten voraussetzt. Zu einem gegenteiligen Ergebnis kommen in diesem Rahmen durchgeführte wissenschaftliche Untersuchungen, denen zufolge eine gegen den Willen des Betroffenen eingeleitete Therapie häufig die notwendige Therapiebereitschaft erzeugt. Folglich kann auch eine Zwangstherapie im Idealfall zu einem positiven Ergebnis führen.[225]

---

219 Dazu gehören Schaefer, NJW 1997, S. 1288; Schöch, NJW 1998, S. 1257 ff.

220 Schöch, NJW 1998, S. 1257 (1260).

221 Schaefer, NJW 1997, S. 1288.

222 So z.B. Kindhäuser/Neumann/Paeffgen-[Ostendorf], NK-StGB, § 68c StGB Rn. 7; Kindhäuser/Neumann/Paeffgen-[Ostendorf], NK-StGB, § 56c StGB Rn. 13; Schöch, NJW 1998, S. 1257 (1260), der allerdings nur Kritik hinsichtlich der Therapieweisung ausübt.

223 Verfassungsrechtliche Bedenken äußert insoweit auch der bay. Entwurf, BR-Drs. 877/96, S. 22; Kindhäuser/Neumann/Paeffgen-[Ostendorf], NK-StGB, § 68c StGB Rn. 7; Kindhäuser/Neumann/Paeffgen-[Ostendorf], NK-StGB, § 56c StGB Rn. 13; Schöch, NJW 1998, S. 1257 (1260).

224 Kusch, ZRP 1997, S. 89 (90 f.).

225 Vgl. Schmidt-Jortzig, NStZ 1998, S. 441 (442).

Zwar stellt das Gesetz zur Bekämpfung von Sexualdelikten und anderen gefährlichen Straftaten einen ersten Schritt in die richtige Richtung dar, allerdings bleibt zweifelhaft, ob diese gesetzlichen Änderungen ausreichen, um die Allgemeinheit vor gefährlichen Tätern zu schützen und die Rückfallgefahr zu reduzieren.[226]

II. Gesetz zur Reform der Führungsaufsicht und zur Änderung der Vorschriften über die nachträgliche Sicherungsverwahrung von 2007

Der Gesetzgeber hat daher mit dem Gesetz zur Reform der Führungsaufsicht und zur Änderung der Vorschriften über die nachträgliche Sicherungsverwahrung vom 13. April 2007[227], welches am 18. April 2007 in Kraft getreten ist, einen weiteren Versuch unternommen auf die oben[228] genannte Kritik einzugehen, die Führungsaufsicht wirksamer zu gestalten und sie von ihrem negativen Ruf zu befreien, um sie noch wirksamer im Kampf gegen die Rückfallkriminalität einsetzen zu können.[229] Dies ist ihm auch weitestgehend gelungen.[230]

Durch die gesetzliche Novellierung sollte neben der Gewährung einer strafferen Kontrolle und intensiveren Betreuung entlassener Straftäter eine effizientere praktische Handhabung der Maßregel und parallel dazu die Schaffung eines Kriseninterventionsinstrumentarium ermöglicht werden, mit dessen Hilfe man kritische Entwicklungen von verurteilten Personen frühzeitig erkennen und ihnen somit rechtzeitig begegnen wollte. Zudem führte man in Bezug auf die rechtlichen Regelungen eine Vereinfachung, Vereinheitlichung und sprachliche Überarbeitung (sog. geschlechtsgerechte Formulierungen) durch.[231] Weitere Schwerpunkte der Reform waren die Ausweitung des Weisungskatalogs[232], die Erweiterung der Möglichkeit für die Anordnung einer unbefristeten Führungs-

226 Vgl. hierzu auch Hammerschlag/Schwarz, NStZ 1998, S. 321 (326); Schöch, NJW 1998, S. 1257 (1260).

227 BGBl. I, 2007, S. 513.

228 Siehe dazu S. 41.

229 Heintschel-Heinegg-[Heuchemer], BeckOK StGB, § 68 StGB Rn. 2.1; Kwaschnik, Führungsaufsicht im Wandel, S. 358.

230 Vgl. im Einzelnen hierzu die Ausführungen zu den jeweiligen Änderungen der Vorschriften bzw. zur Neueinführung von gesetzlichen Regelungen.

231 BT-Drs. 16/1993, S. 12 f.; Heintschel-Heinegg-[Heuchemer], BeckOK StGB, § 68 StGB Rn. 1; Lackner/Kühl, StGB, Vor § 68 StGB Rn. 4; Vollbach, MschrKrim 2006, S. 40 (40).

232 Vgl. insb. S. 152, 159, 161, 163 ff.

aufsicht[233], die Anhebung der Höchststrafe für Weisungsverstöße[234], die Erweiterung der Befugnisse der Aufsichtsstelle[235] und die Einführung sog. forensischer Ambulanzen[236].[237]

Wie die Neuerungen im konkreten Fall ausgestaltet sind, ob sie einen wirksamen Beitrag zur Reduzierung der Kritik beisteuern und wie die Führungsaufsicht im Allgemeinen ausgestaltet ist, soll insbesondere Gegenstand dieser Arbeit sein.

III. Gesetz zur Neuordnung des Rechts der Sicherungsverwahrung und zu begleitenden Regelungen von 2010

Schließlich erfuhr die Führungsaufsicht durch das Gesetz zur Neuordnung des Rechts der Sicherungsverwahrung und zu begleitenden Regelungen vom 22. Dezember 2010[238], welches am 1. Januar 2011 in Kraft trat, noch einige Änderungen. Diese Reform hatte nicht so sehr die weiterhin bestehende Kritik am Institut der Führungsaufsicht zum Hintergrund, sondern die Suche nach einer Lösung für den Umgang mit Sicherheitsverwahrten, die nach vollständiger Verbüßung ihrer Freiheitsstrafe weiterhin gefährlich und rückfallgefährdet erscheinen.[239] Ausschlaggebend hierfür war das Urteil des Europäischen Gerichtshofs für Menschenrechte vom 17. Dezember 2009.[240] Dieses besagte, die zeitlich unbegrenzte, rückwirkende Verlängerung der Sicherungsverwahrung und die damit im Jahr 1998 erfolgte rückwirkende Aufhebung der zehnjährigen Höchstdauer erstmaliger Sicherungsverwahrung verstoße gegen Art. 5 Abs. 1 EMRK sowie gegen Art. 7 Abs. 1 EMRK, da die Verwahrung eine strafgleiche Sanktion darstelle und damit einen Verstoß gegen das Verbot der Doppelbestrafung beinhal-

---

233 Dazu unten S. 108 ff.

234 Insb. dazu S. 186 ff.

235 Vgl. hierzu S. 129 ff.

236 Siehe S. 137 ff.

237 BT-Drs. 16/1993, S. 12f.; Kindhäuser/Neumann/Paeffgen-[Ostendorf], NK-StGB, Vor §§ 68 bis 68g StGB Rn. 8; Satzger/Schmitt/Widmaier-[Jehle], StGB, Vor § 68 StGB Rn. 3; Schalast, R & P 2006, S. 59 (60).

238 BT-Drs. 17/3403.

239 Mit diesem Gesetz sollte insgesamt das Recht der Sicherungsverwahrung neugeordnet werden, da die Regelungen durch vielfältige, seit dem Ende der 90er Jahre fast jährlich vorgenommene Novellierungen kaum mehr überschaubar waren, Kinzig, NJW 2011, S. 177 (177); Kreuzer, ZRP 2011, S. 7 (7).

240 EGMR, NStZ 2010, S. 263 ff.

te.[241] Die Vollstreckung der Sicherungsverwahrung unterscheide sich nach Auffassung der Richter nur unwesentlich von der der Haftstrafe.[242] Damit ist der Vollzug dieser Art der Sicherungsverwahrung menschen- und damit völkerrechtswidrig.[243] Ziel des Gesetzes zur Neuordnung des Rechts der Sicherungsverwahrung und zu begleitenden Regelungen von 2010 ist es, einen angemessenen Schutz für die Allgemeinheit vor gefährlichen Straftätern zu bieten, gleichzeitig aber die rechtsstaatlichen Anforderungen an die Sicherungsverwahrung als letztes Mittel der Kriminalpolitik zu wahren.[244] Hauptaugenmerk liegt hierbei auf der Neuordnung des Rechts der Sicherungsverwahrung, wobei die primäre, also die im Urteil anzuordnende, Sicherungsverwahrung konsolidiert, die vorbehaltene Sicherungsverwahrung ausgebaut und die nachträgliche Sicherungsverwahrung beschränkt wurde.[245]

Um dieses Ziel erreichen zu können, muss aber auch die Führungsaufsicht Stärkung finden. Die Führungsaufsicht verfolgt insbesondere den Zweck der Vermeidung einer neuen Straffälligkeit des Verurteilten nach der Haftentlassung. Dies ist jedoch mit großen Herausforderungen verbunden, wenn der Täter eine ungünstige Legalprognose aufweist. Erst recht gilt dies für Personen, die aufgrund des Urteils des Europäischen Gerichtshof für Menschenrechte aus der Sicherungsverwahrung entlassen werden, obwohl bei ihnen weiterhin die Gefahr besteht, dass sie erhebliche Straftaten begehen, durch welche die Opfer schwere seelische oder körperliche Schäden erleiden.

Um dieser Gefahr entgegen wirken zu können, musste das Institut der Führungsaufsicht an die neue Situation angepasst werden.[246] Daher erweiterte man die Maßregel um das Instrument der elektronischen Aufenthaltsüberwachung[247]. Hierbei kann an den Verurteilten im Rahmen einer strafbewehrten Weisung die Anordnung ergehen, die für die elektronische Überwachung seines Aufenthaltsortes erforderlichen technischen Mittel ständig bei sich zu führen und deren Funktionsfähigkeit nicht zu beeinträchtigen, § 68b Abs. 1 Nr. 12 StGB. Ferner fand insbesondere die Möglichkeit, die Führungsaufsicht gem. § 68c Abs. 3 S. 1 Nr. 2b StGB unbefristet zu verlängern, eine Ausdehnung[248]. Demnach fallen nun auch wegen schwerer Gewalttaten Verurteilte in den Anwendungsbereich dieser

241 EGMR, NStZ 2010, S. 263 ff.; Kinzig, NStZ 2010, S. 233 (233); Kreuzer, ZRP 2011, S. 7 (7).
242 Heintschel-Heinegg-[Heuchemer], BeckOK StGB, § 68b StGB Rn. 1.
243 Radtke, NStZ 2010, S. 537 (537).
244 BT-Drs. 17/3403, S. 1; BT-Drs. 17/4062, S. 1; Kinzig, NJW 2011, S. 177 (177).
245 BT-Drs. 17/3403, S. 2, 23.
246 BT-Drs. 17/3403, S. 1 f.
247 Hierzu ausführlich unten S. 169 ff.
248 Vgl. S. 111.

Norm. Wie die Neuerungen konkret ausgestaltet sind und ob sie einen wirksamen Beitrag zur Vermeidung von Wiederholungstaten bzw. allgemein zum Schutz der Allgemeinheit beisteuern, wird ebenfalls im Rahmen dieser Arbeit dargestellt.[249]

---

249 Vgl. hierzu im Einzelnen die Ausführungen zu den jeweiligen Änderungen der Vorschriften bzw. zur Neueinführung von gesetzlichen Regelungen.

Zweiter Teil: Grundlagen der Führungsaufsicht

A. Einführende Überlegung: Begriff, Wesen und Zweck

Auch nach den bisherigen Reformen kommt der Führungsaufsicht gem. §§ 68 ff. StGB gemessen am heutigen Verständnis kein Strafcharakter mehr zu, so dass es bei diesem Institut nicht um Schuldausgleich oder Sühne geht, auch wenn einige der Führungsaufsicht Unterstellten diese als strafenden Nachschlag empfinden.[250] Vielmehr stellt die Führungsaufsicht eine Form ambulanter Betreuung und Überwachung nach Verbüßung von Freiheits- bzw. Jugendstrafe oder nach Entlassung aus dem Maßregelvollzug dar, die jedoch im Gegensatz zur Bewährungshilfe auf gefährliche oder gefährdete Täter abzielt und als Maßregel der Besserung und Sicherung Doppelcharakter hat.[251]

Zum einen bietet sie eine intensive Hilfe und Betreuung für den Täter, damit dieser nach der Entlassung aus dem Straf- oder Maßregelvollzug nicht mehr rückfällig wird und den Weg zurück in die Gesellschaft findet (sog. Stützungs- oder Betreuungsfunktion). Zum anderen soll sie durch strenge Überwachung des Täters und der damit verbundenen rechtzeitigen Feststellung relevanter negativer Sozialentwicklungen sowie das Ergreifen erforderlicher Maßnahmen zur Abwehrhilfe der Allgemeinheit Schutz vor möglichen neuen Straftaten garantieren (sog. Überwachungs- oder Sicherungsfunktion). Die Führungsaufsicht gewährt somit Resozialisierungshilfe und übernimmt zugleich Sicherungsaufgaben zum Schutz der Allgemeinheit.[252] Hinsichtlich der Vorrangstellung bzw. der

---

250 Kindhäuser/Neumann/Paeffgen-[Ostendorf], NK-StGB, Vor §§ 68 bis 68g StGB Rn. 1; Ostendorf, Neugestaltung der Führungsaufsicht, S. 406 (406); Streng, Strafrechtliche Sanktionen, Rn. 324.

251 Dölling/Duttge/Rössner-[Pflieger], StGB, Vorbemerkung zu §§ 68 ff StGB Rn. 1; Fischer, StGB, Vor § 68 StGB Rn. 2; Kindhäuser/Neumann/Paeffgen-[Ostendorf], NK-StGB, Vor §§ 68 bis 68g StGB Rn. 1; Laufhütte/Rissing-van Saan/Tiedemann-[Schneider], LK-StGB, Vor § 68 StGB Rn. 3; Neubacher, BewHi 2004, S. 73 (74); Schönke/Schröder-[Stree/Kinzig], StGB, § 68 StGB Rn. 3.

252 Vgl. auch BVerfGE 55, S. 28 (29); Baumann/Weber/Mitsch, Strafrecht AT, § 35 Rn. 10; Dölling/Duttge/Rössner-[Pflieger], StGB, Vorbemerkung zu §§ 68 ff StGB Rn. 1; Kindhäuser, LPK-StGB, Vor §§ 68-68g StGB Rn. 1; Kwaschnik. Führungsaufsicht im Wandel, S. 123; Lackner/Kühl, StGB, Vor § 68 StGB Rn. 1; Laufhütte/Rissing-van Saan/Tiedemann-[Schneider], LK-StGB, Vor § 68 StGB Rn. 3; Röttle/Wagner, Strafvollstreckung, Rn. 372; Satzger/Schmitt/Widmaier-[Jehle], StGB, Vor § 68 StGB Rn. 4; Schönke/Schröder-[Stree/Kinzig], StGB, § 68 StGB Rn. 3.

Gewichtsverteilung der Aufgaben der Führungsaufsicht herrscht im Schrifttum Uneinigkeit.[253]

Nach zum Teil vertretener Auffassung[254] soll der Überwachungsaspekt im Vordergrund stehen.[255] Jedoch wird auch die Meinung[256] vertreten, dass die Betreuungs- und damit Resozialisierungsfunktion Vorrang genießt. Dies resultiere insofern aus dem Systemzusammenhang beider Begriffe, als die Überwachung erst an zweiter Stelle nach der Betreuung Nennung findet.[257] Die stärkere Betonung des Betreuungsaspektes stimme auch mit der Anordnung der Maßregelzwecke in der Überschrift des 6. Titels des Strafgesetzbuches überein, in der ebenfalls die Überwachung erst an zweiter Stelle steht.[258] Dies sei auch vom Gesetzgeber gewollt, da er gegenüber dem alten Recht die Reihenfolge der Maßregelaufgaben in der Titelüberschrift abänderte und sich somit bewusst gegen die Betonung des Sicherungsgedankens im Entwurf von 1962 entschied.[259] Schließlich spreche für diese Ansicht auch die Tatsache, dass die Maßregel im Entwurf von 1962 noch als Sicherungsaufsicht konzipiert von Polizeiaufsicht in Führungsaufsicht umbenannt wurde, ferner die Voranstellung der Betreuungsaufgabe in § 68a Abs. 2 und Abs. 3 StGB sowie die obligatorische Bestellung eines Bewährungshelfers.[260]

Beide Auffassungen berücksichtigen in ihren Ausführungen allerdings nicht, dass der Kreis der unter Führungsaufsicht gestellten Personen sehr unterschiedlich ist, so dass es nahe liegt, die Zielausrichtung im Wege einer teleologischen Differenzierung zu erschließen, da eine einheitliche Behandlung, ausgerichtet am Betreuungsziel, der Heterogenität dieser Gruppe nicht Rechnung tragen könnte. Diese vermittelnde Ansicht[261] findet in der gesetzlichen Ausgestaltung der Führungsaufsicht Unterstützung. So besteht nach § 68b StGB die Möglichkeit, der unter Führungsaufsicht gestellten Person Weisungen ganz unterschied-

---

253 Jacobsen, Forschungsergebnisse, S. 10 (44); Schulz, Führungsaufsicht, S. 85 ff.

254 Glasenapp, ZRP 1974, S. 31 ff.; Stöckel, BayVBl. 1975, S. 5 ff.; Stöckel, BewHi 1974, S. 251 ff.

255 Glasenapp, ZRP 1974, S. 31 ff.; Stöckel, BayVBl. 1975, S. 5 (6); Stöckel, BewHi 1974, S. 251 (252).

256 Statt vieler Kindhäuser/Neumann/Paeffgen-[Ostendorf], NK-StGB, Vor §§ 68 bis 68g StGB Rn. 10; Walter, Bewährungshilfe und Führungsaufsicht, S. 151 ff.

257 Exemplarisch für diese Ansicht Kindhäuser/Neumann/Paeffgen-[Ostendorf], NK-StGB, Vor §§ 68 bis 68g StGB Rn. 10; Walter, Bewährungshilfe und Führungsaufsicht, S. 151 (168).

258 Dies gibt auch Schulz, Führungsaufsicht, S. 85 zu.

259 Dies räumt auch Schulz, Führungsaufsicht, S. 85 ein.

260 Vgl. hierzu auch Schulz, Führungsaufsicht, S. 85, der diese Gründe sieht und dementsprechend auch einräumt, aber dennoch einer anderen Ansicht folgt. Siehe sogleich.

261 Exemplarisch Schulz, Führungsaufsicht, S. 86 f.

lichster Art zu erteilen. Auch hier kann die Ausgestaltung der Führungsaufsicht den Bedürfnissen des einzelnen Verurteilten entsprechend angepasst werden.[262] Bei der Ausgestaltung der Führungsaufsicht muss dementsprechend eine sorgfältige Abwägung zwischen der Resozialisierungshilfe und den Sicherungsaufgaben geschehen, wobei insbesondere die Resozialisierung der betroffenen Person nicht durch eine kontraproduktive, zu strenge Überwachung und Kontrolle behindert werden darf. Bestehen hinsichtlich der Resozialisierung jedoch kaum Erfolgsaussichten, so kann in diesem Fall bei der Ausgestaltung der Führungsaufsicht eine Beschränkung auf Überwachungs- und Kontrollfunktionen zum Schutz der Allgemeinheit vor weiteren Straftaten stattfinden.[263] Damit lässt sich festhalten, dass grundsätzlich der Betreuungszweck bei der Aussetzung einer freiheitsentziehenden Maßregel zur Bewährung im Vordergrund steht, da in diesen Fällen der verurteilten Person bereits mit dem Aussetzungsbeschluss die Besserungsfähigkeit attestiert wurde. Diese positive Entwicklung muss zusätzlich durch helfende und betreuende Maßnahmen gefördert werden. Im Gegensatz dazu muss in den Fällen des §§ 68 Abs. 1, 68f und 67d Abs. 4 StGB grundsätzlich der Sicherungs- und Überwachungsaspekt Vorrang haben, da die aufgrund dessen unter Führungsaufsicht gestellten Personen mangels günstiger Prognose nicht zur Bewährung entlassen werden konnten.[264] Bei dieser Tätergruppe ist von einer gewissen Resistenz gegenüber Besserungswünschen und einer erhöhten Rückfallgefahr auszugehen. Zum Schutz der Allgemeinheit und zur Verhinderung der Begehung weiterer Straftaten muss der Schwerpunkt daher auf dem sichernden Charakter liegen.

Im Ergebnis sollte entsprechend der gesetzlichen Konzeption das Ziel der Verhinderung künftiger Straftaten gleichrangig durch Hilfe und Sicherung erreicht werden.[265] Jedoch ist dies aufgrund der unterschiedlichen Tätergruppen in der Praxis kaum möglich. Daher ist eine Differenzierung notwendig. Entsprechend der persönlichen Struktur des Täters und dessen Bedürfnissen ist die Führungsaufsicht solcherart auszugestalten, dass im Bedarfsfall die Gewichtung der gesetzlichen Zielrichtung nicht nur unterschiedlich ausfallen darf, sondern muss. Denn nur auf diese Weise kann ein wirksamer und effektiver Beitrag zur Verhütung der Begehung künftiger Straftaten durch den Täter gewährleistet werden.

---

262 Schulz, Führungsaufsicht, S. 86 f.

263 Heintschel-Heinegg-[Groß], MüKo-StGB, § 68 StGB Rn. 14; Laufhütte/Rissing-van Saan/Tiedemann-[Schneider], LK-StGB, § 68 StGB Rn. 24; Rudolphi/Horn/Günther/Samson-[Sinn], SK-StGB, § 68 StGB Rn. 9; Schönke/Schröder-[Stree/Kinzig], StGB, § 68 StGB Rn. 3.

264 So auch Schulz, Führungsaufsicht, S. 86 f. m.w.N. Ähnlich Stöckel, BewHi 1974, S. 251 (252); Stöckel, BayVBl. 1975, S. 5 (6).

265 Lackner/Kühl, StGB, § 68 StGB Rn. 1.

Da die Führungsaufsicht als Maßregel der Besserung und Sicherung dem Schutz der Allgemeinheit vor drohenden erheblichen Rechtsverletzungen dienen soll, kann sie im Übrigen ohne Schuld des Täters eintreten, d.h. auch nach §§ 20, 21 StGB Schuldunfähige bzw. gemindert Schuldfähige können Adressaten der Führungsaufsicht sein.[266]

B. Rechtsgrundlagen

Die Führungsaufsicht kann auf zwei verschiedenen Wegen eintreten und ist damit im Vergleich zu anderen Maßregeln die einzige, die nicht nur durch das Gericht gem. § 68 Abs. 1 StGB angeordnet, sondern darüber hinaus auch kraft Gesetzes gem. § 68 Abs. 2 StGB ergehen kann.

I. Führungsaufsicht kraft Richterspruchs, § 68 Abs. 1 StGB

Bei der Führungsaufsicht kraft Richterspruchs handelt es sich um eine unselbstständige, d.h. nicht isoliert verhängbare Zusatzsanktion, mit der im Einzelfall die resozialisierenden und sichernden Funktionen der Freiheitsstrafe eine Ergänzung finden.[267]

Gem. § 68 Abs. 1 StGB ist die Anordnung der Führungsaufsicht möglich, wenn der Betroffene mindestens sechs Monate zeitige Freiheitsstrafe wegen einer Tat verwirkt hat, bei welcher das Gesetz Führungsaufsicht besonders vorsieht und soweit die Gefahr weiterer Straftaten besteht.

1. Voraussetzungen

a) Gesetzliche besonders vorgesehene Führungsaufsicht

Als Voraussetzung gilt zunächst, dass das Gesetz die Führungsaufsicht besonders vorsieht. Dies ist in zahlreichen Normen des StGB sowie des Nebenstrafrechts der Fall. Der Katalog umfasst derzeit Delikte im Zusammenhang mit der

---

266 Frisch, ZStW 102 (1990), S. 343 (361 f.); Michel, DRiZ 1994, S. 52 (52); Müller-Christmann, JuS 1990, S. 801 (803).

267 Heintschel-Heinegg-[Groß], MüKo-StGB, § 68 StGB Rn. 4; Heintschel-Heinegg-[Heuchemer], BeckOK StGB, § 68 StGB Rn. 3; Laufhütte/Rissing-van Saan/Tiedemann-[Schneider], LK-StGB, § 68 StGB Rn. 8; Meier, Strafrechtliche Sanktionen, S. 256.

Gefährdung des demokratischen Rechtsstaates (§ 89a Abs. 6), der Bildung terroristischer Vereinigungen (§ 129a Abs. 9 StGB), Sexualstraftaten mit Ausnahme von Prostitutionsdelikten, Pornographie und Exhibitionismus (§ 181b StGB), Menschenhandel (§ 233b Abs. 1 StGB), erpresserischen Menschenraub und Geiselnahme (§ 239c StGB), Diebstahl (§ 245 StGB), Raub und Erpressung (§ 256 Abs. 1 StGB), Hehlerei und Geldwäsche (§ 262 StGB), Betrug (§ 263 Abs. 6 StGB), Computerbetrug (§ 263a Abs. 2 StGB), Brandstiftungs-, Explosions- und Strahlendelikte (§ 321 StGB) und bestimme erhebliche Verstöße gegen das Betäubungsmittelgesetz (§ 34 BtMG).[268] Eine entsprechende Anwendung des § 68 Abs. 1 StGB auf andere Delikte ist aufgrund des Verbots der Analogie zu Lasten des Täters nicht zulässig.[269]

b) Mindestens sechs Monate Freiheitsstrafe

Des Weiteren gilt, dass der Täter wegen der Taten, für welche die Führungsaufsicht vorgesehen ist, eine zeitige Freiheitsstrafe von mindestens sechs Monaten verwirkt haben muss. Da die Führungsaufsicht nicht isoliert verhängt werden kann, darf die Strafe nicht nur verwirkt sein. Es müssen im Urteil auch mindestens sechs Monate Freiheitsstrafe verhängt worden sein, wobei eine Verurteilung zu genau sechs Monaten Freiheitsstrafe ausreicht.[270] Dabei ist es gleichgültig, ob der Schuldspruch wegen Täterschaft, Teilnahme, strafbarem Versuch oder strafbarer Vorbereitung erging.[271] Keine Verwirkung liegt vor, wenn die Strafe nach § 59 StGB unter Vorbehalt erfolgt oder das Gericht gem. § 60 StGB von einer Strafe absieht. Wird ein Verurteilter aufgrund einer Gnadenentscheidung vorzeitig aus dem Strafvollzug entlassen, hat dies keine Auswirkung auf die vom Ge-

268 Vgl. die Auflistung bei Boetticher, BewHi 2000, S. 196 (210); Dölling/Duttge/Rössner-[Pflieger], StGB, § 68 StGB Rn. 2; Fischer, StGB, § 68 StGB Rn. 3; Kamann, Strafvollstreckung, Rn. 125; Kindhäuser/Neumann/Paeffgen-[Ostendorf], NK-StGB, § 68 StGB Rn. 2; Laubenthal/Nestler, Strafvollstreckung, Rn. 372; Laufhütte/Rissing-van Saan/Tiedemann-[Schneider], LK-StGB, § 68 StGB Rn. 3; Michel, DRiZ 1994, S. 52 (53).

269 So auch Heintschel-Heinegg-[Heuchemer], BeckOK StGB, § 68 StGB Rn. 4; Satzger/Schmitt/Widmaier-[Jehle], StGB, § 68 StGB Rn. 2.

270 Dölling/Duttge/Rössner-[Pflieger], StGB, § 68 StGB Rn. 2; Fischer, StGB, § 68 StGB Rn. 4; Heintschel-Heinegg-[Groß], MüKo-StGB, § 68 StGB Rn. 4; Heintschel-Heinegg-[Heuchemer], BeckOK StGB, § 68 StGB Rn. 3; Kindhäuser/Neumann/Paeffgen-[Ostendorf], NK-StGB, § 68 StGB Rn. 4; Satzger/Schmitt/Widmaier-[Jehle], StGB, § 68 StGB Rn. 4.

271 Dölling/Duttge/Rössner-[Pflieger], StGB, § 68 StGB Rn. 2; Heintschel-Heinegg-[Heuchemer], BeckOK StGB, § 68 StGB Rn. 5; Kindhäuser/Neumann/Paeffgen-[Ostendorf], NK-StGB, § 68 StGB Rn. 3; Schönke/Schröder-[Stree/Kinzig], StGB, § 68 StGB Rn. 5.

richt gem. § 68 Abs. 1 angeordnete Führungsaufsicht, deren Dauer folglich nicht gekürzt werden muss.[272] Bei einer Verurteilung zu einer lebenslangen Freiheitsstrafe kommt die Anordnung der Führungsaufsicht nach dem eindeutigen Gesetzeswortlaut, der zeitige Freiheitsstrafe voraussetzt, nicht in Betracht. Es gilt außerdem zu beachten, dass es bei der Tateinheit nach überwiegender Ansicht genügt, wenn ein Tatbestand der anwendbaren Gesetze – sei es auch das mildere – die Führungsaufsicht vorsieht.[273] Der Aspekt der Tatmehrheit macht es hingegen nach vorherrschender Meinung erforderlich, dass für den Tatbestand, der eine Führungsaufsicht zulässt, eine Einzelstrafe von mindestens sechs Monaten festgesetzt ist.[274] Sehen jedoch mehrere tatmehrheitlich begangene gleichartige Delikte, die jeweils nur mit geringen Einzelstrafen abgeurteilt wurden, Führungsaufsicht vor, so genügt es nach anderer Auffassung, wenn eine Gesamtstrafe von mindestens sechs Monaten gebildet wird.[275] Es mache keinen wesentlichen Unterschied, ob gleichartige Einzelakte eine Bewertungseinheit bilden und zu einer Freiheitsstrafe von sechs oder mehr Monaten führen, oder ob sie als realkonkurrierende Taten abzuurteilen seien und die Gesamtfreiheitsstrafe sechs Monate erreiche.[276] Hiergegen spricht aber der Umstand, dass die Führungsaufsicht nicht auf Täter von ganz leichten Taten anwendbar sein soll.[277]

---

272 KG, NStZ-RR 2007, S. 340; Heintschel-Heinegg-[Heuchemer], BeckOK StGB, § 68 StGB Rn. 3; Leipold/Tsambikakis/Zöller-[Kilian/Möhlenbeck], StGB, § 68 StGB Rn. 11.

273 Dölling/Duttge/Rössner-[Pflieger], StGB, § 68 StGB Rn. 2; Heintschel-Heinegg-[Heuchemer], BeckOK StGB, § 68 StGB Rn. 3; Lackner/Kühl, StGB, § 68 StGB Rn. 3; Laubenthal/Nestler, Strafvollstreckung, Rn. 373; Satzger/Schmitt/Widmaier-[Jehle], StGB, § 68 StGB Rn. 5; Schönke/Schröder-[Stree/Kinzig], StGB, § 68 StGB Rn. 5.

274 Fischer, StGB, § 68 StGB Rn. 4; Heintschel-Heinegg-[Groß], MüKo-StGB, § 68 Rn. 4, 9; Kindhäuser/Neumann/Paeffgen-[Ostendorf], NK-StGB, § 68 StGB Rn. 5; Lackner/Kühl, StGB, § 68 StGB, Rn. 3; Laufhütte/Rissing-van Saan/Tiedemann-[Schneider], LK-StGB, § 68 StGB Rn. 6; Leipold/Tsambikakis/Zöller-[Kilian/Möhlenbeck], StGB, § 68 StGB Rn. 10; Kindhäuser, LPK-StGB, § 68 StGB Rn. 2; Rudolphi/Horn/Günther/Samson-[Sinn], SK-StGB, § 68 StGB Rn. 6; Satzger/Schmitt/Widmaier-[Jehle], StGB, § 68 StGB Rn. 5; Schönke/Schröder-[Stree/Kinzig], StGB, § 68 StGB Rn. 5.

275 Dölling/Duttge/Rössner-[Pflieger], StGB, § 68 StGB Rn. 2; Stree, FS Baumann, S. 281 (286).

276 Schönke/Schröder-[Stree], StGB, 27. Aufl., § 68 StGB Rn. 5, der jedoch mit der Neuauflage seine Meinung geändert hat und nun der Auffassung ist, dass die Strafe für eine der im Gesetz benannten Straftaten allein die besagte Höhe von sechs Monaten erreichen muss, Schönke/Schröder-[Stree/Kinzig], StGB, § 68 StGB Rn. 5.

277 Kindhäuser/Neumann/Paeffgen-[Ostendorf], NK-StGB, § 68 StGB Rn. 5; Streng, Strafrechtliche Sanktionen, Rn. 327.

Angesichts des Wortlauts des Gesetzes, welcher besagt, der Täter müsse wegen einer Straftat mindestens sechs Monate Freiheitsstrafe verwirkt haben, scheint die erstgenannte Auffassung vorzugswürdig, denn diese bringt zum Ausdruck, dass die konkrete Anlasstat eine höhere Strafe verlangt. Die Maßregel ziele gerade nicht auf das Niveau der Gemeinlästigkeit ab, wonach die Anlasstat auch in den Bereich der untersten Kriminalität fallen dürfe, sondern setzt eine Handlung mit gewichtigem Unrechtsgehalt voraus.[278] Demzufolge hat der Täter eine gewisse kriminelle Energie an den Tag zu legen. Bagatelltaten fallen somit nicht in den Anwendungsbereich dieser Maßregel.[279] Dies folgt im Übrigen auch aus dem in § 62 StGB normierten Verhältnismäßigkeitsgrundsatz.[280] Ferner erachtet auch der Gesetzgeber offensichtlich die Gesamtfreiheitsstrafe als nicht ausreichend. Er unterließ im Zuge der Reformen von 2007 und 2010 nämlich eine vergleichbare Klarstellung wie er sie bei § 68f Abs. 1 S. 1 StGB, bei dem eine Gesamtfreiheitsstrafe hinreichend ist, vorgenommen hatte.[281] Somit genügt eine Gesamtstrafe von sechs Monaten bei tatmehrheitlich begangenen Delikten nicht.

c) Gefahr der Begehung weiterer Straftaten

Weiterhin muss für die Anordnung der Führungsaufsicht durch das Gericht gem. § 68 Abs. 1 StGB die Gefahr bestehen, dass der Täter weitere Straftaten, also nicht nur rechtswidrige Taten[282], begehen wird.

Es stellt sich zunächst die Frage, was unter dem Begriff „Gefahr“ zu verstehen ist und wann eine derartige vorliegt. Bei rein sprachlicher Betrachtung meint Gefahr viel weniger Erwartung im Sinne des § 63 StGB. Die Erwartung weiterer Taten besteht, wenn die Rechtsordnung durch die bestimmte Wahrscheinlichkeit künftiger gegen sie gerichteter Handlungen unmittelbar bedroht wird. Es liegt demnach eine Gefährlichkeit höheren Grades vor.[283] Damit unterscheidet sich der Wortlaut des § 63 StGB von dem des § 68 Abs. 1 StGB. Ob der Gesetzgeber damit auch explizit eine sachliche Differenzierung zwischen den Begriffen erreichen wollte, lässt sich nicht eruieren. Daher hat am Charakter der Maßregel der Führungsaufsicht die Begriffsbestimmung der Gefahr und damit einherge-

278 Kwaschnik, Führungsaufsicht im Wandel, S. 127; Laufhütte/Rissing-van Saan/Tiedemann-[Schneider], LK-StGB, § 68 StGB Rn. 6.

279 Meier, Strafrechtliche Sanktionen, S. 256.

280 Fischer, StGB, § 68 StGB Rn. 5.

281 Siehe dazu auch Kindhäuser/Neumann/Paeffgen-[Ostendorf], NK-StGB, § 68 StGB Rn. 5; Schönke/Schröder-[Stree/Kinzig], StGB, § 68 StGB Rn. 5.

282 Vgl. hierzu die Ausführungen sogleich.

283 BGH, NJW 1951, S. 724 (725); Laufhütte/Rissing-van Saan/Tiedemann-[Schöch], LK-StGB, § 63 StGB Rn. 71 f.

hend eine Grenzziehung zu dem Begriff der Erwartung zu erfolgen, wobei im Vordergrund eindeutig das Sicherungsinteresse der Allgemeinheit steht. Bei erheblichen Zweifeln an der Ungefährlichkeit muss die Entscheidung zu Gunsten der Allgemeinheit und gegen den Täter ausfallen.[284]

Es genügt für die Gefahr einer Begehung einer neuen Straftat nicht, wenn es bloß möglich erscheint, dass der Verurteilte wiederholt straffällig wird. Andererseits darf auch keine Erwartung verlangt werden. Folglich ist darauf abzustellen, ob eine erneute Tatbegehung im Bereich des Wahrscheinlichen liegt.[285] Die Wahrscheinlichkeit weiterer Taten ist gegeben, wenn bei dem Täter eher damit zu rechnen ist, dass er neue Straftaten begeht, als dass solche ausbleiben.[286] Nach dem Wortlaut des § 68 Abs. 1 StGB haben die zu erwartenden Straftaten zwar weder einschlägig noch erheblich zu sein, da die Anordnung der Führungsaufsicht an bestimmte Deliktsarten gebunden ist, reicht die Begehung irgendwelcher Straftaten jedoch nicht aus. Es muss also zwischen der Anlasstat und den weiteren zu befürchtenden Taten ein symptomatischer Zusammenhang bestehen, d.h. sie müssen Ausdruck einer kriminellen Kontinuität sein.[287] Dies ist zu bejahen, sofern ohne die Führungsaufsicht die Gefahr einer erneuten Straftat derselben Deliktsgruppe durch den Verurteilten besteht.[288] Ferner folgt bereits aus § 62 StGB, dass eine Anordnung der Führungsaufsicht bei der Gefahr von Bagatelldelikten ausscheidet.[289] Vielmehr sollen die Taten in ihrem Gewicht in etwa dem der Anlasstat entsprechen. War hingegen die Anlasstat sehr schwer-

---

284 Laufhütte/Rissing-van Saan/Tiedemann-[Schneider], LK-StGB, § 68 StGB Rn. 9; Zipf, JuS 1974, S. 273 (277).

285 Heintschel-Heinegg-[Heuchemer], BeckOK StGB, § 68 StGB Rn. 6; zum Teil einschränkend Heintschel-Heinegg-[Groß], MüKo-StGB, § 68 StGB Rn. 8, der unter Gefahr auch mehr als die bloße Möglichkeit erneuter Straffälligkeit sieht, jedoch weniger als bereits die Wahrscheinlichkeit. Anhaltspunkte genügen demnach für das Vorliegen einer Gefahr.

286 Kindhäuser/Neumann/Paeffgen-[Ostendorf], NK-StGB, § 68 StGB Rn. 8.

287 Lackner/Kühl, StGB, § 68 StGB Rn. 5; Kindhäuser, LPK-StGB, § 68 StGB Rn. 3; Kindhäuser/Neumann/Paeffgen-[Ostendorf], NK-StGB, § 68 StGB Rn. 6; Satzger/Schmitt/Widmaier-[Jehle], StGB, § 68 StGB Rn. 6; Streng, Strafrechtliche Sanktionen, Rn. 326; hingegen verlangt Rudolphi/Horn/Günther/Samson-[Sinn], SK-StGB, § 68 StGB Rn. 8 grundsätzlich nur Straftaten von einiger Erheblichkeit; vgl. im Allgemeinen Schönke/Schröder-[Stree/Kinzig], StGB, § 68 StGB Rn. 6, die die unterschiedlichen Ansichten zu der Erfordernis der Voraussetzung der Gefahr erheblicher Straftaten zusammentragen.

288 Kindhäuser/Neumann/Paeffgen-[Ostendorf], NK-StGB, § 68 StGB Rn. 6.

289 Fischer, StGB, § 68 StGB Rn. 5; Kindhäuser, LPK-StGB, § 68 StGB Rn. 3; Lackner/Kühl, StGB, § 68 StGB Rn. 4; Schönke/Schröder-[Stree/Kinzig], StGB, § 68 StGB Rn. 6.

wiegend, hat hierzu eine Ausnahme zu erfolgen. Aufgrund des Ziels der Führungsaufsicht künftige Straftaten abzuwehren, erscheint es in diesen Fällen nicht sachgerecht, Führungsaufsicht nur anzuordnen, sobald eine ebenso schwerwiegende erneute Straftat zu erwarten ist. Sinnvollerweise reicht es in solchen Konstellationen schon aus, wenn bei der erneuten Tat nach ihrem objektiven Unrechtsgehalt eine Freiheitsstrafe von mehr als sechs Monaten in Betracht käme. Dann ist die Grenze der Gewichtigkeit der zu erwartenden Tat bereits erreicht.[290]

Darüber hinaus genügt für die richterliche Anordnung auch nicht der Umstand, dass der Richter die Gefahr nicht ausschließen kann, er muss im Gegenteil vom Bestehen der Gefahr, dass der Täter weitere Straftaten begehen wird, nach den allgemeinen Grundsätzen gem. § 261 StPO überzeugt sein.[291] Dabei hat das Gericht eine Gesamtwürdigung der Person des Täters und seiner Taten vorzunehmen, obgleich § 68 Abs. 1 StGB diese Formulierung nicht ausdrücklich verwendet.[292] Dies erfordert eine umfassende Abwägung der erreichbaren Informationen und eine Darstellungsweise, die dem Revisionsgericht eine Nachprüfung ermöglicht.[293] Hat der Richter diesbezüglich Zweifel und ist nicht vom Bestehen der Gefahr überzeugt, so ist die Anordnung der Führungsaufsicht unzulässig, da nach vorherrschender Meinung der Beweisgrundsatz „in dubio pro reo" gilt.[294]

Maßgeblich für den Zeitpunkt der Gefahrprognose ist nach allgemeiner Auffassung der Zeitpunkt, zu dem über die Anordnung der Führungsaufsicht entschieden wird, also das Urteil. Dies ist unstrittig, soweit der Verurteilte auf freiem Fuß bleibt.[295]

---

290 Laufhütte/Rissing-van Saan/Tiedemann-[Schneider], LK-StGB, § 68 StGB Rn. 10; zustimmend Kindhäuser/Neumann/Paeffgen-[Ostendorf], NK-StGB, § 68 StGB Rn. 7.

291 Dölling/Duttge/Rössner-[Pflieger], StGB, § 68 StGB Rn. 2; Holtz, MDR 1978, S. 623 (623); Schönke/Schröder-[Stree/Kinzig], StGB, § 68 StGB Rn. 6.

292 Laufhütte/Rissing-van Saan/Tiedemann-[Schneider], LK-StGB, § 68 StGB Rn. 13; Rudolphi/Horn/Günther/Samson-[Sinn], SK-StGB, § 68 StGB Rn. 8.

293 Kindhäuser/Neumann/Paeffgen-[Ostendorf], NK-StGB, § 68 StGB Rn. 9.

294 Dölling/Duttge/Rössner-[Rössner/Best], StGB, § 62 StGB Rn. 10; Heintschel-Heinegg-[Groß], MüKo-StGB, § 68 StGB Rn. 17; Holtz, MDR 1978, S. 623 (623); Laufhütte/Rissing-van Saan/Tiedemann-[Schneider], LK-StGB, § 68 StGB Rn. 18; Schönke/Schröder-[Stree/Kinzig], StGB, § 68 StGB Rn. 6.

295 Dölling/Duttge/Rössner-[Pflieger], StGB, § 68 StGB Rn. 2; Fischer, StGB, § 68 StGB Rn. 5; Heintschel-Heinegg-[Groß], MüKo-StGB, § 68 StGB Rn. 9; Heintschel-Heinegg-[Heuchemer], BeckOK StGB, § 68 StGB Rn. 7; Kindhäuser, LPK-StGB, § 68 StGB Rn. 4; Leipold/Tsambikakis/Zöller-[Kilian/Möhlenbeck], StGB, § 68 StGB Rn. 12.

Es bleibt aber zu klären, ob für den Fall, dass der Täter zunächst eine Freiheitsstrafe verbüßt, eine Ausnahme von diesem Grundsatz gemacht werden muss.

Hierfür hat zunächst eine Unterscheidung in Bezug auf die Haftdauer zu erfolgen. Beträgt die Freiheitsstrafe mindestens zwei Jahr, greift bei vollständiger Verbüßung § 68f Abs. 2 StGB, der die Führungsaufsicht entfallen lässt, sofern zu erwarten ist, dass die verurteilte Person auch ohne die Führungsaufsicht keine Straftaten mehr begehen wird. Ferner besteht die Möglichkeit der Anordnung des Ruhens der Führungsaufsicht gem. § 68g Abs. 2 S. 1 StGB, wenn aufgrund einer günstigen Prognose die Aussetzung eines Strafrests nach §§ 57, 57a StGB erfolgen kann. In diesen Fällen finden bei der erneuten Erstellung der Prognose, ob die Gefahr besteht, dass der Täter wiederholt straffällig wird, die Wirkungen des Strafvollzugs auf den Täter Berücksichtigung. Folglich werden hierbei die Veränderungen nach der Urteilsverkündung unstrittig miteinbezogen.[296] Da die anfängliche tatrichterliche Prognose eine Korrektur zugunsten des Betroffenen erfahren kann, widerfährt ihm kein Unrecht, falls das erkennende Gericht die Gefahrprognose auf den Urteilszeitpunkt bezieht.[297]

Schwierigkeiten entstehen erst, wenn die Dauer der zu verbüßenden Freiheitsstrafe nur bis zu zwei Jahren beträgt. In der Literatur ist dabei der Zeitpunkt der Prognose umstritten.

Nach einer in der Literatur vertretenen Ansicht hat die Prognose zum Zeitpunkt des Urteilserlasses im Hinblick auf die Zeit nach der Entlassung zu erfolgen, da die Führungsaufsicht erst mit der Entlassung gem. § 68c Abs. 1 StGB beginnt, wobei die Zeit des Strafvollzugs nicht eingerechnet wird, § 68c Abs. 4 S. 2 StGB, und die Führungsaufsicht nicht vor Ablauf der Mindestdauer aufgehoben werden kann.[298] Die Konsequenz andererseits wäre, dass die Wirkungen des Strafvollzugs unberücksichtigt bleiben und im schlimmsten Fall die Führungsaufsicht ohne ihre materiellen Voraussetzungen vollstreckt werden muss.[299] Andererseits stellt eine solche Vorhersage für den Richter als Spruch-

---

296 Vgl. hierzu Schönke/Schröder-[Stree/Kinzig], StGB, § 68 Rn. 7.

297 Laufhütte/Rissing-van Saan/Tiedemann-[Schneider], LK-StGB, § 68 StGB Rn. 15.

298 Satzger/Schmitt/Widmaier-[Jehle], StGB, § 68 StGB Rn. 6; Schönke/Schröder-[Stree], StGB, 27. Aufl., § 68 StGB Rn. 8, der jedoch in der Neuauflage seine Meinung in der Weise geändert hat, dass er nunmehr es für vorzugswürdig erachtet, den Prognosezeitpunkt auch hier beim Zeitpunkt des Urteils zu belassen und ggf. die Führungsaufsicht in analoger Anwendung des § 68f Abs. 2 StGB entfallen zu lassen, vgl. Schönke/Schröder-[Stree/Kinzig], StGB, § 68 StGB Rn. 8 mit Verweis auf AG Hamburg, MDR 1989. S. 180.

299 Laufhütte/Rissing-van Saan/Tiedemann-[Schneider], LK-StGB, § 68 StGB Rn. 15; Schönke/Schröder-[Stree], StGB, 27. Aufl., § 68 StGB Rn. 8.

körper des Gerichts eine kaum zumutbare Aufgabe dar, da diese Prognose eine definitive Entscheidung und keine bloße Einschätzung verlangt. Selbstverständlich mangelt es dem Richter aber an der Fähigkeit, die Zukunft des unter Strafvollzug befindenden Täters vorhersehen zu können und eine Aussage hierüber mit absoluter Sicherheit zu tätigen. Lediglich können Prognosen getroffen werden. Zudem geriete er dadurch in ein Dilemma. Die Sanktionslogik geht von dem Umstand aus, dass der Strafvollzug eine bessernde Wirkung auf den Betreffenden ausübt, die Wirklichkeit zeigt hingegen häufig ein gegenteiliges Bild.[300] Der Richter hätte daher eine Abwägung zwischen dogmatischen und tatsächlichen Gegebenheiten zu treffen.

Dagegen entstünde durch die nachträgliche Beurteilung ein Schwebezustand. Da der Täter aber einen Anspruch auf Rechtssicherheit hat, er also frühzeitig Aufschluss über seine Situation bekommen und nicht in langjähriger Ungewissheit über den Rechtsfolgeneintritt leben soll, muss eine Prognose im Hinblick auf die Zeit nach der Entlassung Ablehnung finden.[301] Schließlich stellt auch der Gesetzeswortlaut, nach dem die Zeit der gerichtlichen Entscheidung, also die Gefährlichkeit zum Zeitpunkt der Anordnung der Führungsaufsicht maßgeblich ist, für die Erstellung der Prognose rein auf den Zeitpunkt des tatrichterlichen Urteils ab. Dies entspricht auch dem Willen und den Vorstellungen des Gesetzgebers, der die kritische Lage des früheren Rechts beseitigen wollte, die den Richter schon bei Anordnung einer Maßregel auch zu der Prüfung verpflichtete, ob diese trotz eines unter Umständen langjährigen vorherigen Strafvollzugs später noch „erforderlich" sein würde.[302] Es bleibt somit beim Grundsatz der Prognose zum Urteilszeitpunkt.[303]

2. Rechtsfolge

§ 68 Abs. 1 StGB ist eine Kann-Vorschrift, so dass die Anordnung der Führungsaufsicht daher im pflichtgemäßen Ermessen des erkennenden Gerichts steht. Zunächst muss die Anordnung der Führungsaufsicht zum Zwecke der Sicherung der Allgemeinheit und der Besserung der verurteilten Person geeignet sein. Trotz gegebener Voraussetzungen verzichtet das Gericht aufgrund des Subsidiaritätsprinzips auf die Maßregel, wenn auch weniger einschneidende

300 Kindhäuser/Neumann/Paeffgen-[Ostendorf], NK-StGB, § 68 StGB Rn. 10; Kwaschnik, Führungsaufsicht im Wandel, S. 129.

301 Schüddekopf, StraFo 2008, S. 141 (143).

302 Zitiert nach Laufhütte/Rissing-van Saan/Tiedemann-[Schneider], LK-StGB, § 68 StGB Rn. 14.

303 So z.B. auch Fischer, StGB, § 68 StGB Rn. 5; Lackner/Kühl, StGB, § 68 StGB Rn. 4; Laufhütte/Rissing-van Saan/Tiedemann-[Schneider], LK-StGB, § 68 StGB Rn. 14.

Maßnahmen zur Verfügung stehen, mit welchen das Ziel erreicht werden kann.[304] Ebenso muss das Gericht bei der Prüfung den Grundsatz der Verhältnismäßigkeit beachten, da die Führungsaufsicht eine durchaus belastende und rechtsbeeinträchtigende Maßregel für den Betroffenen darstellt.[305] Danach erfolgt keine gerichtliche Anordnung der Maßnahme, wenn die Wahrscheinlichkeit der Begehung erneuter Straftaten nicht groß ist und die Taten voraussichtlich unter der Stufe der mittleren Kriminalität bleiben.[306] Die bloße Wahrscheinlichkeit der Aussichtslosigkeit der Führungsaufsicht ist dagegen in der Regel kein Grund diese nicht anzuordnen, da durch die Überwachung der verurteilten Person kriminelle Aktivitäten rechtzeitig erkannt und zumindest behindert werden können. Allein der Sicherungszweck legitimiert damit die Verhängung dieser Maßregel.[307]

3. Verfahrensrechtliches

Das erkennende Gericht ordnet die Führungsaufsicht nach § 68 Abs. 1 StGB gem. § 260 StPO im Urteil an. Diese Entscheidung ist zu begründen und selbstständig anfechtbar, wobei das Verbot der reformatio in peius[308] auch hinsichtlich

304 Dölling/Duttge/Rössner-[Pflieger], StGB, § 68 StGB Rn. 2; Fischer, StGB, § 68 StGB Rn. 6; Heintschel-Heinegg-[Groß], MüKo-StGB, § 68 StGB Rn. 14; Heintschel-Heinegg-[Heuchemer], BeckOK StGB, § 68 Rn. 8, 11; Kindhäuser, LPK-StGB, § 68 StGB Rn. 5; Lackner/Kühl, StGB, § 68 StGB Rn. 7; Laufhütte/Rissing-van Saan/Tiedemann-[Schneider], LK-StGB, § 68 StGB Rn. 21; Leipold/Tsambikakis/Zöller-[Kilian/Möhlenbeck], StGB, § 68 StGB Rn. 13; Satzger/Schmitt/Widmaier-[Jehle], StGB, § 68 StGB Rn. 7.

305 Heintschel-Heinegg-[Groß], MüKo-StGB, § 68 StGB Rn. 10; Heintschel-Heinegg-[Heuchemer], BeckOK StGB, § 68 StGB Rn. 12; Laufhütte/Rissing-van Saan/Tiedemann-[Schneider], LK-StGB, § 68 StGB Rn. 17.

306 Laufhütte/Rissing-van Saan/Tiedemann-[Schneider], LK-StGB, § 68 StGB Rn. 20; Rudolphi/Horn/Günther/Samson-[Sinn], SK-StGB, § 68 StGB Rn. 7.

307 Laufhütte/Rissing-van Saan/Tiedemann-[Schneider], LK-StGB, § 68 StGB Rn. 24; Rudolphi/Horn/Günther/Samson-[Sinn], SK-StGB, § 68 StGB Rn. 9.

308 Das Verbot der reformatio in peius (Verschlechterungsverbot) besagt, dass bei Einlegung eines Rechtsmittels das Urteil in Art und Höhe der Rechtsfolgen nicht zu Ungunsten des Angeklagten abgeändert werden darf, wenn nur der Angeklagte selbst, sein gesetzlicher Vertreter oder die Staatsanwaltschaft zu seinen Gunsten das Rechtsmittel eingelegt hat. Hintergrund hierfür ist, dass niemand dem Risiko unterlegt sein soll, bei Einlegung des Rechtsmittels in der nächsten Instanz noch härter bestraft zu werden und aufgrund dessen kein Rechtsmittel ergreift. Dies gilt jedoch nicht, wenn die Staatsanwaltschaft selbst zuungunsten des Angeklagten nur ein Rechtsmittel ergriffen hat, vgl. hierzu Roxin/Schünemann, Strafverfahrensrecht, § 54 Rn. 31; Schroeder, Strafprozessrecht, Rn. 308. Das Verbot der reformatio in peius gilt bei der Anordnung

der Führungsaufsicht gilt. Ergänzt werden kann die Anordnung durch Entscheidungen zur Ausgestaltung der Maßregel nach den §§ 68a bis 68c StGB, die das Gericht durch Beschluss trifft, der mit dem Urteil gem. § 268a Abs. 2 StPO zu verkünden ist. Jedoch kann sich das Gericht auch auf die Anordnung beschränken und die Ausgestaltung einer nachträglichen Entscheidung gem. § 68d StGB überlassen, für die dann gem. § 463 Abs. 1, Abs. 7 iVm. § 462a Abs. 1 StPO die Strafvollstreckungskammer zuständig ist. Ein derartiges Vorgehen ist sehr begrüßenswert und meistens auch angezeigt, da damit die notwendigen Maßnahmen individuell den Verhältnissen und dem Zustand des aus der Strafhaft Entlassenen angepasst werden können.[309]

II. Führungsaufsicht kraft Gesetzes, § 68 Abs. 2 StGB

Ferner tritt die Führungsaufsicht als einzige Maßregel gem. § 68 Abs. 2 StGB auch kraft Gesetzes in den dort abschließend aufgezählten Fällen ein.

Hierbei kann zwischen zwei Obergruppen differenziert werden: zum einen die Führungsaufsicht im Zusammenhang mit freiheitsentziehenden Maßregeln, zum anderen diejenige nach vollständiger Strafverbüßung. Allgemein ist zu sagen, dass beide genannten Arten der Führungsaufsicht nicht den in § 68 Abs. 1 StGB genannten Voraussetzungen bedürfen. Insbesondere wird keine Prognose darüber verlangt, ob der Täter weitere Straftaten begehen wird.[310] Bei § 68 Abs. 2 StGB besteht schon kraft Gesetzes die Vermutung, der Verurteilte bedürfe der Aufsicht und Führung. [311]

1. Führungsaufsicht in Zusammenhang mit freiheitsentziehenden Maßregeln

Zunächst tritt die Führungsaufsicht in bestimmten Konstellationen in Zusammenhang mit freiheitsentziehenden Maßregeln ein, wobei hierbei sehr unterschiedliche Tätergruppen erfasst werden. Es handelt sich nicht um Einheitstäter, sondern um Täter verschiedenster Art, die sich nicht nur aufgrund der begange-

---

der Führungsaufsicht, siehe dazu Heintschel-Heinegg-[Heuchemer], BeckOK StGB, § 68 StGB Rn. 13.

309 OLG Hamm, NStZ 1982, S. 260; Laufhütte/Rissing-van Saan/Tiedemann-[Schneider], LK-StGB, § 68 StGB Rn. 28, 31; Schönke/Schröder-[Stree/Kinzig], StGB, § 68 StGB Rn. 10.

310 Rudolphi/Horn/Günther/Samson-[Sinn], SK-StGB, § 68 StGB Rn. 14.

311 Heintschel-Heinegg-[Groß], MüKo-StGB, Vor §§ 68 ff. StGB Rn. 3.

nen Delikte, sondern auch hinsichtlich ihrer Gefährdung und Gefährlichkeit unterscheiden.[312]

a) § 67b Abs. 2 StGB

Es liegt vorerst eine Variante der Führungsaufsicht kraft Gesetzes vor, wenn das erkennende Gericht mit der Anordnung der Unterbringung in einem psychiatrischen Krankenhaus oder in einer Entziehungsanstalt gem. § 67b Abs. 2 StGB zugleich beschließt, dass die Vollstreckung der Maßregel zur Bewährung ausgesetzt wird. Dabei werden kranke oder süchtige Täter erfasst, bei denen im Zeitpunkt des Urteils schon besondere Umstände vorliegen, die den Schluss zu lassen, der Täter werde bereits unter dem Einfluss der Aussetzung keine weiteren Straftaten mehr begehen, so dass „nur" Führungsaufsicht angeordnet werden muss.[313]

b) § 67c Abs. 1 S. 2 2. Hs. StGB

Eine weitere Fallgruppe der gesetzlichen Führungsaufsicht bildet § 67c Abs. 1 S. 2 2. Hs. StGB. Diese tritt ein, wenn eine freiheitsentziehende Maßregel erst nach der Freiheitsstrafe vollstreckt werden soll und das Gericht die Maßregelvollstreckung vor dem Ende der Strafvollstreckung zur Bewährung aussetzt. Als

---

312 Laufhütte/Rissing-van Saan/Tiedemann-[Schneider], LK-StGB, § 68 StGB Rn. 32. Die Zielgruppe der Führungsaufsicht besteht aus gefährlichen Tätern, also Vollverbüßern mit schlechter sozialer Prognose und gefährdeten Tätern, bei denen Führungsaufsicht aufgrund ihrer seelischen Störung eintritt. Vgl. hierzu www.dbh-online.de/fa/Koller_FA-aktuell_12-01-23.pdf. Diese Differenzierung geht weit zurück. Ursprünglich sollten nur gefährliche Täter Zielgruppe der Sicherungsaufsicht sein. Nur bei einigen Maßregeln, v.a. bei der Sicherungsverwahrung sollte die Aussetzung kraft Gesetz diese Maßnahme auslösen (vgl. § 107 Abs. 3 E1962). Bei der Aussetzung anderer Maßregeln sah man die Anwendung der Bestimmung über die Strafaussetzung zur Bewährung vor, wobei in der Regel gefährliche Täter Zielgruppe hierbei waren (Laufhütte/Rissing-van Saan/Tiedemann-[Schneider], LK-StGB, vor § 68 StGB Rn. 21). Diese Unterscheidung wurde allerdings nicht beibehalten. Noch im E1962 wurde die Tätergruppe der Sicherungsaufsicht auch auf Täter von gemeinlästigen Delikten ausgedehnt. Diese Differenzierung zwischen gefährlichen und gefährdeten Tätern des Entwurfs von 1962 wurde durch das 2. StrRG nicht übernommen und die Sicherungsaufsicht auch auf andere Gruppen ausgedehnt (Laufhütte/Rissing-van Saan/Tiedemann-[Schneider], LK-StGB, vor § 68 StGB Rn. 21). Auch die ursprünglich nach dem Entwurf von 1962 gefährdeten Täter sind mittlerweile Personen der Zielgruppe der Führungsaufsicht.

313 Laufhütte/Rissing-van Saan/Tiedemann-[Schneider], LK-StGB, Vor § 68 StGB Rn. 9.

Betroffene kommen hierbei entweder Sicherheitsverwahrte[314] am Ende des Strafvollzugs oder solche Täter in Betracht, bei denen gem. § 67 Abs. 1, Abs. 2 StGB ausnahmsweise ganz oder teilweise ein Vorwegvollzug der Strafe vor der Vollstreckung einer gleichzeitig angeordneten Unterbringung im psychiatrischen Krankenhaus oder Entziehungsanstalt erfolgte.[315]

c) § 67c Abs. 2 S. 4 StGB

Die Anordnung der Führungsaufsicht erfolgt gem. § 67c Abs. 2 S. 4 StGB auch, wenn der Vollzug einer freiheitsentziehenden Maßregel drei Jahre nach Rechtskraft der Anordnung noch nicht begonnen hat und die Maßregelvollstreckung nunmehr zur Bewährung ausgesetzt wird. Hierbei handelt es sich um Täter, die sich trotz rechtskräftiger Verurteilung noch drei Jahre in Freiheit befunden haben und bei denen das Gericht in seiner Prognose zu dem Ergebnis gelangt, dass der noch nicht erreichte Maßregelzweck auch durch die Aussetzung erzielt werden kann.[316]

d) § 67d Abs. 2 S. 2 StGB

Ferner tritt gem. § 67d Abs. 2 S. 2 StGB Führungsaufsicht in Fällen ein, bei welchen eine freiheitsentziehende Maßregel teilweise vollstreckt wird und das Gericht die weitere Vollstreckung zur Bewährung aussetzt. Im Gegensatz zu der vorherigen Gruppe (§ 67c Abs. 2 S. 4 StGB) war der Vollzug der freiheitsentziehenden Maßregel zunächst erforderlich. Mögliche Täter sind kranke oder süchtige Rechtsbrecher, deren Behandlung in der Heileinrichtung erfolgreich verlief oder aber auch Sicherheitsverwahrte[317], bei denen die Aussetzung verantwortet werden kann.[318]

---

314 Mit der Entscheidung vom 4.5.2011 hat das BVerfG entschieden, dass sämtliche Regelungen zur Sicherungsverwahrung gegen das Grundrecht auf Freiheit nach Art. 2 Abs. 2 S. 2 GG verstoßen. Sie sind folglich verfassungswidrig. Daher muss der Gesetzgeber die Sicherungsverwahrung längstens bis 31.5.2013 neu regeln. Ziel soll hierbei sein, ein freiheitsorientiertes und therapiegerechtes Vollzugskonzept zu errichten (BVerfG, NJW 2011, S. 1931 ff.; siehe auch becklink 1012739, abzurufen unter www.beck-online.de). Derzeit stehen die gesetzlichen Änderungen noch aus.

315 Wolf, Rpfleger 2007, S. 293 (293).

316 Laufhütte/Rissing-van Saan/Tiedemann-[Schneider], LK-StGB, Vor § 68 StGB Rn. 9.

317 Mit der Entscheidung vom 4.5.2011 hat das BVerfG entschieden, dass sämtliche Regelungen zur Sicherungsverwahrung gegen das Grundrecht auf Freiheit nach Art. 2 Abs. 2 S. 2 GG verstoßen. Sie sind folglich verfassungswidrig. Daher muss der Gesetzgeber die Sicherungsverwahrung längstens bis 31.5.2013 neu regeln. Ziel soll hierbei sein, ein freiheitsorientiertes und therapiegerechtes Vollzugskonzept zu errichten

e) § 67d Abs. 3 S. 2 StGB

Wenn das Gericht die Unterbringung in der Sicherungsverwahrung[319] unter den einschränkenden Voraussetzungen des § 67d Abs. 3 StGB nach Ablauf von zehn Jahren für erledigt erklärt, ist Führungsaufsicht des Weiteren gem. § 67d Abs. 3 S. 2 StGB kraft Gesetzes möglich. In der Praxis handelt es sich hierbei überwiegend um Täter aus dem Bereich der Eigentums- und Vermögensdelikte, die im Regelfall eine negative Prognose aufweisen, da sie sich zumeist sehr lange im Freiheitsentzug befunden haben und weder am Ende des Strafvollzugs (§ 67c Abs. 1 StGB) noch während der zehnjährigen Vollstreckung der Sicherungsverwahrung (§ 67d Abs. 3 StGB) eine Aussetzung zur Bewährung erfolgte.[320]

f) § 67d Abs. 4 S. 3 StGB

aa) Neueinführung durch die Reform von 2007

Mit der Reform von 2007 wurde eingeführt, dass die Führungsaufsicht gem. § 67d Abs. 4 S. 3 StGB auch dann eintreten soll, wenn die Höchstfrist der Unterbringung abgelaufen ist. In diesem Fall hat sich die Maßregel der Unterbringung von Gesetzes wegen erledigt und die Entlassung des Untergebrachten aus dem Maßregelvollzug muss unverzüglich erfolgen. Hierbei findet keine Gefährlichkeitsprüfung mehr statt.[321] Bedenklich erscheint dabei, dass die Freilassung nach Fristablauf unabhängig von einem positiven Therapieverlauf erfolgt. Es besteht Grund zur Annahme, es handele sich bei diesen Personen um solche mit weiterhin ungünstiger Prognose, da eine Aussetzung schon während der Therapie nicht erfolgte.[322] Auch der Gesetzgeber erkannte das Problem, dass es sich

---

(BVerfG, NJW 2011, S. 1931 ff.; siehe auch becklink 1012739, abzurufen unter www.beck-online.de). Derzeit stehen die gesetzlichen Änderungen noch aus.

318 Laufhütte/Rissing-van Saan/Tiedemann-[Schneider], LK-StGB, Vor § 68 StGB Rn. 9; Allgemein zu § 67d Abs. 2 StGB Kaspar, Forens Psychiatr Psychol Kriminol 2007, S. 217 (218 f.).

319 Mit der Entscheidung vom 4.5.2011 hat das BVerfG entschieden, dass sämtliche Regelungen zur Sicherungsverwahrung gegen das Grundrecht auf Freiheit nach Art. 2 Abs. 2 S. 2 GG verstoßen. Sie sind folglich verfassungswidrig. Daher muss der Gesetzgeber die Sicherungsverwahrung längstens bis 31.5.2013 neu regeln. Ziel soll hierbei sein, ein freiheitsorientiertes und therapiegerechtes Vollzugskonzept zu errichten (BVerfG, NJW 2011, S. 1931 ff.; siehe auch becklink 1012739, abzurufen unter www.beck-online.de). Derzeit stehen die gesetzlichen Änderungen noch aus.

320 Laufhütte/Rissing-van Saan/Tiedemann-[Schneider], LK-StGB, Vor § 68 StGB Rn. 9.

321 Pollähne, KritV 2007, S. 386 (407); Rudolphi/Horn/Günther/Samson-[Sinn], SK-StGB, § 67d StGB Rn. 7.

322 Laufhütte/Rissing-van Saan/Tiedemann-[Schneider], LK-StGB, Vor § 68 StGB Rn. 9; Schalast, R & P 2006, S. 59 (63).

meist um besonders schwierige Personen handelt, die eine erhebliche Zeit im Strafvollzug verbrachten, und hielt es für unverantwortlich, diese ohne weitere Betreuung in die Freiheit zu entlassen. Um das Risiko der Rückfallgefahr zu minimieren, unterstellte er diese der Führungsaufsicht.[323]

bb) Bewertung

Die Änderung ist vollumfänglich zu begrüßen. Dem Gesetzgeber kann dahingehend zugestimmt werden, dass diese Betroffenen im Regelfall eher als potentiell gefährliche Wiederholungstäter einzustufen sind, welche eine Bedrohung für die Allgemeinheit darstellen. Diese Vermutung begründet sich auf der Tatsache, bei den Untergebrachten handele es sich um Personen, deren Maßregel zuvor nicht zur Bewährung ausgesetzt wurde.[324] Zwar findet durch die Neuregelung das eigentliche Problem der Entlassung trotz eventuell vorhandener Gefährlichkeit des Untergebrachten keine Lösung, jedoch bietet sie zumindest einen ersten Lösungsansatz. Hintergrund hierfür ist, dass die Maßregel mit Ablauf der Höchstdauer erledigt ist und der Untergebrachte zwingend zu entlassen ist.[325] § 67d StGB ist damit insgesamt eine Ausprägung des Verhältnismäßigkeitsgrundsatzes.[326] Um jedoch eine effektive und bedarfsgerechte Nachsorge der betroffenen Person zu bieten, bedarf es der Führungsaufsicht. Die Stellung unter diese Maßnahme kann der für mindestens zwei Jahre im Maßregelvollzug untergebrachten Person Hilfe und Betreuung zur Resozialisierung bieten. Die Überwachung und Kontrolle ermöglicht eine schnellere Registration der Auffälligkeiten der Person, wodurch effektiver Gegenmaßnahmen diesbezüglich ergriffen werden können, um die Allgemeinheit vor erneuten Straftaten zu schützen.[327] Die Unterstellung dieser Personen wird angesichts der in den letzten Jahren stark angestiegenen Unterbringungszahlen ebenfalls eine Zunahme der unter Führungsaufsicht gestellten Personen zur Folge haben. In Anbetracht der begrenzten Ressourcen in der Praxis, die ohnehin kaum noch über Kapazität verfügt, dürfte dies allerdings zu Schwierigkeiten führen.[328] Mangels gleichwertiger Alternativen ist dieser Änderung trotzdem beizupflichten. Neuanstellungen können das Problem mangelnder Personenkapazität an Bewährungs- und Führungsaufsichtshelfern lösen. Zwar bedeutet dies in der Folge einen erhöhten Finanzierungsbedarf, die-

323 BR-Drs. 256/06, S. 27.

324 Laufhütte/Rissing-van Saan/Tiedemann-[Peglau], LK-StGB, § 67d StGB Rn. 24.

325 Heintschel-Heinegg-[Veh], MüKo-StGB, § 67d StGB Rn. 12.

326 Laufhütte/Rissing-van Saan/Tiedemann-[Peglau], LK-StGB, § 67d StGB Rn. 1.

327 Zum Zweck allgemein BR-Drs. 256/06, S. 27; Schönke/Schröder-[Stree/Kinzig], StGB, § 67d StGB Rn. 1.

328 Ähnlich auch Dessecker, Stellungnahme zur BT-Drs. 16/1993, S. 5.

ser ist jedoch hinzunehmen, um den Schutz und die Sicherheit der Allgemeinheit zu gewährleisten.

g) § 67d Abs. 5 S. 2 StGB

§ 67d Abs. 5 S. 2 StGB sieht ferner den Eintritt der Maßregel mit Entlassung aus dem Vollzug der Unterbringung in einer Entziehungsanstalt vor, sofern das Gericht die Unterbringung für erfolglos und damit für erledigt erklärt. Dies ist der Fall, wenn die Voraussetzungen des § 64 S. 2 StGB nicht mehr vorliegen, d.h. sobald keine hinreichend konkrete Aussicht mehr besteht, die Person durch die Behandlung in der Entziehungsanstalt zu heilen oder sie zumindest für eine vorübergehende Zeit[329] vor einem Rückfall und damit vor der Begehung erheblich rechtswidriger Taten, die auf ihren Hang zurückgehen, abzuhalten. Diese Personen sind als besonders gefährlich einzustufen, da ihre Sucht in therapeutisch resistenter Weise fortbesteht.[330]

h) § 67d Abs. 6 S. 2 StGB

Schließlich tritt nach § 67d Abs. 6 S. 2 StGB die Führungsaufsicht obligatorisch in Fällen ein, in denen nach Beginn der Vollstreckung der Unterbringung in einem psychiatrischen Krankenhaus festgestellt wird, dass die Voraussetzungen nicht mehr vorliegen oder die weitere Vollstreckung unverhältnismäßig wäre und das Gericht diese deshalb für erledigt erklärt. Beruht die Anordnung der Unterbringung dagegen auf einer Fehldiagnose, soll keine Führungsaufsicht eintreten.[331] Das Gericht ordnet allerdings gem. § 67d Abs. 6 S. 3 StGB ausnahmsweise den Nichteintritt der Führungsaufsicht an, sobald Grund zur Annahme besteht, der Betroffene werde auch ohne die Führungsaufsicht keine weiteren Straftaten mehr begehen. Abweichend vom Wortlaut soll es hierfür genügen, wenn keine erheblichen rechtswidrigen Taten mehr zu erwarten sind. Nicht erforderlich ist hingegen die Erwartung, der Täter werde überhaupt keine Straftaten mehr begehen.[332] Zweifel hinsichtlich dieser Prognose gehen zu seinen Lasten.[333] Dies ist unter anderem dem Umstand geschuldet, dass die Führungsauf-

---

329 Der Wortlaut der Norm spricht von erheblicher Zeit. Zu den Problemen der Festlegung des Zeitraums siehe Schönke/Schröder-[Stree/Kinzig], StGB, § 64 StGB Rn. 13. Laufhütte/Rissing-van Saan/Tiedemann-[Schneider], LK-StGB, § 64 StGB Rn. 134 ff. geht davon aus, dass in der Regel mehr als ein Jahr erheblich sein dürfte.

330 Laufhütte/Rissing-van Saan/Tiedemann-[Schneider], LK-StGB, Vor § 68 StGB Rn. 9.

331 OLG Dresden, StraFo 2008, S. 171 (171); Lackner/Kühl, StGB, § 67d StGB Rn. 10d.

332 BT-Drs. 15/2887, S. 15; Rudolphi/Horn/Günther/Samson-[Sinn], SK-StGB, § 67d StGB Rn. 7h.

333 Lackner/Kühl, StGB, § 67d StGB Rn. 10d; Satzger/Schmitt/Widmaier-[Jehle], StGB, § 67d StGB Rn. 28; Schönke/Schröder-[Stree/Kinzig], StGB, § 67d StGB Rn. 18.

sicht nach gesetzlicher Konzeption kraft Gesetz obligatorisch eintritt.[334] Nur wenn zu erwarten ist, dass der Täter keine Straftaten mehr begeht, wird der Nichteintritt dieser Maßregel angeordnet. Bestehen hinsichtlich dieser Erwartung Zweifel, darf eine Anordnung nicht ergehen.

2. Führungsaufsicht im Zusammenhang mit vollständiger Strafverbüßung

Des Weiteren tritt die Führungsaufsicht im Zusammenhang mit vollständiger Strafverbüßung von Freiheitsstrafen gem. § 68f Abs. 1 S. 1 StGB unmittelbar kraft Gesetzes ein. Während § 57 StGB Tätern mit positiver Prognose gerade auch bei langjährigen Freiheitsstrafen Hilfe beim Übergang in die Freiheit gewährleistet, stellt § 68f Abs. 1 S. 1 StGB sicher, dass diese Lebenshilfe auch Tätern mit ungünstiger Prognose zukommt.[335] Dem liegt die Einschätzung des damaligen Gesetzgebers bei Einführung dieser Regelung zugrunde, gemäß derer die Tätergruppe der Vollverbüßer in besonderem Maße hilfs- und kontrollbedürftig seien, da bei ihnen eine besonders hohe Gefahr für die Allgemeinheit und eine erhöhte Rückfallgefährdung bestünde.[336] Im Fall einer günstigen Prognose des Vollverbüßers muss der Wegfall der Führungsaufsicht gem. § 68f Abs. 2 StGB angeordnet werden. Diese Möglichkeit des Eintritts der Führungsaufsicht ist in der Praxis besonders relevant und macht mehr als 50 % der Klientel der Führungsaufsicht aus.[337]

a) Voraussetzungen des § 68f Abs. 1 S. 1 StGB

aa) Freiheitsstrafe

Als Voraussetzung muss zunächst wegen einer beliebigen vorsätzlichen Straftat eine Freiheitsstrafe von mindestens zwei Jahren oder wegen einer in § 181b StGB genannten Straftat eine Freiheitsstrafe von mindestens einem Jahr vollstreckt worden sein.

---

334 BT-Drs. 15/887, S. 15; Kindhäuser/Neumann/Paeffgen-[Pollähne/Böllinger], NK-StGB, § 67d StGB Rn. 60.

335 BT-Drs. 16/1993, S. 22; Dölling/Duttge/Rössner-[Pflieger], StGB, § 68f StGB Rn. 1; Fischer, StGB, § 68f StGB Rn. 2; Heintschel-Heinegg-[Heuchemer], BeckOK StGB, § 68f StGB Rn. 1; Laufhütte/Rissing-van Saan/Tiedemann-[Schneider], LK-StGB, § 68f StGB Rn. 2; Satzger/Schmitt/Widmaier-[Jehle], StGB, § 68f StGB Rn. 1.

336 Floerecke, KrimJ 1985, S. 120 (121).

337 Kamann, Strafvollstreckung, Rn. 126; Kindhäuser/Neumann/Paeffgen-[Ostendorf], NK-StGB, § 68f StGB Rn. 2; Koller, Kontrollsystem der Führungsaufsicht, S. 133 (139); Neubacher, BewHi 2004, S. 73 (82).

(1) Freiheitsstrafe von mindestens einem bzw. zwei Jahren

(a) Meinungsstand vor der Reform von 2007

Auf der Grundlage des Wortlauts des § 68f Abs. 1 S. 1 StGB a.F. „Ist eine Freiheitsstrafe von mindestens zwei Jahren wegen einer vorsätzlichen Straftat oder eine Freiheitsstrafe von mindestens einem Jahr wegen einer in § 181b genannten Straftat vollständig vollstreckt worden, [...]" war lange Zeit umstritten, ob es im Fall einer vollständigen Vollstreckung einer Gesamtstrafe für den Eintritt der Führungsaufsicht erforderlich ist, dass wenigstens eine der Einzelstrafen für eine Vorsatztat auf Freiheitsstrafe von mindestens zwei bzw. einem Jahr zu lauten habe (sog. Einzelstrafenlösung[338]) oder ob bereits eine entsprechende Gesamtstrafe in entsprechender Höhe ausreichend ist, auch wenn die Einzelstrafen kürzer waren (sog. Gesamtstrafenlösung[339]).[340]

Dieser Meinungsstreit resultiert größtenteils aus den unterschiedlichen Ansichten für die Begründung der Führungsaufsicht im Sinne des § 68f StGB. Der überwiegende Teil der Vertreter der Gesamtstrafenlösung lässt den langjährigen Freiheitsverlust als entscheidendes Kriterium für die Notwendigkeit der Führungsaufsicht gelten. Durch diesen habe der Inhaftierte nach Haftentlassung oftmals erhebliche Schwierigkeiten in der wiedergewonnenen Freiheit, insbesondere bei der Wiedereingliederung in die Gesellschaft. Zum Teil führe dies zu einer Rückfälligkeit in die Kriminalität. Folglich müsse dem Täter Hilfe und Betreuung durch die Führungsaufsicht geboten werden.[341] Daher genügt es dieser Ansicht nach, wenn der Freiheitsentzug von mindestens zwei Jahren auf einer

---

338 Exemplarisch dafür OLG Bamberg, NStZ-RR 2000, S. 81 (82); OLG Dresden, ZJJ 2004, S. 433 (433); OLG Frankfurt, NStZ-RR 2007, S. 30; OLG Hamm, NStZ-RR 1996, S. 31 f. (unter Aufgabe der bisherigen Rechtsprechung); OLG Hamm, NStZ 1996, S. 407 (407 f.); OLG Köln, NStZ-RR 1997, S. 4 (4) (unter Aufgabe der bisherigen Rechtsprechung); OLG Naumburg, MDR 1995, S. 85; OLG Stuttgart, NStZ 1992, S. 101; KG, NStZ-RR 2005, S. 42 (42); Anm. Dölling zu OLG Düsseldorf, JR 2004, S. 165 (167); Stein, BewHi 1981, S. 256 (260 f.); Tröndle/Fischer, StGB, 54. Aufl., § 68f StGB Rn. 3; Wagner, Strafvollstreckung, Rn. 588.

339 Z.B. OLG Düsseldorf, NStZ 1981, S. 302 (303); OLG Düsseldorf, NStZ-RR 1999, S. 138; OLG Düsseldorf, JR 2004, S. 163 (165); OLG Frankfurt, MDR 1982, S. 164; OLG Hamburg, NStZ-RR 1996, S. 262; OLG München, NStZ-RR 2002, S. 183 (183 f.); OLG Nürnberg, NStZ-RR 1998, S. 124 (124 f.). Vgl. auch Kwaschnik, Führungsaufsicht im Wandel, S. 167 m.w.N.

340 Siehe insgesamt hierzu auch Anm. Dölling zu OLG Düsseldorf, JR 2004, S. 165 (165); Kamann, Strafvollstreckung, Rn. 126; Lackner/Kühl, StGB, 26. Aufl., § 68f StGB Rn. 1; Peglau, NJW 2007, S. 1558 (1560).

341 OLG Düsseldorf, NStZ 1981, S. 302 (303); OLG Hamburg, NStZ-RR 1996, S. 262; OLG Nürnberg, NStZ-RR 1998, S. 124 (125).

Gesamtstrafe beruht. Gemäß dieser Anschauung ist es unwesentlich, wenn die Einzelstrafen nicht besonders schwerwiegend sind und dementsprechend die jeweiligen Einzelstrafen unter der Zwei-Jahres-Grenze liegen oder zum Teil sogar nur auf Geldstrafe lauten.[342]

Demgegenüber steht bei den Vertretern der Einzelstrafenlösung nicht der längere Freiheitsentzug als maßgebliches Kriterium für die Notwendigkeit der Führungsaufsicht, sondern die Schwere der Straftat im Vordergrund. Der vorsätzlich in einer schwerwiegenden Weise straffällig gewordene Verurteilte hat bewusst die Rechtsordnung missachtet und muss aufgrund dessen dieser Ansicht nach überwacht werden, um auf diese Weise die Allgemeinheit vorbeugend zu schützen. Voraussetzung hierfür ist allerdings, dass er die Strafe vollverbüßt hat, da ansonsten nicht die Führungsaufsicht, sondern das Institut der Bewährungshilfe greifen würde. Daher bedürfe es einer Einzelstrafe von mindestens zwei Jahren.[343]

Beginnend mit dem Wortlaut des § 68f StGB a.F. lässt sich nicht die Frage beantworten, welcher Ansicht der Vorrang gebührt. Die Vertreter der Einzelstrafenlösung sehen in dem Wortlaut „[…] *einer* vorsätzlichen Straftat […] oder […] *einer* in § 181b genannten Straftat […]“ bereits den Beweis erbracht, dass dieser eindeutig gegen die Gesamtstrafenlösung spreche.[344] Die Verfechter der anderen Ansicht halten dem aber entgegen, dass dem Wortlaut keine entscheidende Bedeutung zukomme und es sich bei dieser Textstelle nur um eine „unglücklich formulierte Kurzfassung“[345] handle. Der Wortlaut könne ebenso in der Weise ausgelegt werden, dass die von § 68f Abs. 1 S. 1 StGB a.F. geforderte Höhe der Freiheitsstrafe auch auf mehrere kürzere Einzelstraftaten beruhe.[346]

---

342 OLG Düsseldorf, JR 2004, S. 163 (164); OLG Düsseldorf, NStZ-RR 1999, S. 138; OLG Frankfurt, MDR 1982, S. 164; OLG Hamburg, NStZ-RR 1996, S. 262; OLG Nürnberg, NStZ-RR 1998, S. 124 (124); vgl. auch Kwaschnik, Führungsaufsicht im Wandel, S. 167 m.w.N.

343 OLG Bamberg, NStZ-RR 2000, S. 81 (82); OLG Dresden, ZJJ 2004, S. 433 (433); OLG Hamm, NStZ-RR 1996, S. 31 f. (unter Aufgabe der bisherigen Rechtsprechung); OLG Köln, NStZ-RR 1997, S. 4 (4) (unter Aufgabe der bisherigen Rechtsprechung); OLG Naumburg, MDR 1995, S. 85; Anm. Dölling zu OLG Düsseldorf, JR 2004, S. 165 (167); Stein, BewHi 1981, S. 256 (260 f.); Wagner, Strafvollstreckung, Rn. 588.

344 KG, JR 1979, S. 421 (421); Anm. Dölling zu OLG Düsseldorf, JR 2004, S. 165 (165); vgl. auch Kwaschnik, Führungsaufsicht im Wandel, S. 168 m.w.N. und Streng, Strafrechtliche Sanktionen, Rn. 325, die alle den Gedanken aufgreifen.

345 Anm. Zipf zu OLG Hamburg, JR 1979, S. 117 (117).

346 OLG Düsseldorf, MDR 1981, S. 70; OLG Düsseldorf, NStZ 1981, S. 302 (303), OLG Hamburg, NStZ-RR 1996, S. 262; Anm. Zipf zu OLG Hamburg, JR 1979, S. 117 (117).

Angesichts der Tatsache, dass allein anhand des Wortlautes noch keine Streitentscheidung erfolgen kann, muss der Wille des Gesetzgebers näher beleuchtet werden. Sowohl die Gesetzesmaterialien als auch die Entstehungsgeschichte der Norm geben diesbezüglich keine eindeutige Auskunft. Mittels der Auslegung lassen sich für beide Ansichten Indizien finden. In der Begründung zu § 97 des Entwurfes von 1962 wird bei der Sicherungsaufsicht, die nur als Folge schwerer Taten eintreten soll, auf den Sicherungszweck abgestellt. Demnach stützen die Gesetzesmaterialien die Einzelstrafenlösung.[347] Hingegen spricht die ausdrückliche Betonung der Funktion der Führungsaufsicht, nämlich die Gewährung einer Lebenshilfe für den Täter, im Sonderausschuss des Deutschen Bundestages für die Strafrechtsreform als Indiz für die Gesamtstrafenlösung, da die Mitglieder des Sonderausschusses hierin, wie oben[348] bereits geschildert, die Notwendigkeit der Führungsaufsicht sehen.[349] Somit führt auch die historische Auslegung zu keinem eindeutigen Ergebnis.

Die Gegner der Gesamtstrafenlösung argumentieren des Weiteren mit systematischen Gründen für ihre Ansicht. Danach verweisen sie auf die Vorschrift des § 66 Abs. 1 StGB, der ebenso wie § 68f StGB durch das Zweite Gesetz zur Reform des Strafrechts vom 4. Juli 1969 eingeführt wurde und ähnliche Formulierungen aufweist. Bei § 66 Abs. 1 StGB ist allgemein anerkannt, dass es nicht ausreichend ist, wenn nur die Summe von Einzelstrafen zwei Jahre erreicht. Daher dürfe für § 68f Abs. 1 StGB nichts anderes gelten, weil dieselbe gesetzgeberische Ausgangssituation sowie die im Wesentlichen selbe Formulierung vorliege und beide Vorschriften Maßnahmen der Besserung und Sicherung normieren.[350] Hierbei muss jedoch bedacht werden, dass die Sicherungsverwahrung[351] viel intensiver ist und bei der Führungsaufsicht mit Ausnahme eines Verstoßes

347 BT-Drs. IV/650, S. 224; KG, JR 1979, S. 421 (421); Anm. Dölling zu OLG Düsseldorf, JR 2004, S. 165 (166).

348 Siehe bereits S. 39.

349 Dreher, Protokolle des Sonderausschusses des Deutschen Bundestages für die Strafrechtsreform, 5. Wahlperiode (101. bis 150. Sitzung), S. 2214; Kwaschnik, Führungsaufsicht im Wandel, S. 170.

350 BGH, NJW 1972, S. 834 (834); OLG Bamberg, NStZ-RR 2000, S. 81 (82); Anm. Dölling zu OLG Düsseldorf, JR 2004, S. 165 (166); Holz, MDR 1980, S. 271 (272) in Bezug auf die Sicherungsverwahrung.

351 Mit der Entscheidung vom 4.5.2011 hat das BVerfG entschieden, dass sämtliche Regelungen zur Sicherungsverwahrung gegen das Grundrecht auf Freiheit nach Art. 2 Abs. 2 S. 2 GG verstoßen. Sie sind folglich verfassungswidrig. Daher muss der Gesetzgeber die Sicherungsverwahrung längstens bis 31.5.2013 neu regeln. Ziel soll hierbei sein, ein freiheitsorientiertes und therapiegerechtes Vollzugskonzept zu errichten (BVerfG, NJW 2011, S. 1931 ff.; siehe auch becklink 1012739, abzurufen unter www.beck-online.de). Derzeit stehen die gesetzlichen Änderungen noch aus.

gegen eine strafbewehrte Weisung kein Freiheitsentzug droht. Folglich sind nach heute herrschender Meinung die Maßnahmen unvergleichbar, wodurch das Argument für die Auslegung des § 68f Abs. 1 StGB somit nicht greift.[352] Allerdings kann trotz der unterschiedlichen Eingriffsintensivität nicht der enge Zusammenhang zwischen den beiden Institutionen bestritten werden, da beide Maßnahmen der Besserung und Sicherheit dienen und gerade für besonders rückfallgefährdete Täter geschaffen wurden.[353] Ferner spricht gegen die Argumentationsweise der Vertreter der Einzelstrafenlösung, dass in § 66 Abs. 2 StGB ausdrücklich der Fall einer Gesamtstrafe geregelt ist und die Vorschriften unterschiedliche Tatbestandsvoraussetzungen haben. Während es für § 68f Abs. 1 StGB lediglich auf die Dauer des Vollzugs ohne Aussetzung des Strafrestes zur Bewährung ankommt, stellt § 66 Abs. 1 StGB nicht nur auf die Dauer der Verbüßung, sondern auch auf den Unrechtsgehalt jeder einzelnen Tat ab, wonach auch die Rechtsprechung zu § 66 Abs. 1 StGB nicht auf § 68f Abs. 1 StGB übertragbar sei.[354] Auch aus der Gegenüberstellung zu § 66 Abs. 4 S. 1 StGB, bei dem die Verurteilung zu einer Gesamtstrafe explizit einer einzigen Verurteilung gleichgestellt wird, ergebe sich, dass mangels entsprechender Regelung bei § 68f StGB zumindest eine nicht weniger als zweijährige Einzelstrafe, auch im Fall einer Gesamtstrafe, verhängt werden muss.[355]

Das Hauptargument der Einzelstrafenlösung,[356] welches besagt, nur Taten mit hohem Unrechts- und Schuldgewicht können die Führungsaufsicht auslösen, da diese eine einschneidende Maßregel ist, die eine enorme und lang andauernde Belastung für den Verurteilten darstellt und ein besonderes Gefahrenpotential erfordert, wurde mit der Begründung, dieses Argument dringe nicht bis zum

---

352 OLG Düsseldorf, JR 2004, S. 163 (164); a.A.: Anm. Dölling zu OLG Düsseldorf, JR 2004, S. 165 (166).

353 So auch Anm. Dölling zu OLG Düsseldorf, JR 2004, S. 165 (166); Kwaschnik, Führungsaufsicht im Wandel, S. 182.

354 OLG Düsseldorf, MDR 1981, S. 70; Diemer/Schatz/Sonnen-[Diemer], JGG, § 7 JGG Rn. 13.

355 In § 66 StGB ist anders als in § 68f StGB dem Abs. 1 in Abs. 2 ausdrücklich der Fall einer Gesamtstrafe gegenübergestellt. OLG Bamberg, NStZ-RR 2000, S. 81 (82); OLG Dresden, ZJJ 2004, S. 433 (434); Kindhäuser/Neumann/Paeffgen-[Frehsee/Ostendorf], NK-StGB, 2. Aufl., § 68f StGB Rn. 4.

356 OLG Bamberg, NStZ-RR 2000, S. 81 (81 f.); OLG Frankfurt, NStZ-RR 2007, S. 30; OLG Hamm, NStZ 1996, S. 407 (407 f.) unter Aufgabe der bisherigen Rechtsprechung; OLG Köln, NStZ-RR 1997, S. 4 (4) unter Aufgabe der bisherigen Rechtsprechung; OLG Stuttgart, NStZ 1992, S. 101 unter Aufgabe der bisherigen Rechtsprechung; KG, NStZ-RR 2005, S. 42 (42); Tröndle/Fischer, StGB, 54. Aufl., § 68f StGB Rn. 3.

kriminalpolitischen Kern durch, abgelehnt.[357] Die Führungsaufsicht will die Betreuung und Überwachung bei Tätern mit ungünstiger Sozialprognose miteinander verbinden. Im Vordergrund stehen dabei die Vollverbüßung, die ungünstige Sozialprognose und die Eingliederungsschwierigkeiten bei langer Freiheitsstrafe.[358] Der Hilfsbedarf hierbei richte sich nach der Dauer des Strafvollzugs und könne nicht davon abhängig gemacht werden, ob die Vollverbüßung aus einer Einzel- oder Gesamtstrafe resultiere.[359] Zudem würdige § 54 Abs. 1 S. 3 StGB die Person des Täters und die einzelnen Straftaten, demgemäß gebe die Höhe der Gesamtstrafe zuverlässigen Aufschluss über die kriminelle Energie des Täters und das Ausmaß der verschuldeten Tatfolge. Folglich dürfe daher nicht davon ausgegangen werden, dass ein Täter, der als Gesamtstrafe zwei Jahre Freiheitsstrafe verwirkt habe, weniger gefährlich und überwachungsbedürftig sei, als ein Täter, der als Einzelstrafe zwei Jahre Freiheitsstrafe verwirkt habe.[360] Nur so könne bei einem Serientäter auch Führungsaufsicht angeordnet werden, bei dem vermehrt kurze Einzelstrafen ausgesprochen werden, die in ihrer Summe ein erhebliches Ausmaß erreichen, aber alleine nicht die Schwelle zur Führungsaufsicht überschreiten.[361] Außerdem kann die Gegenansicht das Erfordernis der Vollverbüßung nicht erklären.

(b) Änderung durch die Reform von 2007

Dieser Streit hat sich mit der Neuformulierung durch die Reform 2007 erledigt. § 68f Abs. 1 S. 1 StGB lässt nun auch eine Gesamtfreiheitsstrafe von zwei bzw. einem Jahr wegen vorsätzlicher Straftaten genügen. Der Gesetzgeber schloss sich damit der weit verbreiteten Meinung an.[362] Seine Begründung liegt insbesondere in der Erforderlichkeit der Führungsaufsicht, je länger sich eine verurteilte Person im Strafvollzug befunden hat, um damit auch den negativen Wirkungen der Haft entgegenzuwirken. Den sich aus dem Strafvollzug ergebenden

357 Anm. Zipf zu OLG Hamburg, JR 1979, S. 117 (117).

358 OLG Bamberg, NStZ-RR 2007, S. 94 unter Aufgabe der bisherigen Rechtsprechung des Senats (NStZ-RR 2000, S. 81 ff.; OLG Nürnberg, NStZ-RR 1998, S. 124 (125); Anm. Zipf zu OLG Hamburg, JR 1979, S. 117 (117).

359 OLG Bamberg, NStZ-RR 2007, S. 94; OLG Jena, Beschl. v. 2.3.2006, 1 Ws 66/06, juris; OLG Bamberg, NStZ-RR 2000, S. 81 (82) nimmt Bezug auf die Argumente der Gegenansicht.

360 BT-Drs. 16/1993, S. 23; Heintschel-Heinegg-[Groß], MüKo-StGB, § 68f StGB Rn. 5.

361 OLG Bamberg, NStZ-RR 2007, S. 94.

362 Exemplarisch OLG Düsseldorf, JR 2004, S. 163 (163 f.); OLG Frankfurt, MDR 1982, S. 164; OLG Hamburg, NStZ-RR 1996, S. 262; OLG München, NStZ 1984, S. 314 (315); OLG Nürnberg, NStZ-RR 1998, S. 124 (124 f.); Anm. Kürschner zu OLG Schleswig, JR 1982, S. 339 (341); Kindhäuser, LPK-StGB, § 68f StGB Rn. 2.

Schwierigkeiten beim Übergang in die Freiheit soll mit § 68f StGB vorgebeugt werden. Diese bestehen unabhängig davon, ob es sich bei der Strafe um eine Einzel- oder Gesamtstrafe handelt.[363] Ferner deutet ein längerer Freiheitsentzug auf das Gefährdungspotential des Täters bei gleichzeitigem Vorliegen einer negativen Prognose hin. Daher muss diese aufgrund der Kontroll- und Sicherungsfunktion der Führungsaufsicht auch bei einer Gesamtstrafe von zwei bzw. einem Jahr verhängt werden.[364]

(c) Bewertung

Zunächst ist die vom Gesetzgeber getroffene Klarstellung in § 68f Abs. 1 StGB zu begrüßen, da hierdurch die Streitproblematik eine Entscheidung findet.

Jedoch bleibt trotz der Neuformulierung die Kritik an der Gesamtlösung bezüglich der fehlenden Erklärung - warum bei Haftverbüßung nach Fahrlässigkeitstaten keine Führungsaufsicht eintritt - berechtigt.[365] Das Argument, Fahrlässigkeitstäter meistern in der Regel die mit der Entlassung verbundenen Schwierigkeiten besser als Vorsatztäter, vermag nicht zu überzeugen. Dies gilt umso mehr, wenn zugleich das Argument angeführt wird, es käme nur auf die Dauer und nicht auf deren Zusammensetzung an.[366]

Ähnlich kritisch muss die Situation gesehen werden, wenn ein Täter mehrere jeweils unter zwei Jahren liegende, nicht gesamtstrafenfähige Freiheitsstrafen im Wege der Anschlussvollstreckung nach § 454b Abs. 1 StPO hintereinander verbüßt und die Verbüßung insgesamt zwei oder mehr Jahre beträgt.[367] § 68f Abs. 1 S. 1 StGB greift in diesen Fällen der Anschlussvollstreckung nicht ein. Dies ist aber unter dem Gesichtspunkt, dass nach heutiger Gesetzesfassung auch für den Eintritt der Führungsaufsicht eine Gesamtstrafe ausreichend ist, nicht befriedigend. Der Erklärungsversuch, zu einer Anschlussvollstreckung komme es zumeist nur im Fall eines Bewährungswiderrufs und ein Bewährungsversagen gebe nicht in gleicher Weise Aufschluss über die Täterpersönlichkeit wie die Höhe einer Gesamtstrafe, überzeugt nicht, da gerade das Bewährungsversagen dafür spricht, dass der Täter in erheblichem Maße rückfallgefährdet ist und der Hilfe bedarf.[368]

---

363 BR-Drs. 256/06; S. 45; Heintschel-Heinegg-[Heuchemer], BeckOK StGB, § 68f StGB Rn. 6; Kindhäuser/Neumann/Paeffgen-[Ostendorf], NK-StGB, § 68f StGB Rn. 4.

364 BT-Drs. 16/1993, S. 23; Schönke/Schröder-[Stree/Kinzig], StGB, § 68f Rn. 4.

365 Schmitz, StV 2007, S. 608 (612).

366 Anm. Dölling zu OLG Düsseldorf, JR 2004, S. 165 (166 f.).

367 OLG Bamberg, NStZ-RR 2000, S. 81 (82).

368 Anm. Dölling zu OLG Düsseldorf, JR 2004, S. 165 (167).

Die bestehende Kritik und die oben[369] ausgeführten Argumente für die Einzelstrafenlösung zeigen, dass die Entscheidung des Gesetzgebers nicht vollumfänglich begrüßt und von jedem zweifelsfrei getragen werden kann.[370] Auch wenn vielleicht die besseren Argumente für diese Ansicht sprechen, hätte der Gesetzgeber die Pflicht gehabt, auf die bestehende Kritik zu reagieren und nach entsprechenden Lösungen zu suchen. Ein möglicher Ansatz könnte in der Erklärung von Fahrlässigkeitstaten als führungsaufsichts- und Freiheitsstrafen im Wege der Anschlussvollstreckung als gesamtstrafenfähig bestehen. Dies hätte jedoch den negativen Effekt des nochmaligen explosionsartigen Anwachsens der durch die Gesamtstrafenlösung ohnehin schon drastisch steigenden Anzahl der Anordnungen der Führungsaufsicht.[371] Ob dies angesichts der schon vorhandenen praktischen Probleme erwünscht sein kann, bleibt fraglich. Zwar war die Gesamtstrafenlösung schon vor der Neuformulierung die vorherrschende Meinung, dennoch entschieden die Gerichte selbstständig welcher Ansicht sie folgen wollten. Ihr Entscheidungsspielraum fand nun durch die Neuformulierung eine Beschränkung, wodurch die Führungsaufsicht auch bei einer Gesamtfreiheitsstrafe von zwei Jahren zunächst in jedem Fall eintritt. Der damit einhergehenden wachsenden Anzahl der Führungsaufsichtsfälle kann nur mit § 68f Abs. 2 StGB begegnet werden, bei dem das Gericht das Entfallen der Führungsaufsicht anordnet, wenn zu erwarten ist, dass die verurteilte Person auch ohne die Führungsaufsicht zukünftig keine Straftaten mehr begeht. Im Hinblick darauf, dass für die Gesamtstrafenlösung der längere Freiheitsentzug das maßgebliche Kriterium für die Notwendigkeit der Führungsaufsicht darstellt, muss diese Entscheidung des Gerichts aber eher restriktiv ausfallen. In der Praxis kann hierdurch zudem keine Regulierung der Fälle der Führungsaufsicht stattfinden, da bei Vorliegen einer positiven Sozialprognose eine Aussetzung des Strafrestes zur Bewährung bereits zuvor erfolgt wäre. Aus besagten Gründen wird im Ergebnis die Neuformulierung zu einem Anstieg der Führungsaufsichtsfälle führen.[372]

Damit bleibt im Hinblick auf den Anstieg der unter Führungsaufsicht stehenden Personen die Frage, ob der Gesetzgeber mit seiner Entscheidung für die Gesamtstrafenlösung die richtige Wahl getroffen hat, oder ob es angesichts der bestehenden Kritik doch besser gewesen wäre, sich der gegenteiligen Ansicht

---

369 Siehe S. 69 ff.

370 Beispielsweise Pollähne, KritV 2007, S. 386 (406).

371 Ähnlich Pollähne, KritV 2007, S. 386 (406); a.A. zum Teil Kerner, BewHi 2006, S. 49 (53), der zwar ebenfalls einen gewissen Aufwand prognostiziert, jedoch soll sich dieser in Grenzen halten.

372 So auch Laufhütte/Rissing-van Saan/Tiedemann-[Schneider], LK-StGB, § 68f StGB Rn. 3.

anzuschließen, offen. Eine Antwort wird sich hierauf erst im Verlauf der nächsten Jahre finden.

Zusammenfassend ist die Entscheidung des Gesetzgebers zu begrüßen, allerdings hätte er, wie oben[373] bereits erwähnt, Lösungskonzepte für die bestehende Kritik entwickeln müssen. Ratsam ist, dies umgehend nachzuholen.

(2) Vorsätzliche Straftat

Des Weiteren muss die Strafe wegen einer vorsätzlichen Straftat verhängt worden sein.

Nicht erforderlich ist, dass das Gesetz für dieses Delikt Führungsaufsicht vorsieht.[374] Trotz der Neuformulierung bleibt problematisch, ob § 68f Abs. 1 S. 1 StGB auch auf eine Gesamtstrafe Anwendung findet, deren Einzelstrafen aus Vorsatz- und Fahrlässigkeitstaten bestehen.

Nach herrschender Meinung soll in diesem Fall eine hypothetische Gesamtstrafe gebildet werden, wobei der Anteil der Vorsatztaten an der Gesamtstrafe die gesetzliche Mindesthöhe zu erreichen hat.[375] Bei Zweifeln besteht für die Vollstreckungsbehörde die Möglichkeit, die Frage, ob der Strafanteil für die Vorsatztaten mindestens zwei Jahre bzw. in den Fällen der Straftaten nach § 181b StGB mindestens ein Jahr beträgt, nach den Grundsätzen der §§ 458 Abs. 1, 463 Abs. 1 StPO gerichtlich klären zu lassen.[376]

Dies stößt in der Literatur vereinzelt jedoch auf Kritik.[377] Danach erfordert die nachträgliche Klärung eine neue Beurteilung der verwirklichten Taten und eine Neubewertung ihres Unrechtsgehaltes, da nach den Zumessungsgrundsätzen des § 54 StGB nicht auf die Einzelstrafsummen abgestellt werden kann. Dadurch wird die Auffassung des Ursprungsgerichts durch die des später zuständigen Gerichts ersetzt, was einen starken Eingriff in den Kernbereich der Rechtskraft des Ursprungsurteils bedeutet. Dies ist aber aufgrund des „ne bis in

---

373 Siehe S. 74.

374 Dölling/Duttge/Rössner-[Pflieger], StGB, § 68f StGB Rn. 3; Heintschel-Heinegg-[Groß], MüKo-StGB, § 68f StGB Rn. 6; Laufhütte/Rissing-van Saan/Tiedemann-[Schneider], LK-StGB, § 68f StGB Rn. 9; Schönke/Schröder-[Stree/Kinzig], StGB, § 68f StGB Rn. 3.

375 OLG Frankfurt a.M., NStZ-RR 2008, S. 391 (391); OLG München, NStZ 1984, S. 314 (315); OLG München, ZJJ 2004, S. 198; Peglau, NJW 2007, S. 1558 (1561); Stree, FS Baumann, S. 281 (284).

376 BT-Drs. 16/1993, S. 23; OLG München, NStZ 1984, S. 314 (315); vgl. hierzu auch Fischer, StGB, § 68f StGB Rn. 4; Heintschel-Heinegg-[Heuchemer], BeckOK StGB, § 68f StGB Rn. 6.1; Satzger/Schmitt/Widmaier-[Jehle], StGB, § 68f StGB Rn. 2; Schönke/Schröder-[Stree/Kinzig], StGB, § 68f StGB Rn. 3.

377 Schüddekopf, StraFo 2008, S. 141 ff.

idem" Prinzips im Hinblick auf Art. 103 Abs. 3 GG bedenklich.[378] Die Gegenansicht sieht hierbei keine verfassungsrechtlichen Bedenken, da bei der nachträglichen Beurteilung in vollstreckungsrechtlicher Hinsicht keine neuen Einzelstrafen festgesetzt werden, sondern deren Rechtskraft weiterhin bestehen bleiben. Es findet zudem keine Entscheidung über eine Strafe, sondern über den Eintritt einer Maßregel statt.[379] Schließlich bewirkt die nachträgliche Klärung keine selbstständig vollstreckungsfähige materielle Gesamtfreiheitsstrafe, vielmehr wird nur eine Gesamtfreiheitsstrafe aus den verwirklichten Einzelstrafen für die Vorsatztaten fingiert, so dass im Ergebnis die nachträgliche Klärung keinen verfassungsrechtlichen Bedenken unterliegt.[380]

bb) Vollständige Vollstreckung

Eine weitere Voraussetzung für die Führungsaufsicht gem. § 68f Abs. 1 S. 1 StGB ist die vollständige Vollstreckung der Freiheitsstrafe. Eine vollständige Vollstreckung liegt vor, wenn der Täter die Strafe voll verbüßt hat, d.h. sofern die Strafe nach den gesetzlichen Vorgaben beendet ist.[381] Dies bedeutet zunächst, dass bei lebenslanger Freiheitsstrafe keine Führungsaufsicht gem. § 68f Abs. 1 StGB in Betracht kommt.[382]

Die Freiheitsstrafe ist außerdem vollständig vollstreckt, sobald die verurteilte Person nach § 16 Abs. 3 StVollzG vorzeitig entlassen wurde, eine Anrechnung nach § 43 Abs. 9 StVollzG stattfand, die weitere Vollstreckung nach § 35 Abs. 1 BtMG ohne anschließende Aussetzung zurück gestellt wurde, es vorausgegangene Unterbrechungen der Vollstreckung, wie z.B. den Widerruf der Strafrestaussetzung, gab sowie nach herrschender Meinung auch dann, wenn und soweit eine Anrechnung der Untersuchungshaft oder einer anderen Freiheitsentziehung gem. § 51 oder § 67 Abs. 4 S. 1 StGB auf die verhängte Strafe stattfand.[383]

---

378 Schüddekopf, StraFo 2008, S. 141 (142).

379 Schüddekopf, StraFo 2008, S. 141 (142).

380 OLG München, NStZ 1984, S. 314 (314 ff.); Schüddekopf, StraFo 2008, S. 141 (142).

381 KG, NStZ 2004, S. 228 (228); Laufhütte/Rissing-van Saan/Tiedemann-[Schneider], LK-StGB, § 68f StGB Rn. 12.

382 Heintschel-Heinegg-[Groß], MüKo-StGB, § 68f StGB Rn. 8; Satzger/Schmitt/Widmaier-[Jehle], StGB, § 68f StGB Rn. 4; Schönke/Schröder-[Stree/Kinzig], StGB, § 68f StGB Rn. 5.

383 OLG Düsseldorf, MDR 1987, S. 603; KG, NJ 2005, S. 564 (564 f.); Dölling/Duttge/Rössner-[Pflieger], StGB, § 68f StGB Rn. 4; Kindhäuser, LPK-StGB, § 68f StGB Rn. 3; zum Teil a.A. Laufhütte/Rissing-van Saan/Tiedemann-[Schneider], LK-StGB, § 68f StGB Rn. 13 ff.

Jedoch ist die vollständige Vollstreckung ausgeschlossen, falls von der Strafe auch nur ein geringer Zeitabschnitt nach § 57 Abs. 3 S. 1 iVm. § 56g Abs. 1 StGB, durch Gnadenerlass oder Amnestie erlassen wurde.[384] Dies hat folgenden Hintergrund: Die Entlassung aufgrund Gnadenerlass oder Amnestie beruht nicht auf Gesetz per se, sondern auf einem politischen Akt. Folglich hat die Strafe ihr Ende nicht durch eine gesetzliche Vorschrift erreicht, wodurch die Sanktion nicht vollständig vollstreckt wurde.[385] Ist dagegen eine Reststrafaussetzung nur wegen mangelnder Einwilligung unterblieben, führt dies zur Vollverbüßung im Sinne des § 68f Abs. 1 StGB.

b) Rechtsfolge

Liegen alle Voraussetzungen vor, so tritt die Führungsaufsicht nach § 68f Abs. 1 S. 1 StGB kraft Gesetz mit der Entlassung der verurteilten Person aus dem Strafvollzug ein. Es sei denn, an den Strafvollzug schließt sich sofort der Vollzug einer freiheitsentziehenden Maßregel der Besserung und Sicherung an, § 68f Abs. 1 S. 2 StGB. In den Fällen des §§ 63 und 64 StGB kommt das allerdings nur in Betracht, wenn in derselben Sache nach § 67 Abs. 2 StGB die Strafe vor der Maßregel vollzogen wurde. Hauptanwendungsfall ist damit die Sicherungsverwahrung[386] nach § 63 StGB, bei der stets zunächst die Strafe vollzogen wird.[387]

---

384 KG, NStZ 2004, S. 228 (228); KG, JR 1979, S. 293; Dölling/Duttge/Rössner-[Pflieger], StGB, § 68f StGB Rn. 4; Fischer, StGB, § 68f StGB Rn. 6; Kindhäuser/Neumann/Paeffgen-[Ostendorf], NK-StGB, § 68f StGB Rn. 7; Laufhütte/Rissing-van Saan/Tiedemann-[Schneider], LK-StGB, § 68f StGB Rn. 12; a.A.: OLG Celle, StraFo 2008, S. 262 (262 f.); mit Verweis auf diese Rechtsprechung Satzger/Schmitt/Widmaier-[Jehle], StGB, § 68f StGB Rn. 6; vgl. allgemein Schmitz, StV 2007, S. 608 ff.

385 KG, NStZ 2004, S. 228 (228); Heintschel-Heinegg-[Heuchemer], BeckOK StGB, § 68f StGB Rn. 9; a.A.: Stöckel, BayVBl. 1975, S. 5 (7).

386 Mit der Entscheidung vom 4.5.2011 hat das BVerfG entschieden, dass sämtliche Regelungen zur Sicherungsverwahrung gegen das Grundrecht auf Freiheit nach Art. 2 Abs. 2 S. 2 GG verstoßen. Sie sind folglich verfassungswidrig. Daher muss der Gesetzgeber die Sicherungsverwahrung längstens bis 31.5.2013 neu regeln. Ziel soll hierbei sein, ein freiheitsorientiertes und therapiegerechtes Vollzugskonzept zu errichten (BVerfG, NJW 2011, S. 1931 ff.; siehe auch becklink 1012739, abzurufen unter www.beck-online.de). Derzeit stehen die gesetzlichen Änderungen noch aus.

387 Vgl. hierzu OLG Köln, NStZ-RR 1998, S. 123; Dölling/Duttge/Rössner-[Pflieger], StGB, § 68f StGB Rn. 5; Fischer, StGB, § 68f StGB Rn. 8; Heintschel-Heinegg-[Heuchemer], BeckOK StGB, § 68f StGB Rn. 11; zum Teil a.A. Rudolphi/Horn/Günther/Samson-[Sinn], SK-StGB, § 68f StGB Rn. 6, der die freiheits-

Das Gericht hat gem. § 68f Abs. 2 StGB zunächst zu prüfen, ob die Führungsaufsicht ausnahmsweise entfallen kann. Dies ist zu bejahen, sofern eine hohe Wahrscheinlichkeit dafür besteht, dass der Betroffene auch ohne diese Maßregel keine Straftaten mehr begehen wird, wobei die Anforderungen hieran strenger sind als bei § 57 Abs. 1 Nr. 2 StGB. Zweifel hierüber wirken sich aufgrund dieser hohen Anforderung und des Ausnahmecharakters der Vorschrift zu Lasten des Verurteilten aus.[388] Dies ist auch dem Umstand geschuldet, dass nach dem gesetzgeberischen Willen grundsätzlich bei Vorliegen der Voraussetzungen von § 68f Abs. 1 StGB die Führungsaufsicht eintritt. Hintergrund hierfür ist, dass der Gesetzgeber erkannte, dass Verurteilte nach langer Haftstrafe bei der Entlassung Hilfe benötigen, wieder in der Freiheit zurechtzukommen. Ferner handelt es sich aber auch um sehr gefährliche Täter, da ihre Strafe vollständig vollstreckt und nicht zur Bewährung ausgesetzt wurde, d.h. die Gefährlichkeit dieser Personen wurde noch nicht beseitigt.[389] Folglich liegt darin auch keine verfassungswidrige Doppelbestrafung.[390] Die Führungsaufsicht ist keine Strafe, sondern eine Maßregel, die eine in die Zukunft gerichtete vorbeugende Vorkehrung darstellt.[391] Daher tritt die Führungsaufsicht zunächst automatisch ein und es bedarf einer Anordnung des Entfallens der Maßregel nach § 68f Abs. 2 StGB im Ausnahmefall. Liegen Zweifel an der künftigen Straffreiheit vor, muss eine Entscheidung zu Lasten des Täters ergehen. In der Praxis wird § 68f Abs. 2 StGB aber kaum Anwendung finden, da bei Vorliegen einer positiven Sozialprognose anderenfalls zuvor eine Aussetzung des Strafrestes zur Bewährung erfolgt wäre. Es bleiben somit für § 68f Abs. 2 StGB solche Konstellationen, in denen die verurteilte Person die nach § 57 Abs. 1 S. 1 Nr. 3 StGB erforderliche Einwilligung in die Reststrafenaussetzung nicht erteilt hat oder solche, in denen der Betroffene erst kurz vor Strafende eine positive Prognose aufweisen kann, so dass sich die Reststrafenaussetzung nicht mehr realisieren lässt.[392] Kommt ein

---

entziehende Maßnahme der Besserung und Sicherung nicht in derselben Sache verlangt.

388 KG, NStZ 2006, S. 580 (582); OLG Düsseldorf, NStZ-RR 2000, S. 347 (348); OLG Karlsruhe, MDR 1982, S. 595; OLG Karlsruhe, MDR 1987, S. 784; OLG Köln, Beschl. v. 24.10.2011, 2 Ws 581/11, juris; OLG Köln, NStZ 2011, S. 162 (162 f.); OLG Zweibrücken, Beschluss v. 11.11.2009, 1 Ws 248/09, juris; Dölling/Duttge/Rössner-[Pflieger], StGB, § 68f StGB Rn. 6; Fischer, StGB, § 68f StGB Rn. 9; Heintschel-Heinegg-[Heuchemer], BeckOK StGB, § 68f StGB Rn. 12; Lackner/Kühl, StGB, § 68f StGB Rn. 5; Schönke/Schröder-[Stree/Kinzig], StGB, § 68f StGB Rn. 11.

389 KG, NStZ-RR 2005, S. 42 (43).

390 BVerfG, NStZ 1981, S. 21 f.

391 Vgl. BGH, NJW 1971, S. 948 zur Polizeiaufsicht.

392 OLG Karlsruhe, MDR 1982, S. 595;Dölling/Duttge/Rössner-[Pflieger], StGB, § 68f StGB Rn. 6; Fischer, StGB, § 68f StGB Rn. 9; Laubenthal, Fallsammlung, S. 103;

Wegfall der Führungsaufsicht nach § 68f Abs. 2 StGB nicht in Betracht, hat das Gericht nur über die Ausgestaltung der Führungsaufsicht im Detail zu entscheiden.[393] Im Fall einer Anschlussvollstreckung einer anderen Strafe tritt die Führungsaufsicht erst mit Entlassung aus dieser und nicht schon mit dem Ende der für § 68f StGB maßgebenden Strafe ein.

3. Verfahrensrechtliches

Die gesetzliche Führungsaufsicht fällt gem. § 67b Abs. 1 S. 1 StGB in den Zuständigkeitsbereich des erkennenden Gerichts, das die Unterbringung in einem psychiatrischen Krankenhaus oder einer Entziehungsanstalt zur Bewährung aussetzt und damit die Führungsaufsicht auslöst. Für die übrigen Fälle der gesetzlichen Führungsaufsicht gem. §§ 67c, 67d und 68f StGB ist die für die Führungsaufsicht auslösende Vollstreckungsvoraussetzung die Strafvollstreckungskammer gem. §§ 463 Abs. 1, Abs. 7, 462a Abs. 1 StPO zuständig. Diese trifft auch die Entscheidungen über die Ausgestaltung der Führungsaufsicht nach den §§ 68a bis 68c StGB. Hierbei gilt § 463 Abs. 2 iVm. § 453 StPO. Da die Entscheidung durch Beschluss ergeht, kann sie mit der sofortigen Beschwerde gem. § 311 StPO angefochten werden. Ausnahmsweise fällt jedoch die Zuständigkeit im Fall des § 67c Abs. 2 StGB dem erstinstanzlichem Gericht gem. §§ 463 Abs. 6, 462, 462a Abs. 2 StPO zu, falls sich die verurteilte Person auf freiem Fuß befindet.

III. Konkurrenzverhältnis zwischen der Führungsaufsicht kraft Richterspruchs und der nach § 68f StGB kraft Gesetzes eintretenden Führungsaufsicht

Sehr umstritten war das Konkurrenzverhältnis zwischen einer gerichtlich angeordneten und einer gem. § 68f Abs. 1 StGB eingetretenen Führungsaufsicht.

Der Meinungsstreit resultierte daraus, dass in der ursprünglichen Fassung des § 68f StGB in der Form des Zweiten Gesetzes zur Reform des Strafrechts[394], wie auch im § 97 des Entwurfes von 1962, eine ausdrückliche Regelung erfolgte, der zufolge die Führungsaufsicht nach § 68f StGB nicht eintritt, wenn Füh-

---

Satzger/Schmitt/Widmaier-[Jehle], StGB, § 68f StGB Rn. 9; Schönke/Schröder-[Stree/Kinzig], StGB, § 68f StGB Rn. 11. Siehe auch Laubenthal, Fallsammlung, S. 103.

393 Laubenthal, Fallsammlung, S. 103.

394 BGBl. I, 1969, S. 717 ff.

rungsaufsicht nach anderen Vorschriften angeordnet wurde.[395] Damit wollte der Gesetzgeber ein Nebeneinander von Führungsaufsichten ausschließen.[396] Während der Beratungen zu dem EGStGB erachtete man diese Textstelle jedoch wieder als überflüssig, was eine Streichung nach sich zog. Der Gesetzgeber erkannte hierbei aber nicht die damit einhergehende Problematik.[397] Ganz im Gegenteil hegte man sogar die Überzeugung, aus einer parallel angeordneten Führungsaufsicht ergäben sich keine besonderen Schwierigkeiten, weswegen man auf den weiteren Ausschließungsgrund des Nebeneinanderlaufens von zwei Führungsaufsichten getrost verzichten könne.[398]

1. Meinungsstand vor der Reform von 2007

Zum Teil wurde seitdem die Meinung vertreten, dass bei einem Zusammentreffen entsprechend der Entstehungsgeschichte die Führungsaufsicht nach § 68f StGB auch dann eintreten soll, wenn bereits eine Führungsaufsicht kraft Richterspruchs angeordnet wurde bzw. eine Führungsaufsicht nach § 68 Abs. 2 StGB läuft. Die eine Führungsaufsicht schließe die andere nicht aus, vielmehr fänden sie eine einheitliche Ausführung nach der jeweils längeren Höchstdauer.[399]

Daneben gab es die Ansicht, dass im selben Verfahren der nach § 68 Abs. 1 StGB angeordneten Führungsaufsicht Priorität gegenüber der gesetzlichen Führungsaufsicht des § 68f StGB einzuräumen ist, wodurch die zweijährige Mindestdauer des § 68e Abs. 1 S. 2 StGB auch dann gelte, wenn die verurteilte Person die in dem zugrunde liegenden Strafverfahren verhängte Freiheitsstrafe von mindestens zwei Jahren vollständig verbüßt habe. Dies ergebe sich schon allein aus dem Aufbau der Vorschriften. Da § 68 Abs. 1 StGB die Voraussetzungen der Führungsaufsicht kraft Richterspruchs regele, beinhalteten die folgenden Vorschriften Regelungen zur Ausgestaltung, insbesondere zu deren Dauer und Beendigung.[400]

Schließlich vertrat man die Auffassung, § 68f StGB werde auch dann automatisch wirksam, wenn die Führungsaufsicht nach § 68 Abs. 1 StGB angeordnet sei, jedoch die gesetzliche Führungsaufsicht derjenigen kraft Richterspruchs

395 Vgl. § 68f Abs. 1 S. 2 Nr. 2 a.F. (BGBl. I, 1969, S. 732).

396 BT-Drs. IV/650, S. 224; vgl. hierzu auch Kwaschnik, Führungsaufsicht im Wandel, S. 199.

397 BT-Drs. 7/1261, S. 8.

398 Zitiert nach Kwaschnik, Führungsaufsicht im Wandel, S. 200.

399 Lackner/Kühl, StGB, 26. Aufl., § 68f StGB Rn. 4.

400 OLG Düsseldorf, NStZ 1995, S. 34.

vorgehe und diese richterlich angeordnete dann entfalle, um unterschiedliche Handhabungen zu vermeiden.[401]

2. Änderung durch die Reform von 2007

Um dem Streit ein Ende zu setzen, entschied der Gesetzgeber, der nicht zuletzt aufgrund der Verwaltungs- und Verfahrensökonomie möglichst keine parallel laufenden Führungsaufsichten wollte mit der Reform eine neue Regelung einzuführen. § 68e Abs. 1 S. 1 Nr. 3 StGB besagt, dass die befristete Führungsaufsicht mit Eintritt einer neuen endet. Somit entfällt eine früher gerichtlich angeordnete Führungsaufsicht in dem Moment, in dem Führungsaufsicht kraft Gesetzes nach § 68f StGB eintritt.[402]

3. Bewertung

Die Neuformulierung durch den Gesetzgeber ist durchaus zu begrüßen, da nicht nur der Streit damit ein Ende fand, sondern auch seine Entscheidung auf Zustimmung stößt. Bereits der eindeutige Wortlaut des § 68f Abs. 1 S. 1 StGB „tritt ein", also ohne die Normierung von Ausnahmen, rechtfertigt die Ansicht des Gesetzgebers. Zudem stimmt sie mit dem aus § 62 StGB zu entnehmenden Gebot, die für den Betroffenen günstigere Auslegung zu treffen, soweit diese mit dem Gesetzeswortlaut und -zweck vereinbart werden kann, überein. Auch wurden hierbei die Wirkungen des Strafvollzugs berücksichtigt. Der Gesetzgeber erkannte die Tatsache an, dass der mindestens zweijährige bzw. einjährige Vollzug der Freiheitsstrafe die Prognosebasis wesentlich verändert haben kann.[403]

---

401 Dölling/Duttge/Rössner-[Pflieger], StGB, § 68f StGB Rn. 5; Rudolphi/Horn/Günther/Samson-[Sinn], SK-StGB, § 68 StGB Rn. 12.

402 So auch OLG Stuttgart, NStZ-RR 2012, S. 61, das bestätigt, dass die nach Erledigung der Unterbringung in einer Entziehungsanstalt eingetretene Führungsaufsicht durch den Eintritt einer nach § 68f StGB neuen Führungsaufsicht endet; vgl. ferner Kindhäuser/Neumann/Paeffgen-[Ostendorf], NK-StGB, § 68e StGB Rn. 1; Laufhütte/Rissing-van Saan/Tiedemann-[Schneider], LK-StGB, § 68e StGB Rn. 4, § 68f StGB Rn. 7.

403 So auch Rudolphi/Horn/Günther/Samson-[Sinn], SK-StGB, § 68 StGB Rn. 12.

IV. Verjährung gem. § 79 Abs. 4 StGB

Ein weiterer Meinungsstreit, der sich mit der Reform von 2007 erledigt hat, ist das Problem der Verjährungsfrist für die angeordnete Führungsaufsicht. Der Vollständigkeit geschuldet, soll dieser in der gebotenen Kürze daher dargestellt werden.

1. Meinungsstand vor der Reform von 2007

Die Verjährungsfrist des § 79 Abs. 4 S. 3 StGB a.F. betrug fünf Jahre, wenn Führungsaufsicht angeordnet wurde. Umstritten war hierbei, ob diese Frist nur für die Führungsaufsicht kraft Richterspruchs nach § 68 Abs. 1 StGB oder auch auf die kraft Gesetzes nach § 68f StGB eintretende Führungsaufsicht Anwendung fand.

Einerseits wurde, gestützt auf den Wortlaut des Gesetzes „Anordnung", vertreten, dass § 79 Abs. 4 S. 3 StGB nur für die Führungsaufsicht nach § 68 Abs. 1 StGB gilt, da nur in diesem Fall eine Anordnung kraft Richterspruchs stattfand. Dementsprechend sollte die Verjährungsfrist des § 79 Abs. 4 S. 3 StGB nicht für die kraft Gesetzes nach § 68f StGB eintretende Führungsaufsicht gelten. Bei diesen Fällen handelt es sich vielmehr nach dem Gesetzeswortlaut um übrige Maßnahmen.[404] Neben dem Wortlaut der Vorschrift selbst, spricht auch für diese Ansicht, dass der Wortlaut der Vorschrift mit der Terminologie in § 68 Abs. 1 StGB korrespondiert. Es sind nach dieser Ansicht keine Anhaltspunkte ersichtlich, wonach der Gesetzgeber die in § 79 Abs. 4 S. 3 StGB verwendete Formulierung „ ist die Führungsaufsicht angeordnet" anders als die in § 68 Abs. 1 StGB „kann Führungsaufsicht anordnen" verstanden hat.[405]

Andererseits waren einige Vertreter der Gegenmeinung der Auffassung, die Verjährungsfrist solle für beide Fälle Anwendung finden, da kein sachlicher Grund für die Bestimmung unterschiedlicher Verjährungsfristen bestehe.[406]

---

404 Jähnke/Laufhütte/Odersky-[Jähnke], LK-StGB, 11. Aufl., § 79 StGB Rn. 5; Mainz, NStZ 1989, S. 61 (61); vgl. zu diesem Meinungsstreit auch Kwaschnik, Führungsaufsicht im Wandel, S. 207 f.

405 Mainz, NStZ 1989, S. 61 (61); siehe auch Kwaschnik, Führungsaufsicht im Wandel, S. 207.

406 Lackner/Kühl, StGB, § 79 StGB Rn. 4; Schönke/Schröder-[Stree/Sternberg-Lieben], StGB, 27. Aufl., § 79 StGB Rn. 7; dies bestätigt auch Schönke/Schröder-[Sternberg-Lieben/Bosch], StGB, § 79 StGB Rn. 7.

2. Änderung durch die Reform von 2007

Der Gesetzgeber schaffte mit der Reform von 2007 Klarheit bezüglich des Anwendungsumfangs dieser Vorschrift. Er legte in § 79 Abs. 4 StGB fest, dass die unbefristete Führungsaufsicht nach § 68c Abs. 2 S. 1 oder § 68c Abs. 3 StGB nicht verjährt. In den übrigen Fällen der Führungsaufsicht beträgt die Verjährungsfrist gem. § 79 Abs. 4 S. 2 Nr. 1 StGB fünf Jahre. Damit wurden die Verjährungsfristen der Führungsaufsicht vereinheitlicht und auf den längerfristigen Betreuungs- und Überwachungsbedarf des nach § 68c Abs. 2 S. 1 oder § 68c Abs. 3 StGB unterstellten Personenkreises eingegangen.[407]

3. Bewertung

Zunächst erscheinen die Argumente beider Ansichten sehr plausibel, so dass sowohl dem Wortlautargument, als auch der Darstellung, wonach kein sachlicher Grund für die Bestimmung unterschiedlicher Verjährungsfristen bestünde, kein Vorrang eingeräumt werden konnte. Unter Betrachtung der unterschiedlichen Verjährungsfristen, bei § 79 Abs. 4 S. 3 StGB a.F. betrug diese fünf Jahre, während nach § 79 Abs. 4 S. 2 StGB a.F. die Zehnjahresfrist galt, bedurfte es allerdings einer Begrenzung der Frist, wobei eine Höchstdauer von fünf Jahren angemessen erschien. Zweck der Führungsaufsicht als Maßregel der Besserung und Sicherung ist es, der verurteilten Person Betreuung und Kontrolle zu bieten. Dieses Bedürfnis besteht im Regelfall aber nicht unbegrenzt, sondern nur für einen gewissen Zeitraum nach der Aussetzung der Maßregel oder der Entlassung aus dem Straf- oder Maßregelvollzug. Da zudem eine Ausnahmeregelung für die besonders bedürftigen, der nach § 68c Abs. 2 S. 1 oder § 68c Abs. 3 StGB unter Führungsaufsicht unterstellten, Personen getroffen wurde, kann die vom Gesetzgeber getroffene Neufassung des § 79 Abs. 4 StGB vollumfängliche Befürwortung finden.[408]

---

407 BR-Drs. 256/06, S. 47; Kwaschnik, Führungsaufsicht im Wandel, S. 420.

408 Im Ergebnis ebenso Kwaschnik, Führungsaufsicht im Wandel, S. 207 f., 419 f.

C. Kritische Auseinandersetzung mit dem Institut der Führungsaufsicht

I. Führungsaufsicht im Allgemeinen

1. Rechtsstaatliche Bedenken

Die Führungsaufsicht ist eine Maßregel der Besserung und Sicherung, die stark in die Rechte der verurteilten Person eingreift. Es erscheint daher als fraglich, ob sie in jeder Anwendungskonstellation, also kraft Gesetzes oder per richterliche Anordnung, den rechtsstaatlichen Anforderungen genügt.

Das Bundesverfassungsgericht hat in seiner Entscheidung vom 15.8.1980[409] festgestellt, dass gegen das Institut der Führungsaufsicht als solches von Verfassungs wegen grundsätzlich nichts einzuwenden ist. Es bestehen hiernach keinerlei Bedenken bezüglich des Rechtsstaatsprinzips. Dieses verbietet belastende Gesetze, die zur Erreichung der Gesetzeszwecke schlechthin untauglich sind.[410] Bei der Führungsaufsicht, die der Überwachung dient sowie Hilfe und Betreuung bietet, kann hiervon aber keinerlei Rede sein.[411] Ob das Institut der Führungsaufsicht in der Praxis seiner Rolle gerecht wird und seine kriminalpolitischen Zielsetzungen erfüllt, ist für die Beurteilung der Verfassungsmäßigkeit unerheblich.[412] Dem Gesetzgeber stehe zur Beurteilung der Zwecktauglichkeit ein weiter Spielraum zu, in dem sich auch die Führungsaufsicht bewegt.[413] Das absolute Rückwirkungsverbot des Art. 103 Abs. 2 GG[414] umfasst zudem nur

---

409 BVerfGE 55, S. 28 ff.

410 BVerfGE 55, S. 28 (29 f.).

411 BVerfGE 55, S. 28 (29); Neubacher, NK 2005, S. 28 (30).

412 Vgl. hierzu Kindhäuser/Neumann/Paeffgen-[Ostendorf], NK-StGB, Vor §§ 68 bis 68g StGB Rn. 15;

413 Kwaschnik, Führungsaufsicht im Wandel, S. 208.

414 Art. 103 Abs. 2 GG enthält mehrere Rechtsgrundsätze: Bestimmtheitsgebot, Analogieverbot, Verbot von Gewohnheitsrecht sowie das Rückwirkungsgebot (Epping/Hillgruber-[Radtke/Hagemeier], BeckOK GG, Art. 103 GG Rn. 18; Maunz/Dürig-[Schmid-Aßmann], GG, Art. 103 Abs. 2 GG Rn. 163). Das Rückwirkungsverbot bedeutet zum einen, dass niemand aufgrund eines Gesetzes bestraft werden kann, das zum Tatzeitpunkt noch nicht in Kraft war, zum anderen, dass niemand schärfer bestraft werden kann, als es zur Zeit der Tat normiert war (BVerfGE 7, S. 111 (119); BVerfGE 14, S. 174 (185); BVerfGE 81, S. 132 (135); Epping/Hillgruber-[Radtke/Hagemeier], BeckOK GG, Art. 103 GG Rn. 42; Maunz/Dürig-[Schmid-Aßmann], GG, Art. 103 Abs. 2 GG Rn. 235 f.; Pösl, ZJS 2011, S. 132 (132). Allgemein zur Anwendbarkeit bzw. Nichtanwendbarkeit des Art. 103 Abs. 2 GG, allerdings bei Anordnung von Sicherungsverwahrung nach allgemeinem Strafrecht Bender, Die

Maßnahmen mit strafrechtlichem Charakter, nicht hingegen Maßregeln der Besserung und Sicherung.[415] Die Führungsaufsicht nach § 61 Nr. 4 StGB als Maßregel der Besserung und Sicherung wird von Art. 103 Abs. 2 GG nicht umfasst[416], folglich muss ein Verstoß gegen diese Norm nicht geprüft werden. Im Ergebnis ist somit festzuhalten, dass die Führungsaufsicht im Allgemeinen grundsätzlich nicht gegen verfassungsrechtliche Grundsätze verstößt und somit das Institut an sich keinen verfassungsrechtlichen Bedenken unterliegt.

---

nachträgliche Sicherungsverwahrung, S. 140; Jansing, Die nachträgliche Sicherungsverwahrung, S. 369; Kinzig, NJW 2004, S. 911 (913); Kreuzer, ZIS 2006, S. 145 (147); Pieroth, JZ 2002, S. 922 (926); Rzepka, RuP 2003, S. 191 (195); Streng, StV 2006, S. 92 (96).

415 BVerfG, NJW 2004, S. 750 (752); BVerfG, GesR 2007, S. 41 (41); nach BVerfGE 109, S. 133 (167) findet Art. 103 Abs. 2 GG nur bei denjenigen Maßnahmen Anwendung, die eine „missbilligende hoheitliche Reaktion auf rechtswidriges, schuldhaftes Verhalten darstellen und wegen dieses Verhaltens ein Übel verhängen, das dem Schuldausgleich dient." Siehe auch OLG Frankfurt, Beschl. v. 26.10.2001 – 3 Ws 543/01, 3 Ws 544/01. Ferner Epping/Hillgruber-[Radtke/Hagemeier], BeckOK GG, Art. 103 GG Rn. 42; Maunz/Dürig-[Schmid-Aßmann], GG, Art. 103 Abs. 2 GG Rn. 244. Die Literatur folgt weitgehend dieser Rechtsprechung. Allerdings haben sich in letzter Zeit vermehrt, v.a. im Hinblick auf die Anwendbarkeit des Rückwirkungsverbots auf die Sicherungsverwahrung kritische Stimmen zur Rechtsprechung entwickelt. Diese sind zum Teil der Meinung, dass eine Differenzierung zwischen Strafe und Maßregel zu formalistisch ist und dass das moderne Strafrecht nicht mehr strikt zwischen Strafe und Vergeltung einerseits und Maßregel und Prävention andererseits trennt [vgl. exemplarisch Ullenbruch, NStZ 1998, S. 326 (329)]. Danach sei Art. 103 Abs. 2 GG auf alle Rechtsfolgen einer mit Strafe bedrohten Handlung anwendbar, allerdings müsse die Rechtsfolge wie eine Strafe wirken [Ullenbruch, NStZ 1998, S. 326 (330)]. Dem ist jedoch nicht zu folgen. Maßregeln der Besserung und Sicherung haben vorbeugenden Charakter. Sie stellen eine in die Zukunft gerichtete vorbeugende Maßnahme dar, bei denen der Anknüpfungspunkt nicht die einzelne Tat, sondern die Eigenschaft oder Eigenart des Täters ist, die sich lediglich in der Tat ausgedrückt hat. (Siehe dazu auch die Ausführungen des OLG Frankfurt, Beschl. v. 26.10.2001 - 3 Ws 543/01, juris). Art. 103 Abs. 2 GG zielt jedoch auf Strafen ab, „die im Gegensatz zu Präventionsmaßnahmen zumindest auch (…) auf Repression und Vergeltung für ein rechtlich verbotenes und vorwerfbares Verhalten geschaffen wurden (vgl. BVerfGE 20, S. 323 (331); BVerfGE 26, S. 186 (204)." (OLG Frankfurt, Beschl. v. 26.10.2001 - 3 Ws 543/01, juris).

416 BVerGE 109, S. 133 (167); BVerfG, HRRS 2007, Nr. 130; Kwaschnik, Führungsaufsicht im Wandel, S. 208 f.; Pösl, ZJS 2011, S. 132 (133). Allgemein zur Umfassung von Maßregeln der Besserung und Sicherung von Art. 103 Abs. 2 GG Karmrodt, Sicherungsverwahrung, S. 224 ff. Vgl. zu den kritischen Stimmen gegen die Rechtsprechung bereits Fn. 415. Diese wollen das Rückwirkungsverbot zum Teil auch auf die Führungsansicht anwenden.

2. Bedenken angesichts der Doppelbetreuung der verurteilten Person

Hinsichtlich der Durchführung der Führungsaufsicht bestehen in der Praxis zum Teil einige Schwierigkeiten. Diese betreffen insbesondere das Gebiet der Doppelbetreuung der unter Führungsaufsicht gestellten Person.

Die verurteilte Person untersteht bei der Führungsaufsicht der Bewährungshilfe und der Führungsaufsichtsstelle. Beide haben zur Aufgabe dem Betroffenen einerseits helfend zur Seite zu stehen und ihm bei seiner Resozialisierung Unterstützung zu bieten, ihn andererseits aber auch zu kontrollieren und zu überwachen. Die Institutionen haben nach Vorgabe des Gesetzgebers jeweils beide Aufgabenbereiche zu erfüllen, infolgedessen der Verurteilte faktisch unter Doppelbetreuung steht.[417] In der Literatur gilt dies teilweise als sehr kritisch.[418] Es wird von einer „doppelten Unterstellung des Verurteilten“[419] bis hin zu der „Problematik der Zweigleisigkeit (oder Überbetreuung) in der Zusammenarbeit von Führungsaufsichtsstelle und Bewährungshilfe“[420] gesprochen. Positiv quotiert werden muss zwar zunächst der Versuch des Gesetzgebers, mit der Regelung des § 68a StGB die Erfüllung der Aufgaben der beiden Einrichtungen durch Schwerpunkte zu lenken, wodurch der Führungsaufsichtsstelle im Bereich der Überwachung der Vorrang einzuräumen ist.

Dennoch hat auch die Bewährungshilfe die Überwachung des Täters zur Aufgabe und die Führungsaufsichtsstelle trotzdem eine gewisse Betreuungsfunktion. Da nach dem Gesetzeswortlaut, wie oben bereits ausgeführt, die Erfüllung der Aufgaben im Einvernehmen mit der jeweils anderen Stelle erfolgen muss, entsteht der erste Konfliktbereich. Um eine diesbezügliche Betreuung ohne die Auslösung von Widersprüchen gewährleisten zu können, bedarf es einer ständigen engen Zusammenarbeit. Zwar hat dies den Vorteil, dass über die Belange des Betroffenen nicht nur eine Person entscheidet, folglich also durch die enge Kooperation der beiden Stellen sowie die Bündelung von Erfahrungen und Kenntnissen das Optimum für die verurteilte Person erreicht werden kann.

Allerdings resultiert aus diesem einvernehmlichen Miteinander bei ordnungsgemäßer Ausführung ein gewisser Abstimmungsbedarf, da zumindest die relevanten Entscheidungen vorher abgesprochen werden müssen. In der Praxis führt dies zu einem kaum zu bewältigenden Problem, schon allein vor dem Hintergrund der stetig ansteigenden Zahl der unter Führungsaufsicht gestellten Per-

---

417 Ausführlich hierzu unten.

418 Vgl. insgesamt hierzu Kwaschnik, Führungsaufsicht im Wandel, S. 253 ff. Ferner Antons, BewHi 1992, S. 282 (284); Eisenberg, JGG, § 7 JGG Rn. 35; Kühnel, BewHi 1972, S. 22 (30); Röttle/Wagner, Strafvollstreckung, Rn. 998.

419 Röttle/Wagner, Strafvollstreckung, Rn. 998.

420 Eisenberg, JGG, § 7 JGG Rn. 35.

sonen[421], während die Anzahl der Bewährungshelfer und Mitarbeiter der Führungsaufsichtsstelle konstant niedrig bleibt.

Durch die Doppelbetreuung könne zudem das Problem entstehen, dass der Betroffene zumindest in Versuchung gerät, Bewährungshilfe und Führungsaufsicht gegeneinander auszuspielen, indem er den Mitarbeitern jeweils unterschiedlich von seiner Lebensführung berichtet oder beispielsweise dem Bewährungshelfer das Gefühl der Unterlegenheit gegenüber der Führungsaufsichtsstelle vermittelt.[422] Da der unter Führungsaufsicht gestellte Täter ferner nicht offen mit seinem Bewährungshelfer sprechen könne, findet die aus der Überwachungsaufgabe resultierende mögliche Schwächung des Vertrauensverhältnisses zwischen Bewährungshelfer und der verurteilten Person ebenfalls Kritik.[423]

Fraglich ist, wie mit diesen in der Praxis entstehenden Schwierigkeiten umgegangen werden soll. Einerseits gäbe es die Möglichkeit, der Führungsaufsichtsstelle die Aufgaben vollständig zu entziehen. Als Folge müsste die Bewährungshilfe die Betreuungs- und Überwachungsaufgaben in Gänze übernehmen, während der Führungsaufsichtsstelle nur Verwaltungsaufgaben blieben.[424] Zwar hätte dies den Vorteil, dass keine Konkurrenzsituation zwischen den beteiligten Stellen mehr entstehen, aufgrund der derzeitigen personellen Situation im Bereich der Bewährungshilfe wäre eine alleinige Übernahme der Aufgaben durch den Bewährungshelfer jedoch nicht möglich. Zudem sähe sich das Vertrauensverhältnis zwischen verurteilter Person und Bewährungshelfer mit noch mehr Einschränkungen konfrontiert.

Ferner gäbe es eine Variante, wonach die einzelnen Aufgaben jeweils nur durch eine Einrichtung ausgeübt würden. In diesem Falle wäre die Bewährungshilfe für die Betreuung, die Führungsaufsichtsstelle hingegen für die Überwachung zuständig. Das Problem hierbei ist, dass der Mitarbeiter der Aufsichtsstelle in aller Regel keinen so engen Kontakt wie der Bewährungshelfer zu der unter Führungsaufsicht stehenden Person aufbaut. Der Bewährungshelfer, der intensive Gespräche mit seinem Schützling führt, hat die Möglichkeit, einfacher gefährliche Entwicklungen des Betroffenen festzustellen und diesen entgegenzuwirken. Er ist damit ein wichtiger Bestandteil auch in der Überwachung des Täters. Daher muss es bei der Doppelbetreuung bleiben. Folglich ist auch der in der Literatur bestehende Vorschlag, die Führungsaufsichtsstelle solle den Erstkontakt zu der verurteilten Person und die weitere Überwachung und Verwal-

421 Zu der stetig wachsenden Anzahl der unter Führungsaufsicht gestellten Personen vgl. den dritten Teil dieser Arbeit.

422 Antons, BewHi 1992, S. 282 (284); Kühnel, BewHi 1972, S. 22 (30).

423 Zu dieser Problematik vgl. unten S. 136.

424 Ähnlich hierzu auch Weidermann, Führungsaufsicht in der Praxis, S. 415 (416).

tung übernehmen und im Gegenzug die sozialpädagogische Tätigkeit dem Bewährungshelfer überlassen, abzulehnen.[425]

Damit die Doppelbetreuung aber gelingt, müssen die Kompetenzen beider Stellen klar aufgeteilt und gegenseitig anerkannt werden.[426] Die in § 68a StGB getroffene Bestimmung genügt diesem Erfordernis, da sie der jeweiligen Stelle ihren Schwerpunktbereich zuordnet. Zwar kann hierdurch keine exakte Aufgabentrennung erfolgen, dies ist jedoch, wie dargelegt, auch gar nicht wünschenswert.[427] Nur die Zusammenarbeit beider Stellen bewirkt eine optimale Betreuung und Kontrolle des Betroffenen. Es ist allerdings empfehlenswert, dass sich die Einrichtungen nach der Entlassung des Täters zunächst gemeinsam um den Verurteilten kümmern und die ersten Kontaktgespräche führen, dann aber eine Vereinbarung treffen, wer vorrangig die Betreuung des Unterstellten übernehmen soll. Die andere Stelle ist allerdings regelmäßig über die Entwicklung der der Führungsaufsicht unterstellten Person zu informieren[428] und wird erst dann aktiv, wenn sie entweder vom Betroffenen oder einer anderen Stelle darum gebeten wird oder wenn sie dies für notwendig erachtet. Im letzteren Fall muss davor aber mit Ausnahme bei akuter Gefahr zunächst eine Absprache mit der vorrangigen Stelle stattfinden. Aufgrund der derzeitigen personellen Ressourcenprobleme bei den Führungsaufsichtsstellen wird die Bewährungshilfe weiterhin vorrangig sowohl die Betreuungs-, als auch die Überwachungsaufgaben übernehmen müssen. Daher ist den Ländern nahe zu legen, sowohl ihr Personal im Bereich Bewährungshilfe, vor allem aber bei den Führungsaufsichtsstellen aufzustocken, damit die Führungsaufsichtsstelle ihrer primären Aufgabe der Überwachung und Kontrolle gerecht werden kann.

II. § 68f StGB als Sonderfall

§ 68f StGB nimmt in der Anordnung der Führungsaufsicht, wie oben[429] gezeigt, eine gewisse Sonderrolle ein. In der Wissenschaft wird dies zum Teil als problematisch angesehen, insbesondere werden von einigen Seiten zum einen verfassungsrechtliche, zum anderen kriminalpolitische Bedenken gegen die Vorschrift des § 68f StGB laut.

425 Jacobsen, KrimJ 1985, S. 113 (115 f.).
426 Wegener, Führungsaufsichtsstelle im Kooperationsgefüge, S. 251 (255).
427 Vgl. dazu Weidermann, Führungsaufsicht in der Praxis, S. 415 (416).
428 Hierzu auch Schöch, NStZ 1992, S. 364 (371).
429 Siehe S. 67 ff.

1. Rechtsstaatliche Bedenken gegen § 68f StGB

Zunächst gilt es zu prüfen, ob § 68f Abs. 1 StGB rechtsstaatlich unbedenklich ist.

Ein kleiner Teil der Literatur[430] kritisiert, dass § 68f Abs. 1 StGB gegen das Verbot der Doppelbestrafung gem. Art. 103 Abs. 3 GG verstößt. Danach darf niemand mehrmals wegen ein und derselben Tat bestraft werden.[431] Es widerspreche dem Doppelbestrafungsverbot, so die Vertreter dieser Ansicht, einen Täter, der seine Strafe voll verbüßt hat, nachträglich einer Aufsicht zu unterstellen.[432] Aufgrund der unterschiedlichen Zielsetzungen, die einerseits die Strafe und andererseits die Maßregel verfolgen, muss der Vorwurf eines Verstoßes gegen das Verbot der Doppelbestrafung Ablehnung finden.[433] Es handelt sich bei der Führungsaufsicht um keine unzulässige erneute Bestrafung, sondern nur um eine an die ursprüngliche Verurteilung angeschlossene Maßregel der Besserung und Sicherung, deren Wirksamwerden lediglich von der vollständigen Verbüßung der Freiheitsstrafe abhängt.[434] Da der Eintritt dieser Nebenfolge der Verurteilung an konkrete, im Gesetz festgelegte Voraussetzungen geknüpft ist, bedarf es aufgrund der Erkennbarkeit für die verurteilte Person keiner expliziten richterlichen Anordnung.[435] Zudem könne, so ein Vertreter in der Literatur, das Verhalten des Täters während des Vollzuges diese Folge verhindern bzw. beseitigen.[436]

Auch zweifelt eine Mindermeinung[437] die Wahrung des Verhältnismäßigkeitsprinzips an.[438] Der Eintritt der Maßregel nach vollständiger Verbüßung der Freiheitsstrafe könnte unverhältnismäßig sein. Fraglich ist, ob im Rahmen dieser

---

430 Stellvertretend Raabe, Führungsaufsicht, S. 177.

431 Siehe zu Art. 103 Abs. 3 GG Epping/Hillgruber-[Radtke/Hagemeier], GG, Art. 103 GG Rn. 44 ff.; Sachs-[Degenhart], GG, Art. 103 GG Rn. 76 ff.

432 Raabe, Führungsaufsicht, S. 177.

433 BVerfGE 55, S. 28 (30); Laubenthal/Nestler, Strafvollstreckung, Rn. 377; Meier, Strafrechtliche Sanktionen, S. 257.

434 BVerfG, NStZ 1981, S. 21 (22); Anm. Kürschner zu OLG Schleswig, JR 1982 S. 339 (341); Neubacher, NK 2005, S. 28 (30).

435 BVerfG, NStZ 1981, S. 21 (22); vgl. hierzu auch Kwaschnik, Führungsaufsicht im Wandel, S. 209.

436 Jähnke/Laufhütte/Odersky-[Hanack], LK-StGB, 11. Aufl., § 68f StGB Rn. 7; ähnlich Raabe, Führungsaufsicht, S. 179 f.

437 Kindhäuser/Neumann/Paeffgen-[Ostendorf], NK-StGB, Vor §§ 68 bis 68g StGB Rn. 15 äußert Bedenken hinsichtlich der Verhältnismäßigkeit.

438 Vgl. zu der Frage der Missachtung des Verhältnismäßigkeitsgrundsatzes insgesamt Kindhäuser/Neumann/Paeffgen-[Ostendorf], NK-StGB, Vor §§ 68 bis 68g StGB Rn. 15; Meier, Strafrechtliche Sanktionen, S. 257.

Regelung der Verhältnismäßigkeitsgrundsatz gewahrt wird. Der Grundsatz der Verhältnismäßigkeit geht in diesem konkreten Fall von der Annahme aus, eine Aussetzung der Vollstreckung des Restes der Freiheitsstrafe ist gem. § 57 StGB nicht möglich gewesen. Dies korreliert mit der Erwartung, die verurteilte Person werde ohne die Führungsaufsicht weitere Straftaten begehen, § 68f Abs. 2 StGB.[439] § 68f Abs. 1 S. 1 StGB tritt zwar grundsätzlich bei Vorliegen aller Voraussetzungen kraft Gesetzes ohne richterliche Anordnung ein, dennoch entfällt die Maßregel gem. § 68f Abs. 2 StGB, wenn das Gericht vor der Entlassung aus dem Strafvollzug die Überzeugung hegt, der Täter werde keine weiteren Straftaten mehr begehen. § 68f Abs. 2 StGB stellt damit ein Korrektiv dar, das den weiteren Eingriff in die Grundrechte der verurteilten Person rechtfertigt.[440] Zudem muss beachtet werden, dass bei erheblich rückfallgefährdeten Tätern Sicherungsverwahrung[441] nach § 66 StGB droht. Die Führungsaufsicht, die in diesem Zusammenhang oft als ambulante Sicherungsverwahrung bezeichnet wird,[442] stellt im Vergleich zu dieser freiheitsentziehenden Maßregel eindeutig die weniger belastende Maßnahme dar.[443]

Letztlich widerspricht der Umstand, die verurteilte Person bleibe im schlimmsten Fall bis zum Ende der Strafverbüßung im Unklaren darüber, ob Führungsaufsicht eintritt oder nicht, nicht den vom Rechtsstaatsgebot an die Voraussehbarkeit gesetzlicher Maßnahmen geknüpften Anforderungen.[444] Die negative Sozialprognose rechtfertigt nämlich im Hinblick auf den Verhältnismäßigkeitsgrundsatz den Eintritt der Führungsaufsicht. Des Weiteren steht der verurteilten Person die Möglichkeit einer Prüfung und Anhörung nach §§ 454 und 463 Abs. 3 StPO zu, wodurch für diese kein Überraschungsmoment entstehen

---

439 Vgl. hierzu BVerfG, NStZ 1981, S. 21 (22); Kwaschnik, Führungsaufsicht im Wandel, S. 210.

440 OLG Bamberg, NStZ-RR 2000, S. 81 (83).

441 Mit der Entscheidung vom 4.5.2011 hat das BVerfG entschieden, dass sämtliche Regelungen zur Sicherungsverwahrung gegen das Grundrecht auf Freiheit nach Art. 2 Abs. 2 S. 2 GG verstoßen. Sie sind folglich verfassungswidrig. Daher muss der Gesetzgeber die Sicherungsverwahrung längstens bis 31.5.2013 neu regeln. Ziel soll hierbei sein, ein freiheitsorientiertes und therapiegerechtes Vollzugskonzept zu errichten (BVerfG, NJW 2011, S. 1931 ff.; siehe auch becklink 1012739, abzurufen unter www.beck-online.de). Derzeit stehen die gesetzlichen Änderungen noch aus.

442 Siehe hierzu Meier, Strafrechtliche Sanktionen, S. 257

443 Kindhäuser/Neumann/Paeffgen-[Ostendorf], NK-StGB, Vor §§ 68 bis 68g StGB Rn. 1; Meier, Strafrechtliche Sanktionen, S. 257.

444 BVerfG, NStZ 1981, S. 21 (22) unter Berufung auf BVerfGE 7, S. 89 (92); Neubacher, NK 2005, S. 28 (30).

könne.[445] Zudem verbietet das Rechtsstaatsgebot lediglich belastende Gesetze, die zur Erreichung der Gesetzeszwecke schlechthin untauglich sind. Die Führungsaufsicht aber dient der Überwachung und bietet Hilfe und Betreuung. Sie ist daher ein taugliches Mittel.[446]

Somit lassen sich gegen die Führungsaufsicht nach § 68f Abs. 1 StGB keine verfassungsrechtlichen Bedenken erheben. Folglich genügt die Führungsaufsicht in jeder Anwendungskonstellation den rechtsstaatlichen Anforderungen.

2. Kriminalpolitische Bedenken des § 68f StGB

Ein gewisses kriminalpolitisches Konfliktpotential ergibt sich ferner aus dem Gesetz selbst, das der Gruppe der Sexualstraftäter nach § 181b StGB eine Sonderstellung einräumt. Nach § 68f Abs. 1 S. 1 StGB reicht bei dieser Tätergruppe eine vollständige Vollstreckung einer Freiheitsstrafe oder Gesamtfreiheitsstrafe von mindestens einem Jahr bei Straftaten nach § 181b StGB aus. Als Begründung bezieht man sich auf die hohe Rückfallrate und auf die besondere Gefährlichkeit dieser Personen.[447]

Findet allerdings eine Analyse der einschlägigen Statistiken statt, scheint diese Annahme ungerechtfertigt zu sein. Bei einer Untersuchung[448] im Jahr 2006, die sich auf das Basisjahr 1994 bezog, umfasste die Gruppe der Vollverbüßer insgesamt 2738 Fälle. Bei 44 %, das sind 1205 verurteilte Personen, wurde Führungsaufsicht angeordnet.[449] Die Anordnung erfolgte bei 65 % aufgrund Verurteilung wegen einem Sexualdelikt, bei 64 % wegen Tötungsdelikten und bei 53 % nach Raub- und Erpressungsdelikten. Die Stellung unter Führungsaufsicht bei Diebstahlsdelikten war eher selten zu finden. Nur ein Drittel aller verurteilten Personen stand unter Führungsaufsicht.[450] Betrachtet man die Rückfallstatistik, wird deutlich, dass Personen, die wegen Diebstahl verurteilt wurden, überdurchschnittlich häufig rückfällig wurden, nämlich 82 % der Verurteilten. Bei Raub- und Erpressungsdelikte betrug der Anteil der wiederholt Straffälligen

---

445 A.A. Preiser, ZStW 81 (1969), S. 912 (913 f.), der bei einem nachträglichen Eintritt der Führungsaufsicht nach § 68f StGB von einer Überraschung und einer erheblichen Schlechterstellung des Verurteilten ausgeht.

446 Neubacher, NK 2005, S. 28 (30).

447 Laufhütte/Rissing van Saan/Tiedemann-[Schneider], LK-StGB, § 68f StGB Rn. 2.

448 Hierbei handelt es sich um die Untersuchung von Weigelt/Hohmann-Fricke. Auszüge der Ergebnisse abgedruckt in BewHi 2006, S. 216 ff. Neuere passende Rückfallstudien zu dieser Fragestellung sind nicht ersichtlich, so dass auf diese Untersuchung zurückgegriffen wird.

449 Weigelt/Hohmann-Fricke, BewHi 2006, S. 216 (221).

450 Weigelt/Hohmann-Fricke, BewHi 2006, S. 216 (230).

77 %. Hingegen wurde bei Sexual- und Tötungsdelikten nur rund jeder zweite Entlassene erneut verurteilt.[451]

Man darf die Rückfallgefahr bei Sexualstraftätern jedoch angesichts der Dunkelziffer nicht unterschätzen. Diese Werte sollen vielmehr verdeutlichen, dass nicht nur Delikte in Verbindung mit Sexualtaten, sondern auch Diebstahl, Raub und Erpressung hohe Rückfallquoten aufweisen, so dass zu überlegen ist, ob § 68f Abs. 1 S. 1 2. Alt. StGB eine Ausweitung auch auf andere Tätergruppen erfahren muss, die ähnliche oder sogar höhere Rückfallquoten aufweisen und damit für die Allgemeinheit ebenfalls eine erhebliche Gefahr darstellen. Es scheint, als hätte sich der Gesetzgeber von den Medien und der Meinung der Bevölkerung leiten lassen, diese Art von Verbrechen besonders hart zu sanktionieren, so dass diese Regel eher Ausdruck einer gewissen Hysterie im Umgang mit Sexualstraftätern ist.[452] Um einen umfassenden Schutz der Allgemeinheit vor der Begehung weiterer Straftaten zu bieten, ist angesichts der trotzdem noch hohen Rückfallgefahr von Sexualstraftätern, unabhängig von der Forderung der Ausweitung dieser Vorschrift auf andere Gruppen, grundsätzlich die Sonderbehandlung kriminalpolitisch zu begrüßen. Laut Statistik wird zwar jeder zweite entlassene Sexualstraftäter erneut rückfällig, es zeigt sich aber auch, dass die anderen 50 % keine diesbezügliche Straftat mehr begingen. Ob die Stellung der verurteilten Person unter die Führungsaufsicht der einzige Grund hierfür war, kann mittels der Auswertung der Statistik nicht beantwortet werden. Da die Rückfälligkeit von mehreren Faktoren abhängt, es insbesondere auch auf die Täterpersönlichkeit ankommt, ist eher davon auszugehen, dass die Führungsaufsicht nicht die alleinige causa für die Verhinderung der Rückfälligkeit darstellt, sondern „nur" einen erheblichen Beitrag hierzu leistet. Dies reicht aber aus, um das Institut der Führungsaufsicht als taugliches Mittel zur Erreichung des genannten Zwecks bewerten zu können. Selbstverständlich wäre eine weiter steigende Verringerung der Rückfallquote wünschenswert, jedoch bedarf es dieser nicht für die Einstufung der Führungsaufsicht als ein taugliches Mittel zur Reduzierung der Rückfallgefahr. Zumindest bezüglich dieses Aspektes wird die Maßregel der Besserung und Sicherung ihren kriminalpolitischen Zielsetzungen gerecht.

451 Weigelt/Hohmann-Fricke, BewHi 2006, S. 216 (233).
452 Schalast, R & P 2006, S. 59 (62).

D. Beginn

Des Weiteren ist klärungsbedürftig, wann die Führungsaufsicht beginnt.

I. Ausgangslage

Nach § 68c Abs. 3 S. 1 StGB a.F. sollte der Ausgangspunkt die Rechtskraft der Anordnung sein. Hierbei fand allerdings nur der Beginn der gerichtlich angeordneten Führungsaufsicht eine eindeutige Regelung. In den übrigen Fällen trat nach §§ 67b Abs. 2, 67c Abs. 1 S. 2, Abs. 2 S. 4, 67d Abs. 2 S. 2 StGB die Führungsaufsicht kraft Gesetzes mit der Aussetzung der Maßregelvollstreckung ein. Unklar blieb, ob es immer auf die Rechtskraft der Aussetzungsentscheidung ankommt oder, wenn die Aussetzungsentscheidung einen späteren Zeitpunkt des Wirksamwerdens bestimmt, auf diesen.[453] Gemäß einer in der einschlägigen Literatur vertretenen Ansicht sollte die Rechtskraft der Aussetzungsentscheidung das maßgebliche Kriterium für den Eintritt der Führungsaufsicht sein. Aufgrund der systematischen Übereinstimmung mit § 68c Abs. 3 S. 1 StGB a.F. hatte dies sogar dann zu gelten, wenn der Aussetzungsbeschluss nicht mit der Rechtskraft, sondern erst zu einem späteren Zeitpunkt zur Entlassung führt.[454] Die Gegenansicht bestritt diese Auffassung und koppelte in derartigen Fällen den Zeitpunkt des Beginns der Führungsaufsicht an den der Bestandskraft der Aussetzung. Dies begründete man mit der aufschiebenden Wirkung der sofortigen Beschwerde, die gegen den Aussetzungsbeschluss gegeben sei. Danach werde der Beschluss erst durch die Nichtanfechtung bzw. durch die Beschwerdeentscheidung rechtskräftig.[455]

II. Neuregelung durch die Reform von 2007

Diese Unklarheit wurde mit der Neuregelung des § 68c Abs. 4 S. 1 StGB beseitigt. Danach beginnt die gerichtlich angeordnete Führungsaufsicht gem. § 68c Abs. 4 S. 1 1. Hs.StGB mit der Rechtskraft ihrer Anordnung, also mit Rechts-

---

453 BT-Drs. 16/1993, S. 21.

454 Heintschel-Heinegg-[Groß], MüKo-StGB, § 68c StGB Rn. 17; Jescheck/Ruß/Willms-[Horstkotte], StGB, 10. Aufl., § 67g StGB Rn. 31; vgl. zu diesem Streit auch Kwaschnik, Führungsaufsicht im Wandel, S. 145.

455 Jähnke/Laufhütte/Odersky-[Hanack], LK-StGB,11. Aufl., § 68c StGB Rn. 15; Lackner/Kühl, StGB, § 68c StGB Rn. 3; Tröndle/Fischer, StGB, 54. Aufl., § 68c StGB Rn. 9.

kraft des Urteils und nicht mit der des Beschlusses nach § 268a Abs. 2 StPO, da dieser nur Modalitäten betrifft.[456] In den Fällen des gesetzlichen Eintritts nach §§ 67b Abs. 2[457], 67c Abs. 1 S. 2[458], Abs. 2 S. 4[459], 67d Abs. 2 S. 2[460] StGB nimmt sie mit der Rechtskraft der Aussetzungsentscheidung ihren Anfang oder zu einem Zeitpunkt, der in dieser Entscheidung bestimmt ist. Die §§ 67d Abs. 5 S. 2[461], 68f Abs. 1 S. 1 StGB regeln den Eintritt der Führungsaufsicht in den Fällen der §§ 67d Abs. 5 S. 1 und 68f[462] StGB. Diese tritt mit der Entlassung der verurteilten Person aus der Haft bzw. aus der Entziehungsanstalt ein.

Die Berechnung der Dauer der Führungsaufsicht, die gem. § 68c Abs. 1 S. 1 mindestens zwei und höchstens fünf Jahre beträgt, erfolgt nach den Regeln der

---

456 Dölling/Duttge/Rössner-[Pflieger], StGB, § 68c StGB Rn. 7; Fischer, StGB, § 68c StGB Rn. 15; Kindhäuser/Neumann/Paeffgen-[Ostendorf], NK-StGB, § 68c StGB Rn. 15; Laufhütte/Rissing van Saan/Tiedemann-[Schneider], LK-StGB, § 68c StGB Rn. 27; Leipold/Tsambikakis/Zöller-[Kilian/Möhlenbeck], StGB, § 68c StGB Rn. 16; Schönke/Schröder-[Stree/Kinzig], StGB, § 68c StGB Rn. 4.

457 § 67b Abs. 1 StGB beinhaltet folgendes: „Ordnet das Gericht die Unterbringung in einem psychiatrischen Krankenhaus oder einer Entziehungsanstalt an, so setzt es zugleich deren Vollstreckung zur Bewährung aus, wenn besondere Umstände die Erwartung rechtfertigen, daß der Zweck der Maßregel auch dadurch erreicht werden kann. Die Aussetzung unterbleibt, wenn der Täter noch Freiheitsstrafe zu verbüßen hat, die gleichzeitig mit der Maßregel verhängt und nicht zur Bewährung ausgesetzt wird." Nach Abs. 2 tritt mit der Aussetzung Führungsaufsicht ein. Siehe dazu oben S. 62.

458 § 67c Abs. 1 StGB lautet: „Wird eine Freiheitsstrafe vor einer zugleich angeordneten Unterbringung vollzogen, so prüft das Gericht vor dem Ende des Vollzugs der Strafe, ob der Zweck der Maßregel die Unterbringung noch erfordert. Ist das nicht der Fall, so setzt es die Vollstreckung der Unterbringung zur Bewährung aus; mit der Aussetzung tritt Führungsaufsicht ein." Siehe dazu oben S. 62.

459 § 67c Abs. 2 S. 4 StGB normiert, dass das Gericht die Vollstreckung der Unterbringung zur Bewährung aussetzt, wenn der Zweck der Maßregel zwar nicht erreicht ist, aber besondere Umstände die Erwartung rechtfertigen, dass der Zweck auch durch die Aussetzung erreicht werden kann. Mit der Aussetzung tritt Führungsaufsicht ein. Siehe dazu allgemein oben S. 63.

460 § 67d Abs. 2 S. 1 StGB regelt den Fall, dass keine Höchstfrist für die Unterbringung vorgesehen oder die Frist noch nicht abgelaufen ist. Bei diesen Konstellationen setzt das Gericht die weitere Vollstreckung der Unterbringung zur Bewährung aus, wenn zu erwarten ist, dass der Untergebrachte außerhalb des Maßregelvollzugs keine rechtswidrigen Taten mehr begehen wird. Siehe dazu oben S. 63.

461 § 67d Abs. 5 S. 1 StGB beinhaltet, dass das Gericht die Unterbringung in einer Entziehungsanstalt für erledigt erklärt, wenn die Voraussetzungen des § 64 S. 2 StGB nicht mehr vorliegen. Siehe dazu oben S. 66.

462 Siehe dazu oben S. 67 ff.

§§ 186 ff. BGB, wobei § 191 BGB keine Anwendung findet und bestimmte Zeiten[463] nach § 68c Abs. 4 S. 2 StGB nicht eingerechnet werden dürfen.[464]

III. Bewertung

Positiv ist zunächst festzuhalten, dass der Gesetzgeber sich bemühte, durch die Reform Lösungen für die offenen Fragen hinsichtlich des Beginns der Führungsaufsicht zu finden. Durch die Umgestaltung und Erweiterung des ehemaligen § 68c Abs. 3 S. 1 StGB differenziert der Gesetzgeber zwischen den einzelnen Möglichkeiten der Führungsaufsicht und legt hierbei jeweils den Beginn der Maßnahme fest. Damit beseitigte man die diesbezüglich bestehenden Unklarheiten.

Jedoch mangelt es auch dieser Neuregelung wieder an Genauigkeit. Nach der Neufassung kann die Führungsaufsicht zu einem gerichtlich angeordneten späteren Zeitpunkt einsetzen. Bei Betrachtung der Gesetzesbegründung muss festgestellt werden, dass dies so nicht gewollt war.[465] Der Gesetzgeber wollte nur angesichts eines durch Beschluss bestimmten Aussetzens zu einem späteren Zeitpunkt, die Möglichkeit schaffen, den Beginn der Führungsaufsicht an diesen Zeitpunkt anzuknüpfen. Dies hätte präziser formuliert werden müssen. Lösungsvorschläge erfolgten bislang aber noch nicht.

Ein möglicher Formulierungsvorschlag für § 68c Abs. 4 StGB wäre:

> „In den Fällen des § 68 Abs. 1 beginnt die Führungsaufsicht mit der Rechtskraft ihrer Anordnung, in den Fällen des § 67b Abs. 2, des § 67c Abs. 1 S. 2 und Abs. 2 S. 4 und des § 67d Abs. 2 S. 2 mit der Rechtskraft der Aussetzungsentscheidung. Bestimmt das Gericht durch Beschluss, dass die Aussetzung erst zu einem späteren Zeitpunkt wirksam wird, so kann die Führungsaufsicht auch erst zu diesem Zeitpunkt beginnen."

---

463 Siehe dazu unten S. 98.

464 Dölling/Duttge/Rössner-[Pflieger], StGB, § 68c StGB Rn. 7; Fischer, StGB, § 68c StGB Rn. 17; Röttle/Wagner, Strafvollstreckung, Rn. 374. Ausführlich zu der Berechnung der Dauer der Führungsaufsicht sogleich.

465 Pollähne, KritV 2007, S. 386 (420).

E. Dauer

Bezüglich der Dauer der Führungsaufsicht muss zwischen der befristeten Führungsaufsicht nach § 68c Abs. 1 S. 1 StGB und der unbefristeten Führungsaufsicht gem. § 68c Abs. 2 S. 1 oder § 68c Abs. 3 StGB unterschieden werden.

I. Befristete Führungsaufsicht

Die befristete Führungsaufsicht nach § 68c Abs. 1 S. 1 stellt den Grundfall dar, der die Dauer der richterlich angeordneten sowie der gesetzlich eingetretenen Führungsaufsicht regelt. Danach beträgt die Spannbreite mindestens zwei und höchstens fünf Jahre. Innerhalb dieses Rahmens ist die Führungsaufsicht eine Maßregel von unbestimmter Dauer, da diese nach Ablauf der Mindestfrist aufgehoben wird, wenn Grund zu der Annahme besteht, der Täter werde auch ohne sie keine Straftaten mehr begehen, §§ 68e Abs. 2, 68f Abs. 2 StGB.[466] Ansonsten endet die Führungsaufsicht nach Ablauf der Höchstfrist bzw. mit Eintritt eines gesetzlichen Beendigungsgrundes.

1. Abkürzen der Höchstdauer

Im Unterschied zur Bewährungszeit, die gem. § 56a Abs. 1 S. 1 StGB vom Gericht ausdrücklich bestimmt werden muss, ist hinsichtlich der Länge der Führungsaufsicht kein entsprechender Festsetzungsakt vorgesehen.[467] Trifft das erkennende Gericht keine Entscheidung hierzu, wird von der Höchstdauer ausgegangen.[468] Allerdings entspricht die Höchstfrist nicht zugleich zwingend der tatsächlichen Dauer, so dass sie keine starre Grenze darstellt.[469] Das Gericht kann vielmehr durch Beschluss die Höchstdauer bis zur Mindestgrenze von zwei Jahren entweder bereits bei der Anordnung der Führungsaufsicht gem. § 68c Abs. 1 S. 2 StGB, wenn die Höchstdauer von vornherein als verfehlt oder unverhältnismäßig erscheint, oder nachträglich gem. § 68d StGB abkürzen.

---

466 OLG Koblenz, NStZ 2000, S. 92; Kleinknecht, Rechtliche Regelung, S. 408 (410); Laufhütte/Rissing-van Saan/Tiedemann-[Schneider], LK-StGB, § 68c StGB Rn. 2.

467 KG, Beschl. v. 20.6.2011, 2 Ws 159/11, juris; Kindhäuser, LPK-StGB, § 68c StGB Rn. 1; Rudolphi/Horn/Günther/Samson-[Sinn], SK-StGB, § 68c StGB Rn. 2; Satzger/Schmitt/Widmaier-[Jehle], StGB, § 68c StGB Rn. 1; Schönke/Schröder-[Stree/Kinzig], StGB, § 68c StGB Rn. 1.

468 Kindhäuser/Neumann/Paeffgen-[Ostendorf], NK-StGB, § 68c StGB Rn. 1; Scheinobst, RpflStud 1988, S. 7 (9); Schönke/Schröder-[Stree/Kinzig], StGB, § 68c StGB Rn. 1.

469 Kleinknecht, Rechtliche Regelung, S. 408 (410).

Ob eine anfängliche Verkürzung in Betracht kommt, muss insbesondere in solchen Fällen überprüft werden, in denen die Führungsaufsicht kraft Gesetzes eintritt, obwohl die materiellen Voraussetzungen für eine richterliche Anordnung nach § 68 Abs. 1 StGB nicht vorliegen. Ein Beispiel hierfür bilden solche Fälle, in denen der Vollverbüßer seine Einwilligung verweigert und aufgrund dessen die Strafaussetzung scheitert.[470] Wesentlicher Faktor zur Festlegung der Dauer und damit zur Prüfung einer Abkürzung stellt neben der Gefährlichkeit der verurteilten Person der Zeitraum, in dem Hilfe, Betreuung und Überwachung zur Resozialisierung nötig sein werden bzw. innerhalb dessen die erteilten Weisungen ihre Wirkung zeigen können, dar.[471]

Es ist grundsätzlich innerhalb der Grenzen des Verhältnismäßigkeitsprinzips wohl eher ratsam, die Höchstdauer nicht von vornherein abzukürzen, sondern zunächst das Verhalten des Unterstellten zu beobachten und quasi als Belohnung für gutes Verhalten dementsprechend eine nachträgliche Entscheidung zu treffen.[472]

Letztlich hängt der Entschluss über das Abkürzen der Dauer der Führungsaufsicht aber von der Persönlichkeitsstruktur der verurteilten Person ab. Im Einzelfall kann es Erfolg versprechender sein, anfänglich eine Entscheidung zu treffen, um dem Betroffenen Vertrauen zu signalisieren, das ihn in seiner Entwicklung stabilisieren soll.[473] Die Frage, ob ein Abkürzen der Führungsaufsicht angesichts einer positiven Sozialprognose – gemäß derer sie ohnehin nach der Mindestdauer aufzuheben ist – Sinn macht, lässt sich mit der Motivation des Täters erklären. Wie im Strafvollzug muss bei der verurteilten Person die Bereitschaft geweckt werden, bei ihrer Behandlung gestaltend mitzuwirken, um die Ziele zu erreichen.[474] Dem kann die Abkürzung der Höchstdauer dienlich sein. Nach § 68d StGB kann das Gericht diese Entscheidung jedoch wieder aufheben, wenn sich zeigt, dass sich die Erwartungen an die verurteilte Person nicht erfüllen. Dies ist allerdings nur zulässig, solange die abgekürzte Höchstdauer noch

---

470 OLG Oldenburg, StraFo 2006, S. 505 (506); Heintschel-Heinegg-[Heuchemer], BeckOK StGB, § 68c StGB Rn. 4; Schönke/Schröder-[Stree/Kinzig], StGB, § 68c StGB Rn. 1

471 Schönke/Schröder-[Stree/Kinzig], StGB, § 68c StGB Rn. 1.

472 Dölling/Duttge/Rössner-[Pflieger], StGB, § 68c StGB Rn. 2; bei Prognoseunsicherheiten empfiehlt Fischer, StGB, § 68c StGB Rn. 3 die Dauer nicht von vornherein abzukürzen.

473 Heintschel-Heinegg-[Groß], MüKo-StGB, § 68c StGB Rn. 4; a.A. Laufhütte/Rissing-van Saan/Tiedemann-[Schneider], LK-StGB, § 68c StGB Rn. 6.

474 Kammeier-[Kamann], Maßregelvollzugsrecht, Rn. L36; Kleinknecht, Rechtliche Regelung, S. 408 (410).

nicht überschritten wurde.[475] Jedoch dürfen die nachträglichen Verkürzungsmöglichkeiten nicht ausschlaggebender Grund sein, eine sofortige Abkürzungsentscheidung zu unterlassen. Liegt eine hinreichend sichere Prognose für das Verhalten des Täters vor, so darf unter dem Aspekt des Verhältnismäßigkeitsprinzips auch nicht, um den Nutzen eines zusätzlichen motivationalen Anreizes auf die verurteilte Person zu erhalten, auf eine nachträgliche Entscheidung nach § 68d StGB verwiesen werden. Vielmehr muss in diesem Fall eine anfängliche Verkürzung der Höchstdauer stattfinden.[476]

2. Faktische Verlängerung der Höchstdauer

Neben der Abkürzung besteht auch die Möglichkeit einer faktischen Verlängerung der Führungsaufsicht über die Höchstdauer von fünf Jahren hinaus. Diese entsteht zum einen durch § 68g Abs. 1 S. 2 StGB, da sich die Führungsaufsicht in Fällen der Aussetzung zur Bewährung so lange fortsetzt, bis die Bewährungszeit abgelaufen ist. Damit soll eine einheitliche Überwachung und Betreuung während der gesamten Dauer der Aufsicht gewährleistet werden.[477]

Zum anderen schließt die Dauer der Führungsaufsicht gem. § 68c Abs. 4 S. 2 StGB nicht die Zeit mit ein, in welcher die verurteilte Person flüchtig ist, sich verborgen hält oder auf behördliche Anordnung hin in einer Anstalt verwahrt wird. Die Begriffe flüchtig und sich verborgen halten setzen eine subjektive Willensrichtung der verurteilten Person voraus, sich dauernd oder längere Zeit der Überwachung im Rahmen der Führungsaufsicht zu entziehen.[478] Dies trifft beispielsweise bei einem kurzfristigen „Ausflug am Wochenende ins Blaue“[479] nicht zu.[480]

Bei der Anstaltsverwahrung wird eine hoheitlich angeordnete und durchgeführte Freiheitsentziehung, worunter man allgemein[481] den Vollzug in einer Straf-, Untersuchungshaft-, Auslieferungshaft- oder ähnlichen Anstalt versteht,

---

475 Kleinknecht, Rechtliche Regelung, S. 408 (410).

476 Fischer, StGB, § 68c StGB Rn. 3; Leipold/Tsambikakis/Zöller-[Kilian/Möhlenbeck], StGB, § 68c StGB Rn. 5; Schönke/Schröder-[Stree/Kinzig], StGB, § 68c StGB Rn. 1.

477 Kindhäuser, LPK-StGB, § 68g StGB Rn. 3; Lackner/Kühl, StGB, § 68g StGB Rn. 2.

478 Heintschel-Heinegg-[Groß], MüKo-StGB, § 68c StGB Rn. 6; Lackner/Kühl, StGB, § 68c StGB Rn. 4; Laufhütte/Rissing-van Saan/Tiedemann-[Schneider], LK-StGB, § 68c StGB Rn. 33 f.; Scheinobst, RpflStud 1988, S. 7 (9); Schönke/Schröder-[Stree/Kinzig], StGB, § 68c StGB Rn. 6.

479 Heintschel-Heinegg-[Groß], MüKo-StGB, § 68c StGB Rn. 18.

480 Heintschel-Heinegg-[Groß], MüKo-StGB, § 68c StGB Rn. 18; Heintschel-Heinegg-[Heuchemer], BeckOK StGB, § 68c StGB Rn. 13. Auch in diese Richtung Laufhütte/Rissing-van Saan/Tiedemann-[Schneider], LK-StGB, § 68c StGB Rn. 35.

481 Vgl. hierzu m.w.N. Satzger/Schmidt/Widmaier-[Jehle], StGB, § 68c StGB Rn. 11.

verlangt. Folglich werden eine freiwillige Unterbringung oder eine mit Genehmigung des Vormundschaftsgerichts durch den Betreuer oder Vormund durchgeführte Unterbringung oder Therapiezeiten bei Zurückstellung der Vollstreckung nach § 35 BtMG in die Dauer der Führungsaufsicht eingerechnet.[482] Hintergrund für eine faktische Verlängerung ist die Tatsache, dass die Führungsaufsicht ihre bessernde und sichernde Wirkung nur entfalten kann, wenn der Täter sich zum einen auf freiem Fuß befindet und ihm zum anderen zugleich Betreuung und Überwachung widerfährt.[483]

Auch entsteht eine faktische Verlängerung beim richterlich angeordneten Ruhen der Führungsaufsicht gem. § 68g Abs. 2 S. 1 StGB, wenn es nicht zur Beendigung der Aufsicht nach § 68g Abs. 3 StGB kommt. Das Gericht kann hierbei verfügen, dass die Führungsaufsicht bis zum Ablauf der Bewährungszeit ruht, wenn die Aussetzung zur Bewährung und die Führungsaufsicht aufgrund derselben Tat angeordnet wurden. Es erfolgt dann keine Miteinberechnung der Bewährungszeit in die Dauer der Führungsaufsicht gem. § 68g Abs. 2 S. 2 StGB nicht eingerechnet. Die Anordnung des Ruhens hat zu ergehen, wenn die verurteilte Person auch ohne die einschneidende Maßnahme der Führungsaufsicht eine positive Entwicklung ihrerseits erwarten lässt.[484]

3. Entfallen der Mindestdauer

Bezüglich der Mindestdauer muss beachtet werden, dass die Bindung an diese nur in zwei Konstellationen entfällt. Einerseits endet die Maßregel der Besserung und Sicherung vorzeitig, wenn ein gesetzlicher Beendigungsgrund gem. § 68e Abs. 1 S. 1 Nr. 1 bis 3 StGB eintritt. Danach endet die Führungsaufsicht, soweit sie nicht unbefristet oder nach Aussetzung einer freiheitsentziehenden Maßregel (§ 67b Abs. 2, § 67c Abs. 1 S. 2, Abs. 2 S. 4, § 67d Abs. 2 S. 2 StGB) angeordnet wurde, mit Beginn des Vollzugs einer freiheitsentziehenden Maßregel (Nr. 1), mit Beginn des Vollzugs einer Freiheitsstrafe, neben der eine freiheitsentziehende Maßregel angeordnet ist (Nr. 2) oder mit Eintritt einer neuen Führungsaufsicht (Nr. 3).

Der Zweck dieses vorzeitigen Endes liegt in der Vermeidung unnötiger Doppelbetreuung. Andererseits entfällt die Bindung an die Mindestdauer von zwei Jahren, sofern das Gericht eine versehentlich unterlassene Anordnung, die Führungsaufsicht bei positiver Prognose gem. § 68f Abs. 2 StGB entfallen zu

---

482 Kamann, Strafvollstreckung, Rn. 132; Röttle/Wagner, Strafvollstreckung, Rn. 374.

483 Kindhäuser, LPK-StGB, § 68c StGB Rn. 6.

484 Lackner/Kühl, StGB, § 68g StGB Rn. 3; Laufhütte/Rissing-van Saan/Tiedemann-[Schneider], LK-StGB, § 68g StGB Rn. 18 f.

lassen, später nachholt.[485] § 68f Abs. 2 StGB ist mit Ausnahme eines Vertreters[486] nach vorherrschender Ansicht nur auf den Fall des Vollverbüßers gem. § 68f Abs. 1 StGB anwendbar und auf die Konstellation, in der ein Fall der gerichtlich angeordneten Führungsaufsicht vorliegt, der Täter aber durch vollständige Verbüßung der Freiheitsstrafe als Vollverbüßer der gesetzlichen Führungsaufsicht des § 68f Abs. 1 StGB unterliegt.[487] In allen anderen Fällen der gerichtlich angeordneten oder der gesetzlichen Führungsaufsicht ist die Einhaltung der Mindestdauer verpflichtend.[488] Dies stellt auch § 68e Abs. 2 S. 2 StGB eindeutig klar.

II. Unbefristete Führungsaufsicht nach § 68c Abs. 2 S. 1 StGB

Neben der befristeten Führungsaufsicht nach § 68c Abs. 1 S. 1 StGB gibt es auch die Möglichkeit, die Führungsaufsicht unbefristet nach § 68c Abs. 2 S. 1 StGB anzuordnen. Hierbei kann die Höchstdauer dieser Maßregel von fünf Jahren um eine unbestimmte Dauer überschritten werden, wenn die verurteilte Person entweder in die Weisung, sich einer Heilbehandlung, die mit einem körperlichen Eingriff verbunden ist, oder einer Entziehungskur zu unterziehen, nicht einwilligt, § 68c Abs. 2 S. 1 Nr. 1 StGB, oder aber einer solchen Weisung oder einer Therapieweisung nicht nachkommt, § 68c Abs. 2 S. 1 Nr. 2 StGB. Die unbefristete Führungsaufsicht verfolgt den Zweck, dass sich auch gefährliche Straftäter außerhalb des Maßregelvollzugs einer benötigten Heilbehandlung unterziehen, um die Rückfallwahrscheinlichkeit zu reduzieren.[489]

---

485 Laufhütte/Rissing van Saan/Tiedemann-[Schneider], LK-StGB, § 68c StGB Rn. 3; Rudolphi/Horn/Günther/Samson-[Sinn], StGB, § 68e StGB Rn. 2; Satzger/Schmitt/Widmaier-[Jehle], StGB, § 68c StGB Rn. 2.

486 Rudolphi/Horn/Günther/Samson-[Sinn], SK-StGB, § 68 StGB Rn. 14.

487 Lackner/Kühl, StGB, § 68e StGB Rn. 1a; Laufhütte/Rissing-van Saan/Tiedemann-[Schneider], LK-StGB, § 68c StGB Rn. 3.

488 Maier, NJW 1977, S. 371 (371); Simons, NJW 1978, S. 984 (984 f.).

489 Hammerschlag/Schwarz, NStZ 1998, S. 321 (325); Heintschel-Heinegg-[Groß], MüKo-StGB, § 68c StGB Rn. 6; Heintschel-Heinegg-[Heuchemer], BeckOK StGB, § 68c StGB Rn. 5; Kindhäuser/Neumann/Paeffgen-[Ostendorf], NK-StGB, § 68c StGB Rn. 7; Laufhütte/Rissing van Saan/Tiedemann-[Schneider], LK-StGB, § 68c StGB Rn. 9; Schönke/Schröder-[Stree/Kinzig], StGB, § 68c StGB Rn. 3.

1. Voraussetzungen

Da die Maßnahme der unbefristeten Führungsaufsicht den Betroffenen noch mehr als die befristete Führungsaufsicht in seinen Rechten beschränkt, müssen zur Anordnung folgende Voraussetzungen vorliegen:

a) *Verweigerte Heilbehandlung*

Zunächst muss die verurteilte Person eine Heilbehandlung in Form einer in § 68c Abs. 2 S. 1 Nr. 1 oder Nr. 2 StGB bezeichneten Fallgruppe verweigern.

aa) Verweigerte Heilbehandlung nach § 68c Abs. 2 S. 1 Nr. 1 StGB

Zum einen kann sie nach § 68c Abs. 2 S. 1 Nr. 1 StGB in eine Weisung nach § 56c Abs. 3 Nr. 1 StGB, sich einer Heilbehandlung, die mit einem körperlichen Eingriff verbunden ist, oder sich einer Entziehungskur zu unterziehen, nicht einwilligen, wodurch die Weisung nicht erteilt werden kann. Es darf aber nicht so weit gehen, dass die mangelnde Zustimmung generell zu unbefristeter Führungsaufsicht führt. Vielmehr müssen die Motive, die hinter der Versagung stehen und dazu geführt haben, betrachtet werden, damit § 68c Abs. 2 S. 1 Nr. 1 StGB keine Anwendung findet, wenn die verurteilte Person aus triftigen, nachvollziehbaren Gründen, z.B. aus Angst vor Schmerzen oder wahrscheinlichen Nebenwirkungen, die Einwilligung versagt.[490] Maßgeblicher Zeitpunkt für das Vorliegen der Einwilligung ist der Zeitpunkt der Anordnung.[491] § 68c Abs. 2 S. 1 Nr. 1 StGB umfasst aber auch die Möglichkeit, dass die verurteilte Person zwar in die Weisung eingewilligt hat, diese aber später widerruft.[492]

bb) Verweigerte Heilbehandlung nach § 68c Abs. 2 S. 1 Nr. 2 StGB

Zum anderen verweigert die unter Führungsaufsicht gestellte Person die Heilbehandlung, indem sie nach § 68c Abs. 2 S. 1 Nr. 2 StGB einer zulässig erteilten Weisung, sich einer Heilbehandlung oder einer Entziehungskur zu unterziehen, nicht nachkommt. Hiervon sind auch Weisungen zu Heilbehandlungen ohne körperlichen Eingriff erfasst, da für diese das Einwilligungserfordernis des § 56c StGB nicht gilt. Mit der Reform 2007 wurde das Nichtnachkommen der Therapieanweisung als Anwendungsfall der Nr. 2 hinzugefügt. Diese Änderung stellt

---

490 Heintschel-Heinegg-[Groß], MüKo-StGB, § 68c StGB Rn. 8; Heintschel-Heinegg-[Heuchemer], BeckOK StGB, § 68c StGB Rn. 6; Leipold/Tsambikakis/Zöller-[Kilian/Möhlenbeck], StGB, § 68c StGB Rn. 7.

491 Rudolphi/Horn/Günther/Samson-[Sinn], SK-StGB, § 68c StGB Rn. 4.

492 Lackner/Kühl, StGB, § 68c StGB Rn. 1c; Laufhütte/Rissing van Saan/Tiedemann-[Schneider], LK-StGB, § 68c StGB Rn. 12.

klar, dass das Gericht auch im Fall des Nichtnachkommens der neu eingeführten Therapieweisung nach § 68b Abs. 2 S. 2 StGB die Möglichkeit hat, unbefristete Führungsaufsicht anzuordnen.[493] Das Nichtnachkommen beinhaltet auch das unzureichende Folgeleisten einer Weisung des Therapeuten, welches den Heilungserfolg der Behandlung gefährdet.[494] Daneben erfüllt auch der Fall der wiederholten Unterbrechung der Behandlung oder Kur ohne zwingenden Grund durch den Patienten das Merkmal des Nichtnachkommens, da auf diese Weise die Weisung nicht mehr ernsthaft erfüllt wird.[495] Bedingung für die Anordnung ist allerdings, dass das Nichtnachkommen aus einem schuldhaften Verstoß resultiert, d.h. der Betroffene handelt schuldhaft und ohne triftigen Grund.[496]

cc) Problematik der Verpflichtung zur Heilbehandlung

Durch die Anordnungsmöglichkeit der unbefristeten Führungsaufsicht bei Verweigerung der Heilbehandlung wird eine Art Zwangsbehandlung statuiert, da die verurteilte Person zwischen Durchführung der Heilbehandlung oder Ablehnung dieser mit der Konsequenz der Anordnung einer möglichen unbefristeten Führungsaufsicht wählen kann. Ein nicht von sich aus Behandlungswilliger wird damit vor die Wahl des geringsten Übels gestellt, das seine Freiheit am wenigsten beeinträchtigt. Damit entsteht in den meisten Fällen ein faktischer Zwang zur Durchführung der Heilbehandlung, da diese Alternative für den Betroffenen oftmals das kleinere Übel darstellt.[497] Allerdings gibt es kein milderes, gleichwertiges Mittel zum Schutz der Allgemeinheit vor weiteren Straftaten durch die verurteilte Person als deren entsprechende medizinische Behandlung. Um den Verurteilten zumindest bei Verweigerung der Heilbehandlung besser kontrollieren zu können, bedarf es der unbefristeten Führungsaufsicht als notwendige Regelung. Nur auf diesem Wege kann der Schutz der Allgemeinheit gewährleistet werden.[498] Aus Gründen der Verhältnismäßigkeit sind aber zur Anordnung der unbefristeten Führungsaufsicht weitere strenge Voraussetzungen zu erfüllen.

---

493 BT-Drs. 16/1993, S. 21; Peglau, NJW 2007, S. 1558 (1560).

494 Heintschel-Heinegg-[Groß], MüKo-StGB, § 68c StGB Rn. 8.

495 Laufhütte/Rissing van Saan/Tiedemann-[Schneider], LK-StGB, § 68c StGB Rn. 13.

496 Heintschel-Heinegg-[Groß], MüKo-StGB, § 68c StGB Rn. 9; Rudolphi/Horn/Günther/Samson-[Sinn], SK-StGB, § 68c StGB Rn. 4.

497 Ähnlich Heintschel-Heinegg-[Heuchemer], BeckOK StGB, § 68c StGB Rn. 7.1; auch Satzger/Schmitt/Widmaier-[Jehle], StGB, § 68c StGB Rn. 4 sieht in der Anordnungsmöglichkeit einen Schritt in Richtung Zwangstherapie.

498 Satzger/Schmitt/Widmaier-[Jehle], StGB, § 68c StGB Rn. 4.

b) Gefahr weiterer erheblicher Straftaten

Zunächst einmal setzt die Anordnung der unbefristeten Führungsaufsicht eine qualifizierte negative Kriminalprognose voraus. Die unbefristete Führungsaufsicht belastet im Gegensatz zur befristeten Führungsaufsicht die verurteilte Person deutlich mehr. Folglich sind vor dem Hintergrund des Verhältnismäßigkeitsgrundsatzes höhere Anforderungen an die negative Prognose zu stellen als in § 68 Abs. 1 StGB.[499]

Des Weiteren verlangt der Gesetzeswortlaut, dass die Begehung weiterer erheblicher Straftaten befürchtet werden muss. Das Wort „befürchten" drückt die Notwendigkeit des Vorhandenseins einer konkreten Gefahr solcher Taten aus.[500] Nach dem Wortlaut ist dieses Erfordernis subjektiv geprägt. Jedoch reicht „eine solche subjektive Furcht des jeweiligen Gerichts"[501] nicht aus. Demzufolge haben aufgrund des Rechtsstaatsprinzips und des Gleichbehandlungsgebots nachvollziehbare verobjektivierbare Hinweise vorzuliegen.[502] Um dies feststellen zu können, ist eine Gesamtwürdigung der Person des Täter und seiner Taten durchzuführen.[503]

Ferner müssen die Straftaten erheblich sein. Als Maßstab für deren Intensität dient nach einer Meinung § 66 Abs. 1 Nr. 3 StGB.[504] Danach sind solche Straftaten erheblich, durch welche die Opfer schweren seelischen oder körperlichen Verletzungen ausgesetzt sind oder ein gravierender wirtschaftlicher Schaden angerichtet wird.[505] Auch findet die Ansicht weite Verbreitung, dass das Merk-

---

499 BT-Drs. 13/7559, S. 11; Heintschel-Heinegg-[Groß], MüKo-StGB, § 68c StGB Rn. 10; Laufhütte/Rissing van Saan/Tiedemann-[Schneider], LK- StGB, § 68c StGB Rn. 14.

500 Lackner/Kühl, StGB, § 68c StGB Rn. 1b; Laufhütte/Rissing van Saan/Tiedemann-[Schneider], LK- StGB, § 68c StGB Rn. 14. A.A. Laufhütte/Rissing van Saan/Tiedemann-[Hanack], LK- StGB, der nur eine überwiegende Wahrscheinlichkeit solcher Taten verlangt.

501 Kindhäuser/Neumann/Paeffgen-[Ostendorf], NK-StGB, § 68c StGB Rn. 8.

502 Kindhäuser/Neumann/Paeffgen-[Ostendorf], NK-StGB, § 68c StGB Rn. 8.

503 So auch Laufhütte/Rissing van Saan/Tiedemann-[Schneider], LK-StGB, § 68c StGB Rn. 14, § 68 StGB Rn. 13.

504 Laufhütte/Rissing van Saan/Tiedemann-[Schneider], LK-StGB, § 68c StGB Rn. 14 m.w.N.; a.A. Lackner/Kühl, StGB, § 68c StGB Rn. 1b, der der Ansicht ist, dass die Erheblichkeitsschwelle nicht ganz so hoch liegt wie bei Unterbringungen nach §§ 63, 66 StGB.

505 Laufhütte/Rissing van Saan/Tiedemann-[Schneider], LK-StGB, § 68c StGB Rn. 14. A.A. Heintschel-Heinegg-[Groß], MüKo-StGB, § 68c StGB Rn. 10 und Heintschel-Heinegg-[Heuchemer], BeckOK StGB, § 68c StGB Rn. 8.

mal erfüllt ist, wenn eine massive Störung des Rechtsfriedens droht, wobei Taten der mittleren Kriminalität ausreichen.[506]

„Weitere" bezieht sich in diesem Zusammenhang nicht auf irgendwelche, beliebigen Straftaten. Der Täter muss dementsprechend eine derartige Tat schon einmal begangen haben.[507]

c) Gefährdung der Allgemeinheit

Nach dem Willen des Gesetzgebers wurde eine Gefährdung der Allgemeinheit durch eine mögliche Begehung weiterer erheblicher Straftaten als Voraussetzung verfügt.

In der Literatur wird vielfach Unverständnis darüber geäußert, dass der Gesetzgeber mit der Reform keine Anpassung der Formulierung wählte. Im Gegensatz dazu ist nämlich allgemein anerkannt, dass beispielsweise § 63 StGB und § 66 StGB auch solche Fälle erfassen, in denen die Gefährdung nur eine konkrete Person einschließt.[508] Man vertritt daher die Ansicht, diese Formulierung als Leerformel anzusehen, da Straftaten von Natur aus die Allgemeinheit gefährden. Durch sachgerechte Auslegung der anderen Voraussetzungen werde die gebotene restriktive Anwendung erreicht.[509] Diesem ist zuzustimmen.

Schließlich hat die Gefahr weiterer Straftaten durch den Betroffenen speziell aus der Nichtdurchführung der Heilbehandlung oder Entziehungskur infolge der Therapieverweigerung zu resultieren.[510] Dieser ursächliche Zusammenhang, der nicht im Gesetzeswortlaut als weitere Voraussetzung normiert wurde, geht aus

---

506 Dölling/Duttge/Rössner-[Pflieger], StGB, § 68c StGB Rn. 3; Lackner/Kühl, StGB, § 68c StGB Rn. 1b. Auch Heintschel-Heinegg-[Groß], MüKo-StGB, § 68c StGB Rn. 10 und Heintschel-Heinegg-[Heuchemer], BeckOK StGB, § 68c StGB Rn. 8 halten Delikte aus dem Bereich der mittelschweren Kriminalität für ausreichend.

507 Laufhütte/Rissing van Saan/Tiedemann-[Schneider], LK-StGB, § 68c StGB Rn. 14. Heintschel-Heinegg-[Groß], MüKo-StGB, § 68c StGB Rn. 13 hält es für fraglich, ob dem Wort „weiter" wirklich die Bedeutung zukommt, dass der Täter bereits erhebliche Straftaten begangen haben muss. Er ist der Ansicht, dass ohnehin niemand nur wegen geringfügiger Delikte in Führungsaufsicht kommt.

508 Anm. Laubenthal zu BGH, JR 1990, S. 291 (291) m.w.N.

509 Heintschel-Heinegg-[Groß], MüKo-StGB, § 68c StGB Rn. 10; Laufhütte/Rissing van Saan/Tiedemann-[Schneider], LK-StGB, § 68c StGB Rn. 15. Schönke/Schröder-[Stree/Kinzig], StGB, § 68c StGB Rn. 3 fordert die Gefährdung der Allgemeinheit.

510 Fischer, StGB, § 68c StGB Rn. 8; Heintschel-Heinegg-[Groß], MüKo-StGB, § 68c StGB Rn. 13; Heintschel-Heinegg-[Heuchemer], BeckOK StGB, § 68c StGB Rn. 8; Kindhäuser, LPK-StGB, § 68c StGB Rn. 3; Kindhäuser/Neumann/Paeffgen-[Ostendorf], NK-StGB, § 68c StGB Rn. 9; Laufhütte/Rissing van Saan/Tiedemann-[Schneider], LK-StGB, § 68c StGB Rn. 16; Satzger/Schmitt/Widmaier-[Jehle], StGB, § 68c StGB Rn. 4; Schönke/Schröder-[Stree/Kinzig], StGB, § 68c StGB Rn. 3.

dem Verhältnismäßigkeitsprinzip hervor, da die unbefristete Führungsaufsicht nur bei Verweigerung gerade dieser Behandlung zulässig ist.

2. Rechtsfolge

Liegen alle Voraussetzungen vor, kann das Gericht eine die Höchstdauer nach § 68c Abs. 1 S. 1 StGB überschreitende unbefristete Führungsaufsicht anordnen. Diese Entscheidung steht im pflichtgemäßen Ermessen des Gerichts. Es hat dabei insbesondere den Grad der bestehenden Gefahr, die mutmaßliche Wirkung auf den Betroffenen, die Gründe für die Weigerung sowie den Verhältnismäßigkeitsgrundsatz zu berücksichtigen.[511]

Da die Entscheidung nach § 68c Abs. 2 S. 1 StGB unbefristet ergeht, enthält sie keine bestimmte Verlängerung der Höchstfrist, wie sich im Umkehrschluss aus § 68 Abs. 2 S. 2 StGB ergibt.[512] Demzufolge schließt § 68c Abs. 2 S. 1 StGB eine bis ans Lebensende dauernde Führungsaufsicht nicht aus. Allerdings muss das Gericht, um dem Prinzip der Verhältnismäßigkeit gerecht zu werden, gem. § 68c Abs. 2 S. 3 StGB iVm. § 68e Abs. 3 StGB eine regelmäßige Überprüfung vornehmen, ob die Führungsaufsicht im Hinblick auf die Gefährlichkeit des Verurteilten weiter erforderlich ist.[513] Zudem können Bedenken mit Blick auf eine andere Maßnahme der Sicherung und Besserung entkräftet werden.[514] Die Unterbringung in der Sicherungsverwahrung erfolgt nämlich grundsätzlich unbefristet, was nach einer Entscheidung des Bundesverfassungsgerichts vom 5. Februar 2004 auch im Einklang mit der Verfassung steht.[515] Zwar hat das Bundesverfassungsgericht in einer neueren Entscheidung vom 4. Mai 2011[516] die gesetzlichen Regelungen der Sicherungsverwahrung, jedoch nicht das Institut an sich, für verfassungswidrig erklärt. Dies resultiert schon daraus, dass der Gesetzgeber bis spätestens 31. Mai 2013 verpflichtet ist, verfassungskonforme Regelungen zu schaffen. Damit bleibt das Institut der Sicherungsverwahrung

---

511 Heintschel-Heinegg-[Groß], MüKo-StGB, § 68c StGB Rn. 4, 15; Laufhütte/Rissing van Saan/Tiedemann-[Schneider], LK-StGB, § 68c StGB Rn. 17; für eine restriktive Anwendung Kindhäuser/Neumann/Paeffgen-[Ostendorf], NK-StGB, § 68c StGB Rn. 11 und Schönke/Schröder-[Stree/Kinzig], StGB, § 68c StGB Rn. 2.

512 Fischer, StGB, § 68c StGB Rn. 9.

513 Heintschel-Heinegg-[Groß], MüKo-StGB, § 68c StGB Rn. 14; Rudolphi/Horn/Günther/Samson-[Sinn], SK-StGB, § 68c StGB Rn. 7.

514 Heintschel-Heinegg-[Groß], MüKo-StGB, § 68c StGB Rn. 12.

515 BVerfG, NJW 2004, S. 739 ff.; Kinzig, NJW 2004, S. 911 ff.; Rösch, ZfStrVo 2004, S. 131 ff.; Waterkamp, StV 2004, S. 267 ff. Das BVerfG erklärte die Verfassungsmäßigkeit trotz erheblicher Kritik seitens der Literatur, siehe dazu Kinzig, StV 2000, S. 330 ff.; Ullenbruch, NStZ 1998, S. 326 ff.

516 BVerfG, NJW 2011, S. 1931.

erhalten, wenn auch in einer anderen Ausgestaltung. Zwar sind vermutlich strengere Voraussetzungen für die Anwendung der Vorschrift zu erwarten, nicht aber die Abschaffung einer unbefristeten Anordnung. Da die Führungsaufsicht als ambulante Sicherheitsverwahrung ein milderes Mittel darstellt, steht auch deren unbefristete Anordnung mit der Verfassung im Einklang.

3. Nachträgliche Einwilligung

Erteilt die verurteilte Person nachträglich ihre Einwilligung in die zunächst verweigerte Weisung, in deren Folge zunächst § 68c Abs. 2 S. 1 StGB Anwendung fand, fällt der Grund für die unbefristete Führungsaufsicht weg und es gilt die unklare Regelung des § 68c Abs. 2 S. 2 StGB. Das Gericht muss folglich die weitere Dauer der Maßregel festsetzen. Dabei wird diese abweichend von § 68 Abs. 1 StGB konkret bestimmt. Bezüglich des Fristrahmens nach § 68 Abs. 1 S. 1 StGB ist umstritten, ob dieser Verwendung findet. Die wohl herrschende Meinung bejaht dies mit dem Argument, man dürfe keinen Unterschied zwischen einer sofort erteilten und einer nachträglich erteilten Einwilligung machen.[517] Allerdings kommt man weitestgehend darin überein, dass sich die Höchstfrist der Führungsaufsicht um den Zeitraum von der Anordnung der unbefristeten Führungsaufsicht bis zur Erteilung der Einwilligung verlängert, um somit wertlose Einwilligungen zu vermeiden, die sonst kurz vor Ende der Höchstfrist abgegeben würden, um die Anordnung der unbefristeten Führungsaufsicht zu verhindern und die Zeit der Behandlung zu verkürzen.[518]

4. Nachträgliche Befolgung

Nicht geregelt hat der Gesetzgeber den Fall der Anordnung einer unbefristeten Führungsaufsicht gem. § 68c Abs. 2 S. 1 Nr. 2 StGB, infolge derer sich der Täter nach anfänglicher Weigerung aber dann doch noch bereit erklärt, der Weisung, sich einer Heilbehandlung, einer Entziehung oder einer Therapie zu unter-

517 Dölling/Duttge/Rössner-[Pflieger], StGB, § 68c StGB Rn. 4; Kamann, Strafvollstreckung, Rn. 133; Lackner/Kühl, StGB, § 68c StGB Rn. 1e; Laufhütte/Rissing van Saan/Tiedemann-[Schneider], LK-StGB, § 68c StGB Rn. 18; Röttle/Wagner, Strafvollstreckung, Rn. 374; Satzger/Schmitt/Widmaier-[Jehle], StGB, § 68c StGB Rn. 5; Schönke/Schröder-[Stree/Kinzig], StGB, § 68c StGB Rn. 3a.

518 Kamann, Strafvollstreckung, Rn. 133; Laufhütte/Rissing van Saan/Tiedemann-[Schneider], LK-StGB, § 68c StGB Rn. 18; Satzger/Schmitt/Widmaier-[Jehle], StGB, § 68c StGB Rn. 6; a.A. Kindhäuser, LPK-StGB, § 68c StGB Rn. 3; Rudolphi/Horn/Günther/Samson-[Sinn], SK-StGB, § 68c StGB Rn. 6.

ziehen, nachzukommen.[519] Da die unbefristete Führungsaufsicht ihren Anordnungsgrund verliert, muss § 68c Abs. 2 S. 2 StGB auch in diesem Falle entsprechende Anwendung finden.[520]

III. Unbefristete Führungsaufsicht nach § 68c Abs. 3 StGB

Die Reform von 2007 schuf mit der Einführung des § 68c Abs. 3 StGB für das Gericht zwei weitere Möglichkeiten, die Führungsaufsicht über die Höchstdauer hinaus unbefristet zu verlängern. Zum einen betrifft dies Fälle, in denen die Unterbringung in einem psychiatrischem Krankenhaus ausgesetzt wurde, zum anderen kann bei Sexualstraftätern mit einer Verurteilung zu einer Freiheits- oder Gesamtstrafe von mehr als zwei Jahren oder Tätern, bei denen eine Unterbringung in einem psychiatrischem Krankenhaus erfolgte und bei denen durch bestimmte Tatsachen konkrete Anhaltspunkte für eine Gefährdung im Sinne des § 68c Abs. 3 StGB gegeben sind, die Führungsaufsicht eine unbefristete Verlängerung erhalten. Diese Regelung bezweckt, dass auf kritische Entwicklungen, die sich erst während der laufenden Führungsaufsicht zeigen, noch reagiert werden kann.[521] Ferner erfuhr die Vorschrift durch das Gesetz zur Neuordnung des Rechts der Sicherungsverwahrung und zu begleitenden Regelungen von 2010[522] eine weitere Veränderung in Form einer Neugestaltung des § 68c Abs. 3 Nr. 2 StGB. Danach kann das Gericht die Führungsaufsicht nun auch in den Fällen, in denen durch bestimmte Tatsachen konkrete Anhaltspunkte für eine Gefährdung nach Abs. 3 bestehen, die Führungsaufsicht unter den Voraussetzungen des § 68b Abs. 1 S. 3 Nr. 1 StGB eingetreten ist und die Freiheits- oder Gesamtfreiheitsstrafe bzw. die Unterbringung wegen eines in § 68c Abs. 3 Nr. 2b aufgezählten Delikts verhängt oder angeordnet wurde, unbefristet verlängern.

---

519 Laufhütte/Rissing van Saan/Tiedemann-[Schneider], LK-StGB, § 68c StGB Rn. 19; Schönke/Schröder-[Stree/Kinzig], StGB, § 68c StGB Rn. 3a.

520 Dölling/Duttge/Rössner-[Pflieger], StGB, § 68c StGB Rn. 4; Fischer, StGB, § 68c StGB Rn. 10; Laufhütte/Rissing van Saan/Tiedemann-[Schneider], LK-StGB, § 68c StGB Rn. 19; Satzger/Schmitt/Widmaier-[Jehle], StGB, § 68c StGB Rn. 5; Schönke/Schröder-[Stree/Kinzig], StGB, § 68c StGB Rn. 3a. A.A. Heintschel-Heinegg-[Groß], MüKo-StGB, § 68c StGB Rn. 18, der kein Bedürfnis für eine entsprechende Anwendung des § 68 Abs. 2 S. 2 StGB sieht. Im Rahmen des § 68e Abs. 3 S. 1 Nr. 1 StGB kann die nachträgliche Einwilligung berücksichtigt werden.

521 Kindhäuser/Neumann/Paeffgen-[Ostendorf], NK-StGB, § 68c StGB Rn. 13; Laubenthal/Nestler, Strafvollstreckung, Rn. 381 sehen die Verhinderung des Rückfalls des Verurteilten in seine psychische Krankheit oder Störung als Zweck dieser Regelung an. Weiter Meier, Strafrechtliche Sanktionen, Rn. 264; Schönke/Schröder-[Stree/Kinzig], StGB, § 68c StGB Rn. 3b.

522 BGBl. I, 2010, S. 2300 ff.

1. Einführung durch die Reform von 2007

a) Voraussetzungen für die unbefristete Verlängerung der Führungsaufsicht

aa) Unbefristete Führungsaufsicht nach § 68c Abs. 3 Nr. 1 StGB

In Fällen, in denen die Unterbringung in einem psychiatrischen Krankenhaus nach § 67d Abs. 2 StGB ausgesetzt wird, besteht zunächst die Möglichkeit einer unbefristeten Führungsaufsicht nach § 68c Abs. 3 Nr. 1 StGB, wenn es angesichts bestimmter Tatsachen Grund zur Annahme gibt, die verurteilte Person werde ohne Führungsaufsicht alsbald, d.h. bei ungehindertem Fortgang der Dinge,[523] in einen Zustand nach § 20 StGB oder § 21 StGB geraten und aufgrund dessen die Allgemeinheit durch Begehung weiterer erheblich rechtswidriger Straftaten gefährden.

Der Gesetzgeber beschloss die Novellierung dieser Variante, um damit einem Bedürfnis der Praxis Rechnung zu tragen und eine bestehende Sicherheitslücke zu schließen.[524] In der Praxis gab es viele Fälle, in denen schizophrene Personen gegen Ende ihrer Bewährungs- oder Führungsaufsicht bereits ankündigten, nach Ablauf ihrer Therapie, die für ihre Stabilisierung ihres Gesundheitszustandes erforderlichen Medikamente nicht mehr einzunehmen.[525] Eine Anordnung nach § 68c Abs. 2 schied aufgrund der Tatsache, dass sie während der Aufsicht ihre Medikamente einnahmen und somit der Weisung sich einer Therapie zu unterziehen nachkamen, aus.[526] Anderenfalls hätte man den Begriff der Heilbehandlung in § 68c Abs. 2 StGB weiter auslegen müssen, was aber rechtsstaatlich sehr bedenklich schien.[527] Durch die Erneuerung stellte man eine dauerhafte Überwachung und Betreuung sowie den bereits erzielten Therapieerfolg sicher.[528]

---

523 Fischer, StGB, § 68c StGB Rn. 12; Schönke/Schröder-[Stree/Kinzig], StGB, § 68c StGB Rn. 3c.

524 BT-Drs. 16/1993, S. 21; Kindhäuser, LPK-StGB, § 68c StGB Rn. 4; Wolf, Rpfleger 2007, S. 293 (295).

525 BT-Drs. 16/1993, S. 21; im Ansatz Fischer, StGB, § 68c StGB Rn. 12; Laufhütte/Rissing-van Saan/Tiedemann-[Schneider], LK-StGB, § 68c StGB Rn. 21; Leipold/Tsambikakis/Zöller-[Kilian/Möhlenbeck], StGB, § 68c StGB Rn. 12; Satzger/Schmitt/Widmaier-[Jehle], StGB, § 68c StGB Rn. 8.

526 Rudolphi/Horn/Günther/Samson-[Sinn], SK-StGB, § 68c StGB Rn. 7a; Vollbach, MschrKrim 2006, S. 40 (43).

527 Wolf, Rpfleger 2007, S. 293 (295).

528 BT-Drs. 16/1993, S. 21; Satzger/Schmitt/Widmaier-[Jehle], StGB, § 68c StGB Rn. 8; Schönke/Schröder-[Stree/Kinzig], StGB, § 68c StGB Rn. 3c.

bb) Führungsaufsicht nach § 68c Abs. 3 Nr. 2 StGB

Des Weiteren ermöglicht auch § 68c Abs. 3 Nr. 2 StGB eine unbefristete Verlängerung, wenn bei einem aufgrund einer Tat gemäß § 181b StGB zu einer Freiheitsstrafe oder Gesamtfreiheitsstrafe von mehr als zwei Jahren Verurteilten oder in einem psychiatrischen Krankenhaus oder in einer Entziehungsanstalt Untergebrachten zu befürchten ist, er werde weitere erhebliche Taten begehen und die Allgemeinheit dadurch gefährden. Diese Befürchtung muss aus einem Verstoß gegen Weisungen nach § 68b Abs. 1 oder Abs. 2 StGB oder aufgrund anderer bestimmter Tatsachen resultieren, wobei nach einer Ansicht in der Literatur nicht jedweder Verstoß gegen eine Weisung ein Indiz für eine derartige Gefährdung sein kann. Verstöße gegen Weisungen, die bloßen Ungehorsam darstellen, wie etwa § 68b Abs. 1 Nr. 1, 7, 8, 9, reichen im Regelfall nicht aus. Dagegen besitzen Verstöße gegen Weisungen nach § 68b Abs. 1 Nr. 2 bis 4 Indizcharakter.[529] Andere in der Literatur vertretenen Ansichten unterscheiden nicht zwischen den unterschiedlichen Weisungen, sondern sehen in einem Verstoß gegen diese immer einen Anhaltspunkt für das Vorliegen der Gefährdung der Allgemeinheit.[530] Der Gesetzeswortlaut legt eine Unterscheidung zwischen den einzelnen Weisungen nicht nahe, wodurch sich Anhaltspunkte für eine Gefährdung aus Verstößen gegen jegliche Weisungen nach § 68b StGB ergeben können, aber auch aus anderen beliebigen, für die Prognose relevanten Umstände.

Mit dieser neuen Regelung wird der Schutz der Allgemeinheit vor erheblichen Sexualstraftaten verbessert. Die Statistiken zeigen, dass die Rückfallgefahr bei Sexualstraftätern über einen erheblichen Zeitraum hinweg noch besteht und es daher geboten ist, eine längerfristige Begleitung und Überwachung einzuführen.[531] Das Ergebnis einer internationalen Rückfallforschung ergab, dass bei einer Rückfallrisikozeit von vier bis fünf Jahren durchschnittlich 13 % der Täter einschlägig rückfällig wurden und sich diese Quote nach 15 bis 25 Jahren auf 35 bis 45 % erhöht.[532] Daher bezweckt diese Regelung, den Sexualdelinquenten auch noch längere Zeit nach seiner Entlassung vor drohenden Rückfällen zu schützen.[533] Zwar begrenzte der Gesetzgeber durch die Wahl des Wortlauts der Vorschrift die Gefahr einer erneuten Straftat nicht auf bestimmte Taten, gleich-

---

529 Ohne jegliche Begründung Laufhütte/Rissing van Saan/Tiedemann-[Schneider], LK-StGB, § 68c StGB Rn. 24; Satzger/Schmitt/Widmaier-[Jehle], StGB, § 68c StGB Rn. 9.

530 Fischer, StGB, § 68c StGB Rn. 13.

531 Laufhütte/Rissing-van Saan/Tiedemann-[Schneider], LK-StGB, § 68c StGB Rn. 21 nennt die Begründung dieser Neuregelung; Schalast, R & P 2006, S. 59 (62).

532 Dessecker, BewHi 2007, S. 276 (283); Schneider, MschrKrim 2002, S. 251 (253). Kritisch dazu Kindhäuser/Neumann/Paeffgen-[Ostendorf], NK-StGB, § 68c StGB Rn. 14.

533 BT-Drs. 16/1993, S. 21; Schönke/Schröder-[Stree/Kinzig], StGB, § 68c StGB Rn. 3d.

wohl der Gesetzeszweck dies aber nahelegt, da danach die Begehung weiterer Straftaten nach § 181b StGB befürchtet werden muss.[534]

b) Rechtsfolge

Trotz Vorliegen aller Voraussetzungen ist dem Gericht in den Fällen des § 68c Abs. 3 StGB Entscheidungsfreiheit eingeräumt worden. Hierbei hat es sein Urteil nach pflichtgemäßem Ermessen zu treffen, diese individuell begründen und die zu diesem Zweck relevanten Tatsachen feststellen.[535] Berücksichtigung finden muss in diesem Zusammenhang der Grad der Gefahr erheblicher Taten sowie die Eignung und die Erforderlichkeit der Verlängerung der Führungsaufsicht zur Gefahrenabwendung.[536] Eine Anordnung kommt nach einer in der Literatur vertretenen Meinung nur in Betracht, wenn die Entscheidung für die unbefristete Führungsaufsicht die Gefahr der Begehung weiterer Straftaten beseitigt, infolgedessen keine weitergehende Maßnahme mehr erforderlich ist.[537] Die Anwendung dieser Art der Aufsicht sollte jedenfalls eher zurückhaltend erfolgen, da die Verlängerung der Unterstellungszeit zugleich eine Mehrbelastung für die Bewährungshelfer bedeutet, die schon vor der Einführung an ihre Kapazitätsgrenze gestoßen sind und dadurch auch eine Erhöhung der Fallbelastung der Gutachter entstünde.[538]

Auch bei Abs. 3 muss das Gericht nach § 68e Abs. 3 StGB regelmäßig prüfen, ob die Voraussetzungen für eine unbefristete Führungsaufsicht noch vorliegen.

c) Bewertung

Durch die Reform von 2007 wurde die Option der Verlängerung der Führungsaufsicht auf unbestimmte Zeit stark ausgeweitet. Hierbei spielte der Aspekt der Prävention eine große Rolle.[539] Um den verfassungsrechtlichen Anforderungen einer derartigen Maßnahme zu genügen, darf die unbefristete Ausdehnung der Dauer der Führungsaufsicht nicht im Regelfall, sondern nur in begrenzten Ausnahmefällen erfolgen. Damit die Anordnung einer unbefristeten Führungsauf-

534 Fischer, StGB, § 68c StGB, Rn. 13; Leipold/Tsambikakis/Zöller-[Kilian/Möhlenbeck], StGB, § 68c StGB Rn. 13; Schönke/Schröder-[Stree/Kinzig], StGB, § 68c StGB Rn. 3c.

535 Schönke/Schröder-[Stree/Kinzig], StGB, § 68c StGB Rn. 3e.

536 Laufhütte/Rissing van Saan/Tiedemann-[Schneider], LK-StGB, § 68c StGB Rn. 26.

537 Ohne weitere Erklärung Fischer, StGB, § 68c StGB Rn. 14.

538 Kerner, BewHi 2006, S. 49 (52); Laufhütte/Rissing van Saan/Tiedemann-[Schneider], LK-StGB, § 68c StGB Rn. 22; Morgenstern, NK 2006, S. 152 (153); Weigelt, ZRP 2006, S. 253 (255).

539 Vgl. zu diesem Aspekt auch Morgenstern, NK 2006, S. 152 (154).

sicht sachgerecht erfolgen kann, bedarf es eines erheblichen Begutachtungsaufwands. Der gezielte Einsatz dient jedoch dem Schutz der Allgemeinheit, dementsprechend spielt der erhöhte Bedarf an Bewährungshelfern und Begutachtungen sowie die deutliche Mehrbelastung der Gerichte nur eine untergeordnete Rolle. Darüber hinaus besteht durch die Verlängerung der Führungsaufsicht die Möglichkeit, auf die Bedürfnisse jeder einzelnen verurteilten Person flexibler einzugehen und ihr somit die notwendige Betreuung zukommen können zu lassen.[540] Im Ergebnis ist die Neuregelung zu begrüßen.

2. Änderung durch das Gesetz von 2010

a) Ausgestaltung

Wie bereits erwähnt[541], wurde durch das Gesetz zur Neuordnung des Rechts der Sicherungsverwahrung und zu begleitenden Regelungen von 2010[542] die Vorschrift des § 68c Abs. 3 Nr. 2 StGB neu gefasst. Inhaltlich blieb § 68c Abs. 3 Nr. 2 StGB a.F. unverändert und findet sich im neuen § 68c Abs. 3 Nr. 2a StGB wieder. Neu hinzugekommen ist § 68c Abs. 3 Nr. 2b StGB, wonach das Gericht die Führungsaufsicht über die Höchstdauer hinaus unbefristet verlängern darf, wenn aus einem Weisungsverstoß oder aufgrund anderer bestimmter Tatsachen Anhaltspunkte für eine Gefährdung der Allgemeinheit durch die Begehung weiterer erheblicher Taten seitens der verurteilten Person gegeben sind. Zusätzlich muss die Führungsaufsicht gemäß § 68b Abs. 1 S. 3 Nr. 1 StGB eingetreten sein. Darüber hinaus gelten folgende Voraussetzungen: die Freiheits- oder Gesamtfreiheitsstrafe bzw. die Unterbringung wurde wegen eines oder mehrerer Verbrechen gegen das Leben, die körperliche Unversehrtheit, die persönliche Freiheit oder nach den § 250 StGB, § 251 StGB, auch iVm. § 252 StGB oder § 255 StGB, verhängt oder angeordnet.

Aufgrund der Entscheidung des Europäischen Gerichtshofs für Menschenrechte vom 17. Dezember 2009[543] sind einige Verurteilte[544] aus der Sicherungs-

540 So auch Stellungnahme der Justizbehörde Hamburg vom 2. November 2005 zum Entwurf eines Gesetzes zur Reform der Führungsaufsicht, S. 1.

541 Siehe S. 47, 107.

542 BGBl. I, 2010, S. 2300 ff.

543 EGMR, NStZ 2010, S. 263 ff.

544 In dem besagten Urteil wurde die rückwirkende Verlängerung der Sicherungsverwahrung über die früher geltende Höchstfrist von zehn Jahren hinaus für menschenrechtswidrig erachtet. Hintergrund hierfür ist, dass bis 30.1.1998 die Sicherungsverwahrung auf zehn Jahre befristet war. 1998 hob der Gesetzgeber die Frist auf. Jedoch war es seit dem 31.1.1998 möglich, die Sicherungsverwahrung unter bestimmten Voraussetzungen über zehn Jahre hinaus zu vollstrecken. Allerdings wurde diese Regelung zum Teil

verwahrung zu entlassen, obwohl bei diesen weiterhin die Gefahr besteht, dass sie weitere erhebliche Straftaten begehen könnten. Um solchen Gefahren besser begegnen zu können, fand die Regelung des §68c Abs. 3 Nr. 2b StGB Eingang in das Strafgesetzbuch. Zwar gab es, wie gezeigt,[545] schon vorher die Möglichkeit der Verlängerung der Führungsaufsicht. Lagen jedoch die Voraussetzungen des § 68c Abs. 2 Nr. 1 oder Nr. 2 StGB nicht vor, kam für den besagten Personenkreis nur eine unbefristete Führungsaufsicht nach § 68c Abs. 3 Nr. 2 StGB a.F. in Betracht. Allerdings galt diese Vorschrift nur für Sexualstraftäter und nicht für andere Täter, die ebenfalls grundlegende, höchstpersönliche Rechtsgüter, beispielsweise Leib oder Leben, verletzt hatten. Aufgrund des bei ihnen anzunehmenden hohen Gefährlichkeitspotential musste nach der Gesetzesbegründung, in Anlehnung an den Verbrechenskatalog in § 66b Abs. 2 StGB, für diese spezifische Tätergruppe § 68c Abs. 3 Nr. 2 StGB a.F. erweitert werden. Durch diese Hinzufügung können nun Gewaltstraftäter erfasst werden, die aufgrund der oben genannten Entscheidung des Europäischen Gerichtshofs für Menschenrechte entlassen werden.[546]

b) Bewertung

Bezüglich der Bewertung hat eine Unterscheidung zwischen den zwei Anwendungskonstellationen zu erfolgen.

Die Möglichkeit der Anordnung der Führungsaufsicht im Fall des Vorliegens einer Gefahr für die Allgemeinheit durch die Begehung weiterer erheblicher Taten, die nicht durch einen Weisungsverstoß hervorgerufen wurde, ist vollumfänglich zu zustimmen. Durch Untersuchungen[547], insbesondere hinsichtlich der Rückfälligkeit, wurde aufgezeigt, dass neben der Gruppe der Sexualstraftäter auch diejenige der Gewalttäter besonderer Beachtung bedarf.[548] Insbesondere aufgrund der aufkommenden Problematik, was mit den aus der Sicherungsverwahrung zu entlassenden gefährlichen Tätern geschehen soll, stellt die unbefristete Führungsaufsicht einen guten Lösungsansatz dar. Der Täter steht

---

auch für Sicherheitsverwahrte angewandt, die vor dem 31.1.1998 verurteilt wurden. Der Europäische Gerichtshof für Menschenrechte entschied, dass es menschenrechtswidrig sei, die Rechtslage rückwirkend auch auf die Täter anzuwenden, die vor Inkrafttreten dieser Regelung, also vor dem 31.1.1998, ihre Tat begangen. Diese Verurteilten müssen daher grundsätzlich entlassen werden.

545 Siehe hierzu bereits S. 107 ff.

546 BT-Drs. 17/3403, S. 19, 39.

547 Auf die Untersuchung von Weigelt/Hohmann-Fricke, veröffentlicht in BewHi 2006, S. 216 ff., wird exemplarisch verwiesen.

548 Ähnlich Weigelt, ZRP 2006, S. 253 (253); Weigelt/Hohmann-Fricke, BewHi 2006, S. 216 (226 ff.).

hierdurch unter Aufsicht. Zwar erfolgt die Überwachung nicht mehr den ganzen Tag, also 24 Stunden, jedoch vermittelt ihm die Führungsaufsicht im Regelfall auch das Gefühl der dauernden Kontrolle, welches durch geeignete Weisungen noch verstärkt werden kann. Dies soll ihm dabei helfen, keine weiteren Straftaten mehr zu begehen. Dieser Umstand bewirkt, dass auch die Gesellschaft vor den Tätern geschützt wird.

Auch die zweite Anwendungsmöglichkeit ist grundsätzlich zu bejahen, jedoch muss diese eine Einschränkung erfahren. Aufgrund des Verhältnismäßigkeitsgrundsatzes darf nicht bei jedem Verstoß gegen eine Weisung von der Möglichkeit der unbefristeten Führungsaufsicht Gebrauch gemacht werden. Vielmehr soll insbesondere anhand der Intensität des Weisungsverstoßes abgewogen werden, ob es einer derart die Rechte der betroffenen Person beschränkenden Maßnahme bedarf. Unter der Einschränkung der restriktiven Anwendung ist der Neuregelung, vor allem im Hinblick auf den Schutz der Allgemeinheit zuzustimmen.

3. Allgemeine Kritik an der unbefristeten Führungsaufsicht

Neben den bereits dargestellten Beanstandungen hinsichtlich der speziellen Normen der unbefristeten Führungsaufsicht wird allgemein sowohl bei § 68c Abs. 2 StGB als auch bei dessen Abs. 3 die unbestimmte Dauer der Führungsaufsicht als Rechtsfolge einer Straftat im Hinblick auf den Verhältnismäßigkeitsgrundsatz kritisch gesehen. Jedoch erscheint es - vor allem mit Bezug auf die Statistiken der Rückfallquoten, die nach neuesten Studien ergaben, dass dieses Rückfallrisiko erst nach mehr als zwölf Jahren abnimmt - im Ergebnis angemessen zu sein, die Führungsaufsicht unter engen Voraussetzungen unbefristet zuzulassen.[549] Die Möglichkeit der unbefristeten Führungsaufsicht bietet nicht nur eine Verbesserung des Schutzes der Allgemeinheit vor den rückfallgefährdeten Tätern, sondern gewährt auch eine dauerhaft flexible Hilfestellung der Betreuung dessen.[550]

Allerdings wird die spezielle Regelung wiederum für Sexualtäter kritisiert.[551] Ähnlich wie bei § 68f Abs. 1 S. 1 StGB wird bei § 68c Abs. 3 Nr. 2 StGB wieder die Gruppe der Sexualstraftäter herausgegriffen. Dies resultiert,

---

549 Koller, Stellungnahme zur BT-Drs. 16/1993, S. 8; Stadtland/Hollweg/Kleindienst/Dietl/Reich/Nedoptil, Nervenarzt 77 (2006), S. 587 (593).

550 Vgl. auch Stellungnahme Hamburgs vom 2. November 2005 zum Entwurf eines Gesetzes zur Reform der Führungsaufsicht, S. 1.

551 Dessecker, BewHi 2007, S. 276 (284); Laufhütte/Rissing-van Saan/Tiedemann-[Schneider], LK-StGB, § 68c StGB Rn. 22.

wie oben[552] bereits ausführlich erörtert, vermutlich aus dem momentan herrschenden Zeitgeist und einer gewissen Hysterie im Umgang mit Sexualstraftätern, die nicht zuletzt aus der permanenten Medienpräsenz dieser Thematik folgt.[553] Zwar weisen Ergebnisse von Rückfalluntersuchungen darauf hin, dass bei Sexualstraftätern ein erhöhtes Rückfallrisiko vorliegt, so dass eine langfristige Betreuung durch die Führungsaufsicht nicht nur sinnvoll, sondern auch notwendig erscheint.[554] Jedoch fällt das Rückfallrisiko bei den verschiedenen Sexualdelikten sehr unterschiedlich aus, so dass dieses nicht pauschal als langfristig erhöht bezeichnet werden darf. Untersuchungen[555] bezüglich der Rückfälligkeit von Sexualstraftätern ergaben, dass zwar generell die Tätergruppe zu einem einschlägigen Rückfall geneigt ist, jedoch die Rückfallrate erheblich von dem begangenen Delikt abhängt. So beträgt diese beispielsweise nach der Langzeitstudie von Prentky/Lee/Knight/Cerce am Ende des Beobachtungszeitraums von maximal 20 Jahren bei Vergewaltigern (rapists) 39 %, bei Tätern, die Kinder missbrauchten (child molesters) hingegen 52 %.[556] Weitere Faktoren, die bei der Rückfallquote in diesem Zusammenhang eine Rolle spielen, sind zum einen, ob der Täter bereits zuvor einschlägig verurteilt worden war, zum anderen das Alter des Sexualstraftäters zum Zeitpunkt der Entlassung. Bei Tätern mit vorangegangener einschlägiger Verurteilung bzw. bei Verurteilten, die zum Entlassungszeitpunkt noch unter 50 Jahre alt waren, liegt eine deutlich erhöhte Rückfälligkeit vor.[557] Eine Regelung, die den kompletten Katalog der Sexualstraftaten pauschal miteinbezieht, ist somit nicht nur verfehlt[558], sondern aus den gleichen

---

552 Siehe dazu S. 91 ff.

553 Schalast, R & P 2006, S. 59 (62).

554 Vgl. hierzu m.w.N. Kwaschnik, Führungsaufsicht im Wandel, S. 403.

555 Z.B. Hanson/Bussiére, Journal of Consulting and Clinical Psychology, 66 (2), S. 348 ff.; Prentky/Lee/Knight/Cerce, Law and Human Behavior, 21 (6), S. 635 ff.

556 Auch die Studie von Hanson/Bussiére hat zwischen diesen beiden Typen unterschieden und kommt zu dem Ergebnis, dass die Rückfallquote von Vergewaltigern höher ist als von Tätern, die Kinder missbrauchten, vgl. Hanson/Bussiére, Journal of Consulting and Clinical Psychology, 66 (2), S. 348 ff.; siehe hierzu auch Sohn, Rückfälligkeit gewalttätiger Sexualstraftäter, S. 20 f., der auch auf die Studien Bezug nimmt.

557 Vgl. hierzu auch den Vortrag „Gefährliche Straftäter aus kriminologischer und psychologischer Sicht“ von Joachim Obergfell-Fuchs, der im Rahmen einer Tagung zum Thema „Sicherungsverwahrung und Führungsaufsicht. Wie gehen wir mit gefährlichen Straftätern um?“ am 18. Juli 2011 gehalten wurde. Obergfell-Fuchs nimmt hierbei auf die Studie von Harris/Hanson, Sex offender recidivism: A simple question, aus dem Jahre 2004 Bezug. Die vorgelegte Studie untersuchte mehr als 4000 haftentlassene Sexualstraftäter über einen Beobachtungszeitraum von bis zu 15 Jahren.

558 So auch Dessecker, Stellungnahme zur BT-Drs. 16/1993, S. 7; Laufhütte/Rissing van Saan/Tiedemann-[Schneider], LK-StGB,§ 68c StGB Rn. 22.

Gründen wie bei § 68f Abs. 1 S. 1 StGB auch sachlich unangemessen[559]. Das Gesetz zur Neuordnung des Rechts der Sicherungsverwahrung und zu begleitenden Regelungen von 2010 signalisiert bereits den Anfang eines erforderlichen Umdenkprozesses, da der Personenkreis um bestimmte Gewaltstraftäter erweitert wurde.[560]

F. Beendigung und Ruhen

I. Ausgangslage

Mit der Reform von 2007 hat der Gesetzgeber die Beendigung und das Ruhen der Führungsaufsicht umfassend neu geregelt. Bis zu diesem Zeitpunkt endete diese entweder mit schlichtem Zeitablauf oder vorzeitig durch Aufhebungsbeschluss. Problematisch hieran war, dass diese Regelung ein sinnloses Nebeneinander verschiedener Führungsaufsichten hervorrief, wenn etwa mit einer alten gleichzeitig auch eine neue Führungsaufsicht einherging. Ein Umstand, der nach heutiger Auffassung verhindert werden sollte.[561] Dem mehrfachen Verwaltungsaufwand stand kein praktischer Nutzen gegenüber.[562] Ein weiterer Nachteil der alten Regelung bestand in dem Weiterlaufen der Führungsaufsicht auch während des Vollzugs einer Freiheitsstrafe oder während des Vollzugs einer psychiatrischen Maßregel mit Ausnahme der Sicherungsverwahrung. Dadurch entstand eine Doppelbetreuung der verurteilten Person durch die Führungsaufsichtsstelle und dem Bewährungshelfer. Da das Betreuungsangebot und der Kontrollmechanismus in der Strafvollzugsanstalt bzw. in der Maßregelvollzugsklinik über die Möglichkeiten der Führungsaufsichtsstelle hinausgehen, ist die Betreuung durch diese unnötig.[563] Um die Doppelbetreuung und die damit verbundenen Probleme zu verhindern, war eine Um- und Neugestaltung der Vorschriften dringend von Nöten.

559 Dessecker, Stellungnahme zur BT-Drs. 16/1993, S. 7 f.

560 Vgl. hierzu die Ausführungen zu § 68c Abs. 3 StGB.

561 Kindhäuser, LPK-StGB, § 68e StGB Rn. 1; Wolf, Rpfleger 2007, S. 293 (295).

562 BT-Drs. 16/1993, S. 22; KG Berlin, RuP 2009, S. 216.

563 BT-Drs. 16/1993, S. 22; vgl. zu dem Ziel der Gesetzesreform auch Kindhäuser/Neumann/Paeffgen-[Ostendorf], NK-StGB, § 68e StGB Rn. 1.

II. Ausgestaltung nach der Reform von 2007

Der Gesetzgeber führte, um die oben[564] genannten Probleme zu beseitigen, eine Reihe neuer Beendigungsgründe ein.

Die Neufassung unterscheidet hierbei zwischen gesetzlich zwingender Beendigung nach § 68e Abs. 1 S. 1 StGB, Aufhebung durch das Gericht gem. § 68e Abs. 2 StGB und Ruhen der Führungsaufsicht nach § 68e Abs. 1 S. 2 StGB. § 68e Abs. 3 StGB enthält zudem eine Sonderregelung für die Prüfung unbefristeter Führungsaufsicht.

1. Gesetzliche Beendigung befristeter Führungsaufsicht

Grundsätzlich endet die befristete Führungsaufsicht ohne Weiteres bei Ablauf der Höchstdauer nach § 68c Abs. 1 S. 1 StGB.

Ebenso führt der Erlass einer Strafe oder eines Strafrests (§§ 56g, 57 Abs. 3 S. 1 StGB) oder die Erledigung eines Berufsverbots (§ 70b Abs. 5 StGB) gem. § 68g Abs. 3 S. 1 StGB zur Beendigung der Führungsaufsicht. Trotz des Gesetzeswortlauts „angeordnet" gilt diese Vorschrift nach wohl vorherrschender Meinung auch für die Führungsaufsicht kraft Gesetzes, da es sinnwidrig wäre, diese Fälle anders zu behandeln.[565] Zwar tritt das Ende der Führungsaufsicht kraft Gesetzes, also ohne das Erfordernis einer besonderen Entscheidung hierüber, ein, jedoch bedarf es als Voraussetzung der förmlichen Aussprache des Straferlasses gem. § 56g Abs. 1 StGB bzw. der förmlichen Für-Erledigterklärung des Berufsverbots gem. § 70b Abs. 5 StGB durch das Gericht.[566] Nicht ausreichend ist der bloße unwiderrufliche Ablauf der Bewährungsfrist.[567] Eine weitere Voraussetzung für den Eintritt der Beendigung der Führungsaufsicht ist die Anordnung der Aufsicht wegen derselben Tat. Von der Beendigungswirkung des § 68g Abs. 3 S. 1 StGB sind nach § 68g Abs. 3 S. 2 StGB Fälle der unbefristeten Führungsaufsicht allerdings nicht erfasst.

---

564 Vgl. dazu S. 115.

565 OLG Oldenburg, NStZ-RR 2009, S. 260 (261); Lackner/Kühl, StGB, § 68g StGB Rn. 4; Laufhütte/Rissing van Saan/Tiedemann-[Schneider], LK-StGB, § 68g StGB Rn. 26; Rudolphi/Horn/Günther/Samson-[Sinn], SK-StGB, § 68g StGB Rn. 10; Satzger/Schmitt/Widmaier-[Jehle], StGB, § 68g StGB Rn. 4, 6; a.A. OLG Hamm, NStZ 1984, S. 188 (188), das § 68 Abs. 3 StGB aufgrund des Wortlautes und der Gesetzessystematik nur auf die richterlich angeordnete Führungsaufsicht anwenden will; so auch LG Marburg, NStZ-RR 2007, S. 39 f; Fischer, StGB, § 68g StGB Rn. 9.

566 Laufhütte/Rissing van Saan/Tiedemann-[Schneider], LK-StGB, § 68g StGB Rn. 26; Rudolphi/Horn/Günther/Samson-[Sinn], SK-StGB, § 68g StGB Rn. 10.

567 Kindhäuser, LPK-StGB, § 68g StGB Rn. 6; Rudolphi/Horn/Günther/Samson-[Sinn], SK-StGB, § 68g StGB Rn. 10.

Kraft Gesetzes endet auch die befristete Führungsaufsicht, wenn die Vollstreckung der Maßregel gem. § 79 Abs. 4 S. 2 Nr. 1 StGB nach fünf Jahren verjährt ist. Die unbefristete Führungsaufsicht nach § 68c Abs. 2, 3 StGB verjährt dagegen gem. § 79 Abs. 4 S. 1 StGB nicht.

Daneben endet die Führungsaufsicht kraft Gesetzes, wenn ein Tatbestand des § 68e Abs. 1 S. 1 Nr. 1 bis 3 StGB erfüllt ist. Der Gesetzgeber hat sich hierbei bemüht, die kritischen Stimmen der Literatur einzuarbeiten und die Doppelbetreuung sowie das Nebeneinander von Führungsaufsichten zu vermeiden.

Demnach setzt die Aufsicht nach Nr. 1 mit Beginn des Vollzugs einer freiheitsentziehenden Maßregel aus. Aufgrund der Betreuungs- und Kontrollmöglichkeiten, die durch den Vollzug der stationären Maßregel entstehen, bedarf es einer weiteren Betreuung und Kontrolle durch die Führungsaufsicht nicht, zumal mit der Aussetzung der Unterbringung zur Bewährung ohnehin gem. § 67d Abs. 2, 3 StGB wieder die Führungsaufsicht eintritt.[568] Schließt sich allerdings an die Vollverbüßung der Freiheitsstrafe der Vollzug einer freiheitsentziehenden Maßregel an, so ist nicht § 68e Abs. 1 S. 1 Nr. 1 StGB, sondern § 68f Abs. 1 S. 2 StGB einschlägig. Der Vollzug der Maßregel in derselben Sache stellt keine Voraussetzung für die beendigende Wirkung nach Nr. 1 dar. Dies kann, muss aber nicht der Fall sein. Als maßgeblich gilt lediglich, dass es sich um eine befristete Führungsaufsicht handelt.[569]

Ein weiterer Grund wurde in § 68e Abs. 1 S. 1 Nr. 2 StGB normiert, wonach mit Beginn des Vollzugs einer Freiheitsstrafe, neben der eine freiheitsentziehende Maßregel angeordnet ist, die Führungsaufsicht endet. Nach früherem Recht lief die Führungsaufsicht auch während des Vollzugs der Freiheitsstrafe oder der Maßregeln nach §§ 63 oder 64 StGB weiter. Das Hinzutreten der Führungsaufsicht erscheint aber aus denselben Gründen wie bei § 68e Abs. 1 S. 1 Nr. 1 StGB überflüssig.[570] Des Weiteren tritt nach der Aussetzung der stationären Maßregel zur Bewährung ohnehin wieder Führungsaufsicht kraft Gesetzes ein. Somit wird Führungsaufsicht sowohl dann aufgehoben, wenn der Vollzug der vor der Freiheitsstrafe zu vollstreckenden Maßregel (§ 67 Abs. 1 StGB) beginnt, als auch mit dem Beginn einer Freiheitsstrafe, nach deren Vollzug Sicherungsverwahrung[571] zu vollstrecken ist.[572]

---

568 BT-Drs. 16/1193, S. 22; Fischer, StGB, § 68e StGB Rn. 5; Laufhütte/Rissing van Saan/Tiedemann-[Schneider], LK-StGB, § 68e StGB Rn. 2.

569 Schönke/Schröder-[Stree/Kinzig], StGB, § 68e StGB Rn. 1a.

570 Dies stellt auch KG Berlin, RuP 2009, S. 216 fest.

571 Mit der Entscheidung vom 4.5.2011 hat das BVerfG entschieden, dass sämtliche Regelungen zur Sicherungsverwahrung gegen das Grundrecht auf Freiheit nach Art. 2 Abs. 2 S. 2 GG verstoßen. Sie sind folglich verfassungswidrig. Daher muss der Gesetzgeber die Sicherungsverwahrung längstens bis 31.5.2013 neu regeln. Ziel soll hier-

Schließlich stellt § 68e Abs. 1 S. 1 Nr. 3 StGB klar, dass mit Eintritt einer neuen Führungsaufsicht die zeitlich befristete frühere Führungsaufsicht entfällt. Durch diese Regelung soll insbesondere mehrfacher Verwaltungsaufwand, z.B. durch doppelte Aktenführung, dem zumeist kein praktischer Nutzen gegenübersteht, vermieden werden.[573] Für die zeitlich unbefristete Führungsaufsicht gilt in diesem Fall § 68e Abs. 1 S. 3 StGB a.F., heute nunmehr § 68e Abs. 1 S. 4 StGB. Dieser besagt, dass das Gericht das Entfallen der neuen Maßregel anordnet, wenn eine neue Führungsaufsicht zu einer bestehenden unbefristeten oder zu der nach Aussetzung einer freiheitsentziehenden Maßregel eingetretenen Führungsaufsicht hinzutritt und es der neuen Maßregel neben der bestehenden nicht bedarf. Grundsätzlich spielt es keine Rolle, ob die hinzutretende Führungsaufsicht kraft Richterspruchs oder kraft Gesetzes eintritt.

Dies ist nicht ganz unproblematisch, da die Frage aufgeworfen wird, ob auch eine Führungsaufsicht kraft Gesetzes infolge einer Aussetzung einer Maßregelvollstreckung zur Bewährung (vgl. §§ 67b Abs. 2, 67c Abs. 1 S. 2, 67d Abs. 2 StGB) auch mit dem Eintritt einer neuen Führungsaufsicht zwingend endet. Der kritische Aspekt bezieht sich hierbei auf den Widerruf der Aussetzung der Maßregelvollstreckung, welcher unmöglich wird, da die stationäre Maßregel sich gem. § 67g Abs. 5 StGB mit dem Ende der Führungsaufsicht erledigt. Um die Allgemeinheit vor weiteren Straftaten zu schützen und das Fehlverhalten der betreffenden Person zu bestrafen, verbliebe dann lediglich § 145a StGB als Möglichkeit der Sanktionierung. Dies wird von der Rechtsprechung schon allein im Hinblick auf die betreffenden Personen kritisiert. Hierbei handle es sich zumeist um besonders gefährliche Täter, die während einer laufenden Führungsaufsicht durch ihr Verhalten gezeigt hätten, dass sie einer erneuten Führungsaufsicht bedürften. Daher ende die Führungsaufsicht, die die Möglichkeit eines Bewährungswiderrufs birgt, entgegen der Vorschrift des § 68e Abs. 1 S. 1 Nr. 3 StGB nicht mit Eintritt einer neuen Führungsaufsicht. Vielmehr sollen beide Maßregeln parallel laufen.[574] Gegen diese Ansicht spricht jedoch der eindeutige

---

bei sein, ein freiheitsorientiertes und therapiegerechtes Vollzugskonzept zu errichten (BVerfG, NJW 2011, S. 1931 ff.; siehe auch becklink 1012739, abzurufen unter www.beck-online.de). Derzeit stehen die gesetzlichen Änderungen noch aus.

572 Fischer, StGB, § 68e StGB Rn. 6; Leipold/Tsambikakis/Zöller-[Kilian/Möhlenbeck], StGB, § 68e StGB Rn. 6.

573 BT-Drs. 16/1993, S. 22; Laufhütte/Rissing van Saan/Tiedemann-[Schneider], LK-StGB, § 68e StGB Rn. 4.

574 OLG Nürnberg, Beschl. v. 4.2.2008, 1 Ws 792/07, juris; LG Marburg, NStZ-RR 2007, S. 356 (357); vgl. insgesamt zu diesem Problem Schönke/Schröder-[Stree/Kinzig], StGB, § 68e StGB Rn. 1c.

Gesetzeswortlaut des § 68e Abs. 1 S. 1 Nr. 3 StGB.[575] Danach endet ohne jegliche Ausnahme die bestehende mit Eintritt einer neuen Führungsaufsicht. Ferner widerläuft die Annahme einer Ausnahme auch dem Zweck der Norm, die insbesondere durch eine effiziente und einheitliche Ausgestaltung der Führungsaufsicht Doppelbetreuungen vermeiden soll.[576] Folgt man jedoch der Gegenansicht, käme es zu parallel laufenden Führungsaufsichten und damit zu Doppelbetreuungen. Angesichts des entgegenstehenden Wortlauts und dem Zweck der Vorschrift kann keine Ausnahme erfolgen, so dass eine Führungsaufsicht kraft Gesetzes infolge einer Maßregelaussetzung zur Bewährung mit dem Eintritt der neuen Führungsaufsicht endet.

2. Ruhen unbefristeter Führungsaufsicht

Insbesondere für die unbefristete Führungsaufsicht nach § 68c Abs. 2 S. 1, Abs. 3 StGB, aber auch für alle übrigen Fälle der unbefristeten Führungsaufsicht gelten die gesetzlichen Regelungen nach § 68e Abs. 1 S. 1 Nr. 1 bis 3 StGB nicht. Um hierbei die Doppelbetreuung zu vermeiden, entschied sich der Gesetzgeber dazu, in diesen Fällen gem. § 68e Abs. 1 S. 2 StGB die Führungsaufsicht während der Dauer des Vollzugs einer Freiheitsstrafe oder einer freiheitsentziehenden Maßregel ruhen zu lassen, wodurch ihr gesamtes Einwirkungssystem suspendiert ist.[577] Mit Beendigung des Vollzugs der Freiheitsstrafe oder der freiheitsentziehenden Maßregel läuft die Führungsaufsicht vollumfänglich weiter, wobei jedoch eine Neujustierung der konkreten Ausgestaltung der Führungsaufsicht gem. § 68d StGB empfehlenswert ist. Bemängelt wird allerdings, dass in Fällen, in denen ein guter Kontakt zwischen unterstellter Person und Bewährungshelfer im Rahmen der Führungsaufsicht vorhanden ist, dieser in der Zeit der freiheitsentziehenden Maßnahme nicht abreißen darf, da gerade dann ein dringendes Bedürfnis nach einer vertrauten Kontaktperson besteht.[578] Dies hätte im Gesetz stärker berücksichtigt werden sollen.[579]

Die Neuregelung hindert die Bewährungshilfe in Ausnahmefällen allerdings nicht daran, den Gefangenen auch während des Strafvollzugs entlassungsvorbe-

---

575 So auch Fischer, StGB, § 68e StGB Rn. 7.

576 OLG Bamberg, NStZ-RR 2008, S. 356 (357); OLG Nürnberg, Beschl. v. 4.2.2008, 1 Ws 792/07, juris; Schönke/Schröder-[Stree/Kinzig], StGB, § 68e StGB Rn. 1c.

577 BT-Drs. 16/1993, S. 22; OLG Karlsruhe, MDR 1989, S. 663 (663 f.); Fischer, StGB, § 68f StGB Rn. 8; Kindhäuser, LPK-StGB, § 68e StGB Rn. 1; Laufhütte/Rissing van Saan/Tiedemann-[Schneider], LK-StGB, § 68e StGB Rn. 5.

578 Kerner, BewHi 2006, S. 49 (53).

579 Laufhütte/Rissing van Saan/Tiedemann-[Schneider], LK-StGB, § 68e StGB Rn. 5.

reitend weiter zu betreuen, wenn dies bei der Vollstreckung einer kurzen Freiheitsstrafe zur Resozialisierung sinnvoll erscheint.[580]

3. Aufhebung durch das Gericht

Des Weiteren kann die Aufhebung der Führungsaufsicht nach § 68e Abs. 2 S. 1 StGB auch durch richterliche Entscheidung ergehen. Diese Möglichkeit der Beendigung gab es bereits vor der Neugestaltung des Instituts der Führungsaufsicht durch die Reform von 2007.

Voraussetzung hierfür ist eine richterliche Überzeugung, wonach Grund zu der Annahme besteht, die verurteilte Person werde auch ohne die Führungsaufsicht keine Straftaten mehr begehen. Hierfür bedarf es keiner Gewissheit, vielmehr reicht eine hohe Wahrscheinlichkeit aus, wobei Zweifel zu Lasten der verurteilten Person gehen, da aus der Aufhebung der Führungsaufsicht die unwiderrufliche Freistellung der verurteilten Person von jeder amtlichen Überwachung folgt.[581] Der Gesetzgeber stellt dabei nicht auf die Erwartung weiterer erheblicher Straftaten ab. Vielmehr bezieht sich die Erwartung auf das Fehlen weiterer Straftaten. Dies liegt zum einen an der Systematik, da er das Merkmal der Erheblichkeit auch nicht als Voraussetzung für die Anordnung nach § 68 Abs. 1 StGB verlangt. Zum anderen gebietet es bereits der Grundsatz der Verhältnismäßigkeit, dass die Nichtaufhebung der Führungsaufsicht bei Erwartung von Bagatelldelikten zumeist unverhältnismäßig und damit nicht gerechtfertigt ist.[582] Kein Aufhebungsgrund ist hingegen nach fast einhelliger Meinung die Aussichtlosigkeit der Führungsaufsicht.[583]

---

580 BT-Drs. 16/1993, S. 22; BR-Drs. 256/06, S. 43; Rudolphi/Horn/Günther/Samson-[Sinn], SK-StGB, § 68e StGB Rn. 3a.

581 Kindhäuser, LPK-StGB, § 68e StGB Rn. 2; Laufhütte/Rissing van Saan/Tiedemann-[Schneider], LK-StGB, § 68e StGB Rn. 9, 12. Auch Dölling/Duttge/Rössner-[Pflieger], StGB, § 68e StGB Rn. 2 hält fest, dass der Grundsatz in dubio pro reo insoweit nicht gilt.

582 Laufhütte/Rissing van Saan/Tiedemann-[Schneider], LK-StGB, § 68e StGB Rn. 14.

583 Dölling/Duttge/Rössner-[Pflieger], StGB, § 68e StGB Rn. 2; Heintschel-Heinegg-[Heuchemer], BeckOK StGB, § 68e StGB Rn. 7; Leipold/Tsambikakis/Zöller-[Kilian/Möhlenbeck], StGB, § 68e StGB Rn. 9; Rudolphi/Horn/Günther/Samson-[Sinn], SK-StGB, § 68e StGB Rn. 6; a.A. LG Bonn, NStZ 1994, S. 358 (358), das der Ansicht ist, dass die Führungsaufsicht aufzuheben sei, wenn die „weitere Vollziehung weder Aussicht auf eine spürbare Resozialisierung des Verurteilten bietet, noch die Allgemeinheit durch die Mittel der Führungsaufsicht vor weiteren Straftaten geschützt werden kann." Dies folge bereits aus dem Wesen dieses Instituts und ihrer Doppelnatur.

Die Prüfung, ob eine positive Prognose vorliegt, kann einerseits von Amts wegen erfolgen, andererseits, dies ergibt sich mittelbar aus § 68e Abs. 2 S. 3 StGB, auf Antrag des Betroffenen. Beachtet werden muss hierbei, dass das Gericht nach § 68e Abs. 2 S. 3 StGB eine bis zu sechsmonatige Frist festsetzen kann, vor deren Ablauf ein Antrag auf Aufhebung der Führungsaufsicht als unzulässig gilt. Dies hat offenbar folgenden Hintergrund: durch besagte Regelung sollte mehrfacher Verwaltungsaufwand vermieden werden. Ferner vermutete der Gesetzgeber, dass binnen dieser kurzen Zeit eine wesentliche Veränderung unwahrscheinlich ist. Folglich dient diese Frist dazu, einem Missbrauch des Antragsrechts durch schnell hintereinander gestellte Aufhebungsanträge entgegen zu wirken.[584]

Als weitere Voraussetzung gem. § 68e Abs. 2 S. 2 StGB muss die gesetzliche Mindestdauer von zwei Jahren abgelaufen sein. Umstritten ist hierbei, ob dies auch für Fälle der Führungsaufsicht gelten soll, die gem. § 68 Abs. 2 StGB kraft Gesetzes eingetreten sind. Nach einer in der Literatur vertretenen Auffassung sei das Gericht in derartigen Fällen nicht an den Ablauf der Mindestdauer gebunden. Anders als in den Fällen der Führungsaufsicht kraft Richterspruchs bestehe hier nämlich die negative Prognose, die verurteilte Person werde weitere Straftaten begehen, nicht als Voraussetzung. Infolgedessen müsse dem Richter die Möglichkeit gegeben werden, die Führungsaufsicht mit sofortiger Wirkung aufzuheben, wenn dieser davon überzeugt sei, dass der Täter nicht erneut straffällig wird. Der Verhältnismäßigkeitsgrundsatz schließe die Anwendung des § 68e Abs. 2 S. 2 StGB in diesem Bereich aus und gebiete bereits die analoge Anwendung des § 68f Abs. 2 StGB, wonach die Führungsaufsicht gegebenenfalls schon vor dem Ablauf der gesetzlichen Mindestdauer aufzuheben ist.[585] Jedoch widerspreche nach Ansicht der Gegenauffassung bereits der klare Wortlaut des § 68e Abs. 2 S. 2 StGB dieser Meinung, wonach keine Differenzierung zwischen den Arten der Führungsaufsicht stattfinde. Mit Ausnahme des § 68f Abs. 2 StGB sei die Aufhebung für jegliche Art der Führungsaufsicht frühestens nach Ablauf der zweijährigen Sperrfrist zulässig. Zudem sei auch in den Fällen, in denen die Führungsaufsicht kraft Gesetzes eintrete, der Verdacht, der Täter werde rückfällig und begehe erneut eine weitere Straftat, sehr stark ausgeprägt,

---

584 Fischer, StGB, § 68e StGB Rn. 9; Kindhäuser, LPK-StGB, § 68e StGB Rn. 5.

585 Rudolphi/Horn/Günther/Samson-[Sinn], SK-StGB, § 68e StGB Rn. 7; ausführliche Darstellung des Meinungsstreits Laufhütte/Rissing van Saan/Tiedemann-[Schneider], LK-StGB, § 68e StGB Rn. 24.

wodurch auch aus diesem Grund eine Aussetzung vor Ablauf der Sperrfrist nicht anbracht sei.[586]

Grundsätzlich stimmt dem eine andere in der Literatur vertretene Meinung zu, jedoch lässt diese mangels der Gefährlichkeit der verurteilten Person und damit dem Fehlen der Risikosituation im Fall einer voll verbüßten, aber nicht von § 68f StGB erfassten Strafe die analoge Anwendung des § 68f Abs. 2 StGB zu, wenn die Aussetzung des Strafrests gem. § 57 Abs. 1 Nr. 3 StGB nur mangels Einwilligung des Verurteilten unterblieben ist.[587] Doch auch dies ist mit Blick auf den Wortlaut der Norm abzulehnen, da dieser weder zwischen den Arten der Führungsaufsicht differenziert noch Ausnahmen regelt. Daher gilt die Sperrfrist sowohl für die Führungsaufsicht kraft Richterspruchs wie auch kraft Gesetzes.

Allgemein kritisch zu bewerten ist der Umstand, dass damit die Möglichkeit zum Fortdauern der Führungsaufsicht auch bei einer verurteilten Person geschaffen wird, obwohl diese nicht länger als gefährlich einzustufen ist. Hiergegen wird vorgebracht, dies sei in Bezug auf den Schutz der Allgemeinheit hinzunehmen,[588] da ein Restrisiko der Rückfälligkeit des Täters nicht vollständig ausgeschlossen werden könne. Zudem stellt der Gesetzgeber mit dieser Regelung die unwiderlegbare Vermutung auf, dass die Gefährlichkeit des Verurteilten mindestens zwei Jahre besteht.[589] Nach anderer Ansicht ist dies zwar grundsätzlich, auch im Hinblick auf § 62 StGB, zutreffend, allerdings muss in derartigen Fällen das Gericht für eine möglichst milde Ausgestaltung der Führungsaufsicht Sorge tragen, indem es diese beispielsweise auf wenig belastende Kontrollmaßnahmen reduziert.[590]

Liegen diese Voraussetzungen vor, so steht dem Gericht bei der Entscheidung kein Ermessen zu, es hat die Führungsaufsicht vielmehr aufzuheben. Vor der gerichtlichen Entscheidung sind jedoch der Staatsanwalt, die Führungsauf-

---

586 Lackner/Kühl, StGB, § 68e StGB Rn. 1a; Laufhütte/Rissing-van Saan/Tiedemann-[Schneider], LK-StGB, § 68e StGB Rn. 25; Schönke/Schröder-[Stree/Kinzig], StGB, § 68e StGB Rn. 4.

587 Jescheck/Weigend, Lehrbuch Strafrecht AT, S. 824; Schönke/Schröder-[Stree/Kinzig], StGB, § 68e StGB Rn. 4.

588 Satzger/Schmitt/Widmaier-[Jehle], StGB, § 68e StGB Rn. 5.

589 Heintschel-Heinegg-[Heuchemer], BeckOK StGB, § 68e StGB Rn. 8; Maier, NJW 1977, S. 371 (371); vgl. auch Laufhütte/Rissing van Saan/Tiedemann-[Schneider], LK-StGB, § 68e StGB Rn. 26 ff., der anhand der Betrachtung der unterschiedlichen Tätergruppen, die der Führungsaufsicht kraft Gesetzes unterliegen, die unterschiedlichen Gründe für die Annahme einer Gefährdung des Täters ausführlich darlegt.

590 Schönke/Schröder-[Stree/Kinzig], StGB, § 68e StGB Rn. 4.

sichtsstelle und der Bewährungshelfer anzuhören.[591] Einer Anhörung der verurteilten Person bedarf es gem. § 463 Abs. 3 S. 2 StPO nicht.

4. Sonderregelung: Überprüfung unbefristeter Führungsaufsicht

§ 68e Abs. 3 StGB ergänzt die Regelungen des § 68c Abs. 2 und Abs. 3 StGB und legt den Zeitrahmen für die Prüfung hinsichtlich einer etwaigen Aufhebung der Führungsaufsicht nach § 68e Abs. 2 S. 1 StGB für die unbefristete Führungsaufsicht fest.

In Bezug auf § 68c Abs. 2 StGB hat das Gericht bis spätestens zum Ablauf der Höchstfrist des § 68c Abs. 1 S. 1 StGB, also nicht später als mit Verstreichen der Fünf-Jahresfrist gem. § 68e Abs. 3 S. 1 Nr. 1 StGB festzustellen, ob eine positive Prognose des Täters vorliegt, die die Aufhebung der Führungsaufsicht rechtfertigt. In den Fällen des § 68c Abs. 3 StGB gem. § 68e Abs. 3 S. 1 Nr. 2 StGB muss diese Begutachtung vor Ablauf von zwei Jahren durchgeführt werden. Infolge des zwingenden Charakters der Prüfung hat eine förmliche Entscheidung des Gerichts, die entweder auf Aufhebung oder Ablehnung einer derartigen Aufhebung lautet, zu ergehen. Lehnt das Gericht die Aufhebung der Führungsaufsicht ab, so soll es vor Ablauf von zwei Jahren von neuem darüber entscheiden, § 68e Abs. 3 S. 2 StGB. Eine Mindestfrist diesbezüglich besteht nicht, jedoch soll das Gericht bei begründetem Vorliegen neuer Tatsachen, die eine Aufhebung nach § 68e Abs. 2 StGB als möglich erscheinen lassen, eine diesbezügliche Überprüfung vornehmen.[592]

Unabhängig von der jeweiligen Höchstfrist hat das Gericht aber aufgrund des Verhältnismäßigkeitsgrundsatzes die Aufgabe, ständig zu überprüfen, ob Aufhebungsreife eingetreten und der Verurteilte aus der Führungsaufsicht zu entlassen ist.[593] Dies gilt auch, wenn zwischenzeitlich keine Anhaltspunkte für eine positive Prognose erkennbar geworden sind.[594]

---

591 Dölling/Duttge/Rössner-[Pflieger], StGB, § 68e StGB Rn. 3.

592 Fischer, StGB, § 68e StGB Rn. 12; Leipold/Tsambikakis/Zöller-[Kilian/Möhlenbeck], StGB, § 68e StGB Rn. 10; Schönke/Schröder-[Stree/Kinzig], StGB, § 68e StGB Rn. 7.

593 BT-Drs. 16/1993, S. 22; Fischer, StGB, § 68e StGB Rn. 12; Laufhütte/Rissing van Saan/Tiedemann-[Schneider], LK-StGB, § 68e StGB Rn. 35; Leipold/Tsambikakis/Zöller-[Kilian/Möhlenbeck], StGB, § 68e StGB Rn. 11.

594 BT-Drs. 13/9062, S. 11; Lackner/Kühl, StGB, § 68e StGB Rn. 3.

III. Änderung durch das Gesetz von 2010

1. Vorgenommene Änderungen

Im Rahmen des Gesetzes zur Neuordnung des Rechts der Sicherungsverwahrung und zu begleitenden Regelungen von 2010[595] wurde § 68e Abs. 1 StGB erweitert.

Dieser normiert in Abs. 1, wie bereits dargestellt, die Beendigungsgründe der Führungsaufsicht, wobei die unbefristete Führungsaufsicht von dieser Möglichkeit der Beendigung ausgeschlossen ist. Der Gesetzgeber entschloss sich mit dem Gesetz von 2010 dazu, eine weitere Ausnahme von der Beendigung, nämlich die Führungsaufsicht nach Aussetzung einer freiheitsentziehenden Maßregel, hinzuzufügen.[596] Damit ist durch die gesetzgebende Gewalt die Entscheidung bezüglich des obigen Meinungsstreits[597], ob eine Führungsaufsicht kraft Gesetzes infolge einer Aussetzung einer Maßregelvollstreckung zur Bewährung mit dem Eintritt einer neuen Führungsaufsicht zwingend ende, gefallen.

Keiner der in § 68e Abs. 1 S. 1 Nr. 1 bis 3 StGB normierten Gründe greift ein, wenn die Führungsaufsicht nach Aussetzung der Vollstreckung einer freiheitsentziehenden Maßregel zu Bewährung (vgl. §§ 67b Abs. 2, 67c Abs. 1 S. 2, 67d Abs. 2 StGB) eingetreten ist. Damit hat sich der Gesetzgeber einer weit, vor allem in der Rechtsprechung[598], verbreiteten Meinung angeschlossen. Die Führungsaufsicht, die die Möglichkeit des Widerrufs der freiheitsentziehenden Maßregel in sich trägt, kann durch diese gesetzgeberische Entscheidung nicht mehr durch eine Führungsaufsicht verdrängt werden, bei der der Widerruf der Aussetzung der Maßregelvollstreckung unmöglich ist und lediglich Sanktionen nach § 145a StGB verbleiben.[599] Damit wird auch dem Bedürfnis der Praxis Rechnung getragen, da andernfalls das Recht der Führungsaufsicht ungewollt zu weit eingeschränkt worden wäre.[600]

Die Änderung betrifft die Fälle, in denen eine neue Führungsaufsicht nach § 68f Abs. 1 S. 1 StGB wegen zwischenzeitlicher Vollverbüßung einer Freiheitsstrafe oder nach § 67d Abs. 4 StGB wegen Ablaufs der Höchstfrist einer

---

595 BGBl. I, 2010, S. 2300 ff.

596 Dölling/Duttge/Rössner-[Pflieger], StGB, § 68e StGB Rn. 1; vgl. hierzu insbesondere Heintschel-Heinegg-[Heuchemer], BeckOK StGB, § 68e StGB Rn. 4.

597 Siehe hierzu S. 118.

598 OLG Bamberg, NStZ-RR 2008, S. 356 f.; OLG Nürnberg, Beschl. v. 4.2.2008, 1 Ws 792/07, juris; LG Marburg, NStZ-RR 2007, S. 356 f.

599 OLG Marburg, NStZ-RR 2007, S. 356 (357).

600 BT-Drs. 17/3403, S. 64.

parallel angeordneten Unterbringung nach § 64 StGB eintritt.[601] Ferner wirkt sich die Neuregelung auch auf Konstellationen aus, in denen während der Aussetzung einer Unterbringung nach § 63 StGB eine weitere Unterbringung entweder nach § 64 StGB oder auch nach § 63 StGB durch das Gericht angeordnet wird und bereits der Vollzug dieser später angeordneten zweiten Unterbringung oder einer eventuellen Begleitstrafe nach dem Wortlaut des Gesetzes des § 68e Abs. 1 S. 1 Nr. 1 oder 2 StGB zur Beendigung der ersten Führungsaufsicht, bei der die Widerrufsmöglichkeit besteht, führen würde. Der Tatsache, dass die zweite Führungsaufsicht womöglich wegen § 67d Abs. 4 oder Abs. 5 StGB nicht widerrufsbewehrt ist oder der Bedarf besteht, die Aussetzung der ersten Unterbringung trotz Vollzugsbeginn der zweiten zu widerrufen, bleibt ungeachtet.[602]

2. Bewertung

Die Entscheidung des Gesetzgebers ist plausibel und verdient daher Zustimmung. Als positiv eingestuft werden kann der Umstand, dass der Gesetzgeber mit der Einführung der Ausnahme den oben genannten Meinungsstreit[603] beendet hat. Allerdings spricht der eigentliche Gesetzeszweck eindeutig gegen die Auffassung des Gesetzgebers. Ohne jegliche Ausnahme sollte danach die Führungsaufsicht mit Eintritt einer neuen Führungsaufsicht enden. Die Einfügung der Ausnahme stellt klar, dass es in diesem Fall zu keiner Beendigung kommt. Das Ziel der Reform von 2007 war es jedoch insbesondere unnötige Doppelbetreuungen zu vermeiden. Das Hinzufügen einer weiteren Ausnahme von den Beendigungsgründen ist zwar, um die oben dargestellten materiell-rechtlichen Einschränkungen zu vermeiden, notwendig gewesen, bietet aber Konfliktpotential hinsichtlich der Zielsetzung. Durch das Anwenden der Ausnahme kommt es nämlich zu parallel laufenden Führungsaufsichten und damit zu Doppelbetreuungen. Dies war aber nicht beabsichtigt. Der Gesetzgeber, der dieses Problem erkannte, entschied, dass ein neuer § 68e Abs. 1 S. 3 StGB eingefügt werden sollte. Diesem Paragraph zufolge kann das Gericht das Entfallen einer nach Aussetzung einer freiheitsentziehenden Maßregel eingetretenen Führungsaufsicht anordnen, wenn es ihrer nach Eintritt eines in § 68e Abs. 1 S. 1 Nr. 1 bis 3 StGB genannten Umstands nicht mehr bedarf.

Überdies wurde auch das Recht des Gerichts um die Möglichkeit erweitert, den Wegfall der neuen Maßregel, wenn es ihrer nicht mehr bedarf, in den Fällen, in denen eine neue Führungsaufsicht zu einer bestehenden hinzutritt, anzuord-

601 BT-Drs. 17/3403, S. 64; LG Marburg, NStZ-RR 2007, S. 356 (357).

602 BT-Drs. 17/3403, S. 64; KG, Beschl. v. 16.7.2009, 2 Ws 167/09, juris.

603 Siehe dazu S. 118.

nen. Im nunmehr neuen § 68e Abs. 1 S. 4 StGB wird dieses Recht nun auch für die Führungsaufsicht, die zu einer nach Aussetzung einer freiheitsentziehenden Maßregel eingetretenen Führungsaufsicht hinzutritt, statuiert.

Durch die Neueinführung des § 68e Abs. 1 S. 3 StGB und der Erweiterung in S. 4 besteht die Möglichkeit für das Gericht das Entfallen der bereits bestehenden bzw. der neuen Führungsaufsicht im Einzelfall anzuordnen, um unnötige Doppelbetreuungen zu vermeiden.[604] Der Zweck der Norm bzw. das Ziel der Reform von 2007 kann somit erreicht werden.

G. Zuständigkeit und Tätigkeit der beteiligten Organe

§ 68a StGB behandelt die Organe, die für die Durchführung der Führungsaufsicht zuständig sind, ihre rechtliche Stellung, ihren Tätigkeitsbereich und ihr Verhältnis zueinander, wobei § 68a StGB für sämtliche Anwendungsmöglichkeiten der Führungsaufsicht gilt.

Beachtliche Neuerungen durch die Reform 2007 lassen sich auch in diesem Bereich finden. Die wohl Stärkste, ist die Erhöhung der Anzahl der Organe von drei auf vier. Vor der Reform waren die Aufsichtsstelle, der Bewährungshelfer und das Gericht mit der Durchführung betraut. Die Reform fügte die forensische Ambulanz als weiteres Organ hinzu. Die Prämisse hierbei ist, dass die Behandlung der Straffälligen mit den Zielen der Resozialisierung der verurteilten Personen und der Minderung der Gefahren für die Allgemeinheit nur erfüllt werden kann, wenn alle Beteiligten einheitlich vertrauensvoll und unbürokratisch zusammenwirken.[605] Aufgrund des recht ungleichen Täterkreises, den die Führungsaufsicht umfasst und der damit verbundenen unterschiedlichen Funktionserfüllung, müssen die Organe neben der Pflicht zur Kooperation auch flexibel auf den Einzelfall eingehen und die Einwirkungsmöglichkeiten diesem entsprechend anpassen, denn nur auf diese Weise kann das komplizierte Gefüge des § 68a StGB funktionieren.[606]

---

604 BT-Drs. 17/3403, S. 64.

605 Laufhütte/Rissing van Saan/Tiedemann-[Schneider], LK-StGB, § 68a StGB Rn. 5; Quadt, BewHi 1977, S. 97 (98); Schlammerl/Zimmerhackel-Monien, BewHi 1991, S. 265 (265).

606 Laufhütte/Rissing van Saan/Tiedemann-[Schneider], LK-StGB, § 68a StGB Rn. 5.

I. Führungsaufsichtsstelle

1. Zwingende Unterstellung

Kraft Gesetz untersteht die verurteilte Person gem. § 68a Abs. 1 1. Hs. StGB zwingend einer Aufsichtsstelle. Die Unterstellung tritt in den Fällen des § 68 Abs. 1 StGB mit Rechtskraft der Anordnung in den Fällen des § 68 Abs. 2 StGB mit dem Akt ein, der die Führungsaufsicht auslöst.[607]

2. Einrichtung

Nach Art. 295 Abs. 1 EGStGB gehören die Aufsichtsstellen zum Geschäftsbereich der Landesjustizverwaltungen, wobei die Zuordnung zu einer bestimmten Justizbehörde, die Anzahl der Aufsichtsstellen und ihre Organisationsform in die Kompetenz der Länder fällt.[608] Die Führungsaufsichtsstellen sind organisatorisch und personell in den einzelnen Bundesländern teilweise so verschieden ausgestaltet, dass eine einheitliche Bewertung kaum möglich ist.[609] Die meisten Bundesländer[610] haben sich entschieden die Aufsichtsstellen den Landgerichten anzugliedern.[611] Beispielsweise sind nach § 1 der Verordnung über die Einrichtung von Aufsichtsstellen für die Führungsaufsicht die Aufsichtsstellen in Bayern einzelnen Landgerichten zugeordnet. Für den Landgerichtsbezirk Würzburg ist das Landgericht Bamberg zuständig. Anders jedoch beispielsweise der Stadtstaat Berlin, der die Führungsaufsichtsstellen nicht dem Landgericht, sondern dem Senat für Justiz zuordnet. Art. 295 Abs. 2 EGStGB legt hierbei fest, dass

---

607 Laufhütte/Rissing-van Saan/Tiedemann-[Schneider], LK-StGB, § 68a StGB Rn. 7; Rudolphi/Horn/Günther/Samson-[Sinn], SK-StGB, § 68a StGB Rn. 1.

608 Dölling/Duttge/Rössner-[Pflieger], StGB, § 68a StGB Rn. 3; Fischer, StGB, § 68a StGB Rn. 2; Satzger/Schmitt/Widmaier-[Jehle], StGB, § 68a StGB Rn. 4; Schönke/Schröder-[Stree/Kinzig], StGB, § 68a StGB Rn. 3; Schulz, Führungsaufsicht, S. 127.

609 Mainz, Führungsaufsichtsstelle, S. 239 (241); soweit veröffentlicht, bestehen in den Bundesländern folgende Regelungen zur Aufsichtsstelle Baden-Württemberg: AV v. 29. 11. 1974 (Die Justiz 1975 S. 41); Bayern: VO v. 2. 12. 1974 (BayRS 450–4–J), zuletzt geänd. durch VO v. 8. 4. 1992 (GVBl. S. 102); Berlin: AV v. 23. 12. 1974 (ABl. 1975 S. 56); Niedersachsen: AV v. 8. 8. 1996 (NdsRpfl. S. 217); Nordrhein-Westfalen: AV v. 20. 12. 1991 (JMBl. NW 1992 S. 25), geänd. durch AV v. 13. 1. 1993 (JMBl. NW S. 53); Schleswig-Holstein: LandesVO v. 17. 12. 1974 (GVOBl. S. 502).

610 Baden-Württemberg, Bayern, Brandenburg, Bremen, Hamburg, Hessen, Niedersachsen, Nordrhein-Westfalen, Rheinland-Pfalz, Saarland, Sachsen-Anhalt, Schleswig-Holstein, Thüringen.

611 Siehe dazu auch Heintschel-Heinegg-[Groß], MüKo-StGB, § 68a StGB Rn. 6; Kindhäuser/Neumann/Paeffgen-[Ostendorf], NK-StGB, § 68a StGB Rn. 3.

die Aufgaben von Beamten des höheren oder des gehobenen Dienstes, in der Regel von staatlich anerkannten Sozialarbeitern oder Sozialpädagogen ausgeübt werden, wobei die Länder in der Ausgestaltung der Einzelheiten frei sind.[612] Laut Vorschrift muss der Leiter der Stelle Beamter des höheren Dienstes sein oder die Befähigung zum Richteramt nach §§ 5 bis 7 DRiG haben, wobei ein Richter ebenfalls der Leiter der Aufsichtsstelle sein kann. Dieser handelt dann jedoch, unabhängig von der eingesetzten Position, ohne richterliche Unabhängigkeit.[613] Die Besetzung der Position des Aufsichtsleiters nach diesen festgelegten Vorgaben erfolgt aus gutem Grund: die betreffende Person muss sich einerseits durch Verständnis für die persönlichen und sozialen Belange des Verurteilten und durch Kenntnis der kriminalpolitischen Notwendigkeit auszeichnen. Andererseits resultiert dieses Erfordernis aus den besonderen Befugnissen der Aufsichtsstelle, wie sie in § 463a StPO geregelt sind.[614]

Nach Eingang eines Schreibens prüft die Führungsaufsichtsstelle zunächst ihre Zuständigkeit.

Die örtliche Zuständigkeit richtet sich nach § 463a Abs. 4 StPO, wonach die Aufsichtsstelle zuständig ist, in der die verurteile Person ihren Wohnsitz hat. Besitzt diese keinen Wohnsitz, ist der gewöhnliche Aufenthaltsort oder, wenn ein solcher nicht bekannt ist, der letzte Wohnort oder gewöhnliche Aufenthaltsort maßgeblich. Ist die angeschriebene Stelle nicht zuständig, erfolgt die Abgabe an die zuständige Stelle. Dabei sind Kompetenzkonflikte zwischen verschiedenen Aufsichtsstellen nicht nach §§ 4, 19 StPO direkt oder analog, sondern im Wege der Dienstaufsicht zu lösen, da es sich hierbei um eine Justizverwaltungsangelegenheit handelt.[615]

Nach Erfassen der Personaldaten, Anlegen einer Akte und Mitteilung der Übernahme der Führungsaufsicht an beteiligte Stellen, beginnt die Führungsaufsicht unverzüglich mit der Erledigung ihrer Aufgaben.[616]

612 Block, Rechtliche Strukturen der Sozialen Dienste, S. 202, Fischer, StGB, § 68a StGB Rn. 2; Schönke/Schröder-[Stree/Kinzig], StGB, § 68a StGB Rn. 3.

613 Fischer, StGB, § 68a StGB Rn. 3; Heintschel-Heinegg-[Groß], MüKo-StGB, § 68a StGB Rn. 4; Heintschel-Heinegg-[Heuchemer], BeckOK StGB, § 68a StGB Rn. 2; Schönke/Schröder-[Stree/Kinzig], StGB, § 68a StGB Rn. 3.

614 Heintschel-Heinegg-[Heuchemer], BeckOK StGB, § 68a StGB Rn. 3; Schulz, Führungsaufsicht, S. 132.

615 OLG Zweibrücken, NStZ 2002, S. 279 (279); Heintschel-Heinegg-[Heuchemer], BeckOK StGB, § 68a StGB Rn. 4; Laufhütte/Rissing-van Saan/Tiedemann-[Schneider], LK-StGB, § 68a StGB Rn. 7a.

616 Niedersächsisches Justizministerium, Standards der Führungsaufsicht, S. 11.

3. Aufgaben

Die Aufsichtsstelle hat eine Doppelfunktion. Zum einen soll sie der verurteilten Person Hilfe und Betreuung gem. § 68a Abs. 2 StGB bieten, zum anderen deren Verhalten nach § 68a Abs. 3 StGB überwachen, wobei aufgrund der Gesetzessystematik und der Zuwendungsintensität der Aufgabe der Hilfe und Betreuung durch den Gesetzgeber der Vorrang eingeräumt wurde.[617]

a) Hilfe und Betreuung, § 68a Abs. 2 StGB

Der Aufsichtsstelle obliegt gem. § 68a Abs. 2 StGB die auch für die Führungsaufsichtsstelle vorrangige Aufgabe der Hilfe und Betreuung. Im Einvernehmen mit dem Bewährungshelfer steht sie dem Verurteilten helfend und betreuend zur Seite. Dabei übt die Aufsichtsstelle diese Aufgabe einerseits aus, wenn noch kein Bewährungshelfer bestellt ist, andererseits nimmt sie sich diverser Bereiche an, in denen sie durch ihre personelle Besetzung oder Ausstattung Besseres leisten kann, als die Bewährungshilfe. Die Vermittlung von Heimplätzen, Berufsförderungsmaßnahmen oder therapeutischen Behandlungen, die Regelung finanzieller Verpflichtungen oder die Unterstützung bei der Beschaffung eines Arbeitsplatzes sind hierbei nur exemplarisch aufgezählte Bereiche.[618] Ferner übernimmt die Aufsichtsstelle die Koordinierung und beteiligt andere Stellen, wie z.B. private Hilfsorganisationen, die im Rahmen ihrer Zuständigkeit wiederum dem Verurteilten Hilfe bieten können.[619] Jedoch liegt in der Praxis der Schwerpunkt der Betreuung der betroffenen Person beim Bewährungshelfer, der den überwiegenden Anteil hierbei leistet.[620]

Um die häufig kritisierte Doppelbetreuung durch Aufsichtsstelle und Bewährungshelfer zu vermeiden, verlangt der Gesetzgeber ein Einvernehmen zwischen diesen Stellen. Zu klärende Punkte sind insbesondere die für die Entlassung vorzubereitenden Vorkehrungen, die Erstellung des Betreuungsplans sowie Entscheidungen über einzelne diagnostische und therapeutische Hilfsmaßnahmen.[621] Die Aufsichtsstelle darf bei Diskrepanzen mit der Bewährungshilfe in

617 Fischer, StGB, § 68a StGB Rn. 6;. Kindhäuser/Neumann/Paeffgen-[Ostendorf], NK-StGB, § 68a StGB Rn. 7.

618 Dölling/Duttge/Rössner-[Pflieger], StGB, § 68a StGB Rn. 4; Fischer, StGB, § 68a StGB Rn. 6; Laufhütte/Rissing van Saan/Tiedemann-[Schneider], LK-StGB, § 68a StGB Rn. 14; Schönke/Schröder-[Stree/Kinzig], StGB, § 68a StGB Rn. 7.

619 Lackner/Kühl, StGB, § 68a StGB Rn. 7.

620 BT-Drs. V/4095, S. 31; Fischer, StGB, § 68a StGB Rn. 4; Kindhäuser, LPK-StGB, § 68a StGB Rn. 2; Lackner/Kühl, StGB, § 68a StGB Rn. 1, 4; Satzger/Schmitt/Widmaier-[Jehle], StGB, § 68a StGB Rn. 5.

621 Kindhäuser/Neumann/Paeffgen-[Ostendorf], NK-StGB, § 68a StGB Rn. 12.

diesem Aufgabenbereich allerdings nicht ohne oder gar gegen den Willen des Bewährungshelfers handeln, vielmehr muss in derartigen Fällen das erkennende Gericht gem. § 68a Abs. 4 StGB über ungeklärte Fragen, die die Hilfe und Betreuung selbst betreffen, entscheiden.[622]

b) Überwachung, § 68a Abs. 3 StGB

Daneben hat die Führungsaufsichtsstelle auch das Verhalten des Probanden und die Einhaltung der erteilten Weisungen zur überwachen. Zweck der Überwachung ist es, gefährliche Entwicklungen rechtzeitig festzustellen und ihnen erforderlichenfalls entgegenzuwirken bzw. dem Gericht eine Basis für eventuelle nachträgliche Änderungen oder eine erforderliche Krisenintervention nach § 67h StGB zu geben.[623] Die Mittel zur Abhilfe sind hierfür vielfältig. Sie reichen von einem persönlichen Gespräch mit der verurteilten Person, intensivierter Hinzuziehung des Bewährungshelfers oder Ermahnungen bis hin zur Informierung des Gerichts über das Vorliegen festgestellter Gefahren, die oftmals die Änderung oder Neuerteilung von Weisungen gem. § 68d StGB, im Fall eines Verstoßes gegen eine Weisung einen Strafantrag nach § 145a StGB oder letztlich im Fall der Maßregelaussetzung den Widerruf der Aussetzung gem. § 67g StGB zur Folge hat.[624] Die Überwachung des Verhaltens des Unterstellten greift allerdings in dessen Grundrecht auf freie Entfaltung der Persönlichkeit nach Art. 2 Abs. 1 GG ein, so dass nicht das gesamte private und öffentliche Leben der verurteilten Person überwacht werden darf. Die Kontrolle ist daher nur in einem beschränkten Ausmaß erlaubt, dessen Grenzen sich aus der Funktion des § 68a Abs. 3 StGB und dem Zweck der Führungsaufsicht ergeben.[625]

Da durch die Überwachung Gefahren rechtzeitig erkannt werden sollen, untersteht unmoralisches oder asoziales Benehmen, aus welchem kein kriminelles Verhalten hervorgeht, nicht der Kontrolle.[626] Ebenfalls bleibt grundsätzlich auch der Kernbereich der Familie unantastbar. Eine Ausnahme ist jedoch dann zuläs-

---

622 BT-Drs. 7/1261, S. 8; Rudolphi/Horn/Günther/Samson-[Sinn], SK-StGB, § 68a StGB Rn. 3.

623 Dölling/Duttge/Rössner-[Pflieger], StGB, § 68a StGB Rn. 4; Heintschel-Heinegg-[Groß], MüKo-StGB, § 68a StGB Rn. 11, der im Zweck der Überwachung die Verhinderung bzw. Erschwerung der Begehung erneuter Straftaten durch den Täter sieht; Schönke/Schröder-[Stree/Kinzig], StGB, § 68a StGB Rn. 5.

624 Dölling/Duttge/Rössner-[Pflieger], StGB, § 68a StGB Rn. 4; Kindhäuser/Neumann/Paeffgen-[Ostendorf], NK-StGB, § 68a StGB Rn. 15; Laufhütte/Rissing van Saan/Tiedemann-[Schneider], LK-StGB, § 68a StGB Rn. 8a.

625 Heintschel-Heinegg-[Groß], MüKo-StGB, § 68a StGB Rn. 11; Heintschel-Heinegg-[Heuchemer], BeckOK StGB, § 68a StGB Rn. 7.

626 Heintschel-Heinegg-[Groß], MüKo-StGB, § 68a StGB Rn. 11.

sig, wenn die Gefahr kriminellen Verhaltens sich gerade aus dem Umgang mit der Familie ergibt. Gleichwohl werden für derartige Eingriffe die Anforderungen zunehmend strenger.[627] Dies ist dem Umstand geschuldet, dass durch Art. 6 GG die Ehe und Familie besonders geschützt werden. Die Überwachung des Familienlebens stellt einen Eingriff in die zu schützende Privat- und Intimsphäre dar, so dass hohe Anforderungen hieran zu stellen sind. Im Gegensatz zur Aufgabe der Hilfe und Betreuung, die in der Praxis in erster Linie durch die Bewährungshelfer wahrgenommen wird, liegt der Schwerpunkt dieser Tätigkeit bei der Aufsichtsstelle.[628]

Die Mittel der Überwachung sind in § 463a Abs. 1 bis 3 StPO aufgelistet. Danach hat die Aufsichtsstelle die Möglichkeit von allen öffentlichen Behörden Auskunft zu verlangen oder Ermittlungen jeder Art gem. § 161 StPO mit Ausnahme der eidlichen Vernehmung selbst vorzunehmen. Sie kann dies aber auch durch andere Behörden im Rahmen deren Zuständigkeiten, insbesondere durch die Polizei, vornehmen lassen.[629] Einige Vertreter aus der Literatur fordern jedoch, dass der Einsatz der Polizei nur äußerst selten erfolgen solle, um eine gewisse Gleichartigkeit mit der bereits überwundenen Polizeiaufsicht zu verhindern.[630] Daher sind für das Tätigwerden der Polizei in diesem Bereich besondere Voraussetzungen durch die Landesvorschriften normiert.[631] Im Zusammenhang mit der Neuregelung von 2007 wurden der Aufsichtsstelle, um ihre Stellung zu stärken, weitere Mittel zur Überwachung eingeräumt.

---

627 Heintschel-Heinegg-[Heuchemer], BeckOK StGB, § 68a StGB Rn. 7 f.; ähnlich Heintschel-Heinegg-[Groß], MüKo-StGB, § 68a StGB Rn. 11, der grundsätzlich die Überwachung des Familienlebens nicht ausschließt, aber umso höhere Anforderungen an die Angemessenheit der Maßnahme stellt, je mehr sie in die Privat- oder Intimsphäre eingreift.

628 Kindhäuser, LPK-StGB, § 68a StGB Rn. 3; Kindhäuser/Neumann/Paeffgen-[Ostendorf], NK-StGB, Vorbe. zu den §§ 68 bis 68g StGB Rn. 11; Lackner/Kühl, StGB, § 68a StGB Rn. 1; a.A. Fischer, StGB, § 68a StGB Rn. 4; Satzger/Schmitt/Widmaier-[Jehle], StGB, § 68a StGB Rn. 5, die der Ansicht sind, dass in der Praxis auch die Überwachungsaufgabe ausschließlich durch den Bewährungshelfer ausgeführt wird, da die Aufsichtsstellen lediglich als Geschäftsstelle fungieren.

629 Fischer, StGB, § 68a StGB Rn. 6a; Laufhütte/Rissing-van Saan/Tiedemann-[Schneider], LK-StGB, § 68a StGB Rn. 9.

630 Beispielhaft hierfür Block, Rechtliche Strukturen der Sozialen Dienste, S. 185; Hannich-[Appl], KK-StPO, § 463a StPO Rn. 4; allgemein zu dem Problem bei Einschaltung der Polizei m.w.N. Laufhütte/Rissing-van Saan/Tiedemann-[Schneider], LK-StGB, § 68a StGB Rn. 9.

631 Siehe hierzu auch Kindhäuser/Neumann/Paeffgen-[Ostendorf], NK-StGB, § 68a StGB Rn. 16.

Zum einen kann der Leiter der Aufsichtsstelle nach § 131a Abs. 1 iVm. § 463a Abs. 1 S. 2 StPO die Ausschreibung zur Aufenthaltsermittlung anordnen, wenn der Aufenthalt der verurteilten Person unbekannt ist. Dabei ist eine richterliche Bestätigung nach § 131c StPO nicht erforderlich, da die Antragsbefugnis allein dem Leiter zusteht.[632] Dies scheint nach vereinzelter Ansicht aber rechtlich bedenklich zu sein, wenn solche Anordnungen, die unter Umständen mit kurzfristiger Freiheitsentziehung verbunden sein können, nicht richterlich angeordnet werden.[633] Grundsätzlich wird die Ausschreibung zur Aufenthaltsermittlung im Rahmen des Ermittlungsverfahrens gem. § 131c Abs. 1 S. 2 StPO nur durch die Staatsanwaltschaft bzw. bei Gefahr im Verzug auch durch die polizeiliche Ermittlungsperson, § 152 GVG, angeordnet. Im vorliegenden Fall ist allerdings der Führungsaufsichtsstelle diese Möglichkeit eingeräumt worden. Ein Kritiker[634] sieht darin ferner eine „Vorverlagerung von Zuständigkeiten bei grundrechtsrelevanten Eingriffen von der Strafjustiz auf die Exekutive"[635], da auch sonst bei eingriffsintensiven Maßnahmen im Rahmen der Vollstreckung die Staatsanwaltschaft als Organ der Strafjustiz zuständig ist.[636] Da die Anordnung aber nach rechtskräftiger Verurteilung des Täters und nicht mehr auf der Basis eines Verdachts erfolgt, sowie die Mittel der Aufsichtsstelle in § 463a StPO abschließend geregelt wurden, bedürfe es nicht der Heranziehung der weitergehenden Befugnisse der Staatsanwaltschaft als Vollstreckungsbehörde.[637] Aufgrund der genannten Argumente und der Tatsache, dass der Leiter nur die Ausschreibung zur Aufenthaltsermittlung, nicht aber diejenige zur Festnahme nach § 131 Abs. 1 StPO anordnen darf, ist der Ansicht zu folgen, die keinen rechtlichen Verstoß in der Befugnis sieht. Zum anderen kann der Leiter den Erlass eines Vorführungsbefehls beim Gericht gem. § 463a Abs. 3 S. 1 StPO beantragen. Als Voraussetzung hierfür gilt aber, dass die unter Führungsaufsicht gestellte Person es versäumte, einer Melde- oder Vorstellungsweisung nach § 68b Abs. 1 S. 1 Nr. 7 oder Nr. 11 StGB nachzukommen.

---

632 BT-Drs. 16/1993, S. 25; Meyer-Goßner, StPO, § 463a StPO Rn. 4a.

633 Morgenstern, NK 2006, S. 152 (153).

634 Kindhäuser/Neumann/Paeffgen-[Ostendorf], NK-StGB, Vor §§ 68 bis 68g StGB Rn. 15.

635 Kindhäuser/Neumann/Paeffgen-[Ostendorf], NK-StGB, Vor §§ 68 bis 68g StGB Rn. 15.

636 Kindhäuser/Neumann/Paeffgen-[Ostendorf], NK-StGB, Vor §§ 68 bis 68g StGB Rn. 15.

637 BR-Drs. 256/06, S. 50; BT-Drs. 16/1993, S. 25, die besagt, dass aufgrund der abschließenden Regelung in § 463a StPO nicht die weitergehenden Befugnisse der Staatsanwaltschaft herangezogen werden können.

Neben dem Recht auf Auskunft gem. § 41 Abs. 1 Nr. 1 BZRG kann die Aufsichtsstelle zudem noch einen Strafantrag nach § 145a S. 2 StGB stellen, wenn ein Weisungsverstoß durch den Verurteilten vorliegt. Hierbei hat die Aufsichtsstelle, um unnötige Belastungen im Betreuungsprozess zu vermeiden, den Bewährungshelfer nach § 68a Abs. 6 1. Hs.StGB zu hören. Bei einer diesbezüglichen Uneinigkeit kann der Bewährungshelfer aber keine gerichtliche Entscheidung nach § 68a Abs. 4 StGB herbeiführen, da diese Vorschrift nach § 68a Abs. 6 2. Hs. StGB Abs. 4 nicht anzuwenden ist. Vielmehr entscheidet die Führungsaufsichtsstelle selbstständig. [638] Im Übrigen stehen der Aufsichtsstelle keine Zwangsmittel zur Verfügung.[639]

Die Überwachung muss gem. § 68a Abs. 3 StGB im Einvernehmen mit dem Gericht und mit Unterstützung des Bewährungshelfers erfolgen. Dies bedeutet aber nicht, dass die Aufsichtsstelle das Gericht bei jeder Entscheidung um Erlaubnis zu fragen hat, vielmehr ist dies dahingehen zu verstehen, dass die Aufsichtsstelle nicht in Widerspruch zu den Anordnungen und Behandlungstendenzen des Gerichts handeln darf.[640] Nur bei besonders belastenden und schwerwiegenden Kontrollmaßnahmen bedürfe es nach vereinzelter Literaturauffassung der Zustimmung des Gerichts, welches im Übrigen auch über außergewöhnliche Entwicklungen zu unterrichten ist.[641] In der Praxis wird das Einvernehmen mit dem Gericht zum Teil durch das Festlegen eines allgemeinen Rahmens für die Überwachungstätigkeit hergestellt, an den die Aufsichtsstelle in der Regel gebunden ist.[642]

II. Bewährungshilfe

1. Zwingende Betreuung

Die Bewährungshilfe ist zwingend als weiteres Organ unmittelbar an der Durchführung der Führungsaufsicht beteiligt. Das Gericht bestellt für die Dauer dieser Maßnahme gem. § 68a Abs. 1 2. Hs. StGB einen Bewährungshelfer, wobei es im Fall einer zunächst zu verbüßenden Freiheitsstrafe empfehlenswert erscheint, der Strafvollstreckungskammer diese Anordnung im Sinne einer nachträglichen

---

638 Hierzu auch Fischer, StGB, § 68a StGB Rn. 6a; Wannags, Institut Führungsaufsicht, S. 30.

639 Meyer-Goßner, StPO, § 463a StPO Rn. 5.

640 Laufhütte/Rissing van Saan/Tiedemann-[Schneider], LK-StGB, § 68a StGB Rn. 10.

641 Kindhäuser, LPK-StGB, § 68a StGB Rn. 3; Rudolphi/Horn/Günther/Samson-[Sinn], SK-StGB, § 68a StGB Rn. 4.

642 Lackner/Kühl, StGB, § 68a StGB Rn. 6.

Entscheidung nach § 68d StGB zu überlassen.[643] Die Auswahl des Betreuers muss das Gericht aufgrund der besonderen Bedeutung der Stellung des Bewährungshelfers selbst treffen. Hierfür hat es rechtzeitig Informationen zu beschaffen und kann den Betroffenen dazu anhören. Ein nachträglicher Austausch des Helfers – nicht aber die vollständige Aufhebung – ist zulässig und kann beispielsweise geboten sein, wenn zwischen dem Helfer und der verurteilten Person kein Vertrauensverhältnis erwächst.[644] Als Bewährungshelfer kann auch ein Bediensteter einer zum Vormund bestellten Behörde berufen werden.[645]

2. Aufgaben

Ähnlich wie die Aufsichtsstelle übt die Bewährungshilfe hinsichtlich der Hilfe und Betreuung sowie der Überwachung eine Doppelfunktion aus.

a) Hilfe und Betreuung

Zum einen ist es die Funktion des Bewährungshelfers der betroffenen Person während der Dauer helfend und betreuend zur Seite zu stehen. Die persönliche Betreuung des Verurteilten stellt seine vorrangige Aufgabe dar, die er im Prinzip nicht anders ausübt, als wenn sein Schützling nicht der Führungsaufsicht, sondern der Bewährung unterstehen würde.[646] Seine meist langjährige Berufserfahrung[647] soll ihm dabei helfen, ein besonderes Vertrauensverhältnis zu dem Betroffenen aufzubauen, um ihm fürsorgerische Betreuung, Lebenshilfe und Resozialisierung vor Ort anzubieten.[648] Insbesondere hat er hierbei die Aufgabe, dem

643 Heintschel-Heinegg-[Groß], MüKo-StGB, § 68a StGB Rn. 9; so auch Kindhäuser/Neumann/Paeffgen-[Ostendorf], NK-StGB, § 68a StGB Rn. 4; Laufhütte/Rissing-van Saan/Tiedemann-[Schneider], LK-StGB, § 68a StGB Rn.17.

644 OLG Hamm, JMBlNW 1981, S. 227; Dölling/Duttge/Rössner-[Pflieger], StGB, § 68a StGB Rn. 5; Laufhütte/Rissing van Saan/Tiedemann-[Schneider], LK-StGB, § 68a StGB Rn. 17; Schönke/Schröder-[Stree/Kinzig], StGB, § 68a StGB Rn. 8.

645 BGH, NStZ 1982, S. 132; Heintschel-Heinegg-[Groß], MüKo-StGB, § 68a StGB Rn. 9; Laufhütte/Rissing-van Saan/Tiedemann-[Schneider], LK-StGB, § 68a StGB Rn. 17; Schönke/Schröder-[Stree/Kinzig], StGB, § 68a StGB Rn. 8.

646 Fischer, StGB, § 68a StGB Rn. 7; Grosser/Maelicke, Führungsaufsicht, Kap. 12 Rn. 11; Laufhütte/Rissing-van Saan/Tiedemann-[Schneider], LK-StGB, § 68a StGB Rn. 18; Meier, Strafrechtliche Sanktionen, S. 259.

647 In der Regel werden für diesen Aufgabenbereich nur Mitarbeiter eingesetzt, die schon über mehrere Jahre Berufserfahrung mit dem Umgang mit zur Bewährung unterstellten Personen haben. Die hierbei gesammelten Erfahrungen können positiv bei der Betreuung und Überwachung der zur Führungsaufsicht Verurteilten eingesetzt werden.

648 Vgl. zu ausgewählten biographischen Merkmalen der Bewährungshelfer Kurze, Nachsorge und Bewährungshilfe/Führungsaufsicht, S. 247 (251); Kurze, Soziale Arbeit,

der Führungsaufsicht Unterstellten bei der Beschaffung von Arbeit und Wohnung, dem Ausfüllen von Anträgen und dem (Wieder-)Aufbau sozialer Kontakt, besonders zur Familie, Freunden oder Nachbarn, zu helfen und ihm unterstützend zur Seite zu stehen.[649]

Die Führungsaufsichtsstelle und die Bewährungshilfe haben im Einvernehmen zusammenarbeiten. Dies bedeutet aber wiederum nicht, dass die Bewährungshilfe bei jeder Handlung zuvor eine diesbezügliche Genehmigung durch die Aufsichtsstelle einholen müsste. Die die Pflicht zur Zusammenarbeit soll dazu führen, dass bei allen grundsätzlichen Entscheidungen eine Absprache erfolgt, um die kritisierte Doppelbetreuung zu vermeiden. Jedoch darf auch hier der Bewährungshelfer nicht ohne oder gegen den Willen der Aufsichtsstelle handeln.[650] Bei diesbezüglichen Differenzen kann nach § 68a Abs. 4 StGB eine gerichtliche Entscheidung ergehen.

b) Überwachung

Zum anderen hat die Bewährungshilfe auch der Aufgabe der Überwachung gem. § 68a Abs. 3 StGB nachzukommen. Im Gegensatz zur Aufsichtsstelle stellt dies für die Bewährungshilfe aber nur eine Art Nebenpflicht dar. Ihr obliegt hierbei lediglich eine unterstützende Funktion haben.[651] Hintergrund dafür ist die Annahme, dass es ansonsten wohl zu Konflikten bei der Betreuung des Verurteilten kommen könnte. Der Betroffene wäre nicht imstande ein Vertrauensverhältnis

---

S. 470; Michel, DRiZ 1994, S. 52 (54); allgemein zur nachgehenden Überwachung und Hilfe durch den Bewährungshelfer Laubenthal, Strafvollzug, Rn. 675.

649 Bayerisches Staatsministerium der Justiz, Bewährung, S. 8; Herbst, Führungsaufsicht und Bewährungshilfe, S. 170 (179); Rudolphi/Horn/Günther/Samson-[Sinn], SK-StGB, § 68a StGB Rn. 2, § 56d StGB Rn. 6.

650 Lackner/Kühl, StGB, § 68a StGB Rn. 4; Michel, DRiZ 1994, S. 52 (54).

651 Dölling/Duttge/Rössner-[Pflieger], StGB, § 68a StGB Rn. 5; Heintschel-Heinegg-[Groß], MüKo-StGB, § 68a StGB Rn. 10, 19; Heintschel-Heinegg-[Heuchemer], BeckOK StGB, § 68a StGB Rn. 6; Laufhütte/Rissing van Saan/Tiedemann-[Schneider], LK-StGB, § 68a StGB Rn. 20; a.A. Fischer, StGB, § 68a Rn. 4, der feststellt, dass sich die Praxis von der gesetzlichen Konzeption gelöst hat. In den meisten Bundesländern würden nach seiner Ansicht die Überwachungsaufgaben ausschließlich beim Bewährungshelfer liegen, da die Führungsaufsichtsstelle nur als Geschäftsstelle betrieben werde. So auch Satzger/Schmitt/Widmaier-[Jehle], StGB, § 68a StGB Rn. 5, der festhält, dass in der Praxis sowohl die Überwachungs- als auch die Betreuungsaufgaben durch die Bewährungshilfe bzw. einem Sozialdienst der Justiz ausgeübt werden, da die Aufsichtsstellen wohl lediglich als Geschäftsstellen betrieben werden. Ähnlich Dessecker, FS Heinz, S. 631 (635).

aufzubauen und den Bewährungshelfer beispielsweise um Rat zu fragen, wenn er gegen eine Weisung verstoßen hat.[652]

Zur unterstützenden Tätigkeit gehört, dass der Bewährungshelfer die Pflicht hat, Berichte für die Aufsichtsstelle zu verfassen, um die Durchführung der Führungsaufsicht darzulegen und somit gegebenenfalls einem gefährlichen Tun des Täters zum Schutz der Allgemeinheit entgegenzuwirken zu können.[653] Die Mitteilung soll zudem den Richtern als wichtige Informationsquelle für die Bewertung des Wiedereingliederungsprozesses dienen.[654] Der Bericht hat Informationen über die momentane Lebenssituation, eventuelle neue Straftaten, Maßnahmen der Hilfe und Betreuung und die Erfüllung von oder Verstöße gegen Weisungen zu beinhalten.[655] Dabei kann nicht verlangt werden, dass der Helfer jeden Verstoß meldet. Um das Vertrauensverhältnis nicht zu gefährden, besteht nur die Pflicht, Verstöße, die den Zweck der Führungsaufsicht ernstlich gefährden, zu melden.[656] Aber auch in diesen Fällen obliegt zunächst dem Bewährungshelfer die Aufgabe, primär selbst Abhilfe zu leisten und erst im Anschluss daran, wenn die Einwirkung ergebnislos bleibt oder wenn dies von vornherein nicht erfolgversprechend erscheint, eine Mitteilung abzugeben.[657] Ferner ist der Bewährungshelfer nicht dazu verpflichtet, die Überwachung der unterstellten Person selbst durchzuführen. Dies ist alleinige Aufgabe der Aufsichtsstelle.[658]

III. Gericht

Das Gericht ist bei der Durchführung der Führungsaufsicht das übergeordnete Organ. Es bestellt nach § 68a Abs. 1 2. Hs. StGB den Bewährungshelfer, überwacht mit den beiden genannten Organen das Verhalten des Verurteilten im

652 Laufhütte/Rissing van Saan/Tiedemann-[Schneider], LK-StGB, § 68a StGB Rn. 20; Streng, Stellungnahme zur BT-Drs. 16/1993, S. 2 f.

653 Dölling/Duttge/Rössner-[Pflieger], StGB, § 68a StGB Rn. 5; Sommer, BewHi 2001, S. 11 (12).

654 Seifert/Möller-Mussavi, NStZ 2006, S. 131 (136).

655 Breternitz, BewHi 2007, S. 111 (124); Seifert/Bolten/Jahn/Möller-Mussavi, BewHi 2001, S. 56 (56).

656 Meier, Strafrechtliche Sanktionen, S. 259 sieht hierdurch auch den Zweck der Führungsaufsicht gefährdet; allgemein zur Beziehungsproblematik zwischen Bewährungshelfer und unterstellter Person Sommer, Bewährungshilfe, S. 97 ff.

657 So zumindest Kindhäuser/Neumann/Paeffgen-[Ostendorf], NK-StGB, § 68a StGB Rn. 17; Laufhütte/Rissing van Saan/Tiedemann-[Schneider], LK-StGB, § 68a StGB Rn. 21; Schönke/Schröder-[Stree/Kinzig], StGB, § 68a StGB Rn. 10.

658 Kindhäuser/Neumann/Paeffgen-[Ostendorf], NK-StGB, § 68a StGB Rn. 9; Rudolphi/Horn/Günther/Samson-[Sinn], SK-StGB, § 68a StGB Rn. 4.

Sinne des § 68a Abs. 3 StGB und entscheidet nach § 68a Abs. 4 StGB bei Unstimmigkeiten über Fragen, die die Hilfe und Betreuung des der Führungsaufsicht Unterstehenden betreffen. Es gibt die „Marschrichtung“[659] für die Überwachung vor und setzt „Grenzpfähle“[660] für die Vollziehung der Aufsicht.[661] Das Gericht kann sich des Weiteren über das Verhalten berichten lassen. Es hat aber dabei nicht die Pflicht, sich regelmäßig Bericht erstatten zu lassen, sondern es reicht vielmehr aus, wenn es sich bei außergewöhnlichen Entwicklungen informiert.[662] In der Praxis ist die Berichterstattung im Sinne des § 56d Abs. 3 S. 3 StGB aber der Regelfall.[663] Zudem kann das Gericht, soweit es dies für erforderlich hält, sowohl der Aufsichtsstelle als auch der Bewährungshilfe für ihre Tätigkeit bezüglich einzelner Aufsichtsfälle Anweisungen gem. § 68a Abs. 5 StGB erteilen, die nach § 68d StGB auch noch nachträglich, also nach dem Beginn der Führungsaufsicht ergehen können. Hinsichtlich dieser Anweisungen besteht eine begrenzte Fachaufsicht, die der allgemeinen Dienstaufsicht vorgeht.[664] In der Praxis erteilt das Gericht jedoch nur selten Anweisungen.[665]

Schlussendlich kann es der verurteilen Person für die Dauer der Führungsaufsicht Weisungen gem. § 68b StGB erteilen oder diese abändern, die Länge der Höchstdauer für die Aufsicht nach § 68c Abs. 1 S. 2 StGB abkürzen oder nach § 68e Abs. 2 StGB aufheben, sowie unter bestimmten Voraussetzungen auf Antrag der Aufsichtsstelle einen Vorführungsbefehl nach § 463a Abs. 3 StPO erlassen.

IV. Forensische Ambulanz

Die forensische Ambulanz als viertes Organ vervollständigt schließlich die Betreuung der unter psychiatrischer, psycho- oder sozialtherapeutischer Behandlung stehenden Person im Anschluss an die Unterbringung im Maßregel- oder

659 Mainz, NStZ 1987, S. 541 (543); Laufhütte/Rissing van Saan/Tiedemann-[Schneider], LK-StGB, § 68a StGB Rn. 10.

660 Kleinknecht, Rechtliche Regelung, S. 408 (414).

661 Kleinknecht, Rechtliche Regelung, S. 408 (414); Meier, Strafrechtliche Sanktionen, S. 261; Mainz, NStZ 1987, S. 541 (543).

662 Laufhütte/Rissing-van Saan/Tiedemann-[Schneider], LK-StGB, § 68a StGB Rn. 22.

663 Fischer, StGB, § 68a StGB Rn. 5; Mainz, NStZ 1987, S. 541 (542).

664 Lackner/Kühl, StGB, § 68a StGB Rn. 8; Laufhütte/Rissing van Saan/Tiedemann-[Schneider], LK-StGB, § 68a StGB Rn. 22; Mainz, NStZ 1987, S. 541 (542).

665 Schulz, Führungsaufsicht, S. 142.

Strafvollzug ab, deren Einrichtung und Ausgestaltung in die Zuständigkeit der Länder fällt.[666]

1. Neueinführung durch die Reform von 2007

Die Einrichtung der forensischen Ambulanz wurde mit der Reform von 2007 eingeführt. Es handelt sich hierbei um Ambulanzen, in denen zum einen Nachsorge betrieben, zum anderen eine psychiatrische Behandlung von Personen vorgenommen wird, wenn dies nicht stationär zu erfolgen braucht.[667] Eine bereits zuvor erfolgte Therapieweisung gemäß § 68b Abs. 2 S. 2 und S. 3 StGB wird hierbei vorausgesetzt. Ferner muss aber auch bereits örtlich eine forensische Ambulanz bestehen und ausreichend Behandlungskapazität vorhanden sein, um die Betreuung durchführen zu können.[668] Dies hat folgenden Hintergrund: es existiert keine vom Gesetzgeber festgelegte Pflicht, forensische Ambulanzen einzurichten.

Jedoch hoffte der Gesetzgeber mit seiner gesetzlichen Erwähnung und den positiven Erfahrungen aus den Ländern, die bereits über derartige Nachsorgeinstitute verfügen, die Bereitschaft zur Errichtung und Ausbau der Ambulanzen zu fördern.[669] Als kritisch gilt der Umstand, dass diese forensischen Ambulanzen in vielen Bundesländern erst geschaffen werden müssen, was mit einem erheblichen Kostenaufwand verbunden ist. Allerdings rechnet sich dies im Ergebnis auf, da die Mehrkosten durch die Verminderung der Vollzugsdauer stationärer Maßregeln ausgeglichen werden können.[670] Zudem zeigen Erfahrungen anderer Bundesländer, die die forensischen Ambulanzen vor einigen Jahren bereits eingerichtet haben, dass die Mithilfe dieser Organe eine sehr gute, unterstützende Wirkung entfaltet.[671]

Der forensischen Ambulanz kommt gem. § 68a Abs. 7 S. 1 StGB eine einvernehmlich mit der Führungsaufsicht und dem Bewährungshelfer auszuübende

---

666 Baur/Groß, JuS 2010, S. 404 (405); Gross, FS Böttcher, S. 579 (585); Kammeier-[Kamann], Maßregelvollzugsrecht, Rn. L44; Lackner/Kühl, StGB, § 68a StGB Rn. 1, 3a; Lau, Forensische Ambulanzen, S. 165 (166); Leipold/Tsambikakis/Zöller-[Kilian/Möhlenbeck], StGB, § 68a StGB Rn. 12; Schönke/Schröder-[Stree/Kinzig], StGB, § 68a StGB Rn. 10a.

667 Kamann, Strafvollstreckung, Rn. 127.

668 Kindhäuser/Neumann/Paeffgen-[Ostendorf], NK-StGB, § 68a StGB Rn. 26; Schneider, NStZ 2007, S. 441 (445).

669 Fischer, StGB, § 68a StGB Rn. 8; Kindhäuser, LPK-StGB, § 68a StGB Rn. 5; Kindhäuser/Neumann/Paeffgen-[Ostendorf], NK-StGB, § 68a StGB Rn. 24 spricht von einem gesetzgeberischen Angebot an die Länder; Schneider, NStZ 2007, S. 441 (445).

670 Goll/Wulf, ZRP 2006, S. 91 (91); Vollbach, MschrKrim 2006, S. 40 (42).

671 Weigelt, ZRP 2006, S. 253 (254).

Hilfs- und Betreuungsfunktion zu. Ferner hat sie nach § 68a Abs. 7 S. 2 iVm. Abs. 3 StGB die Aufgabe, die Überwachung der verurteilten Person zu unterstützen. Jedoch bleibt die therapeutische Unabhängigkeit der forensischen Ambulanz gewährleistet. Die Führungsaufsichtsstelle behält zwar die organische Federführung in der Hand, ist aber nicht befugt, den Mitarbeitern der Ambulanz hinsichtlich ihrer Tätigkeit Weisungen zu erteilen. Ebenso bleibt das Gericht übergeordnetes Organ, hat aber gegenüber der forensischen Ambulanz kein direktes Weisungsrecht.[672] Gleichwohl soll das Handeln der Bediensteten der forensischen Ambulanz unter Wahrung der therapeutischen Unabhängigkeit mit dem Vorgehen der Aufsichtsstelle und dem Bewährungshelfer im Einklang stehen.[673] Insbesondere muss hierfür ein ständiger Informationsaustausch, am besten in sog. Helferkonferenzen, stattfinden.[674]

Um diesen noch zu verstärken, regelte man mit dem neuen Abs. 8, wann und wie weit die Mitarbeiter der forensischen Ambulanz Geheimnisse, die ihnen während ihrer betreuenden und überwachenden Tätigkeit vom Verurteilten selbst anvertraut wurden, untereinander sowie gegenüber dem Gericht und der Aufsichtsstelle offenbaren müssen.

Gem. § 68a Abs. 8 S. 1 StGB besteht die Offenbarungspflicht von Mitarbeitern im Sinne von § 203 Abs. 1 Nr. 1, 2 und 5 StGB untereinander, wenn dies notwendig wird, um erneute Straftaten der verurteilten Person zu verhindern. Gegenüber dem Gericht und der Aufsichtsstelle existiert eine solche Pflicht jedoch nur, soweit sie im abschließenden Katalog des § 68a Abs. 8 S. 2 StGB aufgezählt ist. Sie besteht demzufolge nur, um bestimmte Weisungen (Vorstellungsweisung nach § 68b Abs. 1 S. 1 Nr. 11 StGB, Therapieweisung nach § 68b Abs. 2 S. 2 und 3 StGB) zu überwachen. Darüber hinaus ermöglicht sie es eine Entscheidung über gewisse Maßnahmen aufgrund des Verhaltens oder des Zustandes des Unterstellten zu treffen (Widerruf einer Aussetzung nach § 67g StGB; befristete Wiedereinsetzung nach § 67h StGB, Anordnung bzw. Verlängerung unbefristeter Führungsaufsicht nach § 68c Abs. 2 und 3 StGB). Des Weiteren unterliegen sie dieser Pflicht, um erhebliche gegenwärtige Gefahren für

---

672 Edinger, DRiZ 2006, S. 346 (346); Koller, Kontrollsystem der Führungsaufsicht, S. 133 (141); Kwaschnik, Führungsaufsicht im Wandel, S. 376; Satzger/Schmitt/Widmaier-[Jehle], StGB, § 68a StGB Rn. 8; Schönke/Schröder-[Stree/Kinzig], StGB, § 68a StGB Rn. 11.

673 Heintschel-Heinegg-[Heuchemer], BeckOK StGB, § 68a StGB Rn. 8a; Satzger/Schmitt/Widmaier-[Jehle], StGB, § 68a StGB Rn. 8; Schönke/Schröder-[Stree/Kinzig], StGB, § 68a StGB Rn. 10

674 BT-Drs. 16/1993, S. 18; Floerecke, Was leistet die Führungsaufsicht?, S. 51 (59); Laufhütte/Rissing van Saan/Tiedemann-[Schneider], LK-StGB, § 68a StGB Rn. 23; Peglau, NJW 2007, S. 1558 (1560); Vollbach, MschrKrim 2006, S. 40 (43).

Leib, Leben, Freiheit oder sexuelle Selbstbestimmung von Dritten abzuwenden.[675] § 68 Abs. 8 S. 3 StGB enthält für die offenbarten Geheimnisse eine Verwendungsbeschränkung, die im Regelfall zu einem Verwertungsverbot gem. § 136a StPO führt.[676] Trotz dieser Verwendungsbeschränkung sieht sich die Offenbarungspflicht vereinzelter Kritik ausgesetzt. Es könne aufgrund des Umfangs dieser Pflicht kein Vertrauensverhältnis zwischen Therapeut und Patient entstehen, so die Befürchtung.[677] Die Betroffenen werden ihre Gefühle und Probleme kaum noch dem Therapeuten anvertrauen, der sie vor der Aufsichtsstelle und dem Gericht verraten könnte. In Folge dessen besteht die Gefahr, dass wichtige Informationen den Therapeuten nicht mehr erreichen.[678] Auf der anderen Seite muss es zulässig sein, solches Wissen zu offenbaren, um kritische Entwicklungen frühzeitig zu erkennen und somit die Allgemeinheit oder bestimmte Rechtsgüter schützen zu können.[679] Zudem ist dadurch ein Rechtfertigungsgrund für die Verwirklichung des Tatbestandes der Verletzung fremder Geheimnisse gem. § 203 StGB geschaffen worden.

Die Rechtsprechung löste vor der Einführung des § 68a Abs. 8 StGB dieses Dilemma, indem sie dem Verurteilten die Weisung erteilte, er solle seinen Therapeuten allgemein von der Schweigepflicht entbinden.[680] Das Bundesverfassungsgericht hat aber entschieden, dass diese Lösung unzulässig und daher verfassungswidrig ist. Das Gericht dürfe der unter Führungsaufsicht stehenden Person die Weisung, ihren Therapeuten von der Schweigepflicht zu befreien, nicht erteilen, da dies einen Verstoß gegen das allgemeine Persönlichkeitsrecht

---

675 Dölling/Duttge/Rössner-[Pflieger], StGB, § 68a StGB Rn. 7; Satzger/Schmitt/Widmaier-[Jehle], StGB, § 68a StGB Rn. 10.

676 Fischer, StGB, § 68a StGB Rn. 10; Kindhäuser, LPK-StGB, § 68a StGB Rn. 6; Lackner/Kühl, StGB, § 68a StGB Rn. 8b; Satzger/Schmitt/Widmaier-[Jehle], StGB, § 68a StGB Rn. 10.

677 Kindhäuser/Neumann/Paeffgen-[Ostendorf], NK-StGB, § 68a StGB Rn. 28; Pollähne, Schweigepflicht und Datenschutz, S. 5 (18); Streng, Stellungnahme zur BT-Drs. 16/1993, S. 2 f. Einschränkend Satzger/Schmitt/Widmaier-[Jehle], StGB, § 68a StGB Rn. 9 ff., der erhebliche Schwierigkeiten , insbesondere hinsichtlich des Vertrauens sieht, jedoch die Offenbarungspflicht als verfassungsrechtlich zulässig erachtet.

678 Laufhütte/Rissing van Saan/Tiedemann-[Schneider], LK-StGB, § 68a StGB Rn. 24.

679 Koller, Stellungnahme zur BT-Drs. 16/1993, S. 5 f; Satzger/Schmitt/Widmaier-[Jehle], StGB, § 68a StGB Rn. 9 f. erachtet es zwar als verfassungsrechtlich zulässig, sieht in der Praxis aber erhebliche Schwierigkeiten; Streng, Stellungnahme zur BT-Drs. 16/1993, S. 3.

680 Schneider, NStZ 2007, S. 441 (445); Schönke/Schröder-[Stree/Kinzig], StGB, § 68a StGB Rn. 13.

darstelle.[681] Zwar müssen im Interesse der Allgemeinheit solche Eingriffe hingenommen werden, sie bedürfen aber einer gesetzlichen Grundlage.[682] Der Gesetzgeber reagierte darauf und führte § 68a Abs. 8 StGB als gesetzliche Grundlage ein. Da § 68a Abs. 8 StGB nicht nur die Allgemeinheit, sondern auch den Täter selbst vor Begehung weiterer Straftaten schützt, ist der Einführung nach überwiegender Meinung zuzustimmen.[683] Um aber auch das Vertrauen des Betroffenen aufrechtzuerhalten, scheint es sehr empfehlenswert, dass die Bediensteten der forensischen Ambulanz zu Beginn der Betreuung den Patienten umfassend über ihre Offenbarungspflichten informieren.[684]

2. Bewertung

An sich ist die Schaffung forensischer Ambulanzen zu begrüßen.[685] Zwar muss hierfür eine nicht unerhebliche Summe investiert werden, diese Kosten amortisieren sich aber schnell wieder. Wie bereits dargestellt, vermindert sich die Vollzugsdauer der stationären Maßnahme, wodurch diesbezügliche Unterbringungskosten eingespart werden können.

Die forensische Ambulanz bietet ferner ein umfangreiches Programm an, das auch die Behandlung bestimmter Tätergruppen umfasst. Einzelfallbezogen wird der verurteilten Person ein auf sie zugeschnittenes Behandlungsprogramm geboten. Infolgedessen wird hierdurch auch wieder die Allgemeinheit geschützt.

In der Praxis verläuft der Ausbau der forensischen Ambulanzen allerdings nur schleppend. Aufgrund der unterschiedlichen Finanzsituation der Bundesländer ist zu befürchten, dass sich die Nachsorge und die damit verbundene Einrichtung forensischer Ambulanzen sehr unterschiedlich entwickelt.[686] Aufgrund der Vorteile, die dieses Institut mit sich bringt, ist den Ländern der Rat zu geben,

---

681 BVerfG, MedR 2006, S. 586 (587 f.).

682 Koller, Kontrollsystem der Führungsaufsicht, S. 133 (144 f.); Pollähne, KritV 2007, S. 386 (418); Schneider, NStZ 2007, S. 441 (445 f.).

683 Koller, Kontrollsystem der Führungsaufsicht, S. 133 (145, 156); Peglau, NJW 2007, S. 1558 (1560); Schneider, NStZ 2007, S. 441 (445); krit. auch hinsichtlich der Erreichung des Zwecks der Offenbarungspflichten und des Vertrauensverhältnisses Kindhäuser/Neumann/Paeffgen-[Ostendorf], NK-StGB, § 68a StGB Rn. 28; Laufhütte/Rissing van Saan/Tiedemann-[Schneider], LK-StGB, § 68a StGB Rn. 24; Rudolphi/Horn/Günther/Samson-[Sinn], SK-StGB, § 68a StGB Rn. 7. Pollähne, Schweigepflicht und Datenschutz, S. 5 (18) hält die gewählte Lösung für bedenklich.

684 So auch Kindhäuser/Neumann/Paeffgen-[Ostendorf], NK-StGB, § 68a StGB Rn. 28.

685 Ebenso Kerner, BewHi 2006, S. 49 (51).

686 So auch Hahn, NKrimPol, 2007, S. 7 (9); Satzger/Schmitt/Widmaier-[Jehle], StGB, § 68a StGB Rn. 7.

nicht an der falschen Stelle zu sparen und schnellstmöglich das Angebot an forensischen Ambulanzen auszubauen.

V. Mitwirkung der Vollstreckungsbehörde

Neben den gesetzlich in § 68a StGB genannten Organen ist auch die Vollstreckungsbehörde an der Durchführung der Führungsaufsicht beteiligt.

Gem. § 31 RPflG sind die Rechtspfleger, denen die der Vollstreckungsbehörde in Strafsachen obliegenden Geschäfte übertragen wurden, für die Tätigkeiten der Vollstreckungsbehörde zuständig.[687] Maßgebend für die Mitwirkung ist § 54a StVollStrO.

Zunächst hat die Vollstreckungsbehörde die Pflicht gem. § 54a Abs. 1 und Abs. 3 StVollStrO in allen Fällen der Führungsaufsicht die Aufsichtsstelle über die richterlichen Entscheidungen sowie über den Eintritt und die Ausgestaltung der Aufsicht zu unterrichten. Dabei veranlasst sie die Übersendung der für die Betreuung maßgebenden Unterlagen.[688] Des Weiteren sorgt die Behörde dafür, dass die Akten spätestens drei Monate vor der Entlassung der verurteilten Person dem zuständigen Gericht vorgelegt werden.[689] Dieser Frist liegt folgende Absicht zugrunde: in den Fällen der §§ 68f, 67c Abs. 1 und Abs. 2 StGB, § 67d Abs. 2 bis Abs. 6 StGB soll die vorgesehene gerichtliche Entscheidung über die Ausgestaltung der Führungsaufsicht früh genug erfolgen, damit für die Vorbereitung der Führungsaufsicht genügend Zeit verbleibt.[690]

Gem. § 54a Abs. 4 StVollStrO muss die Vollstreckungsbehörde auch Beginn und Ende der Führungsaufsicht berechnen und dies der Führungsaufsichtsstelle mitteilen. Bei Zweifeln bezüglich der Berechnung kann die Vollstreckungsbehörde eine gerichtliche Entscheidung gem. §§ 463, 458 StPO herbeiführen. Schließlich hat die Vollstreckungsbehörde noch die Aufgabe, Beginn und Ende dieser Maßregel dem Bundeszentralregister mitzuteilen, § 20 BZRG, oder die Frist neu zu berechnen, wenn nach § 54a Abs. 5 StVollStrO die Stelle, welche die Freiheitsentziehung vollstreckt, die Behörde über die Dauer des Freiheitsentzugs unterrichtet.[691]

---

687 Mainz, Führungsaufsichtsstelle, S. 239 (243).

688 Scheinobst, RPflStud 1988, S. 7 (10).

689 Verordnung des Bayerischen Staatsministeriums der Justiz vom 1.5.1987: Probanden in der Führungsaufsicht und Bewährungshilfe, die besonderer Betreuung und Überwachung bedürfen.

690 Laubenthal/Nestler, Strafvollstreckung, Rn. 388; Mainz, Führungsaufsichtsstelle, S. 239 (242 f.); Röttle/Wagner, Strafvollstreckung, Rn. 377.

691 Scheinobst, RPflStud 1988, S. 7 (10).

H. Weisungsauflagen und Weisungsverstöße

I. Weisungen

Eine Aufgabe des Gerichts liegt darin, der verurteilten Person bei Bedarf für die Dauer der Führungsaufsicht oder für eine kürzere Zeit Weisungen zu erteilen, um diese von der Begehung weiterer Straftaten abzuhalten. § 68b StGB bzw. im Fall der nachträglichen Weisung § 68d StGB ermächtigen das Gericht hierzu. Die Weisung stellt ein spezifisches Mittel dar, um durch gezielte Ge- und Verbote spezialpräventiv auf den Betroffenen einzuwirken.[692] Damit ist sie zu einem unverzichtbaren Bestandteil für den Schutz der Allgemeinheit, der Resozialisierung sowie der Kontrolle des Täters geworden.[693]

Es ist nach § 68b StGB zwischen den strafbewehrten Weisungen nach Abs. 1, bei denen ein Verstoß mit einer Strafe nach § 145a StGB geahndet werden kann, und den nicht strafbewehrten Weisungen nach Abs. 2 zu unterscheiden. Allen nach § 68b StGB erteilten Weisungen sind jedoch allgemeine Anwendungskriterien gemein.

1. Allgemeine Anwendungskriterien

a) Pflicht zur differenzierten Handhabung

Die höchste Maxime für die Anordnung von Weisungen besteht in der Pflicht zur differenzierten Handhabung.[694] Dadurch soll sichergestellt werden, dass die unterschiedlichen Situationen der Täter ausreichend berücksichtigt werden, wie beispielsweise der Vollverbüßer, der eine ganz andere Betreuung benötigt als der Betroffene, dessen Vollzug der Strafe wegen günstiger Entwicklung ausgesetzt wurde.[695] Die Weisung kann nicht nach einem festen Schema erteilt wer-

---

692 Heintschel-Heinegg-[Heuchemer], BeckOK StGB, § 68b StGB Rn. 2; Laufhütte/Rissing van Saan/Tiedemann-[Schneider], LK-StGB, § 68b StGB Rn. 1; Rudolphi/Horn/Günther/Samson-[Sinn], SK-StGB, § 68b StGB Rn. 1; Schönke/Schröder-[Stree/Kinzig], StGB, § 68b StGB Rn. 1.

693 Dölling/Duttge/Rössner-[Pflieger], StGB, § 68b StGB Rn. 1; Mrozynski, JR 1983, S. 397 (397); Satzger/Schmitt/Widmaier-[Jehle], StGB, § 68b StGB Rn. 1; Schönke/Schröder-[Stree/Kinzig], StGB, § 68b StGB Rn. 1.

694 Vgl. auch OLG Köln, NStZ 2010, S. 153 (154); Laufhütte/Rissing van Saan/Tiedemann-[Schneider], LK-StGB, § 68b StGB Rn. 5.

695 Heintschel-Heinegg-[Groß], MüKo-StGB, § 68b StGB Rn. 4; Kindhäuser/Neumann/Paeffgen-[Ostendorf], NK-StGB, § 68b StGB Rn. 3; Laufhütte/Rissing-van Saan/Tiedemann-[Schneider], LK-StGB, § 68b StGB Rn. 5.

den, sondern muss einzelfallabhängig und ausreichend begründet ergehen.[696] Nur durch die differenzierte Handhabung kann eine sinnvolle Resozialisierungshilfe und Überwachung des Verurteilten gewährleistet werden.[697]

b) Bestimmtheitsgrundsatz

Des Weiteren müssen die Ge- und Verbote vom Richter gem. § 68b Abs. 1 S. 2 StGB hinreichend bestimmt werden und aus sich heraus verständlich sein.[698] Eine bloße Wiedergabe des Gesetzeswortlautes ohne eine Individualisierung auf den konkreten Aufsichtsfall vorgenommen zu haben, genügt dem Bestimmtheitsgrundsatz nicht.[699] Vor allem bei den strafbewehrten Weisungen nach Abs. 1 ist eine inhaltlich eindeutige Abfassung unverzichtbar, infolge derer zweifelsfrei erkennbar wird, welche Weisung angeordnet wurde und wann ein Verstoß gegen diese Weisung vorliegt, der eine Bestrafung gem. § 145a StGB auslösen kann.[700] Aber auch bei Maßnahmen nach Abs. 2 besteht diese Pflicht, da zum einen bei Verstößen gegebenenfalls der Widerruf der Aussetzung einer Unterbringung oder einer Strafe erfolgen kann, zum anderen soll der Verurteilte, wie bei einer Weisung nach Abs. 1, eine klare Vorgabe erhalten und nicht durch Ungenauigkeiten verwirrt werden.[701] Dies gebietet bereits das Rechtsstaatsprinzip. Auch ist es unzulässig, die Ausgestaltung der Weisung der Aufsichtsstelle, dem Bewährungshelfer oder der forensischen Ambulanz zu überlassen. § 68b Abs. 1 S. 2 StGB gibt dem Gericht diese Aufgabe auf. Daher wäre eine Weisung, sich einmal im Monat beim Bewährungshelfer zu melden und dessen An-

---

696 OLG Dresden, NStZ 2008, S. 572 (572); OLG Dresden, NStZ-RR 2010, S. 126 (126 f.); OLG Hamm, NStZ-RR 2009, S. 260; Schönke/Schröder-[Stree/Kinzig], StGB, § 68b StGB Rn. 1.

697 OLG Dresden, NStZ 2008, S. 572 (572); OLG Hamm, NStZ-RR 2009, S. 260; Schönke/Schröder-[Stree/Kinzig], StGB, § 68b StGB Rn. 1.

698 OLG Frankfurt, NStZ-RR 2009, S. 27 (27 f.); OLG München, StV 2009, S. 542 f.; OLG Oldenburg, StV 2009, S. 542; Fischer, StGB, § 68b StGB Rn. 3; Heintschel-Heinegg-[Heuchemer], BeckOK StGB, § 68b StGB Rn. 6.1; Laufhütte/Rissing-van Saan/Tiedemann-[Schneider], LK-StGB, § 68b StGB Rn. 8.

699 OLG Dresden, NStZ 2008, S. 572 (572); Leipold/Tsambikakis/Zöller-[Kilian/Möhlenbeck], StGB, § 68b StGB Rn. 6.

700 OLG Frankfurt, NStZ-RR 2009, S. 27 (28); OLG Jena, StV 2008, S. 88; KG, NStZ-RR 2008, S. 278; OLG Hamm, JMBl. NW 1982, S. 153 (153); Kindhäuser, LPK-StGB, § 68b StGB Rn. 1, 8; Satzger/Schmitt/Widmaier-[Jehle], StGB, § 68b StGB Rn. 4; Schönke/Schröder-[Stree/Kinzig], StGB, § 68b StGB Rn. 3; Zipf, JuS 1974, S. 276 (277).

701 Laufhütte/Rissing van Saan/Tiedemann-[Schneider], LK-StGB, § 68b StGB Rn. 9; Schönke/Schröder-[Stree/Kinzig], StGB, § 68b StGB Rn. 3, 24.

ordnungen zu befolgen, gesetzeswidrig, da der Bestimmtheitsgrundsatz nicht ausreichend Beachtung findet.[702]

c) Keine unzumutbaren Anforderungen an die Lebensführung

Weiterhin dürfen gem. § 68b Abs. 3 StGB durch eine Weisung keine unzumutbaren Anforderungen an die Lebensführung gestellt werden. Dies entspricht wörtlich der Voraussetzung für die Weisungserteilung während der Dauer der Bewährungszeit nach § 56c Abs. 1 S. 2 StGB.[703] Ein Verstoß hiergegen liegt vor, wenn die Weisung einen unverhältnismäßig einschneidenden Eingriff in die Lebensführung der verurteilten Person bedeutet, der sich beispielsweise aus Art oder Umfang der Anordnung ergeben kann.[704]

Als umstritten gilt, ob die Grenze der Zumutbarkeit einer Weisung im Rahmen der Führungsaufsicht großzügiger ist als die Zumutbarkeitsgrenze bei der Bewährungsaufsicht. Nach einer Ansicht liegt angesichts der Tatsache, dass alle Weisungen bereits aufgrund ihrer gesetzlichen Zweckbestimmung einen Eingriff in die Lebensführung darstellen, im Rahmen des § 68b StGB eine erhöhte Eingriffsintensität im Vergleich zu der Bewährungsaufsicht vor. Dementsprechend liegen die Anforderungen an die Zumutbarkeit im Fall des § 68b StGB höher als bei § 56c Abs. 1 S. 2 StGB.[705] Dies folge auch bereits aus der Strafbewehrtheit der Weisungen des § 68b Abs. 1 StGB.[706] Die Gegenansicht erkennt zwar grundsätzlich den Unterschied zwischen Bewährungs- und Führungsaufsicht hinsichtlich des Täterkreises und Zwecks an, lässt jedoch trotzdem keine andere Grenzziehung zu, da die unzumutbare Weisung, sofern sie nicht verfassungswidrig ist, in der Regel ihren Zweck verfehlt.[707] Somit darf nach dieser Ansicht die Grenze bei der Führungsaufsicht nicht großzügiger gezogen werden als bei der Bewährungshilfe. Beide Ansichten erscheinen zunächst für sich genommen als plausibel. Aufgrund der Strafandrohung des § 145a StGB bei Verstößen gegen Weisungen nach § 68 Abs. 1 StGB müssen die Anforderungen an die Zu-

---

702 OLG Jena, StV 2008, S. 88; Kindhäuser/Neumann/Paeffgen-[Ostendorf], NK-StGB, § 68b StGB Rn. 5.

703 Heintschel-Heinegg-[Groß], MüKo-StGB, § 68b StGB Rn. 7; Lackner/Kühl, StGB, § 68b StGB Rn. 1; Laufhütte/Rissing-van Saan/Tiedemann-[Schneider], LK-StGB, § 68b StGB Rn. 11.

704 Anm. Deckers zu OLG Düsseldorf, StV 1983, S. 116; Laufhütte/Rissing-van Saan/ Tiedemann-[Hubrach], LK-StGB, § 56c StGB Rn. 2.

705 OLG Celle, StV 2010, S. 495 (496); Heintschel-Heinegg-[Groß], MüKo-StGB, § 68b StGB Rn. 7; Heintschel-Heinegg-[Heuchemer], BeckOK StGB, § 68b StGB Rn. 6; Rudolphi/Horn/Günther/Samson-[Sinn], SK-StGB, § 68b StGB Rn. 1.

706 Heintschel-Heinegg-[Heuchemer], BeckOK StGB, § 68b StGB Rn. 6.

707 Laufhütte/Rissing van Saan/Tiedemann-[Schneider], LK-StGB, § 68b StGB Rn. 11.

mutbarkeit im Fall des § 68b Abs. 3 StGB grundsätzlich höher liegen als bei § 56c Abs. 1 S. 2 StGB. Jedoch sollte hierbei keine starre, generelle Zumutbarkeitsgrenze festgelegt werden. Es erscheint dagegen angemessen zu sein, für jede Weisung eine individuelle Zumutbarkeitsgrenze auszuloten. Nur hierdurch kann individuell auf die Eingriffsintensivität der einzelnen Weisung eingegangen werden.

Im Übrigen hätte das Gebot der Zumutbarkeit nach § 68b Abs. 3 StGB keiner ausdrücklichen Normierung bedurft, da dies bereits aus dem Verhältnismäßigkeitsgrundsatz resultiert.[708]

d) Pflichtgemäßes Ermessen

Die Anordnung und Auswahl der Weisungen steht im pflichtgemäßen Ermessen des Gerichts. Dieses hat darüber zu entscheiden, ob die verurteilte Person überhaupt Weisungen benötigt. Liegt ein derartiges Bedürfnis vor, muss das Gericht nach pflichtgemäßem Ermessen die Entscheidung treffen, ob Weisungen nach Abs. 1, nach Abs. 2 oder nach Abs. 1 und Abs. 2 erteilt werden. Es ist hierbei in der Entscheidung über die Anzahl der Ge- und Verbote frei.

Maßgebliche Kriterien für die Auswahl der geeigneten Weisungen sind die begangene Tat, die Persönlichkeit des Täters sowie sein Umfeld.[709] Grenzen ergeben sich aus den oben genannten[710] Anwendungskriterien, aus dem Zweck des Ge- bzw. Verbots, aus grundrechtlichen Beschränkungen sowie dem Gebot, dass Weisungen die Voraussetzungen besonders geregelter Rechtsfolgen, beispielsweise dem Berufsverbot nicht unterlaufen dürfen.[711] Diese Grenzen hängen allerdings wohl eher vom Einzelfall ab und richten sich nach Art und Inhalt der erteilten Weisung. Ob das Gericht im Umgang mit den Anordnungen eher sparsam umgehen soll, wird in der Wissenschaft sehr unterschiedlich gesehen.[712]

708 Ähnlich Fischer, StGB, 57. Aufl., § 68b StGB Rn. 2, der jedoch nicht auf das nicht vorhandene Bedürfnis der Normierung eingeht. In der 57. Aufl. erkennt Fischer noch an, dass für alle Weisungen die Anforderung der Zumutbarkeit wie in § 56c Abs. 1 S. 2 StGB gilt, die sich schon allein aus dem Grundsatz der Verhältnismäßigkeit ergebe. In seiner neuen Aufl. (58. Aufl.) ändert er seine bisherige Meinung, indem er ein Abweichen der Anforderungen an die Zumutbarkeit der Weisungen nach § 68b Abs. 1 StGB von denen des § 56c StGB annimmt, vgl. hierzu Fischer, StGB, § 68b StGB Rn. 3.

709 Heintschel-Heinegg-[Heuchemer], BeckOK StGB, § 68b StGB Rn. 5; Rudolphi/Horn/Günther/Samson-[Sinn], SK-StGB, § 68b StGB Rn. 3.

710 Siehe dazu S. 143 ff.

711 Kindhäuser/Neumann/Paeffgen-[Ostendorf], NK-StGB, § 68b StGB Rn. 6; Laufhütte/Rissing van Saan/Tiedemann-[Schneider], LK-StGB, § 68b StGB Rn. 11a f.

712 Umfassend und m.w.N. Kindhäuser/Neumann/Paeffgen-[Ostendorf], NK-StGB, § 68b StGB Rn. 3.

Weisungen können der verurteilten Person nicht nur eine Hilfe zur Resozialisierung sein, sondern begründen auch eine zusätzliche Versagensmöglichkeit, nämlich dann, wenn die verurteilte Person das ihr vorgegebene Verhalten nicht erfüllen kann, d.h. sie gegen ein ihr auferlegtes Ge- bzw. Verbot verstößt, und üben damit Druck auf den Verurteilten aus. Daher muss das Gericht bei der Ausgestaltung der Führungsaufsicht sorgfältig abwägen, ob die jeweilige Weisung der verurteilten Person zur Stütze reicht und die Kontrolle verkraftbar ist, oder ob die Anordnung einen zu starken Eingriff in das Leben des Verurteilten darstellt, der zu unzuträglicher Einengung und Überforderung führt. Dies erscheint umso wichtiger, da in diesem Fall die Gefahr des Rückzugs oder Widerstands von Seiten des Strafgefangenen besteht. Unter keinen Umständen darf das Gericht sehenden Auges die verurteilte Person in die Strafbarkeit führen. Die Ausgestaltung der Führungsaufsicht hat also solcherart zu erfolgen, dass das Scheitern nicht schon vorprogrammiert ist.[713]

e) Belehrung

Nach § 268a Abs. 3 StPO soll die verurteilte Person umfangreich über die jeweilige Weisung, deren Inhalt und Folgen, insbesondere über die Möglichkeit der Bestrafung nach § 145a StGB belehrt werden.

2. Strafbewehrte Weisungen, § 68b Abs. 1 S. 1 StGB

Nach § 68b Abs. 1 S. 1 StGB kann das Gericht Ge- und Verbote, deren Überschreitung mit Strafe nach § 145a S. 1 StGB bedroht sind, anordnen. Die Strafbewehrung stellt den offensichtlichsten Unterschied gegenüber Bewährungsauflagen, die über keine Strafsanktion verfügen, dar.[714] Aufgrund des nulla poena sine lege Prinzips ist Abs. 1 abschließend gefasst.[715] Das Gericht kann demnach zwischen zwölf Weisungen auswählen, wobei es bei Bedarf auch mehrere festlegen kann. Diese greifen zum Teil zwar erheblich in die Lebensführung ein, unterliegen aber nach vorherrschender Meinung im Ergebnis keinen verfassungsrechtlichen Bedenken.[716]

---

713 Kindhäuser/Neumann/Paeffgen-[Ostendorf], NK-StGB, § 68b StGB Rn. 3.

714 Jung, Bewährungshelfer und Bewährungshilfe, S. 22.

715 Heintschel-Heinegg-[Groß], MüKo-StGB, § 68b StGB Rn. 9.

716 Raabe, Führungsaufsicht, S. 113; grundsätzlich zustimmend Laufhütte/Rissing van Saan/Tiedemann-[Schneider], LK-StGB, § 68b StGB Rn. 14; im Umkehrschluss aus ihren Ausführungen zu § 68b StGB: im Grundsatz Fischer, StGB, § 68b StGB; Kindhäuser, LPK-StGB, § 68b StGB.

a) Mobilitätsverbot, § 68b Abs. 1 S. 1 Nr. 1 StGB

Nach § 68b Abs. 1 S. 1 Nr. 1 StGB kann an die verurteilte Person die richterliche Weisung ergehen, ihren Wohn- oder Aufenthaltsort oder einen bestimmten Bereich nicht zu verlassen. Zweck dieser Vorschrift ist die bessere Überwachung des Täters. Teilweise besteht auch die Meinung, man vermeide hierdurch auch kriminelle Anreize, denen er außerhalb dieses Bereiches ausgesetzt sein könnte.[717] Der Bereich, der nach fast einhelliger Auffassung[718] etwa von einem Stadtteil bis hin zu einem Bundesland reichen kann, muss exakt beschrieben sein, wobei die Bereichsgrenzen nicht zu eng gezogen werden dürfen. Nr. 1 berechtigt aber nicht dazu, dem Betroffenen einen bestimmten Wohn- oder Aufenthaltsort zuzuweisen.[719]

Das Mobilitätsverbot kann mit einer zeitlichen Komponente einhergehen, gemäß derer der Verurteilte beispielsweise zu bestimmten Zeiten oder bestimmten Ereignissen verpflichtet ist, seinen Wohnort nicht zu verlassen.[720] Um die Resozialisierung des Täters nicht zu gefährden, müssen davon arbeitsbedingte Bereiche vom Mobilitätsverbot zumindest zeitweise ausgenommen sein.[721]

Als strittig gilt, ob ein kurzzeitiges Entfernen der verurteilten Person ohne Erlaubnis aus dem festgelegten Bereich bereits das Tatbestandmerkmal des „Verlassens" erfüllt. Hierfür spricht zunächst der Zweck der Vorschrift. Damit eine bessere Überwachung der Person und die Vermeidung krimineller Anreize gewährleistet sind, muss jegliches Entfernen, also auch das kurzzeitige, dem

717 Dölling/Duttge/Rössner-[Pflieger], StGB, § 68b StGB Rn. 2; Heintschel-Heinegg-[Groß], MüKo-StGB, § 68b StGB Rn. 10; Heintschel-Heinegg-[Heuchemer], BeckOK StGB, § 68b StGB Rn. 7; Kindhäuser, LPK-StGB, § 68b StGB Rn. 3, der ausdrücklich feststellt, dass der Zweck dieser Weisung nicht darin besteht, die auswärtige Begehung von Straftaten zu verhindern; Schönke/Schröder-[Stree/Kinzig], StGB, § 68b StGB Rn. 5.

718 Laufhütte/Rissing van Saan/Tiedemann-[Schneider], LK-StGB, § 68b StGB Rn. 20 ist entgegen der herrschenden Meinung der Auffassung, dass die Beschränkung auf ein Bundesland sinnlos sei, da die Überwachung der verurteilten Person durch die Aufsichtsstelle erfolgen soll.

719 OLG Jena, NStZ 2012, S. 158; Heintschel-Heinegg-[Heuchemer], BeckOK StGB, § 68b StGB Rn. 7; Kindhäuser/Neumann/Paeffgen-[Ostendorf], NK-StGB, § 68b StGB Rn. 9; Laufhütte/Rissing van Saan/Tiedemann-[Schneider], LK-StGB, § 68b StGB Rn. 20; Satzger/Schmitt/Widmaier-[Jehle], StGB, § 68b StGB Rn. 5; Schönke/Schröder-[Stree/Kinzig], StGB, § 68b StGB Rn. 5.

720 Heintschel-Heinegg-[Groß], MüKo-StGB, § 68b StGB Rn. 10.

721 Kindhäuser/Neumann/Paeffgen-[Ostendorf], NK-StGB, § 68b StGB Rn. 9; Schönke/Schröder-[Stree/Kinzig], StGB, § 68b StGB Rn. 5.

Verurteilten untersagt sein.[722] Die Gegenansicht verneint das Verlassen eines Ortes, wenn die verurteilte Person sich nur kurzfristig beispielsweise einem Tag entfernt, da der alleinige Zweck dieser Weisung in der planmäßigen Kontrolle und Überwachung der betroffenen Person durch die Aufsichtsstelle und nicht in der Verhinderung der auswärtigen Begehung weiterer Straftaten besteht.[723] Da es sich hierbei um eine strafbewehrte Weisung handelt, erscheint es auch unter dem Aspekt der Abschreckung des Täters vor Zuwiderhandlungen empfehlenswert, grundsätzlich jede, auch nur kurzfristige unerlaubte Entfernung als ein Verlassen zu werten. Jedoch sind gewisse Toleranzzeiten[724] festzulegen, innerhalb dieser eine Verletzung der Weisung als noch unbeachtlich anzusehen ist. Durch die Akzeptanz geringfügiger Verspätungen würde auch der Forderung des § 68b Abs. 3 StGB gerecht werden, wonach das Gericht keine unzumutbaren Anforderungen an die Lebensführung der verurteilten Person stellen darf.[725] Bei stetigem, wenn auch nur kurzzeitigem Entfernen, ist jedoch von dieser Ausnahmeregelung Abstand zu nehmen, um den Verurteilten zum Einhalten dieser Weisung zu bewegen.

Mit Erlaubnis der Aufsichtsstelle darf die verurteilte Person den bestimmten Bereich kurzzeitig verlassen oder den Aufenthalt wechseln. Versagt die Aufsichtsstelle jedoch diese, besteht die Möglichkeit für den Verurteilten das für die Führungsaufsicht zuständige Gericht, welches die Weisung nach § 68b Abs. 1 S. 1 Nr. 1 StGB erteilt hat, anzurufen. Dieses muss aufgrund des Anspruches des Verurteilten auf gerichtliche Entscheidung gem. Art. 19 Abs. 4 S. 1 GG über dessen Begehren entscheiden und kann bei Vorliegen der Voraussetzungen die Weisung aufheben, die Erlaubnis selbst erteilen oder der Aufsichtsstelle eine

---

722 Heintschel-Heinegg-[Groß], MüKo-StGB, § 68b StGB Rn. 10; Satzger/Schmitt/Widmaier-[Jehle], StGB, § 68b StGB Rn. 5; Schönke/Schröder-[Stree/Kinzig], StGB, § 68b StGB Rn. 5.

723 Fischer, StGB, § 68b StGB Rn. 3a; Kindhäuser, LPK-StGB, § 68b StGB Rn. 3; Rudolphi/Horn/Günther/Samson-[Sinn], SK-StGB, § 68b StGB Rn. 7. Nach Dölling/Duttge/Rössner-[Pflieger], StGB, § 68b StGB Rn. 2 gefährdet eine eintägige Abwesenheit noch nicht den Zweck der Führungsaufsicht, so dass er der Meinung ist, dass ein tatbestandliches Verlassen erst ab zwei Tagen vorliegt.

724 Hierzu gibt es, wie gezeigt, keine gesetzlichen Vorgaben. Jedenfalls sind geringfügige Verspätungen bzw. das kurze Verlassen eines Ortes, welches nur ein paar Minuten umfasst, grundsätzlich nicht als Weisungsverstoß zu werten. Dieser ist erst anzunehmen, wenn der Verurteilte sich mehrere Stunden entfernt, auf jeden Fall aber, wenn er sich einen Tag lang der Kontrolle und Überwachung entzieht.

725 Ähnlich, aber in einem anderen Zusammenhang Schlömer, Elektronisch überwachter Hausarrest, S. 267.

entsprechende Anweisung geben.[726] Gegen die Entscheidung des Gerichts ist dann unter den Beschränkungen des § 453 Abs. 2 iVm. § 463 Abs. 1, 2 StPO die Beschwerde zulässig.

Im Übrigen tangiert diese Weisung zwar das Grundrecht der Freizügigkeit nach Art. 11 Abs. 2 GG. Allerdings muss eine derartige Einschränkung hingenommen werden, da das Mobilitätsverbot der sachgerechten Überwachung durch die Aufsichtsstelle dient.[727]

b) Ortsverbot, § 68b Abs. 1 S. 1 Nr. 2 StGB

Nach § 68b Abs. 1 S. 1 Nr. 2 StGB darf der verurteilten Person untersagt werden, sich an bestimmten Orten aufzuhalten, die ihr womöglich Gelegenheit oder Anreiz zu weiteren Straftaten bieten. Der Zweck dieser Weisung liegt, anders als bei § 68b Abs. 1 S. 1 Nr. 1 StGB, nicht in der Kontrolle der verurteilten Person, sondern ausschließlich in der Ausschaltung kriminogener Reize.[728] Ein aus anderen Gründen bestehendes Ortsverbot gilt als unzulässig.[729]

Es können konkret individualisierte Orte, aber auch nach der Art oder Gattung bestimmbare Orte, wie z.B. Kinderspielplätze, öffentliche Bäder, Milieu-Lokale, Postämter sowie Bahnhöfe verboten werden. Dem Bestimmungsgrundsatz widersprechend ist aber eine Weisung, die den Aufenthalt an Orten, an dem sich erfahrungsgemäß viele Menschen treffen, um beispielsweise illegale Betäubungsmittel zu konsumieren oder handeln, verbietet.[730]

---

726 OLG Düsseldorf, StraFo 2004, S. 426 (426); Leipold/Tsambikakis/Zöller-[Kilian/Möhlenbeck], StGB, § 68b StGB Rn. 9; Satzger/Schmitt/Widmaier-[Jehle], StGB, § 68b StGB Rn. 5; Schönke/Schröder-[Stree/Kinzig], StGB, § 68b StGB Rn. 5.

727 Ähnlich Dölling/Duttge/Rössner-[Pflieger], StGB, § 68b StGB Rn. 2; Heintschel-Heinegg-[Groß], MüKo-StGB, § 68b StGB Rn. 10.

728 BT.Drs. 17/3403, S. 17; Heintschel-Heinegg-[Groß], MüKo-StGB, § 68b StGB Rn. 24 sieht die Möglichkeit einer generellen Aufenthaltsüberwachung ohne den aufwendigen Einsatz vieler Polizisten. Ferner erkennen auch Haverkamp/Schwedler/Wößner, R & P 2012, S. 9 (10) zum einen „die Abschreckung vor der Begehung bestimmter Rückfalltaten im Sinne einer positiven und negativen Spezialprävention" als Ziel an, zum anderen die Ausschaltung kriminogener Reize bei der Anordnung dieser Weisung, um Verstöße gegen Weisungen nach § 68b Abs. 1 S. 1 Nr. 2 StGB sanktionieren zu können.

729 Heintschel-Heinegg-[Groß], MüKo-StGB, § 68b StGB Rn. 12; Laufhütte/Rissing-van Saan/Tiedemann-[Schneider], LK-StGB, § 68b StGB Rn. 21; Rudolphi/Horn/Günther/Samson-[Sinn], SK-StGB, § 68b StGB Rn. 8; Satzger/Schmitt/Widmaier-[Jehle], StGB, § 68b StGB Rn. 6; Schönke/Schröder-[Stree/Kinzig], StGB, § 68b StGB Rn. 6.

730 OLG Dresden, NStZ-RR 2008, S. 326 (327); Dölling/Duttge/Rössner-[Pflieger], StGB, § 68b StGB Rn. 2; Fischer, StGB, § 68b StGB Rn. 4; Laufhütte/Rissing-van Saan/Tiedemann-[Schneider], LK-StGB, § 68b StGB Rn. 21; Satzger/Schmitt/

Im Einzelfall darf der „bestimmte Ort“ auch größere Gebiete, wie beispielsweise Zollgrenzgebiete oder Freihäfen bei einem Schmuggler umfassen.[731] Das bloße Betreten oder Passieren sowie der Abschluss eines dem Maßregelzweck nicht zuwiderlaufende Geschäfts, etwa das Kaufen einer Fahrkarte im Bahnhof oder der Erwerb einer Briefmarke im Postamt, stehen im Gegensatz zum Aufenthalt allerdings mangels Gefährdung des Maßregelzwecks nicht unter Strafe.[732] Des Weiteren besteht die Möglichkeit das Ortsverbot mit einer Zeitkomponente zu koppeln.[733]

Auch darf ein Ortsverbot im Sinne einer Weisung eine bestimmte Wohnung nicht zu betreten erteilt werden, wenn es gleichzeitig den Entzug der Verfügungsbefugnis über eine Wohnung darstellt, da dies keinen Eingriff in das Grundrecht der Unverletzlichkeit der Wohnung nach Art. 13 GG bedeutet. Durch Art. 13 GG wird nicht das Besitzrecht an einer Wohnung, sondern nur deren Privatheit geschützt. Art. 13 Abs. 1 GG schützt nicht das Interesse, eine bestimmte Wohnung zum Lebensmittelpunkt zu machen und für sich zu behalten, so dass ein Ortsverbot sich in einem bestimmten Umkreis von Schulen aufzuhalten, auch für eine Hausmeisterwohnung der Eltern des Täters in einem Schulgebäude gilt.[734]

Insbesondere wird ein Ortsverbot nach § 68b Abs. 1 S. 1 Nr. 2 StGB gegenüber Tätern spezifischer Delikte, beispielsweise in den Bereichen der Sexualdelinquenz, des Drogenhandels oder der Beschaffungskriminalität verhängt.[735] In der Praxis ist diese Weisung jedoch aufgrund der schwierigen Kontrollmöglichkeiten eher belanglos.

Durch die Einführung der Weisung der elektronischen Überwachung, § 68b Abs. 1 S. 1 Nr. 12 StGB, haben sich die Kontrollmöglichkeiten stark verbessert, da die Norm u.a. das Gebot des Beisichführens der für die elektronische Überwachung des Aufenthaltsortes erforderlichen Mittel bestimmt. Es wird aller-

---

Widmaier-[Jehle], StGB, § 68b StGB Rn. 6; Schönke/Schröder-[Stree/Kinzig], StGB, § 68b StGB Rn. 6.

731 Laufhütte/Rissing van Saan/Tiedemann-[Schneider], LK-StGB, § 68b StGB Rn. 21; Schönke/Schröder-[Stree/Kinzig], StGB, § 68b StGB Rn. 6.

732 Kindhäuser, LPK-StGB, § 68b StGB Rn. 4; Rudolphi/Horn/Günther/Samson-[Sinn], SK-StGB, § 68b StGB Rn. 8.

733 Heintschel-Heinegg-[Groß], MüKo-StGB, § 68b StGB Rn. 12; Schönke/Schröder-[Stree/Kinzig], StGB, § 68b StGB Rn. 6.

734 BVerfG, NJW 2008, S. 2493 (2493); Schönke/Schröder-[Stree/Kinzig], StGB, § 68b StGB Rn. 6.

735 Laufhütte/Rissing van Saan/Tiedemann-[Schneider], LK-StGB, § 68b StGB Rn. 21.

dings vorausgesetzt, dass das Gericht neben dem Ortsverbot eine entsprechende Weisung angeordnet hat.[736]

c) Kontakt- und Verkehrsverbot, § 68b Abs. 1 S. 1 Nr. 3 StGB

aa) Ausgangslage

Bereits vor der Reform von 2007 bestand die Möglichkeit einer Weisung nach § 68b Abs. 1 S. 1 Nr. 3 StGB, das ein Verbot beinhaltete, bestimmte Personen oder Personengruppen, die dem Verbrecher Gelegenheit oder Anreiz zu weiteren Straftaten geben könnten, zu beschäftigen, auszubilden oder zu beherbergen. Allerdings reichte dieses Verbot oftmals nicht aus, da es dem Täter nicht nur auf diesen Wegen möglich war, Kontakt zu seinen Opfern bzw. zu bestimmten Personen oder Personengruppen aufzunehmen. Vor allem in den Fällen des sexuellen Missbrauchs von Kindern bestand schon lange das dringende Bedürfnis, Verurteilten den Kontakt zu bestimmten Personen verbieten zu dürfen.[737] Jedoch mangelte es für ein derartiges Verbot an einer ausdrücklichen Normierung. Daher wurde diese Angelegenheit im Wege einer Weisung nach § 68b Abs. 2 StGB gelöst. Das Problem hierbei war, dass im Fall eines Verstoßes, die Weisung nach Abs. 2 nicht unter Strafe stand und dem Täter, wenn er keinen Bewährungswiderruf zu befürchten hatte, keine Sanktion drohte.[738] In der Praxis war diese Weisung aufgrund der fehlenden Sanktionsmöglichkeit und der damit bestehenden fehlenden Abschreckungsmöglichkeit wenig Erfolg versprechend, um den Kontakt der Täter zu bestimmten Personen zu unterbinden. Die Notwendigkeit einer gesetzlichen Normierung wuchs damit stetig an.

bb) Neuregelung durch die Reform von 2007

Aufgrund dessen führte man mit der Reform von 2007 ein umfangreiches Kontaktverbot als strafbewehrte Weisung ein, das ausdrücklich die Möglichkeit vorsieht, dem Täter die Kontaktaufnahme zu der verletzten Person, bestimmten Personen oder Personen einer Gruppe, die ihm Gelegenheit oder Anreiz zu weiteren Straftaten geben, zu verbieten. Der Grund hierfür lag in der Absicht, das Opfer vor erneuten Belästigungen zu schützen, um so eine Vertiefung des schon durch die Tat bestehenden Schadens zu verhindern.[739] Das Opfer wird auf Antrag über

---

736 Ausführlich zu dieser Möglichkeit siehe Punkt „Elektronische Überwachung, § 68b Abs. 1 S. 1 Nr. 12 StGB".

737 BT-Drs. 16/1993, S. 18.

738 Schneider, NStZ 2007, S. 441 (443).

739 OLG Köln, NStZ 2010, S. 153 (154); BT-Drs. 16/1993, S. 18; Dölling/Duttge/Rössner-[Pflieger], StGB, § 68b StGB Rn. 2; Peglau, NJW 2007, S. 1558 (1559); Schneider, NStZ 2007, S. 441 (443).

die Erteilung einer solchen Weisung gem. § 406d Abs. 2 Nr. 1 StPO informiert und ist gem. § 406h Abs. 1 StPO auf das Antragsrecht hinzuweisen. Dieses Wissen kann zum Sicherheitsgefühl beitragen und dem Opfer die Chance geben, die Strafverfolgung zu verbessern, indem es einen möglichen Weisungsverstoß bei der Aufsichtsstelle melden kann.[740] Die Gerichte müssen lediglich beachten, dass derartige Weisungen in das Gesamtgefüge von Täter-Opfer-Ausgleichsbestrebungen und Maßnahmen nach dem Gewaltschutzgesetz passen.[741]

Zudem schuf die Reform von 2007 die Möglichkeit, den Verkehr mit der verletzten Person, bestimmten Personen oder Personengruppen, die der verurteilten Person Gelegenheit oder Anreiz zu weiteren Straftaten bieten könnten, zu untersagen. Das Verkehrsverbot umfasst im Gegensatz zu dem Kontaktverbot, das vor potentiellen neuen Beziehungen schützen soll, die Fortführung oder das Unterhalten eines bereits bestehenden Umgangs zu einer Person oder einer Personengruppe.

Von dem Kontakt- oder Verkehrsverbot sowie bei dem Beherbergungsverbot, das sowohl die entgeltliche als auch die unentgeltliche Übernachtung umfasst, sind jedoch Familienangehörige zum Teil auszunehmen, da ein derartiges Verbot nicht soweit führen darf, dass der Kontakt zum Ehegatten oder die Wohngemeinschaft mit minderjährigen Abkömmlingen unterbunden wird. Die Benennung von Ehegatten als verbotenen Kontakt ist wegen eines Verstoßes gegen Art. 6 Abs. 1 GG verfassungswidrig, da die Trennung vom Partner stets die freie Entscheidung der zu schützenden Person bleibt. Ferner würde die Trennung von minderjährigen Abkömmlingen die familiengerichtliche Zuständigkeit unterlaufen, da diese nach § 1666 Abs. 1, 3 Nr. 3 BGB in den Zuständigkeitsbereich des Familiengerichts fällt. Folglich wäre eine derartige Weisung auch unzulässig.[742]

Täter, die ihre Taten unter dem Einfluss gruppendynamischer Strukturen begangen haben, gehören ebenfalls wie Sexualstraftäter zu demjenigen Täterkreis, bei dem die Erteilung einer Weisungen nach § 68b Abs. 1 S. 1 Nr. 3 StGB ver-

740 BT-Drs. 16/1993, S. 18; Laufhütte/Rissing van Saan/Tiedemann-[Schneider], LK-StGB, § 68b StGB Rn. 22.

741 Kerner, BewHi 2006, S. 49 (52); Laufhütte/Rissing van Saan/Tiedemann-[Schneider], LK-StGB, § 68b StGB Rn. 22; Pollähne, KritV 2007, S. 386 (408).

742 OLG Jena, Beschl. v. 2.3.2006, Az. 1 Ws 66/06; Laufhütte/Rissing van Saan/Tiedemann-[Schneider], LK-StGB, § 68b StGB Rn. 22; Rudolphi/Horn/Günther/Samson-[Sinn], SK-StGB, § 68b StGB Rn. 9; Satzger/Schmitt/Widmaier-[Jehle], StGB, § 68b StGB Rn. 7; Schönke/Schröder-[Stree/Kinzig], StGB, § 68b StGB Rn. 7.

mehrt in Betracht kommt.[743] Die Fortführung oder das Unterhalten eines bereits bestehenden Kontakts soll hiermit unterbunden werden, damit nicht durch Gruppendynamik bedingt, Anreiz oder Gelegenheit zur Begehung weiterer Straftaten geschaffen wird.

cc) Bewertung

Diese Neuregelung ist insgesamt positiv zu bewerten, allerdings erscheint die Formulierung in Bezug auf das Opfer etwas problematisch. Diese geriet recht unglücklich, da sie so verstanden werden könnte, dass das Opfer selbst den Anlass für weitere Straftaten gibt. Dies wollte der Gesetzgeber aber gerade damit nicht ausdrücken.[744] Daher erscheint es als sehr ratsam, auch um Missverständnissen vorzubeugen, die Opfer aus § 68b Abs. 1 S. 1 Nr. 3 StGB herauszunehmen und das Kontakt- und Verkehrsverbot sowie das Arbeits-, Ausbildungs- und Beherbergungsverbot dieser Personengruppe in einer eigenen Nummer zu regeln.[745]

d) Tätigkeitsverbot, § 68b Abs. 1 S. 1 Nr. 4 StGB

Des Weiteren besteht die Option gem. § 68b Abs. 1 S. 1 Nr. 4 StGB der verurteilten Person das Ausüben bestimmter Tätigkeiten – beruflich als auch außerberuflich – zu verbieten, wenn sie diese nach den gegebenen Umständen zu Straftaten missbrauchen könnte.[746] Problematisch ist die Abgrenzung zur Maßregel des Berufsverbots nach § 70 StGB.[747]

Als strittig gilt hierbei, ob die Weisung einem Berufsverbot gleichkommt. Vereinzelt wird dies auch vertreten.[748] Dem ist jedoch nicht zu zustimmen. Pflichtete man der Gegenauffassung bei, würden womöglich die eigenständigen Voraussetzungen des § 70 StGB unterlaufen, bei nachträglicher Anordnung durch Beschluss die rechtsstaatlich gebotene Verfahrensweise umgangen und die Vorschrift über die Maßregelkonkurrenz des § 72 StGB ausgehebelt. Außerdem blieben dem Verurteilten die Verschonungsmöglichkeit nach § 70a StGB

743 Fischer, StGB, § 68b StGB Rn. 5, § 56c StGB Rn. 8; Leipold/Tsambikakis/Zöller-[Kilian/Möhlenbeck], StGB, § 68b StGB Rn. 11.

744 BT-Drs. 16/1993, S. 18.

745 So auch Satzger/Schmitt/Widmaier-[Jehle], StGB, § 68b StGB Rn. 7.

746 Dölling/Duttge/Rössner-[Pflieger], StGB, § 68b StGB Rn. 2; Heintschel-Heinegg-[Groß], MüKo-StGB, § 68b StGB Rn. 14.

747 Insgesamt zu berufsverbotsgleiche Führungsweisungen OLG Hamburg, StraFo 2008, S. 481 ff; Laufhütte/Rissing van Saan/Tiedemann-[Schneider], LK-StGB, § 68b StGB Rn. 23.

748 Lackner/Kühl, StGB, § 68b StGB Rn. 2, der eine derartige Weisung, die wie ein Berufsverbot wirkt, regelmäßig, aber nicht notwendig ausschließt.

versagt.[749] Liegen die Voraussetzungen von § 70 StGB nicht vor, so darf keine entsprechende Weisung nach § 68b Abs. 1 S. 1 Nr. 4 StGB erfolgen, da die Anordnung einer solchen Weisung faktisch nicht zu einer Verhängung eines Berufsverbots führen darf. Für entsprechende Weisungen verbleiben daher nur außerberufliche sowie spezifische Tätigkeiten innerhalb der Berufsausübung, die diese nicht grundsätzlich ausschließen.[750] Als Beispiel ist der brandstiftende freiwillige Feuerwehrmann zu nennen, dem die Tätigkeit untersagt werden kann. § 68b Abs. 1 S. 1 Nr. 4 StGB umfasst aber nicht den Berufsfeuerwehrmann. Auch ein Verbot gegen den Masseur mit dem Inhalt, keine Jugendlichen zu massieren, wäre unzulässig.[751] Es ist daher der Ansicht zu folgen, wonach die Weisung unzulässig ist, wenn sie auf ein Berufsverbot hinausläuft. Im Übrigen erledigt sich dann auch die Frage, ob eine entsprechende Weisung gegen Art. 12 Abs. 1 GG verstoße.[752]

Die Ansicht, dass das Tätigkeitsverbot die Rückfallgefahr vermindert, findet allgemeine Akzeptanz. Dies zeigt beispielsweise auch die Entwicklung in Österreich. Durch das zweite Gewaltschutzgesetz[753] wurde ein Tätigkeitsverbot in § 220b des österreichischen Strafgesetzbuchs eingeführt. Ziel ist es, die Präventionsmaßnahmen zu erweitern und die Rückfallgefahr bei bereits strafrechtlich bekannt gewordenen Tätern zu verringern.

§ 220b StGB „Tätigkeitsverbot“

„Hat der Täter eine strafbare Handlung gegen die sexuelle Integrität und Selbstbestimmung einer minderjährigen Person begangen und im Tatzeitpunkt eine Erwerbstätigkeit oder sonstige Tätigkeit in einem Verein oder einer anderen Einrichtung ausgeübt oder auszuüben beabsichtigt, welche die Erziehung, Ausbildung oder Beaufsichtigung Minderjähriger einschließt, so ist ihm für eine Dauer von mindestens

749 OLG Dresden, NStZ 2008, S. 572 (572 f.); Leipold/Tsambikakis/Zöller-[Kilian/Möhlenbeck], StGB, § 68b StGB Rn. 13; Satzger/Schmitt/Widmaier-[Jehle], StGB, § 68b StGB Rn. 8.

750 Kindhäuser, LPK-StGB, § 68b StGB Rn. 5; Kindhäuser/Neumann/Paeffgen-[Ostendorf], NK-StGB, § 68b StGB Rn. 12; Kretschmer, Das strafprozessuale Verbot, S. 236; vgl. a.A. insgesamt OLG Hamm, NStZ-RR 2010, S. 90 f.

751 Kindhäuser/Neumann/Paeffgen-[Ostendorf], NK-StGB, § 68b StGB Rn. 12; die Gegenansicht hält eine Weisung für zulässig, wenn dem Berufsausübenden nur eine punktuelle Beschränkung auferlegt wird, beispielsweise die Weisung an einen Arzt, keine Jugendlichen mehr zu behandeln, vgl. hierzu Kindhäuser, LPK-StGB, § 68b StGB Rn. 5. So auch Schönke/Schröder-[Stree/Kinzig], StGB, § 68b StGB Rn. 9, der eine Weisung an einem Masseur keine Jugendlichen zu massieren oder an einem Kellner nicht in einem Nachtlokal zu arbeiten als zulässig erachtet.

752 So auch Jähnke/Laufhütte/Odersky-[Hanack], LK-StGB,11. Aufl., § 68b StGB Rn. 26.

753 Österreichisches BGBl. I Nr. 40/2009.

einem und höchstens fünf Jahren die Ausübung dieser und vergleichbarer Tätigkeiten zu untersagen, sofern die Gefahr besteht, dass er sonst unter Ausnützung einer ihm durch eine solche Tätigkeit gebotenen Gelegenheit eine weitere derartige strafbare Handlung mit nicht bloß leichten Folgen begehen werde. (…)"

e) Besitzverbot, § 68b Abs. 1 S. 1 Nr. 5 StGB

Darüber hinaus hat das Gericht gem. § 68b Abs. 1 S. 1 Nr. 5 StGB die Möglichkeit, den Besitz, das Beisichführen oder das Verwahren bestimmter Gegenstände, welche Gelegenheit oder Anreiz zu weiteren Straftaten bieten können, zu verbieten. Umfasst werden dabei vor allem gefährliche Sachen wie Diebeswerkzeuge, Waffen, Schlagringe, Fälschungsmittel und andere potentielle Tatwerkzeuge.[754]

Umstritten ist, ob die Gegenstände zur Verwendung von Delikten geeignet sein müssen, derentwegen Führungsaufsicht angeordnet werden kann. Nach einer in der Literatur vertretenen Ansicht beschränkt sich dieses Verbot auf Objekte, die führungsaufsichtsfähige Straftaten betreffen.[755] Die Gegenansicht vertritt die Meinung, dass keinerlei Beschränkungen stattfinden sollen. Begründet wird dies folgendermaßen: die verurteilte Person soll nicht nur von den führungsaufsichtsfähigen Straftaten abgehalten werden, sondern es gilt auch das Ziel zu verfolgen, dass die Person überhaupt keine Straftaten mehr begeht.[756] Eine vermittelnde Ansicht verlangt die Geeignetheit der Gegenstände zur Verwendung bei Delikten derentwegen Führungsaufsicht angeordnet werden kann nur in den Fällen, in denen die zu befürchteten Straftaten mit der Tat, die die Führungsaufsicht auslöst, eine gewisse kriminelle Kontinuität aufzuweisen haben, so etwa bei der Führungsaufsicht kraft Richterspruchs nach § 68 Abs. 1 StGB. In den übrigen Fällen, insbesondere auch bei § 68f StGB bedarf es dieser Einschränkung nicht.[757] Da das Ziel der Führungsaufsicht zum einen der Schutz der Allgemeinheit vor der Begehung weiterer Straftaten durch die bereits verurteilte Person, zum anderen aber auch umfassende Hilfe bei der Resozialisierung des Täters ist, darf keinerlei Beschränkung auf bestimmte Sachen stattfinden. Das Besitzverbot nach § 68b Abs. 1 S. 1 Nr. 5 StGB beschränkt sich somit nicht auf bestimmte Gegenstände.

---

754 BT-Drs. IV/650, S. 222; Laufhütte/Rissing-van Saan/Tiedemann-[Schneider], LK-StGB, § 68b StGB Rn. 28; Schönke/Schröder-[Stree/Kinzig], StGB, § 68b StGB Rn. 10.

755 Kindhäuser/Neumann/Paeffgen-[Ostendorf], NK-StGB, § 68b StGB Rn. 13.

756 Heintschel-Heinegg-[Groß], MüKo-StGB, § 68b StGB Rn. 5 und 15; Schönke/Schröder-[Stree/Kinzig], StGB, § 68b StGB Rn. 10.

757 Laufhütte/Rissing van Saan/Tiedemann-[Schneider], LK-StGB, § 68b StGB Rn. 28.

Die Weisung des § 68b Abs. 1 S. 1 Nr. 5 StGB kann durch das Gericht sowohl als Gebot, d.h. die verurteilte Person wird verpflichtet den Besitz an bestimmten Gegenständen aufzugeben (Gebot der Besitzaufgabe), als auch als Verbot, das bedeutet, der Verurteilte darf bestimmte Objekte nicht in Besitz nehmen (Verbot des Besitzerwerbs), ausgestaltet sein.[758] Nicht ausreichend ist ein Verbot, bestimmte Gegenstände zu besitzen, da nur Handlungen, nicht aber ein bereits bestehender Zustand verboten werden können.[759] Des Weiteren hat bei Gegenständen, die auch zum Führen eines legalen Privatlebens oder im Berufsleben benötigt werden, eine Verhältnismäßigkeitsprüfung darüber stattzufinden, ob im konkreten Einzelfall ein Ge- oder Verbot zulässig ist.[760]

Ein Sonderproblem stellt in diesem Zusammenhang auch die Frage, ob ein „Handy-Verbot" eine geeignete Weisung nach § 68b Abs. 1 S. 1 Nr. 5 StGB ist, um Straftaten aus dem Bereich der organisierten Kriminalität zu verhindern, dar. Dies ist umstritten. Nach einer vereinzelt vertretenen Ansicht soll jedoch ein „Handy-Verbot" zumindest im Bereich organisierter Kriminalität eine geeignete Weisung darstellen, um derartige Straftaten zu verhindern.[761] Aufgrund der schwierigen Prognosesituation, die bei den meisten Verurteilten aus dem Bereich organisierter Kriminalität vorliege, sieht eine andere Ansicht ein „Handy-Verbot" als nicht geeignete Weisung zur Verhinderung von Straftaten an.[762] Diesen Einwänden ist zuzustimmen. Auch die Tatsache, dass dieses Verbot nur sehr lückenhaft kontrolliert werden kann, da beispielsweise bei einem Prepaid Handy kein Vertragsabschluss nötig ist und damit kein Nachweis für die Benutzung des Handys besteht, spricht gegen die Geeignetheit einer derartigen Weisung.

f) Verbot des Haltens und Führens von Fahrzeugen, § 68b Abs. 1 S. 1 Nr. 6 StGB

§ 68b Abs. 1 S. 1 Nr. 6 StGB ermöglicht die Anordnung des Verbotes des Haltens oder Führens von Kraftfahrzeugen, legal definiert in § 248b Abs. 4 StGB, oder anderen Fahrzeugen, beispielsweise Fahrrädern oder Kähnen im Hafengebiet, die sich nach den Umständen zu Straftaten missbrauchen lassen. Diese Weisung ist aus ähnlichen Gründen wie Nr. 4 problematisch, da es zur Aushöh-

758 BVerfG, NJW 1995, S. 248 (248); Laufhütte/Rissing van Saan/Tiedemann-[Schneider], LK-StGB, § 68b StGB Rn. 28; Rudolphi/Horn/Günther/Samson-[Sinn], SK-StGB, § 68b StGB Rn. 11.

759 Laufhütte/Rissing van Saan/Tiedemann-[Schneider], LK-StGB, § 68b StGB Rn. 28.

760 Schönke/Schröder-[Stree/Kinzig], StGB, § 68b StGB Rn. 10.

761 Lutz, NStZ 2000, S. 127 (128).

762 Laufhütte/Rissing van Saan/Tiedemann-[Schneider], LK-StGB, § 56c StGB Rn. 12; § 68b StGB Rn. 28.

lung der Voraussetzungen einer weiteren Maßregel, nämlich der Entziehung der Fahrerlaubnis gem. §§ 69 ff. StGB führen kann. Dies muss wie bei Nr. 4 solcherart gelöst werden, dass nach vorherrschender Meinung eine Weisung generell keine Kraftfahrzeuge zu führen unzulässig ist, da ansonsten die Voraussetzungen des § 69 StGB unterlaufen würden.[763] Eine Weisung nach Nr. 6 kommt daher nur in Frage, wenn dem Täter die Fahrerlaubnis bereits schon entzogen wurde, die Gefahr aber noch besteht, dass der Täter das Fahrzeug trotzdem benutzt. Des Weiteren kommt eine solche Weisung in Betracht, wenn sich der Täter bei der Begehung weiterer Straftaten von einem anderen fahren lässt oder es sich um Fahrzeuge handelt, die nicht von §§ 69 ff. StGB erfasst werden.[764] Auch soll danach das Fahren bei bestimmten Anlässen verboten werden können, bei denen Straftaten zu erwarten sind und sich diese Gelegenheit in der Art konkretisieren lässt, dass sie einer Entziehung der Fahrerlaubnis nicht gleichkommt, beispielsweise wenn der Täter zu nächtlichen Barbesuchen mit kriminellen Auswirkungen neigt.[765] Für diesen Fall wäre ein Nachtfahrverbot oder ein Verbot, dass das Führen des Kraftfahrzeugs zum nächtlichen Aufsuchen von Lokalen verbietet, um befürchtete Straftaten zu verhindern, geeignet. Schließlich darf das Gericht in den Konstellationen die Weisung anordnen, in denen die Weisung enger, also begrenzter als die Entziehung der Fahrerlaubnis ausgestaltet wird. Dies wäre dann der Fall, wenn sich das Verbot nur auf bestimmte Regionen, Zeiten oder bestimmte Umstände bezieht.[766]

---

763 KG Berlin, Beschl. v. 8.10.1998, Az. 5Ws 572/98, juris; Fischer, StGB, § 68b StGB Rn. 8; Heintschel-Heinegg-[Heuchemer], BeckOK StGB, § 68b StGB Rn. 12; Kamann, Strafvollstreckung, Rn. 131; Satzger/Schmitt/Widmaier-[Jehle], StGB, § 68b StGB Rn. 10; Schönke/Schröder-[Stree/Kinzig], StGB, § 68b StGB Rn. 11; a.A. Dölling/Duttge/Rössner-[Pflieger], StGB, § 68b StGB Rn. 2; Lackner/Kühl, StGB, § 68b StGB Rn. 2, der zwar ein generelles Verbot der Führung von Kraftfahrzeugen für zulässig, neben der Entziehung der Fahrerlaubnis aber im Regelfall für keine sinnvolle Funktion hält; lange Zeit Schönke/Schröder-[Stree], StGB, 27. Aufl., § 68b StGB Rn. 11, der jedoch nunmehr anderer Ansicht ist.

764 Kindhäuser/Neumann/Paeffgen-[Ostendorf], NK-StGB, § 68b StGB Rn. 14; Schönke/Schröder-[Stree/Kinzig], StGB, § 68b StGB Rn. 11.

765 Laufhütte/Rissing-van Saan/Tiedemann-[Schneider], LK-StGB, § 68b StGB Rn. 30; Kindhäuser/Neumann/Paeffgen-[Ostendorf], NK-StGB, § 68b StGB Rn. 14 erachtet die Weisung als zulässig, wenn sie auf bestimmt benannte Regionen, Zeiten oder Umständen beschränkt wird und damit enger ist als die Erziehung der Fahrerlaubnis wäre.

766 Kindhäuser/Neumann/Paeffgen-[Ostendorf], NK-StGB, § 68b StGB Rn. 14.

g) Meldepflicht, § 68b Abs. 1 S. 1 Nr. 7 StGB

Des Weiteren besteht nach § 68b Abs. 1 S. 1 Nr. 7 StGB die Möglichkeit zum Erlass eines Gebots der Meldepflicht, das in erster Linie der Überwachung der verurteilten Person dient.[767]

aa) Erweiterung durch die Reform von 2007

Die Reform von 2007 fügte zu der bereits bestehenden Meldepflicht bei der Aufsichtsstelle oder einer bestimmten Dienststelle noch die Pflicht, sich explizit bei dem Bewährungshelfer zu melden, hinzu. Grund hierfür war, dass als Dienststellen Privatpersonen ausscheiden und der Bewährungshelfer als Privatperson somit nicht darunter subsumiert werden konnte. Nach früherem Recht war deshalb nur die Erteilung der Weisung möglich, sich bei der Bewährungsstelle allgemein zu melden, nicht aber bei dem Bewährungshelfer selbst.[768] Mit der Neuregelung geht der Wunsch einher, den persönlichen Kontakt zwischen verurteilter Person und Bewährungshelfer schon aufgrund der fachlichen Qualifikation besser zu gestalten, um frühzeitig Fehlentwicklungen erkennen zu können.[769] Mittels des neu eingeführten § 463a Abs. 3 StPO kann dies per Vorführungsbefehl durchgesetzt werden. Die Meldepflicht beinhaltet aber nicht die Pflicht mit dem Verantwortlichen der jeweiligen Stelle ein Betreuungsgespräch zu führen. Dies müsste nach § 68b Abs. 2 StGB angeordnet werden.[770]

Zwar ist die Anordnung des Aufsuchens der Polizeistelle als mögliche Dienststelle im Sinne von § 68b Abs. 1 S. 1 Nr. 7 StGB zulässig, sollte aber mit Rücksichtnahme auf den Täter, der diese als Strafverfolgungsbehörde negativ erlebt hat, vermieden werden. Zudem hat nicht wie bei der Polizeiaufsicht die Überwachung im Vordergrund zu stehen, was bei der Meldepflicht bei der Polizei aber eben gerade diesen Anschein erwecken würde.[771] Insbesondere auch im

767 Kindhäuser/Neumann/Paeffgen-[Ostendorf], NK-StGB, § 68b StGB Rn. 15. Für den Zweck der Gefahrenminderung eines Rückfalls neben der Überwachungsfunktion OLG Stuttgart, NStZ 1990, S. 279 (279); Schönke/Schröder-[Stree/Kinzig], StGB, § 68b StGB Rn. 12.

768 OLG Stuttgart, NStZ 1990, S. 279 (279); Kindhäuser/Neumann/Paeffgen-[Frehsee/Ostendorf], NK-StGB, 2. Aufl., § 68b StGB Rn. 15.

769 BT-Drs. 16/1993, S. 19; Peglau, NJW 2007, S. 1558 (1559).

770 OLG Stuttgart, NStZ 1990, S. 279 (279); Dölling/Duttge/Rössner-[Pflieger], StGB, § 68b StGB Rn. 2; Heintschel-Heinegg-[Groß], MüKo-StGB, § 68b StGB Rn. 17.

771 Laufhütte/Rissing van Saan/Tiedemann-[Schneider], LK-StGB, § 68b StGB Rn. 32, § 68a StGB Rn. 9; a.A. Kammeier-[Kamann], Maßregelvollzugsrecht, Rn. L45, der die Möglichkeit der Anordnung einer Pflicht, sich bei der Polizei zu melden grundsätzlich bejaht, da hierin keine Art von Diskriminierung zu sehen sei. Die Führungsaufsicht

Hinblick auf den Resozialisierungsanspruchs der Maßregel ist eine Meldung bei der Polizei unzweckmäßig.[772]

Im Übrigen hat die Weisung aufgrund des Bestimmtheits- und Zumutbarkeitsgrundsatzes nähere terminliche Bestimmungen, vor allem den Meldeturnus zu enthalten, da die Festlegung der Aufsichtsstelle nicht übertragen werden kann. Dieser können aber Einzelheiten zur Vereinbarung der Termine überlassen werden.[773] Bei der Festlegung der Termine soll die berufliche Tätigkeit der verurteilten Person Berücksichtigung finden. Kann im Extremfall der Verurteilte aufgrund seiner Berufsausübung nicht der Meldepflicht innerhalb der Bürozeiten der normierten Behörden nachkommen, müssen andere Möglichkeiten zur Überwachung gefunden werden, wobei eine telefonische Meldepflicht nicht dem Sinn der Weisung entspricht und daher unzulässig ist.[774]

bb) Bewertung

In der Praxis sollte das Gericht erst nach sorgfältigem Abwägen entscheiden, ob es eine derartige Weisung erteilt. Dies ist folgendem Umstand geschuldet: die Meldepflicht kann kaum dem Zweck der Überwachung und Kontrolle des Verurteilten gerecht werden und zeigt damit nur geringe präventive Sicherungswirkung auf. Im Gegenteil, es besteht bei dieser Weisung sogar eine erhöhte Gefahr die Resozialisierung der unter Führungsaufsicht stehenden Person zu gefährden.[775] Insbesondere bei Tätern, die aus einer Entziehungsanstalt oder der Unterbringung in einem Krankenhaus entlassen werden, entfaltet eine derartige Weisung in manchen Fällen eine demoralisierende Wirkung. Allerdings kann sie in anderen Konstellationen, beispielsweise bei labilen oder kranken Verurteilten, eine wichtige Stütze für die Fürsorge und damit für die Betreuung und Resozialisierung sein.[776] Im Ergebnis stellt die Meldepflicht eine Weisung dar, die einzelfallbezogen ausgewählt, eine gute und sinnvolle Möglichkeit bietet, der verurteilten Person helfend und zum Teil überwachend zur Seite zu stehen.

---

diene gerade polizeilichen Zwecken, so dass mit einer Meldepflicht bei der Polizei gerade der Realität entsprochen wird, so auch Kamann, Strafvollstreckung, Rn. 131.

772 Kindhäuser/Neumann/Paeffgen-[Ostendorf], NK-StGB, § 68b StGB Rn. 15.

773 OLG Stuttgart, NStZ 1990, S. 279 (279); BayOLGSt 1995, S. 84 (84); Fischer, StGB, § 68b StGB Rn. 9; Heintschel-Heinegg-[Groß], MüKo-StGB, § 68b StGB Rn. 17; Heintschel-Heinegg-[Heuchemer], BeckOK StGB, § 68b StGB Rn. 13; Satzger/Schmitt/Widmaier-[Jehle], StGB, § 68b StGB Rn. 11.

774 Laufhütte/Rissing van Saan/Tiedemann-[Schneider], LK-StGB, § 68b StGB Rn. 33; Schönke/Schröder-[Stree/Kinzig], StGB, § 68b StGB Rn. 12.

775 Laufhütte/Rissing van Saan/Tiedemann-[Schneider], LK-StGB, § 68b StGB Rn. 32.

776 So Laufhütte/Rissing van Saan/Tiedemann-[Schneider], LK-StGB, § 68b StGB Rn. 32.

Fraglich scheint aber, ob die Ergänzung der Meldepflicht bei dem jeweiligen Bewährungshelfer sich als ebenso sinnvoll erweist, da die verurteilte Person bereits ohnehin gem. § 68a Abs. 1 2. Hs. StGB einem Bewährungshelfer untersteht. Grundsätzlich ist diese Einführung begrüßenswert. Nicht nur die Herstellung des persönlichen Kontakts, sondern auch die formale Aufwertung des Bewährungshelfers wird hierdurch erreicht. Aus Sicht der Praxis hätte es einer derartigen Nennung aber nicht bedurft, da vor der Einführung die Pflicht zur Meldung bei dem Bewährungshelfer als Weisung nach § 68b Abs. 2 ergehen konnte. Als einzigen Unterschied kann im Fall des Nichtbefolgens nun eine Sanktionierung nach § 145a StGB ergehen, wozu es jedoch eines Antrags der Aufsichtsstelle bedarf. Verstößt der Täter nun gegen die Meldepflicht, darf der Bewährungshelfer der Führungsaufsichtsstelle das Nichtbefolgen mitteilen. Dieser steht es dann frei, einen Antrag auf Strafverfolgung zu stellen.

Sehr zweifelhaft ist allerdings, ob der Bewährungshelfer, der sein Vertrauensverhältnis zu dem Betroffenen nicht gefährden und die Erfüllung seiner Betreuungsaufgabe nicht erschweren möchte, hiervon überhaupt Gebrauch macht. In der Regel wird der Bewährungshelfer bei einem gelegentlichen Versäumen des Termins aus besagten Gründen die Strafverfolgung durch § 145a StGB nicht anregen.[777] Anders verhält es sich, wenn die der Führungsaufsicht unterstellte Person nie ihrer Meldepflicht nachkommt. Dies stellt aber eine reine Ausnahmesituation dar. Damit bleibt festzuhalten, dass die Erweiterung theoretisch gesehen sinnvoll wirkt, aus Sicht der Praxis aber eher nicht nutzbringend ist. Da es kaum diese besagten Ausnahmefälle gibt, hätte es der Erweiterung aus praktischer Sicht nicht bedurft, vielmehr hätte die Meldepflicht bei dem Bewährungshelfer explizit in § 68b Abs. 2 StGB aufgenommen werden sollen. Dies scheint auch in Anbetracht der Tatsache, dass der Katalog der strafbewehrten Weisungen nicht zu einer uferlosen Ausweitung des strafrechtlichen Interventionsinstrumentariums führen soll, die vorzugswürdigere Variante zu sein.

h) Anzeigepflicht, § 68b Abs. 1 S. 1 Nr. 8 StGB

aa) Erweiterung durch die Reform von 2007

Ferner kann das Gericht der verurteilten Person eine Pflicht zur Anzeige nach § 68b Abs. 1 S. 1 Nr. 8 StGB auferlegen. Diese Befugnis wurde durch die Reform von 2007 erweitert. Bestand vor dieser Gesetzesänderung lediglich die Möglichkeit, den Verurteilten zu verpflichten Arbeitsort- und Wohnortwechsel bei der Aufsichtsstelle anzuzeigen, so muss er nach der Reform von 2007 bei

777 So auch Laufhütte/Rissing van Saan/Tiedemann-[Schneider], LK-StGB, § 68b StGB Rn. 32.

Verhängung dieser Weisung jeden Wohnungswechsel auch innerhalb desselben Orts sowie jeden Wechsel oder Verlust des Arbeitsplatzes melden.[778] Neben der Überwachungsfunktion soll diese, in der Praxis wohl am häufigsten angeordnete Weisung vor allem bei der Meldung des Arbeitsplatzwechsels den erzieherischen Zweck haben, mittels Motivation durch den Mitarbeiter der Aufsichtsstelle ständige nachteilige Wechsel der Lebensumstände des Täters zu verhindern.[779] Jedoch darf weder der verurteilten Person der Wechsel an sich untersagt werden, noch besteht ein Mitsprache- oder Mitbestimmungsrecht. Ebenso kann nicht verlangt werden, dass die von dieser Weisung betroffene Person eine Mitteilung vorab tätigt, wobei derartiges durch eine Weisung nach § 68b Abs. 2 wohl möglich wäre.[780] Dem Mitarbeiter ist es nur möglich, durch „gutes Zureden" den Verurteilten von einem Wechsel abzuhalten.

bb) Bewertung

Da nach altem Recht bei Umzügen innerhalb desselben Wohnorts keine Meldepflicht bestand, dies aber an den Praxisbedürfnissen vorbeiging und mit dem Ziel, die Führungsaufsicht konsequenter und effizienter zu gestalten, unvereinbar war, ist die Erweiterung des § 68b Abs. 1 S. 1 Nr. 8 StGB vollumfänglich zu begrüßen.[781] Empfehlenswert ist es lediglich, der verurteilten Person im Weisungsbeschluss des Gerichts nicht nur aufzuerlegen, der Anzeigepflicht unverzüglich nachzukommen, sondern dies durch Setzung einer bestimmten Frist zusätzlich noch zu konkretisieren.[782]

---

778 Leipold/Tsambikakis/Zöller-[Kilian/Möhlenbeck], StGB, § 68b StGB Rn. 17; Satzger/Schmitt/Widmaier-[Jehle], StGB, § 68b StGB Rn. 12; Schönke/Schröder-[Stree/Kinzig], StGB, § 68b StGB Rn. 13.

779 Laufhütte/Rissing-van Saan/Tiedemann-[Schneider], LK-StGB, § 68b StGB Rn. 7a, 34; Brusten, BewHi 1986, S. 279 (281); Schönke/Schröder-[Stree/Kinzig], StGB, § 68b StGB Rn. 13; a.A. Kindhäuser/Neumann/Paeffgen-[Ostendorf], NK-StGB, § 68b StGB Rn. 16, der den Zweck der Abschreckung vor häufigen Wechseln für zweifelhaft hält.

780 Heintschel-Heinegg-[Heuchemer], BeckOK StGB, § 68b StGB Rn. 14; Leipold/Tsambikakis/Zöller-[Kilian/Möhlenbeck], StGB, § 68b StGB Rn. 17. Ähnlich Schönke/Schröder-[Stree/Kinzig], StGB, § 68b StGB Rn. 23 hinsichtlich der Zulässigkeit einer Weisung bestimmte Handlungen, beispielsweise einen Arbeitsplatzwechsel, mit dem Bewährungshelfer vorab zu besprechen.

781 Vgl. zu dem alten Recht Aulinger, FS Böttcher, S. 569; allgemein hierzu Kwaschnik, Führungsaufsicht im Wandel, S. 397.

782 So auch Dölling/Duttge/Rössner-[Pflieger], StGB, § 68b StGB Rn. 2; Kindhäuser/Neumann/Paeffgen-[Ostendorf], NK-StGB, § 68b StGB Rn. 16; Lackner/Kühl, StGB, § 68b StGB Rn. 2.

i) Meldepflicht bei Erwerbslosigkeit, § 68b Abs. 1 S. 1 Nr. 9 StGB

Weiterhin kann durch das Gericht eine Weisung ergehen, wonach der Täter sich im Fall der Erwerbslosigkeit gem. § 68b Abs. 1 S. 1 Nr. 9 StGB bei der Agentur für Arbeit oder einer anderen zur Arbeitsvermittlung zugelassenen Stelle zu melden hat. Dieser Erlass bezweckt die Resozialisierung des Verurteilten durch Förderung geregelter Arbeit, die jedoch nicht zu dem Zwang führen darf, eine angebotene oder bestimmte Arbeit annehmen oder sich ernsthaft um einen Arbeitsplatz bemühen zu müssen. Damit geht das Ziel einher, dass sich die unter Führungsaufsicht gestellte Person zumindest über vorhandene Arbeitsmöglichkeiten informiert.[783] Ferner soll dadurch präventiv die Gefahr der Mittellosigkeit durch Verlust der Arbeit und aufgrund dessen eine drohende kriminelle Gefährdung der Person vermieden werden.[784] Es ist ratsam im gerichtlichen Beschluss die Frist zur Meldung des Eintritts der Arbeitslosigkeit exakt festzulegen, denn nur auf diese Weise wird die Möglichkeit verhindert, dass der Verurteilte wochen- oder sogar monatelang ohne Kenntnis der Behörde über die Arbeitslosigkeit die neu gewonnene Zeit in seiner Wohnung oder sonstigem Ort verbringt und sich dadurch die Entstehung der kriminellen Gefährdung erhöht.

j) Rauschmittelverbot, § 68b Abs. 1 S. 1 Nr. 10 StGB

aa) Einführung durch die Reform von 2007

Durch die Führungsaufsichtsreform von 2007 erhielt § 68b Abs. 1 S. 1 StGB noch zwei weitere strafbewehrte Weisungen. Eine davon ist das Rauschmittelverbot in § 68b Abs. 1 S. 1 Nr. 10 StGB.

Das Gericht kann danach den Betroffenen anweisen, keine alkoholischen Getränke oder andere berauschende Mittel zu sich zu nehmen und sich Alkohol- oder Suchtmittelkontrollen zu unterziehen, die nicht mit einem körperlichen Eingriff verbunden sind, wenn aufgrund bestimmter Tatsachen, wobei bloße Mutmaßungen nicht ausreichen,[785] Grund zu der Annahme besteht, der Konsum solcher Mittel werde zur Begehung weiterer Straftaten beitragen. Der Gesetzgeber reagierte damit auf eine starke Vermutung hinsichtlich der Praxis, in der in vielen Fällen, Alkohol- und Drogenmissbrauch einen zentralen Rückfallfaktor darstellen und es deshalb entscheidend darauf ankommen kann, Tendenzen des

783 Fischer, StGB, § 68b StGB Rn. 11; Heintschel-Heinegg-[Heuchemer], BeckOK StGB, § 68b StGB Rn. 15; Kindhäuser/Neumann/Paeffgen-[Ostendorf], NK-StGB, § 68b StGB Rn. 17; Laufhütte/Rissing van Saan/Tiedemann-[Schneider], LK-StGB, § 68b StGB Rn. 35; Schönke/Schröder-[Stree/Kinzig], StGB, § 68b StGB Rn. 14.

784 Heintschel-Heinegg-[Heuchemer], BeckOK StGB, § 68b StGB Rn. 15.

785 OLG Dresden, NStZ-RR 2008, S. 27 (27); Schönke/Schröder-[Stree/Kinzig], StGB, § 68b StGB Rn. 14a.

Abgleitens in einen Suchtmittelmissbrauch frühzeitig zu erkennen und ihnen zu begegnen.[786] Zwar gab es bereits vor der Reform von 2007 die Möglichkeit über § 68b Abs. 2 StGB derartige Weisungen anzuordnen, jedoch wurde durch die Aufnahme dieser Weisung in den strafbewehrten Katalog des § 68b Abs. 1 S. 1 StGB die Handhabe bei Verstößen erheblich verbessert.[787]

Zur Überwachung dienen Kontrollen, die zur Wahrung des Verhältnismäßigkeitsprinzips nicht mit einem körperlichen Eingriff verbunden sein dürfen. Gemeint sind z.B. Urinkontrollen, Drogenscreenings mit Hilfe von Haarproben oder Atemalkoholmessungen.[788] Andernfalls kann die Weisung nach § 68b Abs. 2 S. 4 StGB nur mit Einwilligung des Verurteilten vollzogen werden, beispielsweise bei Blutproben. Innerhalb der Weisung müssen genau die Anzahl, der Turnus und die Art der Kontrollen festgelegt sein.[789]

Zwar weist die Gesetzesbegründung zur Reform der Führungsaufsicht von 2007 auf eine Möglichkeit hin, wonach auch Maßnahmen nach § 81a StPO im Einzelfall zulässig sind, dem kann jedoch nicht beigepflichtet werden. Folgte man der Ansicht, die im Fall einer Verweigerung der Mitwirkung an einer nach § 68b Abs. 1 S. 1 Nr. 10 angeordneten Kontrolle Maßnahmen nach § 81a StPO anwendet und lägen zusätzlich Tatsachen, die zureichende Anhaltspunkte bieten, dass der Täter eine Straftat nach § 145a StGB begangen hat, vor, würde das Verbot, eine Weisung zu einer Alkohol- oder Suchtmittelkontrolle mit einem hierzu erforderlichen körperlichen Eingriff nach § 68 Abs. 1 S. 1 Nr. 10 StGB zu erteilen, unterlaufen werden. Des Weiteren hätte die Anwendung des § 81a StPO als weitere Ermittlungsmaßnahme die Ausweitung der Strafbestimmung des § 145a StGB zur Folge, die dann auch zur Durchsetzung von Kontrollen mit körperlichen Eingriffen dienen würde.[790] Aufgrund des Rechts auf körperliche Unversehrtheit kann ein diesbezüglicher körperlicher Eingriff jedoch nur mit Einwilligung erfolgen. Diese darf nicht durch die Strafandrohung des § 145a

---

786 BT-Drs. 16/1993, S. 19; Heintschel-Heinegg-[Heuchemer], BeckOK StGB, § 68b StGB Rn. 15.1; Laufhütte/Rissing van Saan/Tiedemann-[Schneider], LK-StGB, § 68b StGB Rn. 36; Rudolphi/Horn/Günther/Samson-[Sinn], SK-StGB, § 68b StGB Rn. 13a; Satzger/Schmitt/Widmaier-[Jehle], StGB, § 68b StGB Rn. 14; Schneider, NStZ 2007, S. 441 (443); Seifert/Bolten/Möller-Mussavi, MschrKrim 2003, S. 127 (132).

787 Rudolphi/Horn/Günther/Samson-[Sinn], SK-StGB, § 68b StGB Rn. 13a.

788 BT-Drs. 16/1993, S. 19; OLG München, NStZ 2011, S. 162; Dölling/Duttge/Rössner-[Pflieger], StGB, § 68b StGB Rn. 2; Fischer, StGB, § 68b StGB Rn. 13; Satzger/Schmitt/Widmaier-[Jehle], StGB, § 68b StGB Rn. 14.

789 OLG Frankfurt, NStZ-RR 2009, S. 27 (28); OLG Koblenz, NStZ-RR 2012, S. 61; OLG Rostock, NStZ-RR 2011, S. 220.

790 Vgl. hierzu Kindhäuser/Neumann/Paeffgen-[Ostendorf], NK-StGB, § 68b StGB Rn. 18.

StGB erzwungen werden. Damit scheidet entgegen der Gesetzesbegründung § 81a StPO als Ermittlungsmaßnahme aus.

Adressat einer Weisung nach § 68b Abs. 1 S. 1 Nr. 10 StGB sind sowohl behandelte Suchtkranke als auch solche Personen, die nicht suchtkrank sind. Vor allem bei letzterer Gruppe muss die Anwendung der Weisung eher zurückhaltend gehandhabt werden, denn eine solche Anordnung kann die Resozialisierung auch negativ beeinflussen. Heutzutage ist der regelmäßige Konsum von Alkohol in der Gesellschaft keineswegs automatisch negativ konnotiert. In vielen Gesellschaftskreisen gehört beispielsweise ein Glas Wein zum Abendessen als tägliches Ritual dazu. Es wäre falsch, wenn der Täter diese Kreise meiden müsste, obwohl sie eigentlich seine Integration fördern würden.[791] Auf der anderen Seite kann dieser Person sehr wohl die Befolgung der Weisung zugemutet werden, da differenzierte Reaktionsmöglichkeiten bestehen, wodurch es nicht schon beim ersten geringen Konsum zu einer Bestrafung kommen muss.[792] Bevor die Aufsichtsstelle den Antrag nach § 145a S. 2 StGB stellt, kann sie den unter Führungsaufsicht Stehenden verwarnen. Aus dem Adressatenkreis ausgeschlossen werden müssen unbehandelte oder noch nicht remittierte chronisch Suchtkranke.[793] Die Vorstellung, ein chronischer Alkoholiker könnte zu einer Haftstrafe verurteilt werden, nur weil er nicht abstinent lebt, wird in der überwiegenden Literatur als schwer erträglich eingestuft. Diese Weisung ist nicht nur im Regelfall nicht zweckversprechend und unverhältnismäßig, es fehlt ihr zudem gem. § 68b Abs. 3 StGB an der Zumutbarkeit des verlangten Verhaltens für den suchtkranken Unterstellten.[794] Daher dürfte die Weisung hauptsächlich bei der Aussetzung nach § 67d Abs. 2 StGB zur Anwendung gelangen.[795]

Als bedenklich wird auch eingestuft, dass die strafbewehrte Androhung der Kontrollen mit dem Prinzip der Selbstbelastungsfreiheit in Konflikt geraten könnten. Folgende Bedingungen müssen gewährleistet sein: der unter Strafandrohung erzwungene Drogennachweis darf aufgrund des Grundsatzes „nemo tenetur se ipsum accusare“ weder zum Nachteil des Betroffenen in einem Strafverfahren wegen eines Verstoßes nach § 145a StGB noch nach dem Betäu-

---

791 Laufhütte/Rissing-van Saan/Tiedemann-[Schneider], LK-StGB, § 68b StGB Rn. 36.

792 Koller, Stellungnahme zur BT-Drs. 16/1993, S. 14.

793 OLG Celle, StV 2010, S. 495 (495); OLG Dresden, NJW 2009, S. 3315 (3316); Heintschel-Heinegg-[Heuchemer], BeckOK StGB, § 68b StGB Rn. 15.1; Schönke/Schröder-[Stree/Kinzig], StGB, § 68b StGB Rn. 14a; a.A. OLG Rostock, Beschl. v. 27.3.2012, I Ws 90/12, juris.

794 OLG Celle, StV 2010, S. 495 (495); OLG Dresden, NJW 2009, S. 3315 (3316); Pollähne, KritV 2007, S. 386 (409); Schalast, R & P 2006, S. 59 (60); Schönke/Schröder-[Stree/Kinzig], StGB, § 68b StGB Rn. 14a.

795 Schönke/Schröder-[Stree/Kinzig], StGB, § 68b StGB Rn. 14a.

bungsmittelgesetz gegen ihn verwertet wird.[796] Andernfalls würde über dem Umweg des § 145a StGB der bloße Konsum unter Strafe gestellt werden.[797]

Unter der Prüfung, ob die Verhängung der Weisung zumutbar ist, hat auch der Gesichtspunkt der anfallenden Kosten Beachtung zu finden, die aufgrund der recht differenzierten Kontrollmöglichkeiten eher hoch anzusiedeln sind.[798] Die Kostentragungspflicht für die Durchführung von Kontrollen ist gesetzlich nicht normiert worden, infolgedessen wurde die Lösung für diesen Bereich der Praxis überlassen. Da die Kosten, auch aufgrund des Verhältnis- und Zumutbarkeitsprinzips, nach vorherrschender Meinung in vielen Fällen nicht vom Verurteilten, sondern von der Staatskasse zu tragen sind, sollen nach dem gesetzgeberischen Willen bestimmte Kontrollen, wie etwa Drogenscreenings zur Kostenersparnis auch von forensischen Ambulanzen durchgeführt werden können.[799]

bb) Bewertung

Grundsätzlich ist die Möglichkeit eines Rauschmittelverbotes als angeordnete Weisung eine gute Variante, die Täter auf dem Weg der Straffreiheit zu unterstützen.

Betrifft das Verbot Drogen, so darf in regelmäßigen Abständen ein Drogentest zum Nachweis der Nichteinnahme angeordnet werden. Problematischer sieht dies aber bei einem Alkoholverbot aus. Aufgrund des relativ schnellen Al-

---

796 OLG Saarbrücken, NStZ 1992, S. 350 (351) unter Hinweis auf BGHSt. 34, S. 39 (45); Pollähne, KritV 2007, S. 386 (409); Schönke/Schröder-[Stree/Kinzig], StGB, § 68b StGB Rn. 14a; ähnlich OLG Oldenburg, NStZ-RR 2006, S. 28 (28), das zwar das Verbot des Erzwingens einer Selbstbelastung zur Überführung einer Straftat anerkennt, nicht aber bei Maßnahmen zur Sicherung der Anstaltsordnung. Bei einer Weigerung des Inhaftierten kann eine Disziplinarmaßnahme angeordnet werden.

797 Pollähne, Führungsaufsicht als Grenzwache?, S. 87 (93).

798 Vgl. hierzu Fischer, StGB, § 68b StGB Rn. 13.

799 BT-Drs. 16/1993, S. 19; OLG Dresden, NStZ 2009, S. 268; Rudolphi/Horn/Günther/Samson-[Sinn], SK-StGB, § 68b StGB Rn. 13a; OLG Dresden, Beschl. v. 2.11.2011, 2 Ws 433/11, juris bestätigt, dass die Kostentragungspflicht den Verurteilten nicht in unzumutbarer Weise belasten darf; a.A. OLG Bremen, NStZ 2011, S. 216 (216 f.); OLG Nürnberg, Beschl. v. 23.3.2009, 1 Ws 94/09, juris, wonach grundsätzlich der Verurteilte die Kosten, die durch Führungsaufsichtsmaßnahmen entstanden sind, zu tragen hat, wobei jedoch das Übermaßverbot die Grenze darstellt. Die Staatskasse trägt demnach die Kosten im Fall einer unabdingbaren Führungsweisung; für eine grundsätzliche Kostentragungspflicht des Veranlassers OLG Jena, NStZ-RR 2011, S. 296; allgemein zu Gutachterkosten: Eisenberg, JR 2006, S. 57 ff. Ebenso Heintschel-Heinegg-[Heuchemer], BeckOK StGB, § 68b StGB Rn. 15.1, der aufgrund des Veranlasserprinzips grundsätzlich die Kostentragungspflicht beim Verurteilten sieht, soweit diese seine finanzielle Leistungsfähigkeit nicht überfordert.

koholabbaus im Körper, ist ein Nachweis des Missbrauchs sehr schwer. Nur im Akutfall, wenn der Täter also auf frischer Tat erwischt wird, kann mit Hilfe einer Atemkontrolluntersuchung oder eines Bluttests ein Nachweis gelingen. Bleibt der Konsum allerdings unentdeckt, beispielsweise weil der Betroffene nur zu Hause trinkt und dort keine Kontrolle erfolgt, ist keine Nachweiskontrolle möglich und der Verstoß bleibt unerkannt. Daher bleibt festzuhalten, dass ein Alkoholverbot in der Theorie zwar sinnvoll ist, allerdings hinsichtlich der erheblichen Nachweisschwierigkeiten große Praxisprobleme aufwirft.

k) Vorstellungspflicht, § 68b Abs. 1 S. 1 Nr. 11 StGB

aa) Einführung durch die Reform von 2007

Ferner kann das Gericht gem. § 68b Abs. 1 S. 1 Nr. 11 StGB durch die mit der Reform von 2007 neu eingeführten Weisung die Anordnung geben, gemäß derer sich die verurteilte Person zu bestimmten Zeiten oder in bestimmten Abständen bei einem Arzt, einem Psychotherapeuten oder einer forensischen Ambulanz vorzustellen hat. Dem professionellen Betreuer soll dadurch die Möglichkeit gegeben werden, sich einen persönlichen Eindruck von dem Täter zu verschaffen, um frühzeitig Veränderungen und gefährliche Entwicklungen erkennen und ihnen gegensteuern zu können oder beispielsweise um die Medikamenteneinnahme zu überwachen.[800] Zudem soll die Therapiebereitschaft des Verurteilten gesteigert werden.

Die strafbewehrte Weisung nach § 68b Abs. 1 S. 1 Nr. 11 StGB umfasst nur den Zwang für den Verurteilten sich ins Behandlungszimmer zu begeben, also den Kontakt zwischen Therapeut und Täter herzustellen, nicht aber eine Zwangstherapie durchführen zu lassen.[801] Dies stellte ansonsten einen erheblichen Eingriff in das Persönlichkeitsrecht, Art. 2 Abs. 1 iVm. Art. 1 Abs. 1 GG, dar, darüber hinaus könnte die innere Bereitschaft des Betroffenen, die für eine erfolgreiche Therapie unbedingt Voraussetzung ist, beeinträchtigt werden.[802]

---

800 OLG Köln, NStZ-RR 2008, S. 190; Baur/Groß, JuS 2010, S. 404 (406); Dölling/Duttge/Rössner-[Pflieger], StGB, § 68b StGB Rn. 2; Edinger, DRiZ 2006, S. 346 (346); Heintschel-Heinegg-[Heuchemer], BeckOK StGB, § 68b StGB Rn. 15.2; Laufhütte/Rissing van Saan/Tiedemann-[Schneider], LK-StGB, § 68b StGB Rn. 37; Leipold/Tsambikakis/Zöller-[Kilian/Möhlenbeck], StGB, § 68b StGB Rn. 21; Schönke/Schröder-[Stree/Kinzig], StGB, § 68b StGB Rn. 14b.

801 BT-Drs. 16/1993, S. 19; OLG Dresden, NStZ-RR 2008, S. 27 (28); Fischer, StGB, § 68b StGB Rn. 14; Laufhütte/Rissing van Saan/Tiedemann-[Schneider], LK-StGB, § 68b StGB Rn. 37; Satzger/Schmitt/Widmaier-[Jehle], StGB, § 68b StGB Rn. 15.

802 Laufhütte/Rissing van Saan/Tiedemann-[Schneider], LK-StGB, § 68b StGB Rn. 37; Satzger/Schmitt/Widmaier-[Jehle], StGB, § 68b StGB Rn. 18.

Allerdings ist eine Weisung, sich einer Therapie zu unterziehen, nach § 68b Abs. 2 S. 2 StGB möglich. In einigen Fällen erscheint es empfehlenswert, die Vorstellungsweisung nach § 68b Abs. 1 S. 1 Nr. 11 StGB mit einer Therapieanweisung nach § 68b Abs. 2 S. 2 StGB zu verbinden. Hierdurch soll zum einen die vorhandene Bereitschaft, eine Therapie durchzuführen nachhaltig gesichert werden und zum anderen der Kontakt zum Therapeuten bei nachlassender Therapiebereitschaft zu Kontrollzwecken zwangsweise durchsetzbar sein.[803]

Trotz der Kritik, man hätte den Begriff des Vorstellens näher definieren sollen, da bei derartiger Formulierung die Frage offen bleibt, ob das Öffnen der Tür hierfür ausreicht, ist im Ergebnis diese Art der Weisung legitim, da der Therapeut die entscheidende Aufgabe hat, den Unterstellten einen Schritt in Richtung Therapie zu bewegen und dieser sich nicht aus eigenem Antrieb in eine Therapie begeben oder von Anfang an motiviert sein muss.[804] Die Herstellung des Ansporns zum Heilverfahren als erstes Behandlungsziel kann mit Hilfe des Zwanges durch diese Weisung erreicht werden.[805] Um dies zu gewährleisten, ist die Vorstellungspflicht gem. § 463a Abs. 3 StPO per Vorführungsbefehl zwangsweise durchsetzbar.

Das Gericht muss allerdings, um dem Bestimmtheitsgrundsatz, aber auch dem Verhältnismäßigkeitsgrundsatz Genüge zu leisten, genau festlegen, bei welcher Person oder Einrichtung sich die verurteilte Person vorzustellen hat. Ferner hat das Gericht eine Entscheidung zu dem Turnus des Treffens, der Dauer der Weisung sowie der Art und Weise, wie die Erfüllung dieser nachzuweisen ist, zu fällen.[806]

bb) Bewertung

Insgesamt ist die Einführung der Vorstellungsweisung nach § 68b Abs. 1 S. 1 Nr. 11 StGB zu befürworten. Diese trägt zwar auch dazu bei, dass der Katalog der strafbewehrten Weisungen und das strafrechtliche Interventionsinstrumentarium erweitert werden, jedoch leistet sie einen wichtigen Anteil zur Behandlung des Verurteilten. Die Therapie stellt einen unverzichtbaren Bestandteil bei kranken oder gefährlichen Tätern dar. Sie bietet dem Betroffenen ein offenes Ohr für Probleme, Sorgen und Ängste. Durch gezielte Gespräche kann einer gefährli-

803 Schneider, NStZ 2007, S. 441 (443); Satzger/Schmitt/Widmaier-[Jehle], StGB, § 68b StGB Rn. 16; Schönke/Schröder-[Stree/Kinzig], StGB, § 68b StGB Rn. 14b.

804 Schneider, NStZ 2007, S. 441 (443 f.); Vollbach, MschrKrim 2006, S. 40 (42).

805 BT-Drs. 16/1993, S. 19; Rosenau, StV 1999, S. 388 (397); Rudolphi/Horn/Günther/Samson-[Sinn], SK-StGB, § 68b StGB Rn. 13b.

806 OLG Dresden, NStZ-RR 2008, S. 27 (28); KG, NStZ-RR 2008, S. 278; OLG München, StV 2009, S. 542 (542 f.); Schönke/Schröder-[Stree/Kinzig], StGB, § 68b StGB Rn. 14b.

chen Entwicklung und der Begehung weiterer Straftaten vorgebeugt bzw. entgegengewirkt werden. Damit leistet sie einen Beitrag sowohl zur Betreuung und Resozialisierung des Täters als auch zum Schutz der Bevölkerung.

Zwar darf, wie oben[807] bereits ausgeführt, der Betroffene nicht durch diese Art der Weisung zur Durchführung der Therapie gezwungen werden, jedoch veranlasst sie die erste Kontaktaufnahme zu einem fachkundigen Betreuer und damit den ersten Schritt in Richtung einer Behandlung. Hierdurch wird dem Therapeuten ermöglicht, kritische Entwicklungen rechtzeitig zu entdecken und Gegenmaßnahmen zu ergreifen, aber auch die Angst und Barrieren der verurteilten Person vor einer Behandlung zu reduzieren bzw. abzubauen. Die Motivation, sich in eine Behandlung zu begeben, kann auf diese Weise geweckt werden.

Einzig die Personenknappheit und die Übernahme der Kosten stellen wiederum ein Problem dar. Daher ist es zu empfehlen, die forensischen Ambulanzen flächendeckend auszubauen. Die dort angestellten Ärzte und Psychologen, die für diese Tätergruppen besonders geschult wurden, sollen diese Aufgabe übernehmen. Nicht nur die Ersparnis der Kosten stellt einen diesbezüglichen Vorteil dar, sondern auch die durch Schulungen erzielte Qualifikation der behandelnden Therapeuten und Ärzte. Diese vermögen aufgrund dessen die Betroffenen besser zu einer Behandlung zu motivieren, so dass im Regelfall auf eine Zwangsbehandlung nach § 68b Abs. 2 S. 2 StGB verzichtet werden kann.[808]

l) Elektronische Überwachung, § 68b Abs. 1 S. 1 Nr. 12

Bereits vor der Einführung der elektronischen Überwachung als strafbewehrte Weisung durch das Gesetz zur Neuordnung des Rechts der Sicherungsverwahrung und zu begleitenden Regelungen von 2010[809] war diese Maßnahme ständiges Gesprächsthema der Politik und Wissenschaft.[810] Anstoß hierfür gaben die vielen positiven Erfahrungen im Ausland, wo die elektronische Überwachung von Straftätern bereits erprobt worden war. Als Vorreiter hierfür gelten insbesondere die Niederlande und Frankreich, die diese Maßnahme zur Vermeidung von Untersuchungshaft und bei der Strafaussetzung zur Bewährung nutzten, sowie die USA, die die elektronische Überwachung bereits im Jahr 2005 in 22 Staaten für Sexualstraftäter kraft Gesetzes eingeführt hatten.[811] Daher kamen

---

807 Siehe S. 167.

808 Zum Problem der Zwangstherapie vgl. unten.

809 BGBl. I, 2010, S. 2300 ff.

810 Bernsmann, Elektronisch überwachter Hausarrest; Fünfsinn, FS Eisenberg, S. 691 (691 ff.); Kirschstein, Politiker fordern Fußfessel für Schwerverbrecher (abzurufen unter http://www.welt.de/politik/article7862647/Politiker-fordern-Fussfessel-fuer-Schwerverbrecher.html); Schlömer, Elektronisch überwachter Hausarrest.

811 BT-Drs. 17/3403, S. 27; Arloth, ZfStrVo 2002, S. 3 (5).

Überlegungen auf, diese Maßnahme auch ins deutsche Recht zu implementieren, wobei diese von einer Einführung der elektronischen Überwachung im Rahmen des Weisungsrechts, über ein Bewährungsmodell bis hin als Ersatz für Freiheitsstrafe reichten.[812]

aa) Meinungsstand vor der Reform: Anwendungsmöglichkeit der elektronischen Überwachung de lege lata als Weisung

Zunächst überlegte man, ob die elektronische Aufenthaltsüberwachung im Rahmen der Führungsaufsicht als Weisung de lege lata unmittelbar eingesetzt werden könnte.

Dabei war die Anwendung der elektronischen Überwachung, allerdings in der Form des elektronischen Hausarrests, bei dem eine zumindest zeitweise Aufenthaltsbeschränkung auf die Wohnung erfolgt und diese elektronisch überwacht wird, im Rahmen der Möglichkeit der Weisung nach § 68b Abs. 1 S. 1 Nr. 1 StGB Gegenstand der Diskussion.[813] Danach kann das Gericht für die Dauer der Führungsaufsicht oder für eine kürzere Zeit der verurteilten Person aufgeben, den Wohn- oder Aufenthaltsort oder einen bestimmten Bereich nicht ohne die Erlaubnis der Aufsichtsstelle zu verlassen.

Fraglich scheint zunächst, ob der elektronische Hausarrest unter die Weisung den Wohnort nicht zu verlassen subsumiert werden kann. Wie bereits festgestellt wurde, darf das Gericht im Rahmen einer Weisung nach § 68b Abs. 1 S. 1 Nr. 1 StGB der verurteilten Person einen bestimmten Wohn- oder Aufenthaltsort nicht zuweisen.[814] Dies hat den Hintergrund, dass die notwendigen Lebens- und Versorgungsbedürfnisse erhalten bleiben müssen und nur die Flucht aus der Überwachung verhindert werden soll. Vorliegend verhält es sich jedoch anders. In Absprache mit der zuständigen Stelle würde ein exakter Tagesablauf für die verurteilte Person festgelegt werden, der insbesondere umfasst, zu welchen Zeiten sie sich innerhalb der Wohnung aufzuhalten müsste.

Dabei findet insbesondere ihre strafrechtliche Vergangenheit besondere Gewichtung. Man stelle sich beispielsweise einen Täter vor, der ein Kind auf dem Schulweg sexuell missbraucht hat. Ihm könnte die Weisung auferlegt werden, während der Schulzeit, also beispielsweise von 7 bis 15 Uhr, seinen Wohnort nicht zu verlassen. Hierbei wird das Ziel verfolgt, kriminogene Anreize

812 Albrecht/Arnold/Schädler, ZRP 2000, S. 466 (466); vgl. dazu auch Ratzel/Wulf, FS 2010, S. 336 ff., die über den baden-württembergischen Modellversuch der elektronischen Aufsicht im Vollzug der Freiheitsstrafe berichten.

813 Arloth, ZfStrVo 2002, S. 3 (5 f.); Bernsmann, Elektronisch überwachter Hausarrest, S. 2, 141; Schlömer, Elektronisch überwachter Hausarrest, S. 21.

814 Laufhütte/Rissing-van Saan/Tiedemann-[Schneider], LK-StGB, § 68b StGB Rn. 20.

auszuschalten.[815] Durch die Anordnung, nur zu bestimmten Zeiten den Wohnort nicht zu verlassen, ist es der verurteilten Person möglich, in der übrigen Zeit sich außerhalb des auferlegten Ortes zu befinden und dem täglichen Leben nachzugehen. Damit blieben Lebens- und Versorgungsbedürfnisse erhalten. Ferner besteht durch die elektronische Überwachung die Möglichkeit die verurteilte Person effektiver zu beaufsichtigen. Mit Hilfe technischer Geräte kann überprüft werden, wo sich der Verurteilte gerade befindet. Damit besteht auch eine Kontrollmöglichkeit, ob der Betroffene die ihm auferlegten Weisungen befolgt, so dass eine Flucht aus der Überwachung deutlich erschwert und eine planmäßige Aufsicht leichter sichergestellt wird.[816] Bezüglich des Meinungsstreits, ob ein kurzzeitiges Entfernen der verurteilten Person ohne Erlaubnis aus dem festgelegten Bereich bereits das Tatbestandmerkmal des „Verlassens" erfüllt, kann auf oben[817] verwiesen werden.

Im Ergebnis ist somit ein elektronisch überwachter Hausarrest als Weisung im Rahmen der Führungsaufsicht gem. § 68b Abs. 1 S. 1 Nr. 1 StGB zulässig.[818] Zweifelhaft bleibt aber diesbezüglich, ob auch die Anordnung des Beisichführens der für eine elektronische Überwachung des Aufenthaltsortes erforderlichen technischen Mittel auf der Grundlage des § 68b Abs. 1 S. 1 Nr. 1 StGB erfolgen kann. Das Mobilitätsverbot bezieht sich nach dem eindeutigen Gesetzeswortlaut nur darauf, den Wohn- oder Aufenthaltsort oder einen anderen bestimmten Bereich nicht ohne die Erlaubnis der Aufsichtsstelle zu verlassen. Erfasst werden hiervon aber keine hierzu benötigten Aufsichtsmittel. Eine derartige Weisung kann nur nach dem nicht abschließend formulierten Weisungskatalog des § 68b

---

815 BT-Drs. 17/3403, S. 17; Heintschel-Heinegg-[Groß], MüKo-StGB, § 68b StGB Rn. 24 sieht die Möglichkeit einer generellen präventiven Aufenthaltsüberwachung ohne den aufwendigen Einsatz vieler Polizisten. Haverkamp/Schwedler/Wößner, RuP 2012, S. 9 (10) sehen zum einen „die Abschreckung vor der Begehung bestimmter Rückfalltaten im Sinne einer positiven und negativen Spezialprävention" als Ziel an, zum anderen die Ausschaltung kriminogener Reize bei der Anordnung dieser Weisung, um Verstöße gegen Weisungen nach § 68b Abs. 1 Nr. 2 StGB sanktionieren zu können.

816 So auch, allerdings in einem anderen Zusammenhang Schlömer, Elektronisch überwachter Hausarrest, S. 266.

817 Siehe S. 148.

818 Zu diesem Ergebnis kommt auch Bernsmann, Elektronisch überwachter Hausarrest, S. 142; a.A. Illert, Implementierung des elektronisch überwachten Hausarrests, S. 106, 111 f.; Schlömer, Elektronisch überwachter Hausarrest, S. 267, 277, die zwar grundsätzlich die Zulässigkeit der elektronischen Überwachung im Wege einer Weisung nach § 68b Abs. 1 S. 1 Nr. 1 StGB anerkennen, jedoch sehen sie bei der Führungsaufsicht kraft Richterspruches keine nennenswerte Anwendungsmöglichkeit. Dies führen sie darauf zurück, dass bereits im Urteil eine Prognose für die Zeit nach der Verbüßung der Strafe getroffen werden muss.

Abs. 2 StGB angeordnet werden. Im Übrigen bedürfte es hierzu keines Rückgriffs auf § 68b Abs. 1 S. 1 Nr. 1 StGB. Die Anordnung der elektronischen Überwachung könnte in Gänze auf der Grundlage des § 68b Abs. 2 StGB erfolgen. Da die Weisungen nach § 68b Abs. 2 StGB im Gegensatz zu denen nach § 68b Abs. 1 S. 1 StGB jedoch nicht strafbewehrt sind, erscheint eine derartige Weisung zumindest für die verurteilten Personen, die einen Widerruf der Aussetzung einer freiheitsentziehenden Maßregel oder einer Straf- oder Strafrestaussetzung nicht zu befürchten haben, wenig praktikabel.[819] Daher machte man von dieser Möglichkeit, soweit ersichtlich, bislang noch keinen Gebrauch.[820] Da die elektronische Überwachung aber eine gute Maßnahme darstellt, die verurteilte Person von weiteren Straftaten abzuhalten und damit der Allgemeinheit Schutz bietet, wurde die Forderung nach einer diesbezüglichen Normierung immer lauter. Sicherlich gaben hierbei die im Ausland gemachten positiven Erfahrungen mit den Ausschlag.

bb) Einführung durch das Gesetz von 2010

Mit dem Gesetz zur Neuordnung des Rechts der Sicherungsverwahrung und zu begleitenden Regelungen von 2010 entschied sich der Gesetzgeber durch Art. 1 Nr. 6 dieses Gesetzes, die elektronische Überwachung in den strafbewehrten Weisungskatalog des § 68b Abs. 1 S. 1 StGB aufzunehmen. Dies erfolgte aber nicht aufgrund einer breiten rechtspolitischen Diskussion über die Vor- und Nachteile dieser Maßnahme, sondern ist eine Folge des bereits angesprochenen Urteils des Europäischen Gerichtshofs für Menschenrechte[821], das die Vollstreckung von sog. Altfällen[822] in der Sicherungsverwahrung[823] für konventionswid-

---

819 Zu den Folgen bei Verstößen gegen Weisungen nach § 68b Abs. 2 StGB vgl. unten; BT-Drs. 17/3403, S. 27.

820 BT-Drs. 17/3403, S. 27.

821 EGMR, NJW 2010, S. 2495.

822 Hierbei handelt es sich um Fälle der rückwirkenden Verlängerung der Sicherungsverwahrung. Hiervon sind Personen betroffen, bei denen zum Zeitpunkt ihrer Verurteilung für die Sicherungsverwahrung noch eine Höchstfrist von zehn Jahren galt, diese jedoch später mit dem am 31. Januar 1998 in Kraft getretenem Gesetz zur Bekämpfung von Sexualdelikten und anderen schweren Straftaten rückwirkend aufgehoben worden ist. Damit wurde der unbefristete Vollzug der Sicherungsverwahrung ermöglicht.

823 Mit der Entscheidung vom 4.5.2011 hat das BVerfG entschieden, dass sämtliche Regelungen zur Sicherungsverwahrung gegen das Grundrecht auf Freiheit nach Art. 2 Abs. 2 S. 2 GG verstoßen. Sie sind folglich verfassungswidrig. Daher muss der Gesetzgeber die Sicherungsverwahrung längstens bis 31.5.2013 neu regeln. Ziel soll hierbei sein, ein freiheitsorientiertes und therapiegerechtes Vollzugskonzept zu errichten (BVerfG, NJW 2011, S. 1931 ff.; siehe auch becklink 1012739, abzurufen unter www.beck-online.de). Derzeit stehen die gesetzlichen Änderungen noch aus.

rig erklärte.[824] Aufgrund dessen mussten diese, meist noch gefährlichen Täter aus der Vollstreckung entlassen werden. Um einen ausreichenden Schutz für die Allgemeinheit sicherzustellen, sind diese zum Teil durch die Polizei vollumfänglich zu beaufsichtigen und zu kontrollieren. Hierdurch entstehen neben den sehr hohen Kosten für die rund-um-die-Uhr-Überwachung auch personelle Probleme, da die Polizei eine derartige Aufsicht dauerhaft nicht gewährleisten kann. Daher wurde, um die rechts- und sicherheitspolitische Drucksituation zu entschärfen, die Maßnahme der elektronischen Überwachung als strafbewehrte Weisung eingeführt, deren primärer Zweck die Kontrollfunktion ist.[825]

Nach § 68b Abs. 1 S. 1 Nr. 12 StGB kann das Gericht anordnen, die für eine elektronische Überwachung des Aufenthaltsortes der verurteilten Person erforderlichen technischen Mittel ständig bei sich zu führen und deren Funktionsfähigkeit nicht zu beeinträchtigen, wobei diese Maßnahme nicht auf eine bestimmte Art der elektronischen Aufenthaltsüberwachung abzielt und somit auch für zukünftige technische Entwicklungen offen ist.[826] Diese Maßnahme bezweckt zum einen die bessere Kontrolle der Einhaltung von nach § 68b Abs. 1 S. 1 Nr. 1 und Nr. 2 StGB erteilten aufenthaltsbezogenen Weisungen. Hierdurch soll die verurteilte Person im Sinne einer positiven und negativen Spezialprävention von der Begehung weiterer Straftaten abgehalten werden. Nicht nur die Überwachung, sondern auch die Stärkung des Bewusstseins des Verurteilten um die eigene Gefährdung steht im Vordergrund dieser Weisung.

Zum anderen beabsichtigt man, ein deutlich erhöhtes Entdeckungsrisiko zu begründen, so dass der Täter von Zuwiderhandlungen gegen Weisungen ebenso wie von der Begehung weiterer schwerer Straftaten unmittelbar abgeschreckt und damit abgehalten wird.[827] Schließlich leistet die elektronische Überwachung einen wirksamen Beitrag zur Aufsicht durch die zuständigen Behörden. Jene können in Fällen akuter und erheblicher Gefahrenlagen für den Leib, das Leben, die Freiheit oder die sexuelle Selbstbestimmung Dritter rasch und zielgerichtet einschreiten.[828]

Aufgrund der Tatsache, dass die elektronische Überwachung des Aufenthalts der verurteilten Person in das nach Art. 2 Abs. 1 iVm. Art. 1 Abs. 1 GG bestehende Grundrecht auf informationelle Selbstbestimmung eingreift, bedarf es dem Bestimmtheitsgrundsatz entsprechender tatbestandsmäßiger Einschrän-

824 So auch Brauneisen, StV 2011, S. 311 (311).

825 Brauneisen, StV 2011, S. 311 (311 f.); Dessecker, FS Heinz, S. 631 (637); Heintschel-Heinegg-[Heuchemer], BeckOK StGB, § 68b StGB Rn. 15.3.

826 BT-Drs. 17/3403, S. 57.

827 Zum Zweck der elektronischen Fußfessel auch OLG Rostock, NStZ 2011, S. 521 (522); ferner BT-Drs. 17/3403, S. 2, 28; Brauneisen, StV 2011, S. 311 (312).

828 BT-Drs. 17/3403, S. 29.

kungen und verfahrenssichernder Regelungen. Dies gilt erst recht wenn die Maßnahme über längere Zeit andauern soll.[829]

Um eine derartige Maßnahme anordnen zu dürfen, d.h. damit der Eingriff in das Grundrecht auf informationelle Selbstbestimmung verhältnismäßig bleibt,[830] sind nach § 68b Abs. 1 S. 3 StGB vier Voraussetzungen erforderlich.

Erstens muss gem. § 68b Abs. 1 S. 3 Nr. 1 StGB die Führungsaufsicht aufgrund der vollständigen Vollstreckung einer Freiheitsstrafe oder Gesamtfreiheitsstrafe von mindestens drei Jahren oder aufgrund einer erledigten Maßregel eingetreten sein. Damit ist nur in derartigen Fallkonstellation die Weisung der elektronischen Überwachung anzuordnen, in denen die vorhergehende freiheitsentziehende Maßregel oder Strafhaft nicht wegen Vorliegen einer positiven Legalprognose ein Ende fand. Täter, deren Freiheitsentzug aufgrund des Ablaufs der Höchstfrist endet, sind ebenso Adressaten wie diejenigen, deren Maßregel wegen Unerreichbarkeit des Maßregelzwecks oder aus anderen Gründen der Verhältnismäßigkeit beendet werden musste.[831] Eine Weisung nach § 68b Abs. 1 S. 1 Nr. 12 StGB darf damit nicht bei einer gem. § 68 Abs. 1 StGB angeordneten Führungsaufsicht oder bei einer nur ausgesetzten Maßregel sowie in den Fällen des § 68f StGB bei Freiheitsstrafen unter drei Jahren ergehen.[832]

Gemäß § 68b Abs. 1 S. 3 Nr. 2 StGB ist es zweitens erforderlich, dass die Freiheitsstrafe oder Gesamtfreiheitsstrafe oder die Unterbringung wegen einer oder mehrerer Straftaten der in § 66 Abs. 3 S. 1 StGB genannten Art verhängt oder angeordnet worden ist. Der Gesetzgeber nimmt damit Bezug auf Straftaten, deren wiederholte Begehung als Hinweis für einen besonders gefährlichen Täter gewertet wird.[833]

Drittens hat nach § 68b Abs. 1 S. 3 Nr. 3 StGB die Gefahr zu bestehen, die verurteilte Person werde weitere Straftaten der in § 66 Abs. 3 S. 1 StGB genannten Art begehen. Die negative Prognose ergibt sich hierbei aus einer Abwägung aller in Betracht kommenden für und gegen die Erteilung der Weisung sprechenden Aspekte aus konkreten Tatsachen, wobei die Gefahr dann besteht, wenn eine begründete Wahrscheinlichkeit einer erneuten Begehung erheblicher Straftaten durch die verurteilte Person besteht.[834] Der sachliche Anwendungsbereich

829 Siehe auch BT-Drs. 17/3403, S. 29 ff.; Brauneisen, StV 2011, S. 311 (314).

830 Vgl. zu den Vorgaben des BVerfG zur Rechtfertigung eines Eingriffs in das Grundrecht auf informationelle Selbstbestimmung, BVerfGE 109, S. 279 (323); BVerfGE 112, S. 304 (319).

831 BT-Drs. 17/3403, S. 58.

832 Vgl. Heintschel-Heinegg-[Groß], MüKo-StGB, § 68b StGB Rn. 25.

833 BT-Drs. 17/3403, S. 59.

834 BT-Drs. 17/3403, S. 60; Heintschel-Heinegg-[Heuchemer], BeckOK StGB, § 68b StGB Rn. 15.3.

erfährt zudem durch den Verweis auf § 66 Abs. 3 S. 1 StGB einer erneuten Einschränkung. Die Gefahr einer wiederholten Straffälligkeit darf sich demnach nicht auf irgendeine Straftat beziehen, sondern nur auf die dort genannten schweren Delikte.

Schließlich soll viertens, die Weisung gem. § 68b Abs. 1 S. 3 Nr. 4 StGB als erforderlich erscheinen, um die verurteilte Person durch die Möglichkeit der Datenverwendung nach § 463a Abs. 4 S. 2 StPO, insbesondere durch die Überwachung der Einhaltung der nach § 68b Abs. 1 S. 1 Nr. 1 und Nr. 2 StGB erteilten Weisungen, von der Begehung weiterer Straftaten der oben benannten Art abzuhalten. Damit wird die Verhältnismäßigkeit dieser Maßnahme gewahrt und auf die spezialpräventive Wirkung dieser Weisung abgestellt.[835] Der Gesetzgeber lässt es hierbei genügen, dass zur Verhütung neuer Straftaten die elektronische Überwachung nur erforderlich erscheint. Folglich dürfen keine überhöhten Anforderungen an die Überzeugungsbildung gestellt werden, zumal bei dieser Bewertung auf zukünftiges Verhalten der verurteilten Person Bezug genommen wird.[836]

Nur bei Vorliegen aller vier Voraussetzungen kann das Gericht im Sinne des ultima-ratio-Prinzips die Weisung der elektronischen Überwachung erteilen und der verurteilten Person damit auferlegen, die hierfür benötigten Geräte ständig in betriebsbereitem Zustand mit sich zu führen und deren Funktionsfähigkeit nicht zu beeinträchtigen.[837] Dabei bezieht sich das Gebot des betriebsbereiten Mitführens des Geräts lediglich auf die Sicherstellung einer ausreichenden Energieversorgung desselben. Dies schließt jedoch nicht die Weisung mit ein, im Fall einer Funktionsstörung dieses selbstständig zu reparieren, zumal es hierfür in der Regel an den technischen Fähigkeiten der verurteilten Person und somit an der Zumutbarkeit mangelt. Ebenfalls beinhaltet das Verbot der Beeinträchtigung der Funktionsfähigkeit nur das Verbot das Gerät mutwillig oder fahrlässig zu manipulieren oder zu beschädigen. Hieran ist jedoch kein Aufenthaltsgebot mit dem Inhalt gebunden, sich nur an Orten aufzuhalten, bei denen eine elektronische Überwachung gewährleistet werden kann. Auch Plätze, an denen oftmals eine Ortung kaum oder nur schwer möglich ist, beispielsweise die U-Bahn, sind nicht durch diese Vorgabe verboten.[838]

Ferner bedarf es, wie oben[839] bereits festgestellt, zum Schutz des Grundrechts auf informationelle Selbstbestimmung verfassungssichernder Regelungen

---

835 BT-Drs. 17/3403, S. 61; Heintschel-Heinegg-[Heuchemer], BeckOK StGB, § 68b StGB Rn. 15.3.

836 BT-Drs. 17/3403, S. 62.

837 Heintschel-Heinegg-[Heuchemer], BeckOK StGB, § 68b StGB Rn. 15.3.

838 BT-Drs. 17/3403, S. 57 f.; Brauneisen, StV 2011, S. 311 (313).

839 Siehe S. 173.

mit deren Hilfe die Verhältnismäßigkeit diesbezüglicher Eingriffe gewahrt werden kann. Insbesondere wird die Datenerhebung und -speicherung nach § 463a Abs. 4 S. 1 1. Hs. StPO automatisiert vorgenommen. Folglich erhält die zuständige Behörde nur dann eine Mitteilung bezüglich des jeweiligen Aufenthaltsortes der verurteilten Person, wenn dies zur Erfüllung eines der gesetzlich in § 463a Abs. 4 S. 2 Nr. 1 bis 5 StPO vorgesehenen Verwendungszwecke notwendig erscheint.

Tritt keine derartige Situation ein, erlangt die zuständige Behörde keine Kenntnisse. Zugleich wird die Wohnung der verurteilten Person zu einem erhebungsfreien Raum deklariert, d.h. dass sie nach § 463a Abs. 4 S. 1 2. Hs. StPO von der Überwachung ausgenommen wird und somit keine Bewegungsprofile innerhalb der Wohnung erstellt werden dürfen.[840]

Aufenthaltsdaten können nach § 463a Abs. 4 S. 2 1. Hs. StPO uneingeschränkt verwendet werden, wenn der Betroffene hierin einwilligt, andernfalls ist die Verwendung dieser auf die gesetzlich festgelegten Zwecke beschränkt. Danach gebraucht man die Aufenthaltsdaten, wenn Verstöße gegen aufenthaltsbezogene Weisungen und zur Reaktion hierauf festgestellt werden, des Weiteren zu deren strafrechtlichen Ahndung, zur Abwehr einer erheblichen und gegenwärtigen Gefahr für das Leben, die körperliche Unversehrtheit, die persönliche Freiheit oder die sexuelle Selbstbestimmung Dritter sowie zur Verfolgung der in § 66 Abs. 3 S. 1 StGB genannten Art Straftaten. Darüber hinaus gewährleistet die relativ kurze Speicherfrist und die damit verbundene Löschungsregelung des § 463a Abs. 4 S. 5 StPO eine Rechtfertigung des Eingriffs in das Recht auf informationelle Selbstbestimmung. Schließlich ist in § 68d Abs. 2 S. 1 StGB eine besondere gerichtliche Überprüfung vorgesehen, wonach das Gericht spätestens vor Ablauf von zwei Jahren von Amts wegen zu prüfen hat, ob die Weisung der elektronischen Überwachung aufzuheben ist. Im Ergebnis bewirken somit die tatbestandsmäßigen Einschränkungen und die verfahrenssichernden Regelungen die Rechtfertigung des durch die elektronische Überwachung verursachten Eingriffs in das Grundrecht auf informationelle Selbstbestimmung.

Hervorzuheben bleibt schließlich noch, dass es für die Weisung der elektronischen Überwachung keiner Einwilligung der unter Führungsaufsicht stehenden Person bedarf. Zwar greift auch diese Anordnung in die Rechte des Betroffen ein, jedoch nicht in derselben Intensität wie eine stationäre Therapie oder eine mit körperlichen Eingriffen verbundene Therapie. Die elektronische Überwachung ist keine freiheitsentziehende Weisung und greift auch nicht in die körperliche Integrität der unter dieser Anordnung stehenden Person ein. Diese

840 Brauneisen, StV 2011, S. 311 (314); Peglau, jurisPR-StrafR 1/2011, Anm. 1, S. 6.

Weisung stellt folglich keinen derartigen Eingriff in die Lebensführung des Betroffenen dar, welcher eine Einwilligung voraussetzt.[841]

cc) Bewertung

Die Einführung der elektronischen Überwachung als strafbewehrte Weisung ist zu begrüßen. Zwar sind im Rahmen des Weisungsrechts nach § 68b Abs. 1 S. 1 StGB bereits einige Möglichkeiten vorgesehen, die vornehmlich die Allgemeinheit vor weiteren Straftaten der verurteilten Person durch gewisse Ge- und Verbote schützen sollen. Bisher konnte die Einhaltung derartiger aufenthalts- oder kontaktbezogener Weisungen allerdings nicht vollumfänglich, sondern nur stichprobenartig durch die Führungsaufsichtsstelle, den Bewährungshelfer oder unter bestimmten Voraussetzungen durch die Polizei kontrolliert werden. Die elektronische Überwachung gewährleistet nun eine vollumfängliche Aufsicht, mit deren Hilfe Weisungsverstöße dem Beweis zugänglich festgestellt werden können. Folglich ist es der Führungsaufsichtsstelle möglich, bei Zuwiderhandlungen gegen Weisungen schneller und effektiver zu reagieren, indem sie beispielsweise die Betreuung verstärkt. Dies umfasst auch Fälle einer akuten und erheblichen Gefährdungslage für Leib, Leben, Freiheit oder die sexuelle Selbstbestimmung Dritter. Jedoch beschränkt die elektronische Überwachung auch das Leben des Betroffenen. Beispielsweise erinnert das Tragen einer elektronischen Fußfessel den Betroffenen jederzeit an sein begangenes Unrecht. Hierdurch erstrecken sich die freiheitsentziehenden Maßnahmen über die Grenzen des Strafvollzugs hinaus auch auf Dritte bzw. Angehörige, was eine Beschränkung des Lebens der verurteilten Person sowie seiner Mitmenschen zur Folge hat.[842] Insbesondere wirkt sich eine derartige Maßnahme auf das Intimleben der verurteilten Person und die Freizeitgestaltung, beispielsweise den sportlichen Aktivitäten aus, da die Angst vor einer möglichen Entdeckung der elektronischen Überwachung durch die Mitmenschen durchweg besteht. Zudem findet durch diese Weisung auch der Tagesablauf des Betroffenen eine starke Einschränkung. Folglich wird ein Teil der Verurteilten die elektronische Überwachung wohl als fühlbare Beschränkung und als Drohung mit Stigmatisierung empfinden.[843]

---

841 Vgl. hierzu auch BT-Drs. 17/3403, S. 62; Brauneisen, StV 2011, S. 311 (314).

842 Ähnlich Vosgerau, BewHi 1990, S. 166 (167 f.), die in der elektronischen Überwachung einen schwerwiegenden Eingriff in die Privatsphäre eines Menschen sieht, der hohe psychische Belastung sowohl für den Betroffenen als auch für dessen Angehörigen bedeutet; siehe dazu auch den Artikel DILJA/219 „Karzerisierung der Gesellschaft - Fußfessel statt nachträglicher Sicherungsverwahrung (SB)" vom 24. Juni 2010, veröffentlicht unter Schattenblick.org/infopool/recht/meinung/remei219.html.

843 Naica-Loebell, Den Fuß in der elektronischen Fessel, Artikel vom 27.8.2001, abzurufen unter http://www.heise.de/tp/artikel/9/9392/1.html.

Man kann diese negativen Auswirkungen zwar schwerlich „wegdiskutieren", jedoch darf man hierbei auch die positiven Aspekte nicht außer Acht lassen. Die Maßnahme legt zugebenermaßen teilweise den Tagesablauf der verurteilten Person fest, dies bietet andererseits aber auch eine gewisse Struktur. Das Leben im Strafvollzug richtet sich nach einem strengen Strafvollzugsplan. Nach der Entlassung aus der Haft verliert die verurteilte Person diese Struktur und steht vor der Aufgabe, ihr Leben neu zu gestalten. Zwar erhält sie im Rahmen der allgemeinen Führungsaufsicht durch die Führungsaufsichtsstelle und den Bewährungshelfer Hilfe zur Bewerkstelligung dieser Aufgabe, jedoch kann die elektronische Überwachung auch hierzu einen wirksamen Beitrag leisten. Einerseits ist es möglich, dass bei dem Betroffenen durch die strikte Beaufsichtigung und Kontrolle, vor allem der aufenthalts- oder kontrollbezogenen Weisungen, das Bewusstsein für die eigene Gefährdung gestärkt, sowie der Anreiz gegeben wird, bestimmte psychologisch vermittelte, nachhaltig wirkende Verhaltenskontrollen zu erlernen bzw. zu verfestigen. Andererseits bewirkt diese Überwachung eine erhöhte Gefahr der Entdeckung eines Weisungsverstoßes, die wiederum abschreckend auf die verurteilte Person wirken kann, so dass damit auch ein spezialpräventiver Zweck verfolgt wird.[844]

Es besteht allerdings eine gewisse Behinderung im Alltagsleben auch im Hinblick auf soziale Kontakte, jedoch sind diese im Ergebnis hinzunehmen.[845] Bei der Anordnung einer diesbezüglichen Weisung findet seitens des Gerichts eine Abwägung statt, in der insbesondere auch die Zumutbarkeit der Weisung geprüft wird. Ob eine derartige Maßnahme zumutbar ist, hängt von den Umständen des Einzelfalls, der besonderen Verhältnisse des Verurteilten und dessen Interessen ab. Letztlich muss die Anordnung der elektronischen Überwachung stützend wirken und darf die Resozialisierung allein aus reinen Überwachungsaspekten nicht gefährden.[846]

Kommt das Gericht bei der Abwägung der persönlichen Interessen des Täters mit den Sicherheitsinteressen der Allgemeinheit zu dem Ergebnis, dass eine

---

844 OLG Rostock, NStZ 2011, S. 521 (522); so auch die Antwort des Senats auf die Kleine Anfrage der Fraktion der CDU vom 17. August 2010, S. 8, abzurufen unter http://www.senatspressestelle.bremen.de/sixcms/media.php/13/20100907_Elektronische_Fu%DFfessel.pdf.

845 Noch weiter Albrecht/Arnold/Schädler, ZRP 2000, S. 466 (468), die feststellen, dass eine negative Auswirkung auf Familienmitglieder durch empirische Informationen nicht nachgewiesen werden kann und darauf hinweisen, dass jede strafrechtliche Sanktion Folgen nach sich zieht, die sich unmittelbar oder mittelbar auch auf die Familienmitglieder oder andere auswirken (z.B. Tagessatzgeldstrafe, Strafaussetzung zur Bewährung).

846 OLG Rostock, Beschl. v. 28.3.2011, I Ws 62/11, Rn. 38, juris.

derartige Anordnung zumutbar ist, muss der Betroffene die damit verbundenen Beeinträchtigungen seines Lebens hinnehmen. Ohne Frage besteht hinsichtlich dieser Weisung noch Klärungsbedarf. Insbesondere die praktische Handhabung hinsichtlich der Zuständigkeit könnte noch Probleme bereiten. Daher ist es ratsam, gesetzlich festzulegen, welche Stelle die elektronische Überwachung zu installieren hat.[847] In Betracht hierfür kommen grundsätzlich die Führungsaufsichtsstelle, der Bewährungshelfer oder die Polizeidienststelle. Unter Berücksichtigung der technischen und persönlichen Vorkehrungen sollte diese Tätigkeit in die Zuständigkeitskompetenz der Polizeidienststelle fallen, zumal sich besonders in ländlichen Gegenden oftmals keine Führungsaufsichtsstelle in unmittelbarer Nähe befindet.

Des Weiteren sollte im Rahmen dieser Nachjustierung festgehalten werden, ob die mit der technischen Umsetzung betraute Stelle die Wohnung auch ohne Erlaubnis der verurteilten Person betreten darf. Dies ist jedenfalls bei der Erstinstallierung der Wohnungseinheit notwendig. Die Durchführung der elektronischen Überwachung erfolgt mittels eines elektronischen Geräts, das in der Wohnung des Betroffenen, zumindest bei der sog. 1-Track-Technik, installiert wird und mit dessen Hilfe die Erhebung von GPS-Daten in einem bestimmten, festgelegten Bereich der Wohnung unterbunden wird. Daneben sorgt dieses Gerät für die Präsenzfeststellung der verurteilten Person und mindert den Energieverbrauch der elektronischen Fußfessel während des Aufenthalts in der Wohnung.[848] Äußerst fraglich erscheint es aber als Rechtsgrundlage für das Betreten der Wohnung zum Zwecke der Erstinstallierung ohne Einwilligung des Unterstellten § 68b Abs. 1 S. 1 Nr. 12 StGB heranzuziehen. Zwar werde andernfalls der gesetzgeberische Wille unterlaufen, dieser Umstand könne aber nicht für eine derartige Ableitung der Rechtsgrundlage ausreichen.[849] Fraglich ist, ob ein Eingriff in die Unverletzlichkeit der Wohnung nach Art. 13 Abs. 1 GG gerechtfertigt wäre. Ein derartiger Eingriff ist nur auf Grundlage des Art. 13 Abs. 7 2. Hs.GG möglich. Dies wäre sehr gut denkbar, hat der Gesetzgeber aber nicht ausdrücklich vorgesehen. Daher wurde dem Zitiergebot des Art. 19 Abs. 1 S. 2 StGB nicht entsprochen. Ratsam ist auch in diesem Fall eine Nachjustierung. Unternimmt der Gesetzgeber nichts diesbezüglich, so läuft im Fall einer nicht erteilten Einwilligung des Betroffenen die Weisung leer. Daher muss der Gesetzgeber einen Eingriff auf Grundlage des Art. 13 Abs. 7 2. Hs.GG im Gesetz vorsehen, um damit dem Zitiergebot zu entsprechen und ein Betreten der Woh-

847 So auch Kreuzer, ZRP 2011, S. 7 (9).

848 Siehe zu diesem Problem Brauneisen, StV 2011, S. 311 (313).

849 Vgl. hierzu Brauneisen, StV 2011, S. 311 (313).

nung auch ohne Einwilligung der unter Führungsaufsicht stehenden Person zu legitimieren.

Jedenfalls ist aber das Betreten der Wohnung zum Zwecke des Anlegens der elektronischen Fußfessel, deren Reparatur oder in Fällen, in denen der Betroffene die elektronische Fußfessel nicht in betriebsbereiten Zustand hält, ohne das Einverständnis der verurteilten Person zu untersagen. Dies stellt einen Eingriff in das Recht der Unverletzlichkeit der Wohnung dar, den der Verurteilte nicht zu dulden hat.[850] Aufgrund des erheblichen Eingriffs in die Grundrechte des Betroffenen, aber auch aufgrund der Tatsache, dass die Wohnung zum Schutz des Kernbereichs der privaten Lebensführung des Unterstellten von der Überwachung ausgespart wird, kann eine Erteilung der Weisung zum Betreten der Wohnung auch ohne Einwilligung nach § 68b Abs. 2 StGB nicht ergehen.

Im Ergebnis lässt sich somit festhalten, dass trotz der notwendigen, noch vorzunehmenden Verbesserungen, die Einführung der elektronischen Überwachung gem. § 68b Abs. 1 S. 1 Nr. 12 StGB in den strafbewehrten Weisungskatalog des § 68b Abs. 1 S. 1 StGB als äußerst sinnvoll und viel versprechend erscheint. Hierdurch löste der Gesetzgeber das bis dahin bestehende, oben[851] dargestellte, Problem der Praxis. Folglich müssen auch diejenigen verurteilten Personen, die keinen Widerruf der Aussetzung einer freiheitsentziehenden Maßregel oder einer Straf- oder Strafrestaussetzung zu befürchten haben, bei Zuwiderhandlungen gegen die auferlegte Weisung mit einer Strafbewehrung nach § 145a StGB rechnen. Im Verhältnis zu den Regelungen, auf welche die elektronische Fußfessel vor der Einführung durch die Reform gestützt wurde, stellt die Hiesige die weitreichendere und praktikablere Lösung dar.

3. Nicht strafbewehrte Weisungen, § 68b Abs. 2 StGB

a) Weitere Weisungen, § 68b Abs. 2 S. 1 StGB

Neben den strafbewehrten Weisungen kann das Gericht gem. § 68b Abs. 2 S. 1 StGB nicht über § 145a StGB zu sanktionierende, dem Einzelfall angepasste Weisungen zum Zwecke der Resozialisierung und der Überwachung anordnen.

Diese können insbesondere die dort genannten Bereiche Ausbildung, Arbeit, Freizeit, Ordnung der wirtschaftlichen Verhältnisse sowie die Erfüllung von Unterhaltspflichten betreffen. Beispielsweise steht es dem Gericht frei, der verurteilten Person aufgeben, eine nach ihren Fähigkeiten und Neigungen entsprechende Ausbildung zu beginnen, einer Arbeit nachzugehen, gemeinnützige Dienste in bestimmten Umfang zu leisten, einen Schuldentilgungsplan aufzustel-

850 So auch Brauneisen, StV 2011, S. 311 (313).

851 Siehe S. 172.

len oder geschuldete Unterhaltsbeiträge regelmäßig und termingerecht zu leisten. Jedoch darf dies nicht aufgrund eines Genugtuungszwecks angeordnet werden, so dass beispielsweise die Leistung gemeinnütziger Arbeit nur zum Zweck der Resozialisierung, um also dem Verurteilten bestimmte Ansichten zu vermitteln, zulässig ist, die Aufstellung des Schuldentilgungsplans nur zur Erfüllung bestehender rechtlicher Ansprüche.[852]

Die Aufzählung in § 68b Abs. 2 StGB ist aber nicht abschließend. Zwar besteht hierdurch die Möglichkeit nahezu alle denkbaren Ge- und Verbote zu erteilen, jedoch findet sich die Grenze nicht nur in den oben[853] bereits ausgeführten allgemeinen Anwendungskriterien, sondern insbesondere auch in den Grundrechten.[854] Ferner darf das Gericht nicht, um die Drohung der Strafbarkeit nach § 145a StGB zu umgehen, die gleichen Weisungen wie in § 68b Abs. 1 StGB normiert, anordnen.[855] Dies ergibt sich bereits aus dem Gesetzeswortlaut („weiter").

b) Therapieweisung, § 68b Abs. 2 S. 2 StGB

aa) Neueinführung durch die Reform von 2007

Durch die Reform wurde die Therapieweisung nach § 68b Abs. 2 S. 2 StGB neu eingeführt. Danach kann die verurteilte Person im Gegensatz zu § 68b Abs. 1 S. 1 Nr. 11 StGB angewiesen werden, sich nachsorgend psychiatrisch, psycho- oder sozialtherapeutisch behandeln oder betreuen zu lassen, wobei es dem Gericht möglich ist, die Weisung nur auf die wesentlichen Grundzüge zu begrenzen und die nähere Ausgestaltung dem Therapeuten freizustellen.[856] Diese Behandlung darf auch gem. § 68b Abs. 2 S. 3 StGB durch eine forensische Ambulanz durchgeführt werden. Damit geht das Ziel einher, die Bereitschaft des Täters zur dauerhaften Wahrnehmung von Behandlungsterminen abzusichern und die Voraussetzungen für eine erfolgreiche Therapie zu schaffen.[857] Hintergrund der

---

852 Kindhäuser/Neumann/Paeffgen-[Ostendorf], NK-StGB, § 68b StGB Rn. 24; Schönke/Schröder-[Stree/Kinzig], StGB, § 68b StGB Rn. 19 ff.

853 Siehe S. 143 ff.

854 OLG Hamm, JMBl. NW 1982, S. 153 (154); Fischer, StGB, § 68b StGB Rn. 15; Heintschel-Heinegg-[Heuchemer], BeckOK StGB, § 68b StGB Rn. 16; Lackner/Kühl, StGB, § 68b StGB Rn. 3; Rudolphi/Horn/Günther/Samson-[Sinn], SK-StGB, § 68b StGB Rn. 14; Satzger/Schmitt/Widmaier-[Jehle], StGB, § 68b StGB Rn. 16; Schönke/Schröder-[Stree/Kinzig], StGB, § 68b StGB Rn. 23.

855 Kindhäuser/Neumann/Paeffgen-[Ostendorf], NK-StGB, § 68b StGB Rn. 21.

856 Heintschel-Heinegg-[Heuchemer], BeckOK StGB, § 68b StGB Rn. 16.

857 BT-Drs. 16/1993 S. 20; Laufhütte/Rissing-van Saan/Tiedemann-[Schneider], LK-StGB, § 68b StGB Rn. 41; Rudolphi/Horn/Günther/Samson-[Sinn], SK-StGB, § 68b StGB Rn. 14a.

Einführung ist es, die Rückfallhäufigkeit in der Praxis durch eine derartige Nachsorge spürbar zu reduzieren.[858] Befolgt der Täter diese Weisung nicht, wird die Aussetzung der Maßregel nach § 67g Abs. 1 Nr. 2 StGB widerrufen oder gem. § 68c Abs. 2 Nr. 2 StGB unbefristete Führungsaufsicht angeordnet, eine zwangsweise Durchsetzung der Weisung ist hingegen nicht möglich.

Die Therapiedauer muss nicht von vorneherein festgelegt werden, erforderlich sind jedoch genaue Bestimmungen hinsichtlich der organisatorischen Gestaltung und der Pflichten des Verurteilten.[859] Die ausdrückliche Nennung forensischer Ambulanzen in § 68b Abs. 2 S. 3 StGB soll ein positives gesetzgeberisches Zeichen für den Auf- und Ausbau von Nachsorgenetzen in den Bundesländern geben.[860] Sie begründet aber keine Pflicht zur Schaffung solcher Ambulanzen, noch verpflichtet sie die Ambulanzen bestimmte Täter aufzunehmen.[861]

bb) Bewertung

Teilweise steht die Neueinführung dieser Weisung jedoch unter Kritik. Es wird bemängelt, dass zunächst ausreichende Therapie- und Nachsorgeangebote geschaffen werden müssen, da Therapieplätze Mangelware sind und somit hohe Kosten für die Schaffung entstehen.[862] Unabhängig davon besteht vereinzelt die Meinung, Therapiezwang und Menschenwürde seien kaum miteinander vereinbar.[863]

Es besteht die Gefahr, dass der Verurteilte, der den Widerruf oder die unbefristete Führungsaufsicht vermeiden will, die Therapie gegen seinen Willen durchführt. Er wird hierbei auf fremde Verhaltenserwartungen reagieren und sich nur vordergründig unterwerfen, während faktisch abweichende Verhaltensmuster verfestigt werden. Dies kann in einem „Aufschaukelungsprozess" bis hin zum Rückfall führen.[864] § 68b Abs. 1 S. 1 Nr. 11 StGB ist im Vergleich

858 Dölling/Duttge/Rössner-[Pflieger], StGB, § 68b StGB Rn. 3.

859 Fischer, StGB, § 68b StGB Rn. 15; nicht nur die Art der Therapie, sondern auch die betreffende Therapieeinrichtung und den Zeitpunkt des Therapiebeginns muss das Gericht, soweit dies im Zeitpunkt der Entscheidung der Strafvollstreckungskammer bereits möglich bzw. eine geeignete Einrichtung gefunden ist, bezeichnen, OLG Naumburg, StV 2010, S. 644. A.A. bzgl. der Dauer OLG Frankfurt a.M., NStZ-RR 2009, S. 27 (28); Schönke/Schröder-[Stree/Kinzig], StGB, § 68b StGB Rn. 22, die hinsichtlich der maximalen Gesamtdauer der Therapie gerichtliche Angaben fordern.

860 BT-Drs. 16/1993, S. 20; Kwaschnik, Führungsaufsicht im Wandel, S. 393.

861 Rudolphi/Horn/Günther/Samson-[Sinn], SK-StGB, § 68b StGB Rn. 14a.

862 Pollähne, KritV 2007, S. 386 (410 f.); Schalast, R & P 2006, S. 59 (61).

863 Kerner, BewHi 2006, S. 49 (52); vgl. Laufhütte/Rissing-van Saan/Tiedemann-[Schneider], LK-StGB, § 68b StGB Rn. 41.

864 Laufhütte/Rissing-van Saan/Tiedemann-[Schneider], LK-StGB, § 68b StGB Rn. 41; Schneider, ZfStrVo 2004, S. 139 (141).

hierzu vermutlich die erfolgreichere Weisung, dementsprechend ist dieser auch der Vorzug zu gewähren. Um die negativen Aspekte einer Zwangstherapie zu verhindern, sollte lieber darauf vertraut werden, dass ein guter Therapeut es vermag, die verurteilte Person zu einer einverständlichen Betreuung zu überzeugen, die dann auch erfolgreich mit einem motivierten Patienten durchgeführt werden kann.[865] Die autonome Anerkennung der Behandlungsbedürftigkeit stellt den ersten Erfolg der Therapie dar.[866] Unter der Voraussetzung, dass die Therapie tatsächlich unumgänglich ist, der Unterstellte sich aber dagegen wehrt, bleibt zudem immer noch die Möglichkeit des Widerrufs der Aussetzung der Unterbringung gem. § 67g Abs. 2 und 3 StGB, wonach die besseren Argumente gegen eine Therapieweisung sprechen.[867]

c) Unterziehung körperlicher Kontrollen, § 68b Abs. 2 S. 4 StGB

Sind im Rahmen der Behandlung körperliche Eingriffe nötig, so sieht § 68b Abs. 2 S. 4 StGB die entsprechende Anwendung des § 56c Abs. 3 StGB vor, mit der Folge, dass die Einwilligung der verurteilten Person für derartige Eingriffe nötig ist. Dementsprechend kann nur mit Einwilligung des Verurteilten die Weisung angeordnet werden, er solle sich einer ambulanten Heilbehandlung oder einer Entziehungskur unterziehen und sich in einem geeigneten Heim oder Anstalt aufhalten. Des Weiteren wird nunmehr klargestellt, dass dieses Erfordernis der Einwilligung sich auch auf mit körperlichen Eingriffen verbundene Alkohol- und Suchtmittelkontrollen erstreckt. Beispielsweise können dies Blutproben sein. Durch die Einführung dieser Regelung muss eine derartige Weisung nicht mehr unter den Begriff der Heilbehandlung subsumiert und damit der Anwendung des § 56 Abs. 3 Nr. 1 StGB unterworfen werden.[868] Bei einer Verweigerung der Einwilligung des Verurteilten ist die Anordnung einer unbefristeten Führungsaufsicht gem. § 68c Abs. 2 Nr. 1 StGB möglich.

---

865 Kerner, BewHi 2006, S. 49 (52); auch Satzger/Schmitt/Widmaier-[Jehle], StGB, § 68b StGB Rn. 18 hält die Möglichkeiten einer Zwangstherapie für begrent, tatsächliche Erfolge können nu bei freiwilliger Mitwirkung der unterstellten Person zu erzielen sein.

866 Laufhütte/Rissing-van Saan/Tiedemann-[Schneider], LK-StGB, § 68b StGB Rn. 41.

867 Müller-Isberner, Stellungnahme zur BT-Drs. 16/1993, S. 1 ist ebenso der Meinung, dass eine Verpflichtung zur Therapie nicht durchsetzbar ist, abzurufen unter http://www.gesmat.bundesgerichtshof.de/gesetzesmaterialien/16_wp/fuehrungsaufsicht/Stellungnahme_Mueller-Isberner.pdf; im Ergebnis so auch Laufhütte/Rissing-van Saan/Tiedemann-[Schneider], StGB, § 68b StGB Rn. 41.

868 BT-Drs. 16/1993, S. 20.

4. Anordnung und Rechtsmittel

Es obliegt dem pflichtgemäßen Ermessen des Gerichts, ob es von seiner Befugnis, Weisungen zu erteilen, Gebrauch machen wird. Ebenso entscheidet es im Rahmen dieses Ermessens frei über die Wahl und Ausgestaltung der Ge- und Verbote, jedoch soll es sich vom Zweck der Führungsaufsicht und den konkreten vorliegenden Bedürfnissen des Einzelfalls leiten lassen. Dem Gericht steht es ferner frei, wenn es dies für erforderlich erachtet, mehrere Weisungen zugleich zu erteilen.[869]

In den Fällen der Führungsaufsicht kraft Richterspruchs können die Weisungen zugleich mit der Entscheidung oder gem. § 68d StGB nachträglich durch das Gericht angeordnet werden. In Fällen des gesetzlichen Eintritts muss unterschieden werden. Entsteht die Aufsicht durch ein Urteil, dürfen Weisungen zusammen mit dem Urteil vom anerkennenden Gericht gem. § 268a Abs. 2 iVm. Abs. 1 StPO durch Beschluss angeordnet werden, in den übrigen Fällen richtet sich die Zuständigkeit nach den § 463 Abs. 1 und Abs. 6 iVm. § 462a Abs. 1 S. 2 StPO. Demnach ist die Strafvollstreckungskammer für die Entscheidung verantwortlich.

Eine Sonderregelung besteht für Weisungen aus früheren Führungsaufsichten. Gem. § 68b Abs. 4 StGB muss das Gericht die Weisungen der früheren Aufsicht mit in seine Entscheidung einbeziehen, wenn mit Eintritt einer neuen die bereits bestehende Führungsaufsicht nach § 68e Abs. 1 S. 1 Nr. 3 StGB endet. Hierdurch wird gewährleistet, dass sich das Gericht über das frühere Verfahren und die Erteilung der Weisung sowie über das Einhalten dieser durch die verurteilte Person informiert und seine Entscheidung dementsprechend anpasst.[870] Dies gilt ebenso, wenn die Führungsaufsichten gleichzeitig eintreten, da nur dadurch mehrere nebeneinander verlaufende Maßregeln dieser Art verhindert werden können.[871] Tatsächlich weisen sie gewisse Gemeinsamkeiten auf: bei Weisungen, die grundrechtsrelevante Eingriffe und eine Strafbarkeit nach § 145a StGB zur Folge haben, ist eine mündliche Anhörung vor der Erteilung geboten, wobei die Unterbreitung des Angebots zur schriftlichen Stellungnahme hierfür grundsätzlich nicht ausreicht.[872] Ferner muss der Vorsitzende den Be-

---

869 Heintschel-Heinegg-[Heuchemer], BeckOK StGB, § 68b StGB Rn. 4 f.; Schönke/Schröder-[Stree/Kinzig], StGB, § 68b StGB Rn. 15.

870 Laufhütte/Rissing van Saan/Tiedemann-[Schneider], LK-StGB, § 68b StGB Rn. 44; Schönke/Schröder-[Stree/Kinzig], StGB, § 68b StGB Rn. 25a.

871 OLG Nürnberg, NStZ-RR 2008, S. 262 f.; Leipold/Tsambikakis/Zöller-[Kilian/Möhlenbeck], StGB, § 68b StGB Rn. 27.

872 OLG Dresden, NStZ-RR 2008, S. 27 (27); OLG Dresden, StV 2008, S. 317 (318); Kindhäuser/Neumann/Paeffgen-[Ostendorf], NK-StGB, § 68b StGB Rn. 29.

troffenen gem. §§ 268a Abs. 3, 463 Abs. 1, 453a StPO über die Weisung und die Folgen bei Verstoß belehren, sowie die Weisung nach § 34 StPO begründen. Dies darf aber gem. § 463 Abs. 1 iVm. § 453a StPO nachgeholt werden. Bei nachträglich angeordneten Weisungen soll hingegen lediglich eine entsprechende Belehrung gem. § 453a Abs. 3 iVm. § 463 Abs. 1 StPO erfolgen. Eine Pflicht hierzu besteht nicht. Gegen die Anordnung ist die Beschwerde zulässig, welche allerdings nur auf eine mögliche Gesetzeswidrigkeit der Anweisung gestützt werden kann, § 463 Abs. 2 iVm. §§ 453 Abs. 2, 305a Abs. 1 StPO.[873] Dies ist zu bejahen, wenn eine Weisung im Gesetz nicht vorgesehen, unverhältnismäßig, unzumutbar oder unbestimmt ist sowie, wenn das pflichtgemäße Ermessen des Gerichts nicht sachgerecht ausgeübt wurde, wobei keine Überprüfung der Zweckmäßigkeit stattfindet.[874]

II. Sanktionsregelung bei Weisungsverstößen

Fraglich scheint, ob der unter Führungsaufsicht unterstellten Person eine Sanktion droht, wenn sie gegen eine ihr auferlegte Weisung verstößt und wie diese Sanktionierung gegebenenfalls ausgestaltet werden muss. Wie oben[875] bereits erwähnt, muss zwischen strafbewehrten und nicht strafbewehrten Weisungen unterschieden werden. Beiden ist gemeinsam, dass ein Weisungsverstoß vorliegt, wenn der Betroffene das ihm auferlegte Verhalten nicht oder nicht vollständig erfüllt.[876] Dagegen fällt die Rechtsfolge unterschiedlich aus.

Die Überprüfung, ob der Betroffene die erteilte Weisung einhält, erfolgt im Übrigen durch Bewährungshelferberichte, Kontrollen durch den Bewährungshelfer, Gespräche mit dem Unterstellten oder Nachfragen bei Polizei, Ärzten und anderen Einrichtungen oder Personen.[877] Diese Überprüfung wird in erster Linie von der Kapazität der Aufsichtsstelle und der Bewährungshelfer begrenzt. Zudem führt die oftmals fehlende Kooperationsbereitschaft der beteiligten Stellen dazu, dass die in der Praxis häufig auftretenden Weisungsverstöße nur selten

---

873 Laufhütte/Rissing-van Saan/Tiedemann-[Schneider], LK-StGB, § 68b StGB Rn. 46 f.

874 OLG Celle, StV 2010, S. 495 (495); OLG Frankfurt, NStZ-RR 2009, S. 27 (27 f.); OLG Karlsruhe, StV 2010, S. 643 (643); KG, StraFo 2008, S. 483 (483); Heintschel-Heinegg-[Heuchemer], BeckOK StGB, § 68b StGB Rn. 20; Leipold/Tsambikakis/Zöller-[Kilian/Möhlenbeck], StGB, § 68b StGB Rn. 20.

875 Siehe dazu S. 143.

876 Fernholz-Niemeier, Pönalisierung von Weisungsverstößen, S. 48.

877 Floerecke, Entstehung Gesetzesnorm, S. 133.

Sanktionen nach sich ziehen.[878] Ein Strafantrag nach § 145a StGB wird nur bei etwa 2,4 % der unter Führungsaufsicht stehenden Personen gestellt.[879] Zwar sagt dieser Wert noch nichts über die tatsächliche Anzahl der Weisungsverstöße aus, jedoch erscheint er in Anbetracht der hohen Unterstellungsanzahl sehr gering.

1. Verstoß gegen § 68b Abs. 1 S. 1 Nr. 1 bis Nr. 12 StGB

Bei einem Verstoß gegen eine strafbewehrte Weisung nach § 68b Abs. 1 S. 1 Nr. 1 bis 12 StGB bestehen grundsätzlich mehrere Sanktionsmöglichkeiten.

a) Freiheits- oder Geldstrafe, § 145a StGB

Zunächst kann die Aufsichtsstelle bei einem Nichtbefolgen einer Weisung aus dem Katalog des § 68b Abs. 1 S. 1 StGB einen Strafantrag nach § 145a StGB stellen.

Diese Möglichkeit kommt vor allem in den Fällen der Vollverbüßung in Betracht, da bei diesen der Widerruf der Aussetzung nicht besteht. § 145a S. 1 StGB soll sicherstellen, dass die besonders bedeutsamen Weisungen des § 68b Abs. 1 S. 1 StGB von den Verurteilten befolgt werden, damit der Zweck der Führungsaufsicht erreichbar bleibt bzw. nicht gefährdet wird.[880]

aa) Voraussetzungen

Voraussetzung für eine Bestrafung nach § 145a S. 1 StGB ist zunächst, dass die verurteilte Person gegen eine rechtlich zulässige, d.h. wirksame und zumutbare sowie hinreichend bestimmte Weisung verstößt, wobei ein Verstoß dann vorliegt, wenn der Verurteilte das ihm durch diese Weisung auferlegte Verhalten nicht oder nicht vollständig erfüllt.[881] Kleinere Verstöße und bloße Nachlässigkeiten reichen in der Regel für eine Bestrafung nach § 145a StGB allerdings nicht aus.[882] Ferner hat das Nichtbefolgen der Weisung während der Dauer der Führungsaufsicht zu erfolgen. Ein Verstoß während des Ruhens der Maßregel kann nach § 145a S. 1 StGB nicht sanktioniert werden, jedoch finden in dieser Zeit die vollzugsrechtlichen Einwirkungsmöglichkeiten nach §§ 102 ff.

878 Floerecke, Was leistet die Führungsaufsicht?, S. 51 (65, 67); Nißl, NStZ 1995, S. 525 (526).

879 Bock-[Schneider], Kriminologie, 6. Teil § 34 Rn. 186.

880 Kindhäuser, LPK-StGB, § 145a StGB Rn. 1; Satzger/Schmitt/Widmaier-[Jeßberger], StGB, § 145a StGB Rn. 3.

881 Kindhäuser, LPK-StGB, § 145a StGB Rn. 3; Lackner/Kühl, StGB, § 145a StGB Rn. 2.

882 Fischer, StGB, § 145a StGB Rn. 8; Lackner/Kühl, StGB, § 145a StGB Rn. 3.

StVollzG[883] Anwendung, wenn der Verurteilte sich im Vollzug einer Freiheitsstrafe oder freiheitsentziehenden Maßregel befindet.[884]

Des Weiteren muss das Nichtbefolgen eine konkrete Gefährdung des Maßregelzwecks auslösen, wobei der Bezugspunkt nicht die einzelne Weisung selbst, sondern der hinter der Führungsaufsicht stehende Zweck der Besserung und Sicherung ist. Eine konkrete Gefährdung des Maßregelzwecks liegt demnach vor, wenn die Gefahr der Begehung weiterer Straftaten durch die verurteilte Person begründet oder erhöht wurde. Hierbei hat die Gefahr gerade auf dem Weisungsverstoß zu beruhen.[885] Schließlich soll der Täter wenigstens mit bedingtem Vorsatz, § 15 StGB, gehandelt haben, d.h. er muss sowohl den Weisungsverstoß wie auch die Gefährdung des Zwecks der Maßregel billigend in Kauf genommen haben.[886]

bb) Rechtsfolge

Liegen die Voraussetzungen vor, wird der Verurteilte gem. § 145a S. 1 StGB mit einer Freiheitsstrafe bis zu drei Jahren oder mit Geldstrafe belegt.

Mit der Reform von 2007 erhöhte man den Strafrahmen von einem auf bis zu drei Jahren. Der Gesetzgeber wollte damit auf die Bedürfnisse der Praxis reagieren. Die bisherige Strafandrohung wurde in der Praxis für kaum geeignet erachtet, die verurteilte Person zur Befolgung der Weisungen im Rahmen der Führungsaufsicht zu motivieren, mit der augenscheinlichen Schlussfolgerung diese letztlich gar nicht als zu mild zu bestrafen.[887]

Der neue Strafrahmen soll differenzierte Reaktionen ermöglichen und eine nachhaltige Einwirkung durch längere Freiheitsstrafen auch gegenüber hafterfahrenen Tätern sicherstellen, um damit die Allgemeinheit vor weiteren Straftaten nachhaltig zu schützen.[888] Des Weiteren geht mit dem hohen Strafrahmen die Absicht einher, den Verurteilten von einem Nichtbefolgen der Weisungen abzuschrecken und ihn hinreichend zu motivieren, diese einzuhalten. Damit ent-

---

883 §§ 81 ff. JVollzGB III, Art. 109 ff. BayStVollzG, §§ 85 ff. HmbStVollzG, §§ 55 f. HStVollzG, §§ 94 ff. NJVollzG; Vgl. allgemein zu der Möglichkeit von Disziplinarmaßnahmen Laubenthal, Strafvollzug, Rn. 728 ff.

884 Fischer, StGB, § 145a StGB Rn. 4.

885 Antons, BewHi 1992, S. 282 (285); Fischer, StGB, § 145a StGB Rn. 8; Satzger/Schmitt/Widmaier-[Jeßberger], StGB, § 145a StGB Rn. 8.

886 OLG Hamburg, NJW 1985, S. 1232 (1233); Fischer, StGB, § 145a StGB Rn. 10; Lackner/Kühl, StGB, § 145a StGB Rn. 4; Satzger/Schmitt/Widmaier-[Jeßberger], StGB, § 145a StGB Rn. 10.

887 Weigelt, ZRP 2006, S. 253 (254).

888 BT-Drs. 16/1993, S. 24; Satzger/Schmitt/Widmaier-[Jeßberger], StGB, § 145a StGB Rn. 1.

faltet der Strafrahmen auch generalpräventive Wirkung.[889] Jedoch kommen nach Ansicht der Gegner der Strafrahmenerhöhung Fälle, in denen das materielle Unrecht des Nichtbefolgens der Weisung einen derart hohen Strafrahmen erfordert, in der Praxis nicht vor, so dass dieser nur von symbolischer Natur ist.[890]

cc) Kritische Auseinandersetzung mit der Verfassungsmäßigkeit der Sanktionsmöglichkeit des § 145a S. 1 StGB

Bereits vor der Reform von 2007 war diese Art der Sanktionierung eines Weisungsverstoßes äußerst umstritten. Seit der Erhöhung der Strafobergrenze mit der Reform ist sie aber wohl die fachlich umstrittenste Regelung dieses Rechtsinstituts geworden.[891]

Seit der Einführung des § 145a S. 1 StGB sind seitens der Literatur zum Teil erhebliche verfassungsrechtliche Bedenken gegen diese Sanktionsmöglichkeit vorgebracht worden, die sich von der Strafrahmenhöhe bis hin zur Forderung nach der Abschaffung erstrecken.

Von einigen Vertretern der Rechtswissenschaft wird bemängelt, dass die Sanktionsmöglichkeit des § 145a S. 1 StGB verfassungswidrig sei.[892]

(1) Grundsatz der Verhältnismäßigkeit

Um die Frage nach der Verfassungswidrigkeit dieser Sanktion beantworten zu können, bedarf es einer umfassenden Prüfung.[893] Zunächst ist hierbei die Vereinbarkeit der Möglichkeit zur Sanktion nach § 145a S. 1 StGB mit dem Grundsatz der Verhältnismäßigkeit zu untersuchen. Die Bestrafung nach § 145a S. 1 StGB im Fall eines Verstoßes gegen eine Weisung nach § 68b Abs. 1 S. 1 StGB ist verhältnismäßig, wenn diese staatliche Maßnahme geeignet und erforderlich ist, den von ihr verfolgten Zweck zu erreichen, sowie in einem angemessenen Verhältnis zu diesem angestrebten Ziel steht.[894]

889 Kindhäuser, LPK-StGB, § 145a StGB Rn. 1.

890 Satzger/Schmitt/Widmaier-[Jeßberger], StGB, § 145a StGB Rn. 1.

891 Schneider, NStZ 2007, S. 441 (444).

892 Schönke/Schröder-[Sternberg-Lieben], StGB, § 145a StGB Rn. 2 m.w.N.; näher insgesamt zu dieser Problematik Dölling/Duttge/Rössner-[Pflieger], StGB, § 145a StGB Rn. 2; Fernholz-Niemeier, Pönalisierung von Weisungsverstößen, S. 78 ff.; Fischer, StGB, § 145a StGB Rn. 2; Kwaschnik, Führungsaufsicht im Wandel, S. 214; Laufhütte/Rissing-van Saan/Tiedemann-[Roggenbruck], LK-StGB, § 145a StGB Rn. 4 ff.

893 Vgl. zum Ganzen Kwaschnik, Führungsaufsicht im Wandel, S. 215 ff.

894 Pieroth/Schlink, Grundrechte, Rn. 289.

(a) Geeignetheit der Sanktion zur Zweckerreichung

Zunächst müsste die Sanktion des § 145a S. 1 StGB geeignet sein. Dies ist dann der Fall, wenn mit Hilfe der gewählten Maßnahme der angestrebte Zweck Unterstützung findet.[895]

Der Zweck des § 145a S. 1 StGB besteht in dem Befolgen der besonders bedeutsamen Weisungen des § 68b Abs. 1 S. 1 StGB durch den Unterstellten, damit das Ziel der Führungsaufsicht erreichbar bleibt bzw. nicht gefährdet wird.[896] Die verurteilte Person soll durch die Strafdrohung von Verstößen gegen die Weisung abgehalten und damit vor der Begehung weiterer Straftaten geschützt werden.[897] Dieser Zweck ist auch legitim, da es zum einen einen Beitrag zur Resozialisierung des Täters leistet, zum anderen auch dem Schutz der Allgemeinheit dient.

Fraglich erscheint, ob die Strafdrohung des § 145a S. 1 StGB sich dazu eignet, diesen Zweck zu erreichen. Die Untersuchung dieser Frage findet allerdings nur in einem sehr begrenzten Rahmen statt, da nach Ansicht des Bundesverfassungsgerichts in ständiger Rechtsprechung[898] die gesetzgeberische Prognose prinzipiell als maßgeblich gilt. Diese ist nicht vollumfänglich nachprüfbar, sondern kann nur in einem begrenzten Rahmen, nämlich dem der eindeutigen Widerlegbarkeit, also hinsichtlich der Frage, ob die Maßnahme objektiv zur Erreichung des Zwecks untauglich ist, überprüft werden.[899] Danach ist also die Maßnahme ungeeignet und damit verfassungswidrig, wenn „sie entgegen der gesetzgeberischen Erwartung im Vorhinein erkennbar ungeachtet bleiben musste“.[900] Hierbei muss beachtet werden, dass es für die Tauglichkeitsprüfung nicht erforderlich ist, dass die Maßnahme zu 100 % erfolgsversprechend ist. Es steht bereits zum Zeitpunkt des Gesetzerlasses fest, dass sich nicht alle Verurteilten an die Maßnahme halten werden. Ginge man von einer gegenteiligen Annahme aus, wären diese Erwartungen nicht nur überhöht, sondern auch utopisch.[901]

---

895 BVerfGE 30, S. 292 (316); BVerfGE 63, S. 88 (115); BVerfGE 96, S. 10 (23); BVerfGE 103, S. 293 (307).

896 Kindhäuser, LPK-StGB, § 145a StGB Rn. 1; Satzger/Schmitt/Widmaier-[Jeßberger], StGB, § 145a StGB Rn. 3.

897 Vgl. hierzu m.w.N. Kwaschnik, Führungsaufsicht im Wandel, S. 212 ff.

898 So z.B. in BVerfGE 30, S. 250 (263); BVerfGE 47, S. 109 (117); BVerfGE 65, S. 116 (126).

899 BVerfGE 30, S. 250 (263); BVerfGE 47, S. 109 (117); BVerfGE 65, S. 116 (126); Grabitz, AÖR 98 (1973), S. 568 (571 f.).

900 Groth, NJW 1979, S. 743 (744); siehe dazu auch Dreher, Niederschriften, Bd. 12, S. 328; Kwaschnik, Führungsaufsicht im Wandel, S. 215; Schafheutle, Niederschriften, Bd. 3, S. 245.

901 So auch Kwaschnik, Führungsaufsicht im Wandel, S. 216.

Der vereinzelt vertretenen Ansicht,[902] gemäß derer die Annahme, eine Strafandrohung könne den Täter dazu bringen sich resozialisieren zu wollen, völlig unrealistisch sei, kann nicht gefolgt werden. Der Personenkreis der Führungsaufsicht ist sehr heterogen. Je nach Tätertyp und eigener Persönlichkeit entfaltet die Maßnahme des § 145a S. 1 StGB ihre Wirkung. Zwar wird es auch in diesem Adressatenkreis vermutlich absolut resozialisierungsunfähige Straftäter geben, die sich durch die Strafandrohung zu keiner Resozialisierung bereit erklären werden. Daneben existieren aber durchaus auch etliche unter Führungsaufsicht gestellte Personen, die sich durch die Strafdrohung beeinflussen lassen und bei denen berechtigte Hoffnung auf die Wiedereingliederung in die Gesellschaft besteht.[903]

Somit lässt sich zusammenfassend feststellen, dass die Geeignetheit der Maßnahme nicht eindeutig widerlegt werden konnte. Vielmehr zeigen die Ausführungen, dass die Strafandrohung ein taugliches Mittel zur Erreichung des Zwecks sein kann. Somit bestehen unter dem Blickwinkel der Geeignetheit keine verfassungsrechtlichen Bedenken gegen die Sanktionsmöglichkeit des § 145a S. 1 StGB.

(b) Erforderlichkeit der Sanktionsmöglichkeit

Ferner muss die Maßnahme erforderlich sein. Die Strafandrohung des § 145a S. 1 StGB gilt als erforderlich, wenn der erwünschte Zweck nicht durch ein gleich wirksames, aber weniger belastendes Mittel erreicht wird, d.h. es darf kein Mittel geben, welches den Erfolg durch weniger einschneidende Eingriffe in die Rechtssphäre der verurteilten Person herbeiführt.[904]

(aa) Aufgabe der Sanktionsdrohung

Als milderes Mittel ist zunächst an die Aufgabe der Sanktionsdrohung zu denken in deren Folge sowohl die Weisungen nach § 68b Abs. 1 S. 1 StGB wie auch die nach Abs. 2 nicht strafbewehrt wären.[905] Durch den Verzicht auf die Strafdrohung würde diese Maßnahme nicht mehr so intensiv in die Rechte des Betroffenen einschneiden, jedoch bleibt ihre rechtliche Wirksamkeit sehr zweifelhaft. Wie oben bereits ausgeführt, birgt die mangelnde Sanktionierung das Problem, dass Straftäter ohne Angst vor Folgen weitere Straftaten begehen könnten. Zwar wird der Täter für die begangene Straftat sanktioniert, oftmals stellt eine Zuwiderhandlung gegen eine Weisung aber kein ansonsten unter Stra-

---

902 Schröder, Referat, S. 21

903 So auch Fernholz-Niemeier, Pönalisierung von Weisungsverstößen, S. 80.

904 BVerfGE 40, S. 371 (383); Pieroth/Schlink, Grundrechte, Rn. 295.

905 Siehe hierzu Fernholz-Niemeier, Pönalisierung von Weisungsverstößen, S. 81.

fe gestelltes Verhalten dar. Die Effektivität der Weisung würde stark abnehmen. Bereits die Erfahrungswerte mit den auf Bewährung Entlassenen zeigen oftmals eine häufigere Einhaltung der Weisungen durch eine Sanktionierung. Folglich kann auf eine Sanktionsdrohung nicht verzichtet werden. Dies gilt erst recht für jenen Personenkreis der Führungsaufsicht, bei denen keine positive Persönlichkeitsprognose vorliegt.[906] Somit erweist sich die Aufgabe der Sanktionsdrohung nicht als gleich effektives Mittel.

(bb) Herabstufung zur Ordnungswidrigkeit

Fraglich ist ferner, ob die Herabstufung der Strafandrohung zur Ordnungswidrigkeit ein gleich effektives Mittel darstellt.

Es wird bereits seit der Einführung der Norm von einigen Autoren bemängelt, § 145a S. 1 StGB mache bloßen Ungehorsam zur Straftat.[907] Dafür ist jedoch im deutschen Recht die Kategorie der Ordnungswidrigkeiten, nicht die der Straftaten vorgesehen, wonach ein Weisungsverstoß nur als Ordnungswidrigkeit sanktioniert werden dürfte, welche Geldbußen zur Folge hätte.[908]

Die Herabstufung von Weisungsverstößen zu bloßen Ordnungswidrigkeiten birgt jedoch das Problem, dass die Androhung von Geldbußen von der überwiegenden Klientel der Führungsaufsicht ignoriert werden würde. In den meisten Fällen sind die Verurteilten ohnehin vermögenslos. Zwar sind Bußgeldentscheidungen nach § 89 OWiG vollstreckbar, allerdings bringt dies oftmals aufgrund der Illiquidität der Betroffenen kaum Erfolgschancen. Auch ist die Erzwingungshaft für Zahlungsunfähige nur bedingt möglich, weil bei einer Unzumutbarkeit des Entrichtens der Geldbuße aufgrund der wirtschaftlichen Verhältnisse des Betroffenen das Gericht eine Zahlungserleichterung bewilligt, § 96 Abs. 2 OWiG. Da eine Ersatzfreiheitsstrafe im OWiG nicht vorgesehen ist, könnte die verurteilte Person ohne Furcht vor ernsthaften Konsequenzen beliebig oft gegen Weisungen verstoßen.[909] Dies kann aber nicht gewollt sein. Um die Allgemeinheit vor weiteren Straftaten zu schützen und um besser auf den Verurteilten einwirken zu können, bedarf es daher einer auch tatsächlich wirksamen Sanktionierung. Es erscheine allerdings nach Auffassung einiger befremdlich, das Nichteinhalten einer Weisung zu bestrafen, die Flucht aus dem Justizvollzug dagegen nicht unter Strafe zu stellen, obwohl es in beiden Fällen um das Entziehen aus staatlicher Kontrolle geht.[910]

---

906 Fernholz-Niemeier, Pönalisierung von Weisungsverstößen, S. 81 f.

907 Streng, Strafrechtliche Sanktionen, Rn. 329.

908 Dessecker, BewHi 2007, S. 276 (279).

909 Dieses Problem erkannte bereits Groth, NJW 1979, S. 743 (745).

910 Pollähne, Führungsaufsicht als Grenzwache?, S. 87 (94).

Zwar ist dem vermeintlich befremdlichen Gefühl zunächst zuzustimmen, wird aber ein Blick ins Strafgesetzbuch geworfen, so lassen sich einige Tatbestände aufzeigen, die nicht unter Strafe gestellt sind, ähnliche jedoch schon. Als Beispiel ist hier nur die fahrlässige Sachbeschädigung, die nicht unter Strafe steht, zu nennen. Die fahrlässige Körperverletzung steht hingegen unter Strafe. Wolle man dies mit einer unterschiedlichen Gewichtung der geschützten Rechtsgüter Eigentum bzw. körperlichen Unversehrtheit erklären, so kann dem zwar grundsätzlich zugestimmt werden, jedoch muss hier als Bespiel auf die fahrlässige Brandstiftung verwiesen werden, die ebenfalls Eigentum schützt, vom Gesetzgeber aber unter Strafe gestellt wurde.

Eine plausible Erklärung für diese gesetzgeberische Entscheidung könnte sich auf den Umstand beziehen, dass die fahrlässige Brandstiftung eine wesentlich höhere abstrakte Gefahr enthält. Ferner steht die Flucht aus der Justizanstalt nicht unter Strafe, da jeder Mensch ein Recht auf und damit einen natürlichen Drang nach Freiheit hat. Bei der Erteilung einer Weisung nach § 145a S. 1 StGB wird nicht in dieses Recht der verurteilten Person eingegriffen, wodurch der oben genannte „Freiheitsdrang“ nicht entsteht. Damit ist ein Vergleich der Flucht aus dem Gefängnis mit der Zuwiderhandlung gegen eine erteilte Weisung nicht möglich. Den vorliegenden Bedenken kann daher nicht gefolgt werden.

Mangels gleicher Wirksamkeit stellt die Herabstufung von Weisungsverstößen im Sinne des § 145a S. 1 StGB zu bloßen Ordnungswidrigkeiten ebenfalls keine mildere, gleich effektivere Maßnahme dar.

(cc) Verhängung einer schwereren Maßregel gleicher Zielsetzung

Weiter ist die Anordnung einer nächst schwereren Maßregel als milderes Mittel in der Diskussion, die jedoch das gleiche Ziel wie eine Bestrafung nach § 145a S. 1 StGB hat. In Betracht käme hierfür die Sicherungsverwahrung[911] nach § 66 StGB.[912] Nicht nur die Tatsache, dass die strengen Voraussetzungen der Sicherungsverwahrung in den Fällen der Führungsaufsicht in der Regel nicht vorliegen, sondern auch der damit verbundene schwerwiegende Eingriff in die Rechte des Betroffenen machen deutlich, dies stellt kein milderes Mittel dar. Insbeson-

---

911 Mit der Entscheidung vom 4.5.2011 hat das BVerfG entschieden, dass sämtliche Regelungen zur Sicherungsverwahrung gegen das Grundrecht auf Freiheit nach Art. 2 Abs. 2 S. 2 GG verstoßen. Sie sind folglich verfassungswidrig. Daher muss der Gesetzgeber die Sicherungsverwahrung längstens bis 31.5.2013 neu regeln. Ziel soll hierbei sein, ein freiheitsorientiertes und therapiegerechtes Vollzugskonzept zu errichten (BVerfG, NJW 2011, S. 1931 ff.; siehe auch becklink 1012739, abzurufen unter www.beck-online.de). Derzeit stehen die gesetzlichen Änderungen noch aus.

912 Vgl. hierzu Baumann, GA 1964, S. 193 (197); Jescheck, Niederschriften, Bd. 3, S. 238; Schmidt, Niederschriften, Bd. 3, S. 237; Skott, Niederschriften, Bd. 3, S. 243.

dere die diskriminierende Wirkung und die Dauer der Unterbringung in der Sicherungsaufsicht führen zu einer stärkeren Belastung der verurteilten Person durch diese Maßnahme als durch eine Bestrafung nach § 145a StGB.[913] Somit erweist sich auch diesbezüglich die Strafdrohung als das mildere Mittel.

(dd) Möglichkeit des Widerrufs in sämtlichen Unterstellungsfällen

Abschließend ist die Schaffung einer Widerrufsmöglichkeit in sämtlichen Unterstellungsfällen als Alternative zur Strafdrohung des § 145a S. 1 StGB zu überlegen, wobei diese so ausgestaltet sein sollte, dass in jeglichen Fällen, also unabhängig von dem Ergebnis der Prognose und dem Vorliegen einer Einwilligung des noch in dem Vollzug befindlichen Täters, ein bestimmter Straf- oder Maßregelrest zwingend bedingt ausgesetzt wird.[914] Verstoße nun die verurteilte Person gegen eine Weisung, so werde die Aussetzung des Straf- oder Maßregelrestes widerrufen.[915]

Grundsätzlich stellt der Widerruf eine geeignete Maßnahme dar Druck auf den Verurteilten auszuüben und ihn in gewisser Weise zu einem bestimmten Verhalten zu zwingen. Jedoch wäre diese Alternative nicht für alle Fallkonstellationen anwendbar. Beispielsweise wären Fälle, in denen nur noch ein geringer Straf- oder Maßregelrest aussteht oder diejenigen, in denen es bereits zu einer vollständigen Verbüßung kam, für den Widerruf bei Weisungsverstößen ungeeignet. Auch die Folgen eines Widerrufs sind nicht notwendigerweise milder, oftmals sind diese gleich oder sogar erheblicher als bei einer Bestrafung nach § 145a S. 1 StGB.[916] Somit führt auch diese Möglichkeit zu keiner sinnvollen Lösung.

Mangels weiterer diskutabler Alternativen ist die Strafdrohung nach § 145a S. 1 StGB das mildeste Mittel zur Erreichung des angestrebten Zwecks, nämlich der Befolgung der Weisungen durch die verurteilte Person. Daher liegt auch unter dem Gesichtspunk der Erforderlichkeit keine Verfassungswidrigkeit vor.

(c) Angemessenheit der Sanktionsmöglichkeit

Schließlich muss zur Wahrung des Verhältnismäßigkeitsgrundsatzes die Sanktionsmöglichkeit angemessen bzw. verhältnismäßig im engeren Sinne sein. Der Grundsatz der Angemessenheit ist dann erfüllt, wenn das eingesetzte Mittel zu

---

913 Groth, NJW 1979, S. 743 (745); Krille, Niederschriften, Bd. 3, S. 240; Raabe, Führungsaufsicht, S. 128 f.

914 Fernholz-Niemeier, Pönalisierung von Weisungsverstößen, S. 83.

915 Fernholz-Niemeier, Pönalisierung von Weisungsverstößen, S. 83 f.

916 Fernholz-Niemeier, Pönalisierung von Weisungsverstößen, S. 84; Kwaschnik, Führungsaufsicht im Wandel, S. 220 f.

dem erstrebten Ziel in einem adäquaten und wohl abgewogenen Verhältnis steht.[917]

Damit die Strafdrohung gemäß dieser Kriterien als passende Maßnahme zur Einhaltung der Weisungen gehalten, bzw. die Bestrafung als Folge bei Nichtbefolgung der Ge- und Verbote als angemessen erachtet wird, bedarf es als Voraussetzung, dass das von § 145a S. 1 StGB pönalisierte Verhalten Kriminalunrecht darstellt.[918]

Teilweise wird jedoch die Meinung vertreten, wonach Verstößen gegen Weisungen kein kriminelles Unrecht zukomme.[919] Zur Begründung werden ganz unterschiedliche Aspekte herangezogen. Zunächst seien Weisungen auch Maßnahmen zur Resozialisierung der verurteilten Person, die ihr helfen sollen ein gesetzmäßiges Leben zu führen. Befolge nun der Verurteilte nicht die ihm auferlegten Ge- und Verbote, so dürfe dies nicht als kriminelles Unrecht bewertet werden, da er kein materielles Unrecht begehe, das Vergeltung verdiene. Daher könne er nicht mit Freiheitsentzug bestraft werden.[920] Die Nichtbefolgung stelle lediglich Ungehorsam der verurteilten Person dar, der nicht mit einer derartigen Strafe sanktioniert werden dürfe.[921] Dies entspreche in keinster Weise der bestehenden Rechtsordnung, da beispielsweise der Nichtantritt einer Freiheitsstrafe nicht in ähnlicher Weise sanktioniert werde.[922] Auch die bestehende Gefahr, dass ein Täter ohne die drohende Bestrafung, Weisungen nicht ernst nimmt und diese ohne Furcht vor Strafe nicht befolgt, könne zu keinem anderen Ergebnis führen.[923]

Andere sind der Meinung, das Täterverhalten entspreche bei Zuwiderhandlungen gegen Weisungen den aus dem Prozessrecht bekanntem Nichtbefolgen richterlich angeordneten Handlungsanweisungen, die in der Regel als Ordnungsverstoß angesehen werden. In Folge dessen müsse auch die Nichtbeachtung von Weisungen als bloße Ordnungswidrigkeit geahndet werden, es sei denn, es gäbe für die gegenteilige Behandlung eine legitime Rechtfertigung.[924]

917 BVerfGE 76, S. 1 (51); BVerfGE 80, S. 297 (312); Pieroth/Schlink, Grundrechte, Rn. 299.

918 Kwaschnik, Führungsaufsicht im Wandel, S. 221.

919 So z.B. Grünwald, ZStW 76 (1964), S. 633 (664); Jescheck, ZStW 80 (1968), S. 54 (86).

920 Ähnlich Kindhäuser/Neumann/Paeffgen-[Schild], NK-StGB, § 145a StGB Rn. 8.

921 Floerecke, KrimJ 1985, S. 120 (123); Kühnel, BewHi 1972, S. 22 (29); Maurach, Deutsches Strafrecht, Allgemeiner Teil, S. 905; Streng, Strafrechtliche Sanktionen, Rn. 329.

922 Baumann, GA 1964, S. 193 (197).

923 Göppinger/Witter-[Lenckner], Handbuch der forensischen Psychiatrie I, S. 223.

924 So etwa Joecks/Miebach-[Groß], MüKo-StGB, § 145a StGB Rn. 2; im Ansatz Schöch, Gutachten, S. 113.

Diese könnte im Tatbestand des § 145a S. 1 StGB, der neben einem Verstoß gegen eine bestimmte Weisung auch noch die Gefährdung des Maßregelzweckes fordert, liegen. Damit kommt zu dem formalen Ordnungsrecht noch ein Element aus dem materiellen Recht hinzu.[925] Verstößt die verurteilte Person nicht nur gegen ein Ge- oder Verbot, sondern gefährdet mit ihrem Verhalten bewusst den Zweck der Maßregel, überschreitet der Täter den Bereich des bloßen Ungehorsams, da er nicht nur seine Resozialisierung, sondern auch die Allgemeinheit durch Begehung weiterer Straftaten und damit ein Rechtsgut der öffentlichen Sicherheit gefährdet.[926] Diese Handlung stellt zumeist einen Ordnungsverstoß, der auf der Tatbestandsseite mit einer abstrakten kriminellen Gefährdung zusammenfällt, dar, wonach es von Seiten des Gesetzgebers legitim ist, die Nichteinhaltung von Weisungen als strafwürdig zu bewerten.[927] Die pönalisierte Verhaltensweise besitzt daher grundsätzlich kriminelles Gehalt, infolgedessen die Strafdrohung des § 145a S. 1 StGB prinzipiell ein angemessenes Mittel zur Befolgung von Weisungen und den damit verfolgten Zweck darstellt.

(d) Angemessen auf alle Weisungen

Des Weiteren müsste die Strafandrohung des § 145a StGB auf alle Weisungen des § 68b Abs. 1 S. 1 StGB angemessen sein. Um dies prüfen zu können, soll ein Blick auf den hinter den einzelnen Weisungen stehenden allgemeinen Zweck, nämlich die Verhütung der Begehung weiterer Straftaten durch die verurteilte Person, geworfen werden. Festzustellen ist, ob dieses Ziel durch die bestimmte Weisung erreicht werden kann, diese also ein taugliches Handlungsobjekt darstellen.[928]

(aa) Angemessenheit in Bezug auf die Weisungen nach § 68b Abs. 1 S. 1 Nr. 1 bis Nr. 7, Nr. 10 bis Nr. 12 StGB

Bei Verstößen gegen Weisungen nach § 68b Abs. 1 S. 1 Nr. 2 bis Nr. 6 StGB ist sich die Wissenschaft einig. In diesen Fällen liegt eine abstrakte Gefahr vor, die darin besteht, dass sich die verurteilte Person in eine bestimmte, für sie kriminell anreizende Situation begibt, wodurch sie erneut straffällig werden könne. Durch einschlägige Vorverurteilungen habe der Verurteilte bereits seine Schwierigkei-

925 Joecks/Miebach-[Groß], MüKo-StGB, § 145a StGB Rn. 3.

926 So auch Groth, NJW 1979, S. 743 (747); Schönke/Schröder-[Sternberg/Lieben], StGB, § 145a StGB Rn. 2; a.A. Raabe, Führungsaufsicht, S. 142 f., 146 ff.

927 Joecks/Miebach-[Groß], MüKo-StGB, § 145a StGB Rn. 3.

928 Kwaschnik, Führungsaufsicht im Wandel, S. 224 f.; Rudolphi/Horn/Günther/Samson-[Wolters/Horn], SK-StGB, § 145a StGB Rn. 11.

ten aufgezeigt, dieser Situation nämlich gar nicht oder nur schwer gewachsen zu sein.[929]

Bei Zuwiderhandlungen gegen eine Weisung nach § 68b Abs. 1 S. 1 Nr. 1 oder Nr. 7 StGB könne der Zweck der Garantie einer planmäßigen Überwachung der verurteilten Person nicht mehr gewährleistet werden. Wodurch Grund zur Annahme besteht, der Täter werde außerhalb der Kontrolle weitere Straftaten begehen. Der Verurteilte entziehe sich gerade der Überwachung und damit auch der Einwirkungsmöglichkeit, derer er aber dringend bedarf. Damit sei es angemessen auch diese Weisung unter die Strafandrohung des § 145a S. 1 StGB zu stellen.[930] Die Vertreter der Gegenansicht widersprechen dem und halten die Strafbarerklärung von Verstößen gegen die nach § 68b Abs. 1 S. 1 Nr. 1 und Nr. 7 StGB erteilten Weisungen für verfassungswidrig. Begründet wird dies mit dem Gesetzeswortlaut. Im Gegenzug zu den erteilten Weisungen nach Nr. 2 bis Nr. 6 stelle der Gesetzgeber nicht ausdrücklich auf die Gelegenheit oder den Anreiz zur Begehung weiterer Straftaten oder auf die Missbrauchsmöglichkeiten ab. Damit nehme er keine konkrete Rückbindung an den Zweck der Führungsaufsicht vor, folglich haben die Weisungen nach Nr. 1 und Nr. 7 aus dem Strafschutz des § 145a S. 1 StGB auszuscheiden.[931] Zwar ist dieser Gegenansicht insoweit zuzustimmen, dass der Gesetzgeber bei den Weisungen nach Nr. 1 und Nr. 7 keine ausdrücklich normierte Rückbindung an den Zweck der Führungsaufsicht vorgenommen hat, jedoch bedarf es dieser auch nicht. Zu der Erfüllung des allgemein anerkannten Zwecks, der Verhütung der Begehung weiterer Straftaten, kann mit derartigen Weisungen ein großer Teil geleistet werden. Durch den Verlust der Kontrolle der verurteilten Person ergibt sich eine derartige Gefahrenlage, die eine strafrechtliche Folge rechtfertigen lässt. Die Strafbewehrung des § 145a S. 1 StGB ist somit bezüglich dieser Weisungen angemessen.

Die Pönalisierung der Weisung nach § 68b Abs. 1 S. 1 Nr. 10 StGB, das Rauschmittelverbot, ist grundsätzlich als solche verfassungsgemäß. Alkohol-, Drogen- oder sonstiger Suchtmittelmissbrauch bewirken in zahlreichen Fällen eine Erhöhung des Rückfallrisikos, so dass die Nichtbeachtung derartiger Weisungen unter Strafe gestellt werden darf und damit eine angemessene Reaktion des Fehlverhaltens darstellt. Ausgenommen hiervon muss mangels Zumutbarkeit

---

929 Fernholz-Niemeier, Pönalisierung von Weisungsverstößen, S. 85 f; vgl. auch Joecks/Miebach-[Groß], MüKo-StGB, § 145a StGB Rn. 15.

930 Fernholz-Niemeier, Pönalisierung von Weisungsverstößen, S. 86; Laufhütte/Rissing van Saan/Tiedemann-[Schneider], LK-StGB, § 68b StGB Rn. 18.

931 Raabe, Führungsaufsicht, S. 151 f.; Kindhäuser/Neumann/Paeffgen-[Schild], NK-StGB, § 145a StGB Rn. 4.

die Gruppe der Suchtkranken bleiben, gegenüber denen aber, wie oben[932] gezeigt, die Weisung bereits nicht ergehen darf.[933]

Die Strafandrohung durch § 145a S. 1 StGB der Vorstellungsweisung nach § 68b Abs. 1 S. 1 Nr. 11 StGB erscheint auch im Hinblick auf deren Angemessenheit als verfassungsrechtlich nicht zu beanstanden. Mit dieser Weisung können krisenhafte Entwicklungen rechtzeitig erkannt und sofortige Gegenmaßnahmen ergriffen werden. Damit besteht zumindest die Möglichkeit die Begehung weiterer Taten durch die verurteilte Person zu verhindern, wodurch eine diesbezügliche Strafbarerklärung verfassungsrechtlich hinreichend legitimiert ist.[934]

Schließlich bleibt noch zu klären, ob die Strafbewehrung eines Verstoßes gegen die Weisung nach § 68b Abs. 1 S. 1 Nr. 12 StGB angemessen scheint. Die mit dem Gesetz zur Neuordnung des Rechts der Sicherungsverwahrung und zu begleitenden Regelungen eingeführten Weisung der elektronischen Überwachung dient neben der Begründung eines deutlich erhöhten Entdeckungsrisikos im Fall der Begehung einer erneuten Straftat insbesondere der Kontrolle der Einhaltung der auferlegten Weisungen und damit auch der Verhütung der Ausübung weiterer Straftaten.[935] Zuwiderhandlungen gegen diese Weisungen lösen einen Verlust der Überwachung und Kontrolle aus, der sich in der Schaffung einer strafrechtlichen Gefahrenlage widerspiegelt. Auch um die Durchsetzbarkeit der Weisung sicherzustellen, ist eine Aufnahme in den strafbewehrten Katalog des § 145a S. 1 StGB unbedingt erforderlich und angemessen. Somit bestehen gegen die Strafdrohung durch § 145a S. 1 StGB bei Verstößen gegen diese Weisung in Bezug auf die Angemessenheit keinerlei verfassungsrechtliche Bedenken.

(bb) Angemessenheit in Bezug auf die Weisungen nach § 68b Abs. 1 S. 1 Nr. 8 und Nr. 9 StGB

Fraglich scheint, ob auch die Strafbarerklärung bei Zuwiderhandlungen gegen Weisungen nach § 68b Abs. 1 Nr. 8 und Nr. 9 StGB sich als angemessen und damit im Ergebnis verfassungsgemäß erweist. Dies ist ebenso umstritten. Einerseits besteht die Meinung, auch hier drohe, ähnlich wie bei den Weisungen nach den Nr. 1 und Nr. 7, eine abstrakte Gefahr, die dadurch aufkomme, dass sich der Täter der Überwachung und Kontrolle entzieht. Der Verurteilte gefährde hiermit

932 Siehe S. 165.

933 Siehe hierzu Laufhütte/Rissing van Saan/Tiedemann-[Roggenbruck], LK-StGB, § 145a StGB Rn. 6.

934 Laufhütte/Rissing van Saan/Tiedemann-[Schneider], LK-StGB, § 68b StGB Rn. 18.

935 BT-Drs. 17/3403, S. 2, 28 f.

das Rechtsgut der öffentlichen Sicherheit, dementsprechend müsse zum Schutz der Allgemeinheit das Verhalten der verurteilten Person bei derartigen Zuwiderhandlungen mit Strafe bedroht sein.[936] Andererseits besteht die Ansicht, in den Fällen der Weisungen nach Nr. 8 und Nr. 9 fehle es an einem unmittelbaren Bezug zur Abwehr von Gefahren in Form der Begehung weiterer Straftaten durch die verurteilte Person.[937] Zwar werde in manchen Fällen die Tätigkeit der Aufsichtsstelle bzw. der Agentur für Arbeit erschwert, jedoch reiche dies nicht für die Begründung einer Gefahr der erneuten Straffälligkeit. Da aber eine Strafbedrohung nur zulässig sei, wenn auch der Zweck der Verhütung der Begehung weiterer Straftaten durch die bestimmte Weisung erreicht werden kann, wäre die Strafbewehrung der nach § 68b Abs. 1 S. 1 Nr. 8 und Nr. 9 erteilten Weisungen für verfassungswidrig zu erklären.[938]

Dieser Ansicht ist zu folgen. Eine Zuwiderhandlung gegen eine nach Nr. 8 oder Nr. 9 erteilte Weisung genügt noch nicht für das Vorliegen der Gefährdung eines Rechtsguts der öffentlichen Sicherheit. Zwar entzieht sich der Verurteilte in einem bestimmten Maße der Überwachung und Kontrolle, jedoch reicht dieser Grad noch nicht aus, eine Gefahrenlage von strafrechtlicher Relevanz annehmen zu können. Eine diesbezügliche Gefahrensituation ist nur schwer denkbar. Selbst wenn eine derartige Zuwiderhandlung als Beginn der Rückfälligkeit angesehen wird, überschreitet ein derartiges Verhalten noch nicht die Grenze zur Strafbarkeit. Andernfalls käme es zu einer zu weiten Vorverlagerung des Rechtsgüterschutzes und damit zu einer nicht gewollten Strafbarkeitsvorverlagerung. Im Gegensatz zu den Weisungen nach § 68b Abs. 1 S. 1 Nr. 1 und Nr. 7 StGB wird hier die Schwelle zu einer strafbaren Gefahrenlage nicht überschritten.[939] Es handelt sich hierbei somit um eine bloße Präventivmaßnahme.[940] Im Ergebnis ist die Strafandrohung von Zuwiderhandlungen gegen die Weisung des § 68b Abs. 1 S. 1 Nr. 8 und Nr. 9 StGB nicht angemessen und damit verfassungswidrig.

---

936 Fernholz-Niemeier, Pönalisierung von Weisungsverstößen, S. 86; Laufhütte/Rissing van Saan/Tiedemann-[Roggenbruck], LK-StGB, § 145a StGB Rn. 6.

937 Laufhütte/Rissing van Saan/Tiedemann-[Schneider], LK-StGB, § 68b StGB Rn. 18; Satzger/Schmitt/Widmeier-[Jeßberger], StGB, § 145a StGB Rn. 4.

938 Laufhütte/Rissing van Saan/Tiedemann-[Schneider], LK-StGB, § 68b StGB Rn. 18.

939 So auch Kwaschnik, Führungsaufsicht im Wandel, S. 226 f.; Laufhütte/Rissing van Saan/Tiedemann-[Schneider], LK-StGB, § 68b StGB Rn. 18; Raabe, Führungsaufsicht, S. 151 f.; a.A.: Laufhütte/Rissing van Saan/Tiedemann-[Roggenbruck], LK-StGB, § 145a StGB Rn. 6.

940 Raabe, Führungsaufsicht, S. 151.

(cc) Ergebnis und Rechtsfolgen

Als Ergebnis lässt sich somit festhalten, dass bis auf die Strafbewehrung von Zuwiderhandlungen gegen die Weisungen des § 68b Abs. 1 S. 1 Nr. 8 und Nr. 9 StGB die Pönalisierung aller übrigen Weisungen angemessen und damit letztlich auch verfassungsgemäß ist. Die partielle Verfassungswidrigkeit hat aber nicht zur Folge, dass die gesamte Norm als verfassungswidrig und damit als unanwendbar betrachtet werden muss, vielmehr beschränkt sich die Verfassungswidrigkeit auf § 68b Abs. 1 S. 1 Nr. 8 und Nr. 9 StGB. Im Wege einer Einschränkung der Strafbewehrung kann aber der Katalog des § 68b Abs. 1 S. 1 StGB bei der Auferlegung von Weisungen noch Anwendung finden.[941]

Im Übrigen wäre zwar grundsätzlich auch eine Herabstufung der Weisungen des § 68b Abs. 1 S. 1 Nr. 8 und 9 als Ordnungswidrigkeiten denkbar, da nach § 1 OWiG eine Ordnungswidrigkeit eine rechtswidrige und vorwerfbare Handlung ist, die den Tatbestand eines Gesetzes verwirklicht. Jedoch ergäben sich dann oben beschriebene[942] Probleme hinsichtlich der Vollstreckbarkeit. Folglich stellt dies keine erfolgversprechende Alternative dar.

(e) Angemessenheit der Strafrahmenhöhe des § 145a S. 1 StGB

Offen bleibt jedoch noch die Frage, ob auch die Höhe des Strafrahmens des § 145a S. 1 StGB angemessen ist.

Als allgemein anerkannt gilt, dass zwischen dem mit der Bestrafung verbundenen Unwerturteil und dem Unwertgehalt der kriminalisierten Verhaltensweise kein Missverhältnis bestehen darf.[943] Vor der Reform von 2007 betrug der Strafrahmen bis zu ein Jahr Freiheitsstrafe. Dieser wurde in Anbetracht der Gefährlichkeit eines Weisungsverstoßes für die Erreichung des Zwecks der Maßregel zum Teil als angemessen erachtet.[944] Andere wiederum hielten die geringe Strafbewehrung für nicht geeignet die verurteilte Person zur Einhaltung der Weisungen anzuspornen[945], infolgedessen entschied sich der Gesetzgeber dazu, den Strafrahmen des § 145a S. 1 StGB mit der Reform von 2007 auf bis zu drei

941 So auch Laufhütte/Rissing van Saan/Tiedemann-[Schneider], LK-StGB, § 68b StGB Rn. 18.

942 Siehe hierzu S. 191 ff.

943 Fernholz-Niemeier, Pönalisierung von Weisungsverstößen, S. 84 ff.; Groth, NJW 1979, S. 743 (745 f.); Kwaschnik, Führungsaufsicht im Wandel, S. 221.

944 Fernholz-Niemeier, Pönalisierung von Weisungsverstößen, S. 86; Groth, NJW 1979, S. 743 (747); Kwaschnik, Führungsaufsicht im Wandel, S. 224; Joecks/Miebach-[Groß], MüKo-StGB, § 145a StGB Rn. 3 sieht eine Höchststrafe von einem Jahr als gerade noch vertretbar an, hält jedoch eine noch niedrigere Androhung für nicht verfehlt.

945 Laufhütte/Rissing van Saan/Tiedemann-[Roggenbruck], LK-StGB, § 145a StGB Rn. 2.

Jahren zu erhöhen. Zu klären bleibt, ob durch die Erhöhung des Strafrahmens ein Missverhältnis entstanden und damit die Strafandrohung unverhältnismäßig im engeren Sinne ist.

Kritisch wird in diesem Zusammenhang die Frage aufgeworfen, wie der erhöhte Strafrahmen und die damit verbundene Haftstrafe im Fall einer Zuwiderhandlung gegen Weisungen auf Grundlage des § 145a S. 1 StGB das erreichen soll, was eine Strafdrohung mit Freiheitsstrafe bis zu einem Jahr und der bisherige Strafvollzug des hafterfahrenen Verurteilten nicht geschafft haben.[946] Durch die Erhöhung des Strafrahmens erfahre die Führungsaufsicht jedoch nach Befürwortern der Änderung in generalpräventiver Weise eine sichtbare Aufwertung, wodurch ein Nachdruck zur Strafverfolgung entstehe.[947] Die verurteilte Person entwickle auf diese Weise mehr Furcht vor der Strafe und erhielte dadurch mehr Ansporn die Ge- und Verbote einzuhalten. Damit könne die Allgemeinheit vor der Begehung weiterer Straftaten durch die verurteilte Person geschützt werden.

Dagegen sprechen aber die Ergebnisse der kriminologischen Forschung, die gezeigt haben, dass die herkömmliche Kriminalität kaum durch Höhe bzw. Schwere der angedrohten Strafe beeinflussbar und somit zu verhindern ist.[948] Daher gewinnt es den Anschein, die Erhöhung des Strafrahmens sei einzig zur Befriedigung des Strafbedürfnisses der Bevölkerung ergangen.[949] Zwar ist prinzipiell eine Strafandrohung angemessen, jedoch muss auch der Strafrahmen für eine derartige Zuwiderhandlung entsprechend sein. Die Höchstdauer von drei Jahren Freiheitsstrafe entspricht aber nicht dem Unrechtsgehalt der Tat. Zunächst liegt bei einer Zuwiderhandlung nämlich nur ein Ordnungsverstoß vor, der durch die Gefährdung des Maßregelzwecks mit einer abstrakten kriminellen Gefährdung verbunden wird. Nur dies rechtfertigt erst die Strafandrohung.[950] Da der Unrechtsgehalt der Taten nach § 145a StGB eher im unteren Bereich anzusiedeln ist, muss dies auch Auswirkungen auf die Strafdrohung haben, die sich hierbei ebenfalls im niedrigen Bereich bewegen muss. Eine Höchststrafe von drei Jahren unterliegt eindeutig nicht mehr dem niedrigen Bereich. Im Vergleich zu den Delikten der Gefangenenbefreiung nach § 120 Abs. 1 StGB oder des Landfriedensbruchs gem. § 125 Abs. 1 StGB, die auch mit einer Freiheitstrafe

---

946 Jescheck, SchwZStr 1975, S. 1 (43); Weigelt, ZRP 2006, S. 253 (254).

947 BT-Drs. 16/1993, S. 24.

948 Weigelt, ZRP 2006, S. 253 (254).

949 Morgenstern, NK 2006, S. 152 (153).

950 Dafür, dass der Zweck der Maßregel durch den Verstoß gefährdet sein muss, sind Fischer, StGB, § 145a StGB Rn. 8; Heintschel-Heinegg-[Heuchemer], BeckOK StGB, § 145a StGB Rn. 7; Lackner/Kühl, StGB, § 145a StGB Rn. 3; Schönke/Schröder-[Sternberg-Lieben], StGB, § 145a StGB Rn. 7.

von bis zu drei Jahren bedroht sind, wird deutlich, dass die Strafdrohung des § 145a S. 1 StGB deutlich überzogen und daher unangemessen ist.[951]

Hierfür spricht auch die Tatsache, dass die Mindesthöhe der Freiheitsstrafe, die für die Führungsaufsicht Anlass war, sechs Monate bzw. zwei Jahre beträgt. Eine Freiheitsstrafe von bis zu drei Jahren als Sanktionsreaktion auf einen Verstoß gegen eine Weisung erscheint daher mehr als überzogen.[952] Hieraus ergibt sich ein Missverhältnis zwischen dem mit der Pönalisierung verbundenen Unwerturteil und dem Unwertgehalt der kriminalisierten Verhaltensweise. Damit ist die Vorschrift in Bezug auf ihre Höhe unverhältnismäßig und daher verfassungswidrig. Die Norm ist wohl dennoch anwendbar. Zwar ist das Änderungsgesetz verfassungswidrig, jedoch kann eine Bestrafung bei Nichteinhaltung der Weisung durch § 145a S. 1 StGB erfolgen. Allerdings muss die Norm hinsichtlich ihrer Strafrahmenhöhe beschränkt werden.

Eine Lösung für dieses Problem stellt zunächst die Herabstufung der Höhe des Strafrahmens durch den Gesetzgeber dar. Um der Vorschrift des § 145a S. 1 StGB Nachdruck zu verleihen und einen gewissen Druck auf die verurteilte Person aufzubauen, wäre anstelle der Erhöhung des Strafrahmens, eine Absprache mit der Staatsanwaltschaft, nach dem Vorbild von Sachsen, möglich.[953] Diese soll verbindlich festhalten, dass Strafverfahren nach § 145a S. 1 StGB nicht mehr eingestellt werden, sondern sämtlich zur Verurteilung führen.[954]

Auch ein Verstoß gegen Art. 3 Abs. 1 GG kommt bei einer derartigen Vereinbarung hinsichtlich einer Ungleichbehandlung zu anderen Straftaten nicht in Betracht. Art. 3 Abs. 1 GG besagt, alle Menschen sind vor dem Gesetz gleich. Durch eine Absprache, infolge derer Strafverfahren nach § 145a S. 1 StGB nicht mehr eingestellt werden, könnte eine Ungleichbehandlung gegenüber der Verfolgung anderer Straftaten vorliegen, bei denen diese prozessuale Möglichkeit nicht eingeschränkt wird. Allerdings ist nur die Ungleichbehandlung von wesentlich Gleichem verfassungsrechtlich zu rechtfertigen.[955] Alle wegen § 145a StGB Beschuldigten würden aber gleich behandelt werden, da ihnen in Gänze nicht mehr die Einstellungsmöglichkeit zu Gute käme. Gegenüber den anderen Beschuldigten anderer Straftaten, bei denen das Strafverfahren bei Vorliegen bestimmter Voraussetzungen eingestellt werden kann, liegt ebenfalls keine Un-

951 So auch Satzger/Schmitt/Widmeier-[Jehle], StGB, § 145a StGB Rn. 1.

952 Ebenso Kerner, BewHi 2006, S. 49 (53).

953 Siehe hierzu Wolf, Rpfleger 2007, S. 293 (294).

954 Wolf, Rpfleger 2007, S. 293 (294); a.A. Kamann, Strafvollstreckung, Rn. 130, der eine derartige Absprache insbesondere als Gängelung von Gericht und zuständigem Staatsanwalt sieht.

955 BVerfGE 49, S. 148 (165); Epping/Hillgruber-[Kischel], GG, Art. 3 GG Rn. 17; Pieroth/Schlink, Grundrechte, Rn. 463.

gleichbehandlung vor, da es sich um verschiedene Tätergruppen und somit nicht um wesentlich Gleiches handelt. Daher verstößt eine derartige Absprache nicht gegen Art. 3 Abs. 1 GG.

Schließlich bestehen daneben zahlreiche andere Möglichkeiten bei Zuwiderhandlungen gegen Weisungen Einfluss auf die verurteilte Person zu nehmen, um dieser damit Motivation zur Befolgung der Ge- und Verbote zu bieten. Als Beispiel hierfür sei nur der Vorführungsbefehl, die Ausschreibung zur Aufenthaltsermittlung oder die Einschaltung forensischer Ambulanzen genannt. Unabhängig von der Verfassungswidrigkeit der Strafrahmenhöhe des § 145a S. 1 StGB ist das Festhalten an der Erhöhung des Strafrahmens schon allein wegen der aufgezeigten Alternativen unnötig.[956] Aufgrund dieser Maßnahmen gehen einige in der Wissenschaft sogar so weit, die Abschaffung dieser Vorschrift zu fordern.[957] Um einen Kompromiss zu den kritischen Stimmen, die die Abschaffung der Vorschrift fordern, zu finden, sollte die Bestrafung nach § 145a S. 1 StGB nur als ultima ratio angewendet werden, da es sonst leicht zu einer „kriminalpolitischen Schraube ohne Ende"[958] führen könnte.[959] Wird der Verurteilte bei einem Weisungsverstoß aber nach § 145a S. 1 StGB angeklagt, so darf das Verfahren jedoch nicht eingestellt, sondern muss aus obigen Gründen zur Verurteilung führen. Auf diese Weise kann der Teufelskreis zwischen Resozialisierung und erneuter Inhaftierung durchbrochen werden.[960]

(2) Grundsatz der Bestimmtheit

Des Weiteren werden im Zusammenhang mit der Sanktionsmöglichkeit des § 145a S. 1 StGB von verschiedenster Seite weitere verfassungsrechtliche Bedenken im Hinblick auf den Bestimmtheitsgrundsatz, Art. 103 Abs. 2 GG, geäußert.

Nach Art. 103 Abs. 2 GG muss jeder Bürger von Vornherein wissen, welches Verhalten unter Strafe steht, damit er sich dementsprechend verhalten kann und vor Überraschungen geschützt ist.[961] Voraussetzung hierfür ist eine präzise

956 Dessecker, BewHi 2007, S. 276 (279).

957 Allgemein für die Streichung des § 145a StGB Schöch, NStZ 1992, S. 364 (370); 59. DJT, NJW 1992, S. 3023.

958 Wannags, Institut Führungsaufsicht, S. 30.

959 Rudolphi/Horn/Günther/Samson-[Wolters/Horn], SK-StGB, § 145a StGB Rn. 19; Wannags, Institut Führungsaufsicht, S. 30.

960 Wannags, Institut Führungsaufsicht, S. 30.

961 Kwaschnik, Führungsaufsicht im Wandel, S. 227; Kindhäuser/Neumann/Paeffgen-[Schild], NK-StGB, § 145a StGB Rn. 8; Pieroth/Schlink, Grundrechte, Rn. 1194.

Ausformulierung des Tatbestandes der Strafnorm durch den Gesetzgeber.[962] Ob dies im Fall des § 145a S. 1 StGB geschehen ist, wird von einem Teil der Literatur stark bezweifelt.[963]

§ 145a StGB stellt ein Blankettstrafgesetz dar.[964] Dies bedeutet, das förmliche Gesetz enthält nur Bestimmungen zu Art und Maß der Strafe und normiert im Übrigen, dass diese Strafe nur diejenigen trifft, die eine Pflicht verletzen, welche durch eine ausfüllende Vorschrift festgesetzt ist.[965] Im Blankettstrafgesetz regelt der Tatbestand den Verstoß gegen ein nicht in der Vorschrift selbst enthaltenes Ge- bzw. Verbot, nämlich eine nach § 68b Abs. 1 S. 1 StGB richterlich erteilte Weisung. Im Fall des Blankettstrafgesetzes ergeht aber die Forderung, wonach die Voraussetzungen der Strafbarkeit und ihre Folgen im Gesetz selbst oder einer gesetzlichen Vorschrift, auf welche das Blankettgesetz Bezug nimmt, hinreichend deutlich umschrieben sein sollen.[966] Zu prüfen ist daher, ob im Fall des § 145a S. 1 StGB die Voraussetzungen der Strafbarkeit und ihrer Folgen ausreichend bestimmt formuliert wurden.

Dabei muss zunächst das von § 145a S. 1 StGB in Bezug genommene Blankett ausreichend präzise bestimmt sein. Der abschließende Weisungskatalog des § 68b Abs. 1 S. 1 StGB erfüllt dieses Erfordernis, da der Abstraktionsgrad der Formulierungen der Weisungen nicht über das bei den Tatbeständen im Besonderen Teil des Strafgesetzbuches Übliche hinausgeht.[967]

Eine weitere Voraussetzung ist ferner, dass die Weisungen nach § 68b Abs. 1 S. 1 StGB hinreichend klar formuliert und ausgestaltet sind.[968] In diesem Zusammenhang scheint fraglich, ob hierzu auch auf die richterliche Weisung abgestellt werden darf. Dies gilt als umstritten. Einerseits wird vertreten, die präzise Ausgestaltung dürfe auch durch die richterliche Weisung erfolgen, da unter Gesetz im Sinne des Art. 103 Abs. 2 GG jeder geschriebene Rechtssatz zu

---

962 BVerfGE 41, S. 291 (319); BVerfGE 105, S. 135 (152 f.); BVerfG, NJW 1978, S. 1423 (1423), das zunächst allgemein darstellt, welche Erfordernisse für „gesetzlich bestimmt" nach Art. 103 Abs. 2 GG vorliegen müssen; Pieroth/Schlink, Grundrechte, Rn. 1194.

963 Kindhäuser/Neumann/Paeffgen-[Schild], NK-StGB, § 145a StGB Rn. 8; Preiser, ZStW 81 (1969), S. 249 (257 f.).

964 Fernholz-Niemeier, Pönalisierung von Weisungsverstößen, S. 87; Groth, NJW 1979, S. 743 (748).

965 Fischer, StGB, § 1 StGB Rn. 5a.

966 BVerfGE 14, S. 245 (252); BVerfGE 22, S. 1 (18).

967 Kwaschnik, Führungsaufsicht im Wandel, S. 228.

968 Kwaschnik, Führungsaufsicht im Wandel, S. 228 f.; Preiser, ZStW 81(1969), S. 249 (258), der bereits bei der Beurteilung des E1962 inhaltlich unzweideutig bestimmte und ihrem Umfang nach genau abgegrenzte Weisungen forderte; Raabe, Führungsaufsicht, S. 137.

verstehen sei, worunter Gesetze im formellen Sinne, eine Rechtsverordnung oder eine autonome Satzung fallen.[969] Eine richterliche Weisung könne einer Rechtsverordnung gleich gestellt werden, da es keinen Unterschied gebe, der eine unterschiedliche Behandlung rechtfertige. Es scheine demnach nicht relevant, ob eine Verwaltungsbehörde oder ein Richter handle, zumal beiden gemein ist, dass ihnen ein formelles Gesetz als Ermächtigungsgrundlage zugrunde liegt.[970] Entgegen dieser Ansicht stellt die Gegenauffassung nicht auf die richterliche Weisung ab, da diese weder Gesetz im formellen noch im materiellen Sinne sei.[971] Aus Art. 20 Abs. 3 GG folge nämlich die Bindung der Rechtsprechung an die Vorgaben der Legislative. Demnach verfüge der Richter über keinerlei Kompetenz, die normativen Voraussetzungen der Strafbarkeit festzulegen. Somit könne ein Richterspruch dogmatisch nie einen legislativen Akt ersetzen.[972] Würde sich erst aus der Weisung entnehmen lassen, was strafbar ist, so ist dem Erfordernis der Strafbarkeitsbestimmung, die sich aus dem Gesetz ergeben muss, nicht Genüge getan.[973] Daher müssen § 145a S. 1 StGB und die ihn ausfüllende Vorschrift des § 68b Abs. 1 S. 1 StGB im Ergebnis den Strafbarkeitsrahmen unter Beachtung des Bestimmtheitsgrundsatzes festlegen.

Fraglich ist, ob alle Weisungen des § 68 Abs. 1 S. 1 StGB dem Bestimmtheitsgebot Rechnung tragen. Problematisch könnte sein, dass der Gesetzgeber nicht alle Tatbestandsmerkmale exakt festgelegt hat, sondern sich neben deskriptiven, also beschreibenden Merkmalen auch normativen bedient hat. Diese bedürfen zur Bestimmtheit einer wertenden Auslegung, z.B. wann ein Ort Gelegenheit zur Begehung neuer Straftaten bietet oder wann eine Tätigkeit nach den Umständen des konkreten Falles missbraucht werden kann. Hierbei stellt sich die Frage, ob dieser Gebrauch von normativen Merkmalen[974] dem Be-

---

969 Laufhütte/Rissing van Saan/Tiedemann-[Roggenbruck], LK-StGB, § 145a StGB Rn. 5, die auf BVerfGE 14, S. 245 (251), BVerfGE 32, S. 346 (362 f.) Bezug nimmt.

970 Raabe, Führungsaufsicht, S. 131 f.

971 Fernholz-Niemeier, Pönalisierung von Weisungsverstößen, S. 88; Groth, NJW 1979, S. 743 (748); Kindhäuser/Neumann/Paeffgen-[Schild], NK-StGB, § 145a StGB Rn. 8.

972 Anm. Groth zu KG, JR 1988, S. 258 (259).

973 Fernholz-Niemeier, Pönalisierung von Weisungsverstößen, S. 88; Groth, NJW 1979, S. 743 (748).

974 Siehe zu der sehr weitreichenden Debatte um die Ausgestaltung normativer Tatbestandsmerkmale beispielsweise Dopslaff, GA 1987, S. 1 ff., der in der gesamten Untersuchung die Probleme hinsichtlich der Unterscheidung von deskriptiven und normativen Tatbestandsmerkamlen herausarbeitet sowie den Versuch unternimmt, die Problemfelder im Rahmen normativer Tatbestandsmerkmale einer dogmatisch sauberen Lösung zuzuführen. Heinrich, FS Roxin, S.449 ff. beschreibt auf S. 456 ff. die Problematik der gängigen Abgrenzung von deskriptiven und normativen Tbm und deren Mannigfaltigkeit. Ferner Mosbacher, NStZ 2008, S. 597; Saliger, JZ 2012, S. 723 ff.;

stimmtheitsgrundsatz entspricht. Im Ergebnis verstößt die Verwendung normativer Merkmale nicht gegen den Bestimmtheitsgrundsatz, da der Gesetzgeber nicht gezwungen ist, nur deskriptive Begriffe zu verwenden, sondern auch normative Begriffe benutzen darf, sofern eine zuverlässige Auslegung und Anwendung der betroffenen Norm mit Hilfe allgemeiner Lebenserfahrung sowie unter Berücksichtigung der Persönlichkeitsstrukturen des Einzelnen möglich ist.[975] Der Verurteilte muss das ihm auferlegte Verhalten erkennen und die staatlichen Reaktionen bei Verstößen hiergegen vorhersehen können.[976] Dies folgt allein schon aus dem Umstand, dass das Leben sehr vielschichtig ausgestaltet ist und ein Gesetz dem Wandel der Verhältnisse sowie den Besonderheiten des Einzelfalles gerecht werden muss. Daher kann aus praktischen Gründen der Gesetzgeber nicht jedes Tatbestandsmerkmal bis ins kleinste Detail ausführen.[977] Deshalb erfordert es allgemeiner einer Deutung bedürftiger Merkmale.[978] Unter Berücksichtigung dieses Hintergrunds erscheinen alle Weisungen des § 68b Abs. 1 S. 1 StGB als hinreichend bestimmt.

Schließlich müsste auch das Tatbestandsmerkmal der Gefährdung des Maßregelzwecks die notwendige Bestimmtheit aufweisen. Entgegen der Auffassung[979], die erforderliche Bestimmtheit könne nur durch mühsame und gewagte Interpretationen erreicht werden, lässt die herrschende Meinung auch in diesem Fall die Benutzung normativer Begriffe und damit eine Parallelwertung in der Laiensphäre zu.

Der Zweck der Führungsaufsicht, die verurteilte Person vor der Begehung weiterer Straftaten abzuhalten, ist für den Verurteilten klar und deutlich erkennbar. Folglich kann dieser anhand seiner allgemeinen Lebenserfahrung und seiner Persönlichkeitsstruktur die Auslegung und Wertung dieses Merkmals vornehmen, d.h. ihm ist es möglich die Umstände, die im konkreten Einzelfall die Gefahr der Begehung weiterer Straftaten begründen, zu ermitteln.[980] Damit trägt das in § 145a S. 1 StGB enthaltene Merkmal der Gefährdung des Maßregelzwecks dem Bestimmtheitsgrundsatz hinreichend Rechnung.

Schlüchter, NStZ 1984, S. 300 ff.; Schlüchter, Irrtum über normative Tatbestandsmerkmale; Schroeder, JZ 2011, S. 187 ff. jeweils m.w.N.

975 Fernholz-Niemeier, Pönalisierung von Weisungsverstößen, S. 88 ff.

976 Fernholz-Niemeier, Pönalisierung von Weisungsverstößen, S. 89.

977 BVerfGE 26, S. 41 (42 ff.); BVerfGE 28, S. 175 (183); BVerfG, NJW 1978, S. 1423 (1423); Fernholz-Niemeier, Pönalisierung von Weisungsverstößen, S. 89.

978 BVerfGE 11, S. 221 (237); Fernholz-Niemeier, Pönalisierung von Weisungsverstößen, S. 89.

979 Kindhäuser/Neumann/Paeffgen-[Schild], NK-StGB, § 145a StGB Rn. 8.

980 Fernholz-Niemeier, Pönalisierung von Weisungsverstößen, S. 90; Groth, NJW 1979, S. 743 (748); Kwaschnik, Führungsaufsicht im Wandel, S. 230 f.

Im Ergebnis ist die Sanktionierung von Weisungsverstößen nach § 145a S. 1 StGB unter dem Aspekt des Bestimmtheitsgebots im Sinne des Art. 103 Abs. 2 StGB verfassungsrechtlich nicht zu beanstanden.

b) Weitere Sanktionsmöglichkeiten

Ferner besteht die Möglichkeit unabhängig von der Bestrafung die Straf- oder die Strafrestaussetzung gem. § 56f Abs. 1 Nr. 1 oder Nr. 2 StGB zu widerrufen, wenn die Strafe ganz oder teilweise zur Bewährung ausgesetzt wurde.

Ebenfalls darf eine zunächst auf Bewährung ausgesetzte Vollstreckung der Unterbringung gem. § 67g Abs. 1 Nr. 1 oder Nr. 2 StGB widerrufen werden, wenn die verurteilte Person gegen eine Weisung nach § 68b Abs. 1 S. 1 Nr. 1 bis Nr. 12 StGB verstoßen hat.[981]

Schließlich kann im Fall einer nach § 68 Abs. 1 StGB angeordneten oder nach § 68f StGB eingetretenen Führungsaufsicht das Gericht die Nichtbefolgung der Weisung mit einer nachträglichen Entscheidung gem. § 68d Abs. 1 StGB sanktionieren, indem es im Nachhinein andere Weisungen anordnet oder bestehende ändert bzw. aufhebt.

2. Verstoß gegen § 68b Abs. 2 StGB

Im Gegensatz zu strafbewehrten Weisungen kommt bei nicht strafbewehrten Weisungen nach § 68b Abs. 2 StGB keine Sanktionierung nach § 145a S. 1 StGB in Betracht. Es bleibt jedoch die Möglichkeit, bei Verstößen gegen die Weisung in den Fällen der Führungsaufsicht kraft Gesetzes nach Aussetzung einer freiheitsentziehenden Maßregel die Aussetzung der Unterbringung gem. § 67g Abs. 1 S. 1 Nr. 2 StGB zu widerrufen. Voraussetzung hierfür ist ein grober und beharrlicher Verstoß. Zudem muss aufgrund des Verstoßes der Zweck der Maßregel, die Unterbringung der verurteilten Person, erforderlich werden.[982]

Ebenso kann ein derartiger Verstoß den Widerruf einer Strafaussetzung zur Bewährung oder einer Aussetzung des Strafrestes nach § 56f Abs. 1 Nr. 2 StGB bzw. § 70b Abs. 1 Nr. 2 StGB auslösen. Dies erfolgt, wenn die Weisung nach § 68b StGB gem. § 68g Abs. 1 S. 1 StGB an die Stelle von Weisungen nach § 56c StGB, die bei einer Straf- oder Strafrestaussetzung oder Berufsverbotes angeordnet wurden, getreten ist.

Ferner existiert die Möglichkeit, einen Weisungsverstoß mit der Anordnung einer unbefristeten Führungsaufsicht nach § 68c Abs. 2 StGB oder der Überschreitung der Höchstdauer gem. § 68c Abs. 3 StGB Nr. 2 zu ahnden.

981 Siehe hierzu Rudolphi/Horn/Günther/Samson-[Sinn], SK-StGB, § 68b StGB Rn. 4.
982 Schöch, Gutachten, S. 112 f.

Schließlich gibt es als letzte Sanktion die Möglichkeit eine nach § 68b Abs. 2 StGB angeordnete, nicht befolgten Weisung durch eine Weisung nach § 68b Abs. 1 StGB gem. § 68d StGB zu ersetzen, wenn deren Inhalt im Katalog geregelt ist.[983]

I. Führungsaufsicht im Jugendstrafrecht

Die Führungsaufsicht stellt im Erwachsenenstrafrecht eine gute Maßnahme zur Verhinderung erneuter Straftaten und zur Resozialisierung der verurteilten Person dar. Fraglich ist, ob auch Jugendliche potentielle Adressaten dieser Maßregel sind.

Gegen Jugendliche und ihnen gem. § 105 Abs. 1 JGG gleichgestellte Heranwachsende kann gem. § 7 JGG die Führungsaufsicht als Maßregel der Sicherung und Besserung im Sinne des allgemeinen Strafrechts grundsätzlich angeordnet werden.[984]

In der einschlägigen Literatur gilt in diesem Zusammenhang aber die Frage nach der Bedeutung der Formulierung „angeordnet werden können" als umstritten. Der Streitgegenstand ist hierbei einerseits die Frage, ob der Gesetzgeber mit dieser Formulierung Ermessen einräumen wollte, andererseits ob die Führungsaufsicht nur im Fall der gerichtlichen Anordnung im Jugendstrafrecht gelten solle. Nach einer in der Literatur vertretenen Ansicht dürfe diese Formulierung nicht im Sinne der Einräumung eines Ermessens zu verstehen sein.[985] Es solle nur verdeutlichen, dass die in § 7 JGG nicht genannten Maßregeln keine Beachtung fänden, der Eintritt der Führungsaufsicht aber sowohl in den Fällen der richterlichen Anordnung wie auch des gesetzlichen Eintritts möglich sei.[986]

---

983 Zur Folge bei Weisungsverstößen Kindhäuser/Neumann/Paeffgen-[Ostendorf], NK-StGB, § 68b StGB Rn. 26; Laufhütte/Rissing van Saan/Tiedemann-[Schneider], LK-StGB, § 68b StGB Rn. 38; Schönke/Schröder-[Stree/Kinzig], StGB, § 68b StGB Rn. 17.

984 Dölling/Duttge/Rössner-[Rössner/Best], StGB, § 62 StGB Rn. 15; Füllkrug, BewHi 1989, S. 145 (145); Allgemein zur Führungsaufsicht bei Jugendlichen: Ostendorf, Jugendgerichtsgesetz, § 7 JGG Rn. 14; Schönke/Schröder-[Stree/Kinzig], StGB, § 68 StGB Rn. 15.

985 Laubenthal/Baier, Jugendstrafrecht, 1. Aufl., Rn. 433.

986 BGHSt. 37, S. 373 (374), der hinsichtlich der Unterbringung eines Jugendlichen im psychiatrischen Krankenhaus feststellt, dass die Unterbringung bei Vorliegen der gesetzlichen Voraussetzungen angeordnet werden muss, d.h. die Anordnung ist nicht in das Ermessen des Gerichts gestellt; Laubenthal/Baier, Jugendstrafrecht, 1. Aufl., Rn. 431, 433; siehe auch Dölling/Duttge/Rössner-[Pflieger], StGB, § 68 StGB Rn. 2 f., der auch die Möglichkeit der Führungsaufsicht bei Jugendlichen für gegeben hält; nach

Die Vertreter der Gegenauffassung stimmen zwar bezüglich des Anwendungsgebiets dieser Ansicht zu, räumen im Gegensatz dazu aber grundsätzlich Ermessen ein, das sich in Fällen der Vollverbüßung längerer Freiheitsstrafen aber auf Null reduziere.[987]

Das Jugendstrafrecht sieht für jugendliche Täter, die zwei oder mehrere Jahre Freiheitsstrafe verbüßt haben, keine sonstigen Regelungen zur Nachbetreuung vor, infolgedessen Sinn und Zweck der Norm eindeutig dafür sprechen, dass die Führungsaufsicht auch kraft Gesetzes eintritt und bei § 68f StGB das in § 7 JGG eingeräumte Ermessen vollständig zurücktritt.[988] Für die Anwendung des § 68f Abs. 1 StGB über § 7 JGG im Bereich des Jugendstrafrechts spricht auch die Gesetzessystematik, da eine Vielzahl anderer Regelungen, die oftmals auch einen erheblichen Eingriff in die Grundrechte des Jugendlichen darstellen, ebenfalls im Jugendstrafrecht Anwendung finden, obwohl dies weder in der jeweiligen Regelung des allgemeinen Rechts bestimmt, noch der jugendstrafrechtliche Aspekt in irgendeiner besonderen Weise ausdrücklich erwähnt wurde.[989] Gleichzeitig zeigt die Ausgestaltung des Jugendstrafrechts aber auch, dass die im Erwachsenenstrafrecht häufig angewandten Maßregeln der Besserung und Sicherung hier nur zum Teil Anwendung finden. Im Fokus des Jugendstrafrechts steht nicht die Sicherung des verurteilten Jugendlichen, sondern der erzieherische, resozialisierende Aspekt. Folglich muss bei der Anordnung der Führungsaufsicht auch dieser im Vordergrund stehen. Hierfür lässt sich auch die Begründung des Gesetzgebers anführen, der sich zwar auch für die Anordnung der Führungsaufsicht bei Jugendlichen sowohl in den Fällen der gesetzlichen wie auch der Führungsaufsicht kraft Richterspruchs ausspricht, als Begründung jedoch nur die Sicherstellung der nachgehenden Betreuung und die Zweckmäßigkeit der Einbeziehung der Führungsaufsicht, weil diese eine Ergänzung für die Tätigkeit des Bewährungshelfers darstellt, anführt.[990] Des Weiteren ist der Jugendliche vor allem in seinen jungen Jahren noch beeinflussbar und in gewisser Weise

---

Satzger/Schmitt/Widmaier-[Jehle], StGB, § 68f StGB Rn. 3 kann Führungsaufsicht in allen Fällen, also kraft Richterspruchs und kraft Gesetzes angeordnet werden, so dass § 68f StGb auch bei der Vollverbüßung von Jugendlichen gilt; a.A. Füllkrug, BewHi 1989, S. 145 (145), der die Führungsaufsicht kraft Gesetzes bei Verurteilungen nach dem JGG für unzulässig hält.

987 BVerfG, NStZ-RR 2008, S. 217 (218).

988 BVerfG, NStZ-RR 2008, S. 217 (218); Laufhütte/Rissing-van Saan/Tiedemann-[Schneider], LK-StGB, Vor § 68 StGB Rn. 28; ähnlich LG Berlin, NStZ 2009, S. 46 (47), das auch die Möglichkeit des gesetzlichen Eintritts der Führungsaufsicht im Jugendstrafrecht anerkennt.

989 LG Berlin, NStZ 2009, S. 46 (47).

990 BT-Drs. 7/550, S. 327; Laufhütte/Rissing van Saan/Tiedemann-[Schneider], LK-StGB, Vor § 68 StGB Rn. 28 f.

auch umformbar. Daher ist bei der richterlichen Anordnung sorgfältig zu prüfen, ob es einer derartigen belastenden Maßnahme bedarf.

Ferner muss bei der Ausgestaltung und Handhabung sowohl einer gerichtlich angeordneten als auch kraft Gesetz eingetretenen Führungsaufsicht der Betreuungs- und Hilfsfunktion Vorrang eingeräumt werden.[991] Auf diese Weise findet der Erziehungsgedanke des Jugendstrafrechts Berücksichtigung.[992]

Die früher umstrittene Frage, ob es einer Einheitsstrafe von zwei Jahren bedürfe, oder ob eine Gesamtstrafe ausreiche, ist seit der Neufassung des § 68f StGB[993], der eine Gesamtstrafe genügen lässt, geklärt.[994] Kritisch wird dies vereinzelt seitens der Literatur gesehen, da die Anzahl der jugendlichen Betroffenen deutlich in die Höhe schnellen wird und dies wiederum ein Problem der Kapazität vor allem der Bewährungshilfe bedingt. Allerdings scheint zweifelhaft, ob die Kritik berechtigt ist, denn diese Streitfrage konnte bereits vor der Reform dahinstehen, da das Jugendgerichtsgesetz nicht zwischen Einzel- und Gesamtstrafe unterscheidet, sondern gem. § 31 Abs. 1 JGG nur das Prinzip der Jugendeinheitsstrafe kennt.[995] Bei einer erneuten Verurteilung müssen gem. § 31 Abs. 2 JGG grundsätzlich auch rechtskräftige Entscheidungen, die noch nicht vollständig ausgeführt, verbüßt oder sonst erledigt sind, einbezogen werden, es sei denn, der Richter sieht gem. § 31 Abs. 3 JGG ausnahmsweise aus erzieherischen Gründen davon ab. Somit ist im Regelfall immer eine Jugendeinheitsstrafe zu bilden, auch wenn die einzubeziehende Verurteilung nach allgemeinem Strafrecht nach § 55 Abs. 1 StGB nicht gesamtstraffähig wäre.[996] Dass dies hier zu einem Aufschaukelungsprozess durch die Aufsummierung der Verurteilungen gegenüber Aburteilungen nach allgemeinem Strafrecht und dadurch zu Nachteilen für den Jugendlichen führen kann, gilt als allgemein bekannt.[997] Dennoch hält der Gesetzgeber am Prinzip der Jugendeinheitsstrafe fest. Daher wird die gesetzgeberische Neufassung des § 68f StGB die Anzahl der jugendlichen unter Führungsaufsicht stehenden Personen nicht erhöhen, so dass eine derartige Kri-

991 So auch Laufhütte/Rissing van Saan/Tiedemann-[Schneider], LK-StGB, Vor § 68 StGB Rn. 29; Schönke/Schröder-[Stree/Kinzig], StGB, § 68 StGB Rn. 15.

992 So auch BVerfG, NStZ-RR 2008, S. 217 (218); Schönke/Schröder-[Stree/Kinzig], StGB, § 68 StGB Rn. 15.

993 Durch Art. 1 Nr. 9 Gesetz zur Reform der Führungsaufsicht vom 13. Spril 2007, BGBl. I, 2007, S. 513.

994 Ausführlich hierzu Laubenthal/Baier/Nestler, Jugendstrafrecht, Rn. 450 f.; Sommerfeld, NStZ 2009, S. 247 (247 f.).

995 Füllkrug, BewHi 1989, S. 145 (147).

996 Füllkrug, BewHi 1989, S. 145 (147).

997 Dillenburg, Jugendstrafrecht, S. 246 geht sogar von einem Verstoß gegen das Verbot der Benachteiligung Jugendlicher und Heranwachsender gegenüber Erwachsenen in vergleichbarer Verfahrenslage aus; Füllkrug, BewHi 1989, S. 145 (147).

tik unberechtigt ist. Die Frage, ob eine Gesamtstrafe genüge, war daher von seinen Wirkungen rein theoretischer Natur.

Dritter Teil: Die Entwicklung der Führungsaufsicht

Die Führungsaufsicht war und ist eine der umstrittensten Regelungen.[998] Seit ihrer Einführung wurde des Öfteren der Ruf nach ihrer Abschaffung laut.[999] Doch trotz der teilweise heftigen Kritik hielt der Gesetzgeber, wie gezeigt[1000], an diesem Institut fest und baute es vielmehr sogar mit seinen Gesetzesreformen noch aus. Doch fraglich bleibt, welche Bedeutung die Führungsaufsicht in der heutigen Praxis erlangt hat. Zu klären ist daher, ob die Reformen den vom Gesetzgeber und von einigen Literaturstimmen erhofften Anstieg der Anzahl der unter Führungsaufsicht gestellten Personen und damit die Akzeptanz dieser Maßnahme seitens des Gerichts bewirkten und wie die Bundesländer mit dieser Maßnahme im Einzelnen umgehen.

A. Die Führungsaufsicht in der Bundesrepublik Deutschland

I. Problemlage: Statistische Erhebung

Um zunächst die Frage nach einem Anstieg der unterstellten Personen beantworten zu können, muss ein Blick auf die Anzahl der Führungsaufsichten geworfen werden. Dies stellt allerdings ein erhebliches Problem dar, da es keine amtlichen Statistiken über die Führungsaufsicht in ihrer Gesamtzahl seit ihrer Einführung bis heute gibt. Obwohl von einigen Stimmen im Schrifttum seit etlichen Jahren bereits gefordert, fehlt es bislang an einer alle Anwendungskonstellationen der Führungsaufsicht umfassenden Statistik.[1001]

---

998 Siehe dazu bereits oben S. 40. Vgl. auch Dölling/Duttge/Rössner-[Pflieger], StGB, Vorbemerkung zu §§ 68 ff. StGB Rn. 2; Kindhäuser/Neumann/Paeffgen-[Ostendorf], NK-StGB, Vor §§ 68 bis 68g StGB Rn. 12; Raabe, Führungsaufsicht, S. 38 ff.

999 Vgl. schon oben S. 40; hierzu Glasenapp, ZRP 1979, S. 31 (33); dazu auch Neubacher, BewHi 2004, S. 73 (75).

1000 Siehe S. 41.

1001 Vgl. im Allgemeinen hierzu Laufhütte/Rissing-van Saan/Tiedemann-[Schneider], LK-StGB, § 68 StGB Rn. 2; Satzger/Schmitt/Widmaier-[Jehle], StGB, § 68 StGB Rn. 5 f. Auch Koller, Kontrollsystem der Führungsaufsicht, S. 133 (139) stehlt das Fehlen einer derartigen Statistik fest.

Zwar wurde im Jahr 1981 eine bundeseinheitliche Statistik[1002] über die der Führungsaufsicht Unterstellten eingeführt. Die Schwierigkeit hierbei war jedoch, dass die diesbezügliche Erhebung sich von den Methoden einiger Bundesländer unterschied, so dass folglich keine exakte Anzahl der unter Führungsaufsicht Unterstellten ermittelt werden konnte. Als Beispiel sei hier nur Niedersachsen genannt. Dieses Bundesland erhielt die für die Erhebung notwendigen Informationen und Daten von den Führungsaufsichtsstellen (Stichtag: jeweils 31. Dezember), die Bundesstatistik hingegen ihre Zahlen von den Bewährungshelfern. Kritisch war hierbei, dass diese Statistik etliche der unter Führungsaufsicht unterstellten Personen am Stichtag noch nicht erfasst hatte. Dies resultierte insbesondere aus folgender Tatsache: die zumeist betroffene Gruppe der gem. § 68 Abs. 1 StGB Unterstellten waren, solange sie sich noch im Strafvollzug befanden, keinem Bewährungshelfer zugeordnet. Daher erschienen sie trotz Anordnung der Führungsaufsicht nicht in der Bundesstatistik.[1003] Aufgrund dessen konnten die damals ermittelten Zahlen der unter Führungsaufsicht Stehenden nur als Mindestgröße verstanden werden. Die Differenz zur Ist-Größe ist dabei mit ca. 1.500 bis 2.000 Personen im gesamten Bundesgebiet zu veranschlagen.[1004] Auf Beschluss der Länder wurde die Statistik über die Führungsaufsicht zum Jahr 1990 eingestellt.[1005] Ferner weist seitdem auch die Bewährungshilfestatistik[1006] die jährlichen Unterstellungen unter Führungsaufsicht nicht mehr gesondert aus, da die Anzahl der unterstellten Personen ab diesem Zeitpunkt in Nordrhein-Westfalen und Rheinland-Pfalz nicht mehr ermittelt und damit aufgeführt werden, wodurch diesbezügliche Daten nicht mehr verfügbar sind.[1007]

Zwar erhebt das Statistische Bundesamt in Wiesbaden jährlich eine Strafverfolgungsstatistik, diese enthält auch relativ differenzierte Informationen über die von der Polizei ermittelten Tatverdächtigen sowie der gerichtlichen Verurteilten, wobei hierbei eine Unterscheidung nach Straftat, Alter, Geschlecht und Sanktion

---

1002 Diese Statistik wurde 1981 eingeführt und auf Beschluss der Länder zum Jahr 1990 eingestellt. Siehe dazu S. 212.

1003 Bei Zuordnung zu einem Bewährungshelfer wären sie folglich auch in der Bundesstatistik erschienen, da der Bewährungshelfer die zur Betreuung unterstellte Person gemeldet hätte.

1004 Jacobsen, Führungsaufsicht, S. 25.

1005 Zitiert nach Kwaschnik, Führungsaufsicht im Wandel, S. 291; Neubacher, BewHi 2004, S. 73 (78).

1006 Die Bewährungshilfestatistik weist die bei hauptamtlichen Bewährungshelfern unter Bewährungshilfe unterstellten Personen aus, vgl. http://www.forschungsdatenzentrum.de/bestand/bewaehrungshilfe/index.asp.

1007 Neubacher, BewHi 2004, S. 73 (78); Weigelt/Hohmann-Fricke, BewHi 2006, S. 216 (217).

stattfindet.[1008] Kaum Beachtung findet dabei allerdings die Führungsaufsicht als Maßregel der Besserung und Sicherung. Lediglich informiert diese Strafverfolgungsstatistik über die nach § 68 Abs. 1 StGB durch den Richter angeordnete Führungsaufsicht.

II. Führungsaufsicht kraft Richterspruchs, § 68 Abs. 1 StGB – Darstellung der Ergebnisse, Auswertung und Bewertung

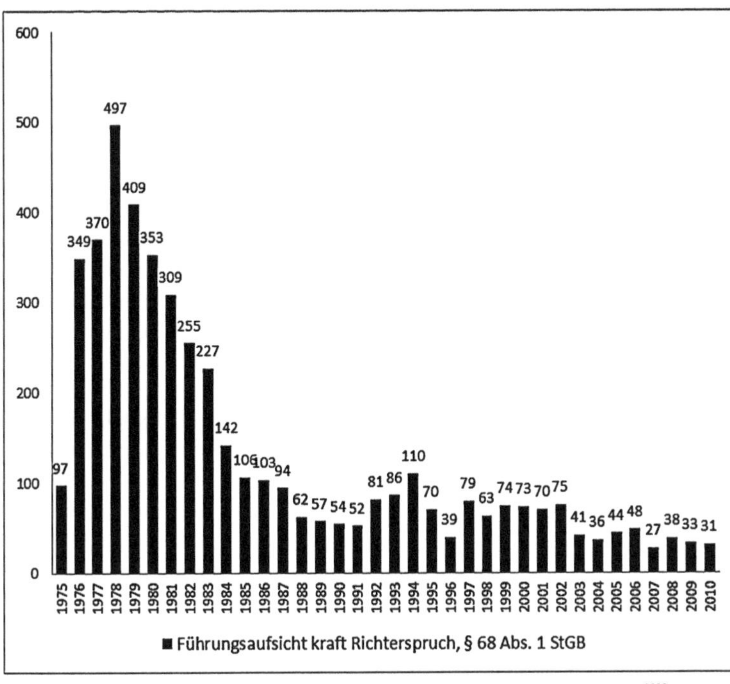

Abbildung 3: Führungsaufsicht kraft Richterspruchs, § 68 Abs. 1 StGB[1009]

Dem Schaubild ist zu entnehmen, dass in der ersten Phase nach der Einführung der Maßregel die Anzahl der Anordnung kraft Richterspruchs ziemlich rasant von 97 im Jahr 1975 auf bereits 349 Fällen 1976 gestiegen ist. Bis 1978 erhöhte

1008 Allgemein zur Strafverfolgungsstatistik Bock-[Münster], Kriminologie, 5. Teil § 23 Rn. 37 ff.

1009 Statistisches Bundesamt, Fachserie 10, Reihe 3 der jeweiligen Jahrgänge.

sich die Gesamtanzahl der Fälle gerichtlich angeordneter Führungsaufsicht auf 497 stetig. Allerdings nahm die Fallzahl ebenso schnell wieder ab, wie sie gestiegen war. Im Jahr 1985 wurde die Führungsaufsicht lediglich noch 106-mal gerichtlich angeordnet. Auch in den Folgejahren ist ein kontinuierlicher Rückgang der Führungsaufsicht nach § 68 Abs. 1 StGB zu verzeichnen. Mit Ausnahme des Jahres 1994 lag die Gesamtzahl der angeordneten gerichtlichen Führungsaufsicht ab 1987 immer nur noch im zweistelligen Bereich. Werden die Werte des Jahrgangs der Einführung der Maßregel 1975 mit der letzten vorliegenden Angabe aus dem Jahr 2010[1010] verglichen, ergibt sich eine Senkung von 97 auf 31 Fällen. Dies macht einen Rückgang von knapp 68 % aus.

Als Ergebnis dieser Betrachtung lässt sich festhalten: die Führungsaufsicht kraft Richterspruchs erlangte nur im Einführungsjahr und in den unmittelbar darauf folgenden Jahren eine gewisse Bedeutung. Dies lässt sich darauf zurückführen, dass die Gerichte zunächst wohl großes Vertrauen, aber auch hohe Erwartungen an die Wirksamkeit dieser Maßregel hatten und daher die Führungsaufsicht vermehrt nach § 68 Abs. 1 StGB anordneten.[1011] Ferner spielt die zu dieser Zeit herrschende geringe Fallbelastung der Bewährungshelfer[1012] eine große Rolle, da diese noch nicht überarbeitet waren und somit eine intensive Betreuung für die neue Adressatengruppe gewährleisten konnten.

Nach der Einführung der Maßregel nahm aber die Kritik um dieses Institut stetig zu und immer häufiger wurde ihre Abschaffung gefordert.[1013] Dies lässt

1010 Statistisches Bundesamt, Fachserie 10, Reihe 3 von 2011, welches die Zahlen für das Jahr 2010 beinhaltet.

1011 So auch Kwaschnik, Führungsaufsicht im Wandel, S. 297.

1012 Die geringe Fallbelastung wird bei Betrachtung der Unterstellungszahlen unter Bewährungsaufsicht deutlich. Im Jahr 1975 lagen insgesamt nur 28.932 Unterstellungen nach allgemeinem Strafrecht (32.600 Unterstellungen nach Jugendstrafrecht) vor. Im Gegensatz dazu betrug die Unterstellungsanzahl 2010 147.613 nach allgemeinem Strafrecht (32.461 nach Jugendstrafrecht). Werte stammen aus Statistisches Bundesamt, Fachserie 10, Reihe 5, 2010, S. 13. Am 31.12.1976 betrug die Fallzahl pro Bewährungshelfer in der Bundesrepublik 53,41 (Ister/Lingemann/Sieverts, Nachtrags- und Registerband, S. 180). Für 2010 konnte keine diesbezügliche Angabe ermittelt werden. Den Anstieg der Fallbelastung lässt sich jedoch bei Betrachtung der Werte des Bundeslandes Bayern erahnen. Im Jahr 2010 lag die Fallbelastung pro Bewährungshelfer bei 85,6 Probanden (www.bewaehrungs-hilfe-bayern.de). Dies zeigt, dass die damalige Fallbelastung nicht sehr hoch war und das Gericht hinsichtlich diesen Aspekts bedenkenlos die Führungsaufsicht anordnen konnte.

1013 BR-Drs. 256/06, S. 21; Dölling, ZStW 104 (1992), S. 259 (288); Horstkotte, BewHi 1992, S. 90 (96); Kindhäuser/Neumann/Paeffgen-[Ostendorf], NK-StGB, Vor §§ 68 bis 68g StGB Rn. 22; Laufhütte/Rissing-van Saan/Tiedemann-[Schneider], LK-StGB, § 68 StGB Rn. 2; Schöch, NStZ 1992, S. 364 (370).

folgenden Schluss zu: beeinflusst von der wachsenden Kritik, verhängten die Gerichte immer seltener die Führungsaufsicht, was einen kontinuierlichen Rückgang zur Folge hatte. Ein weiterer Grund für den seltenen Gebrauch dieses Instituts ist offenbar bei einigen Richtern die Tatsache, dass sie bereits zum Zeitpunkt des Urteils eine negative Prognose über den Täter aussprechen müssen, obwohl die Auswirkungen der Strafverbüßung auf die verurteilte Person noch nicht abschließend vorauszusehen sind.[1014] Zum Teil gilt diese Maßnahme auch als nicht benötigtes rechtliches Instrument der Kontrolle von Wiederholungstätern, wodurch auch dieser Aspekt ein Grund für die geringe gerichtliche Anordnung der Führungsaufsicht ist.[1015] Ob die gesetzliche Änderung der Einschränkung des § 68 Abs. 1 StGB durch das 23. Strafrechtsänderungsgesetz[1016], der Hauptanwendungsfall des § 68 Abs. 1 StGB a.F., die Verurteilung wegen Rückfalls nach § 48 StGB a.F., wurde gestrichen, für das Abnehmen der Fallzahlen verantwortlich ist, lässt sich nicht mit Bestimmtheit sagen. Es könnte durchaus einen zusätzlichen Grund darstellen, jedoch nicht den ausschlaggebenden.[1017]

Fraglich ist, ob und gegebenenfalls welche Konsequenzen hieraus zu folgen haben. In Anbetracht der Bedeutungslosigkeit der gerichtlich angeordneten Führungsaufsicht ist zu überlegen, ob § 68 Abs. 1 StGB gestrichen werden soll.

Hierfür spreche einerseits, dass in den meisten Fällen nach einer Abwägung des Sicherungsinteresses der Allgemeinheit gegen die mit einer derartigen Aufsicht verbundenen Kosten eine weitere Kontrolle als nicht geboten erscheint.[1018] Die Vorstellung, wonach bei bestimmten Tätergruppen eine fortdauernde Überwachung geboten sei, gelte als überholt, wodurch die Führungsaufsicht für diese Fallgruppe verzichtbar sei.[1019] Andererseits wird die Meinung vertreten, dass die Führungsaufsicht kraft Richterspruchs eine Maßregel darstellt, die Hilfe und Betreuung für die verurteilte Person bietet und somit einen Beitrag dazu leistet, das Leben eines aus dem Strafvollzug Entlassenen zu stabilisieren. Folglich liegt kein zwingender Grund vor, dieses Instrument abzuschaffen. Auch im Hinblick auf das Sicherungsinteresse der Allgemeinheit sei es ferner kriminalpolitisch nicht sinnvoll die Führungsaufsicht nach § 68 Abs. 1 StGB zu streichen.[1020]

1014 Siehe hierzu bereits oben S. 58.

1015 Dazu Kwaschnik, Führungsaufsicht im Wandel, S. 297.

1016 23. Strafrechtsänderungsgesetz vom 13. April 1986, BGBl. I, S. 393 (395).

1017 Vgl. insgesamt hierzu Kwaschnik, Führungsaufsicht im Wandel, S. 293 ff.

1018 Unveröffentlicher Bericht des Strafrechtsauschusses, „Neufassung der Vorschriften über die Führungsaufsicht: Länderauswertung und Empfehlungen", S. 32, auf den Kwaschnik, Führungsaufsicht im Wandel, S. 363 Bezug nimmt.

1019 Ähnlich Jescheck/Weigend, Lehrbuch des Strafrechts AT, S. 824.

1020 BT-Drs. 16/1993, S. 13 f.

Es bleibt jedoch die Frage offen, ob die Führungsaufsicht bezüglich der Verhinderung der Begehung weiterer Straftaten durch den Täter das hält, was sie verspricht. Bei einer näheren Betrachtung der Daten und der Auswertung der Rückfallstatistik[1021] zeigt sich, dass ein sehr hoher Anteil, nämlich 84 %, der 1994 gem. § 68 Abs. 1 StGB unter Führungsaufsicht gestellten Personen bereits innerhalb von vier Jahren erneut wieder straffällig wurden. Bei über der Hälfte aller Unterstellten ist eine nachfolgende Verurteilung zumindest zu einer teilweise vollstreckten Freiheitsstrafe zu verzeichnen.[1022] Im Vergleich dazu wurden nur 35 % aller untersuchten Personen, also einschließlich der Führungsaufsicht Unterstehenden, im gesamten Rückfallzeitraum erneut straffällig und damit registriert, wodurch die allgemeine Rückfallquote nicht übermäßig hoch ist.[1023]

Die Auswertung der Daten der nach § 68 Abs. 1 StGB der Führungsaufsicht unterstellten Personen zeigt zwar, dass ein Teil dieser Gruppe innerhalb des Untersuchungszeitraumes nicht wieder straffällig wurde, jedoch ist dieser Anteil nicht sehr groß. Lediglich 16 von 100 Verurteilten blieben straffrei, wobei auch dies nur eine relative Zahl darstellt. Unaufgedeckte Straftaten konnten verständlicherweise keine Beachtung finden.

Des Weiteren gibt diese Rückfallstatistik nicht mit Bestimmtheit darüber Auskunft, ob das Unterstehen unter Führungsaufsicht der ausschlaggebende Beweggrund für den Straftäter war, straffrei und der Rechtsordnung getreu, zu leben. Ein Teil der Betroffenen lässt sich hierdurch sicherlich motivieren, ein anderer wurde aber durch den Strafvollzug bereits so stark geprägt, dass eine anschließende Führungsaufsicht zur Verhinderung der Begehung weiterer Straftaten als überflüssig zu bewerten ist. Daher wäre nach Auffassung vieler die Abschaffung der Führungsaufsicht kraft Richterspruchs gem. § 68 Abs. 1 StGB

1021 Sonderauswertung der Daten der Rückfallstatistik durch Weigelt/Hohmann-Fricke, BewHi 2006, S. 216 ff. Bei der Rückfallstatistik von 1994 wurden über eine Million Personen erfasst, die mindestens eine strafrechtliche Eintragung im Zentral- und Erziehungsregister 1994 aufwiesen. Ziel dieser war es, Aussagen zur Legalbewährung von Personen zu treffen, die im gewählten Bezugsjahr (1994) eine Registereintragung verzeichneten. Der Zeitraum umfasste vier Jahre nach der Bezugsentscheidung. Vgl. zum konkreten Datenerhebungskonzept die Ausführungen in der Rückfallstatistik selbst, Jehle/Heinz/Sutterer, Legalbewährung nach strafrechtlichen Sanktionen, S. 12 ff.; ferner Harrendorf, Rückfälligkeit, S. 99 ff.; Weigelt, Bewähren sich Bewährungsstrafen, S. 56.

1022 Weigelt/Hohmann-Fricke, BewHi 2006, S. 216 (226); vgl. auch Laufhütte/Rissing-van Saan/Tiedemann-[Schneider], LK-StGB, § 68 StGB Rn. 2.

1023 Jehle/Heinz/Sutterer, Legalbewährung nach strafrechtlichen Sanktionen, S. 33.

sachgerecht.[1024] Gewiss kann in einigen Fällen dieser Meinung gefolgt und auf die gerichtlich angeordnete Führungsaufsicht verzichtet werden, dagegen gibt es auch einige, die der anschließenden Hilfe und Betreuung sowie der Überwachung bedürfen, um weiterhin straffrei zu bleiben. Um die Allgemeinheit zu schützen und dieser Tätergruppe auch die Chance auf Resozialisierung und damit auf ein straffreies Leben in Freiheit zu bieten, sollte man die Möglichkeit der gerichtlich angeordneten Führungsaufsicht nach § 68 Abs. 1 StGB trotz ihrer derzeitigen fehlenden praktischen Relevanz nicht abschaffen.

Um die Maßregel aus dem Tief ihrer Bedeutungslosigkeit zu befreien, ist allerdings zu überlegen, die Vorschrift zu reformieren. Ein Grund für die mangelnde Anwendung dieser Vorschrift liegt, wie oben[1025] gezeigt, darin begründet, dass nach umstrittener, aber vorherrschender Meinung der Zeitpunkt der Gefahrprognose derjenige Moment ist, zu dem die Entscheidung bezüglich der Anordnung der Führungsaufsicht fällt. Somit ist allein die Bewertung bei Erlass des Urteils maßgeblich. Einige Richter lassen sich für die Entscheidung des Gerichts hierdurch abschrecken, da oftmals die Beeinflussung durch den Strafvollzug auf den Täter nicht absehbar ist. Um ihn mit keiner so schwerwiegenden Maßnahme zu belasten, obwohl er dieser vielleicht gar nicht bedürfe, entscheiden sich einige Richter als gerichtlicher Spruchkörper lieber, die Führungsaufsicht gar nicht zu verhängen. Hierbei besteht aber die Gefahr von Fehlentscheidungen, da wohl etliche Fälle „durchrutschen", bei denen der Täter der Führungsaufsicht bedurft hätte. Daher ist eine Änderung der Vorschrift empfehlenswert. Diese sollte solcherart ausgestaltet sein, dass ähnlich wie bei der Sicherungsverwahrung[1026] nach § 66a Abs. 1 StGB die Anordnung der Führungsaufsicht vorbehalten wird. Das Gericht würde sich dementsprechend die Anordnung der Führungsaufsicht vorbehalten, wenn bei der Verurteilung wegen einer Straftat, bei der das Gesetz Führungsaufsicht besonders vorsieht, nicht mit hinreichender Wahrscheinlichkeit festgestellt werden kann, ob bei dem Täter die Begehung weiterer Straftaten zu befürchten ist, die übrigen Voraussetzungen des

---

1024 Dölling, ZStW 104 (1992), S. 259 (288); Kindhäuser/Neumann/Paeffgen-[Ostendorf], NK-StGB, Vor §§ 68 bis 68g StGB Rn. 22; Laufhütte/Rissing-van Saan/Tiedemann-[Schneider], LK-StGB, § 68 StGB Rn. 2, Schöch, NStZ 1992, S. 364 (370).

1025 Siehe S. 58 f.

1026 Mit der Entscheidung vom 4.5.2011 hat das BVerfG entschieden, dass sämtliche Regelungen zur Sicherungsverwahrung gegen das Grundrecht auf Freiheit nach Art. 2 Abs. 2 S. 2 GG verstoßen. Sie sind folglich verfassungswidrig. Daher muss der Gesetzgeber die Sicherungsverwahrung längstens bis 31.5.2013 neu regeln. Ziel soll hierbei sein, ein freiheitsorientiertes und therapiegerechtes Vollzugskonzept zu errichten (BVerfG, NJW 2011, S. 1931 ff.; siehe auch becklink 1012739, abzurufen unter www.beck-online.de). Derzeit stehen die gesetzlichen Änderungen noch aus.

§ 68 Abs. 1 StGB aber erfüllt sind. Auf diese Weise müsste zunächst die Beeinflussung durch den Strafvollzug auf den Täter abgewartet werden und diesem Ergebnis entsprechend eine Entscheidung für oder gegen die Anordnung der Führungsaufsicht ergehen. Hieraus resultiert zwar ein erheblicher gerichtlicher Mehraufwand, in Anbetracht des Ziels der Schutz der Allgemeinheit, aber auch im Hinblick auf den Täter darf dies jedoch nur eine untergeordnete Rolle spielen. Diese Änderung der Vorschrift könnte eine Erhöhung der Gesamtzahl der gerichtlich angeordneten Führungsaufsicht bewirken und somit einen Beitrag zur Verhinderung der Begehung weiterer Straftaten durch den Täter und zum Schutz der Allgemeinheit leisten. Entscheidungen des Gerichts, auf diese Maßnahme in Gänze zu verzichten, nur damit dem Betroffenen eine derartige nicht auferlegt wird, obwohl er die Maßnahme unter Umständen nach der Verbüßung der Haftstrafe nicht benötigt hätte, würden damit der Vergangenheit angehören.

III. Führungsaufsicht kraft Gesetzes, § 68 Abs. 2 StGB

Die Strafverfolgungsstatistik[1027] weist für 2010 gerade noch 31 Fälle gerichtlich angeordneter Führungsaufsicht aus, wobei die der Führungsaufsicht unterstellten Heranwachsenden mit fünf Fällen und die Anordnung bei Jugendlichen mit einem Fall bereits berücksichtigt wurden und stellt damit den bisherigen Tiefpunkt dar. Im Vergleich zu der Führungsaufsicht in den übrigen Fällen ist dies nur ein verschwindend geringer Bruchteil[1028] der tatsächlich unter Führungsaufsicht stehenden Personen, wodurch die Führungsaufsicht kraft Richterspruchs aus besagten Gründen statistisch bedeutungslos ist. Bezüglich der Unterstellten, bei denen die Führungsaufsicht kraft Gesetzes eingetreten ist, gibt es derzeit keine exakt ermittelte Anzahl. Zwar erheben einige Bundesländer die Anzahl der unter Führungsaufsicht stehenden Personen, diese werden jedoch nur zum Teil der Öffentlichkeit zugänglich gemacht, bei anderen Bundesländern besteht überhaupt keine Statistik, dementsprechend lässt sich hieraus keine amtliche Zahl ermitteln. Eine Richtlinie kann hierbei nur die Statistik über die Bewährungshilfe sein, die zu Beginn der statistischen Erfassung im Jahr 1977 4.080 unter Führungsaufsicht stehende Personen erfasste, deren Anzahl sich bis zu ihrer Einstellung im Jahr 1990 auf das gut Dreifache, nämlich 12.462 Unterstellungen, erhöht hatte. Ein drastischer Anstieg der Unterstellungszahlen ist bis heute anzunehmen. Schon 2003 lag der Schätzwert bereits bei 20.000 Personen, die unter Führungs-

1027 Statistisches Bundesamt, Fachserie 10 Reihe 3, 2010.

1028 2010 standen insgesamt 30.700 Personen unter Führungsaufsicht (siehe dazu unten S. 339), davon 31 kraft Richterspruchs. Dies sind gerade einmal 0,1 % der gesamten „Führungsaufsichtsfälle“.

aufsicht gestellt waren, 2005 bei rund 25.000 Unterstellten und in den folgenden Jahren war die Rede von bis zu 35.000 Führungsaufsichtsklienten.[1029] Die eigene, dieser Arbeit zugrunde liegende Umfrage ergibt für das Jahr 2010 30.916 Führungsaufsichtsfälle im gesamten Bundesgebiet. Unter Anrechnung bestimmter Verzerrungsfaktoren stehen realistisch betrachtet ca. 30.700 Personen unter Führungsaufsicht.[1030] Das Bundesministerium der Justiz hat im Jahr 2010 die Vergabe eines Forschungsvorhabens zum Thema „Evaluierung der Reform der Führungsaufsicht" ausgeschrieben,[1031] in dem die mit der Reform von 2007 eingeführten Regelungen hinsichtlich ihrer Umsetzung, Bewährung und Akzeptanz in der Praxis untersucht werden sollten. Insbesondere fand in diesem Zusammenhang auch ein Ländervergleich im Hinblick auf die Umsetzung der genannten Regelungen statt. Es ist denkbar, dass im Rahmen dieses Forschungsvorhabens auch eine statistische Erhebung über die Gesamtzahl der unter Führungsaufsicht gestellten Personen stattfand. Das Ergebnis dieser Forschung war zum Abschluss der vorliegenden Arbeit noch ausstehend. In einer eigenen Untersuchung wurde daher nicht nur der Umgang der einzelnen Bundesländer mit der Maßregel der Führungsaufsicht, sondern auch die Gesamtanzahl der Führungsaufsichtsfälle ermittelt.

B. Die Führungsaufsicht in den einzelnen Bundesländern

Die Führungsaufsicht ist ein generell umstrittenes Institut deren Akzeptanz und Effizienz auch regional sehr unterschiedlich bewertet wird. Ein Blick auf die einzelnen Bundesländer soll aufzeigen, wie diese mit der Führungsaufsicht umgehen. Daher findet nach der Darlegung der mit der Erhebung der Daten bestehenden Probleme, zunächst eine Betrachtung der Entwicklung der Führungsaufsicht in den einzelnen Ländern statt. In Bezug auf das Bundesland Baden-Württemberg wird neben den Ausführungen zu der Entwicklung auch die der Organisation der Führungsaufsicht[1032] dargestellt. Dies resultiert aus der Besonderheit, dass Baden-Württemberg als bisher einziges Bundesland die Bewäh-

1029 Kerner, BewHi 2006, S. 49 (54); Neubacher, BewHi 2004, S. 73 (78 f.); Weigelt/Hohmann-Fricke, BewHi 2006, S. 216 (217).

1030 Siehe S. 339.

1031 Vgl. hierzu die Ausschreibung, abgedruckt unter Bundesministerium der Justiz, Bundesanzeiger 2010, Nr. 176, S. 3899 f.

1032 Dazu S. 221 ff.

rungs- und Gerichtshilfe privatisiert hat.[1033] Somit nimmt es auch im Rahmen der Führungsaufsicht eine Sonderstellung ein. Des Weiteren wird ein Überblick über die in den einzelnen Bundesländern herrschenden Übergangsmanagements[1034], also die systematische Begleitung von bestimmten, der Zielgruppe angehörenden Gefangenen beim Übergang von der Haft in die Freiheit, gegeben. Da diese Konzepte bislang noch nicht umfassend dargestellt und bewertet wurden, ist Ziel dieser Arbeit zunächst einen Überblick über die Konzeptionen zu geben. Alle 16 Bundesländer entwickelten bereits Strategien und Maßnahmen zur Wiedereingliederung von Straffälligen und sind dabei diese umzusetzen.[1035] Abschließend findet eine Auswertung des erhobenen Datenmaterials statt, die Grundlage für weitere wissenschaftliche Arbeiten darstellen soll. Insbesondere werden hierbei Gründe für den Gesamtanstieg der Führungsaufsichtsfälle genannt, die Übergangsmanagements miteinander verglichen und Verbesserungsvorschläge aufgezeigt.

I. Problemlage: Statistische Erhebung

Wie oben[1036] bereits erörtert, gibt es keine einheitliche Statistik, die die Anzahl der Unterstellungen unter Führungsaufsicht in ihrer Gesamtheit für Deutschland enthält. Auch findet sich sowohl keine der Fachallgemeinheit zugänglich gemachte allgemeine Statistik, die in ihrer Gänze die Unterstellungsanzahl eines jeweiligen Bundeslandes ausweist, als auch keine diesbezügliche interne Statistik. Die Entscheidung über die Datensammlung steht jedem Bundesland frei. Viele erheben zwar diesbezügliche Zahlen, machen diese jedoch oftmals nicht der allgemeinen Fachöffentlichkeit zugänglich. Andere wiederum fertigen nicht einmal interne Aufstellungen an. Das Vorhandensein der statistischen Daten in ganz unterschiedlichem Maße und der damit vorhandene Umgang überraschte,

1033 Hierzu sogleich, S. 221 ff.

1034 Die einzelnen Projekte als Maßnahmen zur Resozialisierung nach Haftentlassung werden zum Teil auch Übergangsmanagements genannt. Statt vieler hierfür Beß in seinem Vortag „Die Rolle des Bewährungshelfers/der Bewährungshelferin im Übergangsmanagement". Abzurufen unter http://www.gefaehrdetenhilfe-bayern.de/uploads/media/090708_fachtag_bewaehrungshilfe_bess_koob-sodtke.pdf.

1035 Vgl. hierzu Beß/Koob/Sodtke, Referat zum Thema „Die Rolle des Bewährungshelfers/der Bewährungshelferin im Übergangsmanagement" abzurufen unter http://www.fews-bayern.de/uploads/media/090708_fachtag_bewaehrungshilfe_bess_koob-sodtke_01.pdf.

1036 Siehe S. 211 f.

zumal anhand dieser Zahlen die Bedarfs- und Stellenplanung der beteiligten Stellen eigentlich stattfinden soll.[1037]

II. Erhebung der Daten in den einzelnen Bundesländern

Wegen dem obig beschriebenen Mangel an Daten zur Entwicklung der Führungsaufsicht in den allgemein vorhandenen Statistiken und dem Fehlen einer zentralen Sammlung der bereits vorhandenen Übergangsmanagements wurde mittels eigener Anfragen versucht die Anzahl der unter Führungsaufsicht stehenden Personen und die jeweiligen Projekte in den einzelnen Bundesländern zu erheben und darzulegen.

1. Baden-Württemberg

a) Organisation der Führungsaufsicht

aa) Privatisierung der Führungsaufsicht

Eine Sonderrolle nimmt das Bundesland Baden-Württemberg gegenüber den anderen bezüglich der Organisation der Führungsaufsicht ein, da diese nicht durch die Justiz selbst, sondern auf einen freien Träger übertragen wurde. In den letzten Jahren fanden vermehrt Diskussionen darüber statt, ob es sinnvoll und rechtlich zulässig sei, die Bewährungshilfe und Führungsaufsicht zunehmend zu privatisieren.[1038] Die meisten Bundesländer sowie das Bundesjustizministerium

---

1037 So auch ein Ergebnis der Untersuchung, die vom Greifswalder Lehrstuhl für Kriminologie durchgeführt wurde, vgl. hierzu Morgenstern/Hecht, BewHi 2011, S. 177 (179).

1038 Päckert, FS 2011, S. 357 (357); so auch Zwinger, Durchführung der Bewährungs- und Gerichtshilfe, S. 145 (146), der die Privatisierung öffentlicher Aufgaben als Reizthema beschreibt. Vgl. auch Gajevic, Baden-Württemberg privatisiert Bewährungshilfe, Artikel vom 7.12.2006, abzurufen unter http://www.berliner-zeitung.de/archiv/oesterreichischer-verein-soll-ehemalige-straffaellige-betreuen---land-will-mit-modell-geld-sparen-baden-wuerttemberg-privatisiert-bewaehrungshilfe,10810590,10439816.html. Gajevic zitiert Kritiker, die v.a. bemängeln, dass es bei der Übertragung um Kostensenkung gehen soll, in dem v.a. vermehrt ehrenamtliche Helfer eingesetzt werden. Die Betreuung sei anspruchsvoll und die ehrenamtlichen Helfer schnell überfordert. Gajevic benennt aber auch die Gegenstimmen, die diese Probleme zum Teil nicht sehen. Ferner 17 Punkte gegen die Privatisierung, aufgestellt vom ADBeV, abzurufen unter http://73370.webtest.goneo.de/site/uploads/PrivatisierungG.pdf, die kritisch gegenüber der Privatisierung eingestellt sind und 17 Thesen nennen, die dagegen sprechen. Exemplarisch sei hierbei nur die Absenkung des Qualifikationsniveaus, der Entlohnung und der Abhängigkeit

sind der Auffassung, dass eine Übertragung der gesamten Aufgaben der Bewährungshilfe und Führungsaufsicht aufgrund deren Kontroll- und Aufsichtscharakter rechtlich nicht zulässig ist.[1039] Im Gegensatz dazu sieht Baden-Württemberg keinerlei Bedenken hinsichtlich eines Verstoßes weder gegen Verfassungsrecht noch gegen einfachgesetzliche Bestimmungen.[1040] Lediglich bedürfe es aus verfassungsrechtlichen Gründen einer Gesetzesgrundlage. § 7 Abs. 1 des Landesgesetzes über die Bewährungs- und Gerichtshilfe sowie die Sozialarbeit im Justizvollzug (LBGS) ermächtigt das Justizministerium die Aufgaben der Bewährungs- und Gerichtshilfe vertraglich auf einem freien Träger als Beliehenen zu übertragen. Dies sollte zunächst nur in einem räumlich und zeitlich begrenzten Pilotprojekt, anschließend jedoch flächendeckend für das ganze Bundesland gelten.[1041] Infolgedessen übergab das Justizministerium die Aufgaben der Bewährungs- und Gerichtshilfe und damit auch die der Führungsaufsicht zunächst in einem zweijährigen Pilotprojekt ab dem 1. Januar 2005 einem Privatträger. Das Pilotprojekt umfasste den Landesgerichtsbezirk Stuttgart und Tübingen wie auch den Amtsgerichtsbezirk Stuttgart. Die positiven Erfahrungen Baden-Württembergs bezüglich der Privatisierung, veranlassten das Land Baden-Württemberg, diese flächendeckend am Anschluss daran auf das ganze Bundesland auszuweiten.[1042] Dazu übertrug es die Durchführung der Bewährungs- und Gerichtshilfe sowie des Täter-Opfer-Ausgleichs auf die NEU**START** gemeinnützige GmbH, die eine hundertprozentige Tochter des Vereins NEU**START** in Österreich ist, der die Durchführung der justiznahen Sozialarbeit seit mehr als

---

von Justizministern als Geldgebern genannt. Auch Stober, NJW 2008, S. 2301 ff. stellt fest, dass die Privatisierung öffentlicher Aufgaben stark diskutiert wird und gibt Einblicke hierin.

1039 Vgl. Ausführungen sogleich; zitiert nach Kwaschnik, Führungsaufsicht im Wandel, S. 112 f.; Kötter, Privatisierung, S. 122 ff.

1040 LT Baden-Württemberg, Drs. 13/3201, S. 314.

1041 Siehe hierzu Hörter, Rundbrief Straffälligenhilfe Nr. 40, S. 31 (36 f.); Kwaschnik, Führungsaufsicht im Wandel, S. 113; Steindorfner, BewHi 2004, S. 242 (242).

1042 Vgl. im Ganzen hierzu Kwaschnik, Führungsaufsicht im Wandel, S. 112 ff.; Steindorfner, FS 2007, S. 205 (207). Grundlage für die Übertragung im Wege der Beleihung ist das Landesgesetz zur Bewährungs- und Gerichtshilfe und der sozialen Dienste in der Justiz (§§ 7 und 8) samt untergesetzlicher Verwaltungsvorschrift zu diesem Gesetz. Das Land Baden-Württemberg hat infolgedessen mit der NEUSTART gGmbH im Wege der Beleihung einen Generalvertrag geschlossen, der gleichzeitig die Dienstleistungsergebnisüberlassung der in diesem Bereich beschäftigten Landesbediensteten regelt. Weitere Details zur Ausgestaltung des Vertrags sind nicht zur Veröffentlichung bestimmt (NEUSTART gGmbH, auf Anfrage).

50 Jahren zur Aufgabe hat.[1043] Hintergrund für die Privatisierung der Bewährungshilfe und Führungsaufsicht in Baden-Württemberg ist die zunehmende Knappheit der finanziellen Ressourcen.[1044] Um die Funktionsfähigkeit der Justiz gewährleisten zu können, bedurfte es einer Bündelung und Verschlankung der Strukturen und insbesondere einer Konzentration der Justiz des Landes auf ihre Kernaufgaben.[1045] Innerhalb dieser besteht eine alleinige Zuständigkeit der Justiz, außerhalb, also in allen anderen Aufgabenbereichen, genießen die freien, privaten Träger Vorrang vor dem Staat.[1046] Auf diese Weise könne die fachliche Qualität der Arbeit der Bewährungs- und Führungsaufsicht auch zukünftig sichergestellt werden.[1047] Ebenso soll durch die Privatisierung die Erfüllung der Aufgaben zumindest auf gleichem Niveau, jedoch ökonomischer und rationeller erfolgen.[1048]

bb) Bewertung der Privatisierung im Allgemeinen

Die Privatisierung der Bewährungs- und Gerichtshilfe in Baden-Württemberg wird in der Literatur unterschiedlich bewertet. Insbesondere hinsichtlich der Qualität, den Kosten, aber auch bezüglich der rechtlichen Zulässigkeit einer derartigen Privatisierung gehen die Meinungen im Schrifttum erheblich auseinander.

(1) Qualitätsargumente

Uneinigkeit herrscht zunächst hinsichtlich der Qualität. Ein Teil der Literatur[1049] bezweifelt, dass eine Verbesserung, zumindest ein Gleichbleiben der Leistungsqualität im Bereich der Bewährungshilfe hierdurch erreicht werden kann, ande-

---

1043 Die Entscheidung für die NEUSTART gGmbH war das Ergebnis einer europaweiten Ausschreibung (NEUSTART gGmbH, auf Anfrage).

1044 Insgesamt zum Gesamthaushalt des Landes Baden-Württemberg Steindorfner, BewHi 2006, S. 3 (3 ff.); Stelly/Thomas, BewHi 2008, S. 270 (270; 272 ff.).

1045 LT Baden-Württemberg, Drs. 13/3201, S. 311; vgl. dazu auch Kwaschnik, Führungsaufsicht im Wandel, S. 114.

1046 LT Baden-Württemberg, Drs. 13/3201, S. 311; vgl. dazu auch Kwaschnik, Führungsaufsicht im Wandel, S. 114.

1047 Steindorfner, BewHi 2004, S. 242 (244 f.).

1048 LT Baden-Württemberg, Drs. 13/3201, S. 312; Stelly/Thomas/Kerner, BewHi 2004, S. 283 (284).

1049 Für ein Absenken des Qualitätsniveaus spricht sich beispielsweise die Arbeitsgemeinschaft Deutscher Bewährungshelferinnen und Bewährungshelfer e.v. aus, abzurufen unter http://73370.webtest.goneo.de/site/uploads/PrivatisierungG.pdf.

re[1050] wiederum sehen in der Privatisierung der Bewährungshilfe einen nicht zu unterschätzenden Aufschwung für die Qualität der Leistungserbringung.[1051] Um diese zu bestimmen, ist auf der einen Seite auf die Zufriedenheit des Auftraggebers, in diesem Fall die Justiz, abzustellen, auf der anderen Seite muss die erbrachte Leistung an den von der Wissenschaft für notwendig erachteten Mindeststandards gemessen werden. Dabei spielt auch die Anpassungsfähigkeit des privaten Trägers sich und seine Tätigkeiten an die neueren Forschungsergebnisse und gesellschaftlichen Entwicklungen anzugleichen, eine nicht unerhebliche Rolle.[1052] Gegner der Privatisierung bemängeln, dass sich durch die Übertragung der Aufgaben die Qualität der Leistungserbringung verschlechtere, da der Staat die laufenden Kosten nicht automatisch komplett übernehme.[1053] Der Staat setze die finanzielle Zuwendung jedes Jahr erneut fest. Dies bewirke eine gewisse Planungsunsicherheit bei dem privaten Träger, die sich negativ von der Durchführung neuer Projekte bis hin auf die alltägliche Aufgabenbewältigung auswirken könne, da dieser mit dem festgelegten Budget haushalten und etwaige Einsparungen vornehmen müsse.[1054] Im Gegensatz zu dem staatlichen Modell bestehe bei dem neuen Konzept im Fall besonders schwerwiegender finanzieller Engpässe die Möglichkeit einer betriebsbedingten Kündigung der Bewährungshelfer. Dies demotiviere die Mitarbeiter und verursache eine gewisse Unsicherheit.[1055] Andererseits könnte dieser Erfolgsdruck ebenso das Gegenteil bewirken. Der Staat mit seinem System hatte eine Monopolstellung inne. Durch die Variante der Übertragung der Bewährungshilfe auf Privatträger entsteht eine bisher fremde Wettbewerbssituation. Der Staat kann, wenn er mit der Leistung der beauftragten Einrichtung unzufrieden ist unter Beachtung der Vertragsbedingungen einen anderen Träger mit der Aufgabe betrauen. Dadurch baut sich bei dem Unternehmen ein gewisser Druck, die Aufgaben bestmöglich zu erfüllen, um die Justiz als Auftraggeber dauerhaft zufrieden zu stellen, auf. Dies führt letztlich auch dazu, dass der Privatträger nicht in einem Stadium stehen bleiben kann,

---

1050 Einschränkend Kötter, Privatisierung, S. 112 ff., die Aspekte benennt, welche sich auf eine Qualitätssteigerung auswirken können.

1051 Allgemein zu den Auswirkungen auf die Leistungsqualität und Beispiele hierzu Gromoll, Grenzen der Privatisierung, S. 261 ff.

1052 Kötter, BewHi 2004, S. 211 (216); Steindorfner, FS 2007, S. 205 (206); vgl. dazu auch Lübbemeier, BewHi 2001, S. 137 (146), die den Tagungsvortrag von Herrn Dr. Kubnik zusammenfasst. Auch dieser bestätigt, dass man heute mit Privatisierung vor allem mehr Freiheit, Flexibilität, mehr Eigeninitiative und ökonomisches Vorgehen assoziiert.

1053 Kötter, Privatisierung, S. 115.

1054 Kötter, Privatisierung, S. 115; Schirra, BewHi 2006, S. 170 (174).

1055 Vgl. hierzu auch Kötter, Privatisierung, S. 115; Kötter, BewHi 2004, S. 211 (217).

sondern sich stetig fortentwickeln muss. Aufgrund seiner Personal- und Organisationsstruktur kann er im Vergleich zu dem staatlichen Modell viel flexibler auf veränderte Anforderungen eingehen. Schließlich wird der Privatträger um einen gewissen Qualitätsstandard bieten zu können, seine Mitarbeiter regelmäßig die obligatorische Teilnahme an Fort- und Weiterbildungen ermöglichen, so dass eine Qualitätssteigerung anzunehmen ist.[1056]

(2) Kostenargumente

Fraglich scheint, welche Folgen durch die Übertragung der Aufgaben der Bewährungs- und Gerichtshilfe auf einen Privatträger hinsichtlich der Kosten entstehen. Dem liegt die vereinzelt geübte Kritik zugrunde, die Justizreform sei völlig überstürzt und erfolge ohne die Einbindung verschiedener Fachverbände. Folglich spreche viel für die Ansicht, es sei der Justiz nicht um die Weiterentwicklung der Qualität, sondern primär um die Verringerung der Kosten und dem damit verbundenen Einsparungspotential gegangen.[1057] Wie oben bereits erwähnt, erhält die Einrichtung eine jährlich neu festgelegte Summe an staatlichen Zuwendungen mit der sie die anfallenden Kosten weitestgehend abdecken soll.[1058] Zusatzeinnahmen resultieren im Übrigen meist nur durch Spenden, weniger durch EU-Fonds oder Geldbußen. Durch ihr begrenztes Budget[1059] muss der freie Träger die finanziellen Mittel optimal nutzen. Im Vergleich zu dem staatlichen Bewährungshelfer werde dieser in der Regel ein höheres Kostenbewusstsein entwickeln.[1060] Ein Großteil der Kosten entsteht durch das Personal. Auch bei der Erledigung der Aufgaben der Bewährungshilfe durch einen privaten Träger nimmt dieser Bereich einen erheblichen Posten ein. Allerdings bestehe durch eine flexiblere tarifliche Eingruppierung der Mitarbeiter Einsparungspotential, zudem entfallen mit der Zeit die doch sehr hohen Pensionskosten für Beamten, wodurch insgesamt niedrigere Personalkosten entstehen würden.[1061] Das Argument bezüglich des Einsparungspotentials der hohen Pensionskosten

---

1056 Eingehend dazu Kötter, Privatisierung, S. 113 f; Kötter, BewHi 2004, S. 211 (216 f.); Schirra, BewHi 2006, S. 170 (174).

1057 Gemeinsame Erklärung der Landesarbeitsgemeinschaft der Bewährungshelfer in Baden-Württemberg und der Arbeitsgemeinschaft Bewährungshilfe Baden-Württemberg vom 3. Juli 2003 gegen die Privatisierung der Bewährungshilfe (abzurufen unter http://www.agbewaehrungshilfe.de/Veroeffentlichungen/privatisierung_lag_agb.htm); Ostendorf, BewHi 2006, S. 26 (26).

1058 Vgl. dazu auch S. 224.

1059 Zitiert nach Stelly/Thomas, BewHi 2008, S. 270 (277) beträgt das jährliche Finanzvolumen knapp 6 Mio. EUR aus dem Landeshaushalt.

1060 So auch Kötter, Privatisierung, S. 117.

1061 Kötter, Privatisierung, S. 117; Kötter, BewHi 2004, S. 211 (217 f.).

für Beamte greift nach anderer Ansicht noch nicht.[1062] Zwar stimme man damit überein, dass dies grundsätzlich möglich ist, jedoch werde der Einsparungseffekt sich erst in vielen Jahren bemerkbar machen. Dies liege an dem Beamtenstatus von fast allen Fachkräften der Bewährungshilfe. Da ihnen dieser nicht genommen werden könne, ergebe sich derzeit kaum eine Reduzierung der Personalkosten.[1063] Des Weiteren existieren nach anderer Ansicht erhebliche Zweifel an einem Einsparungspotential, da Sachkosten die öffentlichen Kassen in vergleichbarer Höhe wie die anfallenden Personalkosten belasten würden.[1064]

Aktuell kann bezüglich der Frage, ob die Privatisierung Einsparungspotential mit sich bringt, keine abschließende Beurteilung erfolgen. Der Verlauf der nächsten Jahre wird eine in diesem Bereich entstehende Tendenz aufzeigen. Unter Anbetracht der oben genannten Argumente, vor allem im Hinblick auf die flexible tarifliche Eingruppierung der Mitarbeiter und der vermehrte Einsatz von ehrenamtlichen Kräften,[1065] ist von einem leichten Einsparungspotential auszugehen.

(3) Sonstige Argumente

Neben den Argumenten hinsichtlich der Qualität und den anfallenden oder einzusparenden Kosten werden noch einige Argumente für oder gegen die Übertragung hervorgebracht.

Gegner der Privatisierung befürchten, dass nach dem Übertragen derartiger Aufgaben auf private Träger die Politik, die Justiz, aber auch zunehmend die Gesellschaft sich in Gänze aus der Verantwortung für die Resozialisierung straffällig gewordener Personen herausnehmen und nicht mehr betroffen fühlen wird, obwohl die Sozialarbeit aus dem Gebot der sozialen Rechtsstaatlichkeit des Grundgesetzes resultiert.[1066] Dem lässt sich jedoch entgegenhalten, dass zumindest im Hinblick auf den Staat die Befürchtung unbegründet ist. Der Staat trägt fast ausschließlich die finanzielle Verantwortung und leistet somit seinen Beitrag zum Schutz der Bevölkerung vor weiteren Straftaten durch die verurteilte

---

1062 Schellhoss, MschrKrim 2005, S. 143 (144).

1063 Schellhoss, MschrKrim 2005, S. 143 (144).

1064 Gerz, BewHi 2004, S. 25 (29); so auch Schellhoss, abzurufen unter http://73370.webtest.goneo.de/site/uploads/PrivatisierungG.pdf.

1065 Zu dem Einsatz von ehrenamtlichen Mitarbeitern vgl. unten S. 236 f., insb. S. 242 ff.

1066 Dies beschreibt Gerz, BewHi 2004, S. 25 (29); Stellungnahme der Deutschen Justiz-Gewerkschaft, Landesverband Baden-Württemberg, Fachbereich Soziale Dienste vom 30.April 2004 (abzurufen unter http://www.bewaehrungshilfe.de/doku/Deutsche_Justiz_Gewerkschaft_ZURPrivatisierung.pdf, S. 9); Stellungnahme der SPD-Fraktion im Bayerischen Landtag zu rechtspolitischen Entwicklungen vom 16. Januar 2004 (abzurufen unter http://www.spd-landtag.de/aktuell/presse_anzeigen.cfm?mehr=3795).

Person.[1067] Aus diesem Grund steht der Staat auch nicht in einem zu großen Abhängigkeitsverhältnis zur privaten Einrichtung. Die Frage nach dem „Ob“ der Aufgabenwahrnehmung stellt sich gegenüber dem „Wie“ problematischer dar, lässt sich jedoch leicht lösen. Zwar besteht im Vergleich zu dem staatlichen Modell, deren Beamten und Angestellten im öffentlichen Dienst kein bzw. nur ein eingeschränktes Streikrecht besitzen, eine gewisse Gefahr im Privatsektor durch das Recht auf Streik und den damit verbundenen Versorgungsengpässen, jedoch kann dies mittels vertraglicher Verpflichtung des privaten Trägers, im Fall eines Streikes einen Notdienst aufrechtzuerhalten, minimiert werden. Das „Wie“ der Aufgabenwahrnehmung wird ebenfalls im Rahmen einer Vereinbarung geregelt, damit sich der Staat nicht in eine zu große Abhängigkeit von der Einrichtung begibt. Will man unbedingt von Abhängigkeit sprechen, so muss allerdings wohl eher durch den erheblichen finanziellen Einfluss des Staates bedingt eine gegenseitige Abhängigkeit konstatiert werden.[1068]

Des Weiteren spricht für die Privatisierung die Entlastung der Justizverwaltung, die Verwaltungsaufgaben zu erledigen hatten. Auch die unmittelbare Verantwortung für eine sachgerechte Ausstattung und Qualität der Bewährungshilfe entfällt. Diese soll ein privater Dritter tragen. Er ist auch Adressat für bestehende Kritik und muss in einem derartigen Fall Lösungswege auffinden.[1069]

Schließlich könnte das Ausfindigmachen eines privaten Trägers gegen die Privatisierung sprechen, da sich die Suche womöglich als sehr zeitaufwendig erweisen würde. Allerdings hat das Prozedere im optimalen Fall nur einmal zu erfolgen. Nach erfolgter Ausschreibung müssen die Bewerbungen ausgewertet werden. Nach Auswahl eines privaten Trägers liegen bei guter Leistungserbringung dessen keine Gründe vor, diesem nicht dauerhaft die Aufgaben zu übertragen, wodurch es eines erneuten Auffindens eines anderen privaten Trägers nicht mehr bedarf. In Anbetracht der vielen Vorteile, die eine Privatisierung mit sich bringt, kann der im besten Fall einmalige Aufwand hingenommen werden.

cc) Rechtliche Zulässigkeit der Privatisierung

Zu prüfen ist ferner, ob die Übertragung der Bewährungs- und Gerichtshilfe auf einen privaten Dritten überhaupt rechtlich zulässig ist. Bedenken ergeben sich diesbezüglich aus Verfassungs-, aber auch aus einfachgesetzlichem Recht.

1067 Vgl. hierzu Kötter, Privatisierung, S. 120; Kötter, BewHi 2004, S. 211 (219).

1068 Kötter, Privatisierung, S. 120; Kötter, BewHi 2004, S. 211 (219).

1069 Schellhoss, MschrKrim 2005, S. 143 (143 f.).

(1) Verfassungsrechtliche Bedenken

(a) Verstoß gegen den Grundsatz des staatlichen Gewaltmonopols

Fraglich scheint zunächst, ob die Übertragung der Bewährungshilfe auf einen privaten Träger gegen den Grundsatz des staatlichen Gewaltmonopols[1070] verstößt.

Nach vorherrschender Meinung wird Gewalt in diesem Fall als physische Gewalt im Sinne von körperlichem Zwang gegen Personen und Sachen definiert.[1071] Typische Beispiele hierfür sind die Befugnisse der Polizei oder des Militärs sowie Mittel der Zwangsvollstreckung.[1072] Zu den Aufgaben der Bewährungshilfe zählt sicherlich nicht die Ausübung körperlichen Zwangs gegen Personen oder Sachen. Folglich ist die Übertragung der Bewährungshilfe auf einen privaten Träger mit dem Grundsatz des staatlichen Gewaltmonopols vereinbar.[1073]

(b) Verstoß gegen das Demokratieprinzip

Ferner ist zu prüfen, ob eine derartige Übertragung einen Verstoß gegen das Demokratieprinzip darstellt.

Das Demokratieprinzip, verankert in Art. 20 Abs. 1 und Abs. 2 sowie Art. 28 Abs. 1 GG, fordert, jegliches staatliches Handeln solle zunächst auf den Willen des Gesetzgebers und letztlich auf den des Volkes basieren, d.h., dass bei Entscheidungskompetenzen des jeweiligen Amtswalters eine Legitimationskette

---

1070 Allgemein zum Gewaltmonopol Bracher, Gefahrenabwehr durch Private, S. 101 ff.

1071 Statt vieler Isensee/Kirchhof-[Isensee], Handbuch des Staatsrechts, § 13 Rn. 75; Gamma, Privatisierung polizeilicher Gefahrenabwehr, S. 57 ff.; Kötter, Privatisierung, S. 123; Merten, Rechtsstaat und Gewaltmonopol, S. 31; insgesamt zum staatlichen Gewaltmonopol Schulte, DVBl 1995, S. 130 (130 ff.).

1072 Kötter, Privatisierung, S. 123; Kötter, BewHi 2004, S. 211 (220); Schulte, DVBl 1995, S. 130 (131); ferner Jehle in seinem Vortrag zu dem Thema „Privatisierung der Gerichts- und Bewährungshilfe aus verfassungsrechtlicher Sicht" auf der Tagung „Umbruch der staatlichen Straffälligenhilfe?" am 10./11.3.2005 in Potsdam, welcher auszugsweise bzw. zusammenfassend in ver.di Potsdam-Nordwestbrandenburg/LAG Soziale Dienste der Justiz Brandenburg e. V. (Hrsg.), Tagungs SPIEGEL, S. 5, nachzulesen ist.

1073 Zu den Aufgaben des Bewährungshelfers Fischer, StGB, § 56d StGB Rn. 4 f.; Heintschel-Heinegg-[Heintschel-Heinegg], BeckOK StGB, § 56d StGB Rn. 8 ff.; Vgl. Kötter, Privatisierung, S. 123. So auch Jehle, der einen Vortrag zu dem Thema „Privatisierung der Gerichts- und Bewährungshilfe aus verfassungsrechtlicher Sicht" auf der Tagung „Umbruch der staatlichen Straffälligenhilfe?" am 10./11.3.2005 in Potsdam hielt. Vgl. hierzu ver.di Potsdam-Nordwestbrandenburg/LAG Soziale Dienste der Justiz Brandenburg e. V. (Hrsg.), Tagungs SPIEGEL, S. 5.

von Berufungsakten gefordert wird. Diese muss ununterbrochen auf den Willen des Volkes zurückzuführen sein.[1074] Vorliegend entschied man sich für die Privatisierung der Bewährungs- und Gerichtshilfe in Form der Beleihung. Nach fast einhelliger Meinung hat hierbei der Vorbehalt des Gesetzes Beachtung zu finden.[1075] Die Rechtsgrundlage der Beleihung, welche den gesetzgeberischen Willen beachtet, genügt für die Aufrechterhaltung der Legitimationskette. Demzufolge verstößt die Übertragung auf private Träger nicht gegen das Demokratieprinzip.[1076]

(c) Verstoß gegen das Sozialstaatsprinzip

Des Weiteren ist bei der Übertragung der Bewährungshilfe auf einen privaten Träger ein Verstoß gegen das Sozialstaatsprinzip denkbar. Dieses aus Art. 20 Abs. 1 und Art. 28 Abs. 1 S. 1 GG resultierende Prinzip erlegt dem Staat jedenfalls die Pflicht auf, für soziale Gerechtigkeit zu sorgen auf.[1077] Die Verhinderung schrankenloser Freiheit zählt ebenso wie die langfristige Sicherstellung von Leistungen für den Bürger in lebensnotwendigen Bereichen für die sog. Da-

---

1074 BVerfGE 47, S. 253 (272, 275); BVerfGE 77, S. 1 (40); BVerfGE 83, S. 60 (71 f.); BVerfGE 93, S. 37 (66); BVerfGE 107, S. 59 (87); BVerfG, NJW 2012, S. 1563 (1568); Epping/Hillgruber-[Huster/Rux], BeckOK GG, Art. 20 GG Rn. 56f; Bracher, Gefahrenabwehr durch Private, S. 91; Hagemeister, Privatisierung öffentlicher Aufgaben, S. 161; Kulas, Privatisierung hoheitlicher Verwaltung, S. 81 f.; Maunz/Dürig-[Grzeszick], GG, Art. 20 GG Rn. 61; Weiner, Privatisierung von staatlichen Sicherheitsaufgaben, S. 155.

1075 Statt vieler BVerwG, DÖV 1984, S. 1025 (1025); Kötter, Privatisierung, S. 125; Kulas, Privatisierung hoheitlicher Verwaltung, S. 82 m.w.N.

1076 Gromoll, Grenzen der Privatisierung, S. 168; Kötter, BewHi 2004, S. 211 (220); Kulas, Privatisierung hoheitlicher Verwaltung, S. 82 f.; Weiner, Privatisierung von staatlichen Sicherheitsaufgaben, S. 157. Einschränkend Gromoll, Grenzen der Privatisierung, S. 167 ff., der durch die Einschaltung Privater die Gefahr der Unterbrechung der Legitimationskette sieht, jedoch unter bestimmten, näher ausgeführten Voraussetzungen keine Verletzung sieht. Zu den formalen Bedingungen bei Privatisierungen, insb. dem Erfordernis der Ermächtigung durch den Gesetzgeber siehe Gromoll, Gefahrenabwehr durch Private, S. 199. Auch Hagemeister, Privatisierung öffentlicher Aufgaben, S. 161 erkennt die Gefahr einer Unterbrechung der Legitimationskette und fordert daher, „daß die Einschaltung materiell Privater einen zeitlich und sachlich begrenzten Ausnahmecharakter zu tragen hat.“ (Hagemeister, Privatisierung öffentlicher Aufgaben, S. 162).

1077 Hagemeister, Privatisierung öffentlicher Aufgaben, S. 153 f.; Gromoll, Grenzen der Privatisierung, S. 203 f.; Kötter, Privatisierung, S. 125 f.; Weiner, Privatisierung von staatlichen Sicherheitsaufgaben, S. 158.

seinsvorsorge zu den daraus folgenden Pflichten.[1078] Hieraus ergibt sich wiederum die Pflicht, einen bestimmten Sicherheitsstandard für alle Bürger zu gewährleisten.[1079] Im Fall einer Übertragung der Bewährungshilfe auf einen privaten Träger überantwortet der Staat zwar die Erbringung der Leistung auf einen Dritten, jedoch wird er hierbei nicht vollständig von seinen Pflichten befreit. Durch den mit dem privaten Unternehmen abgeschlossenen Vertrag kann der Staat einen bestimmten Sicherheitsstandard gewährleisten. So ist es ihm möglich, die Aufrechterhaltung eines Notdienstes während eines Arbeitskampfes vertraglich festzulegen oder aber auch durch Vereinbarung langer Kündigungsfristen der Gefahr einer Notwendigkeit eines Selbsteintritts staatlicher Institutionen entgegenzuwirken. Durch diese und weitere gewisse Einwirkungs- und Kontrollmöglichkeiten garantiert er trotz Übertragung ein bestimmtes Qualitätsniveau der übergebenen Aufgaben, wodurch die Privatisierung der Bewährungshilfe mit dem Sozialstaatsprinzip vereinbar ist.[1080]

(d) Verstoß gegen Art. 33 Abs. 4 GG

Schließlich bestehen bei der Übertragung der Bewährungshilfe hinsichtlich eines möglichen Verstoßes gegen Art. 33 Abs. 4 GG verfassungsrechtliche Bedenken.

Art. 33 Abs. 4 GG normiert, dass die Ausübung hoheitsrechtlicher Befugnisse als ständige Aufgabe in der Regel Angehörigen des öffentlichen Dienstes übertragen ist, die in einem öffentlich-rechtlichen Dienst- und Treueverhältnis stehen (beamtenrechtlicher Funktionsvorbehalt).[1081] Entscheidend ist somit, ob die Bewährungshilfe hoheitsrechtliche Befugnisse innehat und folglich der Bewährungshelfer diese ständig ausübt. Ferner muss eine Klärung der Begrifflichkeit „hoheitliche Befugnisse" erfolgen. Die genaue Bedeutung ist jedoch umstritten.[1082] Dazu entwickelten sich verschiedene Ansichten.

1078 BVerfGE 5, S. 85 (206); Hagemeister, Privatisierung öffentlicher Aufgaben, S. 155; ähnlich Heimburg, Beteiligung Privater an öffentlichen Aufgaben, S. 25; Kötter, BewHi 2004, S. 211 (220 f.); Weiner, Privatisierung von staatlichen Sicherheitsaufgaben, S. 158 ff.

1079 Kötter, BewHi 2004, S. 211 (221); Weiner, Privatisierung von staatlichen Sicherheitsaufgaben, S. 159.

1080 Vgl. hierzu Kötter, Privatisierung, S. 126 f.; Kötter, BewHi 2004, S. 211 (221); Kulas, Privatisierung hoheitlicher Verwaltung, S. 87 ff.

1081 BVerfGE 9, S. 268 (284); BVerfGE 119, S. 247 (260 f.); BVerfG, NJW 2012, S. 1563 (1564).

1082 So auch die Feststellung von Bracher, Gefahrenabwehr durch Private, S. 68; Dreier-[Masing], GG, Art. 33 GG Rn. 64 ff.; Münch/Kunig-[Kunig], GG, Art. 33 GG Rn. 47; Sachs-[Battis], GG, Art. 33 GG Rn. 55. Siehe auch Kötter, Privatisierung, S. 127 ff.

Nach der engsten Ansicht werden hoheitliche Befugnisse nur im Rahmen einer Eingriffsverwaltung ausgeübt, d.h. in den Bereichen, in denen der Staat mit Befehl und Zwang tätig wird.[1083] Fraglich ist, ob die Bewährungshilfe hoheitsrechtliche Befugnisse im Sinne dieser engen Interpretation des Begriffs ausübt. Dagegen spricht, dass die Bewährungshelfer zwar sowohl betreuend als auch kontrollierend tätig werden, sie aber innerhalb dieses Aufgabenbereiches keine Befehlsgewalt oder Zwangsmittel inne haben. Die Tätigkeit der Bewährungshelfer beruht primär auf das freiwillige Mitwirken des Klienten. Um den Klienten die nötige Resozialisierung bieten zu können, baut das Verhältnis zwischen dem Bewährungshelfer und der zu betreuenden Person auf Vertrauen und nicht auf Drohungen und Zwang auf. Der Bewährungshelfer begegnet anders als das Gericht dem Klienten auf einer Ebene.[1084]

Im Unterschied dazu erfordere nach anderer Auffassung das Wahrnehmen hoheitlicher Befugnisse durch die Bewährungshelfer die Aufgabe, stetig Erkenntnisse über den Betroffenen, insbesondere seiner Persönlichkeit und seiner Lebensumstände zu ermitteln, festzuhalten und gegebenenfalls an das zuständige Gericht weiterzuleiten, hin. Da diese Erhebung, Speicherung und Weitergabe einen Eingriff in das aus Art. 2 Abs. 2 iVm. Art. 1 Abs. 1 GG abgeleitete Recht auf informationelle Selbstbestimmung darstelle, sei diese eine im Rahmen der Eingriffsverwaltung auszuübende Tätigkeit.[1085] Auch die Ausübung der Überwachung, die die Bewährungshelfer im Rahmen ihrer Aufgaben zu erledigen haben, deute eher auf Maßnahmen mit Eingriffscharakter hin. Zwar üben sie keinen direkten Zwang aus, da sie nicht befugt seien, die zu betreuenden Personen zur Mitarbeit oder der Einhaltung der Weisungen zu zwingen, jedoch besäßen sie eine Machtposition gegenüber ihrer Klientel. Die Bewährungshelfer haben die Pflicht, Berichte entsprechend des Verhaltens der Verurteilten zu verfassen und diese an das zuständige Gericht zu schicken, damit das Gericht hierauf entsprechend reagieren könne. Die Bewährungshelfer würden damit indirekten Zwang auf ihr Klientel ausüben, folglich besäße, von diesem Blickwinkel be-

1083 Vgl. hierzu BVerfG, NJW 2012, S. 1563 (1565), das diese Ansicht unterstützt, jedoch offen lässt, ob und wie weit der Begriff der hoheitlichen Befugnisse über diesen engen Bedeutungsgehalt hinausreicht. Ferner Di Fabio, JZ 1999, S. 585 (591); Jung, Zweispurigkeit des öffentlichen Dienstes, S. 192; a.A. Epping/Hillgruber-[Hense], BeckOK GG, Art. 33 GG Rn. 27; Maunz/Dürig-[Badura], GG, Art. 33 GG Rn. 43.

1084 Vgl. hierzu Landtag Baden-Württemberg, LT-Drs. 14/114, S. 4.

1085 Die Entscheidungen des Bundesverfassungsgerichts [BVerfGE 65, S. 1 (43); BVerfGE 84, S. 239 (279)] machen deutlich, dass Art. 2 Abs. 1 iVm. Art. 1 Abs. 1 GG einen Schutz gegen die Erhebung, Speicherung, Verwendung und Weitergabe von persönlichen Daten umfasst; siehe dazu auch Kötter, Privatisierung, S. 128 f., die diese Ansicht beschreibt.

trachtet, die auszuführende Tätigkeit der Bewährungshilfe Eingriffscharakter.[1086] Folglich üben die Bewährungshelfer aus diesem Grunde hoheitsrechtliche Befugnisse im Sinne der erstgenannten Ansicht aus.[1087]

Eine andere, eher gemäßigte Auffassung ist der Ansicht, dass nicht nur im Bereich der Eingriffs-, sondern auch der grundrechtsgleichen Leistungsverwaltung hoheitsrechtliche Befugnisse ausgeübt werden.[1088] Nach dieser Auffassung nähmen die Bewährungshelfer unproblematisch hoheitsrechtliche Befugnisse im Sinne des Art. 33 Abs. 4 GG wahr, da zumindest ihre Betreuungstätigkeit sich als grundrechtsrelevante Leistungsverwaltung bewerten ließe.

Schließlich wird noch die Meinung[1089] vertreten, die Erfüllung öffentlicher Aufgaben, auch mit Mitteln des Privatrechts, sei generell als Ausübung hoheitsrechtlicher Befugnisse zu werten.[1090] Die Aufgaben der Bewährungshilfe müssten nach dieser Ansicht der Strafvollstreckung, die unstreitig der öffentlichen Aufgaben zugezählt wird, zugeordnet werden.[1091]

Die Aufgaben der Bewährungshilfe stellen zusammenfassend hoheitliche Befugnisse dar, infolgedessen werden diese nach der Privatisierung von den Mitarbeitern des privaten Trägers als ständige Aufgabe wahrgenommen. Nach Art. 33 Abs. 4 GG ist diese Ausübung jedoch den Angehörigen des öffentlichen Dienstes vorbehalten, die in einem öffentlich-rechtlichen Dienst- oder Treueverhältnis stehen. Folglich sind nach ganz vorherrschender Meinung Angestellte oder Arbeiter des öffentlichen Dienstes sowie Beliehene nicht Angehörige im Sinne dieser Vorschrift. Nur Beamte dürfen demnach diese Aufgabe ausüben.[1092] Im Fall der Privatisierung sind demnach Nichtbeamte mit der ständigen Ausführung hoheitsrechtlicher Befugnisse betraut. Fraglich ist, wie diesem Problem begegnet werden muss. Die Landesregierung Baden-Württembergs musste sich im Rahmen einer großen Anfrage der Fraktion GRÜNE[1093] auch mit

1086 So auch Kötter, Privatisierung, S. 129 f.; Kötter, BewHi 2004, S. 211 (222).

1087 Vgl. hierzu auch Kötter, Privatisierung, S. 130.

1088 Statt vieler Dreier-[Lübbe-Wolff], GG, 1. Aufl., Art. 33 GG Rn. 59; Grabbe, Verfassungsrechtliche Grenzen der Privatisierung, S. 54; Jarass/Pieroth-[Pieroth], GG, Art. 33 GG Rn. 41; Maunz/Düring-[Badura], GG, Art. 33 GG Rn. 56.

1089 Zitiert nach Leisner, Legitimation des Berufsbeamtentums, S. 40 f.

1090 Vgl. zum kompletten Meinungsstreit Leisner, Legitimation des Berufsbeamtentums, S. 40 ff, der den Funktionsvorbehalt „auf alle zentralen Entscheidungen der gesamten Daseinsvorsorge, damit also der Leistungsverwaltung", erweitert, unabhängig von einem obrigkeitlichen Gewalteinsatz.

1091 Vgl. zur Darstellung Kötter, BewHi 2004, S. 211 (222).

1092 Jarass/Pieroth-[Pieroth], GG, Art. 33 GG Rn. 46; Kulas, Privatisierung hoheitlicher Verwaltung, S. 61 m.w.N.

1093 Die große Anfrage der Fraktion GRÜNE ist der Antwort der Landesregierung Baden-Württemberg, LT-Drs. 14/114 vorangestellt.

der Thematik auseinandersetzen, ob die Übertragung von hoheitlichen Aufgaben auf einen privaten Träger gegen Art. 33 Abs. 4 GG verstößt.[1094] Die Landesregierung stellte diesbezüglich nicht die in der Literatur vertretenen unterschiedlichen Meinungen dar, sondern erörterte nur kurz und knapp, dass die Bewährungs- und Gerichtshilfe nicht zum Kernbereich staatlicher Hoheitsgewalt zählt und verwies dann auf die in der Literatur allgemein vertretene Auffassung, wonach von Art. 33 Abs. 4 GG eine Ausnahme gemacht werden dürfe, wenn eine konkrete gesetzliche Grundlage vorliege und zumindest ein sachlicher Grund für die Übertragung bestehe.[1095] Für die Übertragung der Bewährungs- und Gerichtshilfe auf einen freien Träger in Form einer Beleihung sehen die §§ 7 und 8 Landgesetz über die Bewährungs- und Gerichtshilfe sowie die Sozialarbeit im Justizvollzug (LBGS) die gesetzliche Grundlage vor. Neben der Gestaltung eines flexibleren Personeneinsatzes wird auch insbesondere die Optimierung des Leistungsangebotes in der Bewährungs- und Gerichtshilfe als sachlicher Grund für die Übertragung genannt.[1096] Da beide Voraussetzungen vorliegen, darf eine Ausnahme von der in Art. 33 Abs. 4 GG normierten Regel gemacht werden, damit die Übertragung mit dem beamtenrechtlichen Funktionsvorbehalt des Art. 33 Abs. 4 GG vereinbar ist. Die strengere Ansicht fordert als weitere Voraussetzung für die Übertragung die Einhaltung des Verhältnismäßigkeitsprinzips im engeren Sinne, d.h. die Vorteile einer Ausübung der hoheitlichen Befugnisse durch Nichtbeamte müssten so gewichtig sein, dass die dadurch entstehende Einschränkung der statuierten Regel ausnahmsweise hinnehmbar sind.[1097] Es sei nach dieser Ansicht insbesondere im Einzelfall zu prüfen, ob die Wahrscheinlichkeit einer bewusst oder versehentlich fehlerhaften Anwendung der hoheitsrechtlichen Befugnisse durch den privaten Träger im Vergleich zur Aufgabenerfüllung durch Beamte steige.[1098] Ein deutlicher Anstieg bezüglich der Wahrscheinlichkeit der Fehlerbegehung ist kaum anzunehmen. Ein Rückgang

---

1094 Landtag Baden-Württemberg, LT-Drs. 14/114.

1095 Landtag Baden-Württemberg, LT-Drs. 14/114, S. 4 ohne weitere Nachweise zur herrschenden Ansicht. Für die Voraussetzung eines besonderen sachlichen Grundes bei Abweichungen vom Grundsatz des Funktionsvorbehalts sprechen sich OLG Schleswig, NJOZ 2006, S. 907 (908); Barisch, Privatisierung im deutschen Strafvollzug, S. 134; Dreier-[Masing], GG, Art. 33 GG Rn. 70; Jarass/Pieroth-[Pieroth], GG, Art. 33 GG Rn. 42; Münch/Kunig-[Kunig], GG, Art. 33 GG Rn. 50 aus.

1096 Landtag Baden-Württemberg, LT-Drs. 14/114, S. 4 verweist bzgl. den sachlichen Gründen, die für eine Privatisierung sprechen auf die Gesetzesbegründung (Landtag Baden-Württemberg, LT-Drs. 13/3201, S. 312 f.), in welcher diese ausführlich dargestellt werden.

1097 Bracher, Gefahrenabwehr durch Private, S. 76; Jachmann/Strauß, ZBR 1999, S. 289 (294).

1098 Bracher, Gefahrenabwehr durch Private, S. 88.

scheint dagegen wahrscheinlicher. Durch die Privatisierung stehen die Mitarbeiter verstärkt unter Kontrolle und unterliegen der Gefahr, bei Fehlern schneller ihren Arbeitsplatz zu verlieren als in dem bisherigen staatlichen System. Der Bewährungshelfer wird deshalb aufgrund seines eigenen Interesses den Arbeitsplatz zu erhalten, darauf bedacht sein keine Fehler zu machen, zumal nicht richtige Verhaltensweisen in den Bereichen Umgang mit personenbezogenen Daten und Ausübung des indirekten Zwangs, die seinem oder dem Interesse des privaten Trägers nützlich sein könnten, womöglich strafrechtliche Konsequenzen mit sich bringen.[1099] Zudem wird der Träger qualifizierte Mitarbeiter einstellen und diese regelmäßig an Fort- und Weiterbildungen teilnehmen lassen, um eine stetig wachsende Qualität zu bieten und somit auch wettbewerbsfähig zu bleiben. Damit verändert sich selbst nach der strengeren Ansicht das Ergebnis der Vereinbarkeit der Privatisierung mit Art. 33 Abs. 4 GG nicht.

Die Übertragung der Bewährungs- und Gerichtshilfe auf einen privaten Träger ist im Ergebnis mit dem Verfassungsrecht vereinbar.

(2) Einfachgesetzliche Bedenken

Allerdings bleiben bei der Privatisierung der Bewährungs- und Gerichtshilfe neben den verfassungsrechtlichen Fragen auch Zweifel bezüglich ihrer Vereinbarkeit mit einfachgesetzlichen Vorschriften. Hierbei sollen zwei Gesichtspunkte herausgegriffen werden, zum einen die Bestellung des Bewährungshelfers, zum anderen die Pflicht zur Wahrung der Verschwiegenheit von Privatgeheimnissen der Unterstellten.

(a) Bestellung des Bewährungshelfers

Der Bewährungshelfer wird gem. § 56d Abs. 4 S. 1 StGB vom Gericht bestellt. Die vom Gesetzgeber gewählte Formulierung deutet daraufhin, dass das Gericht diesen namentlich bereits ernennt.[1100] Die Auswahl des Bewährungshelfers bei der Einrichtung NEU**START** gGmbH[1101] erfolgt nach einem ersten Sortierungs-

1099 Ähnlich Kötter, Privatisierung, S. 136, die eine Erfüllung u.a. der Straftatbestände der §§ 133, 203, 253, 331, 332 StGB als möglich ansieht.

1100 Vgl. hierzu OLG Köln, JR 1991, S. 473 ff.; insgesamt hierzu: Kötter, Privatisierung, S. 137; Kötter, BewHi 2004, S. 211 (224).

1101 Das OLG München, NJW 2007, S. 1601 ff. hat in seinem Beschluss festgestellt, dass trotz der Verbreitung der Abkürzung „gGmbH" in Fachliteratur und Medien diese Kennzeichnung der Rechtsform nach § 4 GmbHG nicht zulässig ist, da die Gefahr bestünde, dass die Gesellschaft im Rechtsverkehr als Sonderform der GmbH angesehen wird und Unklarheit darüber entstehen könnten, ob und in welchem Umfang sie den für die GmbH geltenden Regelungen, insbesondere über die Haftung, unterliegt. Aufgrund der Tatsache, dass die NEUSTART gemeinnützige GmbH nicht nur auf ihrer In-

gespräch durch den Träger selbst. Dies könnte gegen § 56d Abs. 4 S. 1 StGB verstoßen. Legt man den Gesetzeswortlaut eng aus, läge ein Verstoß vor. Dass eine enge Auslegung aber nicht gewollt ist, zeigt schon die Bestellung des Bewährungshelfers nach dem bisherigen staatlichen System. Dort gab es etliche Fälle in denen nicht das Gericht den Bewährungshelfer namentlich auswählte, sondern dessen Ernennung anhand eines Geschäftsverteilungsplans oder durch einen Koordinator erfolgte, infolgedessen muss einer weiten Auslegung der Vorrang eingeräumt werden.[1102] Demnach verstößt die Bestellweise des Bewährungshelfers der NEU**START** gGmbH nicht gegen § 56d Abs. 4 S. 1 StGB. Missfällt die Entscheidung dem Gericht, kann es den Bewährungshelfer gem. § 56e StGB abberufen, der sich unabhängig davon, ob er staatlich oder privat angestellt ist, der gerichtlichen Entscheidung beugen muss.[1103]

(b) Pflicht zur Verschwiegenheit

Des Weiteren könnte die Übertragung der Bewährungs- und Gerichtshilfe auf einen privaten Träger hinsichtlich der Pflicht zur Verschwiegenheit Bedenken hervorrufen.

§ 203 StGB regelt die Wahrung des persönlichen Lebens- und Geheimbereichs, wobei Bewährungshelfern als Sozialarbeiter nach § 203 Abs. 1 Nr. 5 1. Alt. StGB bzw. als Beamte oder Angestellte des öffentlichen Dienstes nach § 203 Abs. 1, Abs. 2 Nr. 1 iVm. § 11 Abs. 1 Nr. 2a oder Nr. 2c StGB eine Strafe droht, wenn sie ihre Pflicht zur Geheimhaltung von Privatgeheimnissen ihrer zu betreuenden Personen verletzen. Es bestehen Zweifel, inwieweit diese Verschwiegenheit auch für die Angestellten des privaten Träger gilt. Werden die Aufgaben des Bewährungshelfers durch einen staatlich anerkannten Sozialarbeiter durchgeführt, ist dieser gem. § 203 Abs. 1 Nr. 5 1. Alt. StGB zur Verschwiegenheit verpflichtet. Darüber hinaus werden die anderen Angestellten als für den öffentlichen Dienst besonders in den Dienst Genommene gem. § 11 Abs. 1 Nr. 4 StGB angesehen und unterliegen damit nach § 203 Abs. 1, Abs. 2 Nr. 2 StGB der Pflicht zur Verschwiegenheit.[1104] Die Angestellten des privaten Modells sind somit in gleicher Weise wie die des bisherigen staatlichen Systems zur Wahrung der persönlichen Lebens- und Geheimnisbereichs der betroffenen Personen verpflichtet. Somit dürften auch in diesem Bereich die Bedenken ausgeräumt sein.

---

ternetpräsenz sondern auch in zahlreichen Schriftstücken, u.a. auch Presse- und Informationsmaterial die Bezeichnung „NEUSTART gGmbH" selbst wählt, wird diese, allerdings unter dem Hinweis des Beschlusses des OLG München übernommen.

1102 Siehe dazu Kötter, Privatisierung, S. 137.

1103 So auch Kötter, BewHi 2004, S. 211 (224 f.).

1104 So auch Kötter, Privatisierung, S. 140; Kötter, BewHi 2004, S. 211 (225).

b) Einrichtung der NEU**START** gGmbH

Wie bereits[1105] genannt, wurde die Aufgabe der Durchführung der Bewährungs- und Gerichtshilfe sowie des Täter-Opfer-Ausgleichs an die NEU**START** gemeinnützige GmbH[1106] ab dem 1. Januar 2007 flächendeckend für ganz Baden-Württemberg übertragen.[1107] Dass der Zuschlag an diese GmbH erging, ist das Ergebnis eines im Rahmen der Ausschreibung durchgeführten mehrstufigen, europaweiten Auswahlverfahrens.[1108]

Neben der Geschäftszentrale in Stuttgart sind noch weitere acht Einrichtungen in Freiburg, Heilbronn, Karlsruhe, Mannheim, Ravensburg, Reutlingen, Rottweil, Stuttgart und Ulm zu verzeichnen, in denen die NEU**START** gGmbH ihre Dienstleistungen erbringt. Im Zentrum der Arbeit dieser Einrichtung steht das Leitbild „Vergangenheit – verarbeiten, Gegenwart – bewältigen, Zukunft – sichern". Um dies sicherzustellen, gibt es neben den hauptamtlichen Mitarbeitern auch Ehrenamtliche, die die Unterstellten betreuen. Am 30. Juni 2011 waren es insgesamt 442 hauptamtliche Mitarbeiter und 467 ehrenamtliche Mitarbeiter, die die 20.547 Klienten der Bewährungshilfe, worunter auch 4.790 Jugendliche und Heranwachsende zu verzeichnen sind, sowie weitere 1.247 Personen, deren Unterstellungszeit unter einem Bewährungshelfer abgelaufen ist und bei denen ein Straferlassbeschluss erwartet wird, betreuten. Zudem hat in 669 Fällen ein Täter-Opfer-Ausgleich stattgefunden. Unter den zu betreuenden Klienten standen zum Stichtag insgesamt 1.823 Personen unter Führungsaufsicht, worunter sich 342 Jugendliche befanden.

Das von der NEU**START** gGmbH erstellte Konzept basiert auf Chancengleichheit und dem Bekenntnis zu sozialer Gerechtigkeit, so dass unter der Vorstellung einer humanen, toleranten, demokratischen und solidarischen Gesellschaft dem Verurteilten geholfen werden soll, sein Leben positiv zu verändern.[1109] Sein Vorleben sowie persönliche Verschuldensgründe spielen dabei keine Rolle. Ziel ist es, die Unterstützung jedermann anzubieten und ihm Hilfestellungen zur Resozialisierung zu geben, um ein potentielles Rückfallrisiko weitestgehend zu minimieren. Des Weiteren soll einer Entfremdung der Straftäter gegenüber der Gesellschaft entgegengewirkt werden.

1105 Siehe S. 221.

1106 Zur folgenden Bezeichnung als NEUSTART gGmbH vgl. Fn. 1101.

1107 Die nachfolgende Darstellung beruht v.a. auf der Infomappe der NEUSTART gGmbH. Aufgrund der Besonderheit der Privatisierung der Bewährungs- und Gerichtshilfe werden die Einrichtung an sich und die Zulässigkeit einer solchen Übertragung ausführlich dargestellt.

1108 NEUSTART gemeinnützige GmbH, Infomappe (Stand: Juni 2011), S. 1.

1109 Vgl. hierzu NEUSTART gemeinnützige GmbH, Infomappe (Stand: Juni 2011), S. 4.

Im Rahmen der Ausübung der Tätigkeit der Bewährungshilfe durch die NEU**START** gGmbH erfolgt dabei keine vorherige Festlegung des Hilfs- und Betreuungsbedarfs. Die Ermittlung geschieht auf der Grundlage eines ersten Gespräches anhand der psychosozialen und wirtschaftlichen Situation sowie der bestehenden Probleme. Hierbei ergeht neben der Entscheidung über die Intensität und Ausgestaltung der Betreuung auch eine solche darüber, ob es überhaupt einer hauptamtlichen Betreuung bedarf, oder ob auch ehrenamtliche Hilfe ausreicht. Während der Unterstellungszeit wird die Lage des Betroffenen fortlaufend neu bewertet und anhand dessen eine Anpassung der Betreuung an die veränderte Situation vorgenommen. Spätestens nach Ablauf von mehr als der Hälfte der Unterstellungszeit nimmt die NEU**START** gGmbH eine Überprüfung vor, ob die verurteilte Person noch der Hilfe und Betreuung durch die Stelle bedarf. Ist dies nicht der Fall, spricht sie eine Empfehlung an den zuständigen Richter aus, die Unterstellung unter Bewährungshilfe aufzuheben.

Um eine erfolgreiche Resozialisierung sicherzustellen, arbeitete die Einrichtung in Zusammenarbeit mit Sozialarbeitern des Justizvollzugs bestimmte Qualitätstandards aus, u.a. auch ein Konzept zur besseren Betreuung von Haftentlassenen. Hintergrund hierfür war, dass aus dem Strafvollzug entlassene Personen in der Vergangenheit oft sehr lange warten mussten, bis sie Hilfe und Betreuung durch den Bewährungshelfer erhielten, obwohl die ersten Wochen nach der Haftentlassung die Zeit darstellen, in der das Rückfallrisiko am größten ist.[1110] Dies lag insbesondere auch an mangelnder Informationsweitergabe über die soziale Struktur, die persönlichen Lebensverhältnisse und über die fallspezifischen Eigenheiten des Verurteilten.

Das entwickelte Konzept erhält daher drei Handlungsmaximen, die eine schnelle Betreuungsaufnahme bezwecken sollen. Zunächst hat das erste Gespräch möglichst zwischen Bewährungshelfer und der betroffenen Person spätestens eine Woche nach der Haftentlassung stattzufinden. Ferner sollen dem Bewährungshelfer bereits vor diesem Zeitpunkt sämtliche relevanten Informationen über den Unterstellten aus der Zeit seines Vollzugs vorliegen und schließlich besteht eine weitere Handlungsmaxime darin, dass im Bedarfsfall ein persönliches Treffen zwischen Bewährungshelfer und zukünftig zu betreuender Person bereits während des Strafvollzugs stattfindet.

Nimmt der Mitarbeiter der NEU**START** gGmbH seine Tätigkeit auf, übt er hierbei wie ein staatlicher Bewährungshelfer seine Aufgaben aus und arbeitet bei der Betreuung des Unterstellten mit der Führungsaufsichtsstelle zusammen. Eine gewisse Besonderheit stellt das zentrale Anliegen der Einrichtung, die Sicherung der sozialen Systeme im Interesse des jeweiligen Betroffenen, dar. Im

1110 NEUSTART gemeinnützige GmbH, Infomappe (Stand: Juni 2011), S. 6.

Mittelpunkt der Tätigkeit des Bewährungshelfers steht nicht nur die Aufgabe, die Gefahr der Begehung weiterer Straftaten durch den Täter zu minimieren und ihm durch Hilfe und Betreuung den Übergang in die Freiheit zu erleichtern, sondern auch ihm zu helfen, wieder ein aktives Mitglied in der Gesellschaft zu werden. Dabei übernimmt die Einrichtung zur Integration der Verurteilten auch Aufgaben, wie den Abbau von Vorurteilen, den Aufbau von Vertrauen oder bestehende Klischees über Straftäter zu konterkarieren.[1111]

c) Erfüllung der Zielerwartungen durch NEU**START** gGmbH

Im Rahmen der großen Anfrage der Fraktion GRÜNE vom 12. Juli 2006[1112] benannte die Landesregierung in ihrer Antwort[1113] ausdrücklich die Bedingungen und Anforderungen, die die Landesregierung beim Vergabeverfahren an private Bewerber stellte. Diese zu übernehmenden Aufgaben und inhaltlichen Anforderungen waren bereits Inhalt der Leistungsbeschreibung des Projekts und damit Teil der Ausschreibungsunterlagen.[1114]

Zu untersuchen ist, ob die NEU**START** gGmbH diese Erwartungen erfüllt hat. Neben den formalen Kriterien und den abzugebenden Erklärungen, die die NEU**START** gGmbH ohne Beanstandungen erfüllte, hat die NEU**START** gGmbH die Verpflichtung der Erledigung aller Aufgaben der Gerichts- und Bewährungshilfe[1115] sowie der Führungsaufsicht[1116] in ganz Baden-Württemberg. Die nachhaltige Sicherung der fachlichen Qualität der Justizsozialarbeit muss trotz Übertragung auf den privaten Träger nicht nur erhalten, sondern zugleich verbessert werden. Im Hinblick auf die wirtschaftlichen und haushälterischen Verhältnisse und den damit verbundenen Rahmenbedingungen setzt die Erfüllung dieses Zieles eine deutliche Effizienzsteigerung der Leistungserbringung und eine nachhaltigen Verbesserung der Strukturen voraus.[1117]

Daher ergibt sich zunächst die Optimierung der Standorte als eine inhaltliche Anforderung der Leistungsbeschreibung an das Projekt.[1118] Dabei wird gefordert, dass das Konzept des privaten Trägers unabhängig von den bisherigen Bezirksabschnitten der Justizbehörde eine optimale Verteilung der Standorte

---

1111 NEUSTART gemeinnützige GmbH, Infomappe (Stand: Juni 2011), S. 1 ff.

1112 Die große Anfrage der Fraktion GRÜNE ist der Antwort der Landesregierung Baden-Württemberg, LT-Drs. 14/114 vorangestellt.

1113 Landtag Baden-Württemberg, LT-Drs. 14/114.

1114 Landtag Baden-Württemberg, LT-Drs. 14/114, S. 12.

1115 Zu den Aufgaben der Bewährungshilfe im Rahmen der Führungsaufsicht vgl. S. 134 ff.

1116 Zu den Aufgaben siehe bereits S. 129 ff.

1117 Landtag Baden-Württemberg, LT-Drs. 14/114, S. 12.

1118 Landtag Baden-Württemberg, LT-Drs. 14/114, S. 12.

vorsieht, die insbesondere anhand des konkreten regionalen Bedarfs, der funktionsgerechten Dienststellenstruktur, den verfügbaren Immobilien sowie der Minimierung von Wegzeiten und Reisekosten zu ermitteln ist.[1119] Vor der Privatisierung unterhielt die Bewährungshilfe mehr als 110 Standorte, die teils als dauerhaft besetzte Dienststellen, teils als temporär besetzte Außenstelle fungierten und deren Zuordnung sich an den Landgerichtsbezirken orientierte.[1120] Ziel ist es die Standorte der Dienststellen konzentriert und am regionalen Bedarf zu errichten.[1121] Nach der Übertragung der Bewährungs- und Gerichtshilfe auf den privaten Träger der NEU**START** gGmbH hat diese, um auch den spezifisch regionalen Besonderheiten ihrer zu betreuenden Personen zu genügen, neun Geschäftsstellen landesweit eingerichtet. Diese befinden sich, wie bereits genannt, in Freiburg, Heilbronn, Karlsruhe, Mannheim, Ravensburg, Reutlingen, Rottweil, Stuttgart und Ulm, wobei Stuttgart auch gleichzeitig die Geschäftszentrale darstellt. Die Verbesserung der Standorte durch die bedarfsgerechtere örtliche Positionierung der Dienststellen führt zu einem geringeren Flächenbedarf und damit auch zu niedrigeren Unterbringungskosten. Ebenfalls bewirkt die Neugestaltung ein Einsparungspotential bezüglich der Reisekosten sowie der Abwesenheitszeiten der Mitarbeiter und bewirkt eine effizientere Verwaltung.[1122] Die Forderung nach der Optimierung der Standorte wurde damit erfüllt, allerdings ohne Rücksichtnahme auf die Folgen für die Betroffenen, die aufgrund der begrenzten Anzahl der Dienststellen mit der Umstrukturierung nun zum Teil längere Anfahrtswege haben.

Ferner sollte eine fachliche Führungs- und Leitungsstruktur eingeführt werden.[1123] Als Aufgabengegenstand gab die Leistungsbeschreibung Auswahl und Einsetzungen von Dienststellen- und gegebenenfalls Abteilungsleitern vor. Des Weiteren umfasst die Einführung einer fachlichen Führungs- und Leitungsstruktur auch die Einstellung hauptamtlicher Führungskräfte, die für die Anleitung und Begleitung ehrenamtlicher Bewährungshelfer zuständig sind.[1124]

1119 Landtag Baden-Württemberg, LT-Drs. 14/114, S. 12.
1120 Landtag Baden-Württemberg, LT-Drs. 14/114, S. 9.
1121 Landtag Baden-Württemberg, LT-Drs. 14/114, S. 9.
1122 Landtag Baden-Württemberg, LT-Drs. 14/114, S. 9.
1123 Landtag Baden-Württemberg, LT-Drs. 14/114, S. 12.
1124 Landtag Baden-Württemberg, LT-Drs. 14/114, S. 12.

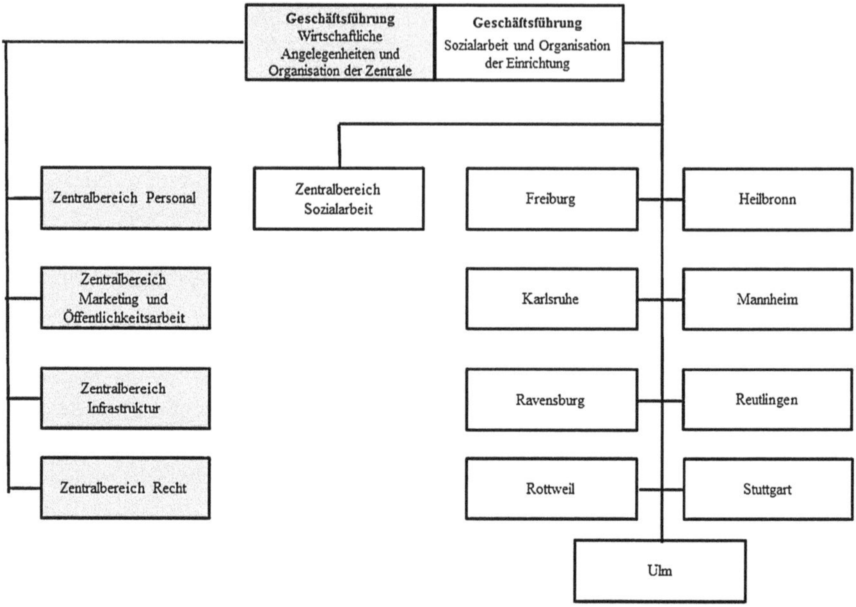

Abbildung 4: Organigramm der Einrichtung NEUSTART gGmbH[1125]

Das Organigramm der Einrichtung NEU**START** gGmbH verdeutlicht sehr anschaulich die Aufbauorganisation dieses privaten Trägers. Geleitet wird diese Institution von einem Geschäftsführer für Sozialarbeit und Organisation und einem Geschäftsführer für wirtschaftliche Angelegenheiten, der zugleich der Vorsitzende der Geschäftsführung ist. Beide werden vom Alleingesellschafter Verein NEU**START** bestellt und erhalten durch einen Expertenstab Unterstützung für die Zentralbereiche Sozialarbeit, Personal, Marketing und Öffentlichkeitsarbeit, Infrastruktur und Recht. Des Weiteren hat das neue Konzept im Vergleich zu der bisherigen Zersplitterung in viele kleine und kleinste Organisationseinheiten, deren Anzahl vor der Privatisierung bezüglich der Standorte der Bewährungshilfe bei mehr als 110 lag, neun Einrichtungszentralen geschaffen.[1126] Deren Auswahl erfolgte anhand von Gesichtspunkten, wie dem Sitz von Behörden, der Einwohneranzahl sowie dem Vorliegen eines Verkehrsknotenpunktes. Sie werden von Einrichtungsleitern geführt, die jedoch von Abteilungsleitern und Teamleitern für die ehrenamtliche Bewährungshilfe Unterstützung erhalten.

1125 NEUSTART gemeinnützige GmbH, Infomappe (Stand: Juni 2011), S. 14.

1126 Landtag Baden-Württemberg, LT-Drs. 14/114, S. 9; Zwinger, FS 2007, S. 209 (211).

Für die Durchführung aller Leistungen, insbesondere der Aufgabenverteilung und der Qualitätssicherung in ihrer jeweiligen Region sind diese Einrichtungsleiter zuständig.[1127] In jeder Region Baden-Württembergs befindet sich somit eine Einrichtungszentrale, in der Arbeitsplätze für alle Mitarbeiter eingerichtet wurden. Durch eine derartige Konzentration wird die Möglichkeit eines leistungsfähigen Sekretariats geschaffen. Dies wiederum bringt hinsichtlich der Finanzen ein gewisses Einsparungspotential. Daneben richtete man Außenstellen ein, wenn sie im Hinblick auf die Wirtschaftlichkeit und Erreichbarkeit als zweckmäßig erschienen. Deren Leitung obliegt einem Abteilungsleiter, der jedoch maximal für zwei Außenstellen zuständig sein kann.[1128] Die NEU**START** gGmbH erfüllt damit die Vorgaben an eine fachliche Führungs- und Leistungsstruktur.

Als weitere Leistung erging die Forderung nach der Implementierung einer aufgabengerechten, leistungsfähigen Hard- und Software nebst technischer Ausstattung.[1129] Davon werden die Konzeption, Planung und Durchführung der hardwaremäßigen Voraussetzungen für eine vernetzte PC-Ausstattung aller ständig besetzten Dienststellen ebenso wie das Zur-Verfügung-stehen und die Administration dieser Geräte umfasst. Ebenfalls muss eine Software angeboten werden, die eine elektronische Dokumentation, das Erstellen von Berichten sowie das Erledigen täglicher Verwaltungsaufgaben gewährleistet.[1130] In der Praxis setzte die NEU**START** gGmbH diese Anforderungen folgendermaßen um: sie stattete alle Mitarbeiter mit moderner EDV aus, vernetzte und schulte diese. Ferner führte man eine Fachsoftware zur elektronischen Klientendokumentation ein, überdies haben die Mitarbeiter mittels einer Online-Rechtsdatenbank Zugriff auf die einschlägigen Rechtsvorschriften und Kommentierungen. Ebenfalls elektronisch zugänglich ist ein Qualitätshandbuch, das die verbindlichen fachlichen Standards für sozialarbeiterische Tätigkeit zum Inhalt hat.[1131] Somit wird die NEU**START** gGmbH auch den soeben genannten Bedingungen an die Hard- und Software gerecht.

Daneben muss nach Vorgabe der Leistungsbeschreibung das Konzept der privaten Trägerschaft eine planvolle Kooperation mit anderen freien Trägern aufweisen, um ein flächendeckendes Angebot ergänzender Leistungen zur Resozialisierung bereitzustellen.[1132] Ziel dieser Anforderung ist es, eine verbindliche Zusammenarbeit mit anderen Einrichtungen der Straffälligenhilfe zu ge-

1127 Zwinger, FS 2007, S. 209 (211 f.).
1128 Zwinger, FS 2007, S. 209 (211 f.).
1129 Landtag Baden-Württemberg, LT-Drs. 14/114, S. 12.
1130 Landtag Baden-Württemberg, LT-Drs. 14/114, S. 12 f.
1131 Steindorfner, FS 2007, S. 205 (207).
1132 Landtag Baden-Württemberg, LT-Drs. 14/114, S. 13.

währleisten. Insbesondere hat dabei eine Kooperation in Bezug auf die Vermittlung gemeinnütziger Arbeit stattzufinden, die bis zur Privatisierung von Mitarbeitern der Gerichts- und Bewährungshilfe wahrgenommen wurde.[1133] Der zugrunde liegende Gedanke ist hierbei, Synergieeffekte zu schaffen und diese zu nutzen: durch die Zusammenarbeit sollen Doppelbetreuungen[1134] vermieden und damit Ressourcen eingespart werden. Des Weiteren besteht das Ziel die Effektivität zu steigern, um so Versorgungslücken zu vermeiden. Schließlich will man die Effizienz auch durch eine arbeitsteilige Betreuung[1135] und den Einsatz von Spezialwissen der verschiedenen Einrichtungen erhöhen.[1136] Die NEU**START** gGmbH kooperiert eng mit sozialen Einrichtungen, Verbänden und Vereinen sowie mit Sozialarbeitern aus der Justizvollzugsanstalt. Mit letzteren hat die Einrichtung ein Konzept zur Verbesserung der Betreuung der Haftentlassenen entwickelt.

Ferner war die Etablierung einer ehrenamtlichen Bewährungshilfe in geeigneten Fällen eine weitere an die NEU**START** gGmbH gestellte Anforderung.[1137] Diese hatte zur Aufgabe ein Konzept zu erarbeiten und dieses umzusetzen, das die Gewinnung, Auswahl, Aus- und Fortbildungen sowie die fachliche Begleitung von ehrenamtlichen Bewährungshelfern durch hauptamtliche Mitarbeiter zum Gegenstand hatte. Hintergrund hierfür ist insbesondere die Entlastung der hauptamtlichen Bewährungshelfer.[1138] Zu Beginn der Arbeit der NEU**START** gGmbH Anfang 2007 lag die Anzahl der Bewährungshilfefälle bei knapp unter 100 Klienten pro hauptamtlichen Bewährungshelfer. Diese Fallzahl entspricht dem durchschnittlichen Wert anderer Bundesländer in Deutschland.[1139]

Erklärtes Ziel der NEU**START** gGmbH ist es, innerhalb der nächsten Jahre die Fallzahl drastisch zu reduzieren. Die Betreuungszahl soll hierbei von 100 auf 60 Klienten pro hauptamtlichen Bewährungshelfer herab gesenkt werden. Ein Teilerfolg konnte bereits verzeichnet werden. Schon vier Jahre nach der Übertragung ist eine Reduzierung der Fallzahlen auf durchschnittlich 75 Klienten pro hauptamtlichen Bewährungshelfer festzustellen. Dies basiert neben dem Prinzip der Ersterhebung, in dem bei einem Erstgespräch die Situation und die Problem-

---

1133 Landtag Baden-Württemberg, LT-Drs. 14/114, S. 13.

1134 Die Doppelbetreuung steht seit längerer Zeit schon unter Kritik. Vgl. dazu S. 41, insb. S. 86 ff.

1135 Das Gesetz sieht in § 68 Abs. 2, 3, 7 StGB auch die Aufgaben der jeweiligen Einrichtungen vor und versucht eine umfassende Betreuung sicherzustellen. Hierbei entsteht allerdings oftmals eine Doppelbetreuung. Zur Kritik siehe S. 86 ff.

1136 Stelly/Thomas/Kerner, BewHi 2004, S. 283 (285).

1137 Landtag Baden-Württemberg, LT-Drs. 14/114, S. 13.

1138 Landtag Baden-Württemberg, LT-Drs. 14/114, S. 13.

1139 NEUSTART gemeinnützige GmbH, Infomappe (Stand: Juni 2011), S. 5.

lage des Klienten zunächst geprüft wird und erst im Anschluss daran eine Entscheidung über die Art, den Umfang und der Intensität der Betreuung ergeht, auch auf dem Ausbau der Möglichkeit der Betreuung durch ehrenamtliche Helfer. Zwar ist das System der Bewährungshilfe durch ehrenamtliche Mitarbeiter dem deutschen Strafrecht schon seit 1956 bekannt, doch Anwendung in der Praxis fand es bislang noch nicht. Die NEU**START** gGmbH griff diese Möglichkeit aber auf und betraut Ehrenamtliche mit der Betreuung Straffälliger.

Derzeit (Stand: Juni 2011) sind 467 ehrenamtliche Mitarbeiter tätig, 253 davon sind weiblicher Natur. Im Vergleich hierzu gibt es 442 hauptamtliche Mitarbeiter, davon 171 Personen, die bei der gGmbH eine Anstellung haben, 231 Beamte und 10 Landesangestellte, die bei dem Privaten Träger beschäftigt sind. Ziel der NEU**START** gGmbH ist es, mehr ehrenamtliche Bewährungshelfer zu gewinnen. Bis 2016 soll deren Anzahl sukzessiv auf 1.000 Mitarbeiter steigen.[1140] Für die Auswahl sind die Lebens- und Berufserfahrung und die bestehenden besonderen Kenntnisse und Kompetenzen des Bewerbers maßgebliche Entscheidungsgründe. Auch besondere regionale Kontakte und das Mindestalter von 25 Jahren oder alternativ das Verfügen einer abgeschlossenen Berufsausbildung im psycho-sozialen Arbeitsfeld spielen bei der Entscheidung eine Rolle. Das Auswahlverfahren verläuft hierbei nach streng festgelegten Vorgaben.[1141] Hervorzuheben ist, dass der ehrenamtliche Mitarbeiter bei der Betreuung des Klienten nie sich selbst überlassen wird. Während ihrer Tätigkeit erhalten sie vielmehr Leitung und Unterstützung bei der Aufgabenerfüllung von einer Gruppe erfahrener, hauptamtlicher Bewährungshelfer. Neben einer eintägigen Auftaktveranstaltung, in der die Grundzüge der Bewährungshilfe, die Arbeitsprinzipien und das Leitbild durch die NEU**START** gGmbH vermittelt werden, erlangt der ehrenamtliche Mitarbeiter sein Grundlagenwissen in besonderen Veranstaltungen. Dort lehren besonders geschulte hauptamtliche Bewährungshelfer in drei Modulen die Themen Rahmenbedingungen, Betreuung und Ziele in der Bewährungshilfe. Künftig, so ist es zumindest beabsichtigt, will man auch Richter und Staatsanwälte in diese Schulungen miteinbeziehen. Daneben finden noch weitere Fortbildungskurse zu verschiedensten Themen und Fallbesprechungen statt.[1142] Die Steigerung der Anzahl der ehrenamtlichen Mitarbeiter entlastet gleichzeitig die hauptamtlichen Beschäftigten. Sie können ihr Sonderwissen dadurch wieder vermehrt für Spezialaufgaben und besondere Klienten einsetzen.

1140 NEUSTART gemeinnützige GmbH, Infomappe (Stand: Juni 2011), S. 7, 15; dazu auch Zwinger, Durchführung der Bewährungs- und Gerichtshilfe, S. 145 (155).

1141 Landtag Baden-Württemberg, LT-Drs. 14/114, S. 15 f; NEUSTART gemeinnützige GmbH, Infomappe (Stand: Juni 2011), S. 7.

1142 Landtag Baden-Württemberg, LT-Drs. 14/114, S. 16 f.; NEUSTART gemeinnützige GmbH, Infomappe (Stand: Juni 2011), S. 7.

Weiter wird durch diesen Einsatz auch eine durchgehende und kontinuierliche Betreuung gewährleistet.[1143] Dadurch etablierte sich die ehrenamtliche Bewährungshilfe. Somit wurde auch diese Voraussetzung für eine Privatisierung erfüllt.

Schließlich musste der freie Träger ein Qualitätssicherungssystem aufbauen. Die Vorgabe seitens des Landes gestaltete sich folgendermaßen: dieses System soll Stellen- und Aufgabenbeschreibungen für alle anfallenden Tätigkeiten einschließlich der Verwaltungsaufgaben umfassen. Ferner hat die Erarbeitung und Umsetzung eines Konzepts zur Fortbildung der Beschäftigten, die Erstellung und Pflege von Handreichungen für alle Mitarbeiter mit Erläuterungen zu den einzuhaltenden Abläufen und Standards sowie den rechtlichen Grundlagen ihrer Tätigkeiten, zu erfolgen. Bezüglich der Einrichtung und des Betreibens eines Rechnungs- und Statistikwesens reicht ein solches, das den landes- und bundesrechtlichen Anforderungen genügt, aus.[1144] Auch diesen Erwartungen leistete die NEU**START** gGmbH Folge.

Insgesamt lässt sich somit feststellen, dass die NEU**START** gGmbH die Bedingungen und Anforderungen, die die Landesregierung beim Vergabeverfahren an private Bewerber hatte, umgesetzt hat und folglich den Kriterien für eine Privatisierung entspricht.

d) Entwicklung der Führungsaufsicht

Für das Bundesland Baden-Württemberg ergibt eine Gegenüberstellung der Jahre 2000 und 2010 eine Zunahme bezüglich der Anzahl der Unterstellungen unter Führungsaufsicht um ca. 111 % von 933 auf 1.970.[1145] Hierbei gilt es zu beachten, dass bei dem Zahlenmaterial mangels verlässlicher statistischer Angaben der Unterstellungsanzahl von Jugendlichen nur diejenigen der Erwachsenen Berücksichtigung fand. Auffällig ist dabei, dass zunächst die Anzahl von 933 im Jahr 2000 auf 1.327 im Jahr 2004 gestiegen ist, jedoch im nächsten Jahr einen starken Rücklauf erfuhr. 2005 betrug die Anzahl gerade mal 1.175.[1146] Danach ist ein kontinuierliches Wachstum zu verzeichnen.[1147] Ein Grund für den Rückgang im Jahr 2005 ist nicht ersichtlich. Ein Indiz könnte zwar die ständige Diskussion um die Abschaffung des Instituts der Führungsaufsicht sein. Gegen die-

1143 Stelly/Thomas/Kerner, BewHi 2004, S. 283 (286).

1144 Landtag Baden-Württemberg, LT-Drs. 14/114, S. 13.

1145 Justizministerium Baden-Württemberg (auf Anfrage).

1146 Ein Rückgang der Anzahl der unter Führungsaufsicht Unterstellten im Jahr 2005 ist auch in Bayern (S. 251), Brandenburg (S. 263), Bremen (S. 269) und Hamburg (S. 275) zu verzeichnen.

1147 So auch in Bayern(S. 251), Brandenburg (S. 263) und Bremen (S. 269), die auch 2005 einen Rückgang, danach aber wieder ein kontinuierlicher Anstieg festzustellen ist.

se These spricht jedoch die bereits im Folgejahr gemessene Verdichtung der Zahl an Unterstellungen. Auch ist hinsichtlich der Führungsaufsicht kraft Richterspruchs nach § 68 Abs. 1 StGB, wie gezeigt[1148], ab dem Jahr 2004 bis einschließlich 2006 eine Steigerung zu verzeichnen. Folglich war die Diskussion wohl nicht ausschlaggebend für den Rückgang im Jahr 2005. Bis zum 30. Juni 2011 registrierte man 1481 Unterstellungen, infolgedessen kann im Jahr 2011 von einem bisherigen Höchststand der Anzahl der unter Führungsaufsicht stehenden Personen ausgegangen werden.[1149]

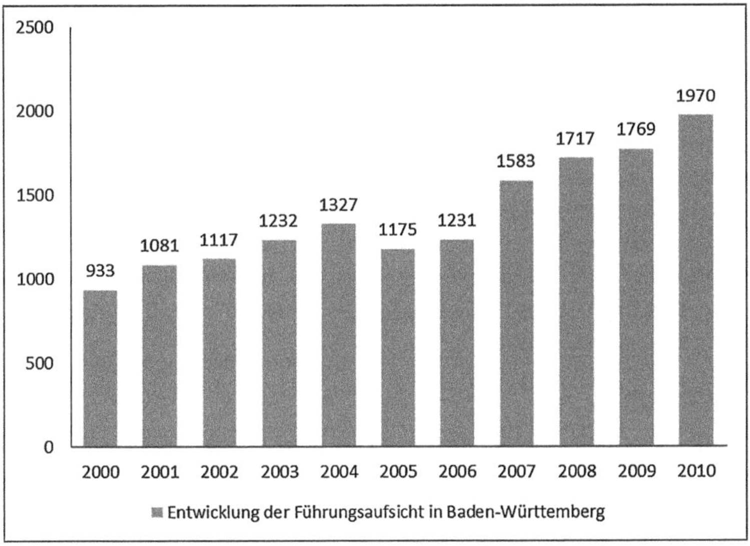

Abbildung 5: Entwicklung der Führungsaufsicht in Baden-Württemberg[1150]

e) Projekt: Konzept zum Umgang mit besonders rückfallgefährdeten Sexualstraftätern (KURS)

Das Innenministerium, das Justizministerium und das Ministerium für Arbeit und Soziales des Landes Baden-Württemberg haben in einer gemeinsamen Verwaltungsvorschrift[1151] vom 9. März 2010 eine ressortübergreifende Konzeption zum Umgang mit besonders rückfallgefährdeten Sexualstraftätern (KURS)

1148 Siehe S. 213 ff.

1149 Zu den Gründen der zunehmenden Entwicklung der Führungsaufsicht unterstellten Personen vgl. unten S. 342 ff.

1150 Justizministerium Baden-Württemberg (auf Anfrage).

1151 Az.: 3-1211.2/211.

erlassen. Diese trat am 1. April 2010 in und wird am 31. Dezember 2017 außer Kraft treten.[1152]

aa) Entstehung

Das Konzept zum Umgang mit besonders rückfallgefährdeten Sexualstraftätern soll einen Beitrag zur Lösung der Frage, wie mit rückfallgefährdeten Sexualstraftätern umgegangen werden muss, darstellen. Zwar standen die Handlungsverantwortlichen der Justiz und der Polizei schon lange vor diesem Problem, jedoch machten die aktuellen Geschehnisse im Bundesgebiet dies zu einer dringenden Angelegenheit, die schnell und umfassend geklärt werden musste. In den vergangenen Jahren kam es nämlich zu einer Vielzahl von Straftaten, ausgeübt durch rückfällige Sexualstraftäter, die bis hin zu sexuell motivierten Tötungsdelikten reichten. Dabei war auffällig, dass ein nicht zu unterschätzender Anteil dieser Taten bereits kurz nach der Haftentlassung des Sexualstraftäters begangen wurde. Insbesondere besteht eine erhöhte Rückfallwahrscheinlichkeit bei Sexualstraftätern, die ihre Strafe vollständig verbüßt haben, jedoch noch eine negative Prognose zur Legalbewährung aufweisen.[1153] Durch diesen Hintergrund motiviert, entschied sich das Innenministerium, das Justizministerium und das Ministerium für Arbeit und Soziales des Landes Baden-Württemberg diese Verwaltungsvorschrift zu erlassen.

bb) Zielsetzung

Ziel der Konzeption zum Umgang mit besonders rückfallgefährdeten Sexualstraftätern ist es, die Allgemeinheit umfassend und bestmöglich vor diesen Tätern zu schützen. Um dies zu erreichen, muss nach Ansicht der Konzeption insbesondere der Informationsfluss zwischen der Justiz, dem Maßregelvollzug und der Polizei optimiert werden. Des Weiteren bedürfe es einer Intensivierung und stärkeren Verzahnung der führungsaufsichts- und gefahrenabwehrrechtlichen Maßnahmen.[1154]

1152 Die Darstellung dieses Konzepts, insb. auch die Struktur und der Aufbau der Ausführungen basieren auf der Grundlage der gemeinsamen Verwaltungsvorschrift vom 9.3.2010. Aufgrund der Tatsache, dass die Konzeptionen der Bundesländer teilweise nur schwer für die Öffentlichkeit zugänglich sind sowie eine umfassende Sammlung und Auswertung aller Konzepte noch nicht erfolgte, wird zunächst das jeweilige Projekt ausführlich erläutert. Im Anschluss daran finden eine Auswertung und ein Vergleich zwischen den einzelnen Projekten statt.

1153 Vgl. 1 VwV KURS.

1154 Zur Zielsetzung vgl. 1 VwV KURS.

cc) Zielgruppe

Fraglich ist des Weiteren, welche Straftäter als Adressaten dieser Maßnahme in Betracht kommen.

Zielgruppe[1155] der Überwachung sind nach 2.1 VwV KURS Personen, die sich erstens wegen einer der in § 181b StGB genannten Straftat gegen die sexuelle Selbstbestimmung mit Ausnahme des § 181a StGB oder zweitens wegen eines Tötungsdelikts, bei dem Anhaltspunkte für einen sexuellen Hintergrund vorliegen oder schließlich drittens wegen eines Vollrausches (§ 323a StGB), der als Rauschtat eines der genannten Delikte zum Gegenstand hat, im Straf- oder Maßregelvollzug befinden oder befunden haben, deshalb unter Führungsaufsicht stehen werden oder bereits stehen und als besonders rückfallgefährdete Risikopersonen einzustufen sind. Die Zielgruppe umfasst damit keine Gewaltstraftäter, sondern begrenzt das Anwendungsgebiet auf besonders rückfallgefährdete Sexualstraftäter. Nicht erfasst werden ferner Personen, deren Vollstreckung der Freiheits- oder Jugendstrafe bzw. der Rest deren Freiheits- oder Jugendstrafe zur Bewährung ausgesetzt wurde.

Fraglich scheint jedoch, wann ein Täter als ein besonders rückfallgefährdeter Risikoproband einzustufen ist. 2.2 VwV KURS zählt hierbei, allerdings nicht abschließend, Merkmale bzw. bestimmte Faktoren auf, die für diese Kategorisierung als maßgeblich gelten. Insbesondere sind danach die Persönlichkeit des Täters, das womöglich bestehende Aggressionspotential, die Art, Schwere oder Häufigkeit der begangenen Taten sowie die festgestellte Motivlage entscheidend. Ferner hat bei der Einordnung auch das Verhalten nach der Tat, die Entwicklung im Straf- oder Maßregelvollzug und das Verhalten während der Führungsaufsicht sowie das aktuelle Umfeld des Täters Beachtung zu finden. Dementsprechend erfolgt dann eine Entscheidung, ob der Täter als besonders rückfallgefährdeter Risikoproband eingestuft werden und gegebenenfalls in welche Kategorie dies geschehen muss.[1156] Hervorzuheben ist noch die Möglichkeit einer nachträglichen Aufnahme als Risikoklient. In den Fällen, in denen der Sexualstraftäter zunächst mit Eintritt der Führungsaufsicht eine positive Prognose zur Legalbewährung erhalten hat, während der Unterstellung sich jedoch eine negative Entwicklung abzeichnet, wird der Sexualtäter, bei Vorliegen der anderen Voraussetzungen, nachträglich als Risikoproband eingestuft.[1157]

1155 Hinsichtlich der Zielgruppe anderer Bundesländer vgl. den jeweiligen Unterpunkt „Zielgruppe“ des jeweiligen Konzepts des Bundeslandes. Zur Unterschiedlichkeit dieser Adressaten siehe insb. S. 369, zur Erweiterung der Zielgruppe als Verbesserungsvorschlag vgl. unten S. 394.

1156 Bzgl. der Kategorisierung der Risikoprobanden vgl. Verfahrensablauf.

1157 2.3 VwV KURS regelt die nachträgliche Aufnahme als Risikoprobanden.

dd) Verfahrensablauf

Das Konzept basiert auf der Zusammenarbeit der betroffenen Stellen, namentlich der Justizvollzugsanstalt bzw. der Maßregelvollzugseinrichtung, der Führungsaufsichtsstelle[1158], dem Bewährungshelfer[1159], gegebenenfalls der forensischen Ambulanz[1160] und schließlich der Gemeinsamen Zentralstelle (GZS KURS), die eine neu gegründete, beim Landeskriminalamt eingerichtete Institution darstellt. Aufgabe der Justizvollzugsanstalt bzw. der Maßregelvollzugseinrichtung ist es, bei Strafgefangenen bzw. Maßregelvollzugspatienten, die unter die oben genannte Zielgruppe fallen, frühzeitig[1161] die Gemeinsame Zentralstelle über Entlassungstermin und -anschrift zu informieren. Des Weiteren haben sie eine Einschätzung abzugeben, in der aus ihrer Sicht die Gründe benannt werden, warum eine Einstufung als Risikoproband zu erfolgen hat. Diese Mitteilung schickt die Justizvollzugsanstalt nicht nur der Gemeinsamen Zentralstelle, sondern auch der Führungsaufsichtsstelle, die der Gemeinsamen Zentralstelle wiederum unverzüglich aussagekräftige Unterlagen (insbesondere das Urteil, evtl. Gutachten, Stellungnahmen sowie den Antrag der Vollstreckungsbehörde auf Ausgestaltung der Führungsaufsicht) über die betreffende Person zusendet, zu.[1162]

Ergeht nun der Beschluss über die Führungsaufsicht und ist dieser rechtskräftig geworden, entscheidet der Leiter der Führungsaufsichtsstelle[1163] nach 4.3.1 VwV KURS, ob der jeweilige Täter als Risikoproband eingestuft werden muss.[1164] Neben den bereits oben[1165] genannten maßgeblichen Kriterien trifft er diese Entscheidung auch unter Beachtung der im Zusammenhang mit der Führungsaufsicht bestehenden Weisungsmöglichkeiten[1166] und Überwachungsmaßnahmen. Gem. 4.3.1 VwV KURS soll die Entscheidung hierüber spätestens sechs Wochen vor der voraussichtlichen Entlassung des Täters der Gemeinsa-

1158 Siehe S. 127 ff.

1159 Vgl. zum Bewährungshelfer im Rahmen der Führungsaufsicht S. 133 ff.

1160 Dazu oben S. 137 ff.

1161 Nach 4.1 VwV KURS hat die Informierung bei Strafgefangenen spätestens vier Monate vor dem voraussichtlichen Entlassungstermin, nach 4.2 VwV KURS bei Maßregelvollzugspatienten spätestens zeitgleich mit Abgabe der Stellungnahme der Maßregelvollzugseinrichtung zur Frage der Erledigung der Unterbringung oder ihrer Aussetzung zur Bewährung bzw. vier Monate vor Ende der Höchstfrist der Unterbringung, zu erfolgen.

1162 Vgl. 4.3.1 VwV KURS.

1163 Zu den Anforderungen an den Leiter der Führungsaufsichtsstelle siehe oben S. 127.

1164 Zu den unterschiedlichen Entscheidungsträgern siehe unten S. 370.

1165 Vgl. oben S. 247.

1166 Siehe zu den Möglichkeiten von Weisungen bereits oben S. 143 ff.

men Zentralstelle mitgeteilt werden. Spricht sich der Leiter der Führungsaufsichtsstelle gegen eine solche Einstufung des Täters aus, so hat die Gemeinsame Zentralstelle alle bereits vorhandenen Daten über diese Person zu löschen. Bei einer nachträglichen Einstufung hat der Führungsaufsichtsstellenleiter dies unverzüglich der Gemeinsamen Zentralstelle unter Beifügung aussagekräftiger Unterlagen mitzuteilen.[1167] Im Fall einer positiven Entscheidung hat der Leiter ferner die Aufgabe, für die Dauer[1168] der Führungsaufsicht die Ausschreibung des Risikoprobanden zur polizeilichen Beobachtung nach § 463a Abs. 2 StPO zu veranlassen. Jährlich muss er erneut eine diesbezügliche Einstufung des Täters überprüfen. Hierbei ist nicht nur die Einordnung selbst Prüfungsgegenstand, sondern auch die Erforderlichkeit der Ausschreibung der unterstellten Person zur polizeilichen Beobachtung.[1169] Ferner steht die Führungsaufsichtsstelle in einem ständigen Informationsaustausch mit der Gemeinsamen Zentralstelle und der zuständigen Polizeidienststelle.[1170] Schließlich übt die Führungsaufsichtsstelle die ihr vom Gesetz erteilten Aufgaben[1171] aus.

Auch gibt es keine nennenswerten Besonderheiten bezüglich der Aufgaben der Bewährungshilfe[1172] und der forensischen Ambulanz[1173], die die gleichen Aufgaben wie bei einem nicht Risikoprobanden, der unter Führungsaufsicht steht, ausüben.

Hauptaufgabe der Gemeinsamen Zentralstelle ist nach 4.6.1 VwV KURS die landesweite, zentrale Informationssammlung und -steuerung für die führungsaufsichts- und gefahrenabwehrrechtlichen Maßnahmen bei den Risikoprobanden. Hierbei erarbeitet man landeseinheitliche Standards für die Umsetzung der Verwaltungsvorschrift zum Umgang mit besonders rückfallgefährdeten Sexualstraftätern und führt qualitätssichernde Maßnahmen durch.

Ferner fordert die Gemeinsame Zentralstelle benötigte Informationen bei den zuständigen Stellen an und steht als Ansprechpartner für entsprechende Zentralstellen anderer Länder und das Bundeskriminalamt zur Verfügung. Des Weiteren führt diese Einrichtung paritätisch besetzte Bewertungsbesprechungen zur Einstufung der verurteilten Personen durch. Hierbei unterscheidet man zwischen drei Kategorien, die jedoch für den Risikoprobanden nicht abschließend sind. Entsprechend seiner Entwicklung ist diese anzupassen. Differenziert wird zwischen Kategorie I, Risikoprobanden mit herausragendem Gefahrenpotential,

---

1167 Siehe hierzu 4.3.1 VwV KURS.

1168 Hinsichtlich der Dauer der Führungsaufsicht siehe bereits S. 96 ff.

1169 Vgl. 4.3.2 f. VwV KURS.

1170 Vgl. zu diesbezüglichen Aufgaben 4.3.4 VwV KURS.

1171 Dazu oben S. 129 ff.

1172 Zu den Aufgaben während der Führungsaufsicht vgl. oben S. 134 ff.

1173 Siehe dazu S. 137 ff.

Kategorie II, Risikoprobanden mit hohem Gefahrenpotential und schließlich Kategorie III, die Risikoprobanden mit mittlerem Gefahrenpotential umfasst. Kann im Rahmen der Bewertungsbesprechung über die Einordnung des Risikoklienten keine einvernehmliche Entscheidung ergehen, entscheidet nach 4.6.2. VwV KURS der Leiter der Zentralstelle.[1174] Ferner erfolgt im Rahmen dieser Besprechung eine Sammlung von Ideen und Anregungen für Maßnahmen im Zusammenhang mit der Führungsaufsicht und der Gefahrenabwehr. Des Weiteren hat die Gemeinsame Zentralstelle die Aufgabe, die dieser Maßnahme unterstellten Personen in einer zugriffsbeschränkten, polizeilichen Datei zu erfassen und zu prüfen, ob die erkennungsdienstlichen (ED) und DNA-Unterlagen der Probanden vollständig sind, um sie gegebenenfalls zu ergänzen und aktualisieren. Neben weiteren Prüfungsaufgaben, wie z.B. ob die Ausschreibung zur polizeilichen Beobachtung erfolgt ist, unterrichtet diese Einrichtung auch nach 4.6.7 VwV KURS die für den voraussichtlichen Wohnort des Sexualstraftäters zuständige Polizeidienststelle und übersendet ihr aussagekräftige Unterlagen über dessen Einstufung als Risikoproband.

Schließlich bleibt die Frage noch offen, welche Rolle die Polizeidienststelle in diesem Konzept zum Umgang mit besonders rückfallgefährdeten Sexualstraftätern spielt. Die für den Wohnort des Risikoprobanden zuständige Polizeidienststelle übernimmt gem. 4.7.1 VwV KURS die Festlegung und Koordinierung der gefahrenabwehrrechtlichen Maßnahmen sowie die dv-gestützte Dokumentation. Maßgeblich ist hierbei die Gefahrenkategorie, in die der Sexualstraftäter eingestuft wurde. Abhängig davon kann die Polizeidienststelle folgende, nicht abschließend aufgezählte Maßnahmen ergreifen: Vervollständigung und Aktualisierung der ED- und DNA-Unterlagen, Überprüfung der tatsächlichen Wohnsitznahme, Gefährderansprachen[1175], Gefährdetenansprachen[1176], Feststellung von Verstößen gegen Weisungen[1177], Verbleibskontrollen sowie Observationen.[1178] Über relevante Erkenntnisse, die die zuständige Polizeidienststelle während ihrer Tätigkeit erlangt, informiert sie die Führungsaufsichtsstelle und die Gemeinsame Zentralstelle, bei Gefahr im Verzug unterrichtet sie auch die Bewährungshilfe und gegebenenfalls die forensische Ambulanz.[1179]

1174 Zu dem Verbesserungsvorschlag hinsichtlich der Kategorisierung durch Fachpersonal vgl. unten S. 394.

1175 Vgl. unten S. 375 ff.

1176 Ausführlich unten S. 382 ff.

1177 Zur Sanktionsregelung bei Weisungsverstößen siehe oben S. 185 ff.

1178 4.7.2 VwV KURS zählt einige gefahrenabwehrrechtliche Maßnahmen auf. Die Aufzählung ist jedoch nicht vollständig.

1179 Vgl. 4.7.1 VwV KURS.

Die Speicherung von Informationen erfolgt im Übrigen bei dieser Konzeption nicht durch eine eigens hierfür errichtete Datenbank.

2. Bayern

a) Entwicklung der Führungsaufsicht

In Bayern ergibt ein Vergleich der Jahre 2000 und 2010 einen Anstieg[1180] der unter Führungsaufsicht stehenden Personen um fast 55 % von 4.585 auf 7.100.[1181]

In dem besagten Zeitraum ist lediglich einmal ein Rückgang der Führungsaufsicht Unterstehenden zu verzeichnen, nämlich im Jahr 2005.[1182] Im diesem betrug die Herabsenkung im Vergleich zum Vorjahr knapp -3,6%. Allerdings stieg die Anzahl im Folgejahr stark auf 5.933 an.[1183] Der Zuwachs beträgt hierbei ca. 6 %. In den Folgejahren nahm die Anzahl der von der Führungsaufsicht betroffenen Personen ebenfalls wieder stetig zu. Ausschlaggebende Gründe für den Rückgang im Jahr 2005 sind, wie bereits gezeigt[1184], nicht offensichtlich.

1180 Zu den möglichen Gründen für den Anstieg der Anzahl der unter Führungsaufsicht stehenden Personen vgl. unten S. 342 ff.

1181 Zentrale Koordinierungsstelle Bewährungshilfe der bayerischen Justiz (auf Anfrage).

1182 Ein Rückgang der Anzahl der unter Führungsaufsicht Unterstellten im Jahr 2005 ist auch in Baden-Württemberg (S. 244), Brandenburg (S. 263), Bremen (S. 269) und Hamburg (S. 275) zu verzeichnen.

1183 Ein kontinuierlicher Anstieg der Anzahl ist ab 2006 zu verzeichnen. So auch in den Bundesländern Baden-Württemberg (S. 244), Brandenburg (S. 263) und Bremen (S. 269).

1184 Vgl. dazu S. 244.

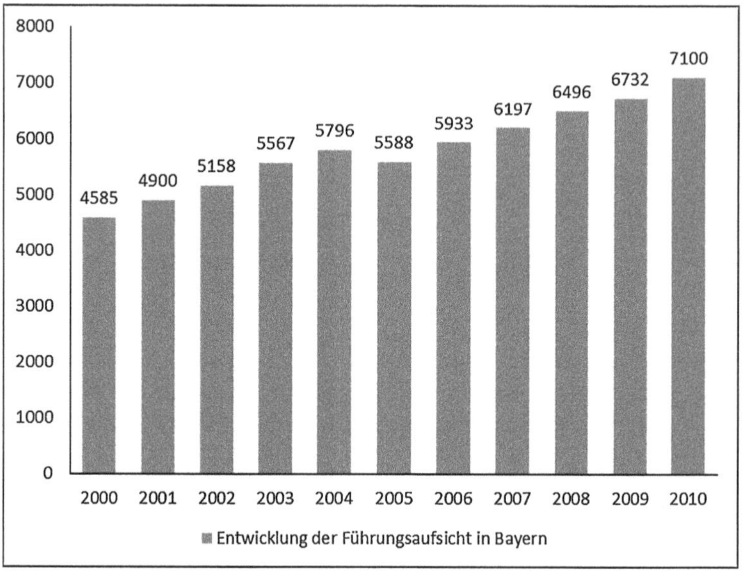

Abbildung 6: Entwicklung der Führungsaufsicht in Bayern[1185]

b) Projekt: Haft-Entlassenen-Auskunfts-Datei-Sexualstraftäter (HEADS)

aa) Entstehung

Die Konzeption der Haft-Entlassenen-Auskunfts-Datei-Sexualstraftäter (HEADS) stellt wie beispielsweise das baden-württembergische Konzept zum Umgang mit besonders rückfallgefährdeten Sexualstraftätern einen Beitrag zur Lösung auf die Frage, wie mit rückfallgefährdeten Sexualstraftätern umgegangen werden soll, dar. Auch hier sah das bayerische Staatsministerium des Inneren nach dem Fall „Martin P." aus dem Jahr 2005 Handlungsbedarf. Martin P. musste sich wegen eines Tötungsdelikts an einem Kind bereits vor Gericht verantworten. Nachdem etwa neun Jahre seiner Haft vollstreckt waren, kam Martin P. wieder frei. Nach weniger als einem Jahr nach der Entlassung aus der Strafhaft wurde er mit einem sexuell motivierten Tötungsdelikt rückfällig. In der Nacharbeitungsphase des Falls stellte man erhebliche Mängel im Informationsaustausch fest, wodurch ein Bedürfnis an der Optimierung des Informations- und Datentransfers zwischen den beteiligten Stellen der Justiz, Bewährungshilfe, Jugendamt und Polizei entstand.[1186] Aufgrund dessen entwickelte eine vom bay-

1185 Zentrale Koordinierungsstelle Bewährungshilfe der bayerischen Justiz (auf Anfrage).

1186 Konzept HEADS, S. 3; Raab, der kriminalist 1/2009, S. 1 (1).

erischen Staatsministerium des Inneren beauftragte Arbeitsgruppe unter der Federführung der Operative Fallanalyse Bayern[1187] das Konzept der Haft-Entlassenen-Auskunfts-Datei-Sexualstraftäter (HEADS), das am 1. Oktober 2006 als bundesweit erstes Konzept startete.[1188] Das bisherige Zusammenspiel, das bisher als eine Art Linie fungierte, sollte künftig zu einem Kreis werden. Das Gesetz selbst gibt nicht nur die beteiligten Behörden vor, sondern trifft auch Feststellungen zu deren Zusammenwirkungen. Die Zusammenarbeit der einzelnen Stellen verläuft linienförmig.[1189] Bislang ermittelte zunächst die Polizei, die Staatsanwaltschaft klagte an, das Gericht verurteilte die Person und nach Ablauf der Haftstrafe bzw. der Unterbringung wurde der Verurteilte in die Freiheit und damit auch in die Anonymität entlassen. Mit diesem Konzept soll nach der Entlassung aus der Haft bzw. der Unterbringung der Täter nicht mehr in die Anonymität flüchten können, sondern wieder unter Beobachtung und Kontrolle durch die Polizei stehen. Zwar untersteht ein Teil der Freigelassenen der Bewährungshilfe oder Führungsaufsicht, dies schließt sich aber auch eher wiederum linienförmig an den bisherigen Verlauf an. Die Realität zeigt aber, dass oftmals eine derartige Behandlung nicht ausreicht und der vor allem besonders rückfallgefährdete Täter oftmals einer stärkeren Kontrolle und Überwachung bedarf. Zum einen leistet die Polizei im Rahmen der Befugnisse und Zuständigkeiten der Führungsaufsichtsstelle bereits Amts- und/oder Vollzugshilfe, zum anderen hat sie die gesetzliche Pflicht zur Abwehr konkreter Gefahren im Einzelfall einzuschreiten. Sie stellt damit ein wichtiges Glied zum Schutz der Gesellschaft dar. Auch nimmt der Täter in der Regel die Bedrohung und Überwachung durch die Polizei intensiver wahr als beispielsweise durch einen Sozialarbeiter. Die

---

1187 Nach dem BKA handelt es sich bei der Operativen Fallanalyse Bayern "um ein kriminalistisches Werkzeug, welches das Fallverständnis bei Tötungs- und sexuellen Gewaltdelikten sowie anderen geeigneten Fällen von besonderer Bedeutung auf der Grundlage von objektiven Daten und von möglichst umfassender Informationen zum Opfer mit dem Ziel vertieft, ermittlungsunterstützende Hinweise zu erarbeiten.", abzurufen unter http://www.bka.de/nn_205214/DE/ThemenABisZ/OperativeFallanalyse/Begriff/begriffOfa__node.html?__nnn=true.

1188 Die Darstellung dieses Konzepts, insb. auch die Struktur und der Aufbau der Ausführungen basieren auf der Grundlage der Konzeption, welche von der vom bayerischen Staatsministerium des Inneren beauftragten Arbeitsgruppe ausgearbeitet wurde. Aufgrund der Tatsache, dass die Konzeptionen der Bundesländer teilweise nur schwer für die Öffentlichkeit zugänglich sind sowie eine umfassende Sammlung und Auswertung aller Konzepte noch nicht erfolgte, wird zunächst das jeweilige Projekt ausführlich erläutert. Im Anschluss daran finden eine Auswertung und ein Vergleich zwischen den einzelnen Projekten statt.

1189 Kasecker, Überwachung rückfallgefährdeter Sexualstraftäter, S. 20; Raab, der Kriminalist 1/2009, S. 1 (1).

verurteilte Person ist bereits mit dem Gesetz in Konflikt geraten und musste innerhalb dieser Zeit erfahren, dass die Polizei nicht ihr Freund und Helfer war, sondern diese in den meisten Fällen einen Beitrag zur Festnahme sowie zur Sicherung und Ermittlung von Beweisen leistete. Durch die Errichtung des Konzepts soll im Hinblick auf die Rolle der Polizei die linienförmige Struktur durchbrochen werden. Nach Entlassung aus der Haft bzw. der Unterbringung soll der Täter nicht mehr in die Anonymität flüchten können, sondern wieder unter Beobachtung und Kontrolle durch die Polizei stehen. Die Zusammenarbeit der Stellen soll kreisförmig werden, so dass nach der Entlassung der verurteilten Person wieder die Polizei zum Einsatz gelangt. Durch gezielte Maßnahmen, wie z.B. der Gefährderansprache[1190], soll der Betroffene das Gefühl erlangen unter Beobachtung zu stehen, darüber hinaus soll es ihm als Warnung dienen, keine erneuten Straftaten zu begehen. Durch diesen Zyklus will man die Ziele der Konzeption optimal umsetzen.[1191]

bb) Zielsetzung

Ziel dieser Konzeption ist es grundsätzlich den Umgang mit rückfallgefährdeten Sexualstraftätern zu verbessern. Dabei soll die Gefahr der Begehung einer weiteren Straftat durch den als besonders rückfallgefährdet eingestuften Sexualstraftäter reduziert und ein umfassender Schutz der Bevölkerung geboten werden. Um dies zu erreichen, muss nach Vorgabe durch die Konzeption, dieser Personenkreis erkannt und dauerhaft lokalisiert, der Informationsfluss zwischen den beteiligten Stellen optimiert und die Täterinformationen in einer eigenen EDV-Anwendung erfasst werden.[1192] Darüber hinaus hat eine Bewertung der Informationen durch besonders geschulte Beamte zu erfolgen. Auch müssen Interventionsstrategien entwickelt und getroffene Maßnahmen besser koordiniert und dokumentiert werden. Durch die Anwendung der EDV-HEADS wurde für den HEADS Sachbearbeiter sowie für alle anderen beteiligten Stellen eine Informationsquelle geschaffen, die auf der Anlasstat und der Täterpersönlichkeit basiert, auch um geeignete Maßnahmen besser festzulegen. Schließlich will man dieses Ziel durch eine Verbesserung der Ermittlungsunterstützung in herausragenden Fällen schwerer Sexualdelinquenz durch den gemeinsamen Einsatz von ViCLAS[1193] und HEADS erreichen.[1194]

1190 Ausführlich hierzu unten S. 375 ff.

1191 Raab, der kriminalist, 1/2009, S. 1 (1).

1192 Siehe ausführlich dazu unten S. 385 ff.

1193 ViCLAS (Violent Crime Linkage Analysis System) bedeutet auf Deutsch übersetzt Analyse-System zum Verknüpfen von Gewaltdelikten. Es ist ein computergestütztes Datenbanksystem, das als Verbunddatei innerhalb von INPOL betrieben wird, welches

cc) Zielgruppe

Fraglich ist ferner, welche Personen diese Konzeption erfasst.[1195] Hier zeigt ein Vergleich mit der Konzeption von Baden-Württemberg ebenfalls Parallelen auf. Um zu der Zielgruppe zu gehören, muss der Täter zunächst als Risikoproband eingestuft worden sein. Dies ist der Fall, wenn nach der Art und Schwere der begangenen Tat, der Persönlichkeit des zu Unterstellenden oder dem Verhalten nach der Tat der erneute Rückfall des Täters in die Straffälligkeit erhebliche Gefahren für Leib oder Leben anderer mit sich bringen würde.[1196] Wird ein Straftäter als Risikoproband eingestuft, bedeutet das noch nicht, dass er zu der Zielgruppe gehört.

Als weitere Voraussetzung muss die Person ein Sexualstraftäter sein, d.h., er wurde aufgrund einer Straftat nach §§ 174 ff. StGB oder aufgrund eines Tötungsdelikts mit sexueller Komponente oder unklarem Motiv verurteilt. Nur bei Vorliegen beider Voraussetzungen wird der Straftäter der Zielgruppe zugeordnet. Doch auch hier erfolgt, wie beispielsweise bei dem baden-württembergischen Konzept noch eine Untergliederung in verschiedene Kategorien. Abhängig von der jeweiligen Einstufung werden entsprechende Maßnahmen festgelegt. Maßgebliche Kriterien für die Einordnung sind die Täterpersönlichkeit, das Verhalten im Straf- oder Maßregelvollzug sowie während der Anlasstat. Diese Konzeption unterscheidet ebenfalls zwischen drei Kategorien. Risikoprobanden mit herausragendem Gefahrenpotential, darunter fallen Sexualmörder, Serienvergewaltiger und andere herausragende Fälle werden als Kategorie I beschrieben. Kategorie II erfasst Probanden mit hohem Gefahrenpotential, d.h. solche Täter, die nicht unter Kategorie I fallen, aber einzelne der oben erwähnten Parameter aufweisen und schließlich Kategorie III, Risikoprobanden mit mittlerem Gefahrenpotential. Die Kategorisierung des Täters ist nicht abschließend, sondern je nach Entwicklung veränderbar.[1197]

---

dazu dient, Tatserien vor allem aus dem Bereich der Tötungs- und Sexualdelikte effektiv und schnell zusammenzuführen. Mit ViCLAS sollen Tat-Tat- bzw. Tat-Täter-Zusammenhänge aufgrund des vom Täter gezeigten Verhaltens erkannt, in Zusammenhang gebracht und ungeklärte Taten bekannten Tätern zugeordnet werden. Siehe dazu http://www.bka.de/DE/ThemenABisZ/OperativeFallanalyse/Viclas/viclas__node.html?__nnn=true; https://www.polizei.sachsen.de/zentral/9834.htm.

1194 Konzept HEADS, S. 3.

1195 Hinsichtlich der Zielgruppe anderer Bundesländer vgl. den jeweiligen Unterpunkt „Zielgruppe" des jeweiligen Konzepts des Bundeslandes. Zur Unterschiedlichkeit dieser Adressaten siehe insb. S. 369, zur Erweiterung der Zielgruppe als Verbesserungsvorschlag vgl. unten S. 394.

1196 JMS vom 7. April 1987, 4263-II-2509/85; Konzept HEADS, S. 4.

1197 Konzept HEADS, S. 5 f.

dd) Verfahrensablauf

Das Ziel, die Verbesserung des Umgangs mit als besonders rückfallgefährdet eingestuften Sexualstraftätern, soll durch das auf einem wirksamen und stringenten Datenübermittlungs- und Datenverarbeitungsprocedere aller beteiligten Stellen der Polizei und Justiz beruhende Konzept erreicht werden.[1198] Hierbei wird folgendermaßen verfahren: zunächst haben die Justiz- und Maßregelvollzugsanstalten die Aufgabe, vor der Entlassung die mutmaßlichen Risikoprobanden der Staatsanwaltschaft zu benennen und über diese zu informieren. Die Staatsanwaltschaft entscheidet einzelfallbezogen, ob die jeweilige Person als Risikoproband einzustufen ist.[1199] Abhängig vom jeweiligen Probanden, also ob dieser Vollverbüßer, Untergebrachter im Maßregelvollzug oder eine unter Bewährungshilfe stehende Person[1200] ist, leitet die Staatsanwaltschaft in einer gewissen Zeitspanne[1201] vor der Entlassung die Informationen an die Zentralstelle HEADS weiter. Diese bewertet zunächst die übermittelten Daten, steuert und dokumentiert sie. Damit soll eine hohe Datenqualität sichergestellt werden. Des Weiteren stuft die Zentralstelle auch anhand der Informationen den Risikoprobanden in eine der oben[1202] genannten Kategorien ein. Reichen für eine derartige Entscheidung die Informationen noch nicht aus, besteht die Möglichkeit für die Zentralstelle, diese schriftlich mit Begründung bei der zuständigen Staatsanwaltschaft anzufordern. Anschließend entscheiden die Polizeipräsidien, Sachgebiete E3, im eigenen Zuständigkeitsbereich, welche Maßnahme anzuordnen ist und übernehmen hierzu ebenso die Koordination, wobei sie in besonderen Fällen und bei Probanden der ersten Kategorie Unterstützung durch die Zentralstelle HEADS erfahren.

1198 Raab, der kriminalist, 1/2009, S. 1 (2).

1199 Zu den unterschiedlichen Entscheidungsträgern vgl. unten S. 370 f. Siehe auch zu dem Verbesserungsvorschlag die Kategorisierung durch Fachpersonal vornehmen zu lassen S. 394.

1200 In Bewährungsfällen kann eine unter Bewährungshilfe stehende Person durch die Staatsanwaltschaft zum Risikoprobanden werden, wenn sich im Verlauf der Bewährung ein Verhalten bei dem Klienten ergibt, dass ein erhöhtes Rückfallrisiko besteht. Der Bewährungshelfer hat in derartigen Fällen unverzüglich die Staatsanwaltschaft zu informieren (Konzept HEADS, S. 6).

1201 Vgl. hierzu Konzept HEADS, S. 6: Bei Vollverbüßern oder bei aus der Entziehungsanstalt Entlassenen erfolgt die Information drei Monate vor Entlassung, bei Untergebrachten im Maßregelvollzug spätestens zeitgleich mit der Stellungnahme der Staatsanwaltschaft über die Frage, ob eine Erledigterklärung der Unterbringung in Betracht kommt; in Bewährungsfällen entscheidet die Staatsanwaltschaft zunächst über die Einstufung und informiert dann umgehend die Zentralstelle.

1202 Siehe S. 255.

Diese Maßnahmen werden wiederum durch die regionalen Kriminaldienststellen umgesetzt. Die anzuordnenden Festsetzungen sind hierbei breit gefächert, wobei die regional zuständige Dienststelle insbesondere die Vervollständigung und Aktualisierung der erkennungsdienstlichen- und DNA-Unterlagen, sowie die Überprüfung der tatsächlichen Wohnsitznahme übernimmt. Weiterhin führt sie insbesondere als Kernmaßnahmen Gefährderansprachen[1203] durch, stellt Verstöße[1204] gegen Auflagen und Weisungen[1205] fest, meldet die Nichteinhaltung dem zuständigen Bewährungshelfer und steht im ständigen Informationsaustausch mit jenem.[1206] Im Fall einer Mehrfachzuständigkeit verschiedener Dienststellen, hat die Bewährungshilfe festzulegen welcher die federführende Zuständigkeit obliegt und muss dies der Zentralstelle mitteilen. Ferner sind die Bewährungshelfer für die Informationsübermittlung an die Zentralstelle HEADS verantwortlich, wodurch eine Dokumentation und gegebenenfalls eine Neubewertung der Informationslage erfolgen kann. Damit wird zum einen eine hohe Datenqualität, zum anderen die Möglichkeit einer umfassenden Recherche erreicht. In der Vorgangsverwaltung erhalten alle Maßnahmen im Zusammenhang mit dem Probanden das Schlagwort „HEADS“. Die Speicherdauer der Daten legt die Einrichtungsanordnung fest.[1207]

Hat die Führungsaufsichtsstelle[1208] eine INPOL-Ausschreibung zur polizeilichen Beobachtung ihres Probanden veranlasst, besteht für die Zentralstelle die Möglichkeit einen Antrag auf Einzelfallprüfung zu stellen, ob eine Ergänzung des polizeilichen INPOL-Datensatzes mit dem personengebundenen Hinweis Sexualtäter (PHW SEXT) und dem Zusatzvermerk HEADS durch das Landeskriminalamt in Betracht kommt.

Schließlich gibt es noch die Möglichkeit, einen „Runden Tisch“[1209] einzuberufen, an dem Vertreter der Führungsaufsicht, der Bewährungshilfe, der Polizei, des Kreisverwaltungsreferats, aber auch HEADS-Mitarbeiter teilnehmen können. Ziel ist es, einzelfallbezogen die Maßnahmen abzustimmen, um so eine optimale, behördenübergreifende Behandlung dem besonders rückfallgefährdeten Straftäter bieten zu können.

1203 Ausführlich unten S. 375 ff.

1204 Vgl. zu der Sanktionsregelung bei Weisungsverstößen im Rahmen der Führungsaufsicht bereits oben S. 185 ff.

1205 Siehe zu den Möglichkeiten der Anordnung von Weisungen während der Führungsaufsicht S. 143 ff.

1206 Konzept HEADS, S. 9.

1207 Konzept HEADS, S. 6 ff.

1208 Allgemein zur Führungsaufsichtsstelle siehe bereits oben S. 127 ff.

1209 Vgl. dazu S. 372. Dort werden auch die Konzeptionen genannt, die von dieser Möglichkeit Gebrauch nehmen.

Hinsichtlich der Datenspeicherung schuf man im Rahmen dieses Konzepts eine eigene Datenbank HEADS[1210], die täterorientiert aufgebaut ist, d.h., dass alle Informationen sich auf den Täter beziehen und mit diesem verknüpft sind. In dieser findet eine umfassende Dokumentation über den Probanden und den getroffenen Maßnahmen statt. Ziel ist es, eine hohe Datenqualität zu gewährleisten und Recherchemöglichkeiten bei der Zentralstelle sicherzustellen.[1211] Damit wird eine umfangreiche Informationsgrundlage für die HEADS-Sachbearbeiter sowie aller beteiligter Stellen geschaffen. Ebenso besteht hierdurch die Möglichkeit der Lokalisation von besonders rückfallgefährdeten Sexualstraftätern. Leseberechtigt sind alle regionalen HEADS-Ansprechpartner bei den Polizeipräsidien und den Kriminalpolizeidienststellen.[1212]

Die Konzeption HEADS geht über das Format einer gewöhnlichen Datei hinaus. HEADS ist eine weitreichende Möglichkeit die Rückfallgefahr bestimmter Personen nach Entlassung aus der Haft zu minimieren. Durch den zielgerichteten und festgelegten Informationsaustausch, aber ebenso durch die Optimierung des Risikomanagements wird der Umgang mit besonders gefährlichen und rückfallgefährdeten Sexualstraftätern vor allem im Verlauf der Führungsaufsicht verbessert. Die Nachahmung dieses Konzepts in einigen anderen Bundesländern spricht bereits für sich.

3. Berlin

a) Entwicklung der Führungsaufsicht

In Berlin hat die Zahl der Führungsaufsichtsfälle deutlich zugenommen.[1213] Eine Gegenüberstellung der Jahre 2000, 1.219 Unterstellungen, und 2010, in dem 2.837 Fälle gemeldet wurden, offenbart einen Zuwachs von ca. 133 %.[1214] Eine Zwischenbilanz für das Jahr 2011 lag zum Zeitpunkt der Erstellung dieser Arbeit noch nicht vor. Anzunehmen ist aber, dass sich der Aufwärtstrend in diesem Jahr wiederholt und die Entwicklung der Zahl der Führungsaufsichtsunterstellungen ihren bisherigen Höchststand erreichen wird.

1210 Ausührlich dazu unten S. 385 ff., insb. auch zur Rechtmäßigkeit solcher Datenbanken.

1211 Konzept HEADS, S. 9.

1212 Konzept HEADS, S. 11.

1213 Zu den möglichen Gründen für den Anstieg der Anzahl der unter Führungsaufsicht stehenden Personen vgl. unten S. 342 ff.

1214 Senatsverwaltung für Justiz Berlin (auf Anfrage).

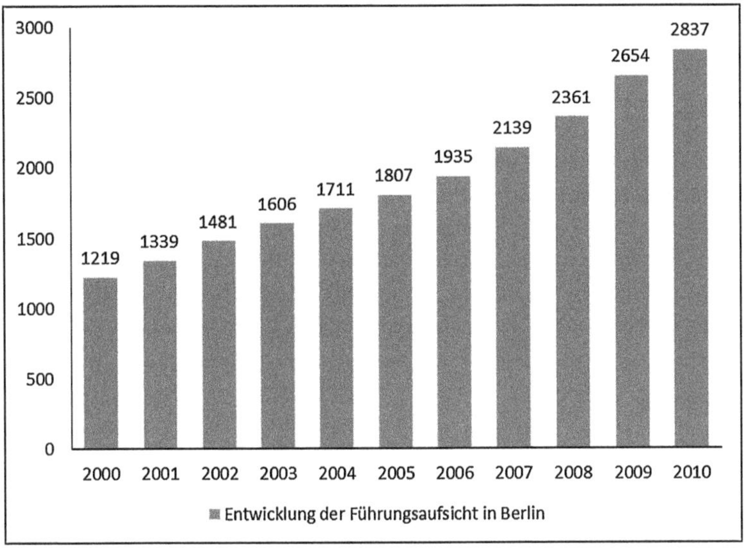

Abbildung 7: Entwicklung der Führungsaufsicht in Berlin[1215]

b) Projekt: Sexualstraftäter Prävention (bei) Rückfallgefahr (durch) Eingriffsmaßnahmen (und) Ermittlungen (SPREE)

Das Projekt Sexualstraftäter Prävention (bei) Rückfallgefahr (durch) Eingriffsmaßnahmen (und) Ermittlungen, kurz SPREE, kann an dieser Stelle nicht in gewohnter Ausführlichkeit besprochen werden. Dies liegt daran, dass das Konzept der Öffentlichkeit nicht zugänglich gemacht wird.[1216] Neben den einschlägigen Ministerien, den Führungsaufsichtsstellen[1217] sowie der Berliner Polizei musste ebenso das Landeskriminalamt Berlin die diesbezügliche Anfrage auf Übersendung der Konzeption ablehnen, da diese vertraulicher polizeiinterner Natur ist und daher nicht herausgegeben werden darf.

Nach Rücksprache mit dem Polizeipräsidenten in Berlin erklärte sich die Kommissariatsleiterin des LKA 13 Zentralstelle SPREE bereit, während eines Interviews Auskünfte über allgemeine strukturelle und rechtliche Abläufe in der Präventionsarbeit bei haftentlassenen, rückfallgefährdeten Sexualstraftätern zu geben, so dass über dieses Projekt einige Aussagen getroffen werden können.

1215 Senatsverwaltung für Justiz Berlin (auf Anfrage).

1216 Siehe zur Kritik S. 262 und ausführlich zur Optimierung dieses Problems S. 392.

1217 Allgemein zur Führungsaufsichtsstelle siehe bereits oben S. 127 ff.

aa) Entstehung

Ausgangspunkt für die Entstehung der Zentralstelle SPREE war der durch die damaligen Rückfälle haftentlassener Sexualstraftäter bedingte Innenministerkonferenzbeschluss im Jahr 1996, in dem festgelegt wurde, dass präventive Schritte zur Gefahrenabwehr rückfallgefährdeter Sexualstraftäter in die Wege geleitet werden sollten. Bereits 2003 begann die Arbeit, allerdings noch recht unstrukturiert. Erst später im Rahmen des Beschlusses der Kommission Kriminalitätsbekämpfung erging die Empfehlung eine Zentralstelle einzurichten. 2010 wurde das Vorhaben durch die Konzeption Sexualstraftäter Prävention (bei) Rückfallgefahr (durch) Eingriffsmaßnahmen (und) Ermittlungen (SPREE) unterlegt.

bb) Zielsetzung

Wie der Name der Konzeption bereits ankündigt, soll mit Hilfe von Eingriffsmaßnahmen und Ermittlungen präventiv auf den rückfallgefährdeten Sexualstraftäter eingewirkt werden, um so die vom Täter ausgehende Gefahr abzuwehren.

cc) Zielgruppe

Zu der Zielgruppe[1218] des Konzepts „Sexualstraftäter Prävention (bei) Rückfallgefahr (durch) Eingriffsmaßnahmen (und) Ermittlungen (SPREE)" zählen alle Täter, die mindestens ein Jahr Haftstrafe vollverbüßt haben, die also nicht zur Bewährung entlassen wurden. Dabei muss die Strafe aufgrund eines Sexualdeliktes verhängt worden sein, worunter auch sexuell motivierte Tötungsdelikte fallen. Nicht erfasst werden Gewalt- oder reine Tötungsdelikte.[1219] Prinzipiell zwar möglich, stellen Personen aus dem Maßregelvollzug in der Praxis aber eher einen Einzelfall dar, da bei diesen in der Regel eine vorzeitige Entlassung zur Bewährung aufgrund einer positiven Sozialprognose möglich ist. Des Weiteren können nach einer polizeilichen Prüfung auch Bewährungsversager als Risikoprobanden eingestuft werden. Anders als in vielen anderen Bundesländern gibt es eine weitere Unterteilung nur in zwei Gruppen, nämlich A und B. Kategorie A erfasst zunächst alle Täter. Diese werden als hoch rückfallgefährdet eingestuft. Nur wenn Schutzfaktoren, wie beispielsweise das Nachgehen einer Arbeit,

---

1218 Hinsichtlich der Zielgruppe anderer Bundesländer vgl. den jeweiligen Unterpunkt „Zielgruppe" des jeweiligen Konzepts des Bundeslandes. Zur Unterschiedlichkeit dieser Adressaten siehe insb. S. 369, zur Erweiterung der Zielgruppe als Verbesserungsvorschlag vgl. unten S. 394.

1219 Ein möglicher Verbesserungsvorschlag ist die Erweiterung der Zielgruppe. Vgl. hierzu unten S. 394.

der Aufbau eines guten sozialen Empfangsraums, das Einhalten von Auflagen und Weisungen[1220], etc. hinzutreten, kann der Proband in die Kategorie B herabgestuft werden. Die Einteilung ist aber nicht endgültig. Treten Risikoparameter auf, kann der Proband erneut in Gruppe A kategorisiert werden. Diese Möglichkeit besteht aber auch im umgekehrten Fall. Der Einstufung entsprechend werden die Maßnahmen angepasst.

dd) Verfahrensablauf

Die Justizvollzugsanstalt nimmt eine eigenständige Prüfung hinsichtlich der Rückfallgefahr des aus der Haft zu entlassenden Täters vor. Gelangt sie hierbei zu dem Ergebnis, dass eine gewisse Rückfallgefahr besteht, informiert sie das Kriminalkommissariat (LKA 13 Zentralstelle SPREE). Dieses wiederum prüft, allerdings aus polizeilicher Sicht, nach Erhalt der Informationen, ob der Täter zum einen rückfallgefährdet ist und zum anderen, ob die Prävention und Gefahrenabwehr in diesem konkreten Fall als sinnvoll erscheint. Hierzu benötigte Gutachten, Stellungnahmen etc. fordert sie bei Bedarf an. Die Entscheidung des Kommissariats ist maßgeblich. Gelangt es zu dem Ergebnis, dass der Täter als rückfallgefährdet einzustufen ist, legt es die Maßnahmen hinsichtlich dessen Überwachung und Betreuung fest.[1221] Die Ausführung dieser Festsetzungen erfolgt auf der Grundlage des „Drei-Stufenmodells“ entweder durch das Dezernat 13 und/oder der Abteilung SPREE und/oder der örtlichen Polizeidirektionen. Die Maßnahmen sind im Allgemeinen Sicherheits- und Ordnungsgesetz (ASOG Bln) normiert. Insbesondere findet eine Gefährderansprache[1222] statt. Anders als in anderen Bundesländern, in denen die Gefährderansprachen vor allem aus dem Bereich der Hooligans bekannt sind, läuft die Maßnahme innerhalb dieser Konzeption nach einem speziellen System und Vorgehensweise ab. Dabei werden insbesondere Handlungsmuster, Tagesabläufe, Medikamentengebrauch und soziales Umfeld erfragt. Die Beantwortung der Fragen basiert auf freiwilliger Basis. Weigert sich der Betroffene allerdings, rückt er stärker in das Beobachtungsfeld. Auch Maßnahmen können neu festgelegt oder verstärkt werden. Die Gefährderansprache[1223] findet in einem regelmäßigen Turnus statt, wodurch die unterstellte Person immer wieder erneut daran erinnert wird, dass sie unter ständiger Kontrolle steht.

1220 Siehe zu den Möglichkeiten der Anordnung von Weisungen während der Führungsaufsicht S. 143 ff.

1221 Zu den unterschiedlichen Entscheidungsträgern vgl. unten S. 370 f. Siehe auch zu dem Verbesserungsvorschlag die Kategorisierung durch Fachpersonal vornehmen zu lassen S. 394.

1222 Ausführlich unten S. 375 ff.

1223 Ausführlich unten S. 375 ff.

Eine weitere Besonderheit ist der Umstand, dass die Zentralstelle SPREE im Gegensatz zu anderen Zentralstellen der Konzepte anderer Bundesländer nicht nur eine reine zentrale Informationsstelle ist, in denen die Daten gesammelt werden. Diese Einrichtung des berlinerischen Modells übernimmt zusätzlich die Auswertung der gesammelten Informationen.

ee) Kritik

An dieser Stelle soll keine Kritik an dem Konzept selbst, sondern an der mangelnden Informierung der Öffentlichkeit geübt werden.[1224] Im Vergleich mit fast allen anderen Bundesländern, die die jeweiligen Konzepte entweder der Öffentlichkeit per Internet oder auf Anfrage zur Verfügung stellen, nimmt Berlin ebenso wie Thüringen[1225] eine Sonderstellung ein. Wie bereits erwähnt, wird die Konzeption als „vertraulicher polizeiinterner Natur“ eingestuft und kann damit nicht der Öffentlichkeit preisgegeben werden. Die Frage, die hierbei aufgeworfen wird, ist diejenige nach dem „Warum“. Auch dieses Bundesland hat augenscheinlich ein Konzept zum Umgang mit rückfallgefährdeten Sexualstraftätern geschaffen. Da auch dieses Konzept aller Wahrscheinlichkeit nach abstrakt generell verfasst ist, verstößt die Veröffentlichung in keiner Weise gegen die Persönlichkeitsrechte der unterstellten Personen oder Datenschutzbestimmungen. Folglich sollte das Konzept der Öffentlichkeit zugänglich gemacht werden.[1226] Dies bewirkt zum einen, dass die Öffentlichkeit Kenntnis von der Maßnahme erlangt und das Gefühl hierdurch entstehen kann, dass der Staat versucht die Allgemeinheit vor bestimmten Tätergruppen zu schützen. Hierdurch wird das Sicherheitsempfinden gestärkt, was sich wiederum positiv auf die Reduzierung der Verbrechensfurcht auswirkt. Zum anderen sollte das Konzept auch im Hinblick auf potentielle Probanden bekannt gegeben werden, damit ausreichend Informationen vorliegen, unter welchen Bedingungen und Voraussetzungen man der Zielgruppe zugehörig ist und welche Konsequenzen dies haben kann. Folglich sollte die Konzeption der Allgemeinheit zugänglich gemacht werden.

1224 Zur Verbesserung dieses Problems siehe unten S. 392.

1225 Insb. dazu S. 336.

1226 Allgemein zur Verbesserung der Konzepte hinsichtlich der Information der Öffentlichkeit, vgl. unten.

4. Brandenburg

a) Entwicklung der Führungsaufsicht

In Brandenburg hat die Zahl der Führungsaufsichtsfälle sowohl nach JGG als auch nach StGB deutlich zugenommen. Ein Vergleich der Jahre 2000, in dem insgesamt 210 Fälle gemeldet waren, und 2010 mit 596 Fällen offenbart einen Zuwachs von rund 184 %. 2010 waren davon 110 Unterstellungen nach dem JGG.[1227] Die Entwicklung der Führungsaufsicht lässt sich dabei in drei Phasen unterteilen. Zunächst nahm die Zahl der Führungsaufsichtsfälle von 2000 bis 2003 stetig zu. In der zweiten Phase von 2003 bis 2006 blieb die Unterstellungszahl ziemlich konstant und erst ab dem Jahr 2007, also in der dritten Phase der Entwicklung, ist wieder eine Zunahme der Führungsaufsichtsfälle zu verzeichnen.[1228] Ein Grund für den Anstieg könnte die Reform der Führungsaufsicht im Jahr 2007 sein. Die Erneuerungen durch diese dürfen nicht verkannt werden. Als Beispiel sei hier nur die Klarstellung in § 68f Abs. 1 StGB zu nennen, durch die nun auch, wie bereits oben[1229] ausgeführt, eine Gesamtfreiheitsstrafe von zwei bzw. einem Jahr wegen vorsätzlicher Straftaten genügt. Durch diese Neuformulierung hat sich der Streit somit erledigt, wodurch es nun keiner Einzelstrafe in dieser Strafhöhe mehr bedarf. Folglich sind nun mehr Verurteilte unter Führungsaufsicht nach § 68f Abs. 1 StGB zu stellen. Dies erklärt den Anstieg ab 2007.[1230] Im Jahr 2011 wird die Zahl ihren bisherigen Höchststand erreichen. Bereits bis zum 30. Juni 2011 wurden 107 Fälle der Führungsaufsicht nach dem JGG und 500 Fälle nach dem StGB verzeichnet, dementsprechend wurde bereits zur Jahresmitte der Wert des Vorjahres übertroffen.

1227 Ministerium der Justiz Brandenburg (auf Anfrage).

1228 Ein Rückgang der Anzahl der unter Führungsaufsicht Unterstellten im Jahr 2005 ist auch in Baden-Württemberg (S. 244), Bayern (S. 251), Bremen (S. 269) und Hamburg (S. 275) zu verzeichnen. Danach ist mit Ausnahme von Hamburg ein kontinuierlicher Anstieg festzustellen.

1229 Siehe oben S. 72 f.

1230 Vgl. zu den weiteren Gründen für den allgemeinen Anstieg der Zahl der unter Führungsaufsicht stehenden Personen S. 342 ff.

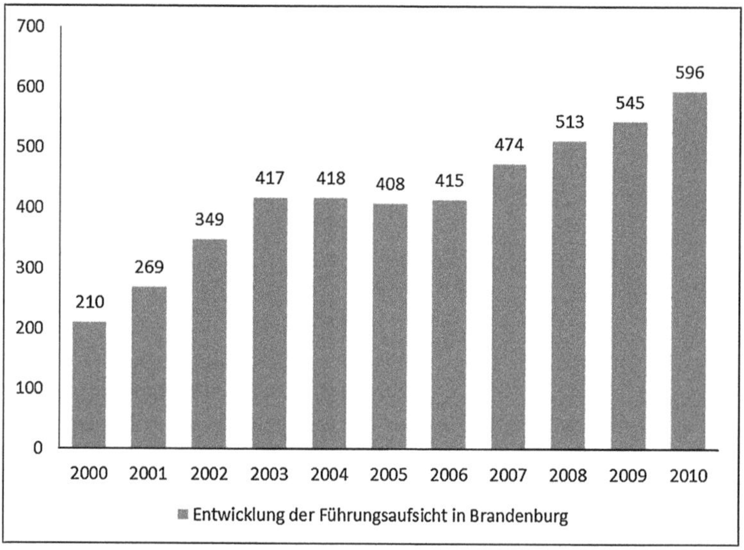

Abbildung 8: Entwicklung der Führungsaufsicht in Brandenburg[1231]

b) Projekt: Konzeption „HEADS" (Haft-Entlassenen-Auskunfts-Datei-Sexualstraftäter)

Das Ministerium des Innern und das Ministerium der Justiz des Landes Brandenburg haben die Konzeption Haft-Entlassenen-Auskunfts-Datei-Sexualstraftäter (HEADS)[1232] durch eine Gemeinsame Verwaltungsvorschrift[1233] mit Wirkung vom 1. Januar 2008 eingeführt. Nach einer halbjährigen Probephase, in der sich die beteiligten Stellen der justiziellen und polizeilichen Praxis mit den Inhalten der Konzeption vertraut machen konnten, wurde der Wirkbetrieb der Konzeption am 1. Juli 2008 aufgenommen.

1231 Ministerium der Justiz Brandenburg (auf Anfrage).

1232 Die Darstellung dieses Konzepts, insb. auch die Struktur und der Aufbau der Ausführungen basieren auf der Grundlage der gemeinsamen Verwaltungsvorschrift [Az.: IV/1-410-0-HEADS (MI) und 4100-III.067 (MdJ)]. Aufgrund der Tatsache, dass die Konzeptionen der Bundesländer teilweise nur schwer für die Öffentlichkeit zugänglich sind sowie eine umfassende Sammlung und Auswertung aller Konzepte noch nicht erfolgte, wird zunächst das jeweilige Projekt ausführlich erläutert. Im Anschluss daran finden eine Auswertung und ein Vergleich zwischen den einzelnen Projekten statt.

1233 Az.: IV/1-410-0-HEADS [MI] und 4100-III.067 [MdJ].

aa) Entstehung

Hintergrund für die Entstehung der Konzeption ist die von aus der Strafhaft oder dem Maßregelvollzug entlassenen Sexualstraftätern entstehende Gefahr für die Allgemeinheit. Trotz erkennbarem Risiko, dass der Täter erneut eine einschlägige Straftat begehen wird, kann aus rechtlichen Gründen die nachträgliche Sicherungsverwahrung nicht angeordnet werden. Zwar gebe es die Führungsaufsicht, diese reiche jedoch nicht aus, da sie unmittelbare Eingriffsmöglichkeiten bei einer akuten Gefahrenlage vermissen lasse. Um die Gesellschaft aber umfassend vor den Gefahren der verurteilten Person zu schützen, bedürfe es neben der Bewährungshilfe und Führungsaufsicht weitergehender präventiver Maßnahmen, für die eine allgemeine Zuständigkeit der Polizei- und Ordnungsbehörden zur Gefahrenabwehr im Rahmen der in § 1 BbgPolG beschriebenen Aufgaben bestehe.[1234] Auch bezweckt der erweiterte Informationsaustausch, der auf der Basis der Konzeption „HEADS" für das Bundesland Brandenburg geschaffen wurde, eine Erweiterung des Schutzes der Allgemeinheit. Um die erneute Begehung von Straftaten zu verhindern, muss nach Vorstellung der Ministerien eine Optimierung der Zusammenarbeit der beteiligten Stellen sowie eine Verbesserung der Umsetzung qualifizierter Gefahrenabwehrmaßnahmen erfolgen. Hierfür wurde die zentrale Auskunftsdatei zur Erfassung von Haftentlassenen und rückfallgefährdeten Sexualstraftätern geschaffen.[1235]

bb) Zielsetzung

Ziel dieser Konzeption ist es, das Risikomanagement bei rückfallgefährdeten Sexualstraftätern zu verbessern und durch einzelfallbezogene, gezielte Maßnahmen die Begehung einer erneuten Straftat zu verhindern. Voraussetzung hierfür ist die Schaffung eines wirksamen und stringenten Ablaufs der Datenübermittlung und -verarbeitung, um damit den Informationsaustausch zwischen den einzelnen beteiligten Stellen zu verbessern. Dieses Ziel soll mit in der Konzeption nicht abschließend aufgezählten Mitteln erreicht werden. Hierzu gehört die Erkennung und Lokalisation des Personenkreises, die Optimierung der Zusammenarbeit der beteiligten Stellen, die Sammlung relevanter Täterinformationen in einer eigenen EDV-Anwendung sowie deren Bewertung durch geschulte Polizeibeamte. Des Weiteren zählen zu den Instrumenten, dass die beteiligten Stellen geeignete Interventionsstrategien entwickeln und sich bezüglich der Umsetzung von gefahrenabwehrenden Maßnahmen beraten. Getroffene Maßnahmen müssen nicht nur koordiniert, sondern auch dokumentiert werden. Durch

1234 Vgl. hierzu insgesamt Konzeption „HEADS", Einleitung, S. 3.

1235 Konzeption „HEADS", S. 3.

den gemeinsamen Einsatz von ViCLAS und HEADS soll in herausragend schweren Fällen die gegenseitige Unterstützung bei der Ermittlung verbessert werden.[1236]

cc) Zielgruppe

Auch bezüglich der Zielgruppe[1237] trifft die Konzeption keine abschließende Aussage über die Zugehörigkeit. Anhand einer Einzelfallprüfung wird im Regelfall entschieden, ob die verurteilte Person als HEADS-relevante Person einzustufen ist. Hierbei benennt die Gemeinsame Verwaltungsvorschrift eine vorrangige Gruppe, neben der selbstredend aber auch andere Tätergruppen Probanden werden können. Diese primäre Zielgruppe besteht aus Tätern, die wegen einer der in § 181b StGB aufgezählten Straftaten gegen die sexuelle Selbstbestimmung oder wegen Tötungsdelikten mit sexueller Komponente oder unklarem Motiv verurteilt oder untergebracht wurden und die parallel dazu durch die zuständige Vollstreckungsbehörde als HEADS-Risikoproband benannt werden.

Maßgeblich für die Bewertung, ob eine Person als Risikoproband einzustufen ist, sind Kriterien wie die Art und Schwere der begangenen Tat sowie festgestellte Motive, die Täterpersönlichkeit, das Verhalten nach der Tat wie auch das Ergebnis einer Würdigung der Gesamtumstände über das Vorliegen einer Gefahr der Begehung einer Straftat mit erheblicher Gefahr für Leib oder Leben anderer. Im Regelfall gelten daher Angehörige der Gruppe der Vollverbüßer nach § 68f Abs. 1 S. 1 StGB als Risikoprobanden, die wegen einer in § 181b StGB genannten Straftat eine Freiheitsstrafe von mindestens einem Jahr vollverbüßt haben.[1238] Ebenso müssen wegen eines vorsätzlichen Tötungsdelikts mit sexueller oder unklarer Motivation verurteilte Personen, bei denen Führungsaufsicht kraft Gesetzes eintritt, regelmäßig als Risikoproband eingestuft werden.[1239] Neben der Gruppe der Vollverbüßer können auch Bewährungsfälle, in denen sich während der Bewährungszeit eine negative Entwicklung abzeichnet, wodurch die Gefahr der Begehung von Straftaten besteht als mögliche Probandengruppe in Frage kommen. Weiterhin sind Personen relevant, die aufgrund Zeitablaufs aus dem Vollzug einer stationären Maßregel der Besserung und Sicherung ohne Stellung einer positiven Prognose gem. § 67d Abs. 1 und Abs. 4 StGB entlassen werden mussten. Schließlich sind die Personen von Bedeutung,

1236 Zu den Zielen von HEADS Konzeption „HEADS“, S. 3 f.

1237 Hinsichtlich der Zielgruppe anderer Bundesländer vgl. den jeweiligen Unterpunkt „Zielgruppe“ des jeweiligen Konzepts des Bundeslandes. Zur Unterschiedlichkeit dieser Adressaten siehe insb. S. 369, zur Erweiterung der Zielgruppe als Verbesserungsvorschlag vgl. unten S. 394.

1238 Konzeption „HEADS“, S. 4.

1239 Konzeption „HEADS“, S. 4.

deren Vollstreckung der stationären Maßregel der Besserung und Sicherung zur Bewährung ausgesetzt, § 67d Abs. 2 StGB, oder für erledigt erklärt wurde, § 67d Abs. 6 StGB. Zeichnet sich in diesen Fällen während der Bewährungs- und Führungsaufsichtszeit eine negative Entwicklung ab, so sind auch diese als HEADS-Probanden relevant.[1240]

dd) Verfahrensablauf

Rechtzeitig vor der Entlassung der zu Strafhaft verurteilten Person aus der Justizvollzugsanstalt nimmt diese eine zu begründende Bewertung der Gefährlichkeit des Probanden sowie dessen Rückfallwahrscheinlichkeit vor und übermittelt diese Einschätzung zusammen mit den Informationen bezüglich Entlassungstag und voraussichtlicher Entlassungsanschrift der Vollstreckungsbehörde. Diese beurteilt unter Würdigung aller dort vorhandenen Tat- und Täterinformationen ebenfalls die Gefährlichkeit und Rückfallgefahr des Täters und meldet[1241] ihre Bewertung der Zentralstelle HEADS beim Landeskriminalamt. Schließlich trifft auch die zuständige Führungsaufsichtsstelle[1242], sobald die Strafvollstreckungskammer über die von der Vollstreckungsbehörde angeregten Führungsaufsichtsweisungen[1243] entschieden hat und ein rechtskräftiger Führungsaufsichtsbeschluss vorliegt, eine Einschätzung über die Gefährlichkeit der verurteilten Person und teilt diese der Zentralstelle HEADS mit. Diese Zentralstelle beurteilt bereits nach Eingang der Unterlagen der Vollstreckungsbehörde die Gefährlichkeitslage unter gefahrenabwehrrechtlichen Maßstäben und veranlasst gegebenenfalls erforderliche Maßnahmen. Nach Erhalt der Einschätzung seitens der Führungsaufsichtsstelle entscheidet die Zentralstelle über die Aufnahme der Person in die Datenbank und nimmt eine weitergehende Bewertung vor.[1244] Des Weiteren findet ein Abgleich der Angaben mit anderen polizeilichen Datensammlungen, wie z.B. INPOL statt, wobei sich die Speicherdauer der Informationen über den Täter nach den Vorgaben des Brandenburgischen Polizeigesetzes richtet. Sowohl die Informationsbewertung als auch deren Steuerung sowie die

1240 Konzeption „HEADS“, S. 4 f.

1241 Die Mitteilung an die Zentralstelle erfolgt bei Vollverbüßern spätestens drei Monate vor der Entlassung, bei im Maßregelvollzug Untergebrachten spätestens zeitgleich mit der Stellungnahme der Vollstreckungsbehörde gegenüber dem Gericht zur Frage der Erledigung der Unterbringung, Konzeption „HEADS“, S. 5 f.

1242 Allgemein zur Führungsaufsichtsstelle siehe bereits oben S. 127 ff.

1243 Siehe zu den Möglichkeiten der Anordnung von Weisungen während der Führungsaufsicht S. 143 ff.

1244 Zu den unterschiedlichen Entscheidungsträgern vgl. unten S. 370 f. Siehe auch zu dem Verbesserungsvorschlag die Kategorisierung durch Fachpersonal vornehmen zu lassen S. 394.

Dokumentation eingehender Informationen unterliegen dem Verantwortungsbereich der Zentralstelle HEADS. Diese hat weiterhin die Aufgabe, unverzüglich nach der ersten Aufnahme des Probanden in die Datenbank das Polizeipräsidium zu informieren, welches wiederum den Schutzbereich, in dem der Proband nach der Entlassung seinen Wohnsitz hat, benachrichtigt. Die Polizeipräsidien veranlassen einzelfallbezogene abgestimmte Maßnahmen, die auf lokaler Ebene umgesetzt werden. Insbesondere kommen hierbei die Vervollständigung und Aktualisierung der ED- und DNA-Unterlagen, die Überprüfung der tatsächlichen Wohnsitznahme, Gefährder[1245]- und Gefährdetenansprachen[1246], die Prüfung und Durchführung weiterer konkreter Gefahrenabwehrmaßnahmen sowie die Zusammenarbeit und der Informationsaustausch mit anderen beteiligten Stellen unter Beachtung der datenschutzrechtlichen Bestimmungen als zu treffende Mittel in Betracht. Im Rahmen seiner Zuständigkeit trifft der Schutzbereich eine Entscheidung über weitere Schritte. Die Maßnahmen werden umfassend dokumentiert und unter Beteiligung des Polizeipräsidiums zentral bei der Zentralstelle HEADS eingestellt.

Die Konzeption sieht ferner für besondere Fallkonstellationen die Möglichkeit des „Runden Tisches“[1247] vor. In dessen Rahmen kann bei rechtlich oder tatsächlich schwierig gestalteten Fällen sowie bei derartigen, die von einem nachhaltigen Interesse der Öffentlichkeit und der Medien begleitet werden, eine Fallerörterung stattfinden, in der Erfahrungen ausgetauscht und das weitere Vorgehen, insbesondere die zu treffenden Maßnahmen abgesprochen werden. Neben der Erweiterung des Beurteilungsspielraums ist das Ziel dieser Institution die Erreichung einer optimierten, koordinierten und behördenübergreifenden Behandlung des jeweiligen Einzelfalles.

Mit Ablauf der Dauer der Führungsaufsicht teilt die Führungsaufsichtsstelle dies der Zentralstelle HEADS mit.[1248]

Im Hinblick auf die Speicherung von Informationen hat auch Brandenburg im Übrigen eine eigene Datenbank eingerichtet, die täterorientiert aufgebaut ist.[1249] Alle Daten, welche ausschließlich die Zentralstelle HEADS erfasst, beziehen sich auf eine Person und sind schließlich mir dieser verknüpft. Die Speicherdauer beträgt höchstens zehn Jahre nach Entlassung aus der Haft für Probanden und fünf Jahre für gespeicherte Kontaktpersonen. Leseberechtigt sind

1245 Ausführlich unten S. 375 ff.

1246 Dazu unten S. 382 ff.

1247 Vgl. dazu S. 372. Dort werden auch die Konzeptionen genannt, die von dieser Möglichkeit Gebrauch nehmen.

1248 Insgesamt zum Verfahrensablauf siehe Konzeption „HEADS“, S. 5 ff.

1249 Zur rechtmäßigkeit von Datenbanken anhand des Beispiels von HEADS Bayern, vgl. unten S. 385 ff.

die regionalen HEADS-Ansprechpartner bei den Polizeipräsidien und den Schutzbereichen.[1250]

5. Bremen

a) Entwicklung der Führungsaufsicht

Hinsichtlich der Entwicklung der Führungsaufsicht ergibt eine Gegenüberstellung der Jahre 2000 und 2010 auch im Bundesland Bremen einen Anstieg um knapp 90 %, von 155 auf 294 unterstellte Personen. Der bisherige Höchststand wird im Jahr 2011 erreicht werden, da eine Zwischenbilanz zum 30. Juni 2011 bereits eine Anzahl von 295 Unterstellungen aufwies.[1251] Im Hinblick auf die Entwicklung wird festgestellt, dass die Zahl der Fälle stetig anwuchs.[1252] 2005 ging die Anzahl allerdings einmalig zurück.[1253] Dies hat sich ähnlich wie in den Bundesländern Baden-Württemberg und Bayern allerdings nicht als Trendwende erwiesen, da in den folgenden Jahren die Unterstellungen gegenüber derer des Vorjahres bis heute ansteigen.[1254] Gründe hierfür lassen sich nicht mit Sicherheit feststellen. Ob die Diskussion um das Institut der Führungsaufsicht ursächlich gewesen ist, kann lediglich vermutet werden, jedoch spielt es dann nur eine untergeordnete Rolle. Zum einen ist nur ein minimaler, eigentlich nicht zu beachtender Rückgang von zwei Führungsaufsichtsfällen im Jahr 2005 zu verzeichnen. Zum anderen stieg die Anzahl der Führungsaufsichten kraft Richterspruchs in der Bundesrepublik 2005 im Vergleich zum Vorjahr um zwölf Anordnungen[1255], so dass die Diskussionen für den Rückgang wohl nicht richtungsweisend waren.

1250 Konzeption „HEADS“, S. 11.

1251 Soziale Dienste der Justiz im Lande Bremen (auf Anfrage).

1252 Zu den möglichen Gründen für den Anstieg der Anzahl der unter Führungsaufsicht stehenden Personen vgl. unten S. 342 ff.

1253 Ein Rückgang der Anzahl der unter Führungsaufsicht Unterstellten im Jahr 2005 ist auch in Baden-Württemberg (S. 244), Bayern (S. 251), Brandenburg (S. 263) und Hamburg (S. 275) zu verzeichnen.

1254 Ein kontinuierlicher Anstieg der Anzahl ist ab 2006 zu verzeichnen. So auch in den Bundesländern Baden-Württemberg (S. 244), Bayern (S. 251) und Brandenburg (S. 263).

1255 Siehe zur Entwicklung der Führungsaufsicht nach § 68 Abs. 1 StGB S. 213 ff.

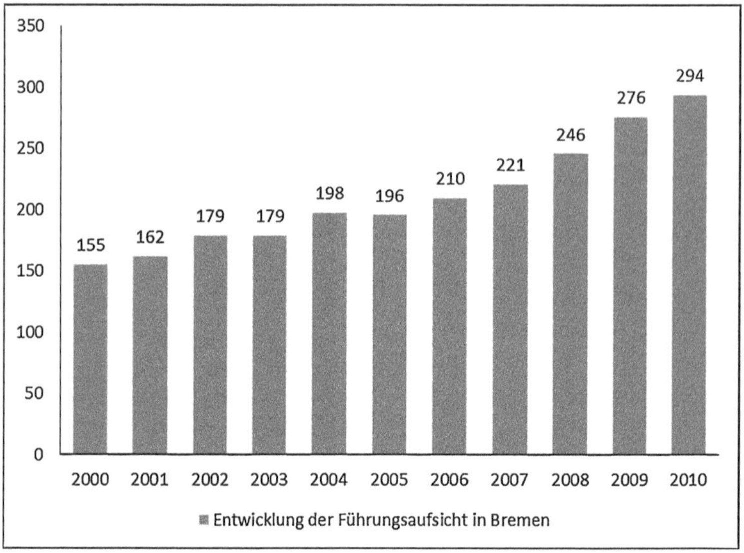

Abbildung 9: Entwicklung der Führungsaufsicht in Bremen[1256]

b) Projekt: Konzeption zur Überwachung rückfallgefährdeter Sexualstraftäter „HEADS“ (Haft-Entlassenen-Auskunfts-Datei-Sexualstraftäter)

Der Senator für Inneres und Sport, der Senator für Justiz und Verfassung, die Senatorin für Arbeit, Frauen, Gesundheit, Jugend und Soziales der freien Hansestadt Bremen haben in einem gemeinsamen Konzept vom 30. September 2008 eine ressortübergreifende Konzeption zur Überwachung rückfallgefährdeter Sexualstraftäter „HEADS“ (Haft-Entlassenen-Auskunfts-Datei-Sexualstraftäter) entwickelt.[1257]

aa) Entstehung

Die genannten Senatoren der freien Hansestadt Bremen sahen durch die von aus der Strafhaft oder dem Maßregelentzug entlassenen Sexualstraftätern begründe-

1256 Soziale Dienste der Justiz im Lande Bremen (auf Anfrage).

1257 Die Darstellung dieses Konzepts, insb. auch die Struktur und der Aufbau der Ausführungen basieren auf der Grundlage des gemeinsamen Konzepts vom 30.9.2008. Aufgrund der Tatsache, dass die Konzeptionen der Bundesländer teilweise nur schwer für die Öffentlichkeit zugänglich sind sowie eine umfassende Sammlung und Auswertung aller Konzepte noch nicht erfolgte, wird zunächst das jeweilige Projekt ausführlich erläutert. Im Anschluss daran finden eine Auswertung und ein Vergleich zwischen den einzelnen Projekten statt.

ten Gefahr die Notwendigkeit präventiv-polizeiliche Maßnahmen zu erlassen. Von diesen Tätern gehe eine erhöhte Gefahr der Begehung einer weiteren einschlägigen Straftat aus, wodurch diese ein großes gesellschaftliches Risiko darstellen, dem entgegengewirkt werden müsse. Zwar stelle die nachträgliche Sicherungsverwahrung eine Maßnahme dar, diese könne jedoch aus rechtlichen Gründen nicht immer angeordnet werden, obwohl die Rückfallgefahr dieser Personen offensichtlich vorliege.[1258] Um dieser Gefahr begegnen zu können, bedarf es einer engen Zusammenarbeit der beteiligten Stellen. Zur Optimierung dieser Zusammenarbeit, aber auch zur Effektivierung der Umsetzung sachgerechter Maßnahmen bedurfte es der Einführung einer zentralen Auskunftsdatei. Daher wurde die Haft-Entlassenen-Auskunfts-Datei-Sexualstraftäter (HEADS) eingeführt und die dazugehörige Konzeption fertiggestellt.

bb) Zielsetzung

Die Konzeption zur Überwachung rückfallgefährdeter Sexualstraftäter „HEADS" (Haft-Entlassenen-Auskunfts-Datei-Sexualstraftäter) hat zum Ziel, die Bevölkerung durch eine Reduzierung des Risikos einer erneuten Begehung einer Straftat durch besonders rückfallgefährde Sexualstraftätern zu schützen. Um dies zu erreichen, muss der Informationsaustausch zwischen den beteiligten Stellen, namentlich der Polizei und der Justiz, optimiert, der Datenübermittlungs- und Datenverarbeitungsprozess somit effizienter ausgestaltet werden. Insbesondere ist nach der Konzeption vorgesehen, dass der relevante Personenkreis erkannt und lokalisiert wird, die Zusammenarbeit zwischen verschiedenen Stellen verbessert und die über einen Täter relevanten Informationen in einer eigenen EDV-Anwendung erfasst werden. Daneben hat eine Informationsbewertung durch besonders geschultes Personal stattzufinden sowie eine Entwicklung von geeigneten Interventionsstrategien und eine Beratung bezüglich der anzuordneten Maßnahmen zu erfolgen. Die Koordination und Dokumentation soll durch die Konzeption ebenfalls verbessert werden. Schließlich besteht zur Erreichung des Ziels insbesondere die Möglichkeit eines gemeinsamen Einsatzes von der Operativen Fallanalyse (OFA)[1259]/Violent Crime Linkage Analysis Sys-

---

1258 Siehe dazu die Einleitung der Konzeption, Konzeption HEADS, S. 3.

1259 Definition der OFA nach den 2003 festgelegten Qualitätstandards der Fallanalyse für die Polizeien des Bundes und der Länder: Bei der (Operativen) Fallanalyse handelt es sich um ein kriminalistisches Werkzeug, welches das Fallverständnis bei Tötungs- und sexuellen Gewaltdelikten sowie anderen geeigneten Fällen von besonderer Bedeutung auf der Grundlage von objektiven Daten und von möglichst umfassender Informationen zum Opfer mit dem Ziel vertieft, ermittlungsunterstützende Hinweise zu erarbeiten. Nachzulesen mit weiteren Informationen unter http://www.bka.de/DE/ThemenABisZ/OperativeFallanalyse/Begriff/begriffOfa__node.html?__nnn=true.

tem[1260] und HEADS in herausragenden Fällen schwerer Sexualkriminalität, um die Ermittlungsunterstützung zu verbessern.[1261]

cc) Zielgruppe

Punkt 3 der Konzeption zur Überwachung rückfallgefährdeter Sexualstraftäter „HEADS" normiert die von der Maßnahme erfassten Personen.[1262]

Zunächst ist die Gruppe der Vollverbüßer zu nennen. Personen, die wegen einer in § 181b StGB genannten Straftat eine Freiheitsstrafe von mindestens einem Jahr vollverbüßt haben und bei denen nach § 68f Abs. 1 StGB[1263] Führungsaufsicht eingetreten ist, sind als Risikoprobanden einzustufen und unterliegen dieser Maßnahme. Ebenso fallen Personen, bei denen regelmäßig Führungsaufsicht kraft Gesetzes[1264] eintritt und die wegen eines vorsätzlichen Tötungsdelikts mit sexueller Motivation oder unklarem Motiv verurteilt wurden, unter die Zielgruppe. Des Weiteren werden von der Maßnahme auch Bewährungsfälle erfasst, bei denen zunächst eine positive Sozialprognose vorlag, während der Bewährungszeit sich die Person aber zum Negativen entwickelt, so dass von dieser eine Gefahr der Begehung erheblicher Sexualstraftaten ausgeht. Auch gehören Probanden, gegen die wegen der Begehung einer einschlägigen Straftat der Vollzug einer stationären Maßregel der Besserung und Sicherung angeordnet wurde und die wegen Zeitablaufs trotz mangelnder positiver Prognose aus dem Maßregelvollzug entlassen werden müssen, zur Zielgruppe. Schließlich können auch Personen, deren Maßregel der Besserung und Sicherung zunächst wegen Vorliegen einer positiven Prognose mit der Folge regelmäßig eintretender Führungsaufsicht zur Bewährung ausgesetzt wurde, in den Fällen Probanden werden, in denen sich innerhalb der Bewährungs- und Führungsaufsichtszeit eine negative Entwicklung abzeichnet. Fällt eine Person in diese Zielgruppe, so muss sie im nächsten Schritt hinsichtlich ihrer Rückfallgefahr in eine Kategorie eingestuft werden. Die Vollzugsbehörden bewerten also nicht nur, ob überhaupt eine Rückfallgefahr vorliegt, sondern entscheiden auch über die Einstufung. Wie auch in anderen Bundesländern, wird in Bremen zwischen drei Kategorien unterschieden. Kategorie A umfasst die akut rückfallgefährdeten Probanden. Darunter werden jene Sexualstraftäter gezählt, bei denen von einer hohen Gefähr-

1260 Siehe bereits oben Fn. 1193.

1261 Konzeption HEADS, S. 4.

1262 Hinsichtlich der Zielgruppe anderer Bundesländer vgl. den jeweiligen Unterpunkt „Zielgruppe" des jeweiligen Konzepts des Bundeslandes. Zur Unterschiedlichkeit dieser Adressaten siehe insb. S. 369, zur Erweiterung der Zielgruppe als Verbesserungsvorschlag vgl. unten S. 394.

1263 Näher dazu oben S. 67 ff.

1264 Ausführlich bereits oben S. 61 ff.

lichkeit ausgegangen wird und die nicht über schützende risikorelevante Bedingungen verfügen. Bei diesen Probanden besteht die Befürchtung, dass sie jederzeit erneut eine einschlägige Straftat begehen könnten. Im Gegensatz dazu erfasst Kategorie B latent rückfallgefährdete Sexualstraftäter, bei denen eine hohe Gefährlichkeit, jedoch auch schützende risikorelevante Bedingungen vorliegen. In diesen Fällen besteht die Befürchtung, dass bei Wegfall oder Gefährdung dieser Umstände der Täter erneut eine einschlägige Straftat begehen wird. Alle unter Führungsaufsicht stehenden Sexualstraftäter der Zielgruppe, die weder in Kategorie A noch B einzustufen sind, zählen zur Kategorie C. Bei der Bewertung, ob eine Gefährlichkeit der verurteilten Person vorliegt, fließen deren kriminelle Vorgeschichte, die Tatdynamik, die Persönlichkeit oder eine vorliegende psychische Störung des Täters sowie fehlende rückfallpräventive Effekte im Rahmen des Vollzugs ein.[1265]

dd) Verfahrensablauf

Mindestens drei Monate vor der Entlassung aus dem Straf- oder Maßregelvollzug informiert die Justizvollzugsanstalt bzw. die Maßregelvollzugseinrichtung unter Übersendung einer durch den forensischen Psychiater zu erstellenden Prognose und der oben genannten Einstufung die zuständige Vollstreckungsbehörde über den voraussichtlichen Entlassungstermin. In Jugendsachen ist nicht die Staatsanwaltschaft, sondern der Jugendrichter als Vollstreckungsleiter zuständig. Die Vollstreckungsbehörde hat nach Würdigung aller vorhandenen Informationen zunächst die Aufgabe die Führungsaufsichtsstelle[1266] zu informieren und stellt zeitgleich bei Gericht den Antrag gem. § 54a Abs. 2 S. 2 StVollstrO. Anschließend leitet die Vollstreckungsbehörde aussagekräftige Unterlagen mit dem Hinweis, dass diese Person als möglicher Risikoproband in Betracht kommt, an die Zentralstelle HEADS.[1267] In die Datei der Zentralstelle HEADS werden alle nach der Konzeption relevanten Personen aufgenommen. Anders als viele andere Bundesländer entschied sich Bremen nämlich dazu eine eigene Datenbank[1268] beim Landeskriminalamt einzurichten, um alle HEADS-Sachbearbeiter sowie alle beteiligten Stellen zu informieren.[1269] Abfrageberech-

1265 Vgl. insgesamt zu den Zielgruppen und den Kategorien Konzept HEADS, S. 5 ff.

1266 Allgemein zur Führungsaufsichtsstelle siehe bereits oben S. 127 ff.

1267 Bei Vollverbüßern aus dem Strafvollzug geschieht dies mindestens drei Monate vor der Entlassung, bei im Maßregelvollzug Untergebrachten spätestens zeitgleich mit der Stellungnahme gegenüber dem Gericht zwecks der Frage, ob eine Erledigung der Unterbringung erfolgen kann, Konzept HEADS, S. 8.

1268 Zur Rechtmäßigkeit solcher Datenbanken vgl. unten S. 385 ff.

1269 Konzept HEADS, S. 14.

tigt sind nach Nr. 8 der Konzeption alle regionalen HEADS-Ansprechpartner der Polizeibehörden und die Kriminaldauerdienste.

Ferner entscheidet die Zentralstelle über die Aufnahme des Probanden in die Datenbank und die weitergehende Bewertung.[1270] Als weitere Aufgabe fällt ihr die Sammlung, die Aufbereitung, die Bewertung und Steuerung sowie die Dokumentation der Informationen zu. Hiermit soll eine hohe Datenqualität sichergestellt werden. Dabei veranlasst die Zentralstelle insbesondere die Vervollständigung und Aktualisierung der erkennungsdienstlichen Unterlagen und der Personenerkenntnisse in der Kriminalakte sowie die Speicherung in den polizeilichen Informationssystemen. Über weitere Schritte zur Reduzierung der Gefahr der Rückfälligkeit des Probanden entscheiden die Polizei Bremen und die Ortspolizeibehörde Bremerhaven. Ebenso stellen sie auch die Umsetzung der Maßnahmen sicher. Diese werden der Zentralstelle HEADS gemeldet, die diese umfangreich dokumentiert. Neben insbesondere Gefährderansprachen[1271], Verbleibskontrollen und Kontaktaufnahmen zu externen Einrichtungen kommen anlass- und einzelfallabhängige Mittel in Betracht, die auf der Grundlage eines Gefährdungslagebildes getroffen wurden. Geeignete Instrumente können insbesondere ein Platzverweis, eine Umfeldermittlung, Gefährdetenansprachen[1272], Observationsmaßnahmen, die Ausschreibung zur Aufenthaltsermittlung gem. §§ 463a Abs. 1 und 131a StPO oder die Datenübermittlung an die Dienststellen der Bewährungshilfe sein.[1273] Ist der Fall von besonderer Bedeutung, sei es, dass er sich in tatsächlicher oder rechtlicher Hinsicht als schwierig darstellt oder von besonderem öffentlichen Interesse ist, so werden die Maßnahmen nicht alleine von der Polizei, sondern in Abstimmung mit allen betroffenen Stellen getroffen. Dies erfolgt mit Hilfe sog. Runder Tische[1274]. Ziel ist es, Grundsatzfragen zu klären, die Beurteilungsgrundlage zu erweitern und eine optimierte, koordinierte und behördenübergreifende Behandlung gegenüber dem Risikoprobanden zu gewährleisten. Der Runde Tisch kann in jedem Verfahrensstadium einberufen werden.[1275]

1270 Zu den unterschiedlichen Entscheidungsträgern vgl. unten S. 370 f. Siehe auch zu dem Verbesserungsvorschlag die Kategorisierung durch Fachpersonal vornehmen zu lassen S. 394.

1271 Ausführlich unten S. 375 ff.

1272 Dazu unten S. 382 ff.

1273 Siehe zu den Maßnahmen Anlage 3 des Konzeptes HEADS, S. 1 f.

1274 Vgl. dazu S. 372. Dort werden auch die Konzeptionen genannt, die von dieser Möglichkeit Gebrauch nehmen.

1275 Näher zu den Runden Tischen Konzeption HEADS, S. 12.

Mit Beendigung der Bewährungsaufsicht und jeder Art der Führungsaufsicht[1276] werden die Daten der verurteilten Person aus der HEADS-Datei gelöscht und die Maßnahmen beendet.

6. Hamburg

a) Entwicklung der Führungsaufsicht

Der Verlauf der Entwicklung der Anzahl der unter Führungsaufsicht stehenden Personen in Hamburg ist als wellenartig zu beschreiben. Ein Vergleich der Jahre 2000, in dem 616 Personen unter Führungsaufsicht standen, mit 2010, in dem die Bestandszahl 790 betrug, zeigt ein Wachstum der Anzahl der unterstellten Personen von rund 28 %. Auffallend ist dabei, dass der Höchststand bereits am 31. Dezember 2004 mit 963 Personen erreicht wurde, wobei jedoch beachtet werden muss, dass zwischen den Jahren 2003 und 2005[1277] die erledigten Aufsichten statistisch in der Bestandszahl nicht komplett erfasst werden konnten und erst 2005/2006 die Korrektur erfolgte.[1278] Dies könnte auch erklären, warum im Gegensatz dazu 2006 die Unterstellungsanzahl „nur“ 807 Personen ergab. Gründe[1279] für die weitere Entwicklung sind nur schwer zu finden.[1280] Im darauf folgenden Jahr stieg die Anzahl zunächst auf 830 wieder an, fiel 2008 auf 769, um dann wieder auf 807 zu wachsen und um schließlich im Jahr 2010 auf 790 herabzusinken. Einen reinen Zwischenstand für die Bestandszahl für 2011 gibt es zum Zeitpunkt des Abschlusses dieser Arbeit noch nicht. Am 25. Juli 2011 waren für das Jahr 2011 bereits 99 Eingänge verzeichnet, wodurch der vermeintliche Bestand 889 beträgt. Allerdings wurden hierbei nicht die bis 25. Juli 2011 erfolgten erledigten Aufsichten berücksichtigt.[1281]

1276 Zur Beendigung der Führungsaufsicht siehe oben S. 115 ff.

1277 Auch in Baden-Württemberg (S. 244), Bayern (S. 251), Brandenburg (S. 263) und Bremen (S. 269) ist ein Rückgang der Anzahl der unter Führungsaufsicht Unterstellten im Jahr 2005 zu verzeichnen, allerdings fand in Hamburg im Anschluss daran kein kontinuierlicher Anstieg statt. Vielmehr liegt eine wellenartige Entwicklung vor.

1278 Führungsaufsichtsstelle am Landgericht Hamburg (auf Anfrage).

1279 Zu den möglichen Erklärungsansätzen siehe unten S. 341.

1280 Wie gezeigt, liegt in Hamburg eben kein kontinuierlicher Anstieg vor, so dass die Gründe für den Anstieg der Personen, die unter Führungsaufsicht stehen (vgl. S. 342 f.) nur partiell greifen.

1281 Führungsaufsichtsstelle am Landgericht Hamburg (auf Anfrage).

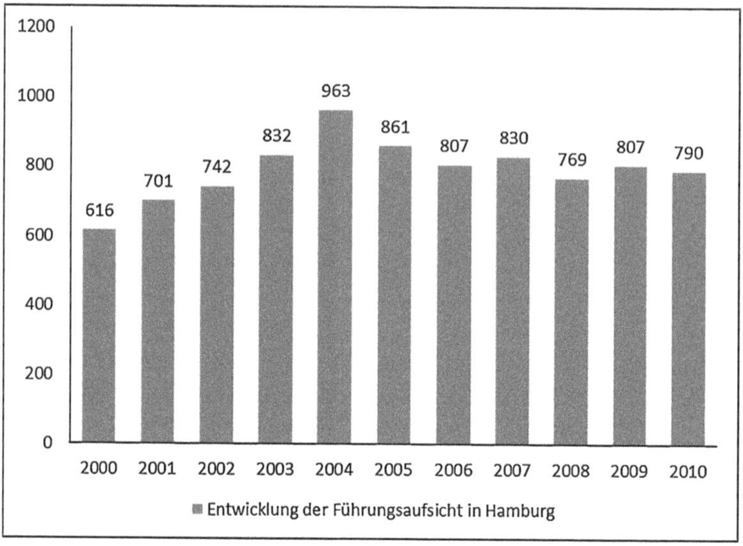

Abbildung 10: Entwicklung der Führungsaufsicht in Hamburg[1282]

b) Projekt: Täterorientierte Prävention (T.O.P.)

aa) Entstehung

Für die Entstehung des Konzepts „Täterorientierte Prävention (T.O.P.)“ waren zwei Gesichtspunkte maßgeblich. Zum einen die Fälle der erst vor kurzer Zeit aus der Haft entlassenen gefährlichen Gewalttäter, die nach ihrer Entlassung erneut ein Tötungsdelikt oder ein schweres Sexualdelikt begangen haben. Zum anderen das elementare Bedürfnis der Bevölkerung, ohne Angst vor Übergriffen in Sicherheit leben zu können. Um dieses zu befriedigen, aber auch die Gefahr der Begehung einer erneuten einschlägigen Straftat durch die verurteilte Person zu minimieren, sah man sich gezwungen, etwas zu unternehmen. Die innerbehördliche Arbeitsgruppe erhielt aufgrund dessen 2007 von der Leitung des Landeskriminalamts, des Strafvollzugsamts und der Staatsanwaltschaft den Auftrag zur Erarbeitung eines Gesamtkonzepts für den Umgang mit aus der Haft entlassenen gefährlichen Straftätern. 2009 wurde dieser durch die Leitung der Behörde für Inneres und der Justizbehörde konkretisiert. Es entstand das Konzept „Täterorientierte Prävention (T.O.P.)“ der gemeinsamen Arbeitsgruppe von Justiz,

1282 Führungsaufsichtsstelle am Landgericht Hamburg (auf Anfrage).

Polizei und Bewährungshilfe vom 9. Februar 2010, das am 1. März 2010 in Kraft trat.[1283]

bb) Zielsetzung

Die Konzeption verfolgt das Ziel, mit Hilfe täterorientierter Prävention der Rückfallgefahr eines kurz zuvor aus der Haft entlassenen Täters entgegenzuwirken, um so die Bevölkerung zu schützen.[1284]

cc) Zielgruppe

Entscheidender Unterschied zwischen der Herangehensweise anderer Bundesländer und der Konzeption „Täterorientierte Prävention“ hinsichtlich der Zielgruppe ist, dass aktuell keine Reduzierung der Probanden auf Gewalttäter mit sexueller Motivation stattfindet.[1285] Dies hat folgenden Hintergrund: Nicht nur Täter, die aufgrund eines Sexualdelikts in Erscheinung getreten sind, stellen eine erhebliche Gefahr für die Bevölkerung dar. Daher werden von dieser Konzeption alle aus der Haft entlassenen Gewalt- und Sexualstraftäter erfasst, die ein herausragendes Gefährderpotential aufweisen und somit als Risikogewalttäter einzustufen sind. Ein solcher liegt demnach vor, wenn er wegen eines Verbrechens oder einer Straftat der in § 66 Abs. 3 S. 1 StGB bezeichneten Art zu einer (Gesamt-)Freiheitsstrafe von im Regelfall mindestens drei Jahren verurteilt wurde, die Strafe vollständig verbüßt hat und aufgrund dessen Führungsaufsicht eingetreten ist, sowie im Vollzug festgestellt wurde, dass ein akutes Gefährderpotential besteht, d.h. dass eine akute Besorgnis existiert, der Täter werde nach der Entlassung aus der Haft gleichartige Delikte begehen.[1286] Im Regelfall schließt dieses Konzept aus dem Maßregelvollzug Entlassene aus. Auch dies stellt einen wesentlichen Unterschied zu anderen Konzeptionen dar. Ausgangspunkt hierfür ist, dass in Fällen, in denen eine Person aus dem Maßregelvollzug

---

1283 Konzept T.O.P., S. 1 f., 9.; Die Darstellung dieses Konzepts, insb. auch die Struktur und der Aufbau der Ausführungen basieren auf der Grundlage des Konzepts vom 9.2.2010. Aufgrund der Tatsache, dass die Konzeptionen der Bundesländer teilweise nur schwer für die Öffentlichkeit zugänglich sind sowie eine umfassende Sammlung und Auswertung aller Konzepte noch nicht erfolgte, wird zunächst das jeweilige Projekt ausführlich erläutert. Im Anschluss daran finden eine Auswertung und ein Vergleich zwischen den einzelnen Projekten statt.

1284 Konzept T.O.P., S. 1.

1285 Hinsichtlich der Zielgruppe anderer Bundesländer vgl. den jeweiligen Unterpunkt „Zielgruppe“ des jeweiligen Konzepts des Bundeslandes. Zur Unterschiedlichkeit dieser Adressaten siehe insb. S. 369, zur Erweiterung der Zielgruppe als Verbesserungsvorschlag vgl. unten S. 394.

1286 Konzept T.O.P., S. 2.

entlassen wird, geschieht dies aufgrund einer günstigen Begutachtung durch Vorliegen einer positiven Legalprognose geschieht.[1287]

dd) Verfahrensablauf

Die Konzeption „Täterorientierte Prävention" hat unter Punkt 2 „Aufgaben und Abläufe" konkret den Verfahrens- und Handlungsablauf bei den beteiligten Stellen, nämlich dem Strafvollzug, der Staatsanwaltschaft, der Polizei, der Führungsaufsichtsstelle[1288] sowie der Bewährungshilfe festgelegt.

Die Justizvollzugsanstalt hat sechs Monate vor der Entlassung der verurteilten Person aus der Strafhaft die Aufgabe, entsprechend der festgelegten Kriterien für die Zielgruppe zu prüfen, ob der zu Entlassende nach ihrer Sicht einen Risikogewalttäter darstellt. Kommt sie diesbezüglich zu einem positiven Ergebnis, informiert der zuständige Vollzugsabteilungsleiter den Sicherheitsdienstleiter, der wiederum diese Information dem Sicherheitsreferat des Strafvollzugsamtes übermittelt und Rücksprache mit der Zentralstelle der Polizei im Landeskriminalamt hält. Dieses erhebt aufgrund dessen die polizeilichen Erkenntnisse über den Verurteilten, erstattet Bericht über präventiv-polizeiliche Erfahrungen sowie über in ihren Daten gespeicherte Feststellungen aus dem Strafverfahren an den Strafvollzug. Dadurch soll eine breite Informationsbasis für den Strafvollzug entstehen, aufgrund dessen der in der Justizvollzugsanstalt tätige Psychologe auf Bitten des Sicherheitsdienstleiters, eine aktuelle Risikoeinschätzung erstellt.[1289] Nach Vorliegen dieser Beurteilung gibt die Justizvollzugsanstalt drei Monate vor der Entlassung der verurteilten Person eine Stellungnahme ab, die auch Vorschläge über Weisungen[1290] für den Führungsaufsichtsbeschluss beinhaltet. Diese und eine Prognosebewertung hinsichtlich der Gefährlichkeit leitet die Justizvollzugsanstalt der Staatsanwaltschaft und der Strafvollstreckungskammer zu.[1291] Nach Erhalt prüft die Staatsanwaltschaft die Einschätzung der Justizvollzugsanstalt, ob ein Risikogewalttäter vorliegt und ob alle erforderlichen Informationen zur Verfügung stehen. Stimmt sie mit dem Strafvollzug hinsichtlich der Einschätzung der Zugehörigkeit des Verurteilten zur Zielgruppe überein, übersendet sie die erforderlichen Unterlagen der Polizei und der Führungsaufsichtsstelle.[1292] Ferner beruft die Staatsanwaltschaft die ers-

---

1287 Konzept T.O.P., S. 2.

1288 Allgemein zur Führungsaufsichtsstelle siehe bereits oben S. 127 ff.

1289 Konzept T.O.P., S. 3.

1290 Siehe zu den Möglichkeiten der Anordnung von Weisungen während der Führungsaufsicht S. 143 ff.

1291 Konzept T.O.P., S. 3.

1292 Konzept T.O.P., S. 4.

te Fallkonferenz[1293] ein, die zwei Monate vor der Entlassung stattfinden soll. Jeweils ein Vertreter des Strafvollzugsamts und der zuständigen Justizvollzugsanstalt, der Staatsanwaltschaft, der Polizei und der Führungsaufsichtsstelle nimmt daran teil. In dieser Konferenz werden sowohl die vorhandenen Erkenntnisse über den Probanden abgeglichen und gegebenenfalls aktualisiert, wie auch eine Risikoeinschätzung des Täters durch das Gremium vorgenommen.[1294] Die geplanten Maßnahmen seitens der Führungsaufsichtsstelle, der Justiz und der Polizei werden erörtert und zwischen den beteiligten Institutionen abgestimmt. Primäres Ziel dieser Konferenz ist es, die Einstufung der verurteilten Person als Risikogewalttäter im Sinne dieses Konzepts vorzunehmen. Nach Beendigung der Konferenz, deren Ergebnis die Staatsanwaltschaft nicht bindet, stellt sie einen Antrag zur Ausgestaltung der Führungsaufsicht an die Strafvollstreckungskammer.[1295] Hat die Strafvollstreckungskammer ihren Beschluss gefasst, so wird der Verurteilte über die Einstufung als Risikogewalttäter durch den Strafvollzug informiert.[1296] Ist der Verurteilte zu diesem Zeitpunkt bereits entlassen, nimmt die Führungsaufsichtsstelle diese Aufgabe wahr.[1297] Soweit in dem Beschluss keine wesentlichen Abweichungen zu dem Ergebnis der Fallkonferenz bestehen, übermittelt das Landeskriminalamt diesen an die Leitung der zuständigen Polizeidienststelle, welche die Aufgabe hat, die in der Fallkonferenz besprochenen Maßnahmen umzusetzen. Hierbei kommen vor allem die Gefährderansprache[1298], die Durchführung und Aktualisierung erkennungsdienstlicher Unterlagen, die Überprüfung der Wohnsitznahme sowie die Einstellung eines Hinweises mit entsprechenden Handlungsanweisungen in das Polizeiliche Auskunftssystem (POLAS) in Betracht. Die Polizeidienststelle informiert das Landeskriminalamt regelmäßig über die Entwicklung des Probanden, ebenso steht sie in einem ständigen Informationsaustausch mit der Führungsaufsichtsstelle, die wie die Bewährungshilfe auch die ihr gesetzlich vorgesehenen Aufgaben im Übrigen übernimmt.[1299]

Soweit ersichtlich hat das Konzept „Täterorientierte Prävention" im Übrigen keine eigene Datenbank zur Speicherung von Informationen geschaffen.

1293 Vgl. dazu S. 372. Dort werden auch die Konzeptionen genannt, die von dieser Möglichkeit Gebrauch nehmen.

1294 Konzept T.O.P., S. 4.

1295 Konzept T.O.P., S. 5.

1296 Zu den unterschiedlichen Entscheidungsträgern vgl. unten S. 370 f. Siehe auch zu dem Verbesserungsvorschlag die Kategorisierung durch Fachpersonal vornehmen zu lassen S. 394.

1297 Konzept T.O.P., S. 4.

1298 Ausführlich unten S. 375 ff.

1299 Konzept T.O.P., S. 6.

7. Hessen

a) Entwicklung der Führungsaufsicht

Für das Bundesland Hessen ergibt ein Vergleich der Jahre 2000 und 2010, dass die Anzahl der Unterstellungen unter Führungsaufsicht um ca. 177 % von 494 auf 1.367 gestiegen ist.[1300] Hierbei war am Stichtag im Jahr 2006 erstmals im Vergleich zum Vorjahr ein Rückgang der Unterstellungen unter Führungsaufsicht zu verzeichnen, nämlich von 1.131 auf 1.060.[1301] Dieser Wert erscheint äußerst gering, wenn man bedenkt, dass durch Umstellung auf ein neues Programm einige Fälle aus 2005 sogar auch erst 2006 nachgewiesen werden. Bereits zum 1. August 2011 wurde der bisherige Höchststand erreicht. An diesem Tag standen 1.493 Personen unter Führungsaufsicht.[1302]

1300 Zu den möglichen Gründen für den Anstieg der Anzahl der unter Führungsaufsicht stehenden Personen vgl. unten S. 342 ff.

1301 Auch ist im Saarland 2006 ein Rückgang festzustellen. Siehe zu den möglichen Gründen hierfür unten S. 312.

1302 Hessisches Ministerium der Justiz, für Integration und Europa (auf Anfrage); Daten des Hessischen Statistischen Landesamtes abzurufen unter http://www.statistik-hessen.de/themenauswahl/bildung-kultur-rechtspflege/landesdaten/rechtspflege/weitere-statistiken/unterstellungen-unter-bewaehrungs-fuehrungsaufsicht/index.html.

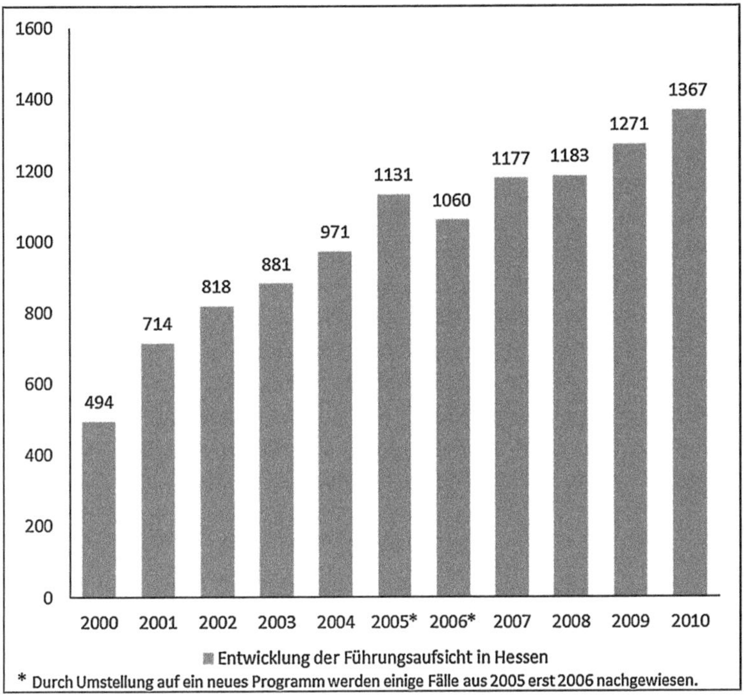

Abbildung 11: Entwicklung der Führungsaufsicht in Hessen[1303]

b) Projekt: Sicherheitsmanagement zur Betreuung und Überwachung von Sexualstraftätern sowie Einrichtung einer polizeilichen Zentralstelle zur Überwachung besonders rückfallgefährdeter Sexualstraftäter

Das Hessische Ministerium der Justiz, das Hessische Ministerium des Innern und für Sport und des Hessischen Sozialministeriums haben in einem gemeinsamen Runderlass vom 3. Januar 2008[1304] zur Verbesserung des Schutzes der Bevölkerung vor Sexualstraftaten ein Sicherheitsmanagement zur Betreuung und Überwachung von Sexualstraftätern sowie die Einrichtung einer polizeili-

1303 Durch Umstellung auf ein neues Programm werden einige Fälle aus 2005 erst 2006 nachgewiesen. Hessisches Ministerium der Justiz, für Integration und Europa (auf Anfrage); Daten des Hessischen Statistischen Landesamtes abzurufen unter http://www.statistik-hessen.de/themenauswahl/bildung-kultur-rechtspflege/landesdaten/rechtspflege/weitere-statistiken/unterstellungen-unter-bewaehrungs-fuehrungsaufsicht/index.html.

1304 Gem. RdErl. d. MdJ, d. MdIuS u.d. HSM v. 3.1.2008, JMBl. Hessen, 2008, Nr. 5, S. 113 ff.

chen Zentralstelle zur Überwachung besonders rückfallgefährdeter Sexualstraftäter eingerichtet.[1305]

aa) Entstehung

Hinsichtlich der Hintergründe für die Entstehung dieser Konzeption macht der gemeinsame Runderlass der beteiligten Ministerien kaum Angaben. Lediglich wird in einer Vorbemerkung darauf hingewiesen, dass die Maßnahmen auf den Empfehlungen der Arbeitsgruppe „Haftentlassenen-Auskunftsdatei für Sexualstraftäter" beruhen, an der Vertreter der beteiligten Ministerien, des Generalstaatsanwalts, des Hessischen Landeskriminalamts sowie der Kriminologischen Zentralstelle e.V. mitgewirkt haben. Der gefährliche Straftäter bekommt bereits seitens verschiedenster Bereiche, beispielsweise der gesonderten Unterbringung in Anstalten, Aufmerksamkeit, jedoch soll die Betreuung und Überwachung dieser Risikoprobanden nach Entlassung aus der Strafanstalt bzw. Maßregelvollzugsanstalt zum Schutz der Bevölkerung optimiert werden.[1306]

bb) Zielsetzung

Das Ziel der Konzeption „Sicherheitsmanagement zur Betreuung und Überwachung von Sexualstraftätern sowie Einrichtung einer polizeilichen Zentralstelle zur Überwachung besonders rückfallgefährdeter Sexualstraftäter" ist es, die Bevölkerung nachhaltig vor rückfallgefährdeten Sexualstraftätern zu schützen. Hierzu müssen die Betreuung und Überwachung dieser Zieltätergruppe verbessert werden. Dies soll mit Hilfe der Einrichtung verschiedenster Maßnahmen erreicht werden. Neben dem Ausbau eines Sicherheitsmanagements wurde im Hessischen Landeskriminalamt eine Zentralstelle zur Überwachung der rückfallgefährdeten Sexualstraftäter eingerichtet. Dies bedingt nach der Vorstellung der Konzeption „eine Optimierung des Informationsaustausches zwischen den verantwortlichen Stellen der Justiz, des Maßregelvollzugs und der Polizei mit dem Ziel, gemeinsame Interventionsstrategien im Rahmen der unterschiedlichen Verantwortlichkeiten zu entwickeln und abzustimmen, damit Maßnahmen und Erkenntnisse besser koordiniert sowie konsequent und jederzeit nachvollziehbar

1305 Die Darstellung dieses Konzepts, insb. auch die Struktur und der Aufbau der Ausführungen basieren auf der Grundlage des gemeinsamen Runderlasses vom 3.1.2008. Aufgrund der Tatsache, dass die Konzeptionen der Bundesländer teilweise nur schwer für die Öffentlichkeit zugänglich sind sowie eine umfassende Sammlung und Auswertung aller Konzepte noch nicht erfolgte, wird zunächst das jeweilige Projekt ausführlich erläutert. Im Anschluss daran finden eine Auswertung und ein Vergleich zwischen den einzelnen Projekten statt.

1306 JMBl. Hessen, 2008, Nr. 5, S. 113 (113 f.).

dokumentiert werden können".[1307] Dazu wird insbesondere eine zentrale Datenbank[1308] eingerichtet, in der die Informationen erfasst und verknüpft werden. Die Übermittlung und der Austausch dieser Erkenntnisse zwischen der Zentralstelle und den Polizeipräsidien erhalten durch diese Datenbank Unterstützung.[1309]

cc) Zielgruppe

Punkt II. der Konzeption legt die Zielgruppe[1310] der resortübergreifenden Maßnahme fest. Darunter fallen Sexual- und Gewaltstraftäter im Bereich der Tötungsdelikte mit sexueller oder unklarer Motivlage, bei denen nach der Art und Schwere der begangenen Tat, der Täterpersönlichkeit oder aufgrund des Verhaltens nach der Tat die erneute Begehung einer Straftat aufgrund einer ungünstigen Prognose nicht ohne Weiteres ausgeschlossen ist und Gefahr für das Leib oder Leben anderer Personen mit sich bringen würde. Insbesondere umfasst die Zielgruppe den Kreis der Vollverbüßer[1311] oder Personen mit einer Verschlechterung der Risikoeinschätzung.[1312]

dd) Verfahrensablauf

Die Justizvollzugsanstalt teilt für den größten Teil der Zielgruppe, den Vollverbüßern, der zuständigen Staatsanwaltschaft sechs Monate vor der Freilassung aus der Strafhaft mit, dass es sich bei der zu entlassenden Person um einen Risikoprobanden handelt. Neben dieser prognostischen Einschätzung macht die Justizvollzugsanstalt auch konkrete Vorschläge zur Ausgestaltung der Führungsaufsicht. Die Staatsanwaltschaft ist in einem Verfahren nach dem allgemeinen Strafrecht die durch diesen Erlass angesprochene Vollstreckungsbehörde. Stimmt sie der Einschätzung der Justizvollzugsanstalt zu, informiert sie drei Monate vor dem voraussichtlichen Endstrafenzeitpunkt die Zentralstelle beim Landeskriminalamt Hessen sowie das Sicherheitsmanagement[1313], die foren-

1307 JMBl. Hessen, 2008, Nr. 5, S. 113 (115).

1308 Zu der Rechtmäßigkeit solcher Datenbanken vgl. unten S. 385 ff.

1309 JMBl. Hessen, 2008, Nr. 5, S. 113 (121).

1310 Hinsichtlich der Zielgruppe anderer Bundesländer vgl. den jeweiligen Unterpunkt „Zielgruppe" des jeweiligen Konzepts des Bundeslandes. Zur Unterschiedlichkeit dieser Adressaten siehe insb. S. 369, zur Erweiterung der Zielgruppe als Verbesserungsvorschlag vgl. unten S. 394.

1311 Siehe dazu S. 67 ff.

1312 Vgl. insgesamt hierzu JMBl. Hessen, 2008, Nr. 5, S. 113 (115).

1313 Sicherheitsmanager sind speziell ausgebildete Bewährungshelfer an hessischen Landgerichten, die rückfallgefährdete Täter überwachen und betreuen. Vgl. hierzu http://www.hmdj.hessen.de/irj/zentral_Internet?rid=zentral_15/zentral_Internet/nav/882/8825058e-6897-0701-33e2-dc44e9169fcc,3da17576-e84a-711a-eb6d-

sisch-psychiatrische Fachambulanz und die zuständige Führungsaufsichtsstelle[1314].[1315] Zeitgleich stellt sie den Antrag gegenüber der Strafvollstreckungskammer zur Ausgestaltung der Führungsaufsicht.

Die Zentralstelle im Landeskriminalamt Hessen dient der Überwachung besonders rückfallgefährdeter Sexualstraftäter. Zunächst werden die eingehenden Informationen administrativ bearbeitet, im Anschluss daran aufbereitet und bewertet. Im Rahmen der Analyse der Anlasstat und der Persönlichkeit des Täters ergeben sich stabilisierende und/oder destabilisierende Faktoren. Anhand dieser kann eine Rückfallgefahr begründet und eine Einstufung des Probanden vorgenommen werden.[1316] Allerdings erfolgt durch die Zentralstelle und damit durch die Polizei keine Rückfallprognose.[1317] Die Beurteilung für die Gefährlichkeit und damit einhergehend der Einstufung der unterstellten Person ergibt sich aus den Resultaten der Gesamtwürdigung und der Gefährlichkeitsprognose durch die Justiz bzw. den Maßregelvollzug und dient lediglich der polizeilichen Arbeitspriorisierung.[1318] Maßgebliche Kriterien für diese Bewertung sind insbesondere die Tatbegehungsweise, das Gewaltausmaß, die Art und der Umgang mit sexuell motivierten Handlungen oder erkennbare Präferenzen des Täters. Dabei werden drei Kategorien unterschieden. Kategorie I umfasst alle Risikoprobanden mit höchstem Gefahrenpotential, also Sexualmörder, Serienvergewaltiger und andere herausragende Fälle. Risikoprobanden mit hohem Gefahrenpo-

---

f144e9169fcc,22222222-2222-2222-2222-222222222222,22222222-2222-2222-2222-222222222222,11111111-2222-3333-4444-100000005004.htm; http://www.hmdj.hessen.de/irj/zentral_Internet?rid=zentral_15/zentral_Internet/nav/882/8825058e-6897-0701-33e2-dc44e9169fcc,50b516fd-1a77-621f-012f-31e2389e4818,22222222-2222-2222-2222-222222222222,22222222-2222-2222-2222-222222222222,11111111-2222-3333-4444-100000005004.htm.

1314 Allgemein zur Führungsaufsichtsstelle siehe bereits oben S. 127 ff.

1315 Anders beim Bewährungsversager: In diesen Fällen tätigt die Staatsanwaltschaft bzw. bei unmittelbarer Gefahr das Sicherheitsmanagement unverzüglich eine Meldung an die Zentralstelle beim Hessischen Landeskriminalamt, falls der Betroffene als Risikoproband eingestuft wurde, JMBl. Hessen, 2008, Nr. 5, S. 113 (120). 3.1 der Konzeption besagt für eine andere Zielgruppe: „Auf dem gleichen Meldeweg erfolgt der durch die forensisch-psychiatrische Fachambulanz initiierte Informationsfluss in Fällen von Personen, die zunächst mit positiver Sozialprognose aus der Psychiatrie entlassen wurden, bei denen dann jedoch anschließend Anhaltspunkte für ein erhöhtes Gefahrenpotential festgestellt worden sind, die eine Intensivierung der Betreuung und eine Erfassung bei der Polizei notwendig machen", JMBl. Hessen, 2008, Nr. 5, S. 113 (120).

1316 JMBl. Hessen, 2008, Nr. 5, S. 113 (120).

1317 JMBl. Hessen, 2008, Nr. 5, S. 113 (120).

1318 Zu den unterschiedlichen Entscheidungsträgern vgl. unten S. 370 f. Siehe auch zu dem Verbesserungsvorschlag die Kategorisierung durch Fachpersonal vornehmen zu lassen S. 394.

tential werden demgegenüber als Kategorie II erfasst. Diese Täter sind nicht Teil der unter Kategorie I fallenden Personen, weisen jedoch einzelne Parameter auf. Schließlich stuft man Risikoprobanden mit mittlerem Gefahrenpotential als Probanden der Kategorie III ein. Die Zuordnung in eine Kategorie ist aber nicht abschließend. Im Fall von neuen Erkenntnissen kann sowohl eine Herauf- wie auch eine Herabstufung in eine andere Kategorie stattfinden.[1319] Anhand der Analyse, der Bewertung und der Einstufung erarbeitet im Anschluss daran die Zentralstelle ein speziell auf den Probanden abgestimmtes Maßnahmenkonzept aus und bereitet die Gefährderansprache[1320] vor. Diese Empfehlung übergibt sie dem zuständigen Polizeipräsidium.[1321] Dort werden Koordinatoren zur Gewährleistung der Umsetzung der Maßnahmen auf lokaler Ebene und Verantwortliche in den zuständigen Fachkommisariaten benannt. Das Präsidium setzt die Vorschläge in eigener Verantwortung um.[1322] Als Mittel kommen hierbei insbesondere die Vervollständigung und Aktualisierung der ED- und DNA-Unterlagen, die Überprüfung der tatsächlichen Wohnsitznahme, die Durchführung von Gefährderansprachen[1323], das Feststellen von Weisungs- und Auflagenverstößen[1324] sowie ein ständiger Informationsaustausch zwischen den beteiligten Stellen und die Dokumentation getroffener Maßnahmen und deren Übermittlung an die Zentralstelle im Landeskriminalamt Hessen zur Geltung.[1325] Auch die Konzeption von Hessen sieht hierzu eine neu einzurichtende Datei[1326] vor, in der besonders rückfallgefährdete Sexualstraftäter dauerhaft erkannt und lokalisiert werden können.[1327] Schließlich können auch, ähnlich wie in anderen Bundesländern, Fallkonferenzen[1328] stattfinden und die Einrichtung eines „Runden Tisches"[1329] erfolgen. Beide Maßnahmen sind ressortübergreifend und sollen eine bessere behördenübergreifende Behandlung des verurteilten Täters gewährleisten, sowie

1319 JMBl. Hessen, 2008, Nr. 5, S. 113 (121).

1320 Ausführlich unten S. 375 ff.

1321 JMBl. Hessen, 2008, Nr. 5, S. 113 (121).

1322 JMBl. Hessen, 2008, Nr. 5, S. 113 (122).

1323 Ausführlich unten S. 375 ff.

1324 Siehe zu den Möglichkeiten der Anordnung von Weisungen während der Führungsaufsicht S. 143 ff. Vgl. zu der Sanktionsregelung bei Weisungsverstößen im Rahmen der Führungsaufsicht bereits oben S. 185 ff.

1325 JMBl. Hessen, 2008, Nr. 5, S. 113 (123).

1326 Zur Rechtmäßigkeit solcher Datenbanken vgl. unten S. 385 ff.

1327 JMBl. Hessen, 2008, Nr. 5, S. 113 (114).

1328 Vgl. dazu S. 372. Dort werden auch die Konzeptionen genannt, die von dieser Möglichkeit Gebrauch nehmen.

1329 Vgl. dazu S. 372. Dort werden auch die Konzeptionen genannt, die von dieser Möglichkeit Gebrauch nehmen.

eine Optimierung der Abstimmung der erforderlichen Vorkehrungen erzielen.[1330]

Die Pflicht zur Einrichtung eines Sicherheitsmanagements bei allen hessischen Landgerichten resultiert aus dem oben genannten gemeinsamen Runderlass, wobei die Einzelheiten sowie die Verfahrensweisen innerhalb des Sicherheitsmanagements durch Ressorterlass geregelt werden. Generell übernimmt das Sicherheitsmanagement die Aufgaben der Bewährungshilfe und regt die Rücknahme der Risikoeinschätzung an, wenn es der Ansicht ist, dass eine erhöhte Rückfallgefahr bei der verurteilten Person nicht mehr vorliegt.[1331]

Die forensisch-psychiatrischen Ambulanzen üben auch bei den Sexualstraftätern ihre gewöhnlichen Aufgaben aus. Insbesondere die Nachbetreuung bedingt entlassener Maßregelvollzugspatienten zählt zu ihrem Aufgabengebiet. Stellt man bei einem Patienten erste Anzeichen für eine erhöhte Rückfallgefahr fest, hat der zuständige Mitarbeiter der Ambulanz die Kontaktfrequenz zu erhöhen und die Intensität der Behandlung zu steigern. Diese Maßnahme wird unmittelbar der zuständigen Strafvollstreckungskammer mit der Anregung, die Zentralstelle beim Landeskriminalamt Hessen zu benachrichtigen, mitgeteilt. Es erfolgt ebenso eine Information der Führungsaufsichtsstelle und des Sicherheitsmanagements. Im Fall der Nichtaufrechterhaltung der erhöhten Risikogefahr kann die forensisch-psychiatrische Ambulanz auch die Rücknahme anregen.[1332]

Ändern sich die Umstände der verurteilten Person positiv nachträglich, so dass hinsichtlich der Risikoeinschätzung eine Verbesserung anzunehmen ist, prüft die Vollstreckungsbehörde, ob sie die von ihr veranlasste Meldung an die Zentralstelle beim Landeskriminalamt zurücknehmen muss. Die diesbezüglich getroffene Entscheidung teilt sie dem Gericht, dem Sicherheitsmanagement, der forensisch-psychiatrischen Fachambulanz und der Führungsaufsichtsstelle mit.[1333]

1330 JMBl. Hessen, 2008, Nr. 5, S. 113 (123).

1331 JMBl. Hessen, 2008, Nr. 5, S. 113 (118).

1332 JMBl. Hessen, 2008, Nr. 5, S. 113 (119).

1333 JMBl. Hessen, 2008, Nr. 5, S. 113 (117).

8. Mecklenburg-Vorpommern

a) Entwicklung der Führungsaufsicht

Vorab ist festzuhalten, dass die Entwicklung der Führungsaufsicht erst ab 2002 betrachtet werden kann, da die Daten zur Führungsaufsicht erst beginnend mit diesem Jahr erhoben wurden. Ein Vergleich der Jahre 2002 und 2010 ergibt einen Anstieg der Anzahl der Unterstellungen unter Führungsaufsicht um knapp 107 % von 325 auf 672, womit sich die Unterstellungsanzahl innerhalb von acht Jahren mehr als verdoppelt hat.[1334] Lediglich im Jahr 2007 war im Vergleich zum Vorjahr ein Rückgang der Unterstellungen zu verzeichnen. Ob der Rückgang der Führungsaufsichtsfälle auf die bevorstehende Reform der Führungsaufsicht im Jahr 2007 zurückzuführen ist, lässt sich nur mutmaßen. Jedenfalls ist auch die Anzahl der Führungsaufsicht kraft Richterspruchs gem. § 68 Abs. 1 StGB für die gesamte Bundesrepublik von 48 im Jahr 2006 auf 27 im darauffolgenden Jahr gesunken.[1335] Dies könnte ein Indiz sein, dass nicht nur die Diskussionen vor der Reform eine Rolle spielten, sondern man zunächst auch abwarten wollte, welche Folgen die Änderungen mit sich bringen würden. Ab dem Jahr 2007 stieg die Unterstellungsanzahl wieder stetig an. 2010 erreichte sie ihren bisherigen Jahreshöhepunkt. Dieser wurde aber bereits im Jahr 2011 im Juni übertroffen. Zu diesem Zeitpunkt waren im Landesamt bereits 721 Verfahren anhängig.[1336]

1334 Zu den möglichen Gründen für den Anstieg der Anzahl der unter Führungsaufsicht stehenden Personen vgl. unten S. 342 ff.

1335 Siehe dazu S. 213 ff.

1336 Justizministerium Mecklenburg-Vorpommern (auf Anfrage); Führungsaufsichtsstelle bei dem Landesamt für ambulante Straffälligenarbeit Mecklenburg-Vorpommern (auf Anfrage).

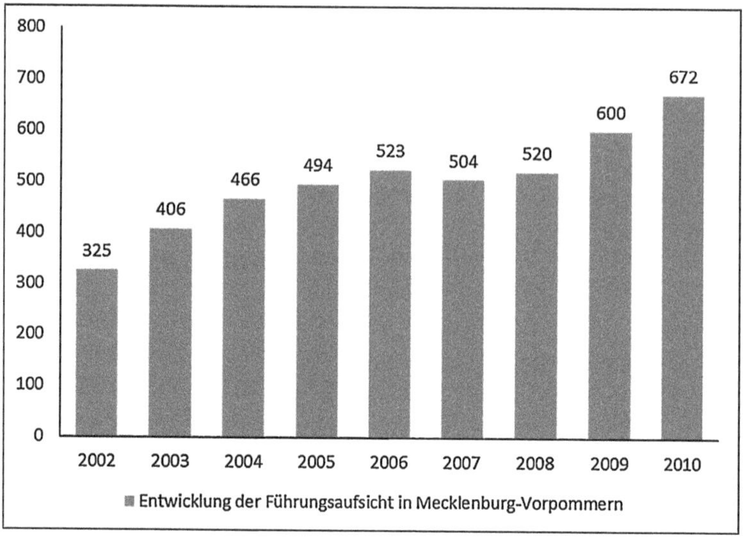

Abbildung 12: Entwicklung der Führungsaufsicht in Mecklenburg-Vorpommern[1337]

b) Projekt: Für optimierte Kontrolle und Sicherheit (FoKuS)

Mit Wirkung vom 30. März 2010 ist auch im Bundesland Mecklenburg-Vorpommern durch die gemeinsame Verwaltungsvorschrift des Justizministeriums und des Innenministeriums das Überwachungskonzept für besonders rückfallgefährdete Sexual- und Gewaltstraftäter in Mecklenburg-Vorpommern – „Für optimierte Kontrolle und Sicherheit – FoKuS“ in Kraft getreten.[1338]

1337 Justizministerium Mecklenburg-Vorpommern (auf Anfrage).

1338 Gemeinsame Verwaltungsvorschrift des Justizministeriums und des Innenministeriums vom 9. März 2010 - III 320/4260 - 13 SH, II 440a - 200.31.16 , abzurufen unter http://www.landesrecht-mv.de/jportal/portal/page/bsmvprod.psml?showdoccase=1&doc.id=VVMV-VVMV000005682&st=vv. Die Darstellung dieses Konzepts, insb. auch die Struktur und der Aufbau der Ausführungen basieren auf der Grundlage der gemeinsamen Verwaltungsvorschrift vom 9.3.2010. Aufgrund der Tatsache, dass die Konzeptionen der Bundesländer teilweise nur schwer für die Öffentlichkeit zugänglich sind sowie eine umfassende Sammlung und Auswertung aller Konzepte noch nicht erfolgte, wird zunächst das jeweilige Projekt ausführlich erläutert. Im Anschluss daran finden eine Auswertung und ein Vergleich zwischen den einzelnen Projekten statt.

aa) Entstehung

Anders als viele Konzepte[1339] anderer Bundesländer enthält diese Konzeption kein einleitendes Vorwort, folglich können keine verbindlichen Aussagen über die Motive für die Entstehung dieser gemeinsamen Verwaltungsvorschrift getroffen werden. Festhalten lassen sich lediglich Vermutungen, wonach Mecklenburg-Vorpommern orientiert an den Vorhaben anderer Bundesländer auch die Notwendigkeit einer Initiative gesehen, oder bedingt durch die bekannten Fälle rückfälliger Straftäter und den medialen Druck auch das Bedürfnis nach mehr Sicherheit für die Gesellschaft gespürt hat.

bb) Zielsetzung

Nach Nr. 1 der gemeinsamen Verwaltungsvorschrift soll mit Hilfe des Überwachungskonzepts „Für optimierte Kontrolle und Sicherheit" die Zielgruppe effektiver kontrolliert und geleitet werden. Um dieses Ziel zu erreichen, bedarf es einer stärkeren Vernetzung der durch die Justiz durchzuführenden Maßnahmen zur Überwachung besonders rückfallgefährdeter Sexual- und Gewaltstraftäter und die für diese Fallgruppe bestehenden Unterstützungsmöglichkeiten der Polizei.

cc) Zielgruppe

Zu der Zielgruppe[1340] des Überwachungskonzepts „Für optimierte Kontrolle und Sicherheit" gehören alle verurteilte Personen, die eine Sexualstraftat nach §§ 174 bis 174c, 176 bis 179 StGB oder eine Straftat gem. den §§ 211, 212 StGB oder des § 227 StGB oder eine dieser Taten im Vollrausch (§ 323a StGB) begangen haben. Ferner müssen sie wegen dieser Straftat nach den §§ 68f[1341] oder 67d Abs. 4 bis Abs. 6 StGB[1342] gegebenenfalls in Verbindung mit § 7 JGG unter Führungsaufsicht stehen.[1343] Auffällig ist hierbei, dass die Führungsaufsicht nach § 68 Abs. 1 StGB[1344] aus dem Anwendungsbereich herausgenommen wird.

1339 Z.B. Baden-Württemberg, Bayern.

1340 Hinsichtlich der Zielgruppe anderer Bundesländer vgl. den jeweiligen Unterpunkt „Zielgruppe" des jeweiligen Konzepts des Bundeslandes. Zur Unterschiedlichkeit dieser Adressaten siehe insb. S. 369, zur Erweiterung der Zielgruppe als Verbesserungsvorschlag vgl. unten S. 394.

1341 Näher dazu S. 67 ff.

1342 Vgl. ausführlich S. 64 ff.

1343 Konzept FoKuS, Nr. 3.

1344 Allgemein zur Führungsaufsicht nach § 68 Abs. 1 StGB S. 52 ff.

dd) Verfahrensablauf

Das Verfahren innerhalb des Konzepts „Für optimierte Kontrolle und Sicherheit“ läuft in zwei Schritten ab. Zunächst wird der Proband in das Überwachungskonzept aufgenommen, anschließend beginnt das eigentliche Überwachungsverfahren.

Die Aufnahme in das Überwachungskonzept ist solcherart ausgestaltet, dass die Justizvollzugsanstalt in den Fällen des § 68f StGB[1345] spätestens drei Monate vor der voraussichtlichen Entlassung der Staatsanwaltschaft gegenüber eine Stellungnahme zur Führungsaufsicht im Allgemeinen und zur Frage der Anordnung von Weisungen[1346] abgibt.[1347] Nach deren Erhalt stellt die Staatsanwaltschaft unverzüglich den Antrag auf Entscheidung der Strafvollstreckungskammer nach § 68f StGB, einschließlich der Ausgestaltung der Führungsaufsicht. Eine Kopie dieses Antrags geht an die Führungsaufsichtsstelle[1348], die wiederum das Landeskriminalamt schriftlich informiert. Hat die Strafvollstreckungskammer eine positive Entscheidung hinsichtlich der Führungsaufsicht getroffen, übermittelt sie noch vor Eintritt der Rechtskraft den Beschluss an die Führungsaufsichtsstelle. Mit Eintritt der Rechtskraft teilt die Staatsanwaltschaft diesen Umstand der Führungsaufsichtsstelle mit und schickt ihr die für die Arbeit notwendigen Unterlagen zu. Diese stellt im Anschluss daran mit Übersendung der erforderlichen Unterlagen das Gesuch bei dem Landeskriminalamt auf Ausschreibung der verurteilten Person in dem Informationssystem der Polizei zur polizeilichen Beobachtung und setzt die beteiligten Stellen über Ergänzungen oder Änderungen des Ausgangsbeschlusses in Kenntnis. Ferner wird der Polizei die Erlaubnis durch die Führungsaufsichtsstelle gegeben, direkten Kontakt mit der Bewährungshilfe, insbesondere in Fällen eines Weisungsverstoßes[1349] oder bei Begehung einer weiteren Straftat aufzunehmen und mit dieser erforderliche Maßnahmen abzusprechen. Das Landeskriminalamt kommt dem Gesuch schnellstmöglich nach. Hervorgehoben wird in dem Konzept noch, dass im Fall eines Wohnortwechsels des Probanden die zuständige Polizeiinspektion, die Führungsaufsichtsstelle sowie die Bewährungshilfe sich gegenseitig unverzüglich zu unterrichten haben.[1350]

1345 Näher dazu S. 67 ff.

1346 Siehe zu den Möglichkeiten der Anordnung von Weisungen während der Führungsaufsicht S. 143 ff.

1347 Siehe hierzu Konzept FoKuS, Nr. 4.1.1.

1348 Allgemein zur Führungsaufsichtsstelle siehe bereits oben S. 127 ff.

1349 Vgl. zu der Sanktionsregelung bei Weisungsverstößen im Rahmen der Führungsaufsicht bereits oben S. 185 ff.

1350 Konzept FoKuS, Nr. 4.1.1.

Liegt eine Unterstellung unter das Konzept aufgrund einer Fallgruppe des § 67 Abs. 4 bis Abs. 6 StGB[1351] vor, läuft das Verfahren bezüglich der Aufnahme in das Überwachungskonzept im Grundsatz wie in den Fällen des § 68f StGB. Allerdings gibt nicht die Justizvollzugsanstalt die Stellungnahme ab, sondern die Maßregeleinrichtung übernimmt im Fall des § 67d Abs. 4 StGB[1352] diese Aufgabe spätestens drei Monate vor dem Erreichen der Höchstfrist der Unterbringung. Liegt eine Konstellation nach § 67d Abs. 5[1353] oder Abs. 6[1354] StGB vor, wird dies spätestens mit der Erklärung der Maßregeleinrichtung zur Frage der Erledigung der Maßnahme getätigt. Bei der Fallgruppe des § 67d Abs. 6 StGB wirkt die Staatsanwaltschaft darauf hin, dass sich die Stellungnahme nicht nur auf das „wie“, sondern auch auf das „ob“ der Führungsaufsicht bezieht.[1355]

Wurde der Proband in das Überwachungskonzept aufgenommen[1356], beginnt das eigentliche Überwachungsverfahren. Um das Ziel der engmaschigen Kontrolle zu erreichen, übernimmt nach der Entlassung aus der Haft ein auf diese Tätergruppe spezialisierter Bewährungshelfer die Betreuung des als intensiv zu betreuend eingestuften Probanden. Auch nach Ablauf der ersten drei Monate nach Haftentlassung ist eine ständige Kontaktaufnahme vorgesehen. In der Regel beträgt die Kontaktfrequenz hierbei 14 Tage. Die Reduzierung dieser kann grundsätzlich erst mit Ablauf eines Jahres nach Abschluss der Eingangsphase und bei Vorliegen eines positiven Bewährungsverlaufs erfolgen. Ausnahmsweise kann die Führungsaufsichtsstelle auch einen vorzeitigen Fallgruppenwechsel erlauben.[1357] Unterstützung bei der Überwachung des Probanden erhalten der Bewährungshelfer und die Führungsaufsichtsstelle insbesondere von der zuständigen Polizeiinspektion. Neben der Überprüfung der Einhaltung der auferlegten Weisungen[1358], informiert die Polizeiinspektion das zuständige Polizeirevier und ordnet die aus dem Beschluss abzuleitenden Maßnahmen an. Dabei übernimmt sie die Aufgabe der Koordinierung und ist zugleich Ansprechpartner für Bewährungshilfe sowie Führungsaufsichtsstelle. Erlangt die Polizei Kenntnis von ei-

---

1351 Vgl. ausführlich S. 64 ff.

1352 Siehe S. 64 f.

1353 Dazu S. 66.

1354 Näher S. 66.

1355 Vgl. insgesamt zu der Aufnahme in das Überwachungskonzept Konzept FoKuS, 4.1.2.

1356 Zu den unterschiedlichen Entscheidungsträgern vgl. unten S. 370 f. Siehe auch zu dem Verbesserungsvorschlag die Kategorisierung durch Fachpersonal vornehmen zu lassen S. 394.

1357 Zu dem Überwachungsverfahren bei den Sozialen Diensten siehe Konzept FoKuS, 4.2.1.

1358 Siehe zu den Möglichkeiten der Anordnung von Weisungen während der Führungsaufsicht S. 143 ff.

nem Verstoß gegen eine dem Verurteilten auferlegte Weisung[1359], informiert die Polizeiinspektion unverzüglich die Führungsaufsichtsstelle und gegebenenfalls den Bewährungshelfer. Ist aus ermittlungstaktischen Gründen eine Unterrichtung des Bewährungshelfers nicht möglich, muss die zuständige Polizeiinspektion die Staatsanwaltschaft unterrichten. Daneben ergreift sie unter Umständen die noch zur Gefahrenabwehr und Strafverfolgung erforderlichen Maßnahmen.[1360] Die Konzeption „Für optimierte Kontrolle und Sicherheit – FoKuS“ fordert unter 4.2.3 alle Beteiligten auf, eng und vertrauensvoll zusammenzuarbeiten sowie die gewonnenen Informationen, soweit dies zur Zielerreichung erforderlich ist, unverzüglich weiterzugeben. Allerdings ist in diesem Konzept keine eigene zentrale Datei zur Speicherung von Informationen der Probanden eingerichtet worden. Das Ende des Überwachungsverfahrens tritt mit der Beendigung der Führungsaufsicht[1361] ein. Die Führungsaufsichtsstelle hat dann die Aufgabe die Einstellung aller Maßnahmen zur Überwachung zu gewährleisten.[1362]

In diesem Konzept ist übrigens keine eigens eingerichtete Datenbank zur Speicherung von Informationen vorgesehen. Die Beteiligten sind vielmehr, wie beschrieben[1363], gehalten, „eng und vertrauensvoll zusammenzuarbeiten und gewonnene Informationen auch außerhalb der Konzeptvorgaben unverzüglich an andere Konzeptbeteiligte weiterzugeben, soweit dies für die Zielerreichung des Konzepts erforderlich ist“.[1364]

1359 Siehe zu der Sanktionsregelung bei Weisungsverstößen im Rahmen der Führungsaufsicht bereits oben S. 185 ff.

1360 Vgl. zu dem Verfahren zur Überwachung bei den Polizeidienststellen Konzept FoKuS, 4.2.2.

1361 Näher zur Beendigung S. 115 ff.

1362 Hierzu Konzept FoKuS, 4.2.4.

1363 Siehe S. 292.

1364 Konzept FoKuS, 4.2.3.

9. Niedersachsen

a) Entwicklung der Führungsaufsicht

In Niedersachsen ergibt ein Vergleich der Jahre 2000 und 2010, dass die Anzahl der Unterstellungen wegen Führungsaufsicht um knapp 105 % von 1.090 auf 2.233 gestiegen[1365] ist.[1366] Den bisherigen Maximalwert erreicht die Entwicklung 2011, da sie bereits im Juni 2011 2.365 Unterstellungen aufzeigte. Ein Vergleich mit dem Wert aus dem Monat März im selben Jahr, der 2.304 Unterstellungen aufweist, verdeutlicht umso mehr, dass der bisherige Höchststand erreicht werden wird. Allein in diesem kurzen Zeitraum ist die Anzahl der Unterstellungen um etwa 2,7 % gewachsen.

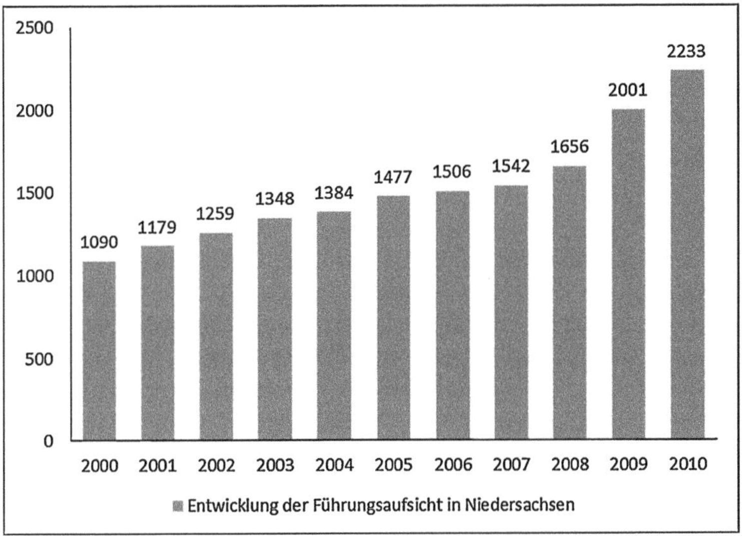

Abbildung 13: Entwicklung der Führungsaufsicht in Niedersachsen[1367]

1365 Zu den möglichen Gründen für den Anstieg der Anzahl der unter Führungsaufsicht stehenden Personen vgl. unten S. 342 ff.

1366 Niedersächsisches Justizministerium (auf Anfrage), das Bezug nimmt auf den Ambulanten Justizsozialdienst Niedersachsen.

1367 Niedersächsisches Justizministerium (auf Anfrage), das Bezug nimmt auf den Ambulanten Justizsozialdienst Niedersachsen.

b) Projekt: Konzeption zum Umgang mit Rückfallgefährdeten Sexualstraftätern und Sexualstraftäterinnen in Niedersachsen (K.U.R.S.)

Das Niedersächsische Ministerium für Inneres und Sport, das Niedersächsische Justizministerium und das Niedersächsische Ministerium für Soziales, Frauen, Familie und Gesundheit haben in einem gemeinsamen Runderlass vom 25. Juni 2010[1368] eine ressortübergreifende Konzeption zum Umgang mit Rückfallgefährdeten Sexualstraftäterinnen und Sexualstraftätern in Niedersachsen (KURS Niedersachsen) erlassen. Dieser trat am 1. Juli 2010 in und wird mit Ablauf des 31. Dezember 2015 außer Kraft treten.[1369]

aa) Entstehung

Das Konzept von Niedersachsen trifft keine Aussagen über Hintergründe oder Motive zur Entstehungsgeschichte der Konzeption zum Umgang mit Rückfallgefährdeten Sexualstraftätern und Sexualstraftäterinnen. Hinsichtlich der Ausgestaltung lehnt es sich dem bayerischen Modell an,[1370] dementsprechend kann bezüglich ihrer Errichtung bei beiden Konzepten von ähnlichen Beweggründen ausgegangen werden.[1371]

bb) Zielsetzung

Auch diese Konzeption hat das Ziel, unter Berücksichtigung des Resozialisierungsgebots das Rückfallrisiko von unter Führungsaufsicht stehenden Sexualstraftätern zu verringern und damit die Begehung zukünftiger Sexualstraftaten zu reduzieren. Um dies zu erreichen, sieht das Konzept zum Umgang mit Rückfallgefährdeten Sexualstraftätern und Sexualstraftäterinnen in Niedersachsen eine bessere Informationssammlung und eine Optimierung der Maßnahmen aller beteiligten Stellen der Polizei, des Maßregelvollzugs und der Justiz vor.

Insbesondere soll das Ziel durch das Erstellen einer einzelfallbezogenen Bewertung hinsichtlich der Rückfallgefahr, durch das Erfassen des Personen-

---

1368 Auf Anfrage vom niedersächsischen Justizministerium abgedruckte Konzeption vom 27. September 2007, auf welche sich die folgenden Nachweise beziehen, erhalten.

1369 Die Darstellung dieses Konzepts, insb. auch die Struktur und der Aufbau der Ausführungen basieren auf der Grundlage des gemeinsamen Runderlasses vom 25.6.2010. Aufgrund der Tatsache, dass die Konzeptionen der Bundesländer teilweise nur schwer für die Öffentlichkeit zugänglich sind sowie eine umfassende Sammlung und Auswertung aller Konzepte noch nicht erfolgte, wird zunächst das jeweilige Projekt ausführlich erläutert. Im Anschluss daran finden eine Auswertung und ein Vergleich zwischen den einzelnen Projekten statt.

1370 Kasecker, Überwachung rückfallgefährdeter Sexualstraftäter, S. 59.

1371 Zu den Beweggründen für die Entstehung des bayerischen Konzepts vgl. oben S. 252.

kreises und risikorelevanter Informationen über den Täter in einer eigenen polizeilichen EDV-Anwendung sowie durch konsequente Benutzung der zur Verfügung stehenden rechtlichen Möglichkeiten im Bereich des Straf- und Gefahrenabwehrrechts zur Verhinderung der Begehung weiterer Straftaten erreicht werden. Auch der Einsatz besonders qualifizierter Bewährungshelfer, die Vernetzung der öffentlichen Dienststellen und die Koordination und Dokumentation der getroffenen Maßnahmen stellen weitere Möglichkeiten zur Zielerreichung dar.[1372]

cc) Zielgruppe

Zielgruppe[1373] der Konzeption zum Umgang mit Rückfallgefährdeten Sexualstraftätern und Sexualstraftäterinnen in Niedersachsen sind, wie der Name der Konzeption schon beinhaltet, Sexualstraftäter, die wegen einer Straftat gegen die sexuelle Selbstbestimmung gem. §§ 174 bis 174c, 176 bis 180 und 182 StGB oder eines Tötungsdelikts nach §§ 211 oder 212 StGB mit sexuell motiviertem Hintergrund oder wegen der Begehung einer der vorgenannten Taten wegen Vollrausches (§ 323a StGB) verurteilt wurden. Ferner muss der Sexualstraftäter deshalb unter Führungsaufsicht stehen.[1374]

Liegen diese Voraussetzungen vor, ist der Sexualstraftäter ein Risikoproband und unterfällt folglich den Vorgaben. Auch im Rahmen dieser Konzeption erfolgt keine einheitliche Behandlung aller Probanden. Abhängig von der Einstufung der unterstellten Person werden die entsprechenden Maßnahmen ergriffen. Hinsichtlich der Rückfallgefahr differenziert man zwischen drei Kategorien, wobei die Vollzugsbehörden über die Rückfallgefahr und die damit verbundene Einstufung in die entsprechende Kategorie entscheiden, wenn der von dem Projekt Betroffene aus dem Justiz- oder Maßregelvollzug entlassen wird.[1375] Kategorie A bezeichnet die akut rückfallgefährdeten Sexualstraftäter. Darunter fallen nach der Konzeption diejenigen, von denen eine hohe Gefährlichkeit ausgeht und die nicht über protektive risikorelevante Bedingungen verfügen. Es handelt sich also um solche Täter, bei denen jederzeit die erneute Begehung einer einschlägigen Straftat zu erwarten ist.[1376] Im Gegensatz dazu beschreibt Kategorie B „nur“ latent rückfallgefährdete Täter. Ein Täter ist latent rückfallgefährdet,

1372 Konzept K.U.R.S., S. 3.

1373 Hinsichtlich der Zielgruppe anderer Bundesländer vgl. den jeweiligen Unterpunkt „Zielgruppe“ des jeweiligen Konzepts des Bundeslandes. Zur Unterschiedlichkeit dieser Adressaten siehe insb. S. 369, zur Erweiterung der Zielgruppe als Verbesserungsvorschlag vgl. unten S. 394.

1374 Konzept K.U.R.S., S. 4.

1375 Vgl. hierzu Konzept K.U.R.S., S. 6.

1376 Konzept K.U.R.S., S. 5.

wenn von ihm eine hohe Gefährlichkeit ausgeht, er jedoch über protektive risikorelevante Bedingungen, wie beispielsweise eine Arbeitsstelle, Familie oder Suchtmittelabstinenz verfügt. Fallen diese Umstände weg oder sind sie anderweitig gefährdet, so ist zu befürchten, dass der Täter erneut eine einschlägige Straftat begeht.[1377] Schließlich gibt es noch Sexualstraftäter der Kategorie C. Diese erfasst nach der Konzeption alle unter Führungsaufsicht stehenden Sexualstraftäter der Zielgruppe, die nicht bereits unter die Kategorie A oder B fallen.[1378]

Maßgeblich für die Einstufung des Sexualstraftäters sind vorhandene Gutachten und Daten, wobei jedoch auch weitere Beurteilungen des Probanden veranlasst werden können.[1379]

dd) Verfahrensablauf

Wie bereits dargestellt[1380], ist für die Bewertung und Kategorisierung der Rückfallgefahr die Vollzugsbehörde in den Fällen, in denen die von der Konzeption betroffene Person aus dem Justiz- oder dem Maßregelvollzug entlassen wird, zuständig. 4.1.1 des Konzepts regelt die nähere Zuständigkeit im Justizvollzug.[1381] Sechs Monate vor der Entlassung regt die Justizvollzugseinrichtung bei der entsprechenden zuständigen Stelle die Einstufung des Gefangen an. Diese schickt ihre Bewertung wiederum zurück an die Justizvollzugseinrichtung, die sich diese einschließlich einer etwaigen Begründung durch das Risikoprofil zu Eigen machen muss. Vier Monate vor der Entlassung hat der zuständigen Staatsanwaltschaft die Entscheidung über die Kategorisierung des Sexualstraftäters und nähere Angaben zu dieser Einstufung mitgeteilt zu werden. Drei Monate vor der Freilassung übermittelt die Staatsanwaltschaft die Erstmeldung bzw. erforderliche Unterlagen, dem Landeskriminalamt – K.U.R.S. Zentralstelle, dem Gericht und der Führungsaufsichtsstelle[1382]. Die Erstmeldung wird 14 Tage vor dem Ausscheiden aus dem Justiz- oder Maßregelvollzug noch einmal aktualisiert.

Im Gegensatz dazu regelt 4.2.1 der Konzeption die Zuständigkeit für die Bewertung bei Fällen aus dem Maßregelvollzug. In dieser Konstellation fällt die Entscheidung in den Zuständigkeitsbereich der jeweiligen Einrichtung, wobei

1377 Konzept K.U.R.S., S. 5 f.

1378 Konzept K.U.R.S., S. 6.

1379 Konzept K.U.R.S., S. 7.

1380 Siehe S. 295.

1381 Zu den unterschiedlichen Entscheidungsträgern vgl. unten S. 370 f. Siehe auch zu dem Verbesserungsvorschlag die Kategorisierung durch Fachpersonal vornehmen zu lassen S. 394.

1382 Allgemein zur Führungsaufsichtsstelle siehe bereits oben S. 127 ff.

die Vollzugsleitung vorgibt, ob im vorliegenden Fall zur Vorbereitung dieser Bewertung ein Prognoseteam heranzuziehen ist. Jedenfalls soll das Ergebnis hinsichtlich der Kategorisierung des Täters der Staatsanwaltschaft mitgeteilt werden.

Diese übt im Rahmen der vorliegenden Konzeption eine wichtige Rolle aus und verfügt über einen erheblichen Aufgaben-, aber auch Ermächtigungsbereich. So darf sie personenbezogene Informationen aus dem Strafverfahren nach § 481 Abs. 1 S. 2 StPO an Polizeibehörden übermitteln. Ferner wird, wie soeben bereits dargestellt, die Staatsanwaltschaft über die Kategorisierung des Sexualstraftäters informiert. Diese hat dann die Pflicht zu prüfen, ob die Zielgruppe der Konzeption zum Umgang mit Rückfallgefährdeten Sexualstraftätern und Sexualstraftäterinnen in Niedersachsen auch tatsächlich diejenige Person erfasst. Anschließend leitet sie die Unterlagen an die Zentralstelle K.U.R.S. weiter und informiert diese auch nach der Entlassung des Sexualstraftäters über Änderungen. Diese können beispielsweise Weisungen[1383], Auflagen oder aber auch die Dauer[1384] der Führungsaufsicht betreffen.[1385]

Die Zentralstelle K.U.R.S. steuert den gesamten Informationsfluss und ist für die Dokumentation des Verfahrensablaufs in der K.U.R.S.-Datei zuständig, wobei die Speicherung der Daten nur für die Dauer der Führungsaufsicht zulässig ist.[1386] Anschließend müssen die Informationen gelöscht werden oder sind bei Vorliegen der rechtlichen Voraussetzungen in eine andere Datei zu übermitteln. Die Verdichtung und Anreicherung der übersandten Informationen sowie deren Bewertung und Vertextung zu einem eigenständigen Bericht ist zentrale Aufgabe dieser Stelle. Daneben koordiniert und steuert sie auch den Austausch der Informationen zwischen den einzelnen Bundesländern.[1387]

Die Konzeption zum Umgang mit Rückfallgefährdeten Sexualstraftätern und Sexualstraftäterinnen in Niedersachsen ermächtigt ferner die Polizeiinspektionen, die umfangreiche Informationen über die Probanden erhalten, im Rahmen ihrer eigenen Zuständigkeit geeignete polizeipräventive Maßnahmen zu ergreifen, um die Gefahr der Begehung weiterer Straftaten durch den Sexualstraftäter zu minimieren. Im Unterschied zu Konzepten anderer Bundesländer führt die Polizeiinspektion grundsätzlich und unabhängig von der Kategorisierung des Probanden einige Maßnahmen durch, die zum einen landeseinheitlichen Standard gewährleisten, zum anderen Präventionswirkung entfalten sollen.

1383 Siehe zu den Möglichkeiten der Anordnung von Weisungen während der Führungsaufsicht S. 143 ff.

1384 Zur Dauer allgemein S. 96 ff.

1385 Konzept K.U.R.S., S. 11 ff.

1386 Zur Beendigung der Führungsaufsicht vgl. S. 115 ff.

1387 Konzept K.U.R.S., S. 14 ff.

Hierzu zählt die Gefährderansprache[1388], die im unmittelbaren zeitlichen Zusammenhang mit der Entlassung aus der Haft bzw. der Beendigung des Maßregelvollzugs erfolgen soll. Die Vervollständigung bzw. Aktualisierung von ED-Unterlagen und DNA-Material, sowie der Kriminalakte sind ebenso ein Bestandteil. Ferner sollen die Polizeiinspektionen grundsätzlich Verbleibskontrollen durchzuführen sowie Kontakt zu verschiedenen Einrichtungen aufnehmen. Der K.U.R.S.-Sachbearbeiter der Polizeiinspektion muss die Bewährungshilfe über sämtliche polizeilichen Erkenntnisse, aber auch bei Verstößen[1389] gegen Weisungen[1390] oder Auflagen informieren. Zu diesen generellen Maßnahmen hat die Polizeiinspektion in Abstimmung mit deren Leitung bzw. mit dem Vorsitz des Zentralen Kriminaldienstes weitere individuell abgestimmte Maßnahmen zu ergreifen.

Die Polizeidirektionen übernehmen die fachliche Verantwortung und sind Ansprechpartner für die Zentralstelle K.U.R.S. Sie bestimmen die bearbeitenden Dienststellen, leiten die Vorgänge an diese weiter, gewährleisten einheitliche Qualitätsstandards durch die Festlegung von weiteren Standardmaßnahmen, aber auch durch die Koordination der Runden Tische[1391].[1392] Diese stellen ein wichtiges Mittel zur Koordinierung der Maßnahmen aller beteiligten Stellen dar. Hierbei wird Platz für einen gemeinsamen Informations- und Meinungsaustausch geboten, so dass gemeinschaftlich über die Vorkehrungen beraten und diese optimiert werden können. Grundsätzlich muss die Kategorisierung des Probanden beibehalten werden. Jedoch darf in begründeten Einzelfällen eine Überführung in eine höhere oder niedrigere Einstufung stattfinden. Jedoch kann eine Höherstufung des Probanden nur bei Vorliegen wichtiger Gründe und innerhalb des Runden Tisches einstimmig erfolgen. Auch muss zur Herabsetzung ein einstimmiger Beschluss des Runden Tisches vorliegen, jedoch ist vor Ablauf von zwei Jahren von einer Herabstufung abzusehen. Die letztliche Entscheidung über die Herabsetzung der Kategorisierung trifft die K.U.R.S.-Konferenz, der alle entscheidungsrelevanten Informationen vorgelegt werden müssen. Bezüglich der Höherstufung des Probanden obliegt zwar dem Runden Tisch die Ent-

---

1388 Ausführlich unten S. 375 ff.

1389 Vgl. zu der Sanktionsregelung bei Weisungsverstößen im Rahmen der Führungsaufsicht bereits oben S. 185 ff.

1390 Siehe zu den Möglichkeiten der Anordnung von Weisungen während der Führungsaufsicht S. 143 ff.

1391 Vgl. dazu S. 372. Dort werden auch die Konzeptionen genannt, die von dieser Möglichkeit Gebrauch nehmen.

1392 Konzept K.U.R.S., S. 18.

scheidung, diese kann jedoch von der K.U.R.S.-Konferenz aufgehoben werden.[1393]

Schließlich sind die Führungsaufsichtsstelle und die Bewährungshilfe noch weitere an dieser Konzeption beteiligte Institutionen. Diese üben ihre Aufgaben[1394] grundsätzlich wie bei unter Führungsaufsicht stehenden Personen, die nicht Probanden dieses Konzepts sind, aus. Ferner hat die Führungsaufsichtsstelle die Zentralstelle K.U.R.S. über Beschlüsse, ergriffene Maßnahmen und gefahrrelevante Erkenntnisse zu informieren. Die Probanden der Kategorie A und B genießen im Rahmen dieses Projekts aber vor allem durch die Bewährungshilfe eine Sonderbetreuung. Grundsätzlich übernehmen besonders qualifizierte Bewährungshelfer, die den fachlichen Schwerpunkt Sexualstraftäter ergriffen haben, die Betreuung. Während der ersten sechs Monate soll der Kontakt zwischen Proband und Bewährungshelfer besonders eng sein, wobei sämtliche Hilfen gemäß den Standards der Bewährungshilfe genutzt werden sollen. Wurde durch das Gericht nichts anderes festgelegt, so muss zwischen dem Probanden und dem Bewährungshelfer grundsätzlich ein wöchentlicher, persönlicher Kontakt hergestellt werden. Im Fall einer Anordnung einer anderweitigen Kontaktfrequenz hat die Bewährungshilfe und Führungsaufsicht mit Verweis auf K.U.R.S. die Änderung des entsprechenden Beschlusses zu versuchen. Eine weitere Besonderheit liegt in der Notwendigkeit, für diese Zielgruppe bereits acht Wochen nach der Entlassung den ersten Bericht über die Lebensführung zu verfassen, im weiteren Verlauf der Betreuung muss dies mindestens alle sechs Monate erfolgen. Vor allem die Zusammenarbeit zwischen Bewährungshilfe und Führungsaufsicht soll bei derartigen Personen noch enger stattzufinden. So muss die Bewährungshilfe die Führungsaufsichtsstelle und das Gericht verständigen, wenn die Unterstellung der zu betreuenden Personen nicht problemfrei verläuft.[1395] Durch den Einsatz von Fachberater für sozialarbeiterisches Risikomanagement soll der sozialarbeiterische Kontrollprozess verbessert und damit eine Reduzierung des Rückfallrisikos der Sexualstraftäter erreicht werden.[1396]

1393 Konzept K.U.R.S., S. 33 ff.

1394 Zu den Aufgaben der Führungsaufsichtsstelle vgl. S. 129 ff., zu denen der Bewährungshilfe S. 134 ff.

1395 Vgl. Konzept K.U.R.S., S. 26 ff.

1396 Konzept K.U.R.S., S. 29.

10. Nordrhein-Westfalen

a) Entwicklung der Führungsaufsicht

In Nordrhein-Westfalen ist die Anzahl der unter Führungsaufsicht stehenden Personen von 3.567 auf 5.905 im Vergleich der Jahre 2000 und 2010 um ca. 65 % gestiegen[1397].[1398] Betrachtet man diesen Zeitraum kann bis auf das Jahr 2008 ein stetiger jährlicher Anstieg verzeichnet werden.[1399] Die Gründe für den Rückgang in diesem Jahr sind nicht ersichtlich, zumal sich die Anzahl der Führungsaufsicht kraft Richterspruchs, wie gezeigt[1400], in der Bundesrepublik von 27 im Jahr 2007 auf 38 im darauf folgenden Jahr erhöht hat.

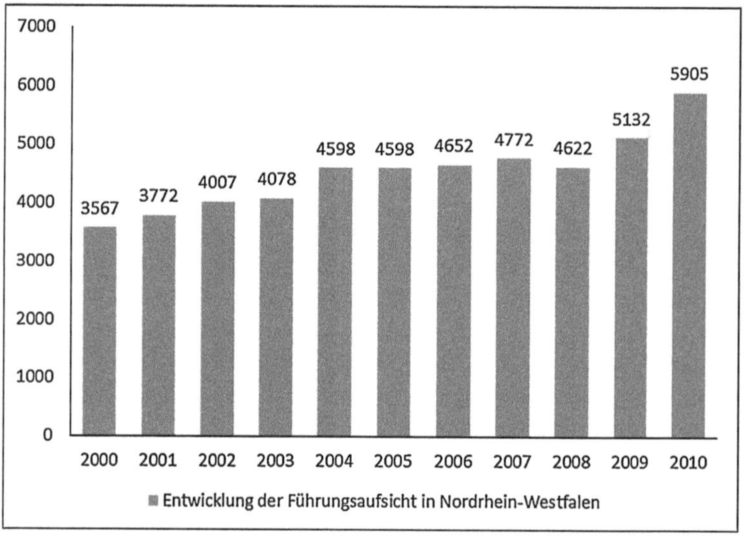

Abbildung 14: Entwicklung der Führungsaufsicht in Nordrhein-Westfalen[1401]

1397 Zu den möglichen Gründen für den Anstieg der Anzahl der unter Führungsaufsicht stehenden Personen vgl. unten S. 342 ff.

1398 DBH-Fachverband für Soziale Arbeit, Strafrecht und Kriminalpolitik (auf Anfrage); Justizministerium des Landes Nordrhein-Westfalen (auf Anfrage).

1399 Auch die statistische Entwicklung in Hamburg veranschaulicht im Jahr 2008 einen Rückgang, allerdings steigt die Anzahl danach im Gegensatz zu Nordrhein-Westfalen nicht kontinuierlich an, sondern verläuft wellenartig, siehe S. 275. Ebenfalls ist die Anzahl in Schleswig-Holstein im Jahr 2008 gesunken, vgl. S. 328.

1400 Siehe S. 213 ff.

1401 DBH-Fachverband für Soziale Arbeit, Strafrecht und Kriminalpolitik (auf Anfrage); Justizministerium des Landes Nordrhein-Westfalen (auf Anfrage).

b) Projekt: Konzeption zum Umgang mit rückfallgefährdeten Sexualstraftätern in Nordrhein- Westfalen (KURS NRW)

Das Justizministerium, das Innenministerium und das Ministerium für Arbeit, Gesundheit und Soziales des Landes Nordrhein-Westfalen haben in einem gemeinsamen Runderlass eine ressortübergreifende Konzeption zum Umgang mit rückfallgefährdeten Sexualstraftätern in Nordrhein-Westfalen (KURS NRW) erlassen.[1402] Diese trat am 1. Februar 2010 in Kraft.

aa) Entstehung

Zur Entstehungsgeschichte der Konzeption zum Umgang mit rückfallgefährdeten Sexualstraftätern in Nordrhein-Westfalen trifft diese selbst kaum Aussagen. Anders als z.B. Baden-Württemberg[1403] oder Bayern[1404] nimmt sie keinen Bezug auf einen konkreten Fall, in dem ein bereits verurteilter Sexualstraftäter erneut einschlägig rückfällig wurde, sondern stellt vielmehr auf das allgemein bekannte Problem ab, dass rückfallgefährdete Sexualstraftäter ein großes Risiko für die Gesellschaft bedeuten, das die Polizei, aber auch die Justiz vor großen Herausforderungen stellt. Um dem Bedürfnis nach mehr Sicherheit für die Allgemeinheit und dem Wunsch nach einer Reduzierung der Rückfallgefahr Rechnung zu tragen, wurde dieses Konzept entwickelt, das auf das Ergreifen polizeilicher Maßnahmen zur Gefahrenabwehr aufbaut.[1405]

bb) Zielsetzung

Ziel der Konzeption zum Umgang mit rückfallgefährdeten Sexualstraftätern in Nordrhein-Westfalen ist die Verringerung des Rückfallrisikos der unter Führungsaufsicht stehenden Sexualstraftätern, um so die Gesellschaft vor Verletzungen hochwertiger Rechtsgüter, namentlich Leib, Leben und sexuelle Selbstbestimmung, zu schützen. Dieses Anliegen soll vorwiegend durch eine Standar-

---

1402 Abzurufen unter http://www.datenbanken.justiz.nrw.de/jvv_pdf/4201_20100113.pdf. Die Darstellung dieses Konzepts, insb. auch die Struktur und der Aufbau der Ausführungen basieren auf der Grundlage des gemeinsamen Runderlasses. Aufgrund der Tatsache, dass die Konzeptionen der Bundesländer teilweise nur schwer für die Öffentlichkeit zugänglich sind sowie eine umfassende Sammlung und Auswertung aller Konzepte noch nicht erfolgte, wird zunächst das jeweilige Projekt ausführlich erläutert. Im Anschluss daran finden eine Auswertung und ein Vergleich zwischen den einzelnen Projekten statt.

1403 Siehe S. 246.

1404 Vgl. S. 252.

1405 Konzept KURS NRW, S. 2; allgemein zur Konzeption Jeuschede, Blickpunkt 3/2010, S. 4 ff.

disierung und verbindlichen Ausgestaltung der bereits bestehenden Zusammenarbeit und einer Optimierung des Informationsaustausches zwischen Strafvollzug, Maßregelvollzug, Vollstreckungsbehörde, Bewährungsaufsicht, Führungsaufsicht und Polizei erreicht werden.[1406] Insbesondere ist hierzu eine koordinierende Zentralstelle KURS NJW bei dem Landeskriminalamt einzurichten, die die Informationserhebung, -speicherung und -steuerung sowie die Dokumentation zur Aufgabe hat.

cc) Zielgruppe

Nicht alle Straftäter, die unter Führungsaufsicht stehen, fallen unter die Zielgruppe[1407] dieses Konzepts. Die Konzeption zum Umgang mit rückfallgefährdeten Sexualstraftätern in Nordrhein-Westfalen umfasst hinsichtlich ihrer Zielgruppe zwei Personenkreise.

Zum einen werden Personen, die wegen Straftaten gegen die sexuelle Selbstbestimmung (§§ 174 bis 174c, 176 bis 180 und 182 StGB) oder wegen eines Tötungsdelikts nach §§ 211, 212 StGB mit sexueller Motivation, auch wenn diese erst nach der Verurteilung erkennbar geworden ist, oder wegen Begehung einer der vorgenannten Taten wegen vorsätzlichen Vollrausches (§323a StGB) verurteilt worden sind, erfasst. Zusätzlich muss bei ihrer Entlassung aus dem Strafvollzug Führungsaufsicht kraft Gesetz nach § 68f Abs. 1 S. 1 StGB[1408] oder infolge gerichtlicher Anordnung gem. § 68 Abs. 1 StGB[1409] eingetreten sein.[1410]

Zum anderen zählen zu der Zielgruppe der Konzeption auch Verurteilte, die wegen einer der oben genannten Straftat verurteilt wurden, die jedoch kraft Gesetzes nach § 67b Abs. 2[1411], § 67c[1412] oder § 67d Abs. 2 bis Abs. 6[1413] StGB unter Führungsaufsicht stehen.[1414]

Ähnlich wie bei Konzepten anderer Bundesländer wird ebenfalls innerhalb der Adressatengruppe eine nochmalige Differenzierung zwischen den einzelnen

---

1406 Konzept KURS NRW, S. 2.

1407 Hinsichtlich der Zielgruppe anderer Bundesländer vgl. den jeweiligen Unterpunkt „Zielgruppe" des jeweiligen Konzepts des Bundeslandes. Zur Unterschiedlichkeit dieser Adressaten siehe insb. S. 369, zur Erweiterung der Zielgruppe als Verbesserungsvorschlag vgl. unten S. 394.

1408 Siehe dazu S. 67 ff.

1409 Ausführlich S. 52 ff.

1410 Konzept KURS NRW, S. 2.

1411 Vgl. dazu S. 62.

1412 Siehe S. 62.

1413 Näher S. 63 ff.

1414 Konzept KURS NRW, S. 2 f.

Risikogruppen - man unterscheidet zwischen A, B und C - vorgenommen. Dies hat den Hintergrund, dass nicht alle dem Konzept unterstehenden Personen dieselben Maßnahmen erfordern. Abhängig von der Kategorisierung werden unterschiedliche personal- und zeitintensive Vorkehrungen angeordnet.

Risikogruppe A erfasst Verurteilte, bei denen von einer hohen Gefährlichkeit auszugehen ist. Bei diesen Probanden liegen entweder wenige oder keine Bedingungen vor, die das Rückfallrisiko reduzieren, wodurch zu befürchten ist, dass diese jederzeit erneut eine erhebliche einschlägige Straftat begehen könnten. Im Gegenzug dazu fallen unter die Risikogruppe B diejenigen Täter, bei denen Grund zu der Annahme besteht, sie werden eine einschlägige Straftat verüben, wenn die derzeit vorliegenden das Rückfallrisiko mindernden Bedingungen gefährdet werden oder wegfallen. Für diese Gruppe ist von einer hohen Gefährlichkeit auszugehen. Schließlich fallen alle Verurteilten, die nicht von der Risikogruppe A oder B erfasst wurden, unter die Kategorie C. Maßgeblich für die Einstufung in die jeweilige Gruppe sind insbesondere täter- und tatbezogene Kriterien sowie die vollzugliche Entwicklung. Das Konzept benennt einige täterbezogene Kriterien ausdrücklich. Darunter fallen einschlägige Vorstrafen, Steigerung der Sexualdelinquenz, das Alter bei der Begehung des Sexualdelikts, das Vorliegen einer etwaigen Beziehungsproblematik, gemachte Opfererfahrungen innerhalb des Bereichs der Sexualdelinquenz, Vorliegen psychischer Erkrankungen und frühere therapeutische Interventionen. Hingegen fallen Art und Schwere der begangenen Tat, das Benutzen von Gewalt bei der Tat, die Opferauswahl, die Differenz des Alters zwischen Opfer und Täter, die Anzahl der Taten sowie die Frage, ob eine Suchtmittelproblematik besteht unter die tatbezogenen Kriterien. Bei dem Gesichtspunkt der vollzuglichen Entwicklung ist ein Blick auf therapeutische Maßnahmen, Auffälligkeiten während des Vollzugs, Vollzugslockerungen, auf die Entlassungsentscheidung und auf die Situation, die dem Verurteilten bei bzw. nach der Entlassung begegnet, zu werfen.[1415] Die Kategorisierung des Probanden in eine Risikogruppe erfolgt erstmals bei der Entlassung aus dem Justizvollzug durch die Justizvollzugsanstalt bzw. bei der Freilassung aus dem Maßregelvollzug durch die Maßregelvollzugseinrichtung.[1416] Diese ist jedoch nicht abschließend. Bei dem Vorliegen neuer Erkenntnisse bzw. bei veränderten Begebenheiten kann eine Neubewertung hinsichtlich der Eingruppierung in eine Risikostufe stattfinden. Hierzu muss eine Fallkonfe-

1415 Siehe hierzu Konzept KURS NRW, S. 3 f.

1416 Zu den unterschiedlichen Entscheidungsträgern vgl. unten S. 370 f. Siehe auch zu dem Verbesserungsvorschlag die Kategorisierung durch Fachpersonal vornehmen zu lassen S. 394.

renz[1417] zwischen den beteiligten Stellen einberufen werden, die dann gemeinschaftlich über eine neue Beurteilung entscheidet.[1418]

dd) Verfahrensablauf

Ähnlich wie bei den anderen Projekten beginnt auch das Verfahren dieses Konzepts grundsätzlich mit der Unterrichtung. In diesem Fall leitet die Justizvollzugsanstalt bzw. die Einrichtung des Maßregelvollzugs spätestens vier Monate vor der Entlassung aussagekräftige Unterlagen des Sexualstraftäters, der unter die Zielgruppe fällt, der Vollstreckungsbehörde zu, informiert das Landeskriminalamt von Nordrhein-Westfalen sowie den Betroffenen, dass er in die Konzeption aufgenommen wurde. Im weiteren Verlauf unterrichtet dann die Vollstreckungsbehörde unter Übermittlung wichtiger Informationen die Führungsaufsichtsstelle[1419] und das Landeskriminalamt mindestens drei Monate vor der Entlassung über die baldige Freilassung. Die Führungsaufsichtsstelle benennt im Fall eines Führungsaufsichtsbeschlusses dem Landeskriminalamt die zuständige Fachkraft des ambulanten Sozialen Dienstes der Justiz (Fachbereich Führungsaufsicht). Daneben nimmt die Führungsaufsichtsstelle die ihr gesetzlich auferlegten Aufgaben und Befugnisse wahr.[1420] Eigens prüft sie dabei, ob eine Ausschreibung zur polizeilichen Beobachtung nach § 463a Abs. 2 StPO zu erfolgen hat.[1421] Die bei dem Landeskriminalamt eingerichtete Zentralstelle KURS NJW hat insbesondere das Erfassen des relevanten Personenkreises zunächst zur Aufgabe. Sie sammelt, bündelt und bewertet die ihr bekannten Informationen und steuert diese. Allerdings sieht die Konzeption hinsichtlich der Speicherung von Informationen keine eigens eingerichtete zentrale Datenbank vor. Daneben erlässt sie sofort erforderliche Maßnahmen. Die zur Gefahrenabwehr und für die Bewertung der Gefährdung erforderlichen Daten übermittelt die Zentralstelle an die zuständige Kreispolizeibehörde. Ferner dokumentiert und koordiniert sie die polizeilichen Maßnahmen inklusive der entsprechenden Rückmeldungen an die weiteren beteiligten Stellen. Die Speicherdauer der Daten ist nicht unbegrenzt. Sie richtet sich nach den gesetzlichen Vorgaben des PolG NRW iVm. den Richtlinien über die kriminalpolizeilichen personenbezogenen Sammlungen.[1422] Werden der Staatsanwaltschaft Erkenntnisse bekannt, die bezüglich des Probanden auf die Begehung einer erneuten Straftat oder die insgesamt auf eine Gefahren-

1417 Vgl. dazu S. 372. Dort werden auch die Konzeptionen genannt, die von dieser Möglichkeit Gebrauch nehmen.

1418 Konzept KURS NRW, S. 4 f.

1419 Allgemein zur Führungsaufsichtsstelle siehe bereits oben S. 127 ff.

1420 Genauer hierzu S. 129 ff.

1421 Konzept KURS NRW, S. 5 ff.

1422 Konzept KURS NRW, S. 9.

lage hinweisen, so informiert diese das Landeskriminalamt. Eine weitere beteiligte Stelle ist die Kreispolizeibehörde. Diese bewertet umfassend die Gefährdungslage anhand der von dem Landeskriminalamt übermittelten Informationen. Anhand dieses Ergebnisses trifft sie in Abstimmung mit der Führungsaufsichtsstelle eine Entscheidung über die vorzunehmenden Maßnahmen zur Gefahrenabwehr. Das Konzept benennt einige dieser Möglichkeiten, wobei die Aufzählung nicht abschließend ist. Neben der Überprüfung der tatsächlichen Wohnbesitznahme, der Dokumentation eines Wechsels des ständigen Wohn- und Aufenthaltsortes oder der Gewinnung von Informationen über das soziale Umfeld und der aktuellen Lebenssituation des Probanden können das Vervollständigen bzw. Aktualisieren von ED- und DNA-Unterlagen sowie Gefährderansprachen[1423] als zu ergreifende Vorkehrungen zur Gefahrenabwehr durch die Kreispolizeibehörden ergriffen werden. Ferner steht ihnen insbesondere die Observation nach § 16 PolG NRW, die Kontaktaufnahme mit der Führungsaufsichtsstelle, Gefährdetenansprachen[1424] und die Zusammenarbeit sowie der Informationsaustausch mit anderen beteiligten Stellen zur Verfügung. Die ergriffenen Maßnahmen werden von der Kreispolizeibehörde dokumentiert und an das Landeskriminalamt gemeldet.[1425] Eine Besonderheit dieses Konzepts stellt die Fallkonferenz[1426] dar. Diese ist bei der Frage hinsichtlich der Veränderung der Einstufung des Probanden in eine Risikogruppe und bei der Gruppe A unterstellten Personen immer durchzuführen. Bezüglich der anderen Kategorien kann, muss aber keine Fallkonferenz anberaumt werden. An deren Stelle können die Polizei, die Führungsaufsichtsstelle, Mitarbeiter des Ambulanten Sozialen Dienstes der Justiz, die Justizvollzugsanstalt oder die Einrichtung des Maßregelvollzugs, die forensische Ambulanz[1427], die Vollstreckungsbehörde und die Strafvollstreckungskammer bzw. der Jugendrichter als Vollstreckungsleiter gem. § 82 Abs. 1 S. 2 JGG sowie bei Bedarf weitere Stellen und Personen teilnehmen.[1428] Ist die Dauer[1429] der Führungsaufsicht abgelaufen, teilt die Vollstreckungsbehörde dies dem Landeskriminalamt mit. Nach Abschluss der Führungsaufsicht enden auch die Maßnahmen nach dieser Konzeption. Soweit es rechtlich zulässig ist, schreibt das Konzept vor, dass die Übermittlungen der Informationen und die

1423 Ausführlich unten S. 375 ff.

1424 Dazu unten S. 382 ff.

1425 Konzept KURS NRW, S. 10.

1426 Vgl. dazu S. 372. Dort werden auch die Konzeptionen genannt, die von dieser Möglichkeit Gebrauch nehmen.

1427 Näher dazu S. 137 ff.

1428 Konzept KURS NRW, S. 11.

1429 Allgemein zur Dauer S. 96 ff. und zur Beendigung S. 115 ff.

Unterrichtungen vorrangig auf elektronischem Weg mit dem Vermerk „KURS NRW“ erfolgen soll.[1430]

11. Rheinland-Pfalz

a) Entwicklung der Führungsaufsicht

Eine Darstellung der Entwicklung der Anzahl der unter Führungsaufsicht stehenden Personen in Rheinland-Pfalz erfolgte aufgrund des fehlenden Datenmaterials nicht in gewohnter Weise. Lediglich konnten durch eigene Anfrage und Auswertung der bereits vorhandenen Materialien Werte aus den Jahren 2004 und 2005 sowie ab dem Jahr 2008 eruiert werden. Die Zahl ist hierbei von den Jahren 2004 (199 Unterstellte) bis 2010 (1.474 Klienten) um knapp 641 % extrem angestiegen. Den bisher bekannten Höchststand wird die Anzahl der unter Führungsaufsicht stehenden Personen im Jahr 2011 betragen. Eine Stichtagserhebung zum 30. Juni 2011 wies bereits 1.635 Betroffene aus.[1431]

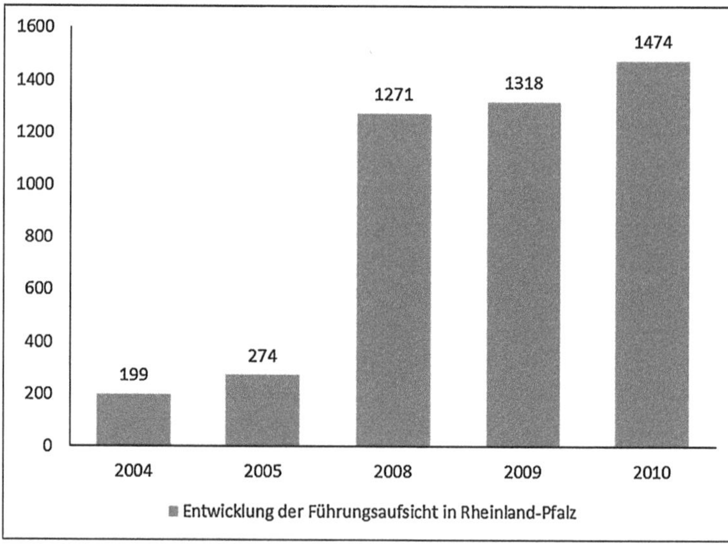

Abbildung 15: Entwicklung der Führungsaufsicht in Rheinland-Pfalz[1432]

1430 Konzept KURS NRW, S. 7.

1431 Werte von 2004 und 2005 Kwaschnik, Führungsaufsicht im Wandel, S. 327; ab 2008 Ministerium der Justiz und für Verbraucherschutz Rheinland-Pfalz (auf Anfrage).

1432 Werte von 2004 und 2005 Kwaschnik, Führungsaufsicht im Wandel, S. 327; ab 2008 Ministerium der Justiz und für Verbraucherschutz Rheinland-Pfalz (auf Anfrage).

b) Projekt: Vorbeugendes Informationsaustauschsystem zum Schutz vor inhaftierten und entlassenen Rückfalltätern (VISIER.rlp)

Das Ministerium des Innern und für Sport, das Ministerium der Justiz und das Ministerium für Arbeit, Soziales, Gesundheit, Familie und Frauen haben in einem gemeinsamen Rundschreiben[1433], welches am 17. Dezember 2008 in Kraft getreten ist, ein vorbeugendes Informationsaustauschsystem zum Schutz vor Inhaftierten und entlassenen Rückfalltätern (VISIER.rlp) erlassen.

aa) Entstehung

Ähnlich wie bei anderen länderrechtlichen Konzeptionen[1434] spielten auch hier die begangenen Straftaten, insbesondere die von Rückfalltätern getätigten Sexualdelikte, und die dadurch ausgelöste Diskussion bezüglich einer Methode zur Verbesserung des Schutzes der Bevölkerung vor rückfallgefährdeten, gefährlichen Personen eine große Rolle für die Einführung des Projekts „Vorbeugendes Informationsaustauschsystem zum Schutz vor Inhaftierten und entlassenen Rückfalltätern (VISIER.rlp)“. Des Weiteren waren die auch bundesweit intensiv erörterten Rahmenbedingungen Auslöser für die Erarbeitung dieses Konzepts, um den Umgang mit gefährlichen Rückfalltätern zu verbessern.[1435]

bb) Zielsetzung

Sowohl die Polizei als auch die Justiz, diese allerdings nur soweit im Zusammenhang mit einem strafrechtlichen Verfahren eine Sicherungsverwahrung oder die Überwachung bestimmter risikomindernder Weisungen in Betracht kommt, haben zur Aufgabe, die Allgemeinheit vor gefährlichen Rückfalltätern zu schützen. Zweck dieser Konzeption ist es, dass die Polizei und die Justiz diesen Auftrag auf der Grundlage geltender gesetzlicher Bestimmungen erfüllen können. Damit geht das Ziel einher, einen strukturierten Informationsfluss zwischen Justiz, Polizei und Maßregelvollzug zu gewährleisten. Hierfür muss eine Datenba-

---

1433 Az: 2144:343; Az: 4344-4-4; Az: 76706-1.5. Die Darstellung dieses Konzepts, insb. auch die Struktur und der Aufbau der Ausführungen basieren auf der Grundlage des gemeinsamen Rundschreibens. Aufgrund der Tatsache, dass die Konzeptionen der Bundesländer teilweise nur schwer für die Öffentlichkeit zugänglich sind sowie eine umfassende Sammlung und Auswertung aller Konzepte noch nicht erfolgte, wird zunächst das jeweilige Projekt ausführlich erläutert. Im Anschluss daran finden eine Auswertung und ein Vergleich zwischen den einzelnen Projekten statt.

1434 Z.B. Bayern.

1435 Siehe hierzu das gemeinsame Rundschreiben Punkt 1 „Allgemeines“.

sis für analytische Risiko- oder Gefährdungsbewertung sowie für einzelfallbezogen zu erteilende präventive Maßnahmen geschaffen werden.[1436]

cc) Zielgruppe

Hinsichtlich der Zielgruppe nimmt die Konzeption von Rheinland-Pfalz gegenüber den anderen Projekten der Länder eine Sonderstellung ein.[1437] Umfasst werden nicht nur Sexualstraftäter, sondern auch bestimmte gefährliche Täter anderer schwerwiegend rechtswidriger Straftaten. Man differenziert hierbei grundsätzlich zwischen zwei Zielgruppen, deren Einstufung jedoch, anders wie in anderen Bundesländern nicht nach der Gefährlichkeit, sondern nach dem Informationsbedürfnis der Polizei bzw. der Justiz erfolgt. Zielgruppe 1 umfasst dabei Personen, über die die Polizei zur Aufgabenerfüllung Informationen benötigt, demgegenüber bezeichnet Zielgruppe 2 alle Subjekte, auf deren Daten die Justiz angewiesen ist. Demnach schließt die Zielgruppe 1 bestimmte Strafgefangene oder Maßregelvollzugspatienten ein, deren Entlassung trotz Gefährlichkeit aus dem Vollzug bevorsteht (Zielgruppe 1A) und ausgewählte Personen, die sich bereits in Freiheit befinden, deren Gefährlichkeit sich aber nachträglich im Rahmen der Bewährungshilfe bzw. Führungsaufsicht ergeben hat (Zielgruppe 1B). Demgegenüber unterfallen der Zielgruppe 2 bestimmte Strafgefangene oder Maßregelvollzugspatienten, bei denen die Beantragung einer bislang lediglich vorbehaltenen oder einer nachträglichen Sicherungsverwahrung in Betracht kommt (Zielgruppe 2A). Ferner werden bereits entlassene Personen erfasst, die der Führungsaufsicht und bestimmten risikomindernden Weisungen unterstellt sind (Zielgruppe 2B). Mit Ausnahme der Gruppe der potentiellen Sicherheitsverwahrten bedarf es für die Einstufung insbesondere der Voraussetzung, dass der Verurteilte eine schwerwiegend rechtswidrige Tat begangen hat. Im Sinne dieser Konzeption gelten Verbrechen gegen das Leben, die körperliche Unversehrtheit, die persönliche Freiheit oder die sexuelle Selbstbestimmung, Verbrechen nach §§ 250, 251 StGB auch iVm. §§ 252, 255 StGB, gemeingefährliche Verbrechen, bestimmte Sexualdelikte[1438] sowie Vergehen nach § 323a StGB, soweit die im Rausch begangene Tat eines der hier vorgenannten Delikte ist, als

1436 Vgl. Konzept VISIER.rlp, S. 3; gemeinsame Rundschreiben Punkt 1 „Allgemeines“, S. 2.

1437 Hinsichtlich der Zielgruppe anderer Bundesländer vgl. den jeweiligen Unterpunkt „Zielgruppe“ des jeweiligen Konzepts des Bundeslandes. Zur Unterschiedlichkeit dieser Adressaten siehe insb. S. 369, zur Erweiterung der Zielgruppe als Verbesserungsvorschlag vgl. unten S. 394, wobei dieses Konzept bereits über einen erweiterten Adressatenkreis verfügt.

1438 Vergehen nach §§ 174 bis 174c, 176, 179 Abs. 1 bis Abs. 4, 180, 182, 224, 238 Abs. 2 StGB.

schwerwiegend rechtswidrige Taten. Hinzukommen muss aber, dass diese Handlung eine schwere seelische oder körperliche Schädigung des Opfers oder eine erhebliche Gemeingefahr verursachte oder der Täter diese zumindest mit dolus eventualis beabsichtigte.[1439]

dd) Verfahrensablauf

Um das Ziel der Konzeption zu erreichen, stehen bei dem Ablauf des Verfahrens zunächst zwei Fragen im Mittelpunkt. Auf der einen Seite „Wer informiert wen?", auf der anderen Seite „Wann wird über was informiert?".[1440] Die Beantwortung dieser Fragen hängt sehr stark von der jeweiligen Einteilung des Probanden in die Zielgruppe ab.

Bei den „A-Fällen", also denjenigen Probanden aus der Zielgruppe 1A und 2A, richtet die Polizei zunächst beim Landeskriminalamt eine zentrale Kontaktstelle ein, währenddessen die Generalstaatsanwaltschaften bei der Justiz die Aufgabe der zentralen Kontaktstelle übernehmen. Die Weitergabe der Informationen über die diesem Projekt unterstellten Personen erfolgt in diesen Fällen grundsätzlich per Informationskette. An erster Stelle stehen hierbei die Vollzugsbehörden, anschließend die Staatsanwaltschaften, die justizielle und die polizeiliche Kontaktstelle, das Polizeipräsidium sowie schließlich die Polizeiinspektion.[1441]

Demgegenüber werden Informationen in den „B-Fällen", also Probanden der Zielgruppe 1B und 2B, an die Polizei von den Führungsaufsichtsstellen[1442] an das Landeskriminalamt übersandt. Dabei bleibt die Möglichkeit der Benachrichtigung der örtlich zuständigen Polizeidienststelle unberührt. Bei Bewährungsfällen haben die Gerichte die Aufgabe, entsprechend zu verfahren.[1443]

Die polizeiliche Kontaktstelle hat den Auftrag die auf polizeilicher Seite vorliegenden Informationen unmittelbar an das entsprechende Gericht und die Führungsaufsichtsstelle zu übermitteln.[1444]

Ferner muss geklärt werden, über was die jeweilige Stelle zu informieren hat, wie der Verfahrensablauf also konkret aussehen muss.

Die Justizvollzugsanstalt bzw. die Maßregelvollzugsanstalt prüft in den „A-Fällen" zunächst eigenständig, ob die Voraussetzungen der Eingruppierung bei dem zu entlassenen Probanden vorliegen und informiert in der Regel die Staats-

---

1439 Zu den Zielgruppen genauer Punkt 2 der Konzept VISIER.rlp (S. 4 ff.) und die dazugehörigen Anlagen 2A und 2B (S. 21 ff.).

1440 Konzept VISIER.rlp, S. 3, 8.

1441 Konzept VISIER.rlp, S. 8.

1442 Allgemein zur Führungsaufsichtsstelle siehe bereits oben S. 127 ff.

1443 Konzept VISIER.rlp, S. 8.

1444 Allgemein zur Frage „Wer informiert wen?" Konzept VISIER.rlp, S. 8.

anwaltschaft rechtzeitig über relevante Erkenntnisse, die während des Vollzugs entstanden sind und einen Hinweis auf die Gefährlichkeit der Personen darstellen.[1445] Unverzüglich beurteilt die Staatsanwaltschaft ebenfalls die Zielgruppenvoraussetzungen und legt die Vorgänge der justiziellen Kontaktstelle vor.[1446] Daraufhin begutachtet auch die justizielle Kontaktstelle unverzüglich die Zielgruppenvoraussetzungen und fordert noch erforderliche Unterlagen bzw. Ergänzungen an. Für Fälle der Zielgruppe 2A legt sie einen Beobachtungsvorgang an. Die justizielle Kontaktstelle informiert im Anschluss daran die polizeiliche Kontaktstelle. Diese untersucht wiederum, ob die Zielgruppenvoraussetzung vorliegt, allerdings nur für die Zielgruppe 1A. Bei der Zielgruppe 2A überprüft sie nur die bereits vorliegenden Fakten. Zusätzlich erstellt sie eine Gefährderbewertung basierend auf den von der Justiz übersandten Daten unter Einbeziehung der polizeilichen Erkenntnisse und stellt die Informationen in die Datei ein. Ihre Ergebnisse leitet sie an das Polizeipräsidium weiter, welches die vorliegenden Informationen unverzüglich kontrolliert und an die Polizeiinspektion überliefert.[1447] Auch hier findet wiederum eine umgehende Beurteilung der vorliegenden Daten statt.[1448] Im Anschluss daran erstellt die Polizeiinspektion ein einzelfallbezogenes Maßnahmenkonzept für den Betroffenen und weist die gebotenen Maßnahmen an. Auch wird die Ausschreibung des Probanden zur polizeilichen Beobachtung beantragt bzw. veranlasst.[1449] Die Polizeiinspektion muss das Polizeipräsidium hierüber in Kenntnis setzen, welches dann unverzüglich die Erkenntnisse zusammenführt und die Informationen an die polizeiliche Kontaktstelle weitergibt. Diese untersucht noch einmal die übermittelten Angaben bezüglich der Einstellung dieser in die Datei und teilt ihr Ergebnis wiederum der justiziellen Kontaktstelle mit. Diese nimmt erneut eine Durchsicht vor und benachrichtigt die Staatsanwaltschaft. Diese bzw. die Vollstreckungsbehörde beurteilt selbst unverzüglich das übermittelte Material und nimmt gegebenenfalls weitere Maßnahmen im Sinne des § 275a StPO vor.[1450] Es findet innerhalb der Kette somit nicht nur eine Weitergabe der Informationen, sondern auch eine ständige Überprüfung der Erkenntnisse statt. Damit wird ein laufender Informationsfluss gewährleistet.

Auch innerhalb der Zielgruppe der „B-Fälle“ findet ein Informationsaustausch statt, der im Hinblick auf die oben dargestellten beteiligten Stellen nicht so stark ausgeprägt ist, wie bei den „A-Fällen“. Bei Fällen der Zielgruppe 1B

1445 Konzept VISIER.rlp, S. 10.
1446 Konzept VISIER.rlp, S. 10.
1447 Konzept VISIER.rlp, S. 11.
1448 Konzept VISIER.rlp, S. 11.
1449 Konzept VISIER.rlp, S. 12.
1450 Vgl. Konzept VISIER.rlp, S. 12.

informiert die Vollstreckungsbehörde die Führungsaufsichtsstelle und die führende Stelle der Bewährungshilfe, die das Landeskriminalamt als polizeiliche Kontaktstelle in Kenntnis setzt. Verstößt der Proband gegen eine ihm auferlegte Pflicht[1451] oder kommt er dieser nicht nach und bestehen Anhaltspunkte, die auf eine erhebliche Gefährlichkeit der Person im Sinne dieses Konzepts hinweisen, so benachrichtigt die Führungsaufsichtsstelle die Polizei.[1452]

Bei Personen der Zielgruppe 2B teilt die Polizeiinspektion oder -direktion die Erkenntnisse dem Polizeipräsidium, dieses wiederum dem Landeskriminalamt und jenes schließlich der Führungsaufsichtsstelle bzw. zusätzlich der führenden Stelle der Bewährungshilfe mit. Nur in Eilfällen findet eine unmittelbare Information der Bewährungs- und Führungsaufsichtsstelle durch die Polizeiinspektion/-direktion statt.[1453]

Bezüglich der Datenspeicherung führte im Übrigen auch Rheinland-Pfalz eine spezifische Datenbank[1454] zur optimalen Informationsverarbeitung und -weitergabe ein, wobei nur speziell berechtigt Polizeibeamten und Ansprechpartnern der Polizeipräsidien eine Leseberechtigung eingeräumt wird, Justizmitarbeitern hingegen nicht. Die polizeiliche Zentralstelle hat die Schreibberechtigung. Ausschließlich erfolgt die Dateneingabe beim Landeskriminalamt.[1455]

Insgesamt ist hinsichtlich der Aufgaben der beteiligten Stellen somit festzuhalten, dass die beteiligten Einrichtungen der Justiz hauptsächlich die Prüfungspflicht hinsichtlich des Vorliegens der Voraussetzungen der Zielgruppe und der Zulässigkeit der Informationsweitergabe zur Aufgabe haben.[1456] Dem Landeskriminalamt in Rheinland-Pfalz obliegt als polizeiliche Zentralstelle noch stärker als in anderen Bundesländern koordinierende und einsatzunterstützende Aufgaben und es ist für die Informationssammlung und -steuerung zuständig.[1457] Demgegenüber übernehmen Polizeipräsidien und den ihnen nachgeordneten Dienststellen in erster Linie die Durchführung der polizeilichen Gefahrenabwehrmaßnahmen.[1458]

1451 Siehe zu der Sanktionsregelung bei Weisungsverstößen im Rahmen der Führungsaufsicht bereits oben S. 185 ff.

1452 Konzept VISIER.rlp, S. 13.

1453 Siehe hierzu Konzept VISIER.rlp, S. 13.

1454 Zur Rechtmäßigkeit solcher Datenbanken S. 385 ff.

1455 Punkt 6, 5.2.1.2; S. 15, 17.

1456 Konzept VISIER.rlp, S. 14.

1457 Konzept VISIER.rlp, S. 15.

1458 Konzept VISIER.rlp, S. 15.

12. Saarland

a) Entwicklung der Führungsaufsicht

Hinsichtlich der Entwicklung der Führungsaufsicht ist ein Anstieg der hierunter gestellten Personen zu verzeichnen. Werte für das Jahr 2000 konnten nicht ermittelt werden, ebenso keine Zwischenbilanz für das Jahr 2011. Die Anzahl der unterstellten Personen ist von 216 im Jahr 2001 auf 438 Personen im Jahr 2010 gestiegen.[1459] Dies ergibt einen Zuwachs von 103 %.[1460] Innerhalb dieses Zeitraums ist die Anzahl mit Ausnahme des Jahres 2006[1461] stetig angestiegen. Ob der Rückgang der Zahlen in diesem Jahr mit der bevorstehenden Reform von 2007 in Zusammenhang steht, stellt lediglich eine Vermutung dar. Aus besagten Gründen[1462] kann dem aber keine zu große Bedeutung geschenkt werden.

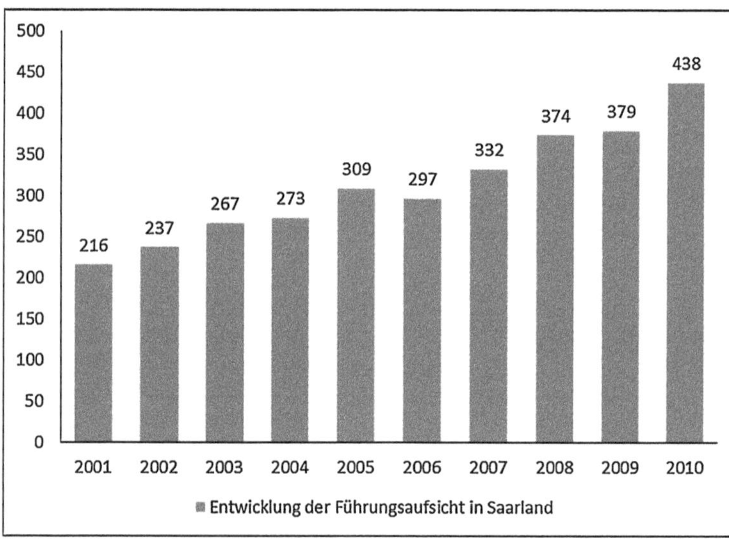

Abbildung 16: Entwicklung der Führungsaufsicht in Saarland[1463]

1459 Sozialdienst der Justiz Saarland (auf Anfrage).

1460 Zu den möglichen Gründen für den Anstieg der Anzahl der unter Führungsaufsicht stehenden Personen vgl. unten S. 342 ff.

1461 Auch Hessen verzeichnet 2006 einen Rückgang, vgl. S. 280.

1462 Zu möglichen Gründen für einen Rückgang im Jahr 2007 vgl. Mecklenburg-Vorpommern S. 287.

1463 Sozialdienst der Justiz Saarland (auf Anfrage).

b) Projekt: Rahmenrichtlinie zum Schutz der Bevölkerung vor rückfallgefährdeten Sexualstraftätern

aa) Entstehung

Anders als in anderen Bundesländern haben sich die Verantwortlichen im Saarland entschieden, kein Projekt zu errichten, sondern eine Rahmenrichtlinie zum Schutz der Bevölkerung vor rückfallgefährdeten Sexualstraftätern zu erlassen, die am 1. Januar 2011 in Kraft trat.[1464] Das Ministerium für Inneres und Europaangelegenheiten sowie das Ministerium der Justiz haben sich hierbei von der Situation leiten lassen, dass die aus der Strafhaft oder dem Maßregelvollzug entlassenen Sexualstraftäter zum Teil immer noch gefährlich und rückfallgefährdet und damit eine Gefahr für die Allgemeinheit sind. Da die nachträgliche Sicherungsverwahrung nur eine Ausnahme darstelle, bedürfe es daher einer Risikoabwägung und davon abhängig das Ergreifen geeigneter präventiver Maßnahmen. Dies basiert auf einem rechtzeitigen Informationsaustausch zwischen Justiz und Innenbehörden.[1465]

bb) Zielsetzung

Ziel der Rahmenrichtlinie ist es, die Allgemeinheit vor rückfallgefährdeten Sexualstraftätern, die aus der Strafhaft oder dem Maßregelvollzug entlassen wurden, zu schützen. Um dies zu gewährleisten, bedarf es eines optimalen Informationsaustausches der beteiligten Stellen, namentlich der Vollstreckungsbehörde, Straf- oder Maßregelvollzug, Führungsaufsichtsstelle[1466] sowie Polizeibehörden, vor, während und nach der Entlassung. Dies erfordert, dass die Zusammenarbeit dieser Stellen optimiert wird. Das Risiko der Begehung einer weiteren Straftat durch die bereits verurteilte Person durch effiziente Kontrolle und das Ergreifen geeigneter Maßnahmen zu reduzieren, soll damit angestrebt werden.[1467]

1464 Rahmenrichtlinie auf Anfrage bei der Führungsaufsichtsstelle am LG Saarbrücken erhalten. Die Darstellung dieses Konzepts, insb. auch die Struktur und der Aufbau der Ausführungen basieren auf der Grundlage der Rahmenrichtlinie. Aufgrund der Tatsache, dass die Konzeptionen der Bundesländer teilweise nur schwer für die Öffentlichkeit zugänglich sind sowie eine umfassende Sammlung und Auswertung aller Konzepte noch nicht erfolgte, wird zunächst das jeweilige Projekt ausführlich erläutert. Im Anschluss daran finden eine Auswertung und ein Vergleich zwischen den einzelnen Projekten statt.

1465 Vgl. Ausgangslage, Rahmenrichtlinie Saarland, S. 1.

1466 Allgemein zur Führungsaufsichtsstelle siehe bereits oben S. 127 ff.

1467 Zum Ziel, Rahmenrichtlinie Saarland, S. 1.

cc) Zielgruppe

Grundsätzlich kommen als Zielprobanden[1468] alle Täter in Betracht, die wegen einer der in § 181b StGB genannten Straftaten gegen die sexuelle Selbstbestimmung oder wegen Tötungsdelikten oder Gewaltdelikten mit sexueller Komponente verurteilt oder untergebracht wurden.

Ferner muss der Täter noch eine gewisse Rückfallgefahr in sich tragen, die aus einem in der Richtlinie genannten Grund zu resultieren hat. Hierfür nennt die Rahmenrichtlinie mehrere Konstellationen.

Zunächst sind durch die Vollstreckungsbehörde das Rückfallrisiko und die damit einhergehende Notwendigkeit präventiver Maßnahmen zu prüfen, wenn der durch die Justizvollzugsanstalt gestellte Antrag auf nachträgliche Sicherungsverwahrung durch das Gericht mangels Gefährlichkeit des Täters verneint wird. Die Vollstreckungsbehörde muss in dieser Konstellation selbst untersuchen, ob ein Rückfallrisiko vorliegt in Folge dessen der Täter unter diese präventive Maßnahme zu stellen ist.[1469]

Ferner hat diese Prüfung auch zu erfolgen, wenn zwar eine Bedrohung durch den Täter vorliegt, die nachträgliche Sicherungsverwahrung mangels neuer Tatsachen aber nicht verhängt werden kann.

Auch bei Konstellationen, in denen die Justizvollzugsanstalt der Vollstreckungsbehörde Tatsachen mitteilt, die auf eine Gefährlichkeit des Täters schließen lassen und sich dies bei einer einzelfallbezogenen Prüfung seitens der Vollstreckungsbehörde bestätigt, findet die Rahmenrichtlinie Anwendung.[1470]

Explizit bei der Gruppe der Vollverbüßer, § 68f Abs. 1 S. 1 StGB[1471], hat im Rahmen der Führungsaufsicht eine besondere Prüfung für die Notwendigkeit präventiver Maßnahmen zu erfolgen.[1472]

Neben aus dem Maßregelvollzug entlassenen Tätern, die eine der oben genannten Taten begangen haben, zählen auch Bewährungsversager zu der Zielgruppe. Hiervon werden schließlich auch Personen, „hinsichtlich derer die weitere Vollstreckung einer stationären Maßregel der Besserung und Sicherung mit der Folge regelmäßig eintretender Führungsaufsicht zur Bewährung ausgesetzt (§ 67d Abs. 2 StGB)[1473] oder für erledigt erklärt wird (§ 67d Abs. 6 StGB)[1474],

---

1468 Hinsichtlich der Zielgruppe anderer Bundesländer vgl. den jeweiligen Unterpunkt „Zielgruppe“ des jeweiligen Konzepts des Bundeslandes. Zur Unterschiedlichkeit dieser Adressaten siehe insb. S. 369, zur Erweiterung der Zielgruppe als Verbesserungsvorschlag vgl. unten S. 394.

1469 Rahmenrichtlinie Saarland, S. 2.

1470 Rahmenrichtlinie Saarland, S. 2.

1471 Näher dazu S. 67 ff.

1472 Siehe hierzu Rahmenrichtlinie, S. 2 f.

1473 Vgl. S. 63.

soweit sich innerhalb der Bewährungs- und Führungsaufsichtszeit eine negative Entwicklung abzeichnet“,[1475] erfasst.[1476]

Bei der Prüfung, ob eine erhöhte Gefährlichkeit des Täters vorliegt, sind insbesondere Kriterien, wie die Art und Schwere der begangenen Tat, die festgestellte Motivlage, die Täterpersönlichkeit und das Verhalten nach der Tat maßgeblich.[1477]

dd) Verfahrensablauf

Beginnen die Entlassungsvorbereitungen für eine Person aus oben genannter Tätergruppe, so hat die Justizvollzugsanstalt zu Beginn dieser Arbeiten eine Entlassungsmeldung an das Landeskriminalamt Saarland zu Händen der Vollstreckungsbehörde zu schicken. Die Vollstreckungsbehörde prüft unter Würdigung des Einzelfalls im Anschluss daran, ob präventive Maßnahmen seitens der Polizei getroffen werden müssen. Ist dies der Fall, so informiert sie das Landeskriminalamt hierüber. Unterlässt die Vollstreckungsbehörde eine derartige Mitteilung, die Führungsaufsichtsstelle hält aber im Gegensatz hierzu präventive Maßnahmen für erforderlich, so übernimmt die Führungsaufsichtsstelle die Unterrichtung des Landeskriminalamtes. Schließlich kann auch eine Benachrichtigung seitens des Bewährungshelfers erfolgen. Dies geschieht in den Fällen, in denen sich der unter Bewährung stehende Täter entgegen der ursprünglich getroffenen positiven Sozialprognose negativ entwickelt, infolgedessen damit gerechnet werden muss, dass der Täter weitere erhebliche Straftaten gegen die sexuelle Selbstbestimmung begeht. In derartigen Fällen sendet der Bewährungshelfer einen Bericht an das Gericht. Nach Kenntniserlangung durch die Vollstreckungsbehörde erfolgt eine Unterrichtung des Landeskriminalamtes, wenn sie die Einschätzung des Bewährungshelfers teilt.[1478]

In allen Fallkonstellationen ist das Landeskriminalamt für die Erhebung zentraler Daten von bereits entlassenen oder künftig zu entlassenen Sexualstraftätern und deren polizeilichen Bewertung hinsichtlich der Rückfallgefahr zuständig, wobei hierzu keine eigene Datenbank eingerichtet wurde. Hierzu sammelt es sämtliche personenbezogenen Erkenntnisse der Vollzugsbehörden, der

1474 Ausführlich S. 66.

1475 Rahmenrichtlinie Saarland, S. 3.

1476 Insgesamt zur Zielgruppe Rahmenrichtlinie Saarland, S. 3.

1477 Rahmenrichtlinie Saarland, S. 3.

1478 Rahmenrichtlinie Saarland, S. 4 f. Die Richtlinie macht keine Angaben dazu, wie die Vollstreckungsbehörde von dem Bericht des Bewährungshelfers an das Gericht Kenntnis erlangen soll. Es ist davon auszugehen, dass in der Praxis der Bewährungshelfer selbst die Mitteilung in Kopie der Vollstreckungsbehörde zukommen lässt bzw. das Gericht die Behörde informiert.

Staatsanwaltschaft und der Führungsaufsichtsstelle über die rückfallgefährdeten Täter. Es erweitert die Erkenntnisse aus polizeilichen Informationen und Informationssystemen, nimmt die analytische, polizeiliche Risikobewertung in strukturierter Form vor und fertigt einen Bericht mit der polizeilichen Gefährdungseinschätzung an. Zudem steuert sie die polizeilichen Informationen. Ferner erteilt sie auch den Hinweis „Sexualstraftäter“ bei einschlägigen Sexualstraftätern in INPOL.[1479]

Die Landespolizeidirektion entscheidet eigenständig über geeignete, polizeipräventive Maßnahmen und erfasst sowie führt Nachweis über diese. Als Basis hierfür nimmt sie den von dem Landeskriminalamt verfassten Bewertungsbericht. Durch die Ergreifung der Maßnahmen soll die Rückfallgefahr verringert werden.[1480] Ungeachtet dessen können die Behörden der Vollzugspolizei entgegen dieser Anordnungen noch ergänzende Regelungen zur Umsetzung der Richtlinie treffen.[1481]

Zur Abstimmung der Maßnahmen, aber auch zur konzeptionellen Entwicklung können ressortübergreifende Fallkonferenzen[1482] stattfinden, die von Polizei, Staatsanwaltschaft, Führungsaufsichtsstelle oder Justizvollzugsanstalt eigenverantwortlich initiiert werden. Bei Bedarf dürfen weitere Vertreter anderer Behörden teilnehmen.[1483]

Auch in dieser Rahmenrichtlinie wurde ausdrücklich auf die Möglichkeit der Ausschreibung zur polizeilichen Beobachtung nach § 463a Abs. 2 StPO hingewiesen. Aufgrund dessen sind bundesweit alle Polizeibehörden ermächtigt, Feststellungen hinsichtlich des Täters zu treffen und unverzügliche notwendige Maßnahmen zu ergreifen.[1484]

1479 Vgl. hierzu Rahmenrichtlinie Saarland, S. 6.

1480 Rahmenrichtlinie Saarland, S. 6.

1481 Siehe Rahmenrichtlinie Saarland, S. 8.

1482 Vgl. dazu S. 372. Dort werden auch die Konzeptionen genannt, die von dieser Möglichkeit Gebrauch nehmen.

1483 Rahmenrichtlinie Saarland, S. 7.

1484 Hierzu Rahmenrichtlinie Saarland, S. 7 f.

13. Sachsen

a) Entwicklung der Führungsaufsicht

Bezüglich der Entwicklung der Führungsaufsicht ist eine einheitliche Auswertung des vorhandenen Datenmaterials ab dem Jahr 2000 nicht möglich. Dies liegt daran, dass seit der Einführung der zentralen Führungsaufsichtsstelle[1485] des Freistaates Sachsen bei der Generalstaatsanwaltschaft Sachsen zum 1. Januar 1996 bis zur Dezentralisierung der Führungsaufsichtsstellen zum 31. August 2008 die Neueingänge statistisch erfasst wurden, ab dem Jahr 2008 bis heute hingegen die absoluten Fallzahlen zur Führungsaufsicht.[1486]

Die Anzahl der Neueingänge stieg von 2000 bis 2007 um knapp 101 % erheblich an. Innerhalb dieser Zeitspanne kann kein stetiger Zuwachs verzeichnet werden, die stattgefundene Entwicklung ist vielmehr als wellenartig zu beschreiben. Gründe hierfür sind nicht ersichtlich.[1487]

Betrachtet man hingegen die absoluten Fallzahlen zur Führungsaufsicht der letzten drei Jahre, so zeigt dies einen Anstieg vom Jahr 2008 auf 2010 um ca. 38 %. Den Höchststand der bisherigen Entwicklungen erreichen die Zahlen 2011, da bereits zum 30. Juni dieses Jahres 1.833 Führungsaufsichtsfälle vorlagen.[1488]

1485 Allgemein zur Führungsaufsichtsstelle siehe bereits oben S. 127 ff.

1486 Generalstaatsanwaltschaft Dresden (auf Anfrage).

1487 Zu den möglichen Gründen für den allgemeinen Anstieg der Anzahl der unter Führungsaufsicht stehenden Personen vgl. unten S. 342 ff.

1488 Generalstaatsanwaltschaft Dresden (auf Anfrage).

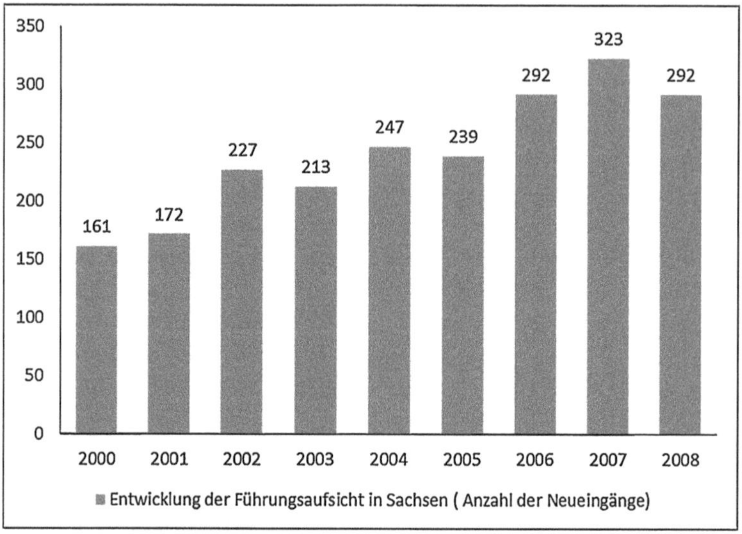

Abbildung 17: Entwicklung der Führungsaufsicht in Sachsen, dargestellt anhand der Anzahl der Neueingänge[1489]

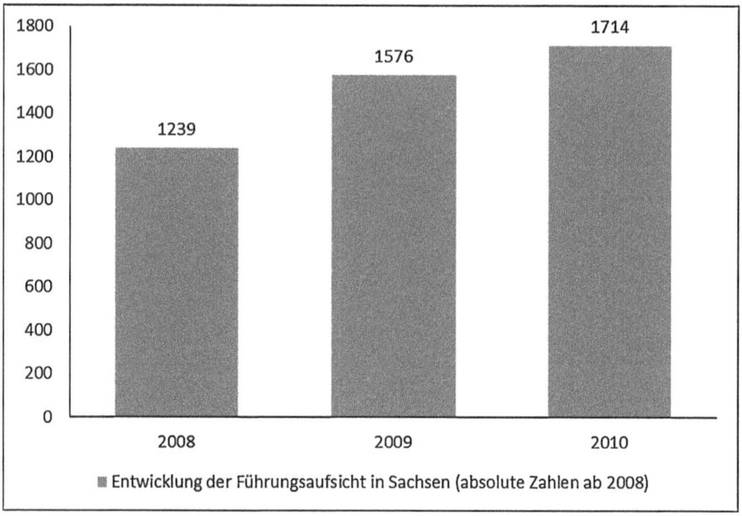

Abbildung 18: Entwicklung der Führungsaufsicht in Sachsen, dargestellt anhand der absoluten Zahlen ab 2008[1490]

1489 Anzahl der Neueingänge bis zum 31. August 2008. Danach Dezentralisierung der Führungsaufsichtsstellen und Ressortierung bei den Staatsanwaltschaften im Freistaat Sachsen zum 1. September 2008; Generalstaatsanwaltschaft Dresden (auf Anfrage).

b) Projekt: Informationssystem zur Intensivüberwachung besonders rückfallgefährdeter Sexualstraftäter (ISIS)

Das Sächsische Staatsministerium des Inneren, das Sächsische Staatsministerium der Justiz und das Sächsische Staatsministerium für Soziales erließen am 27. Juni 2008 in einer gemeinsamen Verwaltungsvorschrift[1491] eine ressortübergreifende Konzeption zur Einrichtung eines Informationssystems zur Intensivüberwachung besonders rückfallgefährdeter Sexualstraftäter (ISIS). Diese trat am 1. September 2008 in Kraft.

aa) Entstehung

Auch das sächsische Konzept zur Einrichtung eines Informationssystems zur Intensivüberwachung besonders rückfallgefährdeter Sexualstraftäter enthält beispielsweise wie das Projekt Mecklenburg-Vorpommerns[1492] kein einleitendes Vorwort, infolgedessen können hierzu keine Aussagen über die Motive für die Entstehung dieser gemeinsamen Verwaltungsvorschrift verbindlich getroffen und diesbezüglich nur Mutmaßungen angestellt werden. Bei der Vorstellung des Informationssystems ISIS hat der damalige sächsische Justizminister Geert Mackenroth allerdings ein Motiv für die Entstehung dieser Maßnahme genannt. Er sagte, dass die Verantwortlichen des Justizministeriums ihre Lehren u.a. aus den Fällen „Stephanie“[1493] und „Mitja“[1494] gezogen hätten. Beide Fälle hätten ihnen

---

1490 Generalstaatsanwaltschaft Dresden (auf Anfrage).

1491 Diese Verwaltungsvorschrift gilt als geltend bekannt gemacht durch die Verwaltungsvorschrift vom 11. Dezember 2009 (SächsABl. SDr. S. S 2431). Die Darstellung dieses Konzepts, insb. auch die Struktur und der Aufbau der Ausführungen basieren auf der Grundlage dieser Verwaltungsvorschrift. Aufgrund der Tatsache, dass die Konzeptionen der Bundesländer teilweise nur schwer für die Öffentlichkeit zugänglich sind sowie eine umfassende Sammlung und Auswertung aller Konzepte noch nicht erfolgte, wird zunächst das jeweilige Projekt ausführlich erläutert. Im Anschluss daran finden eine Auswertung und ein Vergleich zwischen den einzelnen Projekten statt.

1492 Siehe hierzu S. 288 ff., insb. S. 289.

1493 Die damals 13-jährige Stephanie wurde von einem vorbestraften Sexualstraftäter, Mario M., im Jahr 2006 in Dresden zunächst entführt und anschließend über fünf Wochen massiv sexuell missbraucht. Mario M. wurde bereits 1999 zu drei Jahren Freiheitsstrafe verurteilt, weil er ein 14-jähriges Mädchen vergewaltigte. Vgl. hierzu http://www.sz-online.de/sachsen/hoechststrafe-im-fall-stephanie-bestaetigt-1856273.html; http://www.sueddeutsche.de/politik/der-fall-stephanie-das-versagen-der-behoerden-1.435086.

1494 Auch im Fall „Mitja“ aus Leipzig handelte es sich bei dem Täter um einen mehrfach wegen sexuellen Missbrauch Vorbestraften. Uwe K. vergewaltigte im Jahr 2007 den 9-jährigen Jungen und erdrosselte ihn im Anschluss daran. Siehe dazu http://www.welt.de/vermischtes/article737407/Mutmasslicher-Moerder-ist-mehrfach-

gezeigt, so die Aussage Mackenroths, dass das Reservoir an untergesetzlichen Schutzmaßnahmen noch nicht ausgeschöpft ist.[1495] Um diese Lücken zu schließen, wurde ein Informationssystem geschaffen, das alle Informationsträger in einem starken Netz miteinander verbindet, um so eine intensive Überwachung des Täters zu gewährleisten.[1496]

bb) Zielsetzung

Das Ziel der gemeinsamen Verwaltungsvorschrift der oben genannten[1497] sächsischen Staatsministerien ist die Einrichtung eines Informationssystems zur Intensivüberwachung besonders rückfallgefährdeter Sexualstraftäter. Mit Hilfe dieses Systems sollen Gefahren, die für Dritte von diesen besonders rückfallgefährdeten Sexualstraftätern ausgehen, abgewehrt werden. Um dieses Ziel zu erreichen, war nach der gemeinsamen Verwaltungsvorschrift die Vorgabe, bei der Generalstaatsanwaltschaft eine Zentralstelle ISIS und bei dem Landeskriminalamt eine Operative Stelle ISIS einzurichten.[1498]

cc) Zielgruppe

Die gemeinsame Verwaltungsvorschrift legt die Voraussetzungen für die Anordnung der Intensivüberwachung exakt fest.[1499]

Nach Nr. 1 kommen für diese Maßnahme der Intensivüberwachung nur Personen in Frage, die wegen einer in § 181b StGB genannten Straftat, wegen eines Verbrechens nach §§ 211, 212 StGB mit sexuellem Motiv oder wegen eines Vergehens gem. § 323a StGB, wenn im Rausch eine rechtswidrige Tat nach den soeben genannten Delikten begangen wurde, zu einer Freiheitsstrafe verurteilt oder deren Unterbringung angeordnet wurde. Ferner müssen sie deshalb entweder unter Führungsaufsicht nach §§ 67b Abs. 2[1500], 67c Abs. 1[1501] und Abs. 2[1502],

---

vorbestraft.html; http://www.spiegel.de/panorama/justiz/prozess-in-leipzig-mitjas-moerder-gesteht-und-schweigt-a-502472.html.

1495 Pressemitteilung v. 15.7.2008 „Im Netz von ISIS“ abzurufen unter www.justiz.sachsen.de.

1496 Pressemitteilung v. 15.7.2008 „Im Netz von ISIS“ abzurufen unter www.justiz.sachsen.de.

1497 Siehe S. 319.

1498 Vgl. hierzu VwV ISIS, I.

1499 Hinsichtlich der Zielgruppe anderer Bundesländer vgl. den jeweiligen Unterpunkt „Zielgruppe“ des jeweiligen Konzepts des Bundeslandes. Zur Unterschiedlichkeit dieser Adressaten siehe insb. S. 369, zur Erweiterung der Zielgruppe als Verbesserungsvorschlag vgl. unten S. 394.

1500 Dazu S. 62.

1501 Vgl. S. 62.

67d Abs. 2[1503] bis Abs. 6[1504], 68[1505] oder 68f Abs. 1[1506] StGB oder unter Bewährung stehen. In den Bewährungsfällen muss eine Situation vorliegen, in der nach der Rechtskraft der Aussetzungsentscheidung eine negative Entwicklung eingetreten ist, die die Befürchtung aufkommen lässt, dass der Täter erneut eine Straftat gegen die sexuelle Selbstbestimmung begeht.

Des Weiteren spielen für die Anordnung hauptsächlich die Persönlichkeit des Täters, tatbezogene Merkmale, insbesondere auch das Verhalten des Täters nach der Tat sowie die vorliegenden Lebensumstände nach der Entlassung als Abwägungsgesichtspunkte eine Rolle. Liegen diese Voraussetzungen vor, wird der Täter unter die Intensivüberwachung gestellt. Spätestens nach einem Jahr seit der Anordnung überprüft die Zentralstelle ISIS, ob die Gefährlichkeit noch vorliegt und ob es einer derartigen Maßnahme noch bedarf. Endet die Bewährungs- oder Führungsaufsichtsdauer[1507], so untersteht der Proband auch nicht mehr der Intensivüberwachung.[1508]

dd) Verfahrensablauf

Möglichst drei Monate vor der Entlassung der verurteilten Person teilt die Justiz- oder Maßregelvollzugsanstalt der Staatsanwaltschaft bzw. in Jugendsachen dem Jugendrichter als Vollstreckungsleiter den voraussichtlichen Entlassungstermin und die Entlassungsanschrift mit. Ferner fügt sie eine Einschätzung bei, ob nach ihrer Ansicht der Strafgefangene oder Untergebrachte ein potentieller Proband des Informationssystems zur Intensivüberwachung besonders rückfallgefährdeter Sexualstraftäter ist. Daraufhin würdigt die Strafvollstreckungsbehörde alle ihr vorliegenden Informationen und prüft, ob eine Unterstellung der verurteilten Person unter das Informationssystem ISIS in Betracht kommt.[1509] Hält sie dies für erforderlich, so übermittelt sie die für die Fallkonferenz[1510] erforderlichen Unterlagen einschließlich einer Begründung an die Zentralstelle ISIS. Ferner hat die Strafvollstreckungsbehörde die Aufgabe, die Zentralstelle

---

1502 Siehe S. 63.
1503 Näher S. 63 ff.
1504 Ausführlich S. 66.
1505 Dazu S. 52 ff.
1506 Siehe bereits S. 67 ff.
1507 Allgemein zur Dauer der Führungsaufsicht S. 96 ff.
1508 Vgl. insgesamt hierzu VwV ISIS, II.
1509 Zu den unterschiedlichen Entscheidungsträgern vgl. unten S. 370 f. Siehe auch zu dem Verbesserungsvorschlag die Kategorisierung durch Fachpersonal vornehmen zu lassen S. 394.
1510 Vgl. dazu S. 372. Dort werden auch die Konzeptionen genannt, die von dieser Möglichkeit Gebrauch nehmen.

ISIS und die Operative Stelle ISIS über alle wichtigen Entscheidungen des Gerichts während der Dauer dieser Maßnahme zu unterrichten.[1511] Neben der Bewährungshilfe und der Führungsaufsichtsstelle, die ihre Aufgaben unbeschadet dieser Maßnahme ausüben, stellen die Zentralstelle ISIS und die Operative Stelle ISIS die zentralen Weichensteller für eine erfolgreiche Intensivüberwachung dar. Die Aufgaben der Zentralstelle ISIS, deren Leitung dem Generalstaatsanwalt unterliegt, wurden in der gemeinsamen Verwaltungsvorschrift unter III. geregelt. Diese sind die Sammlung von für die Intensivüberwachung erforderlichen Informationen und die Erfassung aller gewonnenen Erkenntnisse in einem Auswertungsbericht, wobei auch hier keine eigene zentrale Datenbank errichtet wurde. Die allerdings wohl bedeutendste Aufgabe der Zentralstelle ISIS ist die Mitwirkung bei der in paritätisch besetzten Fallkonferenzen einvernehmlich zu treffenden Entscheidung über die Frage des Vorliegens einer besonderen Rückfallgefährdung und damit verbunden über die Aufnahme der verurteilten Person in das Informationssystem ISIS. Ferner kann sie der Operativen Stelle ISIS[1512] Empfehlungen über die Ausgestaltung der Überwachung geben und Anordnungen der Führungsaufsichtsstelle übermitteln.[1513] Auf der Grundlage des von der Zentralstelle ISIS verfassten Auswertungsberichts leitet die Operative Stelle ISIS die Intensivüberwachung ein. Zunächst informiert sie den Probanden über die Unterstellung und veranlasst im Anschluss die Aufnahme des Probanden in verschiedene Auskunftssysteme sowie bei der zuständigen Polizeidirektion die Vervollständigung bzw. Aktualisierung der erkennungsdienstlichen und der DNA-Unterlagen, die Überprüfung der tatsächlichen Wohnanschrift und die Durchführung von Gefährderansprachen[1514]. Schließlich darf die Operative Stelle ISIS im Rahmen der Gesetze kurzfristige Observationen, Kontrollen nach Vorgabe der Führungsaufsicht, Kontrollen der Einhaltung von Weisungen[1515] und Auflagen sowie weitere Maßnahmen, die zur Gefahrenabwehr erforderlich und geeignet sind, ergreifen. Über wichtige Erkenntnisse informiert sie die Staatsanwaltschaft, bei Kenntnissen über eine Negativentwicklung des Proban-

1511 So VwV ISIS, V.

1512 Die Operative Stelle ISIS wurde beim Landeskriminalamt, im Gegensatz dazu die Zentralstelle ISIS bei der Generalstaatsanwaltschaft, eingerichtet. Dies erfolgte zum Zweck der intensiven Überwachung von besonders rückfallgefährdeten verurteilten Sexualstraftätern. Hierzu wurden ihr bestimmte Aufgaben, beispielsweise Informationsweitergabe, auferlegt, um die von diesen Tätern ausgehende Gefahr für Dritte abzuwehren. Vgl. VwV ISIS, I.

1513 Zur Sonderrolle diesbezüglich vgl. unten S. 372.

1514 Ausführlich unten S. 375 ff.

1515 Siehe zu den Möglichkeiten der Anordnung von Weisungen während der Führungsaufsicht S. 143 ff.

den den Bewährungshelfer.[1516] Die Überwachungsmaßnahme endet entweder mit einer Entscheidung der Zentralstelle ISIS nach eingehender Prüfung, ob eine besondere Risikogefährdung noch vorliegt oder spätestens mit Ende der Bewährungs- oder Führungsaufsichtsdauer[1517].[1518]

14. Sachsen-Anhalt

a) Entwicklung der Führungsaufsicht

In Sachsen-Anhalt ergibt ein Vergleich der Jahre 2000 und 2010 eine Steigerung[1519] der Führungsaufsichten von etwa 161 % von 446 auf 1162.[1520]

Während dieses Zeitrahmens stieg die Anzahl der Führungsaufsichten mit Ausnahme des Jahres 2001 stetig an. Der bislang höchste Zuwachs ist im Jahr 2009 zu verzeichnen. Dabei erhöhte sich die Anzahl der Führungsaufsichten im Vergleich zum Vorjahr um knapp 29 %. Allerdings sind keine Ursachen für die rapide Steigerung ersichtlich. Zwar stammen die Zahlen bis 2008 aus dem Jahresbericht des Bundeslandes Sachsen-Anhalt, die für 2009 und 2010 von der zentralen Führungsaufsichtsstelle[1521] Magdeburg, doch auch dies kann nicht der Grund sein. Beide Statistiken erfassen sowohl die Jugendlichen wie auch die Erwachsenen. Die Stelle am Landgericht Magdeburg ist für ganz Sachsen-Anhalt zuständig und erfasst die Informationen zentral. Die Statistik von 2009 und 2010 beinhaltet zwar auch die noch bestehenden mehrfachen Führungsaufsichtsfälle, während der Jahresbericht im Gegensatz hierzu keine Angaben macht. Selbst wenn von der Annahme ausgegangen wird, dieser beinhalte keine Mehrfachunterstellungen, ist eine Steigerung von knapp 29 % erheblich, zumal nach Auskunft der zentralen Führungsaufsichtsstelle in Magdeburg nur zwischen zwei und maximal sechs Fälle der mehrfachen Führungsaufsicht pro Jahr vorhanden sind. Ob es sich hierbei um einen statistischen Erhebungsfehler oder einen extremen Anstieg handelt, lässt sich nicht feststellen. Auch wurde kein neuer Jahresbericht veröffentlicht, infolgedessen ein Abgleich der Daten hätte stattfinden können. Ratsam ist daher die Entwicklung weiterhin im Auge zu behalten. In Anbetracht der Tatsache, dass die Anzahl der Führungsaufsichten von

---

1516 Zur Aufgaben der Operativen Stelle ISIS siehe VwV VI., V. Nr. 5 f.

1517 Zur Beendigung der Führungsaufsicht vgl. S. 115 ff.

1518 Vgl. VwV ISIS, II.3.

1519 Zu den möglichen Gründen für den Anstieg der Anzahl der unter Führungsaufsicht stehenden Personen vgl. unten S. 342 ff.

1520 Jahresbericht Sachsen-Anhalt, 2008, S. 12; Führungsaufsichtsstelle Magdeburg (auf Anfrage).

1521 Allgemein zur Führungsaufsichtsstelle siehe bereits oben S. 127 ff.

1.170 am 31. August 2011 auf 1.179 am 15. September 2011 stieg, spricht allerdings viel für die These, wonach es trotz des kurzen Zeitraums sich um keinen Erhebungsfehler handelt, sondern die Anzahl der Führungsaufsichten in Sachsen-Anhalt derzeit rasant zunimmt.[1522]

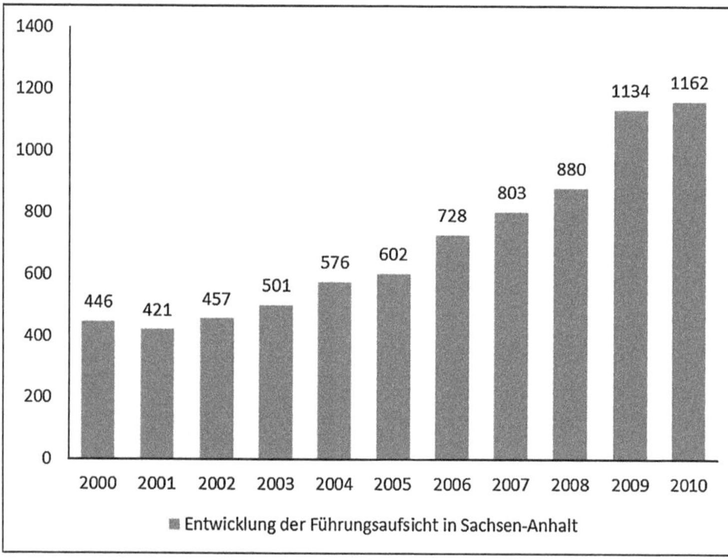

Abbildung 19: Entwicklung der Führungsaufsicht in Sachsen-Anhalt[1523]

1522 Jahresbericht Sachsen-Anhalt, 2008, S. 12; Führungsaufsichtsstelle Magdeburg (auf Anfrage).

1523 Jahresbericht Sachsen-Anhalt, 2008, S. 12; Führungsaufsichtsstelle Magdeburg (auf Anfrage).

b) Projekt: Maßnahmen zur Verbesserung des Schutzes der Bevölkerung vor Straftaten von haftentlassenen rückfallgefährdeten Sexualstraftätern

Das Ministerium des Inneren, das Ministerium für Justiz und Gleichstellung und das Ministerium für Arbeit und Soziales des Landes Sachsen-Anhalt haben in einem gemeinsamen Runderlass[1524] vom 19. März 2008 eine ressortübergreifende Maßnahme zur Verbesserung des Schutzes der Bevölkerung vor Straftaten von haftentlassenen rückfallgefährdeten Sexualstraftätern erlassen. Diese trat am 21. April 2008 in Kraft und wird am 21. April 2013 ihre Wirkung verlieren.

aa) Entstehung

Die Konzeption der Maßnahmen zur Verbesserung des Schutzes der Bevölkerung vor Straftaten von haftentlassenen rückfallgefährdeten Sexualstraftätern weist in einer Vorbemerkung darauf hin, dass Sexualstraftaten, namentlich solche zum Nachteil von Kindern, die Opfer in besonderem Maße verletzen sowie belasten und damit geeignet sind, auch das Sicherheitsgefühl der Bevölkerung zu schädigen. Vor diesem Hintergrund wurde der gemeinsame Runderlass der oben genannten Ministerien erlassen, um die Rechte der Opfer zu schützen und die Begehung einer erneuten einschlägigen Straftat des Täters zu verhindern.[1525]

bb) Zielsetzung

Vorrangiges Ziel der vorliegenden Konzeption ist eine zusammenfassende Darstellung des nach § 68a StGB, § 463a StPO sowie dem ersten und zweiten Abschnitt des achten Buches der Strafprozessordnung, hierbei insbesondere nach §§ 474, 479, 481, 487 StPO, zulässigen Informationsaustausches zwischen den zuständigen Stellen. Durch den Austausch der Informationen über entlassene rückfallgefährdete Sexualstraftäter soll den beteiligten öffentlichen Stellen die Möglichkeit gegeben werden, den Schutz der Opferrechte und die Verhinderung von Wiederholungstaten zu verbessern.[1526]

1524 Landesrecht Sachsen-Anhalt, Az.: 12334/1.4.7; 1431-402.77; 33-41223. Die Darstellung dieses Konzepts, insb. auch die Struktur und der Aufbau der Ausführungen basieren auf der Grundlage des gemeinsamen Runderlasses. Aufgrund der Tatsache, dass die Konzeptionen der Bundesländer teilweise nur schwer für die Öffentlichkeit zugänglich sind sowie eine umfassende Sammlung und Auswertung aller Konzepte noch nicht erfolgte, wird zunächst das jeweilige Projekt ausführlich erläutert. Im Anschluss daran finden eine Auswertung und ein Vergleich zwischen den einzelnen Projekten statt.

1525 Vgl. hierzu die Vorbemerkung der Konzeption MzVdSdBvrS.

1526 Die Vormerkung der Konzeption MzVdSdBvrS erklärt auch das Ziel des gemeinsamen Runderlasses.

cc) Zielgruppe

Unter die Zielgruppe[1527] der Maßnahmen zur Verbesserung des Schutzes der Bevölkerung vor Straftaten von entlassenen, rückfallgefährdeten Sexualstraftätern fallen nach Punkt 2 der Konzeption alle Personen, die wegen einer Sexualstraftat gem. § 181b StGB oder eines Verbrechens mit sexuellem Hintergrund eine Freiheitsstrafe verbüßen, deren Entlassung aus dem Vollzug bevorsteht und bei denen kraft Gesetz Führungsaufsicht[1528] eintritt oder angeordnet[1529] worden ist oder die bereits aus dem Strafvollzug entlassenen wurden und unter Führungsaufsicht stehen oder an denen freiheitsentziehende Maßregeln der Besserung und Sicherung vollzogen werden oder wurden.

dd) Verfahrensablauf

Spätestens sechs Monate vor dem errechneten Strafende der aus der Haft zu entlassenden Person holt die Vollstreckungsbehörde eine Stellungnahme der Vollzugseinrichtung ein, in der diese Aussagen zur Vorbereitung der Führungsaufsicht und ihrer inhaltlichen Ausgestaltung treffen soll. Nach Erhalt dieser Empfehlung stellt die Vollstreckungsbehörde in einem weiteren Schritt die gebotenen Anträge, beispielsweise auf Erteilung von bestimmten Weisungen[1530] im Rahmen der Führungsaufsicht. Als weitere Aufgabe fällt ihr Prüf- und Informationspflichten zu. Zunächst prüft sie nach der Entscheidung zur Führungsaufsicht, ob die Vollzugseinrichtung darüber informiert wurde und eine Belehrung der verurteilten Person stattfand. Soweit dies nicht geschehen ist, veranlasst sie es. Daneben teilt sie der Führungsaufsichtsstelle[1531] den Beschluss über den Eintritt und die Ausgestaltung der Führungsaufsicht mit. Neben der Übermittlung der Entlassungsanschrift an die Führungsaufsichtsstelle kommt der Vollzugseinrichtung die Aufgabe zu, Kontakt mit der zuständigen Stelle des Sozialen Dienstes der Justiz aufzunehmen und diese über den Eintritt der Führungsaufsicht zu informieren.

Um das Ziel dieser Konzeption zu erreichen, hat auch die Führungsaufsichtsstelle weitgehende Informationspflichten. Neben ihrer Prüfung, ob ein An-

1527 Hinsichtlich der Zielgruppe anderer Bundesländer vgl. den jeweiligen Unterpunkt „Zielgruppe" des jeweiligen Konzepts des Bundeslandes. Zur Unterschiedlichkeit dieser Adressaten siehe insb. S. 369, zur Erweiterung der Zielgruppe als Verbesserungsvorschlag vgl. unten S. 394.

1528 Allgemein zur Führungsaufsicht kraft Gesetzes, S. 61 ff.

1529 Zur Möglichkeit der Führungsaufsicht nach § 68 Abs. 1 StGB vgl. S. 52 ff.

1530 Siehe zu den Möglichkeiten der Anordnung von Weisungen während der Führungsaufsicht S. 143 ff.

1531 Allgemein zur Führungsaufsichtsstelle siehe bereits oben S. 127 ff.

trag zur Überwachung der verurteilten Person im Rahmen der Führungsaufsicht bei dem Landeskriminalamt gestellt werden soll, muss die Führungsaufsichtsstelle bei Kenntnisnahme von Tatsachen, aufgrund derer über die bestehenden Weisungsmöglichkeiten[1532] nach § 68b StGB hinausgehenden Maßnahmen zur Gefahrenabwehr erforderlich erscheinen, unverzüglich die zuständige Sicherheitsbehörde und Polizeidirektion zur Absprache konkreter Maßnahmen informieren.[1533]

Erachtet die Führungsaufsichtsstelle die Überwachung für notwendig, veranlasst das Landeskriminalamt entsprechend der Polizeidienstvorschrift diese.[1534] Daneben obliegt ihm die bedeutsame Aufgabe, die von der Führungsaufsichtsstelle übersandten Daten in den entsprechenden Dateien des Informationssystems der Polizei zu speichern und zu prüfen, ob eine Ergänzung oder Aktualisierung erkennungsdienstlicher Unterlagen notwendig ist. Allerdings wurde hierfür keine eigene zentrale Datenbank eingerichtet. Bedarf es einer solchen, so teilt das Landeskriminalamt dies der zuständigen Polizeidirektion mit.[1535] Diese ist für die Durchführung und Koordinierung für über die gem. § 68b StGB bestehenden Weisungen[1536] erforderlichen Maßnahmen zur Gefahrenabwehr für die öffentliche Sicherheit und Ordnung zuständig. Des Weiteren kommt der Polizeidirektion Mitteilungspflichten zu. Neben einer allgemeinen Information des zuständigen Polizeireviers, hat die Polizeidirektion die Aufgabe, der Führungsaufsichtsstelle und dem Landeskriminalamt festgestellte Weisungsverstöße[1537] mitzuteilen. Insgesamt übernimmt die Polizeidirektion eine lückenlose Dokumentation hinsichtlich aller angeordneten und durchgeführten Maßnahmen, festgestellter Weisungsverstöße und Mitteilungen an die Führungsaufsichtsstelle.[1538] Das zuständige Polizeirevier überprüft den Aufenthalt der entlassenen Person und informiert die Führungsaufsichtsstelle, die Polizeidirektion und das Landeskriminalamt über das Ergebnis. Auch festgestellte Weisungsverstöße werden diesen Stellen seitens des Polizeireviers mitgeteilt. Daneben sind sie für die Durch-

---

1532 Vgl. oben S. 143 ff.

1533 Zu den Maßnahmen der Justiz vgl. insgesamt Punkt 3 der Konzeption MzVdSdBvrS.

1534 Zu den unterschiedlichen Entscheidungsträgern vgl. unten S. 370 f. Siehe auch zu dem Verbesserungsvorschlag die Kategorisierung durch Fachpersonal vornehmen zu lassen S. 394.

1535 Vgl. hierzu Punkt 4.1 der Konzeption MzVdSdBvrS.

1536 Siehe zu den Möglichkeiten der Anordnung von Weisungen während der Führungsaufsicht S. 143 ff.

1537 Vgl. zu der Sanktionsregelung bei Weisungsverstößen im Rahmen der Führungsaufsicht bereits oben S. 185 ff.

1538 Zu dem Aufgabenbereich der Polizeidirektion siehe Punkt 4.2 der Konzeption MzVdSdBvrS.

führung für erforderlich gehaltene Zusatzmaßnahmen zur Gefahrenabwehr zuständig, sofern diese nicht von der Polizeidirektion ausgeübt werden.[1539]

15. Schleswig-Holstein

a) Entwicklung der Führungsaufsicht

Der Vergleich der Jahre 2000 und 2010 zeigt einen Anstieg der Gesamtzahl der Unterstellungen unter Führungsaufsicht in Schleswig-Holstein.[1540] Innerhalb dieser Zeitspanne erhöhte sich die Anzahl von 398 auf 638 und wuchs somit etwas über 60 %.[1541] Auffallend ist, dass im Jahr 2008 die Gesamtzahl der Unterstellungen rückläufig war.[1542] Exakte Gründe hierfür lassen sich nicht ermitteln. Die Statistik unterscheidet nicht zwischen der gesetzlich und der kraft Richterspruchs angeordneten Führungsaufsicht, wodurch nicht ersichtlich wird, inwieweit die Reform von 2007 Auswirkungen auf den Richterspruch hatte. Plausibel scheint, dass innerhalb dieser Anwendungsmöglichkeit weniger Führungsaufsichten verhängt wurden, da ein Teil der Richter erst die Entwicklung der reformierten Führungsaufsicht abwarten wollte. Da die Führungsaufsicht kraft Richterspruchs aber nur einen kleinen Teil ausmacht, stellt die Unsicherheit des Richters - sofern diese Vermutung überhaupt der Realität entspricht - nicht den einzigen Grund dar, der einen Rückgang um knapp 5% rechtfertigen lässt, zumal die Führungsaufsicht kraft Richterspruchs, wie gezeigt[1543], in der Bundesrepublik von 27 im Jahr 2007 auf 38 im darauffolgenden Jahr gewachsen ist.

1539 Punkt 4.3 der Konzeption MzVdSdBvrS beschreibt das Tätigkeitsfeld des Polizeireviers.

1540 Ministerium für Justiz, Gleichstellung und Integration des Landes Schleswig-Holstein (auf Anfrage).

1541 Zu den möglichen Gründen für den Anstieg der Anzahl der unter Führungsaufsicht stehenden Personen vgl. unten S. 342 ff.

1542 Auch Nordrhein-Westfalen verzeichnet im Jahr 2008 einen Rückgang, vgl. S. 300.

1543 Siehe S. 213 ff.

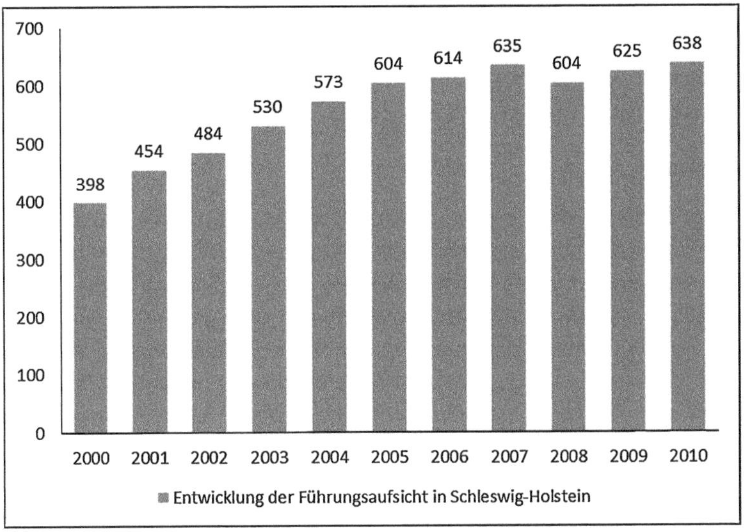

Abbildung 20: Entwicklung der Führungsaufsicht in Schleswig-Holstein[1544]

b) Projekt: Kieler Sicherheitskonzept Sexualstraftäter (KSKS)

Das Ministerium für Justiz, Arbeit und Europa, das Innenministerium und das Ministerium für Soziales, Gesundheit, Familie, Jugend und Senioren des Landes Schleswig-Holstein hat in einer gemeinsamen Allgemeinverfügung vom 26. September 2008 das Kieler Sicherheitskonzept Sexualstraftäter (KSKS)[1545] erlassen. Diese trat am 1. Oktober 2008 in Kraft.

aa) Entstehung

Ähnlich wie die Konzeption in Nordrhein-Westfalen[1546] wird zur Begründung der Entstehung dieser Allgemeinverfügung nicht auf einen konkreten Fall abge-

1544 Ministerium für Justiz, Gleichstellung und Integration des Landes Schleswig-Holstein (auf Anfrage).

1545 Amtsblatt Schleswig-Holstein 2008, S. 878 und Schleswig-Holsteinische Anzeigen 2008, S. 348. Die Darstellung dieses Konzepts, insb. auch die Struktur und der Aufbau der Ausführungen basieren auf der Grundlage der gemeinsamen Allgemeinverfügung. Aufgrund der Tatsache, dass die Konzeptionen der Bundesländer teilweise nur schwer für die Öffentlichkeit zugänglich sind sowie eine umfassende Sammlung und Auswertung aller Konzepte noch nicht erfolgte, wird zunächst das jeweilige Projekt ausführlich erläutert. Im Anschluss daran finden eine Auswertung und ein Vergleich zwischen den einzelnen Projekten statt.

1546 Siehe S. 301 ff., insb. S. 301.

stellt. Vielmehr beruht diese auf die aus dem Justizvollzug oder Maßregelvollzug entlassenen Sexualstraftäter, die in vielen Fällen die Gefahr in sich tragen erneut einschlägig rückfällig zu werden. Daher bestehe das Bedürfnis, die Gesellschaft durch präventiv-polizeiliche Maßnahmen zu schützen.[1547]

bb) Zielsetzung

Das Kieler Sicherheitskonzept Sexualstraftäter verfolgt das Ziel, das Rückfallrisiko des Sexualstraftäters zu reduzieren. Dies soll durch eine Verbesserung der Informationssammlung und der Maßnahmen in der Zusammenarbeit der beteiligten Stellen der Justiz, des Maßregelvollzugs und der Polizei erreicht werden.[1548] Dazu wird die Polizei, ausgestattet mit Informationen durch die betreffenden Stellen der Justiz bzw. des Maßregelvollzugs, ermächtigt, die Überwachungsmaßnahmen betreffend der Zielgruppe dieses Konzepts auf Grundlage des Landesverwaltungsgesetzes in eigener Verantwortung durchzuführen.[1549]

cc) Zielgruppe

Das Kieler Sicherheitskonzept Sexualstraftäter unterscheidet bezüglich der Zielgruppe[1550] drei Kreise: die Führungsaufsichtsfälle, die Bewährungsfälle und die Vollverbüßer. Im Rahmen der Führungsaufsichtsfälle werden von dieser Konzeption Sexualstraftäter erfasst, die wegen einer Straftat gegen die sexuelle Selbstbestimmung nach den §§ 174 bis 174c, 176 bis 180 und 182 StGB oder eines Tötungsdelikts nach §§ 211, 212 StGB mit sexuell motiviertem Hintergrund oder wegen Begehung einer der vorgenannten Taten wegen Vollrausches (§ 323a StGB) verurteilt worden sind und deshalb unter Führungsaufsicht stehen.[1551] Daneben gibt es diejenigen Fälle, in denen ein Sexualstraftäter nach einem der oben genannten Delikte verurteilt, die Vollstreckung seiner Freiheits- bzw. Jugendstrafe bzw. eines Strafrests aber zur Bewährung ausgesetzt wurde. Dies hat zur Folge, dass dieser Täter aufgrund seiner positiven Prognose nicht unter Führungsaufsicht steht. Ergeben sich allerdings durch das Verhalten des Sexualstraftäters nachträglich Hinweise, die eine positive Sozialprognose nicht mehr rechtfertigen lassen, so wird diese Person dem Kieler Sicherheitskonzept

---

1547 Konzept KSKS, I.

1548 Dazu Konzept KSKS, I.

1549 Konzept KSKS, I.

1550 Hinsichtlich der Zielgruppe anderer Bundesländer vgl. den jeweiligen Unterpunkt „Zielgruppe“ des jeweiligen Konzepts des Bundeslandes. Zur Unterschiedlichkeit dieser Adressaten siehe insb. S. 369, zur Erweiterung der Zielgruppe als Verbesserungsvorschlag vgl. unten S. 394.

1551 Vgl. Konzept KSKS, II. 1.

Sexualstraftäter unterstellt.[1552] Schließlich gibt es noch die Zielgruppe Vollverbüßer. Nach II. 3. des Kieler Sicherheitskonzepts Sexualstraftäter werden auch verurteilte Sexualstraftäter im oben genannten Sinne, die ihre Strafe im Justizvollzug voll verbüßt haben, insbesondere solche, bei denen die Vollstreckung eines Strafrests nicht zur Bewährung ausgesetzt wurde, sowie verurteilte Sexualstraftäter im Sinne der oben genannten Delikte, hinsichtlich derer die Vollstreckung der Maßregel für erledigt erklärt wurde, und die nachfolgend nicht der Führungsaufsicht unterliegen von diesem Programm erfasst. Es handelt sich dabei um Vollverbüßer bzw. Entlassene, die nach ihrer Entlassung keinerlei justizieller Kontrolle mehr unterliegen.

Wird eine Person als zur Zielgruppe angehörig erklärt, stuft man diese bezüglich der Rückfallgefahr in eine Kategorie ein. Dabei wird auch bei diesem Konzept zwischen drei Gruppierungen unterschieden. Kategorie A erfasst die Verurteilten, von denen eine hohe Gefährlichkeit ausgeht. Mangels rückfallrisikomindernden Bedingungen ist bei ihnen zu erwarten, dass sie jederzeit erneut eine einschlägige Straftat begehen könnten. Bei Probanden der Kategorie B liegen im Gegensatz hierzu rückfallrisikomindernde Bedingungen vor. Dennoch geht man bei ihnen von einer hohen Gefährlichkeit aus, da Grund zu der Annahme besteht, sie werden erneut eine einschlägige Straftat begehen, wenn diese Bedingung wegfällt oder gefährdet wird. Schließlich fallen alle anderen Personen der Zielgruppe, die nicht unter Kategorie A oder B gefasst werden konnten, unter Kategorie C. Maßgebliche Kriterien für die Einstufung in die jeweilige Kategorie sind sowohl tat-, als auch täterbezogene Merkmale. Die Art und Schwere der begangenen Tat, die Motivationslage zu dieser, die Täterpersönlichkeit, das Gewaltpotential, das Verhalten nach der Tat sowie die Entwicklung im Vollzug sind nur exemplarisch aufgezählte zu beachtende Merkmale.[1553]

Die Zuständigkeit für die Einstufung des Probanden in eine Kategorie hängt davon ab, welcher Fallgruppe er zugehörig ist.[1554] Ist die betroffene Person der Gruppe der Vollverbüßung aus dem Justizvollzug angehörig, so erfolgt die Bewertung in zwei Schritten. Zunächst schätzt die Vollzugsbehörde die Prognose ein und übersendet ihre Beurteilung spätestens drei Monate vor der Entlassung[1555] an die Vollstreckungsbehörde. Diese nimmt unter Verwendung aller ihr

---

1552 Konzept KSKS, II. 2.

1553 Vgl. zu der Kategorisierung Konzept KSKS, III. 4.

1554 Zu den unterschiedlichen Entscheidungsträgern vgl. unten S. 370 f. Siehe auch zu dem Verbesserungsvorschlag die Kategorisierung durch Fachpersonal vornehmen zu lassen S. 394.

1555 Bei Jugendsachen: spätestens unverzüglich nach Bekanntwerden des konkreten Entlassungszeitpunktes, siehe hierzu Konzept KSKS, III.5.

vorliegenden Informationen eine eigene Prognosebewertung vor.[1556] Auch bei Fällen aus dem Maßregelvollzug erfolgt zunächst eine Einschätzung seitens der jeweiligen Einrichtung. Diese hat unverzüglich nach Vorliegen der gerichtlichen Entscheidung zu erfolgen. Anschließend gibt die Vollstreckungsbehörde ihre Einschätzung ab.[1557] Bei Bewährungsfällen, in denen die Vollstreckung der Freiheits- oder Jugendstrafe zur Bewährung ausgesetzt wird, findet die Bewertung nach rechtskräftiger Verurteilung unverzüglich durch die Vollstreckungsbehörde statt. In Fällen der Strafrestaussetzung ergeht die Einschätzung unverzüglich nach Vorliegen der gerichtlichen Entscheidung.[1558] Verändert sich die Verhaltensweise des Täters und macht dies eine Umstufung der Kategorisierung nötig, so hat die Vollstreckungsbehörde die Entscheidung hierüber zu treffen und der KSKS-Zentralstelle mitzuteilen.[1559]

dd) Verfahrensablauf

Nachdem die Vollstreckungsbehörde, wie soeben beschrieben[1560], ihre eigene Einschätzung der Risikogefahr getroffen hat, schickt sie diese und weitere Unterlagen, beispielsweise auch die Erstbewertung der anderen Stelle, Gutachten sowie das Urteil unverzüglich an die KSKS-Zentralstelle und informiert ebenso die Strafvollstreckungskammer, die insbesondere über die Anordnung von Weisungen[1561] im Rahmen der Führungsaufsicht entscheidet. Ferner unterrichtet sie diese, aber auch die Führungsaufsichtsstelle[1562] und die KSKS-Zentralstelle über Veränderungen in der Lebenssituation oder Täterpersönlichkeit des Probanden.[1563] Die KSKS-Zentralstelle ist das Landeskriminalamt, das nach V. 16. KSKS zur Aufgabe hat, den gesamten Prozess der polizeilichen Informationssteuerung zu gestalten und zu überwachen. Sie koordiniert ferner die notwendigen Maßnahmen gegenüber der diesem Konzept unterstellten Person mit der örtlichen Polizeidirektion bzw. -stelle. Auch der Informationsaustausch mit anderen Ländern fällt in ihren Aufgabenbereich, wobei auch vorliegend keine zentrale Datenbank zur Speicherung von Informationen über den Probanden errichtet wurde.[1564]

1556 Siehe hierzu Konzept KSKS, III. 5.

1557 Vgl. hierzu Konzept KSKS, III. 6.

1558 Siehe hierzu Konzept KSKS, III. 7.

1559 Zur Umstufung in KSKS Konzept KSKS, IX.

1560 Vgl. S. 332.

1561 Siehe zu den Möglichkeiten der Anordnung von Weisungen während der Führungsaufsicht S. 143 ff.

1562 Allgemein zur Führungsaufsichtsstelle siehe bereits oben S. 127 ff.

1563 Vgl. hierzu Konzept KSKS, IV.

1564 Dazu Konzept KSKS, V.

Eine weitere zentrale Aufgabe besteht in der Bewertung des Probanden, ob dieser eine Gefahr für die öffentliche Sicherheit im Sinne des Landesverwaltungsgesetzes darstellt. Für die Einschätzung greift sie auf die ihr von der Vollstreckungsbehörde zugesandten Informationen zurück, reichert diese aber mit sonstigen Informationen an. Durch die Verdichtung der Informationen kann sie in eigener Zuständigkeit diese Bewertung treffen und einen diesbezüglichen Bericht erstellen. Nach Abschluss ihrer Arbeiten schickt die KSKS-Zentralstelle sämtliche Unterlagen mit einer Empfehlung für Anordnungen an die zuständige Polizeidirektion bzw. -dienststelle und koordiniert mit ihr die notwendigen Maßnahmen.

Die Sicherstellung eines reibungslosen polizeilichen Informationsflusses gegenüber der Staatsanwaltschaft, der Führungsaufsichtsstelle und der Bewährungshilfe fällt ebenfalls in den Zuständigkeitsbereich der KSKS-Zentralstelle. Die Polizei teilt nämlich insbesondere die Ergebnisse der von ihr durchgeführten Maßnahmen, aber auch Weisungsverstöße[1565] der Zentralstelle mit.[1566] Mit dem Ende der Führungsaufsicht[1567] bzw. der Bewährungshilfe enden die polizeilichen Maßnahmen und alle Daten bei der KSKS-Zentralstelle werden gelöscht bzw. bei Vorliegen der rechtlichen Voraussetzungen in eine andere Datei übermittelt.[1568]

1565 Vgl. zu der Sanktionsregelung bei Weisungsverstößen im Rahmen der Führungsaufsicht bereits oben S. 185 ff.

1566 Vgl. hierzu insgesamt Konzept KSKS, VI.

1567 Allgemein zur Beendigung der Führungsaufsicht S. 115 ff.

1568 Siehe zur Datenlöschung Konzept KSKS, VIII.

16. Thüringen

a) Entwicklung der Führungsaufsicht

Für das Bundesland Thüringen ergibt eine Gegenüberstellung der Jahre 2000 und 2010, dass die Anzahl der unter Führungsaufsicht stehenden Personen um 368 % von 155 auf 726 angewachsen ist. Die Daten beinhalteten auch die mehrfach unter der Führungsaufsicht stehenden Personen, also die Gesamtunterstellungsanzahl.[1569] Im Laufe der zehn Jahre stieg die Anzahl im Vergleich zum Vorjahr jedes Jahr kontinuierlich an.[1570]

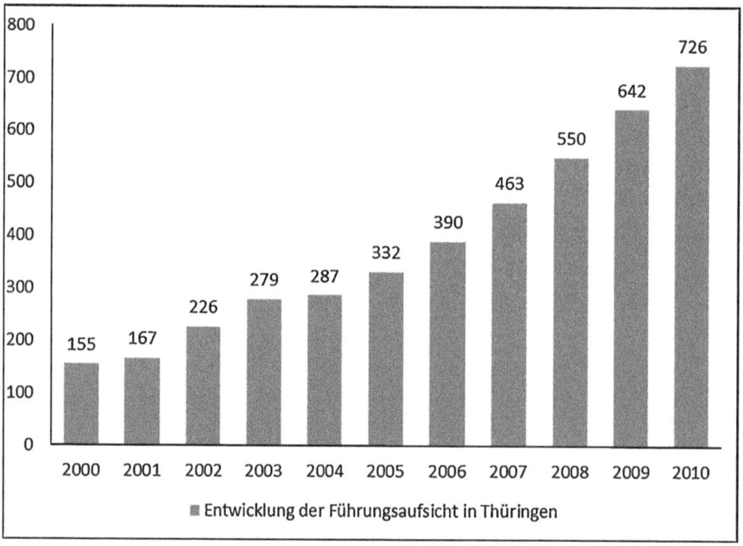

Abbildung 21: Entwicklung der Führungsaufsicht in Thüringen[1571]

1569 Thüringer Justizministerium (auf Anfrage).

1570 Zu den möglichen Gründen für den Anstieg der Anzahl der unter Führungsaufsicht stehenden Personen vgl. unten S. 342 ff.

1571 Thüringer Justizministerium (auf Anfrage).

b) Projekt: Konzeption zum Umgang mit rückfallgefährdeten Sexualstraftätern (Haft- Entlassenen- Auskunfts- Datei- Sexualstraftäter, HEADS)

aa) Ausgestaltung

Die Konzeption zum Umgang mit rückfallgefährdeten Sexualstraftätern, kurz HEADS, kann an dieser Stelle nicht in gewohnter Ausführlichkeit besprochen werden. Dies liegt daran, dass das Konzept der Öffentlichkeit nicht zugänglich gemacht wird. Neben den einschlägigen Ministerien und der Führungsaufsichtsstellen[1572] musste selbst das Landeskriminalamt Thüringen die diesbezügliche Anfrage ablehnen, da die Konzeption als „nur für den Dienstgebrauch" eingestuft wurde.[1573]

Dennoch können aufgrund eines Berichts[1574] einige Aussagen über die Konzeption zum Umgang mit rückfallgefährdeten Sexualstraftätern in Thüringen getroffen werden. Das Konzept, das durch das Justizministerium und das Innenministerium erlassen wurde, ist am 1. Januar 2011 in Kraft getreten. Das Ziel der Konzeption besteht in der Reduzierung des Risikos der Begehung einer erneuten Straftat des als besonders rückfallgefährdet eingestuften Sexualtäters. Damit soll ein bestmöglicher Schutz für die Bevölkerung gewährleistet werden.[1575] Dies soll durch einen intensiven, frühzeitigen Informationsaustausch erreicht werden, wobei insbesondere die Zusammenarbeit zwischen Führungsaufsichtsstelle[1576], Bewährungshilfe, Staatsanwaltschaft und Polizei im Vordergrund steht. Die Zielgruppe besteht aus Personen, die wegen schwerer Sexualdelikte verurteilt wurden und deshalb unter Führungsaufsicht stehen.

Ob auch dieses Konzept die Probanden bezüglich ihrer Gefährlichkeit in verschiedene Kategorien einstuft, ist unbekannt.[1577] Offenkundig ist aber, dass für jeden entlassenen Sexualstraftäter eine individuelle Bewertung hinsichtlich der Gefährlichkeit erfolgt, auf der die personenbezogenen Maßnahmen zur Gefahrenabwehr aller beteiligten Stellen aufbauen.[1578] Maßgebliche Kriterien sind insbesondere personenbezogene Risikofaktoren, wie beispielsweise eine Thera-

---

1572 Allgemein zur Führungsaufsichtsstelle siehe bereits oben S. 127 ff.

1573 Zur Kritik siehe ausführlich S. 336 und S. 392.

1574 Der Bericht wurde von dem Landeskriminalamt Thüringen im Januar 2011 verfasst (auf Anfrage).

1575 Information hierzu entstammt dem unveröffentlichten Bericht des Landeskriminalamts Thüringen aus dem Jahr 2011.

1576 Siehe bereits oben S. 127 ff.

1577 Hierzu enthält der unveröffentlichte Bericht des Landeskriminalamts Thüringen, der im Jahr 2011 verfasst wurde, keine Angaben.

1578 Information hierzu entstammt dem unveröffentlichten Bericht des Landeskriminalamts Thüringen aus dem Jahr 2011.

pieunwilligkeit des Probanden, aber auch stabilisierende Faktoren, also ob die Zielperson z.B. einer festen Arbeit nachgeht. Die für die Bewertung erforderlichen Unterlagen übermittelt die Staatsanwaltschaft der HEADS Zentralstelle möglichst schon drei Monate vor der Entlassung des Täters. Die Zentralstelle wertet die Informationen aus und leitet die zusammengefassten Gefährdungserkenntnisse an die Kriminal- und Polizeidienststellen am jeweiligen Wohnort des Probanden weiter. Die Umsetzung der angeordneten Maßnahmen übernehmen dann eben diese Kriminal- und Polizeidienststellen. Bezüglich der Anweisungen kann innerhalb eines nicht abschließend aufgezählten Maßnahmenkatalogs gewählt werden. Hierunter zählen vor allem die Gefährderansprache[1579], die Observation des Probanden, die Überwachung gerichtlicher Auflagen und Weisungen[1580] und das Feststellen diesbezüglicher Verstöße[1581].[1582]

bb) Kritik

Auch hier soll an dieser Stelle, ähnlich wie bei Berlin[1583], keine Kritik an dem Konzept selbst, sondern an der mangelnden Information der Öffentlichkeit geübt werden.[1584] Das Thüringer Innenministerium stuft diese Konzeption als „nur für den Dienstgebrauch“ ein, wodurch sie der Öffentlichkeit nicht preisgegeben werden kann. Da auch hier keine gewichtigen Gründe für eine Geheimhaltung vorliegen, sollte das HEADS-Konzept der Allgemeinheit zugänglich gemacht werden.[1585]

1579 Ausführlich unten S. 375 ff.

1580 Siehe zu den Möglichkeiten der Anordnung von Weisungen während der Führungsaufsicht S. 143 ff.

1581 Vgl. zu der Sanktionsregelung bei Weisungsverstößen im Rahmen der Führungsaufsicht bereits oben S. 185 ff.

1582 Information hierzu entstammt dem unveröffentlichten Bericht des Landeskriminalamts Thüringen aus dem Jahr 2011.

1583 Siehe S. 262.

1584 Hierzu ausführlich S. 392 f.

1585 Vgl. hierzu auch bereits oben die Kritik an der Konzeption Berlin (S. 262) sowie unten die Beanstandung der mangelnden Information der Öffentlichkeit über die Konzepte im Allgemeinen (S. 392 f.).

III. Auswertung der Daten

1. Entwicklung der Führungsaufsicht im Bundesvergleich

Zusammenfassend lässt sich zunächst feststellen, dass trotz der einschlägigen Datenerhebung die Frage nach der exakten Anzahl der Führungsaufsichtsfälle und ihrer Entwicklung immer noch nicht beantwortet werden kann. Dies liegt an der unterschiedlichen Datenerfassung der Bundesländer. Zwar erfolgte durch eigene Anfragen eine Werteerhebung zu jedem Bundesland, aufgrund der heterogenen Erfassung war jedoch eine Zahl, welche präzise die Gesamtanzahl der Führungsaufsichtsfälle in Deutschland widerspiegelt, nicht ermittelbar. Als sehr unterschiedlich erwies sich neben der Bereitschaft zur sofortigen Datenübermittelung auch das Vorhandensein statistischer Erkenntnisse. Einige Bundesländer veranlassten erst auf Anfrage eine diesbezügliche Aufstellung. Die übermittelten Unterlagen unterscheiden sich im Umfang und der Differenzierung der erhobenen Werte zum Teil erheblich. In einigen Fällen, aber dies stellte eher die Ausnahme dar, enthielt das übersandte Material neben der Unterscheidung der unter Führungsaufsicht stehenden Personen in Jugendliche, Heranwachsende und Erwachsene, eine Unterteilung in weibliche und männliche Betroffene, Anlasstaten und bzw. oder genaue Angaben über den gesetzlichen Anordnungsgrund. Auffällig war, dass in den meisten Bundesländern nur Daten über die Zahl der Unterstellungen unter Führungsaufsicht zur Verfügung stehen, nicht hingegen, wie in den wenigsten Ländern, Personenstatistiken. Schon aufgrund dieser Tatsache sind die Angaben nicht exakt vergleichbar und eine Erstellung der genauen Gesamtanzahl der Führungsaufsichten in Deutschland unmöglich. Dies wird zudem noch durch die Tatsache erschwert, dass Mehrfachunterstellungen nur sehr partiell ausgewiesen werden. Allerdings ist die quantitative Bedeutung dieses Problems nur schwer zu erfassen, sie ist jedoch nicht so stark wie im Vorfeld der Reform von 2007, die u.a. zum Ziel hatte Mehrfachunterstellungen zu vermeiden und daher diesbezügliche Regelungen einführte, befürchtet.[1586]

Betrachtet man beispielsweise die Führungsaufsichtsstatistik des Bundeslandes Mecklenburg-Vorpommern, die Mehrfachunterstellungen explizit ausweist, wird deutlich, dass deren Quote bei der Berechnung der Gesamtzahl der Führungsaufsichten nur einen geringen Anteil darstellt. Im Jahr 2002 belief sich die Anzahl der Unterstellungen auf insgesamt 325, hiervon wurde bei vier Personen mehrmalig Führungsaufsicht angeordnet. Damit ergab der Anteil der Mehrfachunterstellungen 1,2 %. 2008 waren bei 520 Unterstellungen neun mehrfach unterstellt (Anteil: 1,7 %), 2009 gab es sieben von insgesamt 600 Un-

1586 So auch Morgenstern/Hecht, BewHi 2011, S. 177 (186).

terstellungen (Anteil: 1,2 %) und 2010 betrug die Anzahl der Mehrfachunterstellungen sieben bei insgesamt 672 Unterstellungen. Gerade mal 1 % macht somit der Anteil der Mehrfachunterstellungen im Jahr 2010 an der Anzahl der Stellungen unter Führungsaufsicht in Mecklenburg-Vorpommern aus. Auch unter Bezugnahme auf die Mehrfachunterstellungen der anderen Bundesländer und der Tatsache, dass zum Teil die Führungsaufsichten nicht nach Unterstellungen, sondern nach Personen erfasst sind, dürfte die Mehrfachunterstellungsquote bei der Gesamtzahl der Führungsaufsichten in Deutschland eher gering sein und damit keine entscheidende Rolle spielen.

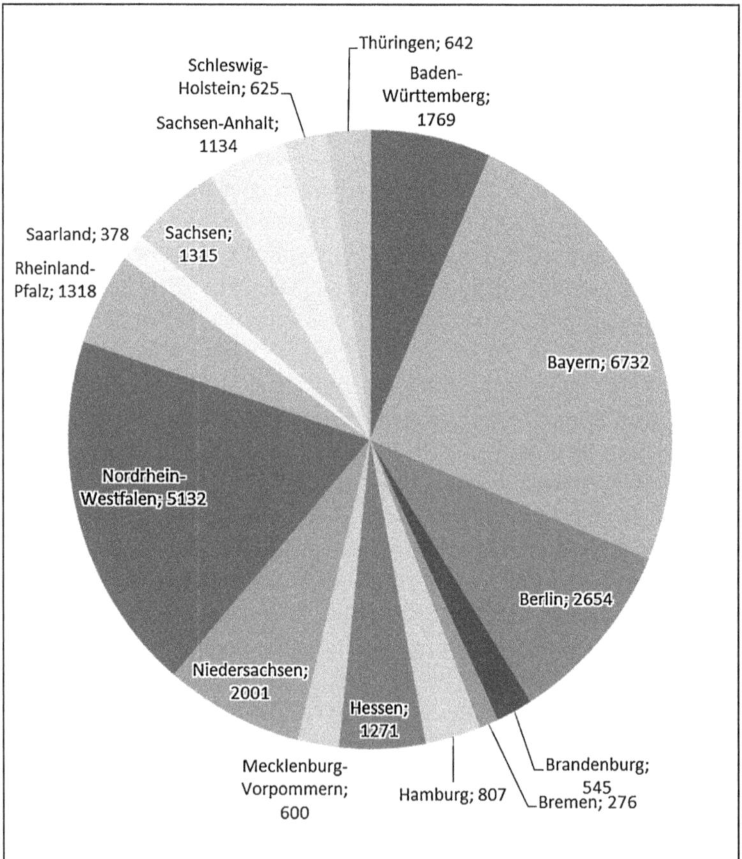

Abbildung 22: Gesamtzahl der „Führungsaufsichtsfälle" für das Jahr 2009[1587]

1587 Eigene Berechnung anhand Nachfragen; die Daten basieren auf dem Untersuchungsjahr 2009. Dies ist der Tatsache geschuldet, dass für 2010 nicht alle benötigten Werte

Für das Jahr 2009 machte die Gesamtzahl aller „Führungsaufsichtsfälle" für das Bundesgebiet 27.199 aus. In Anbetracht der geschilderten Verzerrungen ist es realistisch für 2009 von etwa 27.000 unter Führungsaufsicht stehenden Personen auszugehen. Für 2010 ergibt sich bei 30.916 „Führungsaufsichtsfällen" eine realistische Personenanzahl von ca. 30.700.

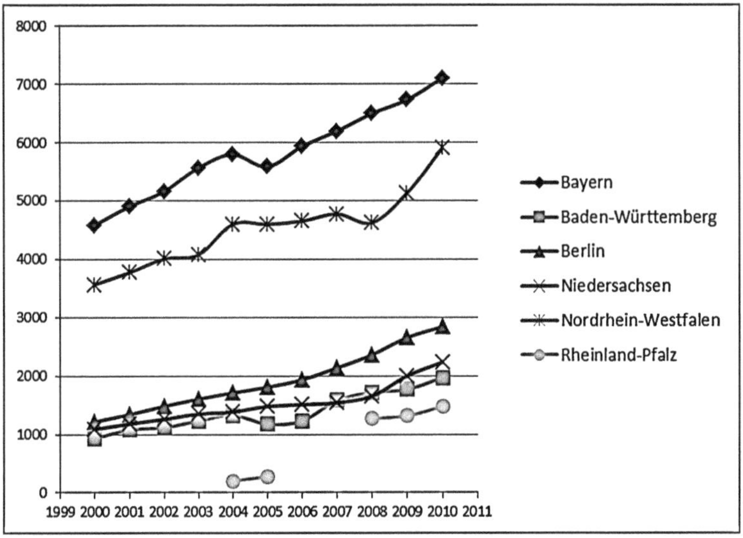

Abbildung 23: Entwicklung der Führungsaufsicht im Bundesvergleich[1588]

verfügbar waren, so dass, um eine bessere Vergleichbarkeit zu gewährleisten, insgesamt die Zahlenwerte von 2009 zur Grundlage für die weitere Auswertung dienten.

1588 Erstellung der Entwicklung der Führungsaufsicht anhand der Ergebnisse eigener Nachfragen.

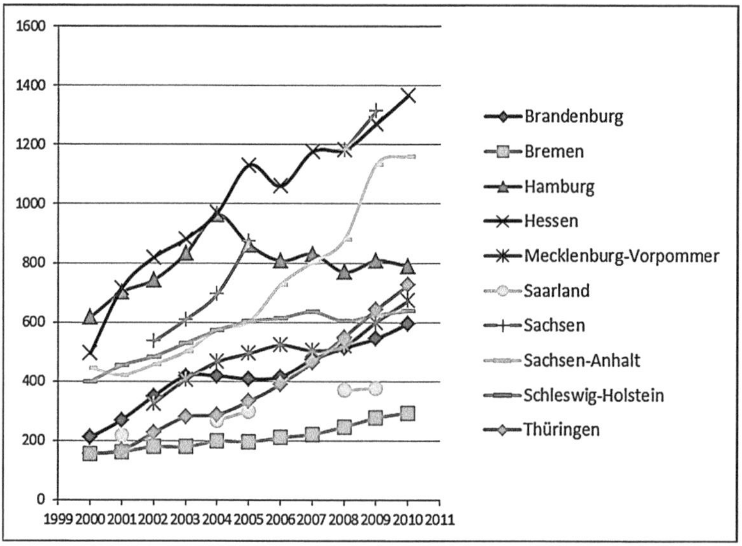

Abbildung 24: Entwicklung der Führungsaufsicht im Bundesvergleich[1589]

Im Vergleich[1590] der Jahre 2000 und 2010 ergibt sich damit ein überaus erheblicher Anstieg der Führungsaufsicht Unterstellten. Betrachtet man die Zusammensetzung dieses Ergebnisses genauer, so lässt sich als erstes Resultat der Untersuchung eine Steigerung der Führungsaufsichtszahlen in allen Bundesländern vermerken. Im Hinblick auf den Untersuchungszeitraum von 2000 bis 2010 hat das Bundesland Thüringen[1591] die höchste Wachstumsrate mit 368 % zu vermerken, gefolgt von Brandenburg[1592] mit 184 % und Hessen[1593] mit 177 %. Hamburg[1594] registriert mit einer Erhöhung von 28 % den geringsten Anstieg der Führungsaufsichtszahl innerhalb dieses Zeitraums.[1595]

Uneingeschränkt lässt sich festhalten, dass die flächenmäßig größten Bundesländer, also Baden-Württemberg, Bayern, Niedersachsen und Nordrhein-Westfallen den Trend zu einer steigenden, immer größer werden Anzahl an Füh-

1589 Erstellung der Entwicklung der Führungsaufsicht anhand der Ergebnisse eigener Nachfragen.

1590 Aufgrund der besseren Lesbarkeit wurden die Bundesländer anhand der Höhe der absoluten Fallzahlen auf zwei Abbildungen aufgeteilt.

1591 Siehe dazu S. 334.

1592 Vgl. S. 263.

1593 Bereits oben S. 280.

1594 Siehe S. 275.

1595 Zu den Erklärungsansätzen für den geringen Anstieg sogleich.

rungsaufsichten aufweisen. Mit Ausnahme von Hamburg haben auch die übrigen Bundesländer ihren bisherigen Höchststand an Unterstellungen unter Führungsaufsicht im Jahr 2010 erreicht. Anders als der Bundestrend erzielte der Stadtstaat Hamburg bereits im Jahr 2004 seinen Höchstwert von 963 Unterstellungen. Im Jahr 2010 wies er „lediglich" 790 Unterstellungen aus, so dass innerhalb dieser Zeitspanne die Anzahl sich um knapp 18 % deutlich verringert hat.[1596] Gründe für die Entwicklung in Hamburg sind nur schwer zu finden. Ein Erklärungsansatz besteht in der sinkenden Kriminalitätsbelastung und dem Rückgang der Arbeitslosigkeit.[1597] Man könnte die These aufstellen, je weniger Straftaten begangen werden, desto geringer ist die Möglichkeit einer richterlich oder gesetzlich eingetretenen Führungsaufsicht und desto niedriger ist schließlich die Anzahl an Unterstellungen unter Führungsaufsicht. Allerdings kann dem bei Betrachtung anderer Bundesländer nicht uneingeschränkt gefolgt werden. Richtig ist zwar, dass Hamburg hinsichtlich der erfassten Fälle einen Rückgang von knapp 21 %[1598] im Zeitraum von 2000 bis 2010 zu verzeichnen hat, allerdings lässt sich auch in Brandenburg ein Rückgang der erfassten Fälle von 20 %[1599] im besagten Zeitraum feststellen. Trotzdem verzeichnet dieses Bundesland die zweithöchste Steigerung der Führungsaufsichtszahlen. Auch bei der Bewertung der Häufigkeitszahlen ergibt sich kein anderes Ergebnis.[1600]

Auffällig ist ferner, dass sich die neuen Bundesländer in einem Ranking der höchsten Wachstumsrate bezüglich der Anzahl der Führungsaufsichten im Beobachtungszeitraum von 2000 bis 2010 alle unter den Top Ten befinden. Die Liste führt Thüringen[1601] mit einer Steigerung um 368 %, gefolgt von Brandenburg[1602] mit 184 % an. Platz vier belegt Sachsen-Anhalt[1603] mit einem Anstieg um 161 %. Mecklenburg-Vorpommern[1604] landet mit einem Prozentsatz von 107 auf Platz sieben, jedoch gilt hierbei zu beachten, dass die Erhebung in diesem

---

1596 Siehe dazu bereits S. 275.

1597 Dünkel/Geng/Morgenstern, FS 2010, S. 20 (27); vgl. insgesamt zu den Entwicklungen in der Hamburger Strafrechtspraxis Vollmow/Gericke/Savinsky, NK 2010, S. 11 ff.

1598 Im Jahr 2000 betrug die Anzahl der erfassten Fälle 284.272 (Polizeiliche Kriminalstatistik 2000, S. 48), 2010 hingegen lediglich 224.775 (Polizeiliche Kriminalstatistik 2010, S. 60).

1599 Im Gegensatz zu 2000, wo die Anzahl 256.202 betrug, gab es 2010 nur 204.310 verzeichnete Fälle (Polizeiliche Kriminalstatistik 2000, S. 48; Polizeiliche Kriminalstatistik 2010, S. 60).

1600 Hamburg: 2000 lagen 16.675, 2010 hingegen 12.669 erfasste Fälle vor. Brandenburg verfügte über 7.947 Fälle im Jahr 2010, 2000 hingegen lediglich über 7.947.

1601 Vgl. S. 334.

1602 Siehe S. 263.

1603 Bereits oben S. 323.

1604 Siehe S. 287.

Bundesland nur von 2002 bis 2010 erfolgte. Sachsen[1605] muss bei dieser Betrachtung außen vor bleiben. Aus oben genannten Gründen kann eine Berechnung der Wachstumsrate von 2000 bis 2010 nicht erfolgen. Es lässt sich aber festhalten, dass auch Sachsen innerhalb des Zeitrahmens von 2000 bis 2007 um 101 % stark angestiegen ist und gegenüber den meisten alten Bundesländern einen rasanten Anstieg zu verzeichnen hat.

Unklar ist, welche Gründe ausschlaggebend für die starke Zunahme der Anzahl der Führungsaufsichten in allen Bundesländern mit Ausnahme von Hamburg waren. An dieser Stelle kann keine abschließende Antwort auf diese Frage gegeben werden. Die Feststellung der Gründe erfolgt kursorisch.

In einigen[1606] Bundesländern haben sich die Strukturen zur Organisation geändert. Beispielsweise wurde in Baden-Württemberg die Bewährungs- und Gerichtshilfe privatisiert. Mecklenburg-Vorpommern hat sich entschieden, die sozialen Dienste weiter auszubauen und gründete als erstes Bundesland ein Landesamt für ambulante Straffälligenarbeit. In diesem wurden die Abteilungen Führungsaufsichtsstelle, Forensische Ambulanz sowie Soziale Dienste der Justiz zusammengeführt. Dieser Wandel und dadurch möglicherweise entstandene veränderte Kapazitäten im Bereich der Bewährungshilfe und sozialen Dienste können Auswirkungen auf die Steigerung der Anzahl der Führungsaufsichten kraft Richterspruchs haben.[1607]

Die Kapazitätserhöhung bleibt richterlicherseits nicht ungesehen, jedoch ist bei der geringen Anordnung der Führungsaufsicht kraft Richterspruchs nicht davon auszugehen, dass der Richter als gerichtlicher Spruchkörper sich von dieser Veränderung leiten ließ und mehr Führungsaufsichten anordnet. Allerdings ist auch eine mittelbare Beeinflussung des gerichtlichen Spruchkörpers nicht auszuschließen. Durch die Steigerung der Kapazität im Bereich der Führungsaufsicht kann er die Entscheidung, ob eine Aussetzung der Strafe zur Bewährung in Betracht kommt, unabhängiger von bestehenden Kapazitätsgründen treffen. Ob dieses in der Theorie bestehende Argument in der Praxis eine Rolle spielt, gilt es durch Umfragen zu klären. Vermutlich wird es nur bei sehr wenigen Richtern einen ausschlaggebenden Grund darstellen, schon allein aufgrund der Tatsache, dass im Bereich der Führungsaufsicht immer noch erhebliche Personal- und andere Kapazitätsprobleme bestehen.

1605 Vgl. S. 317.

1606 Exemplarisch hierfür stehen Baden-Württemberg und Mecklenburg-Vorpommern.

1607 Auch Morgenstern/Hecht, BewHi 2011, S. 177 (186 f.) ziehen dies bei der Suche nach Gründen in Betracht.

Zweifelsohne ist das derzeit bestehende stark ausgeprägte Sicherheitsbedürfnis der Bevölkerung[1608] sowie die hiervon geprägte kriminalpolitische Lage, welche u.a. von der Medienberichterstattung noch verstärkt wird, ein Grund für die dargestellte[1609] Entwicklung der Führungsaufsicht.[1610] Zwar hat dies ebenso nur einen verschwindend geringen Anteil an der Führungsaufsicht kraft Richterspruchs, allerdings bewirkt die Angst der Bevölkerung vor der Begehung weiterer Strafen durch den gefährlichen Täter und die Berichterstattung teilweise eine Verhängung höherer Strafen durch den Richter.

Sowohl die Anordnung längerer Freiheits- und Jugendstrafen, als auch die restriktive Handhabung der Richter bei der Straf(rest)aussetzung oder der vorzeitigen Entlassung zur Bewährung aus dem Maßregelvollzug führen zu einer Zunahme des Anteils der Vollverbüßer.[1611] Dies resultiert ebenso u.a. wieder aus dem immer stärker werdenden Sicherheitsbedürfnis der Allgemeinheit. Die Anzahl der Unterstellungen wird daher auch zukünftig weiter steigen.

Aber nicht nur die Menge der Vollverbüßer, sondern genauso allgemein die Masse der aufgrund einer Anordnung des Strafrichters in ein psychiatrisches Krankenhaus oder in eine Entziehungsanstalt Eingewiesenen ist von 3.677 Untergebrachten am 31. März 1975 auf 9.590 am 31. März 2010 um knapp 161 % erheblich gestiegen und hat sich damit fast verdreifacht.[1612] Dies stellt in gleicher Weise eine Ursache für die aufgezeigte Entwicklung des Instituts der Führungsaufsicht dar.

Schließlich führt die vermehrte Anwendung und Ausweitung der Führungsaufsicht durch den Gesetzgeber ebenfalls zu dem erheblichen Anstieg der Zahl

---

1608 Mit dem Hinweis auf Dr. Meinen, der erkannte, dass das Sicherheitsbedürfnis in der Gesellschaft wuchs, siehe dazu http://www.gruene-bundestag.de/archiv/2006/juni/massregelvollzug-situation-angespannt_ID_137648.html; ebenso Ackermann, abzurufen unter http://www.else-ackermann.de/resources/Zur+Neuregelung+der+Sicherungsverwahrung+von+Straft$C3$A4tern.pdf; mit dem Hinweis auf Merk, die die Erwartung der Bevölkerung an ausreichender Sicherheit sieht und die Angst dieser wahrnimmt, vgl. dazu http://www.focus.de/politik/deutschland/justiz-fortschritte-bei-reform-der-sicherungsverwahrung_aid_667806.html; http://www.focus.de/politik/deutschland/sicherungsverwahrung-angst-vor-schwerkriminellen_aid_538584.html; allgemein zur Angst der Gesellschaft vor erneuter Begeung einer Straftat von entlassenen Tätern und dem Streit zum Umgang mit diesen, http://www.welt.de/politik/deutschland/article8841660/Politiker-streiten-Wohin-mit-gefaehrlichen-Straftaetern.html.

1609 Siehe S. 337 ff.

1610 Auch Kwaschnik, Führungsaufsicht im Wandel, S. 338 hält eine solche Entwicklung aufgrund dieses straken Sicherheitsbedürfnisses für naheliegend.

1611 So auch Kwaschnik, Führungsaufsicht im Wandel, S. 337.

1612 Statistisches Bundesamt, Fachserie 10, Reihe 4.1, Strafvollzug 2010, Tab. 6.

der Führungsaufsichten. Zu nennen ist hierbei beispielsweise nur § 67d Abs. 6, der mit Wirkung zum 29. Juli 2004 eingefügt wurde, um in Fällen, in denen sich eine Unterbringung in einem psychiatrischen Krankenhaus erledigt hat, dem Betroffenen den Übergang aus dem Maßregelvollzug in die Freiheit zu erleichtern und um diesen darüber hinaus hierbei begleiten zu können.

Zumindest quantitativ ist daher die Führungsaufsicht zu „neuer Blüte gelangt“[1613]. Auch zukünftig wird diese Maßregel nicht wieder zurückgehen, sondern schon aufgrund der zunehmenden Anzahl der Vollverbüßer und dem steigenden Bedürfnis der Bevölkerung, der Politik und des Gesetzgebers weiter wachsen.

Fraglich ist allerdings, ob die Anzahl der Führungsaufsichten von der Fläche bzw. der Bevölkerungszahl abhängig ist, und ob das Wachstum sich dementsprechend anpasst.

Man könnte die These aufstellen, je größer das Bundesland, desto höher die Anzahl an Unterstellungen unter Führungsaufsicht. Um diese These zu überprüfen, wurde zunächst der Anteil des jeweiligen Bundeslandes an der Gesamtfläche der Bundesrepublik Deutschland für das Jahr 2009 berechnet (Abbildung 25: Anteil des jeweiligen Bundeslandes an der Gesamtfläche der Bundesrepublik Deutschland).[1614] Aufgrund der besseren Vergleichbarkeit wurde im Anschluss daran ermittelt, wie viele Führungsaufsichten es im jeweiligen Bundesland gibt und welchen Anteil dieser Wert an der Gesamtzahl der Führungsaufsichten im ganzen Bundesgebiet für das Jahr 2009 entspricht (Abbildung 26: Anteil des jeweiligen Bundeslandes an der Gesamtzahl der Führungsaufsicht
der Bundesrepublik Deutschland).[1615]

1613 Ostendorf, SchlHA 2006, S. 327 (329).

1614 Eigene Berechnung anhand der Angaben für Fläche der Statistischen Ämter des Bundes und der Länder (abzurufen unter www.statistikportal.de).

1615 Eigene Berechnung anhand der Umfrageergebnisse.

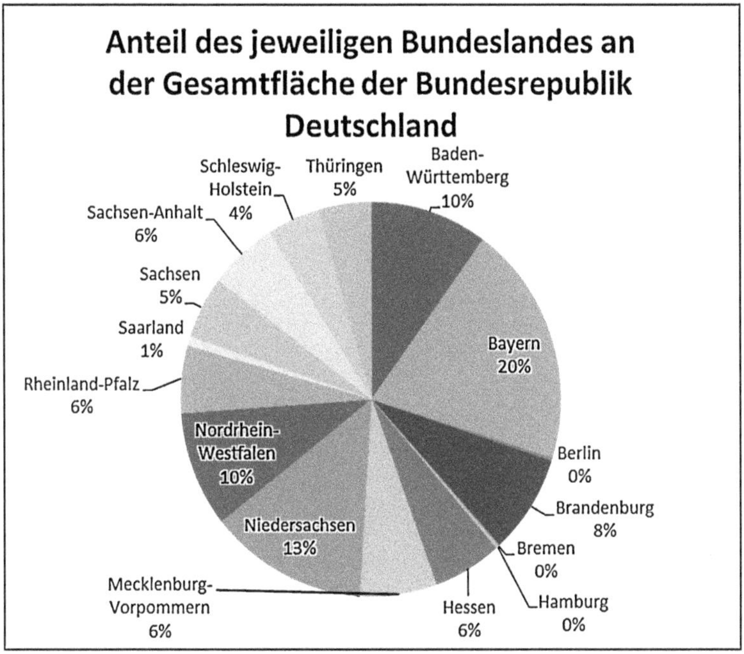

Abbildung 25: Anteil des jeweiligen Bundeslandes an der Gesamtfläche der Bundesrepublik Deutschland[1616]

1616 Eigene Berechnung anhand der Angaben für Fläche der Statistischen Ämter des Bundes und der Länder (abzurufen unter www.statistikportal.de).

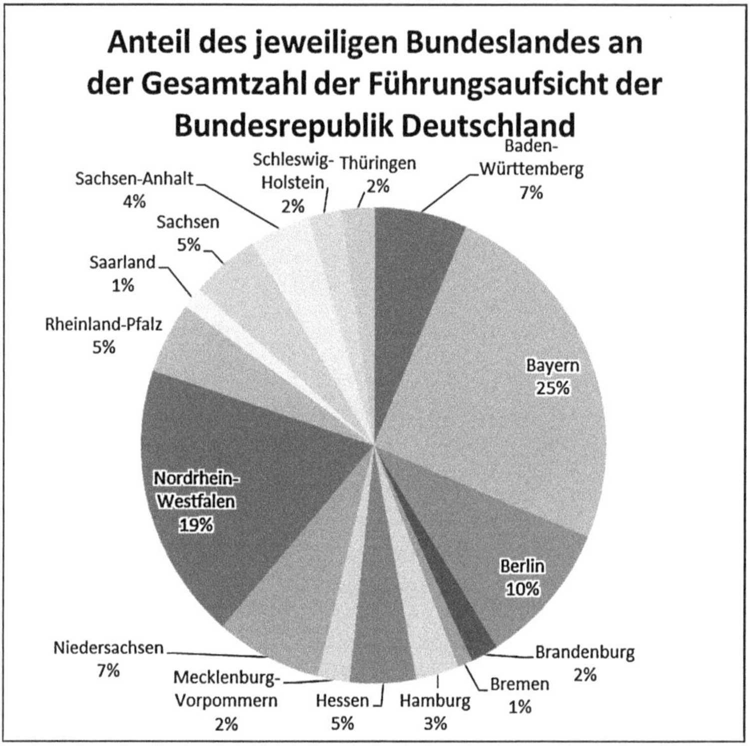

Abbildung 26: Anteil des jeweiligen Bundeslandes an der Gesamtzahl der Führungsaufsicht der Bundesrepublik Deutschland[1617]

Das flächenmäßig größte Bundesland, Bayern, hat mit 6732 Unterstellungen[1618] auch den höchsten Prozentanteil an der Gesamtanzahl für die Bundesrepublik Deutschland, nämlich knapp 25 %. Bei dem zweitgrößten stimmt die Behauptung mit dem Untersuchungsergebnis bereits nicht mehr überein. Niedersachsen steht zwar flächenmäßig an Platz zwei, nicht jedoch hinsichtlich des Anteils an der Gesamtzahl der Unterstellungen. Als Nummer zwei gilt hierbei Nordrhein-Westfalen. Ferner widerlegen die Ergebnisse des Landes Baden-Württemberg die obige These. Baden-Württemberg steht in Bezug auf seine Fläche auf Position drei, im Hinblick auf seinen Anteil an der Gesamtunterstellungsanzahl der Führungsaufsichten jedoch auf Rang fünf. Ebenso Brandenburg, das flächenmäßig zwar Platz fünf belegt, hinsichtlich seines Anteils an den Un-

1617 Eigene Berechnung anhand der Umfrageergebnisse.
1618 Zentrale Koordinierungsstelle Bewährungshilfe der bayerischen Justiz (auf Anfrage).

terstellungen unter Führungsaufsicht zum Schlusslicht gehört, nämlich Rang 15. Diese Beispiele zeigen, dass der These, je größer das Bundesland, desto größer die Anzahl an Unterstellungen unter Führungsaufsicht nicht uneingeschränkt gefolgt werden kann. Selbst bei der fiktiven Annahme, wonach Baden-Württemberg doppelt so groß wie im Jahr 2009 wäre - das entspricht etwa der Größe Bayerns - würde es trotzdem nur 14 % des Anteils an der Gesamtunterstellungsanzahl einnehmen. Der Anteil Bayerns hingegen beträgt knapp 25 %. Berlin dagegen ist zwar 80-mal kleiner als Bayern, der Anteil der Unterstellungen unter Führungsaufsicht fällt aber im Vergleich hierzu sehr hoch aus. Berlins Anteil ist nur 2,5-fach so klein wie derjenige von Bayern. Zwar mag es Ausnahmen geben, im Regelfall verhält sich aber die Fläche eines Bundeslandes nicht proportional zum Anteil der Gesamtunterstellungen im Bundesgebiet.

Fraglich scheint aber, ob die Anzahl der Unterstellungen von der Bevölkerungsanzahl des jeweiligen Bundeslandes abhängt. Abbildung 27: Anteil des jeweiligen Bundeslandes an der Gesamtbevölkerung der Bundesrepublik Deutschland zeigt die Verteilung der Gesamtbevölkerung auf die einzelnen Bundesländer für das Jahr 2009.[1619]

1619 Eigene Berechnung anhand der Angaben für Bevölkerung der Statistischen Ämter des Bundes und der Länder (abzurufen unter www.statistikpotal.de).

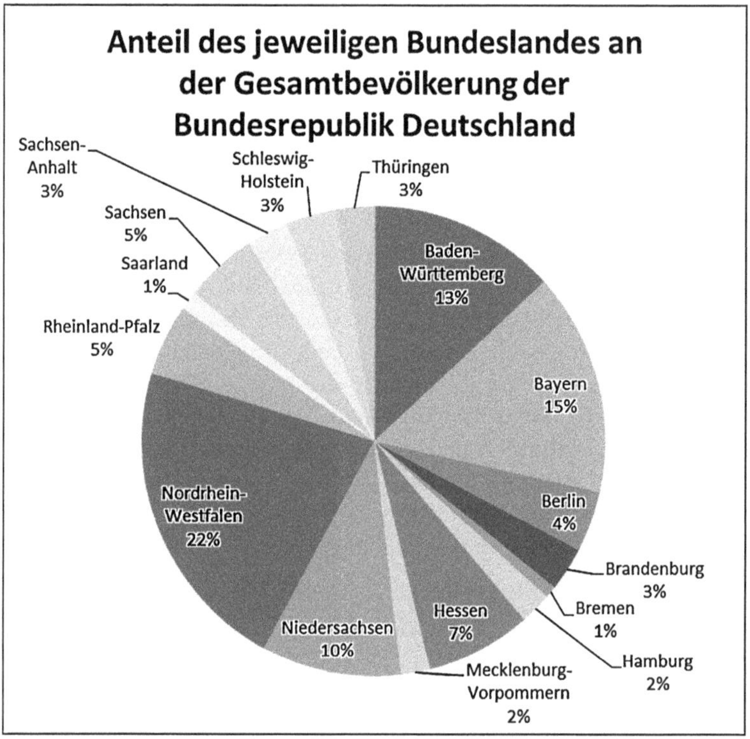

Abbildung 27: Anteil des jeweiligen Bundeslandes an der Gesamtbevölkerung der Bundesrepublik Deutschland[1620]

Auch hier muss wieder ein Vergleich zwischen dem Anteil an der Gesamtbevölkerung und dem an der Gesamtanzahl der Unterstellungen stattfinden. Auffällig ist hier ebenfalls der große Unterschied zwischen den einzelnen Bundesländern. Allein die Tatsache, dass in einigen Bundesländern der Prozentanteil an der Gesamtbevölkerung im Vergleich höher ist als zu dem der Gesamtunterstellungszahl, in anderen Ländern sich dies aber genau spiegelverkehrt verhält, zeigt, es kann keine Proportionalität nachgewiesen werden. Rheinland-Pfalz besitzt im Gegensatz zu Berlin eine etwas höhere Bevölkerungsanzahl, dagegen jedoch nur halb so viele Führungsaufsichtsfälle. Ähnlich verhält es sich mit Thüringen und Sachsen-Anhalt. Beide Bundesländer haben annähernd die gleiche Bevölkerungsanzahl, Sachsen-Anhalt hat aber einen erheblich höheren Anteil an

1620 Eigene Berechnung anhand der Angaben für Bevölkerung der Statistischen Ämter des Bundes und der Länder (abzurufen unter www.statistikpotal.de).

der Gesamtanzahl der Unterstellungen unter Führungsaufsicht. Folglich kann kein Rückschluss vom Anteil eines Bundeslandes an der Gesamtbevölkerung auf seinen Anteil an der Gesamtunterstellungsanzahl gezogen werden.

Dass die Bundesländer unterschiedlichen Belastungen im Hinblick auf die Führungsaufsicht ausgesetzt sind, zeigen sowohl die absoluten Zahlen als auch die bisherigen Untersuchungsergebnisse. Um die ungleichmäßige Verteilung besser einstufen und vergleichen zu können, wurde die Führungsaufsichtsrate des jeweiligen Bundeslandes berechnet. Diese beziffert die Rate der Führungsaufsicht pro 100.000 Einwohner für das Jahr 2009. Die Bundesländer, die in ihrer Statistik keine Unterstellungen, sondern betroffene Personen anführen, haben im Vergleich zu den übrigen Bundesländern einen tendenziell sehr niedrigen Anteil der Führungsaufsichtsrate. Abbildung 28: Gegenüberstellung der Führungsaufsichts- und der Gefangenenrate für das Jahr 2009 stellt ergänzend hierzu ebenso die Gefangenenrate dar. Diese beinhaltet alle physisch anwesenden Gefangenen, die sich zum Stichtag des 30.11.2009 in Gefangenschaft befanden.[1621] Darunter fallen nicht nur Strafgefangene des geschlossenen und des offenen Vollzugs sowie Untersuchungshaftgefangene, sondern ebenfalls diejenigen, die sich in Zivil- oder Abschiebungshaft befunden haben. Es handelt sich hierbei also um eine Bestandsstatistik. Dies erklärt auch den Umstand, warum die Daten nicht zum 31.12.2009 erhoben wurden, da sich zu diesem Zeitpunkt viele Gefangene im Weihnachtsurlaub befanden oder ihnen Weihnachtsamnestie gewährt wurde,[1622] wodurch die Zahlen also verzerrt werden würden und daher nicht repräsentativ wären.

1621 Gefangenenrate: Statistisches Bundesamt, Justiz auf einen Blick, Ausgabe 2011, S. 28; Führungsaufsichtsrate: Eigene Berechnung nach Umfrage. Beide Raten beziehen sich auf das Jahr 2009.

1622 Statistisches Bundesamt, Rechtspflege, Bestand der Gefangenen und Verwahrten in den deutschen Justizvollzugsanstalten, S. 4.

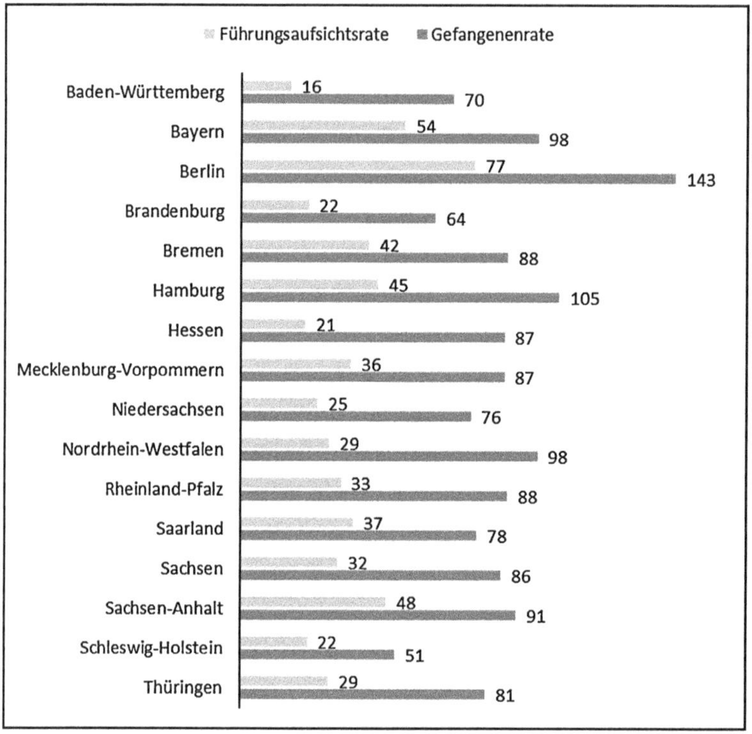

Abbildung 28: Gegenüberstellung der Führungsaufsichts- und der Gefangenenrate für das Jahr 2009[1623]

Die Darstellung der Führungsaufsichtsraten offenbart eine beachtliche Spannungsbreite zwischen 16 und 77 Führungsaufsichtsunterstellungen pro 100.000 Einwohner auf. Auch die Gefangenenrate unterscheidet sich erheblich zwischen den einzelnen Bundesländern, so dass das Ausmaß von 51 bis 143 reicht. Damit beträgt der bundesweite Durchschnitt der Führungsaufsichtsrate aufgerundet 36, der der Gefangenenrate annähernd 87. Nicht überraschend und vorhersehbar sind dabei die Stadtstaaten Berlin und Hamburg. Sie weisen mit 143 bzw. 105 die höchsten Gefangenenraten auf und siedeln sich daher im oberen Bereich der Rangliste der Führungsaufsichtsrate an. Auffällig sind jedoch die Werte von Baden-Württemberg. Obwohl dieses Bundesland einen nicht un-

1623 Gefangenenrate: Statistisches Bundesamt, Justiz auf einen Blick, Ausgabe 2011, S. 28; Führungsaufsichtsrate: Eigene Berechnung nach Umfrage. Beide Werte beziehen sich auf das Jahr 2009.

erheblichen Anstieg an Führungsaufsichtsunterstellungen erfuhr[1624], beträgt die Führungsaufsichtsrate dennoch nur 16 und ist ebenso wie die Gefangenenrate unterdurchschnittlich. Erklärungsbedürftig ist auch der bayerische Wert der Führungsaufsichtsrate, der mit 54 erheblich über dem Bundesdurchschnitt und dem Durchschnitt anderer Flächenländer liegt. Ebenso fällt Bayerns Gefangenenrate deutlich überdurchschnittlich aus. Ferner sind die Werte von Nordrhein-Westfallen beachtlich. Diese weisen trotz einer überdurchschnittlichen Gefangenenrate im bundesweiten Vergleich nur unterdurchschnittliche Werte im Hinblick auf die Rate der Führungsaufsichtsunterstellungsrate auf.

Die unterschiedlichen Werte sowie die erhebliche Spannungsbreite werden durch viele verschiedenartige Ursachen bedingt. Eine diesbezügliche Analyse der länderspezifischen Abweichungen setzt eine sorgfältige Hintergrundrecherche, die auch zahlreiche Umfragen erfasst, voraus. Diese ist im Rahmen der vorliegenden Arbeit aufgrund des Umfangs und der Auswertungsmöglichkeiten der zur Verfügung stehenden Daten allerdings nicht möglich. Daher muss die Beantwortung der Ursachen offen bleiben. Es können lediglich Vermutungen angestellt werden.

Eine Ursache hierfür könnte in der unterschiedlichen Kriminalitätsbelastung der einzelnen Bundesländer liegen.[1625] Dieser Umstand ist u.a. darauf zurückzuführen, dass in der Großstadt mehr Straftaten, welche die Führungsaufsicht nach sich ziehen können, begangen werden als auf dem Lande, zumal die Ausländerrate in Großstädten höher liegt als in ländlichen Gebieten und der Nachweis erbracht wurde, dass die Gefangenenrate der Nichtdeutschen im Vergleich zu den deutschen Gefangenen anstieg.[1626] Berlin hat mit 143 Zählern die höchste Gesamtgefangenenrate im Jahr 2009, im Vergleich dazu Schleswig-Holstein nur 51. Umso mehr Straftaten begangen werden, die eine Haftstrafe nach sich ziehen, desto höher ist die Wahrscheinlichkeit für den Eintritt einer Führungsaufsicht kraft Gesetzes. Daher kann der These, die unterschiedliche Führungsaufsichtsrate stehe mit der unterschiedlichen Kriminalitätsbelastung im Zusammenhang, zumindest im Ansatz gefolgt werden. Allerdings erklärt dies nicht die Ergebnisse beispielsweise für Nordrhein-Westfalen, folglich müssen wohl noch andere Gründe eine Rolle spielen.

1624 Vgl. S. 244.

1625 Morgenstern/Hecht, BewHi 2011, S. 177 (188) halten dies ebenfalls für denkbar; Dünkel/Geng, NK 2003, S. 146 (148); Dünkel/Geng/Morgenstern, FS 2010, S. 20 (26) erklären die unterschiedlichen Gefangenenraten zum Teil hiermit.

1626 Dünkel/Geng/Morgenstern, FS 2010, S. 20 (25); Dünkel stellt lediglich fest, dass Angehörige ethnischer Minderheiten und Ausländer in den Gefängnissen sehr oft überrepräsentiert sind, NK 2010, S. 4 (7).

Denkbar ist ferner, dass die unterschiedliche Belastung bezüglich der Führungsaufsicht von der Verurteilungspraxis des jeweiligen Bundeslandes abhängt. Insbesondere in Bezug auf die Dauer der Freiheitsstrafe bestehen in der Praxis erhebliche Unterschiede. Da die Führungsaufsicht kraft Gesetzes gem. § 68f Abs. 1 S. 1 StGB nach Vollstreckung einer Gesamtfreiheitsstrafe von mindestens zwei Jahren oder wegen einer in § 181b StGB genannten Straftat von mindestens einem Jahr eintritt, haben die Bundesländer, deren richterliche Spruchkörper strengere und damit länger andauernde Freiheitsstrafen aussprechen, mehr Führungsaufsichtsfälle als die übrigen Bundesländer.[1627]

Ebenfalls muss in diesem Zusammenhang die unterschiedliche Praxis der Gerichte im Hinblick auf die Aussetzung des Strafrestes gesehen werden. Insbesondere im Bereich der Vergewaltigungsdelikte und der gefährlichen Körperverletzung wird die bedingte Entlassung restriktiv gehandhabt.[1628] In den Ländern, in denen diese Delikte im Vergleich zu den übrigen Bundesländern vermehrt begangen werden, ist die Anzahl der Personen, die unter Führungsaufsicht stehen folglich dementsprechend größer.

Darüber hinaus spielt die Anzahl der Anordnung der Führungsaufsicht gem. § 68 Abs. 1 StGB eine, wenn auch nur untergeordnete, Rolle. Vor allem Bayern verhängt relativ häufig die Führungsaufsicht kraft Richterspruchs.[1629] Dies lässt sich nicht nur auf die persönlichen Vorlieben des Richters als Spruchkörper des Gerichts und dessen Erfahrungen mit dem Institut der Führungsaufsicht zurückführen, sondern hängt des Weiteren entscheidend von den strukturellen Gegebenheiten des Instituts ab, dessen Rahmenbedingungen und insbesondere dessen Kapazität.

Ein weiterer Ansatzpunkt könnten ebenso regionale Unterschiede im Bereich der Punitivität sein, die sich letztlich ebenfalls in der Anzahl der Unterstellungen unter Führungsaufsicht widerspiegeln.[1630] Punitivität bezeichnet die Bereitschaft und den Wunsch, Verhalten, das nicht der Norm entspricht, hart zu

---

1627 In allen Bundesländern liegen die gleichen Auusgangsbedingungen hinsichtlich der gesetzgeberischen Voraussetzungen vor, da das StGB für die gesamte Bundesrepublik einheitlich gilt. Die unterschiedlichen Ergebnisse in Bezug auf die Dauer der ausgesprochenen Freiheitsstrafe sind – abgesehen von den Unterschieden im konkreten Fall, die ein abweichendes Strafmaß rechtfertigen – abhängig von der Strenge des Gerichts. Ist der Spruchkörper für eine härte Bestrafung, verhängt dieser längere Freiheitstrafen, die dann die Grenze des § 68f StGB schneller erreicht haben und somit Führungsaufsicht eintritt, als ein milderer Spruchkörper. Die unterschiedlich angelegten Maßstäbe haben somit Auswirkung auf die Unterstellungszahlen der Führungsaufsicht.

1628 Siehe hierzu Dünkel/Geng/Morgenstern, FS 2010, S. 20 (27); Kindhäuser/Neumann/Paeffgen-[Dünkel], NK-StGB, § 57 StGB Rn. 15 f.

1629 Zentrale Koordinierungsstelle Bewährungshilfe der bayerischen Justiz (auf Anfrage).

1630 So auch Morgenstern/Hecht, BewHi 2011, S. 177 (189).

sanktionieren und versöhnende oder ausgleichende Regulierungen eher zu vermeiden.[1631] Insbesondere die Berichterstattung der Medien und das zunehmende Sicherheitsbedürfnis der Allgemeinheit führen zu einer strengeren Einstellung der Bevölkerung gegenüber Straftätern und Sanktionen.[1632] Dass dies auch Auswirkungen auf das Justizpersonal haben dürfte, erscheint nachvollziehbar. Eine durchgeführte Studie belegt diese Vermutung. Von 1980 bis 2002 wurde hinsichtlich der Punitivität der Gerichte festgestellt, dass diese zunehmend härtere Sanktionen für Körperverletzungsdelikte verhängten.[1633] Folglich ist ein genereller Anstieg der unter Führung stehenden Personen zu verzeichnen, hauptsächlich aber in denjenigen Bundesländern, in denen Körperverletzungsdelikte gegenüber den übrigen Ländern häufiger begangen werden. Damit erscheint ein Zusammenhang der bundesweit unterschiedlichen Anzahl der Führungsaufsichtsunterstellungen und der Punitivität nicht ausgeschlossen.

Ferner hängt die Führungsaufsichtsrate von der Dauer der Führungsaufsicht[1634] ab. Die Dauer der befristeten Führungsaufsicht beträgt, wie oben gezeigt, zwischen zwei und fünf Jahren. Wird die diesbezügliche Höchstdauer angeordnet, verbleiben die Betroffenen länger unter Führungsaufsicht, was eine erhöhte stichtagsbezogene Führungsaufsichtsrate zur Folge hat. In Bayern erfolgt in jedem Fall eine Festlegung der befristeten Führungsaufsichtsdauer auf fünf Jahre[1635], wodurch der hohe Wert der Führungsaufsichtsrate in Bayern damit zumindest teilweise erklärt werden kann.

Unter Anführung der möglichen Ursachen erscheinen die bundesweiten Unterschiede bezüglich der Führungsaufsichtsraten einleuchtend. Allerdings ist dies nicht durch eine einzelne Ursache erklärbar, sondern das Ergebnis einer komplexen Interaktion verschiedener Faktoren.

1631 Allgemein zum Begriff der Punitivität Lautmann/Klimke, KrimJ 2004, 8. Beiheft, S. 9 (9 ff.); Windzio/Simonson/Pfeiffer/Kleimann, Kriminalitätswahrnehmung und Punitivität, S. 13.

1632 Vgl. hierzu Lautmann/Klimke, KrimJ 2004, 8. Beiheft, S. 9 (20 f.); allgemein zu den Auswirkungen der Medienberichterstattung im Bereich der Kriminalität Windzio/Simonson/Pfeiffer/Kleimann, Kriminalitätswahrnehmung und Punitivität.

1633 Kury/Kania/Obergfell-Fuchs, KrimJ 2004, 8. Beiheft, S. 51 (74).

1634 Ausführlich dazu S. 96 ff.

1635 Eigene Nachfrage bei bayerischen Richtern.

2. Behandlungskonzepte im Vergleich

Bayern hat als erstes Bundesland mit HEADS[1636] eine Konzeption eingeführt, die das Risiko einer erneuten Begehung weiterer Straftaten von als besonders rückfallgefährdet eingestuften Sexualstraftätern verringern soll, und versucht hiermit einen Beitrag für den bestmöglichen Schutz der Allgemeinheit vor diesen Straftätern zu leisten. Die positiven Erfahrungen, die Bayern damit sammelte, waren Anlass für die anderen Bundesländer entweder auch das Konzept HEADS zu übernehmen oder eine ähnliche Konzeption zu erstellen. Daher verfügt, wie oben[1637] bereits gezeigt, mittlerweile jedes Bundesland über sein eigenes Konzept.[1638]

Beim Vergleich dieser Konzeptionen zeigt sich, dass trotz der teilweise vorhandenen Unterschiedlichkeiten in der Ausgestaltung der einzelnen Projekte, sie in der Zielsetzung übereinstimmen: die Bevölkerung vor einschlägigen Straftätern zu schützen.[1639] Inwieweit es ihnen gelingt, kann innerhalb dieser Arbeit nicht mit völliger Sicherheit festgestellt werden. Dies liegt vor allem an der mangelnden Preisgabe der Informationen über die jeweiligen Projekte.[1640] Allerdings wird trotz dieses Umstands der Versuch unternommen, anhand der Darstellung der Rückfälligkeits[1641]- und Präventionslage[1642] sowie einer nicht abschließenden Darlegung der Gemeinsamkeiten und Unterschiede[1643] wie auch der Vor- und Nachteile der jeweiligen Konzeption ein Ergebnis auf die Frage, ob derartige Konzepte sinnvoll seien, zu erlangen. Bereits der Kriminologe Cesare Beccaria hat in seiner Abhandlung „Über Verbrechen und Strafen" bereits im Jahr 1766 das Problem aufgeworfen, wie man dem Verbrechen vorbeugen kann. Er kommt zu dem Ergebnis, dass es besser sei „den Verbrechen vorzubeugen, als sie zu bestrafen. (…) Aber die bis jetzt angewandten Mittel sind meistens falsch und mit dem erstrebten Ziel zuwider."[1644] Ob die Konzeptionen

1636 Siehe dazu S. 252 ff.

1637 Ab S. 221 ff.

1638 Raab, der kriminalist 2009, S. 1 (4).

1639 Siehe unten S. 369 ff.

1640 Die Konzepte der jeweiligen Projekte sind für die Allgemeinheit teilweise mangels Veröffentlichung nicht einsehbar und nur auf Anfrage erhältlich. Anders hingegen die Konzepte der Bundesländer Berlin und Thüringen, die nur für den internen Gebrauch bestimmt sind und daher auch nicht auf Anfrage der Allgemeinheit zur Verfügung gestellt werden. Siehe zu Berlin, S. 259, zu Thüringen S. 335.

1641 Näher dazu S. 355 ff.

1642 Vgl. ausführlich unten S. 365 ff.

1643 Siehe S. 369 ff.

1644 Beccaria, Über Verbrechen und Strafen, S. 162 f.

angemessen sind und tatsächlich der Prävention dienen, soll im Folgenden beantwortet werden.

a) Rückfälligkeitslage

Die Beurteilung, ob derartige Konzepte sinnvoll sind und damit eine geeignete und angemessene Maßnahme zur Reduzierung der Rückfälligkeit gefährlicher Straftäter darstellen, muss insbesondere auch auf die Notwendigkeit im Hinblick einer überhaupt bestehenden Rückfallgefahr erfolgen. Daher ist zunächst ein Blick auf das Lagebild der Rückfälligkeit zu werfen, wobei sich dieses auf die erneute Begehung von Straftaten durch Sexualstraftäter beschränkt. Dies ist der Tatsache geschuldet, dass nahezu alle Konzeptionen die Vermeidung der Rückfälligkeit gefährlicher Sexualstraftäter bezwecken.

aa) Definitionsansätze

Fraglich scheint hierbei zunächst, wann ein Täter rückfällig wird. Das deutsche Strafgesetzbuch enthält allerdings keine diesbezügliche Definition und auch das Schrifttum wählt hierfür unterschiedliche Ansätze.[1645] Der derzeitige kriminologische Wissensbestand dieser Frage ist so facettenreich, dass eine umfassende Darstellung und Behandlung aller Ansätze nicht sinnvoll erschien. Folglich werden drei wesentliche Ansätze vorgestellt, die für diese Arbeit relevant sind und am besten die unterschiedliche Spannbreite der verschiedenen Auffassungen, was unter Rückfall zu verstehen ist, aufzeigen.

Nach einer Ansicht bezeichnet Rückfälligkeit ein in die Zukunft gerichteten, temporären Zustand, wobei sich dieser „nicht auf alle erneuten potentiell strafbaren Handlungen einer Person (…), sondern nur auf solche, die nach einer strafrechtlichen Intervention zwischen zwei festgelegten Zeitpunkten stattfinden“[1646] bezieht.

Daneben vertritt man die Auffassung, wonach als Rückfall jede erneute strafbare Handlung zu definieren ist, die entweder im Hell- oder im Dunkelfeld begangen wird. Das Problem dieser sehr weit gefassten Ansicht liegt in der Erfassung der Taten im Dunkelfeld, wodurch der Vertreter dieser Auffassung selbst erkennt, dass aufgrund der notwendig vorausgesetzten Dunkelfelduntersuchungen diese Definitionsweise im Allgemeinen ausscheiden muss.[1647]

1645 Vgl. hierzu auch Kasecker, Überwachung rückfallgefährdeter Sexualstraftäter, S. 14. Ausführlich zu dem Problem der mangelnden einheitlichen Begriffsbildung Gaenslen, Behandlung rückfallgefährdeter Sexualstraftäter, S. 37 ff.

1646 Sohn, Rückfälligkeit gewalttätiger Sexualstraftäter, S. 9.

1647 Jehle, Probleme einer Rückfallforschung, S. 227 (236).

Ein weiterer Versuch einer Definition von Rückfälligkeit erfolgt in der Weise, wonach die Rückfallmöglichkeiten abschließend beschrieben werden. Danach liegt ein Rückfall bei jeder neuen oder erstmalig angezeigten Straftat, einer abermals rechtskräftigen Verurteilung, bei jeder nochmaligen Verurteilung wegen einer einschlägigen Straftat und bei jeder erneuten stationären Sanktion sowie bei der Kombination dieser Möglichkeiten vor.[1648] Die Definition von Rückfall ist demnach einzelfallorientiert.

Bereits die dargestellten Definitionsansätze machen deutlich, dass die Frage bezüglich der Bedeutung von Rückfall kaum einheitlich beantwortet werden kann. Die unterschiedliche Spannbreite der verschiedenen Auffassungen hat neben der mangelnden einheitlichen Begriffsbildung auch die unterschiedliche Einschätzung der bestehenden Rückfälligkeitslage zur Folge, da durch die unterschiedliche Reichweite der Rückfalldefinitionen die Vergleichbarkeit von Rückfallstudien nur schwer möglich ist.[1649]

bb) Ausgewählte Rückfallstudien

Die Ergebnisse der Rückfallstudien unterscheiden sich hierbei zum Teil erheblich. Zwar gibt es zu diesem Themenkomplex sowohl Untersuchungen aus dem deutschsprachigen Raum sowie internationale Veröffentlichungen, genannt[1650] sei hier bloß die Rückfallstudie von Harris und Hanson[1651] aus dem Jahr 2004. Berücksichtigung finden hier aber lediglich diejenigen aus dem deutschsprachigen Raum, da das Anwendungsgebiet der Konzepte zum Umgang mit bestimmten rückfallgefährdeten Tätern sich auch nur auf das Bundesgebiet erstreckt, obgleich die internationalen Veröffentlichungen die Ergebnisse aus deutschsprachigen Rückfallstudien bestärken könnten.[1652]

1648 Egg, Rückfälligkeit nach Straf- und Maßregelvollzug, S. 247 (249 ff.).

1649 So auch Popp, Die Haftentlassungsauskunftsdatei Sexualstraftäter, S. 41.

1650 Auf diese Studie wird verwiesen, weil sie im Vergleich zu den anderen Rückfallstudien eine Metaanalyse ist. Harris und Hanson untersuchten eine Vielzahl (mehr als 4000) haftentlassener Sexualstraftäter über einen Zeitraum von bis zu 15 Jahren (Untersuchung nach fünf, nach zehn und nach fünfzehn Jahren). Diese Vorgehensweise bringt eine erhöhte Fallzahl, was wiederum eine bessere Aussagekraft der Ergebnisse zur Folge hat.

1651 Harris/Hanson, Sex offender recidivism: A simple question.

1652 Siehe hierzu auch die Zusammenfassung internationaler Rückfallforschung von Schneider, MschrKrim 2002, S. 251 ff., der zu dem Ergebnis kommt, dass die einschlägigen Rückfallzahlen erheblich mit längeren Rückfallrisikozeiten zwischen 15 und 20 Jahren steigen.

Herausgegriffen[1653] werden soll hierbei zunächst die Untersuchung von Elz[1654], die 181 sexuelle Gewalttäter und 77 sexuelle Missbrauchstäter - deren Verurteilung im 1. Halbjahr 1987 stattfand - erfasst. Als Bewährungszeitraum wählte man die Dauer von sechs Jahren nach Entlassung aus der Haft. Das Bundeszentralregister diente als Datenquelle, anhand dessen Auszüge die Analyse erfolgte, ob der Täter erneut in diesem Zeitraum verurteilt worden ist. Die Untersuchung lieferte die Ergebnisse, denen zufolge 31,5 % der sexuellen Gewalt- und 47 % der Missbrauchstäter straffrei blieben. 49,2 % der sexuellen Gewalt- und 31 % der Missbrauchstäter, also knapp die Hälfte bzw. knapp ein Drittel der Gruppen, trat aufgrund der Begehung einer anderen Straftat wieder in Erscheinung und 19,3 % der sexuellen Gewalttäter sowie sogar 22 % der Missbrauchstäter sind aufgrund einer einschlägigen Straftat wieder auffällig geworden.[1655] Bereits diese Untersuchung widerlegt die in der Öffentlichkeit existierende These „einmal Sexualstraftäter – immer Sexualstraftäter“, zeigt jedoch ebenso deutlich, dass eine gewisse Rückfallquote besteht.[1656]

1653 Die Studie von Elz wurde gewählt, weil sie zum einen einen sehr kurzen Bewährungszeitraum hat und daher die Gegensätzlichkeit zu anderen Studien, wie der von Rehder und Suhling besser zum Ausdruck kommt. Zum anderen belegt das Ergebnis dieser Studie, dass die Meinung der Öffentlichkeit „einmal Sexualstraftäter – immer Sexualstraftäter“ so nicht stimmt. Zudem ist sie im nationalen Raum viel beachtet. Siehe dazu Vortrag „Gefährliche Straftäter aus kriminologischer und psychologischer Sicht“ von Joachim Obergfell-Fuchs, der im Rahmen einer Tagung zum Thema „Sicherungsverwahrung und Führungsaufsicht. Wie gehen wir mit gefährlichen Straftätern um?“ am 18. Juli 2011 gehalten wurde.

1654 Elz, Legalbewährung und kriminelle Karrieren von Sexualstraftätern, sowohl aus dem Jahr 2001 wie auch 2002.

1655 Elz, Legalbewährung und kriminelle Karrieren von Sexualstraftätern – Sexuelle Gewaltdelikte, S. 216 f.; Elz, Legalbewährung und kriminelle Karrieren von Sexualstraftätern – Sexuelle Mißbrauchsdelikte, S. 202.

1656 Vgl. hierzu auch den Vortrag „Gefährliche Straftäter aus kriminologischer und psychologischer Sicht“ von Joachim Obergfell-Fuchs, der im Rahmen einer Tagung zum Thema „Sicherungsverwahrung und Führungsaufsicht. Wie gehen wir mit gefährlichen Straftätern um?“ am 18. Juli 2011 gehalten wurde.

	Sexuelle Gewalttäter	Sexuelle Missbrauchstäter
kein Rückfall	31,5 %	47 %
nur sonstiger Rückfall	49,2 %	31 %
auch einschlägiger Rückfall	19,3 %	22 %

Abbildung 29: Ergebnisse der Studien von Elz aus den Jahren 2001 bzw. 2002[1657]

Die Resultate dieser Studie sind ähnlich denen einer weiteren[1658], niedersächsischen Veröffentlichung von Rehder und Suhling[1659] aus dem Jahr 2008. Hierbei untersuchte man 158 Personen, die aufgrund einer Vergewaltigung, 50 aufgrund innerfamiliärem sexuellen Missbrauch und 36 aufgrund außerfamiliärem sexuellen Missbrauch verurteilt wurden. Nach einem sehr langen Bewährungszeitraum von durchschnittlich 15,8 Jahren zeigte sich, dass 15,2 % von den gesamten Verurteilten einschlägig mit einem Sexualdelikt rückfällig wurden. Bei den wegen außerfamiliärem sexuellen Missbrauch Verurteilten waren es 22,2 %, bei den wegen Vergewaltigung verurteilten Tätern 15,2 % und bei innerfamiliärem sexuellen Missbrauch immerhin noch 10,0 %. Auffällig ist insbesondere noch - sofern jegliche erneute Straftat in Betracht gezogen wird - insgesamt 62,3 % der verurteilten Täter rückfällig wurden. 71,5 % der wegen Vergewaltigung verurteilten Personen und 61,1 % der verurteilten Täter aufgrund au-

1657 Elz, Legalbewährung und kriminelle Karrieren von Sexualstraftätern – Sexuelle Gewaltdelikte, S. 217; Elz, Legalbewährung und kriminelle Karrieren von Sexualstraftätern – Sexuelle Mißbrauchsdelikte, S. 202.

1658 Die Studie von Rehder und Suhling wurde gewählt, weil sie einen sehr langen Bewährungszeitraum zum Gegenstand hat und daher die Überprüfung ermöglicht, ob der gewählte Zeitraum Auswirkungen auf die Ergebnisse hat. Elz wählte mit einem kurzen Bewährungszeitraum von nur sechs Jahren den Gegensatz dazu aus. Zudem wird an den Ergebnissen dieser Studie sehr deutlich, dass nicht alle Sexualstraftäter unter einen Kamm geschoren werden dürfen, sondern dass Differenzierungen zwischen den Ausgangsdelikten und Arten des Rückfalls nötig sind. Zudem ist diese Studie nach Aussage Joachim Obergfell-Fuchs, der im Rahmen einer Tagung zum Thema „Sicherungsverwahrung und Führungsaufsicht. Wie gehen wir mit gefährlichen Straftätern um?“ am 18. Juli 2011 den Vortrag „Gefährliche Straftäter aus kriminologischer und psychologischer Sicht“ gehalten hat, weit verbreitet.

1659 Rehder/Suhling, MschrKrim 2008, S. 250 ff.

ßerfamiliärem sexuellen Missbrauch wurden erneut straffällig. Die Auswertung der Ergebnisse der Studie führt zu folgendem Schluss: ein nicht unerheblicher Anteil der Täter wird mit einem Sexualdelikt erneut rückfällig. Höher ist jedoch die Rückfallquote, wenn die Begehung einer jeglichen erneuten Straftat mit in die Studie einfließt. Hierbei gilt es aber zu beachten, dass der Kreis der Sexualstraftäter auch hinsichtlich ihrer Rückfälligkeit eine heterogene Gruppe darstellt, die man nicht über einen Kamm scheren darf.

		Ausgangsdelikt			
		Vergewaltigung (n=158)	Inner-familiärer Missbrauch (n=50)	Außer-familiärer Missbrauch (n=36)	Gesamt (n=244)
Art des Rück-falls	erneutes Sexualdelikt	15,2%	10,0%	22,2%	15,2%
	jeder Rückfall	71,5%	34,0%	61,1%	62,3%

Abbildung 30: Auszug der Ergebnisse der Studie von Rehder und Suhling aus dem Jahr 2008[1660]

Die Studie von Jehle/Albrecht/Hohmann-Fricke/Tetal[1661] aus dem Jahr 2010 liefert u.a. Untersuchungsergebnisse zu der Rückfallhäufigkeit nach der Begehung von sexualbezogenen Straftaten. Hierbei war zum einen die allgemeine

1660 Rehder/Suhling, MschrKrim 2008, S. 250 (255).

1661 Jehle/Albrecht/Hohmann-Fricke/Tetal, Bundesweite Rückfalluntersuchung. Diese Studie wurde zum einen ausgewählt, um aufzuzeigen, dass das Ergebnis hinsichtlich der Rückfälligkeit von anderen Studien erheblich abweichen kann. Im Gegensatz zu den zuvor genannten Studien liegt der einschlägige Rückfall deutlich unter den Ergebnissen der anderen. Zum anderen, weil sie lediglich einen Bewährungszeitraum von drei Jahren hat und damit erheblich kürzer ist als bei der Studie von Rehder und Suhling. Schließlich ist der untersuchte Zeitraum im Vergleich zur Studie von Elz sehr aktuell und kann daher veränderte Umstände einbeziehen. Die Behandlungsmöglichkeiten haben sich geändert, sie wurden deutlich mehr ausgebaut und sind nicht mehr mit dem Stand zur Zeit der Grundlegung der Studie von Elz vergleichbar. So auch Joachim Obergfell-Fuchs, der im Rahmen einer Tagung zum Thema „Sicherungsverwahrung und Führungsaufsicht. Wie gehen wir mit gefährlichen Straftätern um?“ am 18. Juli 2011 den Vortrag „Gefährliche Straftäter aus kriminologischer und psychologischer Sicht“ gehalten hat.

Wiederbegehung einer Straftat nach Sexualdelikten, zum anderen die des einschlägigen Rückfalls Gegenstand der Analyse.

		Ausgangsdelikt		
		Sexuelle Gewaltdelikte	Sexueller Missbrauch	Exhibitionismus
	Rückfall insgesamt	31,4 % (n=685)	25,2 % (n=758)	29,2 % (n=362)
Art des Rückfalls	auch sexuelles Gewaltdelikt	1,3 %	0,5 %	0,3 %
	auch sexuelles Missbrauchsdelikt	0,7 %	2,3 %	1,0 %
	auch exhibitionistische Delikte	0,1 %	0,6 %	9,8 %
	auch andere sexuelle Delikte	<0,1 %	0,5 %	0,3 %
	auch andere Gewaltdelikte	4,3 %	2,8 %	1,1 %

Abbildung 31: Auszug der Ergebnisse der bundesweiten Rückfalluntersuchung von Jehle/Albrecht/Hohmann-Fricke/Tetal aus dem Jahr 2010

Zunächst ist festzuhalten, dass hinsichtlich der allgemeinen Rückfallhäufigkeit nach Sexualdelikten die Rückfallrate bei sexuellen Gewalttätern, also bei Ausgangsdelikten der sexuellen Nötigung und Vergewaltigung, bei 31,4 % lag, d.h. jeder dritte Straffällige wurde wieder verurteilt. Die Rückfallrate nach Missbrauchsdelikten beträgt 25,2 %, die nach Exhibitionismus 29,2 % und die nach sonstigen Sexualdelikten 15,2 %. Demnach ist die Rückfallhäufigkeit nach sexuellen Gewaltdelikten zwar nicht höher als die durchschnittliche Rückfallrate der Bezugsentscheidungen, liegt jedoch leicht über den Rückfallraten der anderen in diesem Bereich untersuchten Delikte.[1662]

Hinsichtlich der Ergebnisse der einschlägigen Rückfallrate kommt die Studie im Vergleich zu anderen Untersuchungen zu einem abweichenden Resultat. Nach einem Bewährungszeitraum von drei Jahren, entweder nach der Entlassung oder auch nach der Verurteilung, wurden nach einem sexuellen Gewaltde-

1662 Jehle/Albrecht/Hohmann-Fricke/Tetal, Bundesweite Rückfalluntersuchung, S. 119.

likt nur 1,3 % einschlägig rückfällig. Bei Missbrauchsdelikten lag die einschlägige Rückfallrate bei 2,3 %, im Gegensatz dazu beträgt diese bei exhibitionistischen Delikten 9,8 %. Daraus könnte man folgende Schlussfolgerung ziehen: Missbrauchstäter begehen ebenso wie sexuelle Gewalttäter in der Regel nur einmalig ein solches Delikt und nur ein Bruchteil von ihnen wird erneut einschlägig rückfällig.[1663] Auffällig ist hierbei die vergleichsweise hohe einschlägige Rückfallrate bei Exhibitionismusfällen.

Die Ursachen für die unterschiedlich ausgeprägten Rückfallraten innerhalb der verschiedenen Studien sollen an dieser Stelle nicht untersucht werden. Als Ansatz käme aber die unterschiedliche Höhe der Bewährungszeit in Betracht, da bei schweren Delikten die Zeit zwischen Tatbegehung, -entdeckung und Verurteilung zum Teil sehr groß ist. Die Studie von Jehle/Albrecht/Hohmann-Fricke/Tetal wählte hingegen nur einen sehr knapp bemessenen Zeitraum. Allerdings dürfte dieser Ansatz nicht für Exhibitionismusdelikte gelten. Ferner wäre ein Aspekt, dass es aufgrund der Behandlung der Sexualstraftäter sowohl im stationären wie auch im ambulanten Bereich zu einem tatsächlichen Rückgang gekommen ist. Dies würde die unterschiedlichen Ergebnisse zu der Studie von Elz erklären.[1664]

Trotz der zum Teil umfangreichen empirischen Untersuchungen lässt sich über die Höhe der Rückfälligkeit der Sexualstraftäter keine abschließende zahlenmäßige Aussage treffen. Die Einschätzung hinsichtlich der Rückfallneigung fällt von Kriminologen zu Kriminologen unterschiedlich aus. Während einige[1665] von ihnen von hohen Rückfallquoten ausgehen, kommen andere[1666] wiederum zu einem vergleichsweise niedrigen Ergebnis. Gründe hierfür sind ganz verschiedenartiger Natur. Sie können insbesondere in der abweichenden Definitionsweise sowohl der Delikte als auch der Rückfälligkeit selbst, in den verschieden langen Follow-up Intervallen und den unterschiedlichen Datenzugängen begründet liegen.[1667] Allerdings stimmen sie alle im folgendem Ergebnis überein:

1663 Vgl. hierzu Jehle/Albrecht/Hohmann-Fricke/Tetal, Bundesweite Rückfalluntersuchung, S. 127, 130, 132.

1664 So auch Obergfell-Fuchs in seinem Vortrag „Gefährliche Straftäter aus kriminologischer und psychologischer Sicht“, den er im Rahmen einer Tagung zum Thema „Sicherungsverwahrung und Führungsaufsicht. Wie gehen wir mit gefährlichen Straftätern um?“ am 18. Juli 2011 hielt.

1665 Statt vieler Schneider, MschrKrim 2002, S. 251 (251 f.); Ward/Hudson/Keenan, The Assessment and Treatment, S. 349 ff.

1666 So z.B. Egg, Zeitschrift für Sexuologie 2000, S. 12 (24); Hood/Shute/Feilzer/Wilcox, British Journal of Criminology, 42, S. 371 ff.; Karpman, The Sexual Offender and His Offenses, S. 277 f.

1667 Popp, Die Haftentlassungsauskunftsdatei Sexualstraftäter, S. 40 f.

eine bestimmte Quote an Personen, die sich aufgrund eines Sexualdelikts vor Gericht verantworten mussten, wurde erneut straffällig. Wie häufig es aber tatsächlich vorkommt, kann nicht generalisierend beantwortet werden. Dies zeigt dennoch, dass bei einem gewissen Teil eine bestimmte Rückfallgefahr vorliegt. Unabhängig von der nicht unerheblichen bestehenden Dunkelfeldziffer genügt diese Tatsache bereits, eine bestehende Rückfallgefahr und damit die Notwendigkeit eines Handlungsbedarfs zu bejahen.

cc) Rückfallgeschwindigkeit

Nachdem die eigentliche Antwort auf die Frage, ob überhaupt eine Rückfallgefahr und damit eine gewisse Notwendigkeit zur Handlung besteht, beantwortet wurde, soll im Anschluss daran noch ein Blick auf die Rückfallgeschwindigkeit geworfen werden. Aus oben[1668] genannten Gründen beschränkt sich auch hier die Deliktsgruppe auf Sexualstraftäter.

Die Rückfallgeschwindigkeit gibt Auskunft darüber, nach welcher Zeit der Straftäter erneut straffällig wurde. Dies wiederum hilft bei der Beurteilung, ob derartige Konzeptionen sinnvoll sind und sie eine geeignete und angemessene Maßnahme zur Reduzierung der Rückfälligkeit bestimmter gefährlicher Straftäter darstellen. Wird die verurteilte Person innerhalb eines sehr kurzen Zeitraums nach der Entlassung rückfällig, zeigt dies zum einen welches Risiko- und damit Gefahrenpotential von ihr ausgeht, zum anderen eröffnet es aber auch die Möglichkeit, präventiv auf den Täter einzuwirken. Spezielle Kontroll- und Überwachungsmaßnahmen, evtl. auch verbunden mit ambulanten Nachsorgemaßnahmen können ihren Beitrag zur Reduzierung dieser Gefahr leisten.[1669]

Im Hinblick auf die Rückfallgeschwindigkeit führten verschiedene Kriminologen Untersuchungen durch, die insgesamt zu ähnlichen Ergebnissen kommen. Daher soll anhand der Studie von Elz[1670] exemplarisch der Verlauf der einschlägigen Rückfälligkeit dargestellt werden. Hierbei ist von Beachtung, dass Elz bei dieser immer auf das erste erneute sanktionierte Delikt wegen sexueller Gewalt

1668 Siehe S. 355.

1669 Ähnlich äußerte sich hierzu auch Obergfell-Fuchs in seinem Vortrag „Gefährliche Straftäter aus kriminologischer und psychologischer Sicht“, den er im Rahmen einer Tagung zum Thema „Sicherungsverwahrung und Führungsaufsicht. Wie gehen wir mit gefährlichen Straftätern um?“ am 18. Juli 2011 hielt.

1670 Elz, Legalbewährung und kriminelle Karrieren von Sexualstraftätern – Sexuelle Gewaltdelikte, S. 232; Elz, Legalbewährung und kriminelle Karrieren von Sexualstraftätern – Sexuelle Mißbrauchsdelikte, S. 260 f. Diese zeigt den unterschiedlichen Verlauf hinsichtlich der Rückfallgeschwindigkeit sehr deutlich auf, so dass die Annahme der Notwendigkeit einer Überwachung per Führungsaufsicht als gerechtfertigt erscheint. Daher wurde die Studie zur Veranschaulichung gewählt.

bzw. sexuellem Missbrauch abgestellt hat, selbst wenn der Täter zuvor aufgrund der Begehung eines anderen Delikts neuerlich in Erscheinung getreten ist. Bezüglich der Berechnung der Rückfallgeschwindigkeit stellt Elz nur auf die ausschließlich in Freiheit verbrachte Zeit ab, abgezogen wurden also Zeiten, in denen die betreffende Person nach Beginn des Beobachtungszeitraums inhaftiert gewesen ist.[1671]

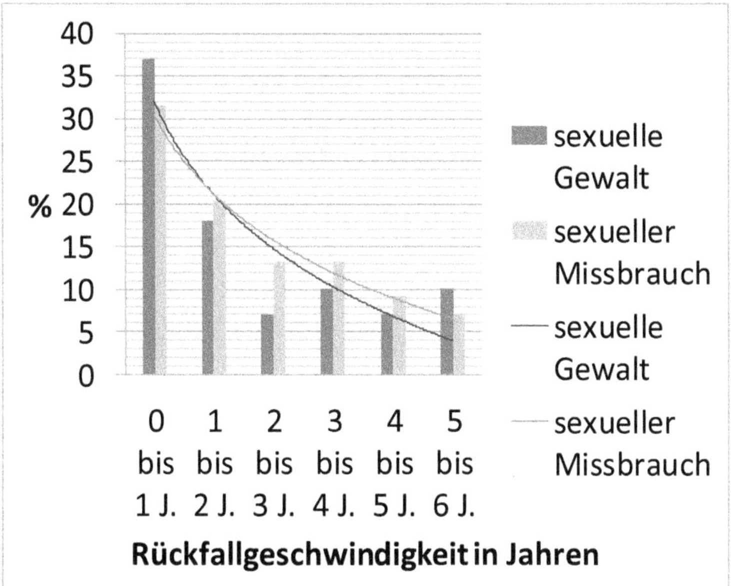

Abbildung 32: Rückfallgeschwindigkeit; Auszug der Ergebnisse der Studie von Elz aus den Jahren 2001, 2002

Die Werte zeigen einen tendenziellen Rückgang der Rückfallgefahr. Obergfell-Fuchs spricht hierbei von einem asymptotischen Verlauf.[1672] Demnach erreicht das Risiko im ersten Jahr nach der Entlassung seinen höchsten Wert, d.h.,

1671 Genauer zu den Modalitäten und Ergebnissen Elz, Legalbewährung und kriminelle Karrieren von Sexualstraftätern – Sexuelle Gewaltdelikte, S. 231 f.; Elz, Legalbewährung und kriminelle Karrieren von Sexualstraftätern – Sexuelle Mißbrauchsdelikte, S. 260 ff.

1672 Obergfell-Fuchs in seinem Vortrag „Gefährliche Straftäter aus kriminologischer und psychologischer Sicht", den er im Rahmen einer Tagung zum Thema „Sicherungsverwahrung und Führungsaufsicht. Wie gehen wir mit gefährlichen Straftätern um?" am 18. Juli 2011 hielt.

die Wahrscheinlichkeit eines (einschlägigen) Rückfalls ist in diesem Zeitrahmen am größten. Danach sinkt die Wahrscheinlichkeit im Laufe der Jahre immer mehr ab, erreicht aber nie Null. Da die Werte aber nicht durchgängig fallen, sondern beispielsweise die Wahrscheinlichkeit eines Rückfalls bei Delikten wegen sexueller Gewalt steigt und sinkt,[1673] liegt keine Asymptote nach obiger herkömmlicher Definition vor. Vielmehr beschreibt nur der eingezeichnete Trend einen typisch asymptotischen Verlauf.

Die Auswertung führt zu dem Resultat, dass insbesondere die Zeit nach der Entlassung am kritischsten und der Täter in diesem Zeitraum der Hilfe, aber auch der Kontrolle und Überwachung am meisten bedürftig ist. Geeignete Maßnahmen können den Verlauf individuell beeinflussen. Weiter betrachtet, lässt sich mit derartigen Ergebnissen nicht nur die Führungsaufsicht an sich, sondern auch die Unterstellung unter bestimmte Projekte, die gerade in den ersten Jahren nach der Entlassung überwachend auf den Probanden einwirken, rechtfertigen.

dd) Ergebnis

Zusammenfassend lässt sich also Folgendes sagen: die Rückfallstudien sind aufgrund der oben genannten Unterschiedlichkeiten[1674] nicht direkt miteinander vergleichbar, sie gelangen aufgrund dessen zu sehr heterogenen Ergebnissen, kommen jedoch hinsichtlich des Bestehens einer Rückfallgefahr zu demselben Resultat. Alle weisen eine bestimmte Rückfallquote nach, die tatsächliche Höhe kann jedoch nicht einheitlich bestimmt werden. Dieser Umstand und die Tatsache, dass die Wahrscheinlichkeit der Begehung einer einschlägigen Straftat in den ersten Jahren nach der Entlassung am höchsten ist, rechtfertigen die Einrichtung von Konzepten. Aus dem Blickwinkel der Rückfälligkeitslage erscheint daher die Einführung der Konzeptionen geboten.

1673 Siehe hierzu in der Abbildung 32 den Zeitrahmen von zwei bis fünf Jahren bei Delikten wegen sexueller Gewalt, in der die Wahrscheinlichkeit eines Rückfalls zunächst ansteigt, dann herabfällt und sich schließlich wieder erhöht.

1674 Siehe oben S. 361 f.

b) Präventionslage

Nachdem soeben eine gewisse Rückfallgefahr konstatiert wurde, muss in einem nächsten Schritt überprüft werden, ob die Ausweitung der Prävention und somit die oben[1675] dargestellten Konzepte notwendig sind.

aa) Mangel anderweitiger Präventionsprojekte

Hierzu muss ein Blick auf die Präventionslage, also auf das tatsächlich bestehende Angebot von Rückfallprävention geworfen werden, um hierdurch den Bedarf an anderweitigen Projekten zur Verhütung von Straftaten zu ermitteln. Das Angebot an Kriminalprävention richtet sich nach der Sicherheitslage und nach dem Sicherheitsempfinden der Bevölkerung, wobei aber Analysen zu Entstehungs- und Bedingungszusammenhängen von Kriminalität eine Grundlage für die Bewertung darstellen.[1676] Grundsätzlich ist zunächst einmal das Vorhandensein einer Vielzahl von Kriminalpräventionsprojekten festzuhalten. Diese sind so unterschiedlich ausgestaltet, dass sowohl die Darstellung eines quantitativen sowie eines qualitativen Lagebilds dieser schier unmöglich ist.[1677] Sie unterscheiden sich nicht nur hinsichtlich ihrer Zielgruppe, dem Tätigkeitsfeld oder der Dauer des Projekts, sondern insbesondere durch den Zeitpunkt der Einwirkung. Die Vielzahl der Programme richtet sich dabei auf den Zeitraum nach der Begehung der Straftat. In der Zwischenzeit wird vor allem im Bereich der Jugendarbeit, aber auch gezielt die zeitliche Phase vor der Begehung der Straftat beleuchtet.

Es gibt einige Projekte[1678], die es sich zur Aufgabe machen, Jugendliche vor der Delinquenz zu schützen bzw. diese zu verhindern.

Als Beispiel sei hier das Projekt „KICK“ zu nennen, das primärpräventiv durch Sportangebote und sozialpädagogische Methoden das Abgleiten von Kindern und Jugendlichen in die Kriminalität verhindern will. Zielgruppe dieses Angebots sind bereits straffällige Kinder und Jugendliche, desgleichen andere

---

1675 Ab S. 245 ff.

1676 Vgl. hierzu Bundesministerium des Innern, Kriminalität in der BRD -Polizeiliche Kriminalstatistik 2010, S. 13.

1677 Ostendorf, BewHi 2005, S. 57 (63).

1678 Als Beispiele für derartige Projekte sind „KICK“, siehe dazu www.kick-projekt.de; „Faustlos – Gewaltprävention an Düsseldorfer Grundschulen und Tageseinrichtungen für Kinder“, vgl. hierzu http://www.duesseldorf.de/kpr/downloads/faustlos.pdf; „Gelbe Karte“, siehe dazu http://www.polizei.nrw.de/guetersloh/artikel__630.html; „Eiskalt gegen Gewalt“, vgl. hierzu http://www.betterplace.org/de/projects/11023-eiskalt-gegen-gewalt; http://www.gefangene-helfen-jugendlichen.de/index.php?idcatside=81; „Gefangene helfen Jugendlichen“, dazu http://www.gefangene-helfen-jugendlichen.de/index.php?idcat=21 zu nennen.

Freiwillige, die an der Teilnahme Interesse zeigen. Daneben werden Trainingskurse, hauptsächlich in Hauptschulen, durchgeführt, deren Inhalt die Förderung der sozialen Kompetenz der Schüler mit dem Ziel eines gewaltfreien Miteinanders im Schulalltag und während der Freizeit ist.[1679]

„Gefangene helfen Jugendlichen" ist ein weiteres Projekt, welches die Verhinderung von Delinquenz zum Ziel hat. Hierbei besuchen Jugendliche im Alter zwischen 14 und 21 Jahren, die entweder am Rande einer kriminellen Laufbahn stehen oder bereits straffällig wurden eine Justizvollzugsanstalt und sollen durch Gespräche mit Inhaftierten und der Veranschaulichung der Haftbedingungen Einblick in das Leben eines Strafgefangenen erhalten. Den Jugendlichen werden hierdurch die Auswirkungen und Konsequenzen von Kriminalität aufgezeigt.[1680]

Darüber hinaus wird innerhalb des Strafvollzugs den Inhaftierten zum Teil die Möglichkeit gegeben, an bestimmten Therapien teilzunehmen. Der Schwerpunkt der Straffälligenarbeit in diesem Bereich liegt allerdings auf den Zeitraum nach der Entlassung aus der Strafhaft. Ziel ist es, den Täter wieder in die Gesellschaft zu integrieren. Im Regelfall richten sich derartige Programme an vorzeitig aus der Haft entlassene Täter, die eine positive Sozialprognose aufweisen und bei denen keine akute Rückfallgefahr nachgewiesen wurde. Aber was ist mit Tätern, die ihre Haftstrafe verbüßt haben, aber dennoch gefährlich und damit potentiell rückfallgefährdet sind und trotzdem in die Freiheit entlassen werden? Für eine derartige Tätergruppe gibt es kaum Projekte und gezielt auf sie abgestimmte Präventivmaßnahmen. Daher ist es nicht verwunderlich, wenn im Bereich der Straffälligenarbeit Übergangsmanagements im Sinne von Konzepten zur Wiedereingliederung des besonders rückfallgefährdeten Strafgefangenen Hochkonjunktur haben.[1681] Dies zeigt, es besteht Handlungsbedarf.

Die Ausweitung der Prävention und damit die Reduzierung der Rückfallgefahr bereits verurteilter Täter durch die beschriebenen Konzepte sind daher bereits aufgrund des Mangels an anderweitigen entsprechenden Präventionsmaßnahmen notwendig.

bb) Optimierung der Zusammenarbeit der beteiligten Stellen

Ein weiterer Grund für die Einrichtung derartiger Konzepte könnte in der Optimierung der Zusammenarbeit der beteiligten Stellen begründet sein.

Das Gesetz selbst gibt nicht nur die beteiligten Behörden vor, sondern trifft auch Feststellungen zu deren Zusammenwirkungen. Die Zusammenarbeit der

1679 Allgemein zu dem Projekt „KICK" www.kick-projekt.de.
1680 Näher dazu http://www.gefangene-helfen-jugendlichen.de/index.php?idcat=25.
1681 Exemplarisch dafür Matt, NK 2010, S. 34 (34).

einzelnen Stellen verläuft linienförmig.[1682] Die Polizei ermittelt zunächst, die Staatsanwaltschaft klagt an, das Gericht verurteilt unter Würdigung der Beweislage den Angeklagten und nach Ablauf seiner Haftstrafe bzw. seiner Unterbringung wird der Täter wieder in die Freiheit und damit auch in die Anonymität entlassen.[1683] Zwar untersteht ein Teil der Freigelassenen der Bewährungshilfe oder Führungsaufsicht, dies schließt sich aber auch eher wiederum linienförmig an den bisherigen Verlauf an. Die Realität beweist jedoch, dass oftmals eine derartige Behandlung nicht ausreicht und der vor allem besonders rückfallgefährdete Täter oftmals einer stärkeren Kontrolle und Überwachung bedarf. Zum einen leistet die Polizei im Rahmen der Befugnisse und Zuständigkeiten der Führungsaufsichtsstelle bereits Amts- und/oder Vollzugshilfe, zum anderen hat sie die gesetzliche Pflicht zur Abwehr konkreter Gefahren im Einzelfall einzuschreiten. Sie stellt damit ein wichtiges Glied zum Schutz der Gesellschaft dar. Auch nimmt der Täter in der Regel die Bedrohung und Überwachung durch die Polizei intensiver wahr als beispielsweise durch einen Sozialarbeiter. Die verurteilte Person ist bereits mit dem Gesetz in Konflikt geraten und musste innerhalb dieser Zeit erfahren, dass die Polizei nicht ihr Freund und Helfer war, sondern diese in den meisten Fällen einen Beitrag zur Festnahme sowie zur Sicherung und Ermittlung von Beweisen leistete.

Durch die Errichtung der Konzepte will man im Hinblick auf die Rolle der Polizei die linienförmige Struktur durchbrechen. Nach Entlassung aus der Haft bzw. der Unterbringung darf der Täter nicht mehr in die Anonymität flüchten können, sondern muss wieder unter Beobachtung und Kontrolle durch die Polizei stehen. Die Zusammenarbeit der Stellen hat kreisförmig abzulaufen, damit nach der Entlassung der verurteilten Person wieder die Polizei zum Einsatz gelangt. Durch gezielte Maßnahmen, wie z.B. der Gefährderansprache[1684], will man dem Betroffenen das Gefühl vermitteln, er stünde unter Beobachtung, darüber hinaus soll es ihm als Warnung dienen, keine erneuten Straftaten zu begehen. Zwar werden in den länderspezifischen Gesetzen bereits einige Befugnisse[1685] der Polizei an die Hand gegeben, jedoch bedarf es einer umfangreicheren Ausformulierung, vor allem hinsichtlich der Zusammenarbeit der Polizei mit

1682 Kasecker, Überwachung rückfallgefährdeter Sexualstraftäter, S. 20; Raab, der Kriminalist 1/2009, S. 1 (1).

1683 Raab, der Kriminalist 1/2009, S. 1 (1).

1684 Ausführlich hierzu unten S. 375 ff.

1685 So z.B. für Bayern Identitätsfeststellung nach Art. 13 BayPAG, Erkennungsdienstliche Maßnahmen gem. Art. 14 BayPAG, Platzverweis nach Art. 16 BayPAG, Durchsuchung von Personen und Sachen, Art. 21 f. BayPAG, Wohnungsdurchsuchung, Art. 23 BayPAG, etc.

den anderen beteiligten Institutionen sowie der Information anderer Stellen über die Ergebnisse der polizeilichen Arbeit.[1686]

Insgesamt, und dies zeigt deutlich die Entstehungsgeschichte einiger Konzepte[1687], muss hinsichtlich des Datenaustausches und Informationsflusses der Wirkungskreise untereinander ein Ausbau sowie eine Verbesserung erfolgen. Dies ermöglicht ein schnelleres Erkennen von Bedrohungen, welchen somit zeitnah entgegen gewirkt werden kann. Somit reduziert sich die Gefahr der Begehung einer Rückfalltat, wodurch wiederum ein Beitrag zum Schutz der Allgemeinheit gewährleistet wird. Voraussetzung hierfür ist aber eine gemeinsame Vorgehensweise und eine Vernetzung der beteiligten Stellen. Die Regelungen hierzu können aufgrund ihres Umfangs nicht im Detail weder in der Strafgesetzgebung noch in der Strafprozessordnung normiert werden. Folglich ist eine Niederschrift dieser Ausformungen in den Konzepten unerlässlich.[1688]

Nur hierdurch kann eine nachhaltige Präventivarbeit gewährleistet werden. Es bedarf somit der Errichtung derartiger Konzeptionen.

cc) Genereller Bedarf an Überwachung

Schließlich besteht auch eine generelle Notwendigkeit der Überwachung bestimmter rückfallgefährdeter Täter, welcher der Einführung der Projekte u.a. zu Grunde liegt.

Die Unerlässlichkeit der Kontrolle dieser Personen dokumentierte man bereits in dem Gesetz zur Reform der Führungsaufsicht und zur Änderung der Vorschriften über die nachträgliche Sicherungsverwahrung vom 13. April 2007, in dem die Einführung eines Kriseninterventariums ausdrückliche Erwähnung fand. Mit dessen Hilfe will man kritische Entwicklungen der Verurteilten frühzeitig erkennen und dadurch diesem Umstand besser und vor allem rechtzeitig begegnen.[1689] Damit konstatiert man einen generellen Bedarf an Überwachung dieser Personen. Dieser wird auch durch die bundesweit unterschiedlich ausgestalteten Projekte zum größten Teil gedeckt, da diese, wie gezeigt[1690], vor allem die Überwachung der Täter zum Inhalt haben.

Auch aus Sicht der Präventionslage sind die Konzepte als notwendig zu erachten.

1686 So auch Kasecker, Überwachung rückfallgefährdeter Sexualstraftäter, S. 22.

1687 Beispielsweise Bayern (S. 252) oder Brandenburg (S. 265).

1688 Zu der Frage der Rechtmäßigkeit der Projekte als Ergänzung bundesrechtlicher Regelungen vgl. unten.

1689 BT-Drs. 16/1993, S. 1; vgl. insgesamt hierzu Kasecker, Überwachung rückfallgefährdeter Sexualstraftäter, S. 75 f.

1690 Vgl. die Zielsetzung der jeweiligen Konzepte: S. 246, 254, 260, 265, 271, 277, 282, 289, 294, 301, 307, 313, 320, 325, 330, 335.

c) Beurteilung der Konzepte

Um die eingangs formulierte Frage, ob derartige Konzeptionen sinnvoll seien, vollständig zu beantworten, bedarf es abschließend noch deren Beurteilung.

aa) Feststellung ausgewählter Gemeinsamkeiten und Unterschiede

Zunächst sollen hierbei ausgewählte Gemeinsamkeiten und Unterschiede der Projekte aufgezeigt werden.

Die einzelnen Projekte verfolgen denselben, wenn auch innerhalb der Konzeption unterschiedlich formulierten Zweck. Alle Konzepte haben den Schutz der Allgemeinheit vor der Begehung weiterer, meist einschlägiger Straftaten zum Ziel. Zweck ist es insbesondere durch die Überwachung und Kontrolle der Probanden das Rückfallrisiko weitestgehend zu reduzieren. Sie weisen dementsprechend ausschließlich präventiven Charakter auf.

Auch der Aufbau der Konzeptionen ähnelt sich zum größten Teil sehr. Zu meist werden Angaben zur Entwicklung, Ziel und Zweck, der Zielgruppe, der Kategorisierung, dem Verfahrensablauf inklusive der jeweiligen Aufgaben der beteiligten Stellen sowie Details zur Datenspeicherung gemacht.[1691] Die inhaltliche Ausgestaltung dieser Oberpunkte erfolgt zum Teil jedoch sehr unterschiedlich.

Ein erhebliches Unterscheidungskriterium zwischen den Projekten stellen die jeweiligen Zielgruppen dar, die sich durch eine deliktsbezogene Typisierung voneinander abheben. Alle Konzepte umfassen zwar grundsätzlich Sexualstraftäter, jedoch erfolgt in jedem Bundesland eine eigene diesbezügliche Definition. Während die Projekte von Brandenburg[1692] oder Niedersachsen[1693] beispielsweise auch Vollrauschtaten mit sexuellem Hintergrund für die Aufnahme in das jeweilige Konzept genügen lassen, wird diese Tätergruppe beispielsweise in Bayern[1694] nicht aufgeführt. In einigen Konzeptionen werden von der Zielgruppe auch Personen erfasst, bei denen sich während der Bewährungszeit eine negative Entwicklung abzeichnet, so dass von ihnen die Gefahr der Begehung erheblicher Sexualstraftaten ausgeht (z.B. Bayern[1695], Hessen[1696], Schleswig-Holstein[1697]). Auch aus dem Maßregelvollzug Entlassene sind in einigen Projekten, wie bei-

1691 Siehe dazu das jeweilige Konzeptpapier.
1692 Vgl. S. 266.
1693 Siehe S. 295.
1694 Siehe S. 255.
1695 Vgl. S. 255.
1696 Dazu S. 283.
1697 Siehe S. 330.

spielsweise in Bayern[1698] oder Brandenburg[1699], Adressaten der Konzeption. Andere Konzepte unterstellen die Gruppe der Vollverbüßer grundsätzlich der Zielgruppe (z.B. Bayern[1700], Brandenburg[1701] oder Schleswig-Holstein[1702]). Hauptunterschied hinsichtlich des Klientels ist allerdings die meist nicht vorhandene Erweiterung auch auf Gewaltstraftäter. Die hamburgische „Täterorientierte Prävention" unterscheidet sich hinsichtlich dieses Merkmals erheblich von den anderen Konzepten. Wie bereits gezeigt[1703], findet hierbei keine Reduzierung der Probanden auf Gewalttäter mit sexuellem Hintergrund statt. Alle aus der Haft entlassenen Gewalt- und Sexualstraftäter, die ein herausragendes Gefahrenpotential aufweisen, können zu Probanden erklärt werden. Dies bedeutet zwar einen erheblichen Mehraufwand bei der Begutachtung der aus der Haft zu entlassenen Täter und beträchtliche Mehrkosten, aber auch einen besseren Schutz für die Allgemeinheit. Nicht nur aufgrund eines Sexualdelikts in Erscheinung getretene Täter stellen ein Risiko für die Bevölkerung dar. Auch Gewalttäter ohne sexuellen Hintergrund können in ihrer Persönlichkeit eine zu beachtende Rückfallgefahr innehaben. Daher ist zu überlegen, ob nicht alle Konzeptionen ihre Zielgruppe auch auf Gewalttäter ohne sexuellen Hintergrund ausdehnen sollen.[1704] Das Konzept „VISIER.rlp" aus Rheinland-Pfalz[1705] hat gegenüber den anderen Konzepten den weitesten Anwendungsbereich der Zielgruppe. Neben den Sexualstraftäter gehören auch Täter von anderen schwerwiegend, rechtswidrigen Taten zum Klientel. Dies erscheint aber in Anbetracht der geringen Personenkapazität, dem Aufwand und der Tatsache, dass kein genereller Überwachungsbedarf bei Tätern von schwerwiegend, rechtswidrigen Delikten besteht, zu weitgehend.

Ferner unterscheiden sich die Konzeptionen hinsichtlich der Wahl der Entscheidungsträger. Diese haben darüber zu bestimmen, ob der Straftäter der Zielgruppe angehört, d.h. ob er als Risikoproband einzustufen ist und damit in die jeweilige Konzeption aufgenommen wird.[1706] Als Entscheidungsträger werden die Vollstreckungsbehörde, die Führungsaufsichtsstelle oder die Vollzugsbehörde genannt. Beispielsweise entscheidet bei dem Konzept zum Umgang mit besonders rückfallgefährdeten Sexualstraftätern (KURS) in Baden-Württemberg

1698 Vgl. S. 255.
1699 Siehe S. 266.
1700 Vgl. S. 255.
1701 Siehe S. 266.
1702 Vgl. S. 330.
1703 Siehe S. 277.
1704 Vgl. S. 394.
1705 Siehe S. 308.
1706 Zu einem Optimierungsvorschlag siehe unten S. 394.

nach 4.3.1 VwV KURS der Führungsaufsichtsstellenleiter, ob der Täter als Risikoproband einzustufen ist.[1707] Im Gegensatz dazu trifft die Staatsanwaltschaft in Sachsen[1708] die Entscheidung über die Kategorisierung als Risikoproband und in Niedersachsen[1709] die Vollzugsbehörde. Zwar ergehen im Vorfeld Stellungnahmen der beteiligten Stellen und es werden Gutachten erstellt, so dass die Entscheidung nicht nur isoliert auf eine Stelle zurückzuführen ist, jedoch muss diese die letztliche Wahl treffen. Der Einheitlichkeit geschuldet, sollte diese in jedem Projekt von der gleichen Stelle ausgehen. Dabei ist darauf zu achten, dass der Entscheidungsträger sehr erfahren ist, um einzuschätzen zu können, ob ein gefährlicher, rückfallgefährdeter Straftäter vorliegt.[1710]

Aber nicht nur hinsichtlich der grundsätzlichen Entscheidung, ob eine Aufnahme in das Projekt erfolgt, unterscheiden sich in den Bundesländern die Kompetenzen, sondern auch bezüglich der Kategorisierung. Differenzen bestehen hierbei in der Tatsache, dass einige Bundesländer überhaupt keine Einstufung vornehmen, wie beispielsweise Sachsen[1711] oder Sachsen-Anhalt[1712], andere wiederum anhand von Gefährlichkeitsstufen (z.B. Bayern[1713], Hessen[1714] oder Nordrhein-Westfalen[1715]) unterscheiden und Rheinland-Pfalz[1716] nach der Notwendigkeit des Informationsflusses einteilt. Aber auch innerhalb einer bestehenden Kategorisierung existieren hinsichtlich der Kompetenz hierfür Unterschiede. Beispielsweise sehen die Konzepte der Länder Bayern[1717] oder Hessen[1718] eine Einstufung des Probanden durch die polizeiliche Zentralstelle vor, während z.B. in Bremen[1719] und Niedersachsen[1720] der Strafvollzug und wiederum in Schleswig-Holstein[1721] beispielsweise die Vollstreckungsbehörde diese Entscheidung trifft.

1707 Siehe S. 248.
1708 Vgl. S. 321.
1709 Siehe S. 296.
1710 Näher dazu unten S. 394.
1711 In den gesamten Ausführungen findet sich keine diesbezügliche Einteilung, vgl. S. 319 ff.
1712 Vgl. S. 325 ff. Im Projekt wird keine Differenzierung vorgenommen.
1713 Siehe S. 255.
1714 Vgl. S. 283.
1715 Siehe S. 302.
1716 Vgl. S. 308.
1717 Siehe S. 256.
1718 Vgl. S. 284.
1719 Siehe S. 274.
1720 Vgl. S. 275.
1721 Siehe S. 331.

Schließlich soll noch die Unterschiedlichkeit bezüglich der Gestaltung von sog. Runden Tischen bzw. Fallkonferenzen aufgezeigt werden. In den meisten Konzeptionen[1722] lassen sich diesbezügliche Maßnahmen vorfinden, deren Zweck es ist, die Kommunikation zwischen den beteiligten Stellen zu optimieren, auch um Absprachen besser zu treffen. Sachsen-Anhalt und Schleswig-Holstein sehen im Gegensatz dazu beispielsweise dieses Mittel in ihrem Konzept nicht vor.

An dieser Stelle wird noch auf eine Besonderheit hingewiesen. Gegenüber anderen Konzeptionen weist das Projekt von Sachsen einen Sonderfall auf.[1723] In zahlreichen Konzepten wurde bei dem Landeskriminalamt eine polizeiliche Zentralstelle eingerichtet, die in der Regel strategische und koordinierende Aufgaben in der Regel zu erfüllen hat. Neben der Einrichtung einer Zentralstelle ISIS bei der Generalstaatsanwaltschaft richtete die sächsischen Konzeption auch eine Operative Stelle ISIS bei dem Landeskriminalamt ein, wobei die Zentralstelle ISIS in Absprache mit der Operativen Stelle ISIS die Entscheidung über die Aufnahme des Verurteilten in die Maßnahme trifft.[1724]

bb) Rechtmäßigkeit der Projekte als Ergänzung bundesrechtlicher Regelungen

Im Folgenden soll untersucht werden, ob die Projekte der Bundesländer eine rechtmäßige Ergänzung zu den bundesrechtlichen Regelungen der Führungsaufsicht darstellen.

Die einzelnen Konzepte ergänzen die Überwachung und Kontrolle der verurteilten Person, die im Rahmen der Führungsaufsicht zu erfolgen hat. Zwar werden die Institution nicht als solche, noch ihre Aufgaben und Zuständigkeiten berührt, jedoch weitet sich die Mitwirkung der Polizei durch dieses Projekte weit über den ihr nach § 463a Abs. 2 StPO erteilten Bereich aus. Fraglich ist daher, ob die einzelnen Bundesländer jeweils eigenständig eine derartige Ausweitung der Konzeption der Führungsaufsicht vornehmen dürfen.[1725]

Für diese Ansicht spricht auch die Tatsache, dass das Bundesverfassungsgericht wiederholt Modifikationen im Bereich des Strafrechts durch den Landesgesetzgeber verworfen hat. Als Beispiel dient hier beispielsweise das bayerische Gesetz zur Unterbringung von besonders rückfallgefährdeten hochgefährlichen Straftätern vom 21.12.2001, welches das Bundesverfassungsgericht als kompe-

1722 Bayern (S. 257), Brandenburg (S. 268), Bremen (S. 274), Hamburg (S. 279), Hessen (S. 285), Niedersachsen (S. 298), Nordrhein-Westfalen (S. 305), Saarland (S. 316), Sachsen (S. 321).

1723 Siehe dazu bereits oben S. 322.

1724 Kasecker, Überwachung rückfallgefährdeter Sexualstraftäter, S. 65 f., 79.

1725 Vgl. zu der Vereinbarkeit von HEADS mit der Führungsaufsicht Popp, Die Haftentlassenenauskunftsdatei Sexualstraftäter, S. 103 ff.

tenzwidrige Ergänzung zu bundesrechtlichen Regelungen zur Sicherungsverwahrung für mit dem Grundgesetz unvereinbar erklärte.[1726]

(1) Kompetenzwidrige Ergänzung der bundesrechtlichen Regelungen

Zu überprüfen ist daher, ob die eingangs genannten Projekte demzufolge vom Bundesverfassungsgericht auch als kompetenzwidrige Ergänzung der bundesrechtlichen Regelungen verworfen werden müssten.

Dies richtet sich nach der Gesetzgebungskompetenz. Grundsätzlich weist Art. 30 GG den Ländern die Ausübung staatlicher Gewalt zu, soweit nichts anderes bestimmt wurde. Art. 70 Abs. 1 GG unterstützt diese Regelung und lässt die Gesetzgebungskompetenz den Ländern zukommen, soweit das Grundgesetz selbst nicht dem Bund die Kompetenz hierfür überträgt. Art. 71 bis 75 GG beinhalten die Gesetzgebungszuständigkeiten von Bund und Ländern. Der Katalog der ausschließlichen Bundeskompetenz, Art. 71 und Art. 73 GG, umfasst den Bereich des Strafrechts nicht. Dagegen wird dieser Gegenstand gem. Art. 74 Abs. 1 Nr. 1 GG der konkurrierenden Gesetzgebung zugeordnet. Dies bedeutet, dass diese Materie der Gesetzgebungsbefugnis der Länder untersteht, allerdings nur solange und soweit der Bund von dieser Kompetenz keinen Gebrauch gemacht hat, Art. 72 Abs. 1 GG.[1727] Strittig ist, ob die Projekte, die eine präventive Maßnahme nach einer Begehung einer Strafe und der damit zusammenhängenden Verbüßung der Strafe darstellen, in den Bereich des Strafrechts fallen. Nach der Entscheidung des Bundesverfassungsgerichts bezüglich der Frage nach der Verfassungsmäßigkeit des oben genannten bayerischen Gesetzes zur Unterbringung von besonders rückfallgefährdeten hochgefährlichen Straftätern, gehört „die Regelung aller, auch nachträglicher, repressiver oder präventiver staatlicher Reaktionen auf Straftaten (...), die an die Straftat anknüpfen, ausschließlich für Straftäter gelten und ihre sachliche Rechtfertigung auch aus der Anlasstat beziehen"[1728] zum Strafrecht und fällt damit in den Bereich der konkurrierenden Gesetzgebung. Dies treffe auch für die Maßnahmen nach §§ 61 ff. StGB zu, so dass ihre auf Bundesebene erfolgte Regelung bereits ausreicht, damit eine Sperrwirkung für Ländergesetze eintritt. Landesgesetzliche Ergänzungen, Erweiterungen oder Korrekturen sind somit unzulässig.[1729]

1726 BVerfGE 109, S. 190 ff.

1727 Epping/Hillgruber-[Seiler], BeckOK GG, Art. 72 GG Rn. 3; Hömig-[Schnapauff], GG, Art. 72 GG Rn. 2; Maunz/Dürig-[Maunz], GG, Art. 72 GG Rn. 3.

1728 BVerfGE 109, S. 190 (212).

1729 Zu diesem Ergebnis gelangt auch Popp, Die Haftentlassenenauskunftsdatei Sexualstraftäter, S. 104.

Klärungsbedürftig ist, ob dies im Umkehrschluss auch bedeutet, dass oben genannte Projekte der Bundesländer unzulässig sind. Die Konzepte und die einzelnen aufgrund der Konzeptionen getroffenen Maßnahmen stellen zwar staatliche Reaktionen auf Straftaten dar, die an die Begehung einer Straftat anknüpfen, ausschließlich für Straftäter gelten und ihre sachliche Rechtfertigung auch aus der Anlasstat beziehen, dennoch handelt es sich nur um eine Maßnahme, die dem Bereich des Strafrechts im Sinne des Art. 74 Abs. 1 Nr. 1 GG angehört. Die bundesrechtlichen Vorschriften der Führungsaufsicht bleiben völlig unberührt, so dass keine Abänderung der Vorschriften erfolgt.[1730] Von diesem Gesichtspunkt betrachtet, wären die Projekte der Bundesländer schon allein nicht Gegenstand der konkurrierenden Gesetzgebung. Folglich verwürfe das Bundesverfassungsgericht diese auch nicht als kompetenzwidrig.

Noch eindeutiger fällt das Urteil hierüber aus, wenn man die Grundlage betrachtet, auf denen die Konzepte basieren. Bei keinem der Konzeptionen handelt es sich um ein Gesetz.

Unter einem Gesetz ist die staatliche Anordnung, die von den für die Gesetzgebung zuständigen Organen, in dem von der Verfassung hierfür vorgesehenen Verfahren in der hierfür vorgesehenen Form erlassen wird, zu verstehen.[1731] Die Projekte basieren in der Regel auf gemeinsamen Verwaltungsvorschriften, gemeinsamen Runderlassen, einer gemeinsamen Allgemeinverfügung oder auf einem Konzept, das von Arbeitsgruppen erarbeitet wurde. Diese sind aber keine Gesetze. Folglich können die Projekte nicht Gegenstand eines föderalen Kompetenzkonflikts sein.

(2) Ergebnis

Zusammenfassend stellen die Konzepte der einzelnen Projekte keine verfassungswidrige Ergänzung zu den bundesgesetzlichen Regelungen zur Führungsaufsicht dar. Die Projekte sind, von diesem Gesichtspunkt betrachtet, rechtmäßig.

cc) Rechtmäßigkeit ausgewählter polizeilicher Regelmaßnahmen

Die Konzepte der einzelnen Bundesländer, sind wie oben bereits gezeigt, sehr unterschiedlich ausgestaltet. Es würde zu weit führen, jede einzelne Maßnahme aller Konzeptionen auf deren Rechtmäßigkeit hin zu überprüfen. Daher beschränkt sich die Prüfung im Rahmen dieser Arbeit auf ausgewählte polizeiliche Regelmaßnahmen. In diesem Fall wären das die Gefährderansprache[1732] und die

---

1730 Vgl. Popp, Die Haftentlassenenauskunftsdatei Sexualstraftäter, S. 104.

1731 Degenhart, Staatsrecht I, Rn. 139; Schwacke/Schmidt, Staatsrecht, Rn. 330.

1732 Siehe sogleich S. 375 ff.

Gefährdetenansprache[1733]. Diese sorgen im Bereich der Überwachung des Betroffenen für Aufruhr in der medialen Berichterstattung und gelten als die Rechte der verurteilten Person besonders verletzende Maßnahmen.[1734] Ob dies der Fall ist, wird im Folgenden näher untersucht.

(1) Gefährderansprache

Die Gefährderansprache zählt – jedenfalls unter dieser Bezeichnung – eher noch zu den neueren polizeilichen Instrumenten und wird wohl in Fachkreisen noch aus anderen Bereichen bekannt sein. Bislang fand sie wiederholt Anwendung bei konfliktträchtigen Großveranstaltungen im Bereich des Sports oder aber auch des Versammlungsrechts. Im konkreten Fall sprechen hierbei Polizeibeamte potentielle Störer an und ermahnen diese, Störungen der öffentlichen Sicherheit und Ordnung zu unterlassen. Hintergrund hierfür ist, dass durch die Ansprache die Person das Gefühl der Beobachtung und Kontrolle erlangt und dadurch gehemmt wird, Straftaten zu begehen.[1735] Neuerdings werden Gefährderansprachen vor allem mit der Einführung der Konzepte in Verbindung gebracht. In vielen Konzeptionen[1736] ist die Möglichkeit dieser Maßnahme vorgesehen. Zum einen soll hierbei der oben beschriebene Effekt der Verhinderung der Begehung von Straftaten eintreten, zum anderen nutzen viele Projekte diese Vorkehrung um mehr Informationen über den Probanden hinsichtlich seiner aktuellen Wohn- und Lebenssituation, insbesondere seines sozialen Umfelds zu erhalten. Diese Kenntniserlangung hat eine bessere Abstimmung des weiteren Vorgehens, speziell die Anpassung der Maßnahmen, zur Folge.[1737]

(a) Rechtmäßigkeit der Gefährderansprache

Zu klären gilt es jedoch, ob die Anordnung der Durchführung einer Gefährderansprache überhaupt rechtmäßig ist, oder ob sie gegen Grundrechte des Be-

---

1733 Dazu unten S. 382 ff.

1734 Nimtz, Kriminalistik 2008, S. 341 (341 f.); allgemein zur Gefährderansprache Hülsbeck, der Kriminalist 2008, S. 442 (442).

1735 Siehe dazu Bohrer, Kieler Sicherheitskonzept Sexualstraftäter, S. 51; Popp, Die Haftentlassenenauskunftsdatei Sexualstraftäter, S. 94; allgemein zur Gefährderansprache Hebeler, NVwZ 2011, S. 1364 ff.; Schmidbauer/Steiner-[Schmidbauer], PAG, Rn. 20a ff.

1736 Folgende Konzeptionen sehen ausdrücklich die Gefährderansprache als Maßnahme vor Baden-Württemberg (S. 250), Bayern (S. 257), Berlin (S. 261), Brandenburg (S. 268), Bremen (S. 274), Hamburg (S. 279), Hessen (S. 285), Niedersachsen (S. 298), Nordrhein-Westfalen (S. 305), Sachsen (S. 322), Thüringen (S. 336).

1737 Nimtz, Kriminalistik 2008, S. 341 (341); Singelnstein, Polizeiliche Auskunftsdateien, S. 175 (183).

troffenen verstößt. Dies wäre der Fall, wenn die Maßnahme einem nicht zu rechtfertigenden Eingriff in ein Grundrecht des Betroffenen entspricht.

Zunächst ist daher zu prüfen, ob die Gefährderansprache überhaupt einen Eingriff verkörpert, bevor geklärt wird, welches Grundrecht beeinträchtigt sein könnte.

Nach dem klassischen Eingriffsbegriffs liegt ein derartiger vor, wenn das Handeln des Staates final und unmittelbar ist, sowie ein Rechtsakt mit rechtlicher und nicht bloß tatsächlicher Wirkung darstellt, der mit Befehl und Zwang angeordnet bzw. durchgesetzt werden kann.[1738]

Die Gefährderansprache innerhalb der Projekte sind Präventivmaßnahmen, die die Begehung von Straftaten vermeiden sollen. Zu prüfen ist daher, ob eine derartige Vorkehrung überhaupt einem Eingriff in ein Recht des Betroffenen gleichkommt. Diesbezüglich existieren unterschiedliche Meinungen[1739].

Es wäre denkbar, dass die Gefährderansprache lediglich die Qualität eines Informationsgespräches hat, wodurch hierbei kein Grundrecht beeinträchtigt wird.[1740]

Demgegenüber stellen Vertreter einer anderen Ansicht auf die Zielrichtung der Maßnahme ab, die in der Einwirkung auf die Willensbetätigung, nämlich in der Abschreckung, bestehe. Der Charakter dieser Vorkehrung beeinflusse den Betroffenen im Einzelfall in seiner Entscheidungsfreiheit so erheblich, dass die Anordnung als Eingriff zu werten ist.[1741]

1738 Degenhart, Staatsrecht I, Rn. 298; Eckhoff, Grundrechtseingriff, S. 175 ff.; Epping, Grundrechte, Rn. 378; Hufen, Staatsrecht II, Rn. 5; Ipsen, Staatsrecht II, Rn. 143; Pieroth/Schlink, Grundrechte, Rn. 251; Sachs, Verfassungsrecht II, Rn. 6; Scheidler, Jura 2012, S. 256 (260); Schroeder, Grundrechte, Rn. 123.

1739 Exemplarisch für viele OVG Lüneburg, NordÖR 12/2005, S. 536 (538); Arzt, Die Polizei 5/2006, S. 156 (157 f.); Bohrer, Kieler Sicherheitskonzept Sexualstraftäter, S. 51 f.; Breucker, NJW 2006, S. 1233 (1236); Hebeler, NVwZ 2011, S. 1364 (1365). Lisken/Denninger-[Rachor], Handbuch des Polizeirechts, Teil. E Rn. 757; Popp, Die Haftentlassenenauskunftsdatei Sexualstraftäter, S. 94 f.; Schmidbauer/Steiner-[Schmidbauer], PAG, Art. 11 PAG Rn. 216; Singelnstein, Polizeiliche Auskunftsdateien, S. 175 (183 f.); Waechter, VerwArchiv Bd. 92, S. 368 (373 f.).

1740 Breucker, NJW 2006, S. 1233 (1236); ohne weitere Nachweise stellt Bohrer, Kieler Sicherheitskonzept Sexualstraftäter, S. 51 fest, dass gelegentlich für einen reinen Informationscharakter der Führungsaufsicht argumentiert werde; a.A. Hebeler, NVwZ 2011, S. 1364 (1365).

1741 OVG Lüneburg, NordÖR 12/2005, S. 536 (538); Arzt, Die Polizei 5/2006, S. 156 (157 f.); Bohrer, Kieler Sicherheitskonzept Sexualstraftäter, S. 51 f. Zweifelhaft zur Eingriffsqualität Berner/Köhler/Käß, PAG, Vorbe. Art. 2 PAG Rn. 4, Art. 11 PAG Rn. 19.

Daneben vertritt man noch die Meinung, wonach die Beantwortung dieser Frage nicht pauschal ergehen könne. Bei der Beurteilung, ob die Maßnahme einen Eingriff darstelle, müsse der genaue Inhalt der dem Betroffenen gegenüber getätigten Äußerung analysiert werden. Demnach tangierten behördliche Empfehlungen und Ratschläge, bestimmte Handlungen zu tun bzw. zu unterlassen, regelmäßig nicht die Rechte des Betroffenen, zumal im Regelfall in diesem Gespräch nur die Beachtung der erteilten Weisung sowie das Unterlassen von strafbaren Handlungen zum Inhalt gemacht werde. Werde jedoch diese Grenze überschritten und die Äußerung nehme herabsetzende Wirkung gegenüber den Betroffenen selbst oder dessen Umfeld an, so könne diese stigmatisierende Wirkung zu einer Qualifikation der Äußerung zu einem Grundrechtseingriff führen.[1742]

Keine Theorie verdient vollumfänglich Zustimmung. Zwar ist der letztgenannten Auffassung, derzufolge der Inhalt der Unterredung ausschlaggebendes Kriterium für die Einstufung der Eingriffsqualität sei, beizupflichten, jedoch ist die Grenze bereits früher zu ziehen. Stellt die Gefährderansprache dem Betroffenen gegenüber lediglich eine neutrale Erklärung dar, die nur seine erteilten Weisungen und das Unterstehen unter dem Projekt bzw. gegebenenfalls der Führungsaufsicht beinhaltet, so nimmt das Gespräch Informations- und Aufklärungsqualität an, welche die Grundrechte des Betroffenen an sich nicht tangiert. In der Praxis wird diese Grenze in der Regel wohl überschritten werden. Der Sinn dieser Ansprachen liegt gerade darin, dem Betroffenen vor Augen zu führen, dass er unter ständiger Beobachtung und Kontrolle steht und man von seinen besonderen Umständen weiß, um ihn so von weiteren Straftaten abzuhalten. Ihm soll verdeutlicht werden, dass im Fall einer Zuwiderhandlung eine Sanktionierung mit absoluter Konsequenz stattfindet. Auf den Betroffenen soll ein gewisser Kontrolldruck einwirken, der seine Entscheidungsfreiheit beeinträchtigt und im Idealfall vor der Begehung weiterer Straftaten abhält. Würdigt man den Verurteilten aufgrund seines bisherigen Lebenslaufs und seiner besonderen Umstände herab oder findet die Gefährderansprache in Gegenwart anderer Personen

1742 Popp, Die Haftentlassenenauskunftsdatei Sexualstraftäter, S. 94 f. Ähnlich Singelnstein, Polizeiliche Auskunftsdateien, S. 175 (183 f.), der auf Nimtz, Kriminalistik 2008, S. 341 ff. und Waechter, VerwArchiv Bd. 92, S. 368 (373 f.) Bezug nimmt. A.A. Schmidbauer/Steiner-[Schmidbauer], PAG, Art. 11 PAG Rn. 216, der den Eingriffscharakter bejaht, wenn die Polizei ein bestimmtes Tun oder Unterlassen fordert. Demgegenüber ist Lisken/Denninger-[Rachor], Handbuch des Polizeirechts, der Meinung, dass ein Eingriff vorliegt, wenn die Polizei „mit der Gefährderansprache zum Ausdruck bringt, dass sie den Adressaten für einen potentiellen Rechtsbrecher hält“, da dies ein sozialethisches Unwert darstellt (Teil E Rn. 757). Im Übrigen wären die konkreten Umstände maßgeblich (Teil E Rn. 757).

statt, geschieht dies also der Form nach als Anprangerung, so ist dies regelmäßig als Eingriff zu werten. Im Übrigen gehen Vertreter des modernen Eingriffsbegriffes, der bei der Frage nach einer Grundrechtsbeeinträchtigung insbesondere auf den Empfängerhorizont abstellt, nahezu immer von einem Eingriff aus, es sei denn, das Gespräch dient der Er- und Aufklärung im engeren Sinne oder der Betroffene hat der Maßnahme ausdrücklich zugestimmt und somit auf seine Grundrechte verzichtet.[1743]

Zusammenfassend ist somit festzuhalten, dass in den meisten Fällen einer Gefährderansprache ein Eingriff in die Grundrechte der betroffenen Person stattfindet.

Zu klären bleibt, welche Grundrechte das tangiert.

In Betracht kommt zunächst eine Beeinträchtigung des allgemeinen Persönlichkeitsrechts, Art. 2 Abs. 1 iVm. Art. 1 Abs. 1 GG. Das allgemeine Persönlichkeitsrecht umfasst die Ausformungen des Rechts der Selbstbestimmung, der Selbstbewahrung und der Selbstdarstellung.[1744] Durch die Gefährderansprache könnte das allgemeine Persönlichkeitsrecht in der Ausformung des Rechts der Selbstdarstellung beeinträchtigt werden. Das Recht der Selbstdarstellung gibt jedem Individuum das Recht sich gegen herabsetzende, verfälschende, entstellende und unerbetene Darstellungen seiner Person wehren zu dürfen und zu können.[1745] Erfolgt während der Ansprache eine unmittelbare Herabsetzung der betroffenen Person durch den Polizeibeamten selbst oder geschieht dies mittelbar durch die Beobachtung derartiger polizeilicher Besuche in seinem näheren Umfeld,[1746] oder wird in der Ansprache durch einen Hinweis auf die bekannte Straffälligkeit ein sozialethisches Unwerturteil erkennbar,[1747] so liegt eine Verletzung des allgemeinen Persönlichkeitsrechts aus Art. 2 Abs. 1 iVm. Art. 1

1743 Hierzu Bohrer, Kieler Sicherheitskonzept Sexualstraftäter, S. 52. Nach klassischem Grundrechtsverständnis werden die Grundrechte als Abwehrrechte gegen den Staat verstanden und somit als subjektive Freiheitsrechte, so dass ein Verzicht auf diese problemlos möglich ist. Danach stellt der Verzicht gerade einen Akt der Freiheitsausübung dar. Zum klassischen Grundrechtsverständnis Dürig, AÖR 1956, S. 117 (152); Merten, FS Schmitt Glaeser, S. 53 (60). A.A. Sturm, FS Geiger, S. 173 (192 ff.), der in den Grundrechten auch eine objektive Wertentscheidung sieht, über die der Bürger nicht disponieren und damit nicht auf seine Grundrechte verzichten kann. Zum Ganzen siehe auch Pieroth/Schlink, Grundrechte, Rn. 150 ff.

1744 Berning, Kriminalistik 8-9/2007, S. 579 (580); Brenneisen, Menschenwürde und Allgemeines Persönlichkeitsrecht, S. 9 (11); Katz, Staatsrecht, Rn. 676a; Martini, JA 2009, S. 839 (840); Pieroth/Schlink, Grundrechte, Rn. 391.

1745 Katz, Staatsrecht, Rn. 676b; Martini, JA 2009, S. 839 (841); Pieroth/Schlink, Grundrechte, Rn. 397.

1746 Popp, Die Haftentlassenenauskunftsdatei Sexualstraftäter, S. 94.

1747 Bohrer, Kieler Sicherheitskonzept Sexualstraftäter, S. 53.

Abs. 1 GG vor. Im Einzelfall kann sogar durch Anprangerung des Betroffenen eine Beeinträchtigung des Rechts der persönlichen Ehre in Betracht kommen, das von dem Schutz des Rechts der Selbstdarstellung umfasst wird.[1748]

Auch könnte durch die Gefährderansprache das Recht der allgemeinen Handlungsfreiheit aus Art. 2 Abs. 1 GG beeinträchtigt werden. Dieses schützt jegliches menschliches Verhalten.[1749] Allerdings stellt die allgemeine Handlungsfreiheit ein Auffanggrundrecht gegenüber spezielleren Grundrechten dar, welches dann hinter dieses zurücktritt, wenn der Schutzbereich des spezielleren Grundrechts eröffnet ist. Die allgemeine Handlungsfreiheit findet nur subsidiäre Anwendung.[1750] Da im Regelfall bereits der Schutzbereich des allgemeinen Persönlichkeitsrechts eröffnet ist, bedarf es keines Rückgriffs auf dieses Grundrecht.

Somit ist als Zwischenergebnis festzuhalten, dass die Gefährderansprache regelmäßig einen Eingriff in das allgemeine Persönlichkeitsrecht aus Art. 2 Abs. 1 iVm. Art. 1 Abs. 1 GG darstellt.

(b) Verfassungsrechtliche Rechtfertigung

Im Folgenden ist zu prüfen, ob der Eingriff in das beeinträchtigte Grundrecht verfassungsrechtlich gerechtfertigt werden kann.

Hierzu muss zunächst untersucht werden, welche Schranken dem Grundrechtsgebrauch gezogen werden. Für das allgemeine Persönlichkeitsrecht gelten die Schranken des Art. 2 Abs. 1 GG, so dass die verfassungsmäßige Ordnung eine Schranke dieses Grundrechts darstellt.[1751] Unter dem Begriff verfassungs-

---

1748 BVerfGE 54, S. 208 (217); Bohrer, Kieler Sicherheitskonzept Sexualstraftäter, S. 53; Martini, JA 2009, S. 839 (841); Maunz/Dürig-[Di Fabio], GG, Art. 2 GG Rn. 170.

1749 BVerfGE 54, S. 143 (146); BVerfGE 80, S. 137 (152); BVerGE 90, S. 145 (171); Epping/Hillgruber-[Lang], BeckOK GG, Art. 2 GG Rn. 3; Maunz/Dürig-[Di Fabio], GG, Art. 2 GG Rn. 20; Müller-Glöge/Preis/Schmidt-[Schmidt], ErfK, Art. 2 GG Rn. 1; Pieroth/Schlink, Grundrechte, Rn. 386.

1750 BVerfGE 6, S. 32 (37); BVerfGE 9, S. 63 (73); BVerfGE 9, S. 338 (343); BVerfGE 10, S. 55 (58); BVerfGE 11, S. 234 (238); BVerfGE 12, S. 341 (347); BVerfGE 13, S. 290 (296); BVerfGE 21, S. 227 (234); BVerfGE 23, S. 50 (55 f.); BVerfGE 30, S. 173 (192); BVerfGE 32, S. 98 (107); BVerfGE 58, S. 358 (363); BVerfGE 64, S. 208 (213); BVerfGE 65, S. 196 (209); BVerfGE 67, S. 157 (171); BVerfGE 95, S. 173 (188); BVerfGE 98, S. 265 (328); Degenhart, JuS 1990, S. 161 (169); Epping/Hillgruber-[Lang], BeckOK GG, Art. 2 GG Rn. 29 f.; Maunz/Dürig-[Di Fabio], GG, Art. 2 GG Rn. 26 f.; Merten, JuS 1976, S. 345 (347); Pieroth/Schlink, Grundrechte, Rn. 387; Scholz, AöR 100 (1975), S. 80 (112 f.).

1751 BVerfGE 14, S. 288 (305); BVerfGE 65, S. 1 (43 f.); BVerfGE 79, S. 256 (269); BVerfGE 90, S. 263 (271); BVerfGE 96, S. 171 (182); BVerfGE 97, S. 391 (401); BVerfG, NJW 2001, S. 594 (595); Maunz/Dürig-[Di Fabio], GG, Art. 2 GG Rn. 141.

mäßige Ordnung wird die Gesamtheit aller Normen verstanden, die sowohl formell als auch materiell mit der Verfassung in Einklang stehen, also ein einfacher Gesetzesvorbehalt.[1752] Es bedarf also einer gesetzlichen Regelung, die einen Eingriff in das allgemeine Persönlichkeitsrecht legitimiert. Es würde an dieser Stelle zu weit führen, sämtliche Ermächtigungsgrundlagen für eine Gefährderansprache innerhalb der jeweiligen Gesetze der Bundesländer aufzuzählen. Daher soll dies exemplarisch für Bayern dargestellt werden.[1753] Generell muss hierbei geprüft werden, ob eine spezialgesetzliche Ermächtigungsnorm in dem Landesgesetz des jeweiligen Bundeslandes vorliegt. Mangelt es an dieser, muss auf die polizeiliche Generalklausel zurückgegriffen werden. Dieser Rückgriff ist im Rahmen der als eher gering bis mittelhoch eingeschätzten Eingriffsintensität auch als legitim zu bewerten.[1754]

Am Beispiel von Bayern erklärt, bedeutet dies, dass Gefährderansprachen im Rahmen der Konzeption HEADS mangels spezialgesetzlicher Norm auf die polizeiliche Generalklausel des Art. 11 Abs. 1, Abs. 2 S. 1 Nr. 1 und Nr. 3 BayPAG gestützt werden können.[1755] Immer häufiger werden Stimmen laut, die das Berufen auf die Generalklausel für rechtswidrig halten.[1756] Als Begründung führen sie an, dass die Gefährderansprache sich innerhalb des Polizeirechts bereits zu einer Standardmaßnahme entwickelt hätte, deren spezialgesetzlicher Regelung es bedürfe.[1757] Zwar kann dem grundsätzlichen Einführen einer spezialgesetzlichen Norm nichts entgegengebracht werden, allerdings ist das Berufen

---

1752 BVerfGE 6, S. 32 (38); BVerfGE 80, S. 137 (153); BVerfGE 10, S. 354 (363); BVerfGE 14, S. 288 (305 f.); BVerfGE 17, S. 306 (313); BVerfGE 18, S. 38 (46); Dreier-[Dreier], GG, Art. 2 Abs. 1 GG, Rn. 54;Mangoldt/Klein/Starck-[Starck], GG, Art. 2 Abs. 1 GG, Rn. 25; Martini, JA 2009, S. 839 (843); Maunz/Dürig-[Di Fabio], GG, Art. 2 GG Rn. 42; Müller-Glöge/Preis/Schmidt-[Schmidt], ErfK, Art. 2 GG Rn. 16; Münch/Kunig-[Kunig], GG, Art. 2 GG, Rn. 22; Pieroth/Schlink, Grundrechte, Rn. 408.

1753 Siehe sogleich.

1754 OVG Lüneburg, NordÖR 12/2005, S. 536 (536); Lisken/Denninger-[Rachor], Handbuch des Polizeirechts, Teil F, Rn. 825; Nimtz, Kriminalistik 2008, S. 341 (342); in Bezug auf Gefährderschreiben Schenke, Polizei- und Ordnungsrecht, Rn. 379.

1755 OVG Lüneburg, DÖV 2006, S. 122 (123); Becker/Heckmann/Kempen/Manssen, Öffentliches Recht in Bayern, 3. Teil Rn. 531; Breucker, NJW 2006, S. 1233 (1236); Lisken/Denninger-[Rachor], Handbuch des Polizeirechts, Teil E Rn. 759; Pieroth/Schlink/Kniesel, Polizei- und Ordnungsrecht, § 7 Rn. 13, § 21 Rn. 46; Schmidbauer/Steiner-[Schmidbauer], PAG, Art. 11 PAG Rn. 20a. Für Gefährderanschreiben Tettinger/Erbguth/Mann, Besonderes Verwaltungsrecht, Rn. 766.

1756 Arzt, Die Polizei 5/2006, S. 156 (158); Nimtz, Kriminalistik 2008, S. 341 (342); Singelnstein, Polizeiliche Auskunftsdateien, S. 175 (184).

1757 Nimtz, Kriminalistik 2008, S. 341 (342); Singelnstein, Polizeiliche Auskunftsdateien, S. 175 (184).

auf die Generalklausel rechtmäßig. Die Anwendung der Generalklausel ist gerade eben auch für die Fälle gedacht, in denen die Gefahrensituation bekannt ist, diese aber einer neuen, veränderten Bewertung unterfallen.[1758] Gerade die Gefährderansprachen im Rahmen der Konzepte können als derartige Fälle betrachtet werden.[1759] Die Konzepte bestehen erst seit einem kurzen Zeitraum, das bayerische Konzept gehört mit seiner Einrichtung Ende 2006 zu dem Ältesten, und in Anbetracht der üblichen Entwicklungsdauer anderer Normen kann vorliegend noch von keinem Versäumnis die Rede sein, zumal auch die Rechtsprechung die Generalklausel im Einzelfall als Ermächtigungsnorm heranzieht.[1760] Somit ist bei Fehlen einer spezialgesetzlichen Norm ein Berufen auf die Generalklausel rechtmäßig.[1761]

Voraussetzung für die Gefährderansprache als polizeiliche Regelmaßnahme auf der Grundlage der Generalklausel im Fall von Bayern des Art. 11 Abs. 1, Abs. 2 S. 1 Nr. 1 und Nr. 3 BayPAG ist, dass die Polizei diese Maßnahme ergreift, um eine im einzelnen Fall bestehende Gefahr für die öffentliche Sicherheit und Ordnung abzuwehren. Es muss also eine konkrete Gefahr für die öffentliche Sicherheit und Ordnung bestehen.[1762] Umstritten ist hierbei, ob für die Annahme einer konkreten Gefahr die Einstufung als Risikoproband genügt.

Nach einer in der Literatur vertretenen Ansicht[1763] genügt dies für eine konkrete Gefahr noch nicht. Die Entscheidung hierüber sei einzelfallbezogen und könne nicht pauschal durch die Kategorisierung als Risikoproband ergehen. Obwohl der Täter als jederzeit rückfallgefährdet eingestuft wurde, könne keine konkrete Gefahr auf den Umstand der Risikoprognose begründet werden, da hierbei grundsätzlich der Zusammenhang mit konkreten Umständen des Einzel-

---

1758 So Bohrer, Kieler Sicherheitskonzept Sexualstraftäter, S. 54; Lisken/Denninger-[Rachor], Handbuch des Polizeirechts, Teil F, Rn. 785 ff., insb. Rn. 787.

1759 Bohrer, Kieler Sicherheitskonzept Sexualstraftäter, S. 54.

1760 Insgesamt hierzu OVG Lüneburg, NordÖR 12/2005, S. 536 ff.; so auch Bohrer, Kieler Sicherheitskonzept Sexualstraftäter, S. 54.

1761 Für die Anwendung der Generalklausel Lisken/Denninger-[Rachor], Handbuch des Polizeirechts, Teil F, Rn. 825; Nimtz, Kriminalistik 2008, S. 341 (342); Popp, Die Haftentlassenenauskunftsdatei Sexualstraftäter, S. 95; allgemein hierzu Schenke, Polizei- und Ordnungsrecht, Rn. 358.

1762 Becker/Heckmann/Kempen/Manssen, Öffentliches Recht in Bayern, 3. Teil Rn. 531; Berner/Köhler/ Käß, PAG, Art. 11 PAG Rn. 4; Honnacker/Beinhofer/Samper, PAG, Art. 11 PAG Rn. 8; Lisken/Denninger-[Rachor], Handbuch des Polizeirechts, Teil E Rn. 759; Schmidbauer/Steiner-[Schmidbauer], PAG, Art. 2 PAG Rn. 20c, Art 11 PAG Rn. 216.

1763 Bohrer, Kieler Sicherheitskonzept Sexualstraftäter, S. 55.

falls fehle.[1764] Als Folge dieser Auffassung kann die Gefährderansprache nur bei Vorliegen einer konkreten Gefahr auf der Grundlage der Generalklausel rechtmäßig ergehen und nicht im Bereich einer polizeilichen Standardmaßnahme eingeordnet werden. Im Umkehrschluss bedeutet dies, dass nach dieser Anschauung die Gefährderansprache nicht bei jedem Probanden als Prophylaxe durchgeführt werden darf.

Nach anderer Meinung genügt die Einstufung der betroffenen Person als Risikoproband für das Vorliegen einer konkreten Gefahr.[1765] Das entscheidende Kriterium, dass eine Gefahr als konkret eingeordnet werden kann, ist nicht der zeitliche Abstand zum möglichen Schadenseintritt, also der Begehung einer neuen Straftat, sondern nur dessen Wahrscheinlichkeit.[1766] Zwar lässt sich dies nicht durch die Unterstellung des Betroffenen beispielsweise unter Führungsaufsicht begründen, jedoch stellt seine ungünstige Prognose, die ursächlich für die Einstufung als Risikoproband ist, eine Gefahr dar, die verbunden mit der Kategorisierung des Verurteilten als Risikoprobanden den Betroffenen zu einem Verhaltensstörer im Sinne des Art. 7 Abs. 1 BayPAG werden lässt.[1767] Unter Beachtung des Verhältnismäßigkeitsgrundsatzes - in aller Regel wird es hier zu keinen Problemen kommen - gilt der Eingriff in das allgemeine Persönlichkeitsrecht im Ergebnis als somit gerechtfertigt.

Die Gefährderansprache ist damit im Regelfall rechtmäßig und kann als polizeiliche Maßnahme bei Risikoprobanden der jeweiligen Konzepte ergehen.

(2) Gefährdetenansprache

In vielen Konzeptionen[1768] der Bundesländer gilt die Gefährdetenansprachen als weitere polizeiliche Maßnahme. Gefährdetenansprachen werden von den Beamten der Polizei durchgeführt, um Dritte zu warnen bzw. zu informieren, um die Begehung weiterer Straftaten durch die verurteilte Person zu verhindern. Als Adressat kommen primär potentielle Opfer, sekundär aber auch Dritte, die institutionell für das Wohl des potentiellen Opfers Sorge tragen, in Betracht. Dies

1764 Bohrer, Kieler Sicherheitskonzept Sexualstraftäter, S. 55. Auch Singelnstein, Polizeiliche Auskunftsdateien, S. 175 (184) verlangt für die Beurteilung, ob eine hinreichende Wahrscheinlichkeit eines Schadenseintritts vorliegt, eine aus dem Erkenntnisakt und der wertenden Abwägung bestehenden Prognose.

1765 Popp, Die Haftentlassenenauskunftsdatei Sexualstraftäter, S. 95.

1766 So auch Popp, Die Haftentlassenenauskunftsdatei Sexualstraftäter, S. 95; Schmidbauer/Steiner-[Schmidbauer], BayPAG, Art. 11 BayPAG, Rn. 32.

1767 Hierzu Popp, Die Haftentlassenenauskunftsdatei Sexualstraftäter, S. 95.

1768 Ausdrücklich Baden-Württemberg (S. 250), Brandenburg (S. 268), Bremen (S. 274), Nordrhein-Westfalen (S. 305).

können beispielsweise die Eltern, Kindergärtner, Lehrer oder sonstige erziehungsberechtigte Personen sein.[1769]

(a) Rechtmäßigkeit der Gefährdetenansprache gegenüber potentiellen Opfern

Auch hier ist ähnlich wie bei der Gefährderansprache[1770] die Rechtmäßigkeit der polizeilichen Maßnahme zweifelhaft und bedarf einer rechtlichen Überprüfung.

Die Warnung eines potentiellen Opfers stellt in der Regel unproblematisch einen Eingriff dar.[1771] In dem Gespräch zwischen möglichem Geschädigten und Polizeibeamten müssen Informationen über den Verurteilten preisgegeben werden, zumindest wird das potentielle Opfer über die Gefährlichkeit dieser Person, zumeist aber auch über die Tatsache, dass er in der Vergangenheit straffällig in Erscheinung getreten ist, aufgeklärt. Personenbezogene Daten werden damit einer dritten Person gegenüber offenbart.

Als betroffenes Recht kommt wieder das allgemeine Persönlichkeitsrecht gem. Art. 2 Abs. 1 iVm. Art. 1 Abs. 1 GG in Betracht. Durch die Preisgabe personenbezogener Daten erfolgt ein Eingriff in das Recht des Einzelnen auf Selbstbestimmung. Dieses gewährt dem Individuum nicht nur das Recht selbst zu bestimmen, wer er ist, sondern auch das Recht auf Resozialisierung nach Begehung einer Straftat.[1772] Das Recht auf Resozialisierung fußt auf dem Allgemeinen Persönlichkeitsrecht iVm. dem Sozialstaatsprinzip, da es dem Selbstverständnis einer der Menschenwürde und dem Sozialstaatsprinzip verpflichteten Gemeinschaft entspricht, einem Verurteilten die Chance zur Wiedereingliederung in die Gesellschaft zu geben.[1773] Durch die Mitteilungen an das potentielle Opfer wird das Recht auf Resozialisierung (Art. 2 Abs. 1 IVm. Art. 1 Abs. 1 GG), aber auch das Recht der Selbstbestimmung (Art. 2 Abs. 1 IVm. Art. 1 Abs. 1 GG) beeinträchtigt. Daneben kommt noch eine Einwirkung in das allgemeine Persönlichkeitsrecht in Form des Rechts der Selbstdarstellung in Betracht, da die Informationen einem Teil der Öffentlichkeit ungebetener Weise preisgegeben werden.

1769 Vgl. zu Warnungen und Mitteilungen an Privatpersonen Popp, Die Haftentlassenenauskunftsdatei Sexualstraftäter, S. 97 f.

1770 Bereits oben S. 375 ff.

1771 Siehe dazu insgesamt auch Singelnstein, Polizeiliche Auskunftsdateien, S. 175 (184 f.).

1772 Ähnlich BVerfGE 35, S. 202 (235); Jarass, NJW 1989, S. 857 (859); Pieroth/Schlink, Grundrechte, Rn. 393.

1773 BVerfGE 35, S. 202 (235 f.); BVerfGE 45, S. 187 (238 f.); BVerfGE 96, S. 100 (115); BVerfGE 98, S. 169 (200); BVerfGE 116, S. 69 (85 f.); Popp, Die Haftentlassenenauskunftsdatei Sexualstraftäter, S. 84.

Es gilt zu klären, ob der Eingriff in das allgemeine Persönlichkeitsrecht gerechtfertigt werden kann. Auch hier soll beispielhaft auf die Maßnahme innerhalb Bayerns eingegangen werden.

Bevor ein Rückgriff auf die polizeiliche Generalklausel des Art. 11 Abs. 1 BayPAG erfolgt, ist zunächst zu prüfen, ob eine spezialgesetzliche Ermächtigungsnorm vorliegt.

Art. 41 Abs. 1 Nr. 1 BayPAG ermächtigt die Polizei personenbezogene Daten an Personen zu übermitteln, soweit dies zur Erfüllung polizeilicher Aufgaben erforderlich ist.[1774] Da die Gefahrenabwehr eine polizeiliche Aufgabe darstellt, erhält die Polizei die Ermächtigung zur Datenübermittlung. Allerdings ist auch hier der Verhältnismäßigkeitsgrundsatz zu beachten. Durch die Gefährdetenansprache wird das potentielle Opfer vor dem Täter gewarnt und es wird ihm über dessen Gefährlichkeit Auskunft gegeben. Infolgedessen kann der mögliche Geschädigte den Kontakt einschränken oder gar aufgeben sowie Schutzvorkehrungen treffen. Die Maßnahme eignet sich somit dafür, das Individuum vor dem Täter zu schützen. Zumal die betroffene Person durch Kenntnis des Gesprächs zwischen potentiellem Opfer und Polizeibeamten wiederum gewarnt und eingeschüchtert wird, so dass sie hierdurch von der Begehung weiterer Straftaten abgehalten wird. Die Maßnahme ist somit geeignet weitere Straftaten zu verhüten. Auch sind keine milderen, gleich wirksamen Maßnahmen ersichtlich. Die Gefährdetenansprache ist somit insgesamt erforderlich, der Eingriff in die Grundrechte des Betroffenen folglich auch verhältnismäßig und unter Beachtung des Auswahlermessens somit gerechtfertigt.

Folglich sind Gefährdetenansprachen gegenüber potentiellen Opfern rechtmäßig.

(b) Rechtmäßigkeit der Gefährdetenansprache gegenüber Dritte

Zu Prüfen ist ferner, ob dies auch gegenüber anderen dritten Personen der Fall ist.

Ein Eingriff in die Rechte des Täters liegt, wie oben gezeigt, unproblematisch vor. Im Rahmen des Verhältnismäßigkeitsgrundsatzes ist die Übermittlung der Daten auch an andere Personen, die institutionell für das Wohl des potentiellen Opfers Sorge tragen auf der Grundlage des Art. 41 Abs. 1 Nr. 1 BayPAG zulässig, soweit dies der Gefahrenabwehr dient. Es darf keinen Unterschied zwischen dem Fall, dass die Gefährdetenansprache beispielsweise gegenüber einem volljährigen potentiellen Opfer erfolgt und demjenigen geben, dass die Adressa-

---

1774 Vgl. dazu Berner/Köhler/ Käß, PAG, Art. 41 PAG Rn. 2, 4 f.; Honnacker/Beinhofer/Samper, PAG, Art. 41 PAG Rn. 1, 3; Schmidbauer/Steiner-[Schmidbauer], PAG, Art. 41 PAG Rn. 2.

ten Eltern eines Kindes, das nicht in der Lage ist die Gefahrensituation zu begreifen, sind.

Handelt es sich bei dem Dritten jedoch um keine natürliche Person, sondern um eine Institution, wie beispielsweise ein Jugendamt, ein Kindergarten oder eine Schule ist nach den gleichen Grundsätzen die Datenübermittlung zulässig. Diese wird jedoch auf der Grundlage der Ermächtigungsnorm des Art. 40 Abs. 2 BayPAG gerechtfertigt, da es sich um öffentliche Stellen handelt. Somit gilt festzuhalten, dass unter Beachtung eines rechtlichen Rahmens auch die Gefährdetenansprache gegenüber Personen, die institutionell für das Wohl des potentiellen Opfers Sorge tragen, rechtmäßig ist.

Schließlich besteht prinzipiell auch die Möglichkeit personenbezogene Daten an die gesamte Öffentlichkeit preiszugeben. Auch hier wäre Art. 41 Abs. 1 BayPAG die entsprechende Ermächtigungsgrundlage.[1775] Hier hat aber auch die Maßnahme zur Abwehr von einer Gefahr ergriffen und der Verhältnismäßigkeitsgrundsatz beachtet zu werden. In den seltensten Fällen wird die Information der Öffentlichkeit zur Gefahrenabwehr wirklich erforderlich sein und das Übermitteln von personenbezogenen Daten an die Allgemeinheit das mildeste Mittel darstellen, so dass die Gefährdetenansprache an die Gesamtheit in den meisten Fällen rechtswidrig ist.[1776]

Im Ergebnis sind unter Einhaltung der rechtlichen Voraussetzungen die Gefährdetenansprachen gegenüber potentiellen Opfern bzw. die zu deren Sorge berechtigten Personen rechtmäßig.

dd) Exkurs: Errichtung einer zentralen Datenbank zur Sammlung von Informationen am Beispiel von HEADS Bayern

Wenige Konzepte haben zur Speicherung der Informationen eigene Datenbanken eingerichtet. Am Beispiel vom bayerischen Projekt, dessen Kernelement die zentral geführte Datei, der die Konzeption auch ihren Namen verdankt, ist, soll der Frage nach der Rechtmäßigkeit der Errichtung derartiger Datenbanken exkursartig nachgegangen werden.[1777]

(1) Allgemeines zur Datenbank

Nach der Errichtungsanordnung des Bayerischen Staatsministeriums des Inneren dient die Datenbank der Sammlung, Auswertung und Zusammenführung polizeilich relevanter Erkenntnisse hinsichtlich Personen, die aus dem Straf- oder

1775 Allgemein hierzu Schmidbauer/Steiner-[Schmidbauer], BayPAG, Art. 41 BayPAG, Rn. 5.

1776 Popp, Die Haftentlassenenauskunftsdatei Sexualstraftäter, S. 98.

1777 Zum gesamten Projekt vgl. S. 256 ff., insb. zur Datenspeicherung S. 256.

Maßregelvollzug nach Tötungs- oder schweren Sexualdelikten entlassen werden und bei denen sowohl nach der Bewertung der Tat als auch nach der Täterpersönlichkeit eine hohe Rückfallgefahr besteht.[1778] Ferner bezweckt sie die Ergreifung frühzeitiger präventivpolizeilicher Maßnahmen zur Verhinderung von Rückfällen, erleichtert die Ermittlung in Fällen schwerer Sexual- und Tötungsdelikte und dokumentiert polizeiliche Maßnahmen. Hervorzuheben ist hierbei, dass das Konzept HEADS eine Beschränkung auf sexuell motivierte Tötungsdelikte vornimmt, die Errichtungsanordnung hingegen nicht.

Der Umstand, dass die Datenbank in bestimmten Fällen Ermittlungen erleichtert, zeigt, sie begrenzt sich nicht nur auf Rückfallprävention, sondern umfasst auch repressives Vorgehen. Die Errichtungsanordnung spricht ausdrücklich hierbei von einer „GAST-Datei“, d.h. einer Datei zur Gefahrenabwehr und zur Verfolgung von Straftaten und Ordnungswidrigkeiten.[1779]

Wie oben[1780] bereits erwähnt, handelt es sich hierbei um eine täterorientierte Datenbank, d.h. es werden alle Informationen über den Probanden gesammelt, dokumentiert und miteinander verknüpft. Neben dieser primären Datensammlung findet auch ein Abgleich mit anderen Dateien, z.B. INPOL oder ViCLAS statt.[1781] Ziel ist es, die Informationen zu ergänzen und ggfs. zu korrigieren. Die Speicherdauer richtet sich nach der Erforderlichkeit der polizeilichen Aufgabenerfüllung, so dass prinzipiell die Möglichkeit besteht, dass Probanden lebenslänglich gespeichert bleiben.[1782]

Die Datenbank wird zentral geführt und gepflegt, d.h. nur eine Stelle ist dazu berechtigt, die Daten einzugeben. Dies soll eine hohe Erfassungsqualität bewirken.[1783] Lese- und damit zugangsberechtigt sind nach der Errichtungsanordnung Mitarbeiter der HEADS-Zentralstelle, also das OFA-Kommissariat des Polizeipräsidiums München, die Sachbearbeiter und Ansprechpartner in den einzelnen Präsidien und Dienststellen.[1784]

1778 Errichtungsanordnung, HEADS, Anl. 7, Nr. 3; Popp, Die Haftentlassenenauskunftsdatei Sexualstraftäter, S. 71.

1779 Errichtungsanordnung, HEADS, Anl. 7, Nr. 3; Popp, Die Haftentlassenenauskunftsdatei Sexualstraftäter, S. 71.

1780 Siehe S. 258.

1781 Vgl. dazu auch Popp, Die Haftentlassenenauskunftsdatei Sexualstraftäter, S. 72 f.

1782 Errichtungsanordnung, HEADS, Anl. 7, Nr. 9; Popp, Die Haftentlassenenauskunftsdatei Sexualstraftäter, S. 73.

1783 Popp, Die Haftentlassenenauskunftsdatei Sexualstraftäter, S. 73 f.

1784 Errichtungsanordnung, HEADS, Anl. 7, Nr. 7; Popp, Die Haftentlassenenauskunftsdatei Sexualstraftäter, S. 74.

(2) Zulässigkeit der Errichtung der zentralen Datenbank

(a) Errichtungsanordnung

Die Datenbank der bayerischen Konzeption ist nach obigen Ausführungen als ein automatisiertes Verfahren, mit denen personenbezogene Daten verarbeitet werden, einzustufen. Daher bedarf es nach Art. 47 Abs. 1 S. 1 BayPAG zunächst einer Errichtungsanordnung, in der die speichernde Stelle, die Bezeichnung und Zweck der Datei, der betroffene Personenkreis, die Art der zu speichernden Daten, die Eingabe- sowie Zugangsberechtigung, die regelmäßige Datenübermittlungen, Überprüfungs- und Speicherfristen sowie die Protokollierung des Abrufs festgelegt werden. Eine diesbezügliche Errichtungsanordnung liegt vor.[1785]

Im Hinblick auf den erfassten Personenkreis benennt die Errichtungsanordnung nur aus der Haft oder Unterbringung entlassene Personen, die nach einem schweren Sexual- oder Tötungsdelikt der Führungsaufsicht unterliegen oder aufgrund der Würdigung ihrer Persönlichkeit als stark rückfallgefährdet gelten. Demgegenüber sind nach der Konzeption auch Bewährungsfälle erfasst, also Personen, die zunächst eine positive Sozialprognose aufweisen, im Verlauf der Bewährung aufgrund des gezeigten Verhaltens nach der Entlassung aus der Strafhaft ein erhöhtes Risiko darstellen und sich somit erst später zu einem Risikoprobanden entwickeln.

Der aufgeführte Personenkreis ist demnach hinsichtlich der Konzeption viel weiter als bei der Errichtungsanordnung. Diese dient jedoch der datenschutzrechtlichen Letztverantwortlichkeit der obersten Dienstbehörde, also des Ministeriums und erleichtert die Kontrolle durch Datenschutzbeauftragte. Daneben soll die Errichtungsanordnung auch Bürger vor unkontrollierten Eingriffen der Polizei in ihre Rechte schützen, so dass die Speicherung von Informationen zu Personen, die nicht von der Errichtungsanordnung umfasst werden als rechtswidrig einzustufen ist.[1786] Daher ist die Speicherung des Personenkreises der Bewährungsfälle aus diesem Grund rechtswidrig.

(b) Speicherung von Informationen

Fraglich scheint ferner, ob die Speicherung von personenbezogenen Daten zu den aufgeführten Zwecken rechtmäßig ist oder ob sie gegen Grundrechte des Betroffenen verstößt. Dies wäre der Fall, wenn die Speicherung der Daten in der eingerichteten Datenbank einen Eingriff in ein Grundrecht des Betroffenen darstellt, der nicht gerechtfertigt werden kann.

1785 HEADS, Anl. 7.

1786 So auch Popp, Die Haftentlassenenauskunftsdatei Sexualstraftäter, S. 89.

Zunächst gilt es hierbei zu untersuchen, ob die Speicherung zu präventiv-polizeilichen Zwecken rechtmäßig ist. Diese könnte gegen das allgemeine Persönlichkeitsrecht in Form des Rechts auf informationelle Selbstbestimmung, Art. 2 Abs. 1 iVm. Art. 1 Abs. 1 GG verstoßen, welches das Recht des einzelnen Bürger erfasst über die Preisgabe und Verwendung seiner persönlichen Daten selbst zu verfügen.[1787]

Die Erfassung personenbezogener Informationen der Probanden in der zentralen Datenbank und deren Verwendung stellen einen Eingriff in das Recht auf informationelle Selbstbestimmung dar.

Im Folgenden ist zu prüfen, ob der Eingriff in das beeinträchtigte Grundrecht verfassungsrechtlich gerechtfertigt werden kann.

Hierzu muss zunächst untersucht werden, welche Einschränkungen dem Grundrechtsgebrauch auferlegt werden. Wie oben bereits gezeigt, gelten für das allgemeine Persönlichkeitsrecht die Schranken des Art. 2 Abs. 1 GG, so dass die verfassungsmäßige Ordnung eine Schranke dieses Grundrechts darstellt. Da hierunter die Gesamtheit aller Normen verstanden wird, die sowohl formell als auch materiell mit der Verfassung in Einklang stehen,[1788] bedarf es also einer gesetzlichen Regelung, die einen Eingriff in das allgemeine Persönlichkeitsrecht legitimiert. Art. 38 Abs. 1 BayPAG könnte die erforderliche Rechtsgrundlage sein.

Nach Art. 38 Abs. 1 BayPAG kann die Polizei personenbezogene Daten in Akten oder Dateien speichern, verändern und nutzen, soweit dies zur Erfüllung ihrer Aufgaben, zu einer zeitlich befristeten Dokumentation oder zur Vorgangsverwaltung erforderlich ist.[1789] In der HEADS-Datenbank werden Informationen über die Probanden zeitlich befristet gespeichert und genutzt. Fraglich bleibt, ob dies auch zur Erfüllung der polizeilichen Aufgaben erfolgt. Art. 2 BayPAG benennt den polizeilichen Aufgabenkreis, wobei nach Art. 2 Abs. 1 BayPAG die Abwehr von allgemein oder im Einzelfall bestehenden Gefahren für die öffentliche Sicherheit oder Ordnung gehört. Die Unversehrtheit von Individualrechtsgü-

1787 Vgl. grundlegend BVerfGE 65, S. 1 (43); BVerfGE 78, S. 77 (84); BVerfGE 80, S. 367 (373); BVerfG, NJW 2001, S. 879 (880); Epping/Hillgruber-[Lang], BeckOK GG, Art. 2 GG Rn. 45; Maunz/Dürig-[Di Fabio], GG, Art. 2 GG Rn. 177; Müller-Glöge/Preis/Schmidt-[Schmidt], ErfK, Art. 2 GG Rn. 45.

1788 BVerfGE 6, S. 32 (38), BVerfGE 80, S. 137 (153); Pieroth/Schlink, Grundrechte, Rn. 408.

1789 Vgl. allgemein zu Art. 38 PAG Berner/Köhler/ Käß, PAG, Art. 38 PAG Rn. 1 ff.; Schmidbauer/Steiner-[Schmidbauer], PAG, Art. 38 PAG Rn. 1 ff.

tern wie Leben, Gesundheit, Freiheit oder auch sexuelle Selbstbestimmung sind Aspekte der zu schützenden öffentlichen Sicherheit.[1790]

Die HEADS-Datenbank dient als Grundlage für den Umgang mit besonders rückfallgefährdeten Sexualstraftätern. Sie soll u.a. auch eine systematisch strukturierte Vorgehensweise der Polizei sicherstellen, wobei das Konzept beinhaltet, dass die Polizei möglichst bereits vor der Entlassung tätig werden soll.[1791] Ziel ist es, die Begehung von erneuten Straftaten zu verhindern und somit Gefahren abzuwehren. Ein Teil der Gefahrenabwehr für die öffentliche Sicherheit und Ordnung besteht in der Verhütung der Straftaten durch Probanden. Dies zählt nach Art. 2 Abs. 1 BayPAG zu den polizeilichen Aufgaben.[1792] Art. 38 Abs. 1 BayPAG stellt für die eingangs erwähnte Datenspeicherung somit die Rechtsgrundlage dar.

Darüber hinaus richtet sich die Maßnahme an den richtigen Adressaten, da wie oben bereits gezeigt, Probanden als Zustandsstörer nach Art. 7 Abs. 1 BayPAG[1793] zu qualifizieren sind.

Des Weiteren muss der Verhältnismäßigkeitsgrundsatz eingehalten werden, d.h. die Errichtung der zentralen Datenbank muss einen legitimen Zweck verfolgen und zu dessen Erreichung muss diese Maßnahme geeignet, erforderlich und angemessen sein. Wie gezeigt[1794], soll die Speicherung von Informationen über Probanden in der zentralen Datenbank der Gefahrenabwehr dienen. Sie verfolgt damit ein legitimes Ziel. Auch ist sie hierfür geeignet, da sie zumindest die Beseitigung der Gefahr fördert. Durch die Datenbank wird ein Schritt in die richtige Richtung getan.[1795]

Fraglich ist, ob die Datenbank auch eine erforderliche Maßnahme darstellt. Dies ist der Fall, wenn sie den Einzelnen und die Allgemeinheit am wenigsten

---

1790 Berner/Köhler/ Käß, PAG, Art. 2 PAG Rn. 4; Gusy, Polizei- und Ordnungsrecht, Rn. 84; Honnacker/Beinhofer/Samper, PAG, Art. 2 PAG Rn. 7; Knemeyer, Polizei- und Ordnungsrecht, Rn. 100; Lisken/Denninger-[Denninger], Handbuch des Polizeirechts, Teil D Rn. 16 ff.; Popp, Die Haftentlassenenauskunftsdatei Sexualstraftäter, S. 86; Schenke, Polizeirecht, Rn. 53; Schmidbauer/Steiner-[Schmidbauer], PAG, Art. 2 PAG Rn. 15, Art. 11 Rn. 57.

1791 Siehe dazu auch Popp, Die Haftentlassenenauskunftsdatei Sexualstraftäter, S. 76.

1792 Berner/Köhler/ Käß, PAG, Art. 2 PAG Rn. 43; Schmidbauer/Steiner-[Schmidbauer], PAG, Art. 2 PAG Rn. 6.

1793 Allgemein dazu Berner/Köhler/ Käß, PAG, Art. 7 PAG Rn. 6.; Schmidbauer/Steiner-[Steiner], PAG, Art. 7 PAG Rn. 7.

1794 Siehe S. 385.

1795 Zur Definition der Geeignetheit statt vieler Becker/Heckmann/Kempen/Manssen, Öffentliches Recht in Bayern, 3. Teil, Rn. 156; Keller, Polizeigesetz NRW - kompakt, S. 28; Schenke, Polizei- und Ordnungsrecht, Rn. 333; Würtenberger/Heckmann, Polizeirecht, Rn. 523 f.

beeinträchtigt, d.h. wenn es zur Zweckerreichung kein milderes, aber dennoch gleich wirksames Mittel gibt.[1796] Die zentrale Sammlung von Informationen über den Probanden erfolgt ohne dessen Einwilligung, d.h. er kann nicht über seine persönlichen Daten selbst verfügen, also darüber entscheiden, welche er preisgibt bzw. zur Verwendung freigibt. Allerdings erfolgt dies, wie schon erwähnt, zur Gefahrenabwehr und damit zur Sicherung der Allgemeinheit. Zudem werden die Daten nicht der Öffentlichkeit preisgegeben, sondern sind nur einem begrenzten, festgelegten Personenkreis zugänglich. Insofern stellt die Errichtung einer zentralen Datenbank ein erforderliches und angemessenes Mittel dar. Auch der Verhältnismäßigkeitsgrundsatz wurde somit gewahrt.

Die Speicherung von Informationen in der zentralen Datenbank zu präventiv-polizeilichen Zwecken ist demzufolge rechtmäßig.

Ferner werden nach der Errichtungsanordnung auch die Daten zum Zwecke der Unterstützung der Ermittlung in Fällen schwerer Sexual- und Tötungsdelikte gesammelt. Sie umfasst also auch die Situation, dass der Proband unter Verdacht steht eine Straftat der genannten Art begangen zu haben und hierzu die Ermittlungen laufen. Die zur Verfügung stehenden Informationen sollen hierbei den Vorgang erleichtern. Soweit es sich hierbei um Daten handelt, welche im Rahmen früherer Ermittlungen durch die Polizei erhoben wurden, kommt als Ermächtigungsgrundlage Art. 38 Abs. 2 S. 1 BayPAG in Betracht, bei den übrigen gespeicherten Informationen Art. 38 Abs. 1 BayPAG, da die Zwecksetzung der Ermittlungsunterstützung noch zum Bereich der vorbeugenden Bekämpfung von Straftaten zählt.[1797] Folglich ist die Speicherung im Vorfeld auf eine mögliche Strafverfolgung in der Zukunft innerhalb dieses Rahmens rechtmäßig.

ee) Verbesserungsvorschläge

Somit kann festgehalten werden, dass trotz der gleichen Zielrichtung die jeweiligen Projekte neben Gemeinsamkeiten in ihrer Ausgestaltung auch Unterschiede aufweisen. Nachdem diese ausgewählt dargestellt wurden und auch die Rechtmäßigkeit zweier ausgesuchter Maßnahmen geprüft wurde, bleibt nun noch die Frage offen, ob es Verbesserungsvorschläge zu den Konzepten gibt. Diese sind von besonderem Interesse insbesondere für den weiteren Umgang mit dieser besonderen Straftätergruppe und können dabei helfen, die Konzeptionen zu optimieren.

1796 Zur Definition der Erforderlichkeit statt vieler Becker/Heckmann/Kempen/Manssen, Öffentliches Recht in Bayern, 3. Teil, Rn. 157; Keller, Polizeigesetz NRW - kompakt, S. 29; Schenke, Polizei- und Ordnungsrecht, Rn. 335; Würtenberger/Heckmann, Polizeirecht, Rn. 528.

1797 So auch Popp, Die Haftentlassenenauskunftsdatei Sexualstraftäter, S. 90.

(1) Evaluierung des Projekts

Verbesserungsbedarf könnte hinsichtlich der Evaluierung der Konzepte bestehen. Problematisch hierbei ist allerdings, dass jedes Bundesland seit der Einführung des Projekts bereits erste Erfahrungen gesammelt hat, diese jedoch nicht der allgemeinen Fachöffentlichkeit zugänglich gemacht werden. Bestes Beispiel hierfür ist die Konzeption HEADS in Bayern[1798], die auf vergleichsweise langjährige Erfahrungswerte zurückblicken kann.

Um den Erfolg oder Misserfolg dieser Maßnahme zu messen bzw. Optimierungen vorzunehmen, wurde eine Evaluierung dieses Projekts durchgeführt. Das Ziel der Analyse bestand darin, neben der Feststellung der Effizienz auch die Akzeptanz des Verfahrens bei den Probanden und übrigen Beteiligten, beispielsweise den Opfern zu erhöhen, wobei die festgestellten Optimierungsmöglichkeiten in die 2. Auflage der Konzeption[1799] wohl aufgenommen wurden.[1800] Da die Ergebnisse dieser Untersuchung jedoch nicht veröffentlicht wurden und auch Nachfragen bei den zuständigen Stellen, ob zum Zwecke dieser Arbeit Einblicke in die Evaluierung ausnahmsweise gewährt werden können, zu keinem positiven Ergebnis führten, kann die Überarbeitung der Konzeption nicht überprüft werden. Ebenso stellt sich die Situation in Brandenburg[1801] dar. Nach einem Jahr Echtbetrieb wurde die erste Evaluierung des Konzepts durchgeführt, wobei auch hier das Untersuchungsergebnis bisher unveröffentlicht blieb.[1802]

Ähnlich liegt die Situation in Nordrhein-Westfalen. Im dortigen Konzept[1803] selbst ist die Obliegenheit, nach Ablauf von einem Jahr nach Aufnahme des Wirkbetriebes von KURS einen Erfahrungsbericht zu erstellen, verankert.[1804] Ob dies erfolgt ist, konnte nicht mit absoluter Sicherheit eruiert werden. Jedenfalls stellten die zuständigen Behörden einen diesbezüglichen Bericht nicht zur Verfügung. Sowohl die zum größten Teil mangelnde Evaluierung der Projekte als auch deren fehlende Veröffentlichung dieser bei Durchführung einer Bewertung müssen negativ bewertet werden. Zwar kann noch Verständnis aufgebracht werden, dass persönliche Daten, wie beispielsweise Namen der Betreuer oder Probanden des Konzepts schon aufgrund des Datenschutzes nicht veröffentlicht werden, allerdings bleibt unverständlich warum anderweitige Angaben nicht publiziert werden. Allein die Ermittlung der Unterstellungsanzahl - selbst wenn sie

1798 Zum Projekt vgl. oben S. 252 ff.

1799 Stand: 27.3.2009.

1800 Vgl. Kasecker, Überwachung rückfallgefährdeter Sexualstraftäter, S. 40.

1801 Vgl. zu dem Projekt S. 264 ff.S

1802 So Kasecker, Überwachung rückfallgefährdeter Sexualstraftäter, S. 46.

1803 Zum Projekt vgl. S. 301 ff.

1804 Vgl. hierzu Konzept KURS NRW, S. 14.

ständigem Wechsel unterliegt, beispielsweise durch Wegzug oder Tod des Klienten - gibt Auskunft über die Kapazität der Konzeption, um gegebenenfalls personelle Veränderungen vornehmen zu können. Des Weiteren ermöglicht die nähere Untersuchung des Verfahrensablaufs oder der justiziell-polizeilichen Zusammenarbeit eine Optimierung der Prozesse.

Aber nicht nur für das eigene Bundesland bietet eine Evaluierung der Konzeption Vorteile, sondern auch für die restlichen Bundesländer. Durch den Austausch der Informationen und den bereits gemachten Erfahrungen kann das jeweilige Konzept verbessert werden und somit der Umgang mit den Probanden, aber ebenso der Schutz für die Bevölkerung vor diesen Tätern optimiert werden.

Auch im Hinblick auf die Kosten muss eine Evaluierung der Projekte stattfinden. Zwar erweist sich diese als sehr kostenintensiv, allerdings kann nur auf diese Weise die Wirksamkeit der Maßnahme belegt werden. Gescheiterte und erfolglose Vorkehrungen sind im Ergebnis teurer als der Aufwand, den es für eine Evaluation bedarf.[1805]

Daher ist eine regelmäßige Evaluierung des Konzepts und die Veröffentlichung der Ergebnisse der Untersuchung nicht nur zu empfehlen, sondern zwingend durchzuführen. Ratsam ist hierbei zunächst ein Abstand von zwei Jahren, der allmählich auf fünf Jahre gesteigert werden kann. Schwerpunkt der Evaluation sollte dabei die Optimierung des Konzepts und dessen Prozessabläufe sein. Nur schwer wird sich der Erfolg des Konzepts anhand konkreter Parameter nachweisen lassen, da die Zahl der verhinderten Straftaten durch die Projekte nicht messbar ist.[1806] Lediglich wird man diesbezüglich die Rückfallquote der Tätergruppe vor mit derjenigen nach der Einführung der Konzepte und damit mit der Unterstellung der Probanden vergleichen können. Jedoch ist das Ergebnis nur relativ, da es von vielen äußeren Umständen abhängt. Daher darf das Untersuchungsergebnis nur als Trend verstanden werden.

(2) Information der Öffentlichkeit

Allgemein ist es nur empfehlenswert, die Öffentlichkeit mehr über diese Konzepte zu informieren. Allein die Tatsache, dass nicht in jedem Bundesland die jeweilige Konzeption veröffentlicht wird und somit für die betroffene Person sowie für die Allgemeinheit zur Verfügung steht, stößt auf Kritik.[1807] Es muss bei derartigen Projekten erkennbar sein, unter welchen Bedingungen und Vo-

1805 Hierzu Feltes, Kriminalistik 2000, S. 661 (663).

1806 Siehe dazu auch Kasecker, Überwachung rückfallgefährdeter Sexualstraftäter, S. 46.

1807 In Berlin und Thüringen wurde auf Anfrage eine Herausgabe der Konzepte abgelehnt, da diese für die Öffentlichkeit unzugänglich und nur für den Dienstgebrauch bestimmt sind. Siehe Thüringen (S. 335, 336), Berlin (S. 259, 262).

raussetzungen man zur Zielgruppe zählt und dem jeweiligen Konzept untersteht. Ferner müssen die Folgen einer derartigen Unterstellung im Vorfeld bekannt sein. Aber nicht nur für die betroffene Person, sondern auch für die Allgemeinheit bedarf es eines Informationsflusses. Die Bevölkerung erkennt, dass die Landesministerien Maßnahmen im Umgang mit besonderen rückfallgefährdeten Tätern ergreifen, um der Allgemeinheit Schutz vor diesen Tätern zu bieten. Dies stärkt wiederum das allgemeine Sicherheitsempfinden. Die Verringerung von Kriminalitätsängsten hat wiederum die Steigerung von Lebensqualität zur Folge.[1808]

Fraglich ist jedoch, ob zu Gunsten des Sicherheitsinteresses die Datenschutzbestimmungen aufgrund der Publizierung der Konzeptionen verletzt werden. Dies ist zu verneinen. Zwar werden in der Regel im Rahmen der Konzeptionen zum Teil Datenbanken angefertigt und Informationen über die betroffene Person gespeichert und weitergegeben bzw. der Proband wird in bestehenden Dateien gesondert gekennzeichnet, diese sind jedoch nur für den internen Gebrauch bestimmt.[1809] Bei den vorliegenden Konzeptionen handelt es sich nämlich gerade nicht um öffentlich zugängliche Register nach amerikanischem Vorbild.[1810] Der Wunsch nach einer Veröffentlichung richtet sich auch nicht auf Preisgabe personenbezogener Daten, vielmehr umfasst er nur die Forderung der Publizierung der Konzeption an sich. In dieser werden keine persönlichen Informationen der Probanden preisgegeben, sondern nur der Inhalt wiedergegeben. Bei einer Zugänglichmachung der Projekte für die Allgemeinheit können daher auch keine Rechte des Einzelnen auf Datenschutz diesbezüglich verletzt werden, so dass im Hinblick auf das Sicherheitsinteresse eine Veröffentlichung stattzufinden hat.

1808 So auch Ostendorf, BewHi 2005, S. 57 (60).

1809 Zu der Frage nach der Rechtmäßigkeit der Datenerhebung, -speicherung und -weitergabe vgl. Bohrer, Kieler Sicherheitskonzept Sexualstraftäter, S. 15 ff.; Popp, Die Haftentlassenenauskunftsdatei Sexualstraftäter, S. 70 ff., 90 ff. Kritisch gegenüber Auskunftsdateien Schürmann, HEADS und andere Auskunftsdateien, S. 189 (195 f.).

1810 Als Beispiel soll hier nur das amerikanische Gesetz zum Schutz vor Sexualstraftätern (Stichwort: „Megan´s Law) genannt werden, das beinhaltet, dass vorbestrafte Sexualtäter in einer der Öffentlichkeit zugänglich gemachten Onlinedatenbank registriert werden, so dass jeder Bürger Informationen, vor allem die Adresse der betroffenen Person abrufen kann. Siehe hierzu http://leginfo.ca.gov/pub/03-04/bill/asm/ab_0451-0500/ab_488_bill_20040924_chaptered.html; http://www.meganslaw.ca.gov/homepage.aspx?lang=ENGLISH. Siehe hierzu auch Anders, JR 2011, S. 190 ff., der einen Überblick über das Recht der öffentlich zugänglichen Sexualstraftäterdateien in den USA gibt und der Frage nachgeht, ob diese in das deutsche Recht übertragbar wären.

(3) Erweiterung der Zielgruppe

Ferner sollte, wie oben[1811] bereits erwähnt, der Täterkreis der Zielgruppe nicht bloß auf Sexualstraftäter begrenzt, stattdessen aber noch erweitert werden. Allerdings sind die einzelnen Konzepte für besondere Problemfälle hoch spezialisiert und können aufgrund des enormen Bedarfs an qualifiziertem Personal schon deshalb nicht beliebig auf andere Bereiche ausgedehnt werden.[1812] Trotz Kenntnis des personellen Mangels bzw. Bedarfs ist eine gewisse Ausdehnung des Anwendungsgebiets der Konzeptionen erforderlich. Nicht nur Sexualstraftäter, aber auch Täter sexualbezogener Gewaltdelikte und Gewalttäter, die ein erhöhtes Rückfallrisiko aufweisen, sollen künftig zu den Risikoprobanden zählen.

(4) Kategorisierung durch Fac hpersonal

Wie oben gezeigt[1813], findet in den meisten Bundesländern eine Kategorisierung der Probanden innerhalb der Konzeption statt. Oftmals entscheiden hierüber Mitarbeiter der polizeilichen Zentralstelle, also Sachbearbeiter oder Beamte. Diese sind weder geschulte Psychologen noch haben sie einen diesbezüglichen Lehrgang erhalten. Um jedoch eine qualitativ hochwertige Bewertung zu gewährleisten und damit das Risiko einer Falschbeurteilung möglichst gering zu halten, ist es jedoch vonnöten, diese Einstufung durch Fachpersonal durchführen zu lassen. Selbst wenn in manchen Bundesländern Personen mit juristischem Hintergrund und diesbezüglichen Erfahrungen die Entscheidung treffen, ersetzt dies keine Einschätzung durch einen Psychologen. Empfehlenswert ist es daher, eine Vereinheitlichung bezüglich dieses Punkts vorzunehmen. Die Einstufung, ob der Proband in die Konzeption aufgenommen werden soll und wenn ja, in welche Kategorie er einzuordnen ist, sollte geschultem Fachpersonal, also Psychiatern und Psychologen vorbehalten bleiben. Diese haben anhand ihres Studiums und den gesammelten Erfahrungswerten die beste Möglichkeit, eine fehlerlose Entscheidung zu treffen.

1811 S. 369 f.

1812 Ebenfalls Popp, Die Haftentlassenenauskunftsdatei Sexualstraftäter, S. 79.

1813 Bereits oben S. 369 f.

(5) Einführung einer Rechtsschutzmöglichkeit

Ein erhebliches Problem der Konzeptionen besteht in der fehlenden Rechtsschutzmöglichkeit[1814] der betroffenen Person. Ein zur Zielgruppe gehörender, als Risikoproband eingestufter Täter hat keinerlei Möglichkeit gegen die Unterstellung unter das Konzept gerichtlich vorzugehen. Die Unterstellung als Risikoproband in ein Projekt ergeht weder als Verwaltungsakt noch liegt ein Rechtsverhältnis vor, so dass keine Anfechtungs-, Verpflichtung- oder aber auch Feststellungsklage statthaft ist. Auch können bislang Rechtsbehelfe der StPO nicht ergriffen werden. Es besteht für die betroffene Person einzig die Möglichkeit Rechtsschutz zu ersuchen, wenn eine anderweitige Verletzung eines Rechts, z.B. des Datenschutzes besteht. Hiergegen kann die in ihren Rechten verletzte Person vorgehen. Ratsam ist es daher - auch wenn dies eine Mehrbelastung der Justiz bedeutet - eine Rechtsschutzmöglichkeit für die der Konzeption zugehörigen Person einzuführen. Vordergründig sollte hierbei das Recht auf Anhörung stehen. Die Unterstellung unter eine derartige Konzeption bedeutet eine belastende Maßnahme für die betroffene Person, die in deren Rechte partiell eingreifen kann. Eine Entscheidung über die Einstufung als Risikoproband und die damit einhergehende Unterstellung darf erst dann ergehen, wenn der Beteiligte sich hierzu äußern konnte. Ferner muss der rechtsstaatliche Bereich in solcher Weise ausgebaut werden, dass die Entscheidung Rechtsmittelfähigkeit erlangt.

(6) Überarbeitung der Zielbestimmung

Ferner sollten die Konzeptionen dergestalt überarbeitet werden, dass die Zielbestimmung dahingehend relativiert wird, dass der Schutz der Allgemeinheit vor weiteren Straftaten durch den Täter nicht nur durch Kontrolle und Überwa-

1814 Art. 19 Abs. 4 GG beinhaltet ein Grundrecht auf möglichst lückenlosen und effektiven Rechtsschutz gegen Entscheidungen der öffentlichen Gewalt (BVerfG, NJW 1959, S. 475 (477); BVerfG, NJW 1974, S. 1079; BVerfG, NJW 1976, S. 747; BVerfG, NJW 1978, S. 693). Hierbei wird nicht nur der Zugang zu den Gerichten, die Prüfung des Streitbegehrens in einem förmlichen Verfahren, sondern auch eine gerichtliche Entscheidung gewährt. Es besteht ein Anspruch auf eine tatsächlich wirksame gerichtliche Kontrolle [BVerfGE 60, S. 249 ff.; BVerfGE 107, S. 405; BVerfGE 112, S. 207; Hömig-(Antoni), GG, Art. 19 GG Rn. 16]. Was unter „öffentliche Gewalt" zu verstehen ist, ist umstritten. Vgl. hierzu exemplarisch Widmaier-[Eschelbach], Münchener Anwaltshandbuch Strafverteidigung, Teil E, § 28 Rn. 135 ff. Für Entscheidungen im Rahmen der Führungsaufsicht nach § 68a bis § 68d StGB ist die Beschwerde gem. § 463 Abs. 2 iVm. § 453 Abs. 2 S. 1 StPO statthaft, in den Fällen des § 68e StGB oder § 68f StGB die sofortige Beschwerde nach § 463 Abs. 3 S. 1 iVm. § 454 Abs. 3 StPO. Gegen die Unterstellung als Risikoproband in einem Projekt existiert kein Rechtsmittel.

chung, sondern insbesondere auch durch Resozialisierung im Sinne von Hilfe und Betreuung anzustreben ist. Wie bereits das Institut der Führungsaufsicht zeigt, bedarf es zur Verhinderung erneuter Straftaten sowohl einer Betreuungs- als auch Überwachungsfunktion. Zwar sind viele Probanden der Konzepte auch der Führungsaufsicht unterstellt und erhalten hierdurch Hilfe und Betreuung, jedoch sollte dieser notwendige Aspekt auch in den Konzepten hervorgehoben werden.

(7) Einführung einer bundesweit einheitlichen Konzeption

Zu überlegen ist ferner, ob die Einführung einer bundesweit einheitlichen Konzeption im Gegensatz zu den derzeit unterschiedlich ausgestalteten Konzepten der jeweiligen Bundesländer von Vorteil wäre.[1815]

Wie oben bereits gezeigt[1816], divergieren die Konzeptionen nicht nur hinsichtlich ihrer Bezeichnung, sondern insbesondere auch im Hinblick auf ihre Zielgruppe, also den Kriterien für die Aufnahme in das jeweilige Projekt, dem diesbezüglichen Entscheidungsträger und den verschiedenen Kategorisierungen. Oftmals findet daneben ein unterschiedlicher Sprachgebrauch statt. Dies hat zum Nachteil, dass die Konzepte nur schwer miteinander vergleichbar sind und führt vor allem zu einer gewissen Rechtsunsicherheit. Diese entsteht hauptsächlich wenn eine einer Konzeption unterstellte Person in ein anderes Bundesland zieht und damit die Frage aufgeworfen wird wie der Umgang mit diesem Probanden auszusehen hat. Ferner auch bei anderen länderübergreifenden Angelegenheiten wie beispielsweise Kontrollen und Fahndungen.

Daher erscheint die Überlegung der Einführung einer bundesweit einheitlichen Konzeption nicht verfehlt. Sie hat zunächst den Vorteil, dass die Rechtsunsicherheit der Rechtssicherheit weichen müsste. Dies geschieht dadurch, dass an erster Stelle einheitliche Kriterien für die Aufnahme in das Konzept dokumentiert werden. Bundesweit haben folglich alle Konzeptbeteiligten, sämtliche Probanden, aber ebenso bereits Verurteilte, die noch nicht über die Aufnahme in das Projekt in Kenntnis gesetzt wurden, und schließlich die Allgemeinheit die Möglichkeit nachzulesen, wann ein Täter der Zielgruppe der Konzeption zugehörig ist. Infolgedessen bleibt der Täter, der als Proband eingestuft wurde, selbst bei einem Umzug aus einem Bundesland in ein anderes Bundesland Klient und untersteht denselben Maßnahmen. Somit wird nicht nur die Verwaltung entlastet, sondern es würden zum Teil auch Probleme in der Praxis verschwinden. Bei Einführung einer bundesweit einheitlichen Konzeption ergeben sich bei Kon-

1815 Zu dieser Überlegung insgesamt Kasecker, Überwachung rückfallgefährdeter Sexualstraftäter, S. 84.

1816 Siehe S. 369 ff.

trollsituationen, Fahndungen oder Schriftverkehr zwischen verschiedenen Bundesländern keine länderübergreifenden Probleme mehr, da diese unter der Bedingung des Vorliegens der weiteren Voraussetzung immer rechtmäßig wären. Hierdurch entstünde vor allem Rechtssicherheit für die Polizeibeamten, die die Maßnahmen hauptsächlich durchführen. Insbesondere würde eine einheitliche Kategorisierung bei der Rechtsfortschreibung, besonders bei der Aktualisierung von erkennungsdienstlichen und DNA-Unterlagen zur Rechtssicherheit führen. Schließlich erleichtere die Einführung einer bundesweit einheitlichen Konzeption auch die Erstellung von Lagebildern und Statistiken, insbesondere im Hinblick auf die Rückfälligkeit. Auf diese Weise würde mehr Transparenz erzielt werden. Ferner könnten diejenigen Bundesländer, die eine hohe Rückfallrate bei der besonderen Tätergruppe aufweisen, dies nicht mehr auf anders gelagerte Umstände schieben. Einheitliche Bedingungen führen zu einer besseren Vergleichbarkeit und damit wieder zu mehr Transparenz.

Nachteilig an einer bundesweit einheitlichen Konzeption wäre allerdings die zu erwartende Auseinandersetzung der einzelnen Länder bis die inhaltliche Ausgestaltung feststünde und der Streitpunkt, welcher Ansicht bei unterschiedlicher Auffassung der Vorrang gewährt werden sollte. Dies könnte aber durch das Mehrheitsprinzip gelöst werden.

Ferner müsste im Vorfeld die Übernahme der Kosten und der jeweilige Personalbedarf geklärt werden. In Anbetracht dieser Gesichtspunkte und der Tatsache, dass durch eine bundesweit einheitliche Konzeption auch eine deutschlandweite gleiche Datenbank für besonders rückfallgefährdete Straftäter entstehen würde, kann eine Empfehlung zu einer Anpassung der Konzepte zu deren Vereinheitlichung ausgesprochen werden. Allerdings ist es ratsam dies erst nach Ablauf eines gewissen Zeitrahmens zu bewerkstelligen. Zunächst können die Länder mit ihrer unterschiedlichen Ausgestaltung Erfahrungen sammeln. Nach Ablauf einer vorher bestimmten Projektdauer von beispielsweise zwei Jahren sind die gesammelten Ergebnisse auszuwerten und eine bundeseinheitliche Lösung auszuarbeiten.

d) Fazit

Alle Bundesländer haben die Notwendigkeit der Konzepte zum Umgang mit besonders rückfallgefährdeten Straftätern erkannt und diese eingeführt. In der Theorie hören sich die Konzeptionen der Bundesländer trotz der kleinen Schwächen, deren Verbesserung es bedarf, durchweg vielversprechend an. Durch die jeweiligen Konzepte können der Informationsfluss der beteiligten Stellen, aber auch der Verfahrensablauf erheblich optimiert und Nahtstellenprobleme hierdurch verringert werden. Allerdings ist die Umsetzung dieser etwas praxisfern.

Wie oben bereits erwähnt, besteht im Bereich der Betreuung der unter Führungsaufsicht stehenden Personen, die den größten Kreis der Klienten der Konzepte ausmachen, schon ohne diese Projekte zum Teil erhebliche Personalknappheit. Die Betreuung und vor allem die intensive Überwachung und Kontrolle benötigen neben mehr Personal auch eines größeren Etats, der neben den gestiegenen Personalkosten, insbesondere auch die Kosten für die Schulungen der Betreuer, aber auch die EDV-Systeme umfasst. Ob dieser erhöhte Bedarf auf Dauer bewerkstelligt werden kann und wie eine Lösung für die Finanzierung der Projekte aussehen kann, bleibt abzuwarten.[1817] Will man jedoch erfolgreich Kriminalprävention betreiben und die Kriminalität wirkungsvoll bekämpfen, sind die hierfür benötigten Mittel unverzichtbar.[1818] Keine Initiative zu zeigen wäre daher keine geeignete Maßnahme hinsichtlich der von Beccaria[1819] bereits aufgeworfenen Frage, wie man den Verbrechen vorbeugt.

Ebenfalls stellt aber auch Gerhard Schröder´s Weg „Wegsperren – und zwar für immer“ keine geeignete Lösung dar, da sich dies aus “moralischen, ethnischen, rechtlichen, aber auch fiskalischen Gründen“[1820] verbietet und nicht mit einem demokratischen Staat mit demokratischem Rechtssystem, wie Deutschland es ist, vereinbar ist.[1821] Bereits das Bundesverfassungsgericht stellte im sog. Lebach-Urteil fest, dass allen Verurteilten nicht nur die Chance gegeben werden muss, sich wieder in die Gesellschaft einzugliedern, sondern dass ihnen bei der Resozialisierung aktiv von staatlicher Seite aus geholfen werden muss.[1822] Auch wenn die Projekte der Bundesländer eher die Kontrolle und Überwachung der verurteilten Person im Fokus haben, so dass die Gefahr besteht, dass der durch die polizeilichen Maßnahmen verursachte Druck und die damit verbundene Stigmatisierung der unterstellten Person die Resozialisierung erschweren,[1823] leisten die Konzeptionen dennoch ihren Beitrag zur Rückkehr des Täters in die Gesellschaft. Sie versuchen, dem Verurteilten zu helfen, ein straffreies Leben zu führen.

Im Ergebnis sollte man diese Konzepte allerdings nicht als Universallösung betrachten, denn diese stellen sie nicht dar und können es realistisch betrachtet

---

1817 Singelnstein, Polizeiliche Auskunftsdateien, S. 175 (186) befürchtet lediglich eine Verschiebung der finanziellen Ressourcen.

1818 Auch Raab erkennt die Notwendigkeit von Personal zur Kriminalitätsbekämpfung im Rahmen von HEADS an, der kriminalist 1/2009, S. 1(6).

1819 Beccaria, Über Verbrechen und Strafen, S. 162 f.

1820 Feltes, Frankfurter Rundschau v. 21. Juli 2003, S. 8.

1821 So auch Kasecker, Überwachung rückfallgefährdeter Sexualstraftäter, S. 25.

1822 BVerfGE 35, S. 202 ff.

1823 So auch Singelnstein, Polizeiliche Auskunftsdateien, S. 175 (186); Waechter, VerwArchiv 92, S. 368 (385 ff).

auch nicht werden. Bereits Durkheim kam zu der Erkenntnis, dass es keine Gesellschaft gebe, in der keine Kriminalität existiere,[1824] so dass die Allgemeinheit auch mit Straftätern in ihrer Mitte leben muss – seien es solche, die eine Straftat zum ersten Mal oder diejenigen, die wiederholt eine Straftat begehen. Mit den Konzepten kann die Kriminalität und die Gefahr durch die rückfallgefährdeten Täter nicht völlig ausgeschlossen werden, allerdings leisten sie einen Beitrag dazu, dass die Verbrecher zurückgedrängt werden. Damit stellen sie eine reale Möglichkeit dar, einschlägige Rückfalldelikte zu verhindern bzw. die Anzahl zu verringern, was im Hinblick auf das zu schützende Rechtsgut einen deutlichen und bedeutenden Mehrwert offenbart. Sie sind somit sinnvolle Maßnahmen um die Allgemeinheit vor der Begehung weiterer Straftaten durch den Täter zu schützen.

1824 Schwind, Kriminologie, S. 138.

Zusammenfassung und Ausblick

Die Reform der Führungsaufsicht und die Konzeptionen der Bundesländer werden im Ergebnis die gewünschten Erfolge auch im Hinblick auf die Rückfallvermeidung erbringen. Es ist allerdings zum einen noch zu wenig Zeit seit der Einführung der konzeptionellen Regelungen der Bundesländer vergangen, um aussagekräftige, statistische Werte diesbezüglich zu erhalten, zum anderen steht das Ergebnis der bundesweiten Untersuchung hinsichtlich der Bewertung der Reform der Führungsaufsicht noch aus. Aus besagten Gründen[1825] konnte keine selbst durchgeführte, das Bundesgebiet umfassende Umfrage aller mit der Führungsaufsicht beteiligten Stellen erfolgen, so dass hinsichtlich der Unterlegung der in dieser Arbeit erlangten Ergebnisse mit den tatsächlichen Vorkommnissen in der Praxis auf die noch nicht abgeschlossene Studie Bezug genommen werden muss, sofern sie die gleichen Fragestellungen umfasst.

Nach meiner Einschätzung führen die Reformen von 2007 und 2010 zu positiven Veränderungen. Größtenteils wurde mit den Erweiterungen des Instrumentariums ein Schritt in die richtige Richtung gemacht, zusätzlich wird damit der Streit[1826] beendet, ob die Führungsaufsicht abgeschafft werden soll. Klarstellungen seitens des Gesetzgebers, wie beispielsweise die Feststellung in § 68f Abs. 1 StGB, dass eine Gesamtstrafe für ausreichend erachtet wird[1827], oder die Regelung[1828] des Konkurrenzverhältnisses in § 68e Abs. 1 S. 1 Nr. 3 StGB, führen dazu, dass in diesem Bereich der lange Zeit umstrittenen Maßregel endlich Ruhe einkehren wird.

Daneben bewirken die neuen Regelungen eine Verbesserung hinsichtlich der Behandlung der unterstellten Personen zur Vermeidung der Begehung erneuter Straftaten. Begrüßenswert sind vor allem die Neueinführung der forensischen Ambulanzen[1829], die Erweiterung des Kontakt- und Verkehrsverbots[1830] sowie der Melde[1831]- und Anzeigepflicht[1832], aber auch die Einführung der elektronischen Überwachung[1833]. Diese entsprechen den Bedürfnissen der Praxis und helfen dabei die Führungsaufsicht noch effizienter zu gestalten. Auch die Stärkung

1825 Siehe dazu oben S. 211 ff., 220 ff.
1826 Zu der Forderung der Abschaffung vgl. S. 42.
1827 Vgl. S. 67 ff., insb. S. 72 ff.
1828 Siehe hierzu S. 118.
1829 Dazu oben S. 137 ff.
1830 Siehe bereits S. 152.
1831 Vgl. hierzu die obigen Ausführungen, S. 159.
1832 Dazu S. 161.
1833 Ausführlich oben S. 172.

der Aufsichtsstelle durch Einräumung weiterer Mittel zur Überwachung[1834] scheint sachgerecht zu sein, um auf problematische Entwicklungen des Verurteilten deutlich und rechtzeitig reagieren zu können. Damit leistet die Führungsaufsicht ihren Beitrag zu mehr innerer Sicherheit.[1835] Gleichzeitig ist aber zu bemängeln, dass diese Gesetzesänderungen eher dem Ausbau der Kontrolle und Überwachung als der Hilfe und Betreuung des Betroffenen dienen. Daher sollte künftig vermehrt auf eine Verbesserung und Erweiterung der Hilfsangebote geachtet werden.

Der Gesetzgeber hat es leider verpasst im Hinblick auf die aktuellen Rückfallstatistiken zu reagieren und neben den Sexualstraftätern auch andere Deliktsgruppen, beispielsweise Gewaltstraftäter herauszugreifen und § 68f Abs. 1 StGB auch auf diese auszuweiten. Es scheint, dass der Gesetzgeber nur die Angst der Bevölkerung vor Sexualstraftätern gesehen, die empirischen Rückfalldaten aber nicht wahrgenommen hat.

Die Therapieweisung nach § 68b Abs. 2 StGB und die Strafrahmenerhöhung des § 145a StGB finden aus oben genannten Gründen[1836] keinen Zuspruch, da sie zur Resozialisierung des Betroffenen nicht unmittelbar beitragen, sondern das Vertrauensverhältnis zwischen der unter Führungsaufsicht stehenden Person und dem Bewährungshelfer bzw. Therapeut nachhaltig beeinflussen. Zumal die Erhöhung des Strafrahmens aus gezeigten Aspekten verfassungswidrig ist.[1837]

Schließlich soll noch einmal betont werden, dass die Führungsaufsicht nur so effektiv sein kann, wie ihr auch die dazu benötigten Mittel bereit stehen. Eine Änderung des Gesetzes reicht hierfür noch nicht. Insbesondere muss zur Entfaltung der vollen Wirksamkeit die entsprechenden personellen und sachlichen Mittel zur Verfügung gestellt werden, damit dieses Institut sinnvoll genutzt werden kann. Speziell der Ausbau forensischer Ambulanzen wird erhebliche Kosten verursachen, die aber zum Teil durch Verkürzungen des Vollzugs stationärer psychiatrischer Maßregeln ausgeglichen werden können. Die restlichen anfallenden Kosten müssen aber für die Sicherheit und zum Wohl der Gemeinschaft hingenommen werden.

Bezüglich der Entwicklung der Führungsaufsicht lässt sich in der Praxis ein stetig wachsender Wirkungskreis dieses Instruments feststellen.[1838] Betrug die Zahl der Unterstellungen im Jahr 1977 noch 4.080, lag sie 1990 schon bei

1834 Siehe oben S. 130.

1835 Hinsichtlich der Steigerung der inneren Sicherheit zustimmend Herbst, Führungsaufsicht und Bewährungshilfe, S. 170 (183).

1836 Zur Therapieweisung vgl. S. 182 f., zur Strafrahmenerhöhung bereits oben S. 188 ff.

1837 Vgl. S. 197.

1838 Siehe oben S. 337 ff.

12.462[1839] und hat heute bereits die Marke von 30.000 überschritten. 2010 ergab sich eine bei 30.916 „Führungsaufsichtsfällen" realistische Personenanzahl von etwa 30.700.[1840] Sowohl die zunehmende Akzeptanz dieser Maßnahme, die Anordnung längerer Freiheits- und Jugendstrafen, die restriktive Handhabung des Richters bei Straf(rest)aussetzung oder der vorzeitigen Entlassung zur Bewährung aus dem Maßregelvollzug als auch die gesetzlichen Veränderungen bewirkten diese rasante Entwicklung.[1841] Anhand der eigenen Untersuchung wurde ferner prognostiziert, dass das Institut bezüglich seiner Anzahl der unterstellten Personen noch nicht seinen Höchststand erreicht hat. Bereits die Zwischenbilanzen einiger Bundesländer für das Jahr 2011 lassen den Schluss zu, dass auch in diesem Jahr die bisherige Höchstmarke übertroffen wurde. Immer mehr verurteilte Personen erhalten damit Hilfe und Betreuung sowie Kontrolle durch diese Maßnahme. Hierdurch wird ein Beitrag zur Verringerung der Rückfallgefahr und der Resozialisierung des Täters geleistet. Trotz der Vorteile, bringt die stetig wachsende Anzahl auch Nachteile mit sich. Dies bedeutet für die bereits schon sehr knapp besetzten Stellen der Bewährungshilfe und Führungsaufsichtsstellen, aber auch der forensischen Ambulanzen sowie weiterer therapeutischer Einrichtungen erhebliche Mehrarbeit. Um eine effektive und umfangreiche Betreuung sowie Überwachung der verurteilten Person zu gewährleisten und dadurch auch das Ziel der Führungsaufsicht zu erreichen, bedarf es einer personellen Aufstockung. Dies wiederum hat erhöhte Kosten zur Folge. In Anbetracht der sinkenden Rückfallgefahr und damit der Erhöhung der Sicherheit der Gemeinschaft, aber auch der Hilfe zur Wiedereingliederung des Täters in die Gesellschaft und der andernfalls drohenden Qualitätsverluste bei der Betreuung des Täters ist dies hinzunehmen.

Auch wurde im Rahmen der Auswertung[1842] der erfolgten Unterstellungen festgestellt, dass die Entwicklung der Führungsaufsicht zwischen den jeweiligen Bundesländern unterschiedlich stark ausgeprägt ist. Die These, je größer das Bundesland, desto größer die Anzahl an Unterstellungen, hat sich im Ergebnis nicht bestätigt.[1843] Ebenso ist der Anteil des jeweiligen Bundeslandes an der Gesamtbevölkerung nicht proportional zum Anteil der Gesamtunterstellungen im Bundesgebiet.[1844] Vielmehr wird die unterschiedliche Verteilung durch die ungleiche Kriminalitätsbelastung, die Verurteilungspraxis, die Wahrnehmung der Möglichkeit der Aussetzung des Strafrests durch die Gerichte sowie die Höhe

1839 Weigelt/Hohmann-Fricke, BewHi 2006, S. 216 (217).

1840 Zum errechneten Schätzwert der realistischen Personenanzahl vgl. oben S. 339.

1841 Vgl. S. 342 f.

1842 Ausführlich oben S. 337 ff.

1843 Dazu S. 344 ff.

1844 Vgl. S. 347 ff.

der Anordnungen der Führungsaufsicht kraft Richterspruchs bedingt.[1845] Auch die regionalen Abweichungen im Bereich der Punitivität und der Dauer der Maßnahme bewirken bundesweit Unterschiede hinsichtlich der Führungsaufsichtsrate.[1846] Aber nicht nur bezüglich der Entwicklung, sondern auch hinsichtlich der Einrichtung der sog. Übergangsmanagements[1847] wird keine Bundeseinheitlichkeit verzeichnet.

Die einzelnen Konzepte sind Kinder einer Zeit, die durch das Gefühl der Unsicherheit bezüglich des Umgangs mit besonders gefährlichen Straftätern und der daraus resultierenden Sicherheits- und Kontrollbedürfnisse stark geprägt ist. Die Bundesländer haben auf die Angst der Bevölkerung, aber auch auf die von diesen Tätern ausgehende Gefahr reagiert, indem sie die Notwendigkeit einer Überwachung bestimmter rückfallgefährdeter Straftäter erkannt und konzeptionelle Regelungen eingeführt haben. Auch im Hinblick auf die ausgewählte Untersuchung der Rückfälligkeits- und Präventionslage konnte gezeigt[1848] werden, dass die Führungsaufsicht und die bisherigen Maßnahmen noch nicht in der Lage sind, die Begehung erneuter Straftaten durch die bereits verurteilte Person zu verhindern, so dass ein Bedarf an diesen Konzeptionen besteht. Die bundesländerspezifischen Projekte stellen in diesem Zusammenhang keine verfassungswidrige Ergänzung zu den bundesrechtlichen Regelungen der Führungsaufsicht dar[1849] und sind in ihrer Art und Ausgestaltung grundsätzlich auch nicht zu beanstanden. Mittels der durch diese Projekte angebotenen Hilfe und Überwachung können zum Teil strafrechtlich relevante Umstände frühzeitig erkannt und behoben, sowie insbesondere der Informationsfluss zwischen den beteiligten Stellen und der Verfahrensablauf erheblich verbessert werden. Die mit diesen Projekten einhergehenden Mängel wurden ebenso wie die nötigen Verbesserungsvorschläge[1850] aufgezeigt.

Hervorzuheben ist neben der Erweiterung der Zielgruppe auch auf Täter sexualbezogener Gewaltdelikte und Gewalttäter, die ein erhöhtes Rückfallrisiko aufweisen, speziell die Einstufung der Probanden in das jeweilige Konzept, die

---

1845 Siehe S. 351 f.

1846 Dazu oben S. 352.

1847 Die einzelnen Projekte als Maßnahmen zur Resozialisierung nach Haftentlassung werden zum Teil auch Übergangsmanagements genannt. Statt vieler hierfür Beß in seinem Vortag „Die Rolle des Bewährungshelfers/der Bewährungshelferin im Übergangsmanagement". Abzurufen unter http://www.gefaehrdetenhilfe-bayern.de/uploads/media/090708_fachtag_bewaehrungshilfe_bess_koob-sodtke.pdf.

1848 Vgl. S. 355 ff., 365 ff.

1849 Ausführlich oben S. 372 ff., insb. S. 374.

1850 Dazu S. 390 ff.

künftig nur noch durch erfahrenes, in der Prognoseerstellung erprobtes Fachpersonal vorgenommen werden sollte.[1851] Diese Berichtigungen würden eine noch effektivere Sicherheit der Bevölkerung vor erneuten Straftaten bieten. Ferner könnte ein noch umfangreicherer Schutz der Gemeinschaft sowie eine bessere Resozialisierung der verurteilten Personen durch stetige Weiterentwicklungen dieser Projekte mit Hilfe von durchzuführenden Evaluierungen erreicht werden.[1852]

Obwohl die Konzeptionen das Institut der Führungsaufsicht ergänzen und die Informationsweitergabe sowie allgemein die Zusammenarbeit zwischen den beteiligten Stellen erheblich optimieren, kann trotz allem kein umfassender, 100 %-iger Schutz der Allgemeinheit erreicht werden. Nicht einmal, wenn man auf Gerhard Schröders Forderung[1853], die verurteilte Person für immer wegzusperren, eingehen und den Täter tatsächlich lebenslang seiner Freiheit entziehen würde, könnte dies unabhängig von der Rechtmäßigkeit einer derartigen Anordnung bewirkt werden, da auch innerhalb des Straf- oder Maßregelvollzugs die Möglichkeit besteht Straftaten, sei es an Mitinsassen, Personal oder Besuchern, auszuüben. Die Begehung einer Straftat hängt zudem von vielen komplexen Umständen ab, so dass eine zeitweise Hilfestellung durch Kontrolle, aber auch durch Betreuung nicht ausreicht, die Rückfallgefahr auf Null zu senken. Dennoch leisten diese Maßnahmen ihren Beitrag in der Reduzierung der Rückfallhäufigkeit sowie der Vorbeugung von Verbrechen und schließen zusammen mit der Führungsaufsicht die Sanktionslücke, die beim Übergang vom Strafvollzug in die Freiheit entsteht. Dennoch wird man sich wohl daran gewöhnen müssen, dass es nie eine Gesellschaft geben wird, in der keine Kriminalität existiert.

Zusammenfassend ist die Führungsaufsicht verbunden auch mit den länderspezifischen Konzeptionen somit eine gute Maßnahme nicht nur für die Behandlung derjenigen, welche nicht bedingt entlassen werden können und die nach der Verbüßung der Strafe noch der Fürsorge bedürfen.

Sie löst damit tatsächlich eine crux des Strafrechts.

1851 Vgl. S. 394.

1852 Siehe S. 391.

1853 Schröder in einem Interview mit „BILD am Sonntag“, abgedruckt in BILD am Sonntag v. 8. Juli 2001 (Nr. 27), S. 8.

Literaturverzeichnis

Albrecht, Hans-Jörg/Arnold, Harald/Schädler, Wolfram: Der hessische Modellversuch zur Anwendung der „elektronischen Fußfessel". Darstellung und Evaluation eines Experiments. In: Zeitschrift für Rechtspolitik 2000, S. 466-469 – **zitiert:** Albrecht/Arnold/Schädler, ZRP 2000, S. 466 (Seitenzahl).

Anders, Ralf Peter: Zur Problematik öffentlicher Sexualstraftäterdateien. In: Juristische Rundschau 2011, S. 190-198 – **zitiert:** Anders, JR 2011, S. 190 (Seitenzahl).

Antons, Horst: Möglichkeiten einer gesetzlichen Neuregelung der Führungsaufsicht. In: Bewährungshilfe 1992, S. 282-287 – **zitiert:** Antons, BewHi 1992, S. 282 (Seitenzahl).

Arloth, Frank: Neue Entwicklungen im Strafvollzug im internationalen Vergleich. Privatisierungstendenzen und Alternativen. In: Zeitschrift für Strafvollzug und Straffälligenhilfe 2002, S. 3-8 – **zitiert:** Arloth, ZfStrVo 2002, S. 3 (Seitenzahl).

Arzt, Clemens: Gefährderansprache und Meldeauflage bei Sportgroßereignissen. Zugleich eine Besprechung von OVG Lüneburg, Urteil vom 22.9.2005. In: Die Polizei 5/2006, S. 156-161 – **zitiert:** Arzt, Die Polizei 5/2006, S. 156 (Seitenzahl).

Aschrott, Paul Felix: Die Schutzaufsicht in einem neuen deutschen Strafrecht, Berlin 1912 – **zitiert:** Aschrott, Schutzaufsicht, Seitenzahl.

Aulinger, Susanne: Zwischen justizieller Nachsorge und strafrechtlicher Sozialkontrolle – ambulante Handlungsstrategien bei gefährlichen Sexualstraftätern und ihre rechtlichen Rahmenbedingungen. In: Schöch, Heinz/Helgerth, Roland/Dölling, Dieter/König, Peter: Recht gestalten – dem Recht dienen; Festschrift für Reinhard Böttcher zum 70. Geburtstag am 29. Juli 2007, Berlin 2007, S. 555-577 – **zitiert:** Aulinger, FS Böttcher, S. 555 (Seitenzahl).

Baltzer, Christian: Die geschichtlichen Grundlagen der privilegierten Behandlung politischer Straftäter im Reichsstrafgesetzbuch von 1871, Bonner

Rechtswissenschaftliche Abhandlungen, Bd. 69, Bonn 1966 – **zitiert:** Baltzer, Reichsstrafgesetzbuch, Seitenzahl.

Barisch, Susann: Die Privatisierung im deutschen Strafvollzug unter Einbeziehung des Jugendstrafvollzuges und unter Berücksichtigung entsprechender Entwicklungen in Großbritannien, Frankreich und den USA, Internationale Hochschulschriften, Bd. 538, Münster 2010 – **zitiert:** Barisch, Privatisierung im deutschen Strafvollzug, Seitenzahl.

Baumann, Jürgen/Weber, Ulrich/Mitsch, Wolfgang: Strafrecht Allgemeiner Teil, 11. Aufl., Bielefeld 2003 – **zitiert:** Baumann/Weber/Mitsch, Strafrecht AT, § Rn.

Baumann, Jürgen: Eine Auseinandersetzung zum allgemeinen Teil des künftigen StGB. In: Goltdammer´s Archiv 1964, S. 193-206 – **zitiert:** Baumann, GA 1964, S. 193 (Seitenzahl).

Baur, Alexander/Groß, Kathrin: Die Führungsaufsicht. In: Juristische Schulung 2010, S. 404-406 – **zitiert:** Baur/Groß, JuS 2010, S. 404 (Seitenzahl).

Bayerisches Staatsministerium der Justiz (Hrsg.): Bewährung, Bewährungshilfe, Führungsaufsicht, Gerichtshilfe. Ehrenamtliche Mitarbeit in der Bewährungshilfe, München 1981 – **zitiert:** Bayerisches Staatsministerium der Justiz, Bewährung, Seitenzahl.

Beccaria, Cesare: Über Verbrechen und Strafen, Leipzig 1905 – **zitiert:** Beccaria, Über Verbrechen und Strafen, Seitenzahl.

Becker, Ulrich/Heckmann, Dirk/Kempen, Bernhard/Manssen, Gerrit: Öffentliches Recht in Bayern. Verfassungsrecht, Kommunalrecht, Polizei- und Sicherheitsrecht, Öffentliches Baurecht, 5. Aufl., München 2011 – **zitiert:** Becker/Heckmann/Kempen/Manssen, Öffentliches Recht in Bayern, Teil Rn.

Bender, Soledad: Die nachträgliche Sicherungsverwahrung, Frankfurt am Main 2007 – **zitiert:** Bender, Die nachträgliche Sicherungsverwahrung, Seitenzahl.

Berner, Georg/Köhler, Gerd Michael/Käß, Robert: Polizeiaufgabengesetz: Handkommentar, 20. Aufl., Heidelberg 2010 – **zitiert:** Berner/Köhler/Käß, PAG, Art. Rn.

Berning, Arno: Staats- und Verfassungsrecht. Zum grundrechtlichen Schutz der Privatheit nach Art. 2 Abs. 1 GG/Art. 2 Abs. 1 i.V.m. Art. 1 Abs. 1 GG in Abgrenzung zu Art. 10 und 13 GG. In: Kriminalistik 8-9/2007, S. 579-584 – **zitiert:** Berning, Kriminalistik 8-9/2007, S. 579 (Seitenzahl).

Bernsmann, Hayo: Elektronisch überwachter Hausarrest unter besonderer Berücksichtigung von Privatisierungstendenzen, Cuvillier 2000 (zugleich Diss. Trier 2000) – **zitiert:** Bernsmann, Elektronisch überwachter Hausarrest, Seitenzahl.

Block, Petra: Rechtliche Strukturen der Sozialen Dienste in der Justiz – eine vergleichende Analyse der Ländervorschriften, Kriminologie und Praxis (KUP), Bd. 11, 2. Aufl., Wiesbaden 1997 – **zitiert:** Block, Rechtliche Strukturen der Sozialen Dienste, Seitenzahl.

Bock, Michael (Hrsg.): Kriminologie, 6. Aufl., München 2008 – **zitiert:** Bock-[Bearbeiter], Kriminologie, Teil § Rn.

Boetticher, Axel: Neue Aufgaben für die Bewährungshilfe – zum Umgang mit Sexualstraftätern. In: Bewährungshilfe 2000, S. 196-212 – **zitiert:** Boetticher, BewHi 2000, S. 196 (Seitenzahl).

Bohrer, Juliane: KSKS – Kieler Sicherheitskonzept Sexualstraftäter in seiner normativen Einbettung. Eine rechtswissenschaftliche Betrachtung polizeilich relevanter Konzeptelemente, Heikendorf 2010 – **zitiert:** Bohrer, Kieler Sicherheitskonzept Sexualstraftäter, Seitenzahl.

Böttner, Sascha: Der Rollenkonflikt der Bewährungshilfe in Theorie und Praxis, Kieler Rechtswissenschaftliche Abhandlungen (NF), Bd. 46, Baden-Baden 2004 (zugleich Diss. Kiel 2003/2004) – **zitiert:** Böttner, Rollenkonflikt der Bewährungshilfe, Seitenzahl.

Bracher, Christian-Dietrich: Gefahrenabwehr durch Private: eine verfassungsrechtliche Untersuchung zu den Grenzen der Übertragung von Aufgaben der Gefahrenabwehr durch Private und der staatlichen Zulassung privater Gefahrenabwehr, Schriften zum Öffentlichen Recht, Bd. 516; Berlin 1987 (zugleich Diss. Bonn 1986) – **zitiert:** Bracher, Gefahrenabwehr durch Private, Seitenzahl.

Brandt, Christian: Die Entstehung des Code pénal von 1810 und sein Einfluß auf die Strafgesetzgebung der deutschen Partikularstaaten des 19. Jahrhunderts am Beispiel Bayerns und Preußens, Europäische Hochschulschriften: Reihe II, Rechtswissenschaft, Bd. 3326, Frankfurt am Main 2002 (zugleich Diss. Marburg 2000) – **zitiert:** Brandt, Code pénal, Seitenzahl.

Braune, R.: Wider die Polizeiaufsicht! In: Zeitschrift für die gesamte Strafrechtswissenschaft 9 (1889), S. 807-832 – **zitiert:** Braune, ZStW 9 (1889), S. 807 (Seitenzahl).

Brauneisen, Achim: Die elektronische Überwachung des Aufenthaltsortes als neues Instrument der Führungsaufsicht. In: Strafverteidiger 2011, S. 311-316 – **zitiert:** Brauneisen, StV 2011, S. 311 (Seitenzahl).

Brause, Hans Peter: Bewährungshelfer und Gerichtshilfe – Grundlagen und Perspektiven. In: Bewährungshilfe 2002, S. 194-203 – **zitiert:** Brause, BewHi 2002, S. 194 (Seitenzahl).

Brenneisen, Hartmut: Editorial: Menschenwürde und Allgemeines Persönlichkeitsrecht. In: Brenneisen, Hartmut/Brenneisen, Julia (Hrsg.): Rechtsprechung des BVerfG, Berlin 2009, S. 9-14 – **zitiert:** Brenneisen, Menschenwürde und Allgemeines Persönlichkeitsrecht, S. 9 (Seitenzahl).

Breternitz, Stefan: Bewährungsberichte zwischen Dreizeiler und „Roman“ – Rechtliche Grundlagen, Zweck, Inhalt und Gestaltung. In: Bewährungshilfe 2007, S. 111-139 – **zitiert:** Breternitz, BewHi 2007, S. 111 (Seitenzahl).

Breucker, Marius: Sicherheitsmaßnahmen für die Fußballweltmeisterschaft 2006. Prävention durch Polizei und Deutschen Fußball Bund. In: Neue Juristische Wochenschrift 2006, S. 1233-1237 – **zitiert:** Breucker, NJW 2006, S. 1233 (Seitenzahl).

Brockhaus Bilder-Conversations-Lexikon, Bd. 1, Leipzig 1906 – **zitiert:** Brockhaus Bilder-Conversations-Lexikon, Bd. 1, Seitenzahl.

Bruns, Hans-Jürgen: Die Maßregeln der Besserung und Sicherung im StGB-Entwurf 1956. Rechtsdogmatische Gedanken zu kriminalpolitischen Problemen. In: Zeitschrift für die gesamte Strafrechtswissenschaft 71 (1959), S. 210-251 – **zitiert:** Bruns, ZStW 71 (1959), S. 210 (Seitenzahl).

Brusten, Manfred: Immer mehr „Vollverbüßer" – immer mehr „Zwangshilfen". Zehn Jahre Führungsaufsicht – Zur Entwicklung einer umstrittenen Strafrechtsreform. In: Bewährungshilfe 1986, S. 273-291 – **zitiert:** Brusten, BewHi 1986, S. 273 (Seitenzahl).

Bülow, Detlev von: Führungsaufsicht und Führungsaufsstellen. In: Dertinger, Christian/Marks, Erich (Hrsg.): Führungsaufsicht. Versuch einer Zwischenbilanz zu einem umstrittenen Rechtsinstitut, Bonn 1990, S. 145-156 – **zitiert:** Bülow, Führungsaufsicht, S. 145 (Seitenzahl).

Busch, Tim: Die deutsche Strafrechtsreform. Ein Rückblick auf die sechs Reformen des deutschen Strafrechts (1969-1998) – Sind die Reformziele erreicht worden?, Kieler Rechtswissenschaftliche Abhandlungen (NL), Bd. 47, Baden-Baden 2005 (zugleich Diss. Kiel 2004) – **zitiert:** Busch, Deutsche Strafrechtsreform, Seitenzahl.

Deckers, Rüdiger: Anmerkung zu OLG Düsseldorf, Strafverteidiger 1983, S. 115-116. In: Strafverteidiger 1983, S. 116 – **zitiert:** Anm. Deckers zu OLG Düsseldorf, StV 1983, S. 116.

Degenhart, Christoph: Die allgemeine Handlungsfreiheit des Art. 2 I GG. In: Juristische Schulung 1990, S. 161-169 – **zitiert:** Degenhart, JuS 1990, S. 161 (Seitenzahl).

Degenhart, Christoph: Staatsrecht I. Staatsorganisationsrecht. Mit Bezügen zum Europarecht, 27. Aufl., Heidelberg 2011 – **zitiert:** Degenhart, Staatsrecht I, Rn.

Dehler, Thomas/Schmidt, Eberhard: Gustav Radbruchs Entwurf eines allgemeinen deutschen Strafgesetzbuches (1922), Tübingen 1952 – **zitiert:** Dehler/Schmidt, Radbruchs Entwurf, Seitenzahl.

Dessecker, Axel: Die Reform der Führungsaufsicht und ihre Grenzen. In: Bewährungshilfe 2007, S. 276-286 – **zitiert:** Dessecker, BewHi 2007, S. 276 (Seitenzahl).

Dessecker, Axel: Von der Polizeiaufsicht zur Führungsaufsicht und zurück? In: Hilgendorf, Eric/Rengier, Rudolf (Hrsg.): Festschrift für Wolgang Heinz, Baden-Baden 2012, S. 631-641 – **zitiert:** Dessecker, FS Heinz, S. 631 (Seitenzahl).

Diemer, Herbert/Schatz, Holger/Sonnen, Bernd-Rüdeger (Hrsg.): Jugendgerichtsgesetz mit Jugendstrafvollzugsgesetzen, 6. Aufl., Heidelberg 2011 – **zitiert:** Diemer/Schatz/Sonnen-[Bearbeiter], JGG, § Rn.

Di Fabio, Udo: Privatisierung und Staatsvorbehalt. Zum dogmatischen Schlüsselbegriff der öffentlichen Aufgabe. In: JuristenZeitung 1999, S. 585-592 – **zitiert:** Di Fabio, JZ 1999, S. 585 (Seitenzahl).

Dillenburg, Claudia: Jugendstrafrecht in Deutschland und Frankreich: Eine rechtsvergleichende Untersuchung, Köln 2003 (zugleich Diss. Köln 2003) – **zitiert:** Dillenburg, Jugendstrafrecht, Seitenzahl.

*Dölling, Dieter/Duttge, Gunnar/Rössner, Dieter (Hrsg.):*Gesamtes Strafrecht. StGB/StPO/Nebengesetze. Handkommentar, 2. Aufl., Baden-Baden 2011 – **zitiert:** Dölling/Duttge/Rössner-[Bearbeiter], StGB, § Rn.

Dölling, Dieter: Anmerkung zu OLG Düsseldorf, Juristische Rundschau 2004, S. 163-165. In: Juristische Rundschau 2004, S. 165-167 – **zitiert:** Anm. Dölling zu OLG Düsseldorf, JR 2004, S. 165 (Seitenzahl).

Dölling, Dieter: Die Weiterentwicklung der Sanktionen ohne Freiheitsentzug im deutschen Strafrecht. In: Zeitschrift für die gesamte Strafrechtswissenschaft 104 (1992), S. 259-289 – **zitiert:** Dölling, ZStW 104 (1992), S. 259 (Seitenzahl).

Dopslaff, Ulrich: Plädoyer für einen Verzicht auf die Unterscheidung in deskriptive und normative Tatbestandsmerkmale. In: Goltdammer´s Archiv 1987, S. 1-26 – **zitiert:** Dopslaff, GA 1987, S. 1 (Seitenzahl).

Dreier, Horst (Hrsg.): Grundgesetz Kommentar, Bd. I, Präambel, Art. 1-19, 2. Aufl., Tübingen 2004 – **zitiert:** Dreier-[Bearbeiter], GG, Art. Rn.

Dreier, Horst (Hrsg.): Grundgesetz Kommentar, Bd. II, Art. 20-82, 1. Aufl., Tübingen 1998 – **zitiert:** Dreier-[Bearbeiter], GG, 1. Aufl., Art. Rn.

Dreier, Horst (Hrsg.): Grundgesetz Kommentar, Bd. II, Art. 20-82, 2. Aufl., Tübingen 2006 – **zitiert:** Dreier-[Bearbeiter], GG, Art. Rn.

Dünkel, Frieder: Gefangenenraten im internationalen und nationalen Vergleich. In: Neue Kriminalpolitik 2010, S. 4-11 – **zitiert:** Dünkel, NK 2010, S. 4 (Seitenzahl).

Dünkel, Frieder/Geng, Bernd/Morgenstern, Christine: Strafvollzug in Deutschland. Aktuelle rechtstatsächliche Befunde. In: Forum Strafvollzug 2010, S. 20-32 – **zitiert:** Dünkel/Geng/Morgenstern, FS 2010, S. 20 (Seitenzahl).

Dünkel, Frieder/Geng, Bernd: Fakten zur Überbelegung im Strafvollzug und Wege zur Reduzierung von Gefangenenraten. In: Neue Kriminalpolitik 2003, S. 146-149 – **zitiert:** Dünkel/Geng, NK 2003, S. 146 (Seitenzahl).

Eckhoff, Rolf: Der Grundrechtseingriff, Schriftenreihe Völkerrecht – Europarecht – Staatsrecht, Bd. 4, München 1992 – **zitiert:** Eckhoff, Grundrechtseingriff, Seitenzahl.

Edinger, Thomas: Reform der Führungsaufsicht. In: Deutsche Richterzeitung 2006, S. 346-347 – **zitiert:** Edinger, DRiZ 2006, S. 346 (Seitenzahl).

Egg, Rudolf: Rückfall nach Sexualstraftaten. In: Zeitschrift für Sexuologie 2000, S. 12-26 – **zitiert:** Egg, Zeitschrift für Sexuologie 2000, S. 12 (Seitenzahl).

Egg, Rudolf: Rückfälligkeit nach Straf- und Maßregelvollzug. In: Lösel, Friedrich/Bender, Doris/Jehle, Jörg-Martin (Hrsg.): Kriminologie und wissensbasierte Kriminalpolitik. Entwicklung und Evaluationsforschung. Neue Kriminologische Schriftenreihe, Bd. 110, Godesberg 2007, S. 247-267 – **zitiert:** Egg, Rückfälligkeit nach Straf- und Maßregelvollzug, S. 247 (Seitenzahl).

Ehrhardt, Helmut: Über Behandlungsmöglichkeiten für Delinquenten nach dem deutschen Strafgesetzentwurf 1962. In: Zeitschrift für die gesamte Strafrechtswissenschaft 76 (1964), S. 216-237 – **zitiert:** Ehrhardt, ZStW 76 (1964), S. 216 (Seitenzahl).

Eisenberg, Ulrich: Gutachterkosten in Verfahren zur Prüfung der (vorzeitigen) Entlassung aus dem Vollzug freiheitsentziehender Rechtsfolgen. In: Juristische Rundschau 2006, S. 57-60 – **zitiert:** Eisenberg, JR 2006, S. 57 (Seitenzahl).

Eisenberg, Ulrich: Jugendgerichtsgesetz, 15. Aufl., München 2012 – **zitiert:** Eisenberg, JGG, § Rn.

Eisenhardt, Ulrich: Deutsche Rechtsgeschichte, 5. Aufl., München 2008 – **zitiert:** Eisenhardt, Deutsche Rechtsgeschichte, § Rn.

Eisenhart, Ernst Ludwig August: Gekrönte Preisschrift. In: Archiv des Criminalrechts 1801, II. Stück, S. 1-63 – **zitiert:** Eisenhart, Archiv des Criminalrechts 1801, II. Stück, S. 1 (Seitenzahl).

Elster, Alexander/Lingemann, Heinrich (Hrsg.): Handwörterbuch der Kriminologie, 2. Bd., Berlin 1936 – **zitiert:** Elster/Lingemann-[Bearbeiter], Handwörterbuch der Kriminologie, Seitenzahl.

Elz, Jutta: Legalbewährung und kriminelle Karrieren von Sexualstraftätern – Sexuelle Gewaltdelikte, Kriminologie und Praxis (KUP), Bd. 34, Wiesbaden 2002 – **zitiert:** Elz, Legalbewährung und kriminelle Karrieren von Sexualstraftätern – Sexuelle Gewaltdelikte, Seitenzahl.

Elz, Jutta: Legalbewährung und kriminelle Karrieren von Sexualstraftätern – Sexuelle Missbrauchsdelikte, Kriminologie und Praxis (KUP), Bd. 33, Wiesbaden 2001 – **zitiert:** Elz, Legalbewährung und kriminelle Karrieren von Sexualstraftätern – Sexuelle Missbrauchsdelikte, Seitenzahl.

Epping, Volker: Grundrechte, 5. Aufl., Berlin 2012 – **zitiert:** Epping, Grundrechte, Rn.

Epping, Volker/Hillgruber, Christian: Grundgesetz Kommentar, München 2009 – **zitiert:** Epping/Hillgruber-[Bearbeiter], GG, Art. Rn.

Epping, Volker/Hillgruber, Christian: Beck´scher Online-Kommentar zum Grundgesetz Kommentar, Edition: 13, Stand: 01.01.2012 – **zitiert:** Epping/Hillgruber-[Bearbeiter], BeckOK, GG, Art. Rn.

Fehl, Elske: Monetäre Sanktionen im deutschen Rechtssystem, Europäische Hochschulschriften: Reihe II, Rechtswissenschaft, Bd. 3327, Frankfurt am Main 2002 (zugleich Diss. Passau 2001) – **zitiert:** Fehl, Monetäre Sanktionen, Seitenzahl.

Feltes, Thomas: Polizeiliche Konzepte zur Kriminalitätsbekämpfung. Oder: Wie man Polizeiarbeit „messen" kann. In: Kriminalistik, 2000, S. 661-665 – **zitiert:** Feltes, Kriminalistik 2000, S. 661 (Seitenzahl).

Fernholz-Niemeier, Doris: Die Pönalisierung von Weisungsverstößen im Rahmen der Führungsaufsicht, Marsberg 1992 (zugleich Diss. Münster 1992) – **zitiert:** Fernholz-Niemeier, Pönalisierung von Weisungsverstößen, Seitenzahl.

Fischer, Thomas: Strafgesetzbuch und Nebengesetze, Kommentar, 57. Aufl., München 2010 – **zitiert:** Fischer, StGB, 57. Aufl., § Rn.

Fischer, Thomas: Strafgesetzbuch und Nebengesetze, Kommentar, 59. Aufl., München 2012 – **zitiert:** Fischer, StGB, § Rn.

Floerecke, Peter: Die aufgezwungene Hilfe: Vollverbüßer als Adressaten der Führungsaufsicht. In: Kriminologisches Journal 1985, S. 120-124 – **zitiert:** Floerecke, KrimJ 1985, S. 120 (Seitenzahl).

Floerecke, Peter: Die Entstehung der Gesetzesnormen zur Führungsaufsicht. Die Gesetzgebung von 1962 bis 1975 und die Anwendungspraxis der Führungsaufsicht, Schriftenreihe der Deutschen Bewährungshilfe e.V., Bd. 10, Bonn 1989 – **zitiert:** Floerecke, Entstehung Gesetzesnorm, Seitenzahl.

Floerecke, Peter: Was leistet die Führungsaufsicht? Empirische Daten zu Ressourcen, Kooperationsstrukturen und Kontrollstrategien eines umstrittenen Rechtsinstituts. In: Dertinger, Christian/Marks, Erich (Hrsg.): Führungsaufsicht: Versuch einer Zwischenbilanz zu einem umstrittenen Rechtsinstituts, Bonn 1990, S. 51-76 – **zitiert:** Floerecke, Was leistet die Führungsaufsicht?, S. 51 (Seitenzahl).

Frisch, Wolfgang: Die Maßregel der Besserung und Sicherung im strafrechtlichen Rechtsfolgensystem. Straftheoretische Einordnung, inhaltliche Ausgestaltung und rechtsstaatliche Anforderungen. In: Zeitschrift für die gesamte Strafrechtswissenschaft 102 (1990), S. 343-393 – **zitiert:** Frisch, ZStW 102 (1990), S. 343 (Seitenzahl).

Fuhr, Karl: Strafrechtspflege und Socialpolitik. Ein Beitrag zur Reform der Strafgesetzgebung auf Grund rechtsvergleichender und statistischer Erhebungen über die Polizeiaufsicht, Berlin 1982 – **zitiert:** Fuhr, Strafrechtspflege, Seitenzahl.

Füllkrug, Michael: Führungsaufsicht bei Vollverbüßern von Jugendstrafe. In: Bewährungshilfe 1989, S. 145-148 – **zitiert:** Füllkrug, BewHi 1989, S. 145 (Seitenzahl).

Fünfsinn, Helmut: Die elektronische Fußfessel in Hessen – Sicherheitsmaßnahme oder pädagogisches Hilfsmittel? In: Müller, Henning Ernst/Sander, Günther M./Válková, Helena (Hrsg.), Festschrift für Ulrich Eisenberg zum 70. Geburtstag, München 2009, S. 691-704 – **zitiert:** Fünfsinn, FS Eisenberg, S. 691 (Seitenzahl).

Gaenslen, Rüdiger: Die Behandlung rückfallgefährdeter Sexualstraftäter. Forschung und Gesetzgebung in Deutschland, USA und den Niederlanden, Tübingen 2005 (zugleich Diss. Tübingen 2005) – **zitiert:** Gaenslen, Behandlung rückfallgefährdeter Sexualstraftäter, Seitenzahl.

Gamma, Marco: Möglichkeiten und Grenzen der Privatisierung polizeilicher Gefahrenabwehr, Bern 2001 (zugleich Diss. Fribourg 2000) – **zitiert:** Gamma, Privatisierung polizeilicher Gefahrenabwehr, Seitenzahl.

Gennat, Georg: Das Strafensystem und seine Reform, Hamburg 1905 – **zitiert:** Gennat, Strafensystem, Seitenzahl.

Gerz, Hans: Arbeitsgemeinschaft Deutscher Bewährungshelferinnen und Bewährungshelfer e.V. In: Bewährungshilfe 2004, S. 25-29 – **zitiert:** Gerz, BewHi 2004, S. 25 (Seitenzahl)

Glasenapp, Horst von: Die blinde Führungsaufsicht. Erfahrungen aus der Praxis einer Führungsaufsichtsstelle. In: Zeitschrift für Rechtspolitik 1979, S. 31-34 – **zitiert:** Glasenapp, ZRP 1979, S. 31 (Seitenzahl).

Goehrke, Rudolf: Die Polizeiaufsicht in Preussen mit Einschluss der Entwürfe zu einem deutschen StGB, Greifswald 1921 (zugleich Diss. Greifswald 1921) – **zitiert:** Goehrke, Polizeiaufsicht in Preussen, Seitenzahl.

Goldschmidt, James: Vergleichende Darstellung des ausländischen und deutschen Strafrechts. Allgemeiner Teil, 4. Bd., Berlin 1908 – **zitiert:** Goldschmidt, Ausländisches und deutsches Strafrecht, Seitenzahl.

Goll, Ulrich/Wulf, Rüdiger: Nachsorge für junge Strafentlassene – Ein innovatives Netzwerk in Baden-Württemberg. In: Zeitschrift für Rechtspolitik 2006, S. 91-93 – **zitiert:** Goll/Wulf, ZRP 2006, S. 91 (Seitenzahl).

Goltdammer, Theodor G.: Die Materialien zum Strafgesetzbuch für die preußischen Staaten, aus den amtlichen Quellen nach den Paragraphen des Gesetzbuchs zusammengestellt und in einem Kommentar erläutert, 1. Bd., Berlin 1851 – **zitiert:** Goltdammer, Material zum StGB für die preußischen Staaten, Seitenzahl.

Göppinger, Hans/Witter, Hermann (Hrsg.): Handbuch der forensischen Psychiatrie I, Berlin 1972 – **zitiert:** Göppinger/Witter-[Bearbeiter], Handbuch der forensischen Psychiatrie I, Seitenzahl.

Grabbe, Jürgen: Verfassungsrechtliche Grenzen der Privatisierung kommunaler Aufgaben, Schriften zum Öffentlichen Recht, Bd. 359, Berlin 1979 (zugleich Diss. Köln 1978) – **zitiert:** Grabbe, Verfassungsrechtliche Grenzen der Privatisierung, Seitenzahl.

Grabitz, Eberhard: Der Grundsatz der Verhältnismäßigkeit in der Rechtsprechung des Bundesverfassungsgerichts. In: Archiv für öffentliches Recht 98 (1973), S. 568-616 – **zitiert:** Grabitz, AÖR 98 (1973), S. 568 (Seitenzahl).

Gromoll, Bernhard: Rechtliche Grenzen der Privatisierung öffentlicher Aufgaben untersucht am Beispiel kommunaler Dienstleistungen, München 1982 (zugleich Diss. Bremen 1980) – **zitiert:** Gromoll, Grenzen der Privatisierung, Seitenzahl.

Gross, Karl-Heinz: Kriminalgesetzgebung und Zeitgeist – am Beispiel des Entwurfs eines Gesetzes zur Reform der Führungsaufsicht. In: Schöch, Heinz/Helgerth, Roland/Dölling, Dieter/König, Peter (Hrsg.), Recht gestalten – dem Recht dienen, Festschrift für Reinhard Böttcher zum 70. Geburtstag am 29. Juli 2007, Berlin 2007, S. 579-596 – **zitiert:** Gross, FS Böttcher, S. 579 (Seitenzahl).

Grosser, Rudolf/Maelicke, Bernd: Führungsaufsicht. In: Cornel, Heinz/Kawamura-Reindl, Gabriele/Maelicke, Bernd/Sonnen, Bernd Rüdeger (Hrsg.): Resozialisierung, 3. Aufl., Baden-Baden 2009, S. 192-199 – **zitiert:** Grosser/Maelicke, Führungsaufsicht, S. 192 (Seitenzahl).

Grote, Otto: Die Polizeiaufsicht in Preußen, Berlin 1920 (zugleich Diss. Greifswald 1920) – **zitiert:** Grote, Polizeiaufsicht, Seitenzahl.

Groth, K.-U.: Anmerkung zu KG, Juristische Rundschau 1988, S. 258. In: Juristische Rundschau 1988, S. 258-259 – **zitiert:** Anm. Groth zu KG, JR 1988, S. 258 (Seitenzahl).

Groth, Klaus-Ulrich: Die verfassungsrechtliche Zulässigkeit der Pönalisierung während der Führungsaufsicht begangener Weisungsverstöße. In: Neue Juristische Wochenschrift 1979, S. 743-749 – **zitiert:** Groth, NJW 1979, S. 743 (Seitenzahl).

Grünwald, Gerald: Sicherungsverwahrung, Arbeitshaus, vorbeugende Verwahrung und Sicherungsaufsicht im Entwurf 1962. In Zeitschrift für die gesamte Strafrechtswissenschaft 76 (1964), S. 633-668 – **zitiert:** Grünwald, ZStW 76 (1964), S. 633 (Seitenzahl).

Gusy, Christoph: Polizei- und Ordnungsrecht, 8. Aufl., Tübingen 2011 – **zitiert:** Gusy, Polizei- und Ordnungsrecht, Rn.

Haffke, Bernhard: Vom Rechtsstaat zum Sicherheitsstaat? In: Kriminologisches Journal 2007, S. 7-35 – **zitiert:** Haffke, KrimJ 2007, S. 17 (Seitenzahl).

Hagemeister, Adrian von: Die Privatisierung öffentlicher Aufgaben. Eine verfassungs- und verwaltungsrechtliche Abhandlung unter Zugrundelegung des Verfassungs- und Verwaltungsrechts der Republik Österreich und der Bundesrepublik Deutschland, Rechtswissenschaftliche Forschung und Entwicklung, Bd. 315, München 1992 (zugleich Diss. Innsbruck 1991) – **zitiert:** Hagemeister, Privatisierung öffentlicher Aufgaben, Seitenanzahl.

Hahn, Gernot: Anmerkungen zur Reform der Führungsaufsicht aus Sicht des Maßregelvollzugs. In: Neue Kriminalpolitik 2007, S. 7-10 – **zitiert:** Hahn, NKrimPol 2007, S. 7 (Seitenzahl).

Hammerschlag, Helmut/Schwarz, Oliver: Das Gesetz zur Bekämpfung von Sexualdelikten und anderen gefährlichen Straftaten. In: Neue Zeitschrift für Strafrecht 1998, S. 321-326 – **zitiert:** Hammerschlag/Schwarz, NStZ 1998, S. 321 (Seitenzahl).

Hannich, Rolf (Hrsg.): Karlsruher Kommentar zur Strafprozessordnung mit GVG, EGGVG und EMRK, 6. Aufl. München 2008 – **zitiert:** Hannich-[Bearbeiter], KK-StPO, § Rn.

Hanson, R. Karl/Bussiére, Monique T.: Predicting relapse: a meta-analysis of sexual offender recidivism studies. In: Journal of Consulting and Clinical Psychology, 66 (2), S. 348-362 – **zitiert:** Hanson/Bussiére, Journal of Consulting and Clinical Psychology, 66 (2), S. 348 (Seitenzahl).

Harrendorf, Stefan: Rückfälligkeit und kriminelle Karrieren von Gewalttätern, Göttinger Studien zu den Kriminalwissenschaften, Bd. 1, Göttingen 2007 (zugleich Diss. Göttingen 2006) – **zitiert:** Harrendorf, Rückfälligkeit, Seitenzahl.

Harris, Andrew J. R./Hanson, R. Karl: Sex offender recidivism: A simple question, Ottawa 2004 – **zitiert:** Harris/Hanson: Sex offender recidivism: A simple question.

Hartitzsch, Adolph Karl Heinrich von: Das Criminalgesetzbuch für das Königreich Sachsen nebst den damit in Verbindung stehenden Gesetzen und Verordnungen, Leipzig 1841 – **zitiert:** Hartitzsch, Criminalgesetzbuch für das Königreich Sachsen, Seitenzahl.

Hassenpflug, Helwig: Polizeiaufsicht und Sicherungsaufsicht, München 1963 (zugleich Diss. München 1963) – **zitiert:** Hassenpflug, Polizeiaufsicht, Seitenzahl.

Haverkamp, Rita/Schwedler, Andreas/ Wößner, Gunda: Die elektronische Aufsicht von als gefährlich eingeschätzten Entlassenen. In: Recht und Psychiatrie 2012, S. 9-20 – **zitiert:** Haverkamp/Schwedler/Wößner, RuP 2012, S. 9 (Seitenzahl).

Hebele, Thomas: Die Gefährderansprache. In: Neue Zeitschrift für Verwaltungsrecht 2011, S. 1364-1367 – **zitiert:** Hebele, NVwZ 2011, S. 1364 (Seitenzahl).

Hebler, Karl Heinz: Probleme der Polizeiaufsicht (Sicherungsaufsicht) – Geschichtlicher Überblick und rechtsvergleichende Darstellung, Schriftenreihe des Bundeskriminalamtes, Bd. 43, Wiesbaden 1955 – **zitiert:** Hebler, Probleme Polizeiaufsicht, Seitenzahl.

Hefendehl, Roland: Wie steht es mit der Kriminalitätsfurcht und was hat der Staat damit zu tun? In: Kritische Justiz 2000, S. 174-187 – **zitiert:** Hefendehl, KJ 2000, S. 174 (Seitenzahl).

Heimburg, Sibylle von: Verwaltungsaufgaben und Private: Funktionen und Typen der Beteiligung Privater an öffentlichen Aufgaben unter besonderer Berücksichtigung des Baurechts, Berlin 1982 (zugleich Diss. Berlin 1981) – **zitiert:** Heimburg, Beteiligung Privater an öffentlichen Aufgaben, Seitenzahl.

Heinrich, Bernd: Der Irrtum über normative Tatbestandsmerkmale. In: Heinrich, Manfred/Jäger, Christian/Schünemann, Bernd (Hrsg.), Festschrift für Claus Roxin zum 80. Geburtstag am 15.Mai 2011, Bd. 1, Göttingen 2011, S. 449-465 – **zitiert:** Heinrich, FS Roxin, S. 449 (Seitenzahl).

Heintschel-Heinegg, Bernd von (Hrsg.): Beck´scher Online-Kommentar StGB, Edition: 14, Stand: 01.02.2011 – **zitiert:** Heintschel-Heinegg-[Bearbeiter], BeckOK StGB, § Rn.

Heintschel-Heinegg, Bernd von (Hrsg.): Münchener Kommentar zum Strafgesetzbuch, Bd. 2/1, §§ 52-79b StGB, München 2005 – **zitiert:** Heintschel-Heinegg-[Bearbeiter], StGB, § Rn.

Herbst,, Wolfgang D.: Führungsaufsicht und Bewährungshilfe. Arbeitsbedingungen und -möglichkeiten. Grenzen und Forderungen. In: Vögele, Wolfgang (Hrsg.): Wohin mit den Tätern? Strafvollzug – Psychiatrie – Führungsaufsicht, Loccumer Protokolle 72/98, Rehburg-Loccum 1999, S. 170-185 – **zitiert:** Herbst, Führungsaufsicht und Bewährungshilfe, S. 170 (Seitenzahl).

Hippel, Robert von: Deutsches Strafrecht, Erster Band: Allgemeine Grundlagen, Berlin 1925 – **zitiert:** Hippel, Deutsches Strafrecht, Seitenzahl.

Holtz, Günther: Aus der Rechtsprechung des Bundesgerichtshofs in Strafsachen. In: *Monatsschrift für Deutsches Recht* 1978, S. 623-627 – **zitiert:** Holtz, MDR 1978, S. 623 (Seitenzahl).

Honnacker, Heinz/Beinhofer, Paul/Samper, Rudolph: Polizeiaufgabengesetz: PAG. Gesetz über die Aufgaben und Befugnisse der Bayerischen Staatlichen Polizei, 19. Aufl., Stuttgart 2009 – **zitiert:** Honnacker/Beinhofer/Samper, PAG, Art. Rn.

Hömig, Dieter (Hrsg.): Grundgesetz für die Bundesrepublik Deutschland, Kommentar, 9. Aufl., Baden-Baden 2010 – **zitiert:** Hömig-[Bearbeiter], GG, Art. Rn.

Hood, R./Shute, S./Feilzer, M./Wilcox, A.: Sex Offenders Emerging From Long - Term Imprisonment. A Study of Their Long - term Reconviction Rates and of Parole Poard Members' Judgements of Their Risk. In: British Journal of Criminology 42 (2002), S. 371-394 – **zitiert:** Hood/Shute/Feilzer/Wilcox, British Journal of Criminology 42, S. 371 (Seitenzahl).

Horstkotte, Hartmuth: Ergebnisse – Eindrücke – Fragen. In: Bewährungshilfe 1992, S. 90-100 – **zitiert:** Horstkotte, BewHi 1992, S. 90 (Seitenzahl).

Hörter, Peter: Die Privatisierung der Bewährungs- und Gerichtshilfe am Beispiel Baden-Württembergs. In: Rundbrief Straffälligenhilfe Nr. 40, 2004, S. 31-39 – **zitiert:** Hörter, Rundbrief Straffälligenhilfe Nr. 40, S. 31 (Seitenzahl).

Hufen, Friedhelm: Staatsrecht II. Grundrechte, 3. Aufl., München 2011- **zitiert:** Hufen, Staatsrecht II, Rn.

Hülsbeck, Hans: Die Gefährderansprache – Allheilmittel, Wunderwaffe oder nur ein taktisches Puzzlestück? In: der Kriminalist 2008, S. 442-445 – **zitiert:** Hülsbeck, der Kriminalist, S. 442 (Seitenzahl).

Illert, Haike: Aspekte der Implementierung des elektronisch überwachten Hausarrests in das deutsche Recht. Elektronische Kontrolle als Alternative zum stationären Freiheitsentzug, Internationale Göttinger Reihe, Bd. 1, Göttingen 2005 (zugleich Diss. Würzburg 2005) – **zitiert:** Illert, Implementierung des elektronisch überwachten Hausarrests, Seitenzahl.

Ipsen, Jörn: Staatsrecht II. Grundrechte, 14. Aufl., München 2011 – **zitiert:** Ipsen, Staatsrecht II, Rn.

Isensee, Josef/Kirchhof, Paul (Hrsg.): Handbuch des Staatsrechts der Bundesrepublik Deutschland, Bd. 1: Grundlagen von Staat und Verfassung, 2. Aufl., Heidelberg 1995 – **zitiert:** Isensee/Kirchhof-[Bearbeiter], Handbuch des Staatsrechts, § Rn.

Jachmann, Monika/Strauß, Thomas: Berufsbeamtentum, Funktionsvorbehalt und der „Kaperbrief für den Landeinsatz". In: Zeitschrift für Beamtenrecht 1999, S. 289-301 – **zitiert:** Jachmann/Strauß, ZBR 1999, S. 289 (Seitenzahl).

Jacobsen, H.-Folke: Der Mythos von den gefährlichen Straftätern. Verlängerung der sozialen Kontrolle durch Führungsaufsicht. In: Kriminologisches Journal 1985, S. 113-119 – **zitiert:** Jacobsen, KrimJ 1985, S. 113 (Seitenzahl).

Jacobsen, H.-Folke: Forschungsergebnisse zum Themenkomplex Führungsaufsicht. In: Dertinger, Christian/Marks, Erich (Hrsg.), Führungsaufsicht: Versuch einer Zwischenbilanz zu einem umstrittenen Rechtsinstitut, Bonn 1990, S. 10-50 – **zitiert:** Jacobsen, Forschungsergebnisse, S. 10 (Seitenzahl).

Jacobsen, H.-Folke: Führungsaufsicht und ihre Klientel: Intentionen und Realitäten einer Maßregel, Interdisziplinäre Beiträge zur kriminologischen Forschung, Bd. 16, Köln 1985 – **zitiert:** Jacobsen, Führungsaufsicht, Seitenzahl.

Jacobsen, H.-Folke: Strafvollstreckung zwischen Gefängnis und Psychiatrie: Ist Führungsaufsicht neu und sinnvoll? In: Monatsschrift für Kriminologie und Strafrechtsreform 1984, S. 254-265 – **zitiert:** Jacobsen, MschrKrim 1984, S. 254 (Seitenzahl).

Jansing, Jan-David: Die nachträgliche Sicherungsverwahrung, München 2004 – **zitiert:** Jansing, Die nachträgliche Sicherungsverwahrung, Seitenzahl.

Jähnke, Burkhard/Laufhütte, Heinrich Wilhelm/Odersky, Walter (Hrsg.): Leipziger Kommentar Strafgesetzbuch, Bd. 3, §§ 61 bis 79b, 11. Aufl., Berlin 2006 – **zitiert:** Jähnke/Laufhütte/Odersky-[Bearbeiter], LK-StGB, 11. Aufl., § Rn.

Jarass, Hans D.: Das allgemeine Persönlichkeitsrecht im Grundgesetz. In: Neue Juristische Wochenschrift 1989, S. 857-862 – **zitiert:** Jarass, NJW 1989, S. 857 (Seitenzahl).

Jarass, Hans D./Pieroth, Bodo (Hrsg.): Grundgesetz für die Bundesrepublik Deutschland: GG. Kommentar, 11. Aufl., München 2011 – **zitiert:** Jarass/Pieroth-[Bearbeiter], GG, Art. Rn.

Jehle, Jörg-Martin/Albrecht, Hans-Jörg/Hohmann-Fricke, Sabine/Tetal, Carina: Legalbewährung nach strafrechtlichen Sanktionen. Eine bundesweite Rückfalluntersuchung 2004-2007, Mönchengladbach 2010 – **zitiert:** Jehle/Albrecht/Hohmann-Fricke/Tetal, Bundesweite Rückfalluntersuchung, Seitenzahl.

Jehle, Jörg-Martin/Heinz, Wolfgang/Sutterer, Peter: Legalbewährung nach strafrechtlichen Sanktionen. Eine kommentierte Rückfallstatistik, Berlin 2003 –**zitiert:** Jehle/Heinz/Sutterer, Legalbewährung nach strafrechtlichen Sanktionen, Seitenzahl.

Jehle, Jörg-Martin: Methodische Probleme einer Rückfallforschung aufgrund von Bundeszentralregisterdaten. In: Lösel, Friedrich/Bender, Doris/Jehle, Jörg-Martin (Hrsg.): Kriminologie und wissensbasierte Kriminalpolitik. Entwicklung und Evaluationsforschung. Neue Kriminologische Schriftenreihe, Bd. 110, Godesberg 2007, S. 227-245 – **zitiert:** Jehle, Probleme einer Rückfallforschung, S. 227 (Seitenzahl).

Jescheck, Hans-Heinrich: Die kriminalpolitische Konzeption des Alternativ-Entwurfs eines Strafgesetzbuchs (Allgemeiner Teil). In: Zeitschrift für die gesamte Strafrechtswissenschaft 80 (1968), S. 54-88 – **zitiert:** Jescheck, ZStW 80 (1968), S. 54 (Seitenzahl).

Jescheck, Hans-Heinrich: Lehrbuch des Strafrechts. Allgemeiner Teil. 1. Aufl., Berlin 1969 – **zitiert:** Jescheck, Strafrecht AT, Seitenzahl.

Jescheck, Hans-Heinrich: Strafrechtsreform in Deutschland. Allgemeiner Teil. In: Schweizerische Zeitschrift für Strafrecht 91 (1975), S. 1-44 – **zitiert:** Jescheck, SchwZStr 1975, S. 1 (Seitenzahl).

Jescheck, Hans-Heinrich/Ruß, Wolfgang/Willms, Günther (Hrsg.): Leipziger Kommentar Strafgesetzbuch, Bd. 3, §§ 61 bis 79b, 10. Aufl., Berlin 1951- **zitiert:** Jescheck/Ruß/Willms-[Bearbeiter], StGB, 10. Aufl., § Rn.

Jescheck, Hans-Heinrich/Weigend, Thomas: Lehrbuch des Strafrechts. Allgemeiner Teil, 5. Aufl., Berlin 1996 – **zitiert:** Jescheck/Weigend, Lehrbuch Strafrecht AT, Seitenzahl.

Jeuschede, Heinz: KURS NRW. Konzeption zum Umgang mit rückfallgefährdeten Sexualstraftätern in Nordrhein-Westfalen. In: Blickpunkt 3/2010, S. 4-9 – **zitiert:** Jeuschede, Blickpunkt 3/2010, S. 4 (Seitenzahl).

Joecks, Wolfgang/Miebach, Klaus (Hrsg.): Münchener Kommentar zum Strafgesetzbuch, Bd. 2/2, §§ 80-184f StGB, München 2005 – **zitiert:** Joecks/Miebach-[Bearbeiter], StGB, § Rn.

Jung, Hermann: Bewährungshelfer und Bewährungshilfe. In: Psychologische Praxis. Schriftenreihe für Erziehung und Jugendpflege, Heft 36, 1964 – **zitiert:** Jung, Bewährungshelfer und Bewährungshilfe, Seitenzahl.

Jung, Jörg: Die Zweispurigkeit des öffentlichen Dienstes: Eine Untersuchung über die Veränderungen der Personalstruktur im öffentlichen Dienst und der Verankerung des Berufsbeamtentums im Grundgesetz, Schriften zum Öffentlichen Recht, Bd. 138, Berlin 1971 (zugleich Diss. München) – **zitiert:** Jung, Zweispurigkeit des öffentlichen Dienstes, Seitenzahl.

Kaenel, Peter: Die kriminalpolitische Konzeption von Carl Stooss im Rahmen der geschichtlichen Entwicklung von Kriminalpolitik und Straftheorien, Abhandlungen zum schweizerischen Recht (ASR), Heft 466, Bern 1981 (zugleich Diss. Bern) – **zitiert:** Kaenel, Kriminalpolitische Konzeption von Stooss, Seitenzahl.

Kamann, Ulrich: Handbuch für die Strafvollstreckung und den Strafvollzug, 2. Aufl., Münster 2008 – **zitiert:** Kamann, Strafvollstreckung, Rd.

Kammeier, Heinz (Hrsg.): Maßregelvollzugsrecht. Kommentar, 3. Aufl., Berlin 2010 – **zitiert:** Kammeier-[Bearbeiter], Maßregelvollzugsrecht, Rn.

Karmrodt, Katharina: Sicherungsverwahrung bei Verurteilungen nach Jugendstrafrecht, Kriminalwissenschaftliche Schriften Bd. 37, Berlin 2012 – **zitiert:** Karmrodt, Sicherungsverwahrung, Seitenzahl.

Karpman, Benjamm: The Sexual Offender and His Offenses, New York 1954 – **zitiert:** Karpman, The Sexual Offender and His Offenses, Seitenzahl.

Kasecker, Kirstin: Die Überwachung rückfallgefährdeter Sexualstraftäter. Ein Vergleich der Konzepte und Strategien der Bundesländer unter kriminologischen, rechts- und polizeiwissenschaftlichen Aspekten, Lehrberg 2010 – **zitiert:** Kasecker, Überwachung rückfallgefährdeter Sexualstraftäter, Seitenzahl.

Kaspar, Johannes: Aussetzung und Erledigung der Unterbringung in einem psychiatrischen Krankenhaus nach §§ 67 b und d StGB. In: Forensische Psychiatrie, Psychologie, Kriminologie 2007, S. 217-225 – **zitiert:** Kaspar, Forens Psychiatr Psychol Kriminol 2007, S. 217 (Seitenzahl).

Katz, Alfred: Staatsrecht. Grundkurs im öffentlichen Recht, 18. Aufl., Heidelberg 2010 – **zitiert:** Katz, Staatsrecht, Rn.

Keller, Christoph: Polizeigesetz NRW- kompakt, Stuttgart 2010 – **zitiert:** Keller, Polizeigesetz NRW – kompakt, Seitenzahl.

Kerner, Hans-Jürgen: Stellungsnahme des DBH-Fachverbandes zu dem Entwurf eines Gesetzes zur Reform der Führungsaufsicht. In: Bewährungshilfe 2006, S. 49-55 – **zitiert:** Kerner, BewHi 2006, S. 49 (Seitenzahl).

Kindhäuser, Urs/Neumann, Ulfrid/Paeffgen, Hans-Ullrich (Hrsg.): Nomos Kommentar zum Strafgesetzbuch, Bd. 1, 3. Aufl., Baden-Baden 2010 – **zitiert:** Kindhäuser/Neumann/Paeffgen-[Bearbeiter], StGB, § Rn.

Kindhäuser, Urs/Neumann, Ulfrid/Paeffgen, Hans-Ullrich (Hrsg.): Nomos Kommentar zum Strafgesetzbuch, Bd. 1, 2. Aufl., Baden-Baden 2005 – **zitiert:** Kindhäuser/Neumann/Paeffgen-[Bearbeiter], StGB, 2. Aufl., § Rn.

Kindhäuser, Urs: Strafgesetzbuch. Lehr- und Praxiskommentar, 4. Aufl., Baden-Baden 2010 – **zitiert:** Kindhäuser, LPK-StGB, § Rn.

Kinzig, Jörg: Schrankenlose Sicherheit? – Das Bundesverfassungsgericht vor der Entscheidung über die Geltung des Rückwirkungsverbots im Maßregelrecht. In: Strafverteidiger 2000, S. 330-335 – **zitiert:** Kinzig, StV 2000, S. 330 (Seitenzahl).

Kinzig, Jörg: An die Grenzen des Strafrechts – Die Sicherungsverwahrung nach den Urteilen des BVerfG. In: Neue Juristische Wochenschrift 2004, S. 911-914 – **zitiert:** Kinzig, NJW 2004, S. 911 (Seitenzahl).

Kinzig, Jörg: Das Recht der Sicherungsverwahrung nach dem Urteil des EGMR in Sachen M. gegen Deutschland. In: Neue Zeitschrift für Strafrecht 2010, S. 233-239 – **zitiert:** Kinzig, NStZ 2010, S. 233 (Seitenzahl).

Kinzig, Jörg: Die Neuordnung des Rechts der Sicherungsverwahrung. In: Neue Juristische Wochenschrift 2011, S. 177-182 – **zitiert:** Kinzig, NJW 2011, S. 177 (Seitenzahl).

Kirchhof, Paul: Der Begriff der hoheitsrechtlichen Befugnisse in Artikel 33 Absatz IV des Grundgesetzes, München 1968 (zugleich Diss. München 1968) – **zitiert:** Kirchhof, Begriff der hoheitsrechtlichen Befugnisse, Seitenzahl.

Kleinknecht, Theodor: Führungsaufsicht: Rechtliche Regelung. In: Schwind, Hans-Dieter/Blau, Günter: Strafvollzug in der Praxis; Eine Einführung in die Probleme und Realitäten des Strafvollzuges und der Entlassenenhilfe, 1. Aufl., Berlin 1976, S. 408-415 – **zitiert:** Kleinknecht, Rechtliche Regelung, S. 408 (Seitenzahl).

Klusmann, Walter: Die Polizeiaufsicht im heutigen und zukünftigen Recht, Anklam 1920 (zugleich Diss. Greifswald 1920) – **zitiert:** Klusmann, Polizeiaufsicht, Seitenzahl.

Knemeyer, Franz-Ludwig: Polizei- und Ordnungsrecht: Lehr- und Arbeitsbuch mit Anleitungen für die Klausur, 11. Aufl. München 2007 – **zitiert:** Knemeyer, Polizei- und Ordnungsrecht, Rn.

Kober, Eva-Maria: Bewährungshilfe und Führungsaufsicht in Berlin. Eine deskriptive-statistische Untersuchung über erwachsene Probanden, deren Unterstellung 1979/80 beendet wurde, Bonn- Bad Godesberg 1984 – **zitiert:** Kober, Bewährungshilfe und Führungsaufsicht, Seitenzahl.

Koch, Johannes: Die Polizeiaufsicht, Anklam 1922 (zugleich Diss. Greifswald 1922) – **zitiert:** Koch, Polizeiaufsicht, Seitenzahl.

Koller, Matthias: Rechtsfragen zu Geheimhaltung und Offenbarung im neuen Kontrollsystem der Führungsaufsicht. In: Pollähne, Helmut/Rode, Irmgard: Schweigepflicht und Datenschutz. Neue kriminalpolitische Herausforderungen – alte Antworten?, Schriftenreihe des Instituts für Konfliktforschung, Bd. 33, Berlin 2010, S. 133-163 – **zitiert:** Koller, Kontrollsystem der Führungsaufsicht, S. 133 (Seitenzahl).

Kötter, Lena Barbara: Private Elemente in der Strafvollstreckung: Zur Privatisierung von Bewährungshilfe, Gerichtshilfe und gemeinnütziger Arbeit, Schriften zum Strafrecht und Strafprozessrecht, Bd. 77, Frankfurt am Main 2004 – **zitiert:** Kötter, Privatisierung, Seitenzahl.

Kötter, Lena Barbara: Privatisierung der Bewährungshilfe? In: Bewährungshilfe 2004, S. 211-229 – **zitiert:** Kötter, BewHi 2004, S. 211 (Seitenzahl).

Kretschmer, Joachim: Das strafprozessuale Verbot der reformatio in peius und die Maßregel der Besserung und Sicherung, Strafrechtliche Abhandlungen, Neue Folge, Bd. 122, Berlin 1999 (zugleich Diss. Berlin 1998) – **zitiert:** Kretschmer, Das strafprozessuale Verbot, Seitenzahl.

Kreuzer, Arthur: Beabsichtigte bundesgesetzliche Neuordnung des Rechts der Sicherungsverwahrung. In: Zeitschrift für Rechtspolitik, 2011, S. 7-11 – **zitiert:** Kreuzer, ZRP 2011, S. 7 (Seitenzahl).

Kreuzer, Arthur: Nachträgliche Sicherungsverwahrung – rote Karte für gefährliche Gefangene oder für den rechtsstaatlichen Vertrauensschutz? In: Zeitschrift für Internationale Strafrechtsdogmatik 2006, S. 145-151 – **zitiert:** Kreuzer, ZIS 2006, S. 145 (Seitenzahl).

Kühnel, Peter: Über Führungsaufsicht. In: Bewährungshilfe 1972, S. 22-34 – zitiert: Kühnel, BewHi 1972, S. 22 (Seitenzahl).

Kulas, Axel: Privatisierung hoheitlicher Verwaltung: zur Zulässigkeit privater Strafvollzugsanstalten, 2. Aufl., Köln 2001 – **zitiert:** Kulas, Privatisierung hoheitlicher Verwaltung, Seitenzahl.

Kürschner, W.: Anmerkung zu OLG Schleswig, Juristische Rundschau 1982, S. 339-340. In: Juristische Rundschau 1982, S. 340-341 – **zitiert:** Anm. Kürschner zu OLG Schleswig, JR 1982, S. 340 (Seitenzahl).

Kury, Helmut/Kania, Harald/Obergfell-Fuchs, Joachim: Worüber sprechen wir, wenn wir über Punitivität sprechen? Versuch einer konzeptionellen und empirischen Begriffsbestimmung, S. 51-88. In: Lautmann, Rüdiger/Klimke, Daniela/Sack, Fritz: Punitivität, Kriminologisches Journal 2004, 8. Beiheft – **zitiert:** Kury/Kania/Obergfell-Fuchs, KrimJ 2004, 8. Beiheft, S. 51 (Seitenzahl).

Kurze, Martin: Nachsorge und Bewährungshilfe/Führungsaufsicht, S. 247-263. In: Egg, Rudolf: Ambulante Nachsorge nach Straf- und Maßregelvollzug – Konzepte und Erfahrungen, Kriminologie und Praxis (KUP), Bd. 44, Wiesbaden 2004 – **zitiert:** Kurze, Nachsorge und Bewährungshilfe/Führungsaufsicht, S. 247 (Seitenzahl).

Kurze, Martin: Soziale Arbeit und Strafjustiz – Eine Untersuchung zur Arbeit von Gerichtshilfe, Bewährungshilfe, Führungsaufsicht, Kriminologie und Praxis (KUP), Bd. 26, Wiesbaden 1999 – **zitiert:** Kurze, Soziale Arbeit, Seitenzahl.

Kusch, Roger: Therapie von Sexualtätern. In: Zeitschrift für Rechtspolitik 1997, S. 89-91 – **zitiert:** Kusch, ZRP 1997, S. 89 (Seitenzahl).

Kwaschnik, Sebastian: Die Führungsaufsicht im Wandel, Schriftenreihe Strafrecht in Forschung und Praxis, Bd. 121, Hamburg 2008 (zugleich Diss. Kiel 2007) – **zitiert:** Kwaschnik, Führungsaufsicht im Wandel, Seitenzahl.

Lackner, Karl/Kühl, Kristian: Strafgesetzbuch Kommentar, 27. Aufl., München 2011 – **zitiert:** Lackner/Kühl, StGB, § Rn.

Lau, Steffen: Forensische Ambulanzen und niedergelassene Ärzte im Kontrollsystem der Führungsaufsicht. In: Pollähne, Helmut/Rode, Irmgard: Schweigepflicht und Datenschutz. Neue kriminalpolitische Herausforderungen – alte Antworten?, Schriftenreihe des Instituts für Konfliktforschung, Bd. 33, Berlin 2010, S. 165-173 – **zitiert:** Lau, Forensische Ambulanzen, S. 165 (Seitenzahl).

Laubenthal, Klaus: Anmerkung zum BGH, Juristische Rundschau 1996, S. 290-291. In: Juristische Rundschau 1996, S. 291-292 – **zitiert:** Anm. Laubenthal zu BGH, JR 1996, S. 291 (Seitenzahl).

Laubenthal, Klaus: Fallsammlung zu Kriminologie, Jugendstrafrecht, Strafvollzug, 4. Aufl., Berlin 2008 – **zitiert:** Laubenthal, Fallsammlung, Seitenzahl.

Laubenthal, Klaus: Strafvollzug, 6. Aufl., Berlin 2011 – **zitiert:** Laubenthal, Strafvollzug, Rn.

Laubenthal, Klaus/Baier, Helmut: Jugendstrafrecht, 1. Aufl., Berlin 2006 – **zitiert:** Laubenthal/Baier, Jugendstrafrecht, 1. Aufl., Rn.

Laubenthal, Klaus/Baier, Helmut/Nestler, Nina: Jugendstrafrecht, 2. Aufl., Berlin 2010 – **zitiert:** Laubenthal/Baier/Nestler, Jugendstrafrecht, Rn.

Laubenthal, Klaus/Nestler, Nina: Strafvollstreckung, Berlin 2010 – **zitiert:** Laubenthal/Nestler, Strafvollstreckung, Rn.

Laufhütte, Heinrich Wilhelm/Rissing-van Saan, Ruth/Tiedemann, Klaus: Strafgesetzbuch, Leipziger Kommentar, Großkommentar, Dritter Band §§ 56 bis 79b, 12. Aufl., Berlin 2008 – **zitiert:** Laufhütte/Rissing-van Saan/Tiedemann-[Bearbeiter], LK-StGB, § Rn.

Laufhütte, Heinrich Wilhelm/Rissing-van Saan, Ruth/Tiedemann, Klaus: Strafgesetzbuch, Leipziger Kommentar, Großkommentar, Fünfter Band §§ 110 bis 145d, 12. Aufl., Berlin 2009 – **zitiert:** Laufhütte/Rissing-van Saan/Tiedemann-[Bearbeiter], LK-StGB, § Rn.

Lautmann, Rüdiger/Klimke, Daniela: Punitivität als Schlüsselbegriff für eine Kritische Kriminologie, KrimJ 2004, 8. Beiheft, S. 9-29. In: Lautmann, Rüdiger/Klimke, Daniela/Sack, Fritz: Punitivität, Kriminologisches Journal 2004, 8. Beiheft – **zitiert:** Lautmann/Klimke, KrimJ 2004, 8. Beiheft, S. 9 (Seitenzahl).

Leipold, Klaus/Tsambikakis, Michael/Zöller, Mark A.: Anwaltkommentar zum Strafgesetzbuch, Bonn 2011 – **zitiert:** Leipold/Tsambikakis/Zöller-[Bearbeiter], StGB, § Rn.

Leisner, Walter: Legitimation des Berufsbeamtentums aus der Aufgabenerfüllung, Bonn 1988 – **zitiert:** Leisner, Legitimation des Berufsbeamtentums, Seitenzahl.

Leitges, Konrad: Die Entwicklung des Hoheitsbegriffes in Art. 33 Abs. 4 des Grundgesetzes: Untersuchung zu Inhalt und Grenzen des beamtenrechtlichen Funktionsvorbehaltes, zugleich ein Beitrag zur Hoheitsverwaltung, Europäische Hochschulschriften: Reihe 2, Rechtswissenschaft, Bd. 2376, Frankfurt am Main 1998 (zugleich Diss. Trier 1997) – **zitiert:** Leitges, Entwicklung des Hoheitsbegriffes, Seitenzahl.

Lemke, Michael/Vetter, Klaus: Die Führungsaufsicht abschaffen? In: Bewährungshilfe 1992, S. 146-151 – **zitiert:** Lemke/Vetter, BewHi 1992, S. 146 (Seitenzahl).

Lisken, Hans/Denninger, Erhard (Hrsg.): Handbuch des Polizeirechts. Gefahrenabwehr · Strafverfolgung · Rechtsschutz, 5. Aufl., München 2012 – **zitiert:** Lisken/Denninger-[Bearbeiter], Handbuch des Polizeirechts, Teil, Rn.

Liszt, Franz von: Lehrbuch des Deutschen Strafrechts, 23. Aufl. (41. - 43. Tausend), Berlin 1921 – **zitiert:** Liszt, Deutsches Strafrecht, Seitenzahl.

Lübbemeier, Marianne: Privatisierung der Verbrechenskontrolle – ein Tagungsbericht. In: Bewährungshilfe 2001, S. 137-147 – **zitiert:** Lübbemeier, BewHi 2001, S. 137 (Seitenzahl).

Lutz, Hans-Joachim: Handy-Verbot für organisierte Straftäter? Möglichkeiten der Freiheitsbeschränkung von wegen Organisationsdelikten Verurteilten durch Weisungen im Rahmen der Bewährungsüberwachung und Führungsaufsicht. In: Neue Zeitschrift für Strafrecht 2000, S. 127-130 – **zitiert:** Lutz, NStZ 2000, S. 127 (Seitenzahl).

Maelicke, Bernd: Führungsaufsicht. Die kriminalpolitische Bedeutung der Führungsaufsicht war und ist umstritten. In: Neue Kriminalpolitik 2004, S. 75 – **zitiert:** Maelicke, NK 2004, S. 75.

Maier, Bernhard: Zur Mindestdauer der Führungsaufsicht. In: Neue Juristische Wochenschrift 1977, S. 371-372 – **zitiert:** Maier, NJW 1977, S. 371 (Seitenzahl).

Mainz, G.: Vollstreckungsverjährung bei Führungsaufsicht. In: Neue Zeitschrift für Strafrecht 1989, S. 61-62 – **zitiert:** Mainz, NStZ 1989, S. 61 (Seitenzahl).

Mainz, Gerd: Beziehungen zwischen Führungsaufsichtsstelle und der Staatsanwaltschaft bzw. dem Gericht. In: Jehle, Jörg-Martin/Sohn, Werner, Organisation und Kooperation der Sozialen Dienste in der Justiz, Kriminologie und Praxis (KUP), Bd. 14, Wiesbaden 1994, S. 239-249 – **zitiert:** Mainz, Führungsaufsichtsstelle, S. 239 (Seitenzahl).

Mainz, Gerd: Gericht und Aufsichtsstelle als beteiligte Organe in § 68a StGB. In: Neue Zeitschrift für Strafrecht 1987, S. 541-543 – **zitiert:** Mainz, NStZ 1987, S. 541 (Seitenzahl).

Mangoldt, Hermann von/Klein, Friedrich/Starck, Christian (Hrsg.): Kommentar zum Grundgesetz, Band 1: Präambel, Artikel 1 bis 19, 6. Aufl., München 2010 – **zitiert:** Mangoldt/Klein/Starck-[Bearbeiter], GG, Art. Rn.

Martini, Mario: Das allgemeine Persönlichkeitsrecht im Spiegel der jüngeren Rechtsprechung des Bundesverfassungsgerichts. In: Juristische Arbeitsblätter 2009, S. 839-845 – **zitiert:** Martini, JA 2009, S. 839 (Seitenzahl).

Matt, Eduard: Übergangsmanagement. Zur Konzeption einer systematischen Wiedereingliederungsstrategie von (Ex-)Strafgefangenen und Straffälligen. In: Neue Kriminalpolitik 2010, S. 34-39 – **zitiert:** Matt, NK 2010, S. 34 (Seitenzahl).

Maunz, Theodor/Dürig, Günter: Grundgesetz. Loseblatt-Kommentar, Bd. I, Art. 1-5, 66. Lieferung, München 2012 – **zitiert:** Maunz/Düring-[Bearbeiter], GG, Art. Rn.

Maunz, Theodor/Dürig, Günter: Grundgesetz. Loseblatt-Kommentar, Bd. III, Art. 16-22, 66. Lieferung, München 2012 – **zitiert:** Maunz/Düring-[Bearbeiter], GG, Art. Rn.

Maunz, Theodor/Dürig, Günter: Grundgesetz Kommentar, Bd. V, Art. 54-85, 66. Lieferung, München 2012 – **zitiert:** Maunz/Düring-[Bearbeiter], GG, Art. Rn.

Maurach, Reinhart: Deutsches Strafrecht. Allgemeiner Teil, 4. Aufl., Berlin 1971 – **zitiert:** Maurach, Deutsches Strafrecht, Allgemeiner Teil, Seitenzahl.

Maurach, Reinhart: Verhandlungen des 43. Deutschen Juristentages, Bd. 1, München 1960 – **zitiert:** Maurach, Gutachten, Seitenzahl.

Meier, Bernd-Dieter: Strafrechtliche Sanktionen, 3. Aufl., Berlin 2009 – **zitiert:** Meier, Strafrechtliche Sanktionen, Seitenzahl.

Merten, Detlef: Das Recht auf freie Entfaltung der Persönlichkeit. Art 2 I GG in der Entwicklung. In: Juristische Schulung 1976, S. 345-351 – **zitiert:** Merten, JuS 1976, S. 345 (Seitenzahl).

Merten, Detlef: Der Grundrechtsverzicht. In: Horn, Hans-Detlef (Hrsg.): Recht im Pluralismus, Festschrift für Walter Schmitt Glaeser zum 70. Geburtstag, Berlin 2003, S. 53-75 – **zitiert:** Merten, FS Schmitt Glaeser, S. 53 (Seitenzahl).

Merten, Detlef: Rechtsstaat und Gewaltmonopol, Recht und Staat in Geschichte und Gegenwart, Bd. 442, Tübingen 1975 – **zitiert:** Merten, Rechtsstaat und Gewaltmonopol, Seitenzahl.

Meyer-Goßner, Lutz: Strafprozessordnung. Gerichtsverfassungsgesetz, Nebengesetze und ergänzende Bestimmungen, 54. Aufl., München 2011 – **zitiert:** Meyer-Goßner, StPO, § Rn.

Meyers Großes Konversations-Lexikon, Bd. IV, Leipzig 1906 – **zitiert:** Meyers Großes Konversations-Lexikon, Bd. 4, Seitenzahl.

Michel, Norbert: Führungsaufsicht. In: Deutsche Richterzeitung 1994, S. 52-55 – **zitiert:** Michel, DRiZ 1994, S. 52 (Seitenzahl).

Mittermaier, Carl Josef Anton: Ueber den gegenwärtigen Standpunkt der Strafgesetzgebung. In: Archiv des Criminalrechts 1856, S. 326-368 – **zitiert:** Mittermaier, ACR 1856, S. 326 (Seitenzahl).

Morgenstern, Christine: Neues zur Führungsaufsicht. In: Neue Kriminalpolitik 2006, S. 152-154 – **zitiert:** Morgenstern, NK 2006, S. 152 (Seitenzahl).

Morgenstern, Christine/Hecht, Anja: Rechtstatsachen zur Führungsaufsicht im kriminalpolitischen Kontext. In: Bewährungshilfe 2011, S. 177-195 – **zitiert:** Morgenstern/Hecht, BewHi 2011, S. 177 (Seitenzahl).

Mrozynski, Peter: Zur Problematik strafrechtlicher Weisungen. In: Juristische Rundschau 1983, S. 397-401 – **zitiert:** Mrozynski, JR 1983, S. 397 (Seitenzahl).

Müller-Christmann, Bernd: Die Maßregeln der Besserung und Sicherung. In: Juristische Schulung 1990, S. 801-805 – **zitiert:** Müller-Christmann, JuS 1990, S. 801 (Seitenzahl).

Müller-Glöge, Rudi/Preis, Ulrich/Schmidt, Ingrid (Hrsg.): Erfurter Kommentar zum Arbeitsrecht, 12. Aufl., München 2012 – **zitiert:** Müller-Glöge/Preis/Schmidt-[Bearbeiter], ErfK, Art. Rn.

Münch, Ingo von/Kunig, Philip (Hrsg.): Grundgesetz Kommentar, Bd. 1, Präambel bis Art. 69, 6. Aufl., München 2012 – **zitiert:** Münch/Kunig-[Bearbeiter], GG, Art. Rn.

Neubacher, Frank: Führungsaufsicht, quo vadis? – Eine Maßregel zwischen Sozialkontrolle und Hilfsangebot. In: Bewährungshilfe 2004, S. 73-84 – **zitiert:** Neubacher, BewHi 2004, S. 73 (Seitenzahl).

Neubacher, Frank: Führungsaufsicht am Scheideweg. In: Neue Kriminalpolitik 2005, S. 28-30 – **zitiert:** Neubacher, NK 2005, S. 28 (Seitenzahl).

Niedersächsisches Justizministerium (Hrsg.): Standards der Führungsaufsicht, 2. Auflage, Niedersachsen 2002 – **zitiert:** Niedersächsisches Justizministerium, Standards der Führungsaufsicht, Seitenzahl.

Niedersächsisches Ministerium der Justiz (Hrsg.): Empfehlungen zur Bewährungshilfe, Führungsaufsicht, Gerichtshilfe. Bericht der Planungskommission für den Sozialdienst in der niedersächsischen Strafrechtspflege, Hannover 1979 – **zitiert:** Niedersächsisches Ministerium, Empfehlungen, Seitenzahl.

Niederschriften über die Sitzungen der Großen Strafrechtskommission, Bd. 1, 1. bis 13. Sitzung, Bonn 1956 – **zitiert:** Stellungnahme [Teilnehmer], Niederschriften über die Sitzungen, Bd. 1, Seitenzahl.

Nimtz, Holger: Gefährderermahnung – Gefährderansprache und Gefährderanschreiben. In: Kriminalistik 2008, S. 341-343 – **zitiert:** Nimtz, Kriminalistik 2008, S. 341 (Seitenzahl).

Nißl, Günter: Die Führungsaufsicht. 20 Jahre in der Kritik – hier eine Laudatio. In: Neue Zeitschrift für Strafrecht 1995, S. 525-528 – **zitiert:** Nißl, NStZ 1995, S. 525 (Seitenzahl).

Ostendorf, Heribert: Bewährungshilfe in der Zukunft – Kontrollinstrument repressiver Kriminalpolitik oder Hilfe im Rahmen einer sozialen Strafrechtspflege? In: Schleswig-holsteinische Anzeigen 2006, S. 327-331 – **zitiert:** Ostendorf, SchlHA 2006, S. 327 (Seitenzahl).

Ostendorf, Heribert: Die Neugestaltung der Führungsaufsicht: Eine erfolgreiche Reform? In: Bannenberg, Britta/Jehle, Jörg-Martin: Gewaltdelinquenz. Lange Freiheitsentziehung. Delinquenzverläufe, Mönchengladbach 2011, S. 406-417 – **zitiert:** Ostendorf, Neugestaltung der Führungsaufsicht, S. 406 (Seitenzahl).

Ostendorf, Heribert: Gerichtshilfe – ein Eckpfeiler der Sozialen Strafrechtspflege/Wider Privatisierungstendenzen in der Strafjustiz. In Bewährungshilfe 2006, S. 26-38 – **zitiert:** Ostendorf, BewHi 2006, S. 26 (Seitenzahl).

Ostendorf, Heribert: Jugendgerichtsgesetz, 8. Aufl., Baden-Baden 2009 – **zitiert:** Ostendorf, Jugendgerichtsgesetz, § Rd.

Ostendorf, Heribert: Mehr Prävention und weniger Strafe, weniger Prävention und mehr Strafe oder mehr Prävention und mehr Strafe? In: Bewährungshilfe 2005, S. 57-66 – **zitiert:** Ostendorf, BewHi 2005, S. 57 (Seitenzahl).

Österreichische Akademie der Wissenschaften (Hrsg.): Österreichisches Biographisches Lexikon, 1815-1950, Bd. 13, Lieferung 61, Wien 2009 – **zitiert:** Österreichische Akademie der Wissenschaften, Österreichisches Biographisches Lexikon, Seitenzahl.

Päckert, Werner: Chancen und Grenzen der Privatisierung im Justizvollzug. In Forum Strafvollzug 2011, S. 357-361 – **zitiert:** Päckert, FS 2011, S. 357 (Seitenzahl).

Peglau, Jens: Das baden-württembergische Straftäterunterbringungsgesetz – tatsächlich als Landesrecht unzulässig?. In: Neue Juristische Wochenschrift 2001, S. 2436-2439 – **zitiert:** Peglau, NJW 2001, S. 2436 (Seitenzahl).

Peglau, Jens: Das Gesetz zur Neuordnung des Rechts der Sicherungsverwahrung und zu begleitenden Regelungen (Teil 1). In: jurisPR-StrafR 1/2011, Anm. 1 – **zitiert:** Peglau, jurisPR-StrafR 1/2011, Anm. 1, Seitenzahl.

Peglau, Jens: Das Gesetz zur Reform der Führungsaufsicht und zur Änderung der Vorschriften über die nachträgliche Sicherungsverwahrung. In: Neue Juristische Wochenschrift 2007, S. 1558-1562 – **zitiert:** Peglau, NJW 2007, S. 1558 (Seitenzahl).

Pieroth, Bodo: Gesetzgebungskompetenz- und Grundrechtsfragen der nachträglichen Sicherungsverwahrung. In: JuristenZeitung 2002, S. 922-928 – **zitiert:** Pieroth, JZ 2002, S. 922 (Seitenzahl).

Pieroth, Bodo/Schlink, Bernhard: Grundrechte Staatsrecht II, 26. Aufl., Heidelberg 2010 – **zitiert:** Pieroth/Schlink, Grundrechte, Rn.

Pieroth, Bodo/Schlink, Bernhard/Kniesel, Michael: Polizei- und Ordnungsrecht mit Versammlungsrecht, 6. Aufl., Heidelberg 2010 — **zitiert:** Pieroth/Schlink/Kniesel, Polizei- und Ordnungsrecht, § Rn.

Pollähne, Helmut: Effektivere Sicherheit der Bevölkerung und schärfere Kontrolle der Lebensführung – Zur Reform des Maßregelrechts nach der Reform. In: Kritische Vierteljahresschrift für Gesetzgebung und Rechtswissenschaft 2007, S. 386-424 – **zitiert:** Pollähne, KritV 2007, S. 386 (Seitenzahl).

Pollähne, Helmut: Führungsaufsicht als Grenzwache? In: Klimke, Daniela (Hrsg.): Exklusion in der Marktgesellschaft, Wiesbaden 2008, S. 87-105 – **zitiert:** Pollähne, Führungsaufsicht als Grenzwache?, S. 87 (Seitenzahl).

Popp, Andreas: Die Haftentlassenenauskunftsdatei Sexualstraftäter (HEADS) der bayerischen Polizei – eine zulässige Ergänzung der Führungsaufsicht? Passau 2008 – **zitiert:** Popp, Die Haftentlassenenauskunftsdatei Sexualstraftäter, Seitenzahl.

Pösl, Michael: Die Sicherungsverwahrung im Fokus von BVerfG, EGMR und BGH. In: Zeitschrift für das Juristische Studium 2011, S. 132-146 - **zitiert:** Pösl, ZJS 2011, S. 132 (Seitenzahl).

Preiser, Friedrich: Bewährungs- und Sicherungsaufsicht. Kritik und Vorschläge zur Strafrechtsreform. In: Zeitschrift für die gesamte Strafrechtswissenschaft 81 (1969), S. 249-276 – **zitiert:** Preiser, ZStW 81 (1969), S. 249 (Seitenzahl).

Preiser, Friedrich: Die Führungsaufsicht. In: Zeitschrift für die gesamte Strafrechtswissenschaft 81 (1969), S. 912-916 – **zitiert:** Preiser, ZStW 81 (1969), S. 912 (Seitenzahl).

Prentky, Robert A./Lee, Austin F. S./Knight, Raymond A./Cerce, David: Recidivism rates among child molesters and rapists: a methodological analysis. In: Law and Human Behavior, 21 (6), S. 635-659 – **zitiert:** Prentky/Lee/Knight/Cerce, Law and Human Behavior, 21 (6), S. 635 (Seitenzahl).

Quadt, Theo: Strafvollzugsgesetz – Bewährungshilfe – Führungsaufsicht. In: Bewährungshilfe 1977, S. 97-105 – **zitiert:** Quadt, BewHi 1977, S. 97 (Seitenzahl).

Raab, Ignaz: Haft-Entlassenen-Auskunfts-Datei Sexualstraftäter – Projekt „HEADS". Erste Erfahrungen der Ansprechpartner vor Ort. In: der kriminalist 01/2009, S. 1-6 – **zitiert:** Raab, der kriminalist 2009, S. 1 (Seitenzahl).

Raabe, Heiko: Die Führungsaufsicht im 2. Strafrechtsreformgesetz, Hamburg 1973 (zugleich Diss. Hamburg 1973) – **zitiert:** Raabe, Führungsaufsicht, Seitenzahl.

Radtke, Hennig: Konventionswidrigkeit des Vollzugs erstmaliger Sicherungsverwahrung nach Ablauf der früheren Höchstfrist? Innerstaatliche Wirkungen und Folgen des Urteils des EGMR vom 17.12.2009. In: Neue Zeitschrift für Strafrecht 2010, S. 537-546 – **zitiert:** Radtke, NStZ 2010, S. 537 (Seitenzahl).

Rasch, Wilfried: Wie soll es weitergehen mit der Führungsaufsicht? In: Dertinger, Christian/Marks, Erich (Hrsg.), Führungsaufsicht. Versuch einer Zwischenbilanz zu einem umstrittenen Rechtsinstitut, Bonn 1990. S. 157-171 – **zitiert:** Rasch, Wie soll es weitergehen?, S. 157 (Seitenzahl).

Ratzel, Oliver/Wulf, Rüdiger: Elektronische Aufsicht im Vollzug der Freiheitsstrafe. Der baden-württembergische Modellversuch. In: Forum Strafvollzug 2010, S. 336-340 – **zitiert:** Ratzel/Wulf, FS 2010, S. 336 (Seitenzahl).

Rehder, Ulrich/Suhling Stefan: Rückfälligkeit haftentlassener Sexualstraftäter. In: Monatsschrift für Kriminologie und Strafrechtsreform 2008, S. 250-268 – **zitiert:** Rehder/Suhling, MschrKrim 2008, S. 250 (Seitenzahl).

Rösch, Thomas: Zum Urteil des Bundesverfassungsgerichts vom 5. Februar 2004 zur Sicherungsverwahrung. In: Zeitschrift für Strafvollzug und Straffälligenhilfe 2004, S. 131-135 – **zitiert:** Rösch, ZfStrVo 2004, S. 131 (Seitanzahl).

Rosenau, Henning: Tendenzen und Gründe der Reform des Sexualstrafrechts. In: Strafverteidiger 1999, S. 388-398 – **zitiert:** Rosenau, StV 1999, S. 388 (Seitenzahl).

Röttle, Reinhard/Wagner, Alois: Strafvollstreckung, Handbuch der Praxis, Bd. 9, 8. Aufl., München 2009 – **zitiert:** Röttle/Wagner, Strafvollstreckung, Rd.

Rückerl, Adalbert: Die Strafverfolgung von NS-Verbrechen 1945-1978. Eine Dokumentation, Recht – Justiz – Zeitgeschehen (RJZ), Bd. 31, Heidelberg 1979 – **zitiert:** Rückerl, Strafverfolgung von NS-Verbrechen, Seitenzahl.

Rudolphi, Hans-Joachim/Horn, Eckhard/Günther, Hans-Ludwig/Samson, Erich: Systematischer Kommentar zum Strafgesetzbuch, Bd. 1 Allgemeiner Teil §§ 38-79b, München/Unterschleißheim 2009 – **zitiert:** Rudolphi/Horn/Günther/Samson-[Bearbeiter], SK-StGB, § Rn.

Rzepka, Dorothea: Sicherheits- statt Rechtsstaat – Überblick und Anmerkungen zu bundes- und landesrechtlichen Konzepten einer nachträglichen Sicherheitsverwahrung – Teil 2. In: Recht und Psychiatrie 2003, S. 191-214 – **zitiert:** Rzepka, RuP 2003, S. 191 (Seitenzahl).

Sachs, Michael: Grundgesetz Kommentar, 6. Aufl., München 2011 – **zitiert:** Sachs-[Bearbeiter], GG, Art. Rn.

Sachs, Michael: Verfassungsrecht II. Grundrechte, 2. Aufl., Berlin 2003 – **zitiert:** Sachs, Verfassungsrecht II, Rn.

Saliger, Frank: Grenzen normativer Auslegung im Strafrecht. In: JuristenZeitung 2012, S. 723-728 – **zitiert:** Saliger, JZ 2012, S. 723 (Seitenzahl).

Satzger, Helmut/Schmitt, Bertram/Widmaier, Gunter: StGB Strafgesetzbuch Kommentar, Köln 2009 – **zitiert:** Satzger/Schmitt/Widmaier-[Bearbeiter], StGB, § Rn.

Schaefer, Hans Christoph: Der „Ausweg" – oder die überaus hilfreiche Rolle des Strafrechts. In: Neue Juristische Wochenschrift 1997, S. 1288 – **zitiert:** Schaefer, NJW 1997, S. 1288.

Schalast, Norbert: Anmerkungen zum Gesetzentwurf des Bundesministeriums zur Neuregelung der Führungsaufsicht. In: Recht und Politik 2006, S. 59-64 – **zitiert:** Schalast, R & P 2006, S. 59 (Seitenzahl).

Schalast, Norbert: Anmerkungen zum Gesetzentwurf des Bundesministeriums zur Neuregelung der Führungsaufsicht. In: Recht und Politik 2006, S. 59-64 – **zitiert:** Schalast, R & P 2006, S. 59 (Seitenzahl).

Scheidler, Alfred: Einführung in die allgemeine Grundrechtslehre. In: Jura 2012, S. 256-262 – **zitiert:** Scheidler, Jura 2012, S. 256 (Seitenzahl).

Scheinobst, Rudolf: Führungsaufsicht. In: Rechtspfleger Studienheft 1988, S. 7-11 – **zitiert:** Scheinobst, RpflegStud 1988, S. 7 (Seitenzahl).

Schellhoss, Hartmut: Privatisierung der Bewährungshilfe – back to which roots? In: Monatszeitschrift für Kriminologie und Strafrechtsreform 2005, S. 143-145 – **zitiert:** Schellhoss, MschrKrim 2005, S. 143 (Seitenzahl).

Schenke, Wolf-Rüdiger: Polizei- und Ordnungsrecht, 7. Aufl., Heidelberg 2011 – **zitiert:** Schenke, Polizei- und Ordnungsrecht, Rn.

Schirra, Reinhard: Privatisierung der Bewährungshilfe in Österreich – ein Modell für Deutschland? In: Bewährungshilfe 2006, S. 170-176 – **zitiert:** Schirra, BewHi 2006, S. 170 (Seitenzahl).

Schlammerl, Heidi/Zimmerhackel-Monien, Harald: Der Bayerische „Risikoproband" – es gibt ihn noch! In: Bewährungshilfe 1991, S. 265-268 – **zitiert:** Schlammerl/Zimmerhackel-Monien, BewHi 1991, S. 265 (Seitenzahl).

Schlömer, Uwe: Der elektronisch überwachte Hausarrest. Eine Untersuchung der ausländischen Erfahrungen und der Anwendbarkeit in der Bundesrepublik Deutschland, Schriften zum Strafrecht und Strafprozessrecht, Bd. 37, Frankfurt am Main 1998 (zugleich Diss. Göttingen 1997) – **zitiert:** Schlömer, Elektronisch überwachter Hausarrest, Seitenzahl.

Schlüchter, Ellen: Zum „Minimum" bei der Auslegung normativer Merkmale im Strafrecht. In: Neue Zeitschrift für Strafrecht 1984, S. 300-304 – **zitiert:** Schlüchter, NStZ 1984, S. 300 (Seitenzahl).

Schmidbauer, Wilhelm/Steiner, Udo: Bayerisches Polizeiaufgabengesetz und Bayerisches Polizeiorganisationsgesetz Kommentar, 3. Aufl., München 2011 – **zitiert:** Schmidbauer/Steiner-[Bearbeiter], BayPAG, Art. Rn.

Schmidhäuser, Eberhard: Strafrecht Allgemeiner Teil. Studienbuch, 2. Aufl., Tübingen 1984 – **zitiert:** Schmidhäuser, Studienbuch StR AT, Kap. Rn.

Schmidt, Eberhard: Einführung in die Geschichte der deutschen Strafrechtspflege, 3. Aufl., Göttingen 1965 – **zitiert:** Schmidt, Geschichte der deutschen Strafrechtspflege, Seitenzahl.

Schmidt-Jortzig, Edzard: Bekämpfung von Sexualdelikten in Deutschland und auf internationaler Ebene. In: Neue Zeitschrift für Strafrecht 1998, S. 441-443 – **zitiert:** Schmidt-Jortzig, NStZ 1998, S. 441 (Seitenzahl).

Schmitz, Monika: Gnadenbringende Weihnachtszeit…auch für sog. „Vollverbüßer"! In: Strafverteidiger 2007, S. 608-614 – **zitiert:** Schmitz, StV 2007, S. 608 (Seitenzahl).

Schneider, Hans Joachim: Rückfallprognose bei Sexualstraftätern – Ein Überblick über die moderne Sexualstraftäter-Prognoseforschung. In: Monatsschrift für Kriminologie und Strafrechtsreform 2002, S. 251-270 – **zitiert:** Schneider, MschrKrim 2002, S. 251 (Seitenzahl).

Schneider, Hendrik: Repressive Kriminalpolitik im Gewande der „neuen Verwaltungssteuerung". Über unbedachte und kontraproduktive Folgen verkürzten Effektivitätsdenkens im Strafvollzug. In: Zeitschrift für Strafvollzug und Straffälligenhilfe 2004, S. 139-143 – **zitiert:** Schneider, ZfStrVo 2004, S. 139 (Seitenzahl).

Schneider, Ursula: Die Reform der Führungsaufsicht. In: Neue Zeitschrift für Strafrecht 2007, S. 441-447 – **zitiert:** Schneider, NStZ 2007, S. 441 (Seitenzahl).

Schöch, Heinz: Bewährungshilfe und Führungsaufsicht in der Strafrechtspflege. In: Neue Zeitschrift für Strafrecht 1992, S. 364-372 – **zitiert:** Schöch, NStZ 1992, S. 364 (Seitenzahl).

Schöch, Heinz: Bewährungshilfe und humane Strafrechtspflege. In: Bewährungshilfe 2003, S. 211-225 – **zitiert:** Schöch, BewHi 2003, S. 211 (Seitenzahl).

Schöch, Heinz: Das Gesetz zur Bekämpfung von Sexualdelikten und anderen gefährlichen Straftaten vom 26.1.1998. In: Neue Juristische Wochenschrift 1998, S. 1257-1262 – **zitiert:** Schöch, NJW 1998, S. 1257 (Seitenzahl).

Schöch, Heinz: Empfehlen sich Änderungen und Ergänzungen bei den strafrechtlichen Sanktionen ohne Freiheitsentzug? Gutachten C für den 59. Deutschen Juristentag. In: Ständige Deputation des Deutschen Juristentages (Hrsg.): Verhandlungen des neunundfünfzigsten Deutschen Juristentages Hannover 1992, Bd. I, München 1992 – **zitiert:** Schöch, Gutachten, Seitenzahl.

Scholz, Rupert: Das Grundrecht der freien Entfaltung der Persönlichkeit in der Rechtsprechung des Bundesverfassungsgerichts (1. Teil). In: Archiv des öffentlichen Rechts 100 (1975), S. 80-130 – **zitiert:** Scholz, AÖR 100 (1975), S. 80 (Seitenzahl).

Schönke, Adolf/Schröder, Horst: Strafgesetzbuch, 27. Aufl., München 2006 – **zitiert:** Schönke/Schröder-[Bearbeiter], StGB, 27. Aufl., § Rn.

Schönke, Adolf/Schröder, Horst: Strafgesetzbuch, 28. Aufl., München 2010 – **zitiert:** Schönke/Schröder-[Bearbeiter], StGB, § Rn.

Schroeder, Friedrich-Christian: Die normative Auslegung. In: JuristenZeitung 2011, S. 187-194 – **zitiert:** Schroeder, JZ 2011, S. 187 (Seitenzahl).

Schröder, Horst: Referat zum Thema: „Die kriminalpolitischen Aufgaben der Strafrechtsreform", E 3-E 24. In: Ständige Deputation des deutschen Juristentages (Hrsg.), Verhandlungen des 43. deutschen Juristentages, Bd. II (Sitzungsberichte), Teil E, Tübingen 1962 – **zitiert:** Schröder, Referat, E 3 (Seitenzahl).

Schubert, Werner: Der Code pénal des Königreichs Westphalen von 1813 mit dem Code pénal von 1810 im Original und in deutscher Übersetzung. Herausgegeben und mit einer Einleitung versehen von Werner Schubert, Rechtshistorische Schriftenreihe, Bd. 236, Frankfurt am Main 2001 – **zitiert:** Schubert, Code pénal, Seitenzahl.

Schubert, Werner: Die Strafrechtsreform in der Weimarer Zeit. In: Schubert, Werner/Regge, Jürgen/Rieß, Peter/Schmid, Werner (Hrsg.), Quellen zur Reform des Straf- und Strafprozeßrechts, Abt. 1, Weimarer Republik (1918-1932), Entwürfe zu einem Strafgesetzbuch (1919, 1922, 1924/25 und 1927), Bd. 1, Berlin 1995, S. VII-LXVII – **zitiert:** Schubert, Strafrechtsreform, S. VII (Seitenzahl).

Schucht, Carsten: Generalklausel und Standardmaßnahme: ein Beitrag zur Bestimmung der Reichweite des Befugnistyps Generalklausel bei nicht typisierten (Standard-)Maßnahmen am Beispiel von Platzverweisung, Aufenthaltsverbot, Wohnungsverweisung, körperlicher Untersuchung, Verbringungsgewahrsam und Meldeauflage, Schriften zum Recht der Inneren Sicherheit, Bd. 16, Stuttgart 2010 – **zitiert:** Schucht, Generalklausel, Seitenzahl.

Schüddekopf, Klaus: Zum Gesetz zur Reform der Führungsaufsicht vom 13.4.2007 (BGBl. I, 513 ff.): Überlegungen und Anregung zu einer Re-Reform des § 68f Abs. 1 StGB. In: Zeitschrift Strafverteidiger Forum 2008, S. 141-144 – **zitiert:** Schüddekopf, StraFo 2008, S. 141 (Seitenzahl).

Schulte, Martin: Gefahrenabwehr durch private Sicherheitskräfte im Lichte des staatlichen Gewaltmonopols. In: Deutsche Verwaltungsblätter 1995, S. 130-135 – **zitiert:** Schulte, DVBl 1995, S. 130 (Seitenzahl).

Schulz, Ekkehard M.: Die Führungsaufsicht: Entstehungsgeschichte, Rechtscharakter und praktische Handhabung in Baden-Württemberg in den Jahren 1975 bis 1978, Europäische Hochschulschriften: Reihe II, Rechtswissenschaft, Bd. 278, Frankfurt am Main 1982 (zugleich Diss. Freiburg i. Br. 1981) – **zitiert:** Schulz, Führungsaufsicht, Seitenzahl.

Schürmann, Dieter: HEADS und andere Auskunftsdateien gegen Sexualstraftäter. In: Pollähne, Helmut/Rode, Irmgard: Schweigepflicht und Datenschutz. Neue kriminalpolitische Herausforderungen – alte Antworten?, Schriftenreihe des Instituts für Konfliktforschung, Bd. 33, Berlin 2010, S. 189-197 – **zitiert:** Schürmann, HEADS und andere Auskunftsdateien, S. 189 (Seitenzahl).

Schwacke, Peter/Schmidt, Guido: Staatsrecht, 5. Aufl., Stuttgart 2007 – **zitiert:** Schwacke/Schmidt, Staatsrecht, Rn.

Schwarze, Friedrich Oskar: Die Beurlaubung von Sträflingen und die Polizeiaufsicht über (nach verbüßter Strafe) entlassene Sträflinge im K. Sachsen. In: Der Gerichtssaal 1863, S. 371-378 – **zitiert:** Schwarze, GS 1963, S. 371 (Seitenzahl).

Seifert, Dieter/Bolten, Stefanie/Möller-Mussavi, Simone: Gescheiterte Wiedereingliederung nach Behandlung im Maßregelvollzug (§ 63 StGB) oder Wie lassen sich Rückfälle verhindern? In: Monatsschrift für Kriminologie und Strafrechtsreform 2003, S. 127-137 – **zitiert:** Seifert/Bolten/Möller-Mussavi, MschrKrim 2003, S. 127 (Seitenzahl).

Seifert, Dieter/Bolten, Stefanie/Jahn, Karen/Möller-Mussavi, Simone: Berichte der Bewährungshilfe. Datenquelle für die Katamnese einer prospektiven Prognosestudie im Maßregelvollzug gemäß § 63 StGB. In: Bewährungshilfe 2001, S. 56-66 – **zitiert:** Seifert/Bolten/Jahn/Möller-Mussavi, BewHi 2001, S. 56 (Seitenzahl).

Seifert, Dieter/Möller-Mussavi, Simone: Führungsaufsicht und Bewährungshilfe – Erfüllung gesetzlicher Auflagen oder elementarer Bestandteil forensischer Nachsorge? In: Neue Zeitschrift für Strafrecht 2006, S. 131-136 – **zitiert:** Seifert/Möller-Mussavi, NStZ 2006, S. 131 (Seitenzahl).

Sigusch, Volkmar/Berner, Wolfgang/Richter-Appelt, Hertha/Böllinger, Lorenz/Gromus, Beatrix: Stellungnahme zum „Gesetz zur Bekämpfung von

Sexualdelikten“. In: Monatsschrift für Kriminologie und Strafrechtsreform 1998, S. 368-371 – **zitiert:** Sigusch/Berner/Richter-Appelt/Böllinger/Gromus, MschrKrim 1998, S. 368 (Seitenzahl).

Simons, Joseph: Unterschreitung der Mindestdauer der Führungsaufsicht. In: Neue Juristische Wochenschrift 1978, S. 984-985 – **zitiert:** Simons, NJW 1978, S. 984 (Seitenzahl).

Singelnstein, Tobias: Polizeiliche Auskunftsdateien über entlassene Sexualstraftäter: Eingriffe und Rechtsgrundlagen. In: Pollähne, Helmut/Rode, Irmgard: Schweigepflicht und Datenschutz. Neue kriminalpolitische Herausforderungen – alte Antworten?, Schriftenreihe des Instituts für Konfliktforschung, Bd. 33, Berlin 2010, S. 175-187 – **zitiert:** Singelnstein, Polizeiliche Auskunftsdateien, S. 175 (Seitenzahl).

Sohn, Werner: Angloamerikanische Untersuchungen zur Rückfälligkeit gewalttätiger Sexualstraftäter: Zwischenresultate einer Sekundäranalyse, 3. Aufl., Wiesbaden 2007 – **zitiert:** Sohn, Rückfälligkeit gewalttätiger Sexualstraftäter, Seitenzahl.

Sommer, Manfred: Bewährungshilfe zwischen Beratung und Zwang. Analyse ihrer Struktur und ihres Leistungsvermögens aus erziehungswisssenschaftlicher Perspektive am Beispiel der bayerischen Bewährungshilfe, Schriftenreihe der Deutschen Bewährungshilfe e.V., Neue Folge, Bd. 7, Bad Godesberg 1986 (zugleich Diss. Frankfurt am Main 1985) – **zitiert:** Sommer, Bewährungshilfe, Seitenzahl.

Sommer, Manfred: Vertrauen im Bereich der Bewährungshilfe und Führungsaufsicht. In: Bewährungshilfe 2001, S. 11-16 – **zitiert:** Sommer, BewHi 2001, S. 11 (Seitenzahl).

Sommerfeld, Michael: Führungsaufsicht nach vollständiger Vollstreckung einer Einheitsjugendstrafe – Zugleich eine Besprechung von BVerfG, Beschluss vom 26.2.2008 – 2BvR 2143/07. In: Neue Zeitschrift für Strafrecht 2009, S. 247-251 – **zitiert:** Sommerfeld, NStZ 2009, S. 247 (Seitenzahl).

Stadtland, L./Hollweg, M./Kleindienst, N./Dietl, J./Reich, U./Nedoptil, N.: Rückfallprognosen bei Sexualstraftätern – Vergleich der prädiktiven Validität von Prognoseinstrumenten. In: Nervenarzt 77 (2006), S. 587-595 – **zi-**

tiert: Stadtland/Hollweg/Kleindienst/Dietl/Reich/Nedoptil, Nervenarzt 77 (2006), S. 587 (Seitenzahl).

Stein, Wolfgang: Aus der Rechtsprechung in Strafsachen. In: Bewährungshilfe 1981, S. 256-262 – **zitiert:** Stein, BewHi 1981, S. 256 (Seitenzahl).

Stein, Wolfgang: Zur Führungsaufsicht. Förderung der neuen Maßregel durch die Vereine für Bewährungshilfe. In: Bewährungshilfe 1975, S. 215-227 – **zitiert:** Stein, BewHi 1975, S. 215 (Seitenzahl).

Steindorfner, Michael: Bewährungs- und Gerichtshilfe in freier Trägerschaft. In: Bewährungshilfe 2004, S. 242-252 – **zitiert:** Steindorfner, BewHi 2004, S. 242 (Seitenzahl).

Steindorfner, Michael: Die Einbeziehung Dritter in der baden-württembergischen Justiz. In: Forum Strafvollzug 2007, S. 205-209 – **zitiert:** Steindorfner, FS 2007, S. 205 (Seitenzahl).

Steindorfner, Michael: Strukturen und Finanzierung der Bewährungs- und Straffälligenhilfe. In: Bewährungshilfe 2006, S. 3-13 – **zitiert:** Steindorfner, BewHi 2006, S. 3 (Seitenzahl).

Stelly, Wolfgang/Thomas, Jürgen/Kerner, Hans-Jürgen: Konturen einer wissenschaftlichen Begleitung in der Straffälligenhilfe – dargestellt am Beispiel des Pilotprojekts „Bewährungs- und Gerichtshilfe in freier Trägerschaft". In: Bewährungshilfe 2004, S. 283-296 – **zitiert:** Stelly/Thomas/Kerner, BewHi 2004, S. 283 (Seitenzahl).

Stelly, Wolfgang/Thomas, Jürgen: Veränderungsdruck durch Privatisierung – Entwicklungstendenzen in der Freien Straffälligenhilfe. In: Bewährungshilfe 2008, S. 270-283 – **zitiert:** Stelly/Thomas, BewHi 2008, S. 270 (Seitenzahl).

Stober, Rolf: Privatisierung öffentlicher Aufgaben – Phantomdiskussion oder Gestaltungsoption in einer verantwortungsgeteilten, offenen Wirtschafts-, Sozial- und Sicherheitsverfassung? In: Neue Juristische Wochenschrift 2008, S. 2301-2308 – **zitiert:** Stober, NJW 2008, S. 2301 (Seitenzahl).

Stöckel, Heinz: Das Institut der Führungsaufsicht. In: Bayerische Verwaltungsblätter 1975, S. 5-9 – **zitiert:** Stöckel, BayVBl. 1975, S. 5 (Seitenzahl).

Stree, Walter: Probleme der Führungsaufsicht bei Vollverbüßern. In: Arzt, Gunther/Fezer, Gerhard/Weber, Ulrich/Schlüchter, Ellen/Rössner, Dieter (Hrsg.): Festschrift für Jürgen Baumann zum 70. Geburtstag, 22. Juni 1992, Bielefeld 1992, S. 281-296 – **zitiert:** Stree, FS Baumann, S. 281 (Seitenzahl).

Streng, Franz: „Erkennbar gewordene Tatsachen" und rechtsstaatliche Anforderungen an nachträgliche Sicherungsverwahrung. In: Strafverteidiger 2006, S. 92-98 – **zitiert:** Streng, StV 2006, S. 92 (Seitenzahl).

Streng, Franz: Strafrechtliche Sanktionen. Die Strafzumessung und ihre Grundlagen, 2. Aufl., Stuttgart 2002 – **zitiert:** Streng, Strafrechtliche Sanktionen, Rd.

Sturm, Gerd: Probleme eines Verzichts auf Grundrechte. In: Leibholz, Gerhard/Faller, Hans J./Mikat, Paul (Hrsg.): Menschenwürde und freiheitliche Rechtsordnung: Festschrift für Willi Geiger zum 65. Geburtstag, Tübingen 1974, S. 173-198 – **zitiert:** Sturm, FS Geiger, S. 173 (Seitenzahl).

Terhorst, Karl-Leo: Polizeiliche planmäßige Überwachung und polizeiliche Vorbeugungshaft im Dritten Reich. Ein Beitrag zur Rechtsgeschichte vorbeugender Verbrechensbekämpfung, Studien und Quellen zur Rechtsgeschichte des deutschen Verfassungsrechts, Reihe A: Studien, Bd. 13, Heidelberg 1985 (zugleich Diss. Bonn 1985) – **zitiert:** Terhorst, Polizeiliche Überwachung im Dritten Reich, Seitenzahl.

Tettinger, Peter J./Erbguth, Wilfried/Mann, Thomas: Besonderes Verwaltungsrecht. Kommunalrecht, Polizei- und Ordnungsrecht, Baurecht, 10. Aufl., Heidelberg 2009 – **zitiert:** Tettinger/Erbguth/Wilfried, Besonderes Verwaltungsrecht, Rn.

Thäle, Brigitte: Die Verdachtsstrafe in der kriminalwissenschaftlichen Literatur des 18. und 19. Jahrhunderts, Europäische Hochschulschriften: Reihe II, Rechtswissenschaft, Bd. 1390, Frankfurt am Main 1993 (zugleich Diss. Augsburg 1992) – **zitiert:** Thäle, Verdachtsstrafe, Seitenzahl.

Thilo, Wilhelm: Strafgesetzbuch für das Großherzogthum Baden mit den Motiven der Regierung und den Resultaten der Ständeverhandlungen im Zusammenhange dargestellt, Karlsruhe 1845 – **zitiert:** Thilo, StGB für Großherzogthum Baden, §.

Tondorf, Günter/Tondorf, Babette: Psychologische und psychiatrische Sachverständiger im Strafverfahren. Verteidiger bei Schuldfähigkeits- und Prognosebegutachtung, 3. Aufl., Heidelberg 2011 – **zitiert:** Tondorf/Tondorf, Psychologische und psychiatrische Sachverständiger im Strafverfahren, Seitenzahl.

Tröndle, Herbert/Fischer, Thomas: Strafgesetzbuch und Nebengesetze. Kommentar, 52. Aufl., München 2004 – **zitiert:** Tröndle/Fischer, StGB, 52. Aufl., § Rn.

Tröndle, Herbert/Fischer, Thomas: Strafgesetzbuch und Nebengesetze. Kommentar, 54. Aufl., München 2007 – **zitiert:** Tröndle/Fischer, StGB, 54. Aufl., § Rn.

Umbach, Dieter C./Clemens, Thomas (Hrsg.): Grundgesetz. Mitarbeiterkommentar, Bd. 1, Art. 1-37 GG, Heidelberg 2002 – **zitiert:** Umbach/Clemens-[Bearbeiter], GG, Art. Rn.

Venter, Curt: Die Stellung unter Polizeiaufsicht in Preußen, Marburg 1934 (zugleich Diss. Marburg) – **zitiert:** Venter, Polizeiaufsicht Preußen, Seitenzahl.

Vollbach, Alexander: Die reformierte Maßregel Führungsaufsicht: Kontaktverbot, Alkoholverbot, Nachsorgeweisung und unbefristete Führungsaufsicht. Anmerkungen zum Entwurf eines Gesetzes zur Reform der Führungsaufsicht vom 4. Juli 2005. In: Monatsschrift für Kriminologie und Strafrechtsreform 2006, S. 40-47 – **zitiert:** Vollbach, MSchrKrim 2006, S. 40 (Seitenzahl).

Vollmow, Bernhard/Gericke, Carsten/Savinsky, Alescha Lara: Überkapazitäten im Strafvollzug. Von der Überfüllung zur Schließung von Strafvollzugsanstalten? Entwicklungen in der Hamburger Strafrechtspraxis. In: Neue Kriminalpolitik 2010, S. 11-23 – **zitiert:** Vollmow/Gericke/Savinsky, NK 2010, S. 11 (Seitenzahl).

Vosgerau, Renate: Elektronische Überwachung: Auf dem Weg zur Abschaffung von Freiheitsstrafen oder in die totale Kontrolle? In: Bewährungshilfe 1990, S. 166-168 – **zitiert:** Vosgerau, BewHi 1990, S. 166 (Seitenzahl).

Waechter, Kay: Prävention durch Pranger – die Rückkehr der Stigmata – Auch zum dogmatischen Status des Rechts auf informelle Selbstbestimmung. In: Verwaltungsarchiv – Zeitschrift für Verwaltungslehre, Verwaltungsrecht und Verwaltungspolitik, Bd. 92, 2001, S. 368-388 – **zitiert:** Waechter, VerwArchiv 92, S. 368 (Seitenzahl).

Wagner, Alois: Strafvollstreckung, 2. Aufl., München 2009 – **zitiert:** Wagner, Strafvollstreckung, Rn.

Walter, Michael: Strafaussetzung zur Bewährung, Bewährungshilfe und Führungsaufsicht. In: Sieverts, Rudolf/Schneider, Hans Joachim (Hrsg.): Handwörterbuch der Kriminologie und der anderen strafrechtlichen Hilfswissenschaften, 5. Bd.: Nachtrags- und Registerband, Berlin 1998, S. 151-200 – **zitiert:** Walter, Bewährungshilfe und Führungsaufsicht, S. 151 (Seitenzahl).

Wannags, Renate: Das Institut der Führungsaufsicht in Theorie und Praxis, Kiel 1977 – **zitiert:** Wannags, Institut Führungsaufsicht, Seitenzahl.

Ward, T./Hudson, S. M./Keenan, T. R.: The Assessment and Treatment of Sexual Offenders against children. In: Hollin, C. R. (Hrsg.), Handbook of Offender Assessment and Treatment, Chichester 2001, S. 349-361 – **zitiert:** Ward/Hudson/Keenan, The Assessment and Treatment, S. 349 (Seitenzahl).

Waterkamp, Stefan: Anmerkungen zu den Urteilen des BVerfG vom 5.2.2004 und 10.2.2004. In: Strafverteidiger 2004, S. 267-273 – **zitiert:** Waterkamp, StV 2004, S. 267 (Seitenzahl).

Wegener, Hedi: Die Führungsaufsichtsstelle im Kooperationsgefüge der Sozialen Dienste. In: Jehle, Jörg-Martin/Sohn, Werner, Organisation und Kooperation der Sozialen Dienste in der Justiz, Kriminologie und Praxis (KUP), Bd. 14, Wiesbaden 1994, S. 251-257 – **zitiert:** Wegener, Führungsaufsichtsstelle im Kooperationsgefüge, S. 251 (Seitenzahl).

Weidermann, Ortfrid: Erste Erfahrungen mit der Führungsaufsicht in der Praxis. In: Schwind, Hans-Dieter/Blau, Günter: Strafvollzug in der Praxis; Eine Einführung in die Probleme und Realitäten des Strafvollzuges und der Entlassenenhilfe, 1. Aufl., Berlin 1976, S. 415-421 – **zitiert:** Weidermann, Führungsaufsicht in der Praxis, S. 415 (Seitenzahl).

Weigelt, Enrico: Bewähren sich Bewährungsstrafen? Eine empirische Untersuchung der Praxis und des Erfolgs der Strafaussetzung von Freiheits- und Jugendstrafen, Göttinger Studien zu den Kriminalwissenschaften, Bd. 6, Göttingen 2009 (zugleich Diss. Göttingen 2008) – Weigelt, Bewähren sich Bewährungsstrafen, Seitenzahl.

Weigelt, Enrico: Was kann eine reformierte Führungsaufsicht leisten? In: Zeitschrift für Rechtspolitik 2006, S. 253-255 – **zitiert:** Weigelt, ZRP 2006, S. 253 (Seitenzahl).

Weigelt, Enrico/Hohmann-Fricke, Sabine: Führungsaufsicht – Unterstellungspraxis und Legalbewährung. Eine empirische Untersuchung anhand von Bundeszentralregisterdaten. In: Bewährungshilfe 2006, S. 216-239 – **zitiert:** Weigelt/Hohmann-Fricke, BewHi 2006, S. 216 (Seitenzahl).

Weiner, Bernhard: Privatisierung von staatlichen Sicherheitsaufgaben. Eine Untersuchung mit verfassungsrechtlichem Schwerpunkt, Europäische Hochschulschriften: Reihe II, Rechtswissenschaft, Bd. 3063, Frankfurt am Main 2001 (zugleich Diss. Osnabrück 2000) – **zitiert:** Weiner, Privatisierung von staatlichen Sicherheitsaufgaben, Seitenzahl.

Welzel, Hans: Der allgemeine Teil des deutschen Strafrechts in seinen Grundzügen, 2. Aufl., Berlin 1943 – **zitiert:** Welzel, Allg. Teil des deutschen Strafrechts, Seitenzahl.

Werner, Paul: Die vorbeugende Verbrechensbekämpfung durch die Polizei. In: Kriminalistik 1938, S. 58-61 – **zitiert:** Werner, Kriminalistik 1938, S. 58 (Seitenzahl).

Widmaier, Gunter: Münchener Anwaltshandbuch Strafverteidigung, München 2006 – **zitiert:** Widmaier-[Bearbeiter], Münchener Anwaltshandbuch Strafverteidigung, Teil, § Rn.

Windzio, Michael/Simonson, Julia/Pfeiffer, Christian/Kleimann, Matthias: Kriminalitätswahrnehmung und Punitivität in der Bevölkerung – Welche Rolle spielen die Massenmedien? Ergebnisse der Befragungen zu Kriminalitätswahrnehmung und Strafeinstellungen 2004 und 2006, Hannover 2007 – **zitiert:** Windzio/Simonson/Pfeiffer/Kleimann, Kriminalitätswahrnehmung und Punitivität, Seitenzahl.

Wolf, Thomas: Reform der Führungsaufsicht. In: Der Deutsche Rechtspfleger 2007, S. 293-295 – **zitiert:** Wolf, RPfleger 2007, S. 293 (Seitenzahl).

Würtenberger, Thomas/Heckmann, Dirk: Polizeirecht in Baden-Württemberg, 6. Aufl., Heidelberg 2005 – **zitiert:** Würtenberger/Heckmann, Polizeirecht, Rn.

Zipf, Heinz: Anmerkung zu OLG Hamburg, Juristische Rundschau, S. 116-117. In: Juristische Rundschau 1979, S. 117-118 – **zitiert:** Anm. Zipf zu OLG Hamburg, JR 1979, S. 117 (Seitenzahl).

Zipf, Heinz: Die Rechtsfolgen der Tat im neuen Strafgesetzbuch. In: Juristische Schulung 1974, S. 273-281 – **zitiert:** Zipf, JuS 1974, S. 273 (Seitenzahl).

Zwinger, Georg: Durchführung der Bewährungs- und Gerichtshilfe in freier Trägerschaft für das Land Baden-Württemberg. In: DBH – Fachverband für Soziale Arbeit, Strafrecht und Kriminalpolitik e. V., Kriminalpolitische Herausforderungen. Bewährungs- und Straffälligenhilfe auf neuen Wegen, Zinnowitz 2008, S. 145-158 – **zitiert:** Zwinger, Durchführung der Bewährungs- und Gerichtshilfe, S. 145 (Seitenzahl).

Zwinger, Georg: Durchführung der Bewährungs- und Gerichtshilfe in freier Trägerschaft für das Land Baden-Württemberg. In: Forum Strafvollzug 2007, S. 209-214 – **zitiert:** Zwinger, FS 2007, S. 209 (Seitenzahl).

Würzburger Schriften
zur Kriminalwissenschaft

Herausgegeben von Klaus Laubenthal

Band 1 Hans-Jochen Schrepfer: Die Anwesenheit des Verteidigers bei der polizeilichen Beschuldigtenvernehmung. 2001.

Band 2 Nadine Hohlfeld: Moderne Kriminalbiologie. Die Entwicklung der Kriminalbiologie vom Determinismus des 19. zu den bio-sozialen Theorien des 20. Jahrhunderts. Eine kritische Darstellung moderner kriminalbiologischer Forschung und ihrer kriminalpolitischen Forderungen. 2002.

Band 3 Robert Frank: Die Bekämpfung der Geldwäsche in den USA. High-Tech-Gewinnaufspürung, drakonische Strafen und radikale Gewinneinziehung – Ist der Amerikanische Ansatz ein Vorbild für Deutschland? 2002.

Band 4 Johannes Hofmann: Menschenhandel. Beziehungen zur Organisierten Kriminalität und Versuche der strafrechtlichen Bekämpfung. 2002.

Band 5 Hans Christian Lohmann: Arbeit und Arbeitsentlohnung des Strafgefangenen. 2002.

Band 6 Stefanie Mühlfeld: Mediation im Strafrecht. Unter besonderer Berücksichtigung von Gewalt in Schule und Strafvollzug. 2002.

Band 7 Eric Uftring: Die Auswirkungen von Entscheidungen des Bundesverfassungsgerichtes und des Europäischen Gerichtshofes im intertemporalen Steuerstrafanwendungsrecht. Dargestellt am Beispiel der Vermögensteuer, der Zinsbesteuerung und der Getränkesteuer. 2002.

Band 8 Sebastian Fickert: Die Behandlung von Zufallserkenntnissen im Ermittlungsverfahren. Unter Berücksichtigung der allgemeinen Grundsätze über Verwertungsverbote. 2002.

Band 9 Stefan Laun: Alternative Sanktionen zum Freiheitsentzug und die Reform des Sanktionensystems. 2002.

Band 10 Anette Kaufmann: Möglichkeiten der sanktionsrechtlichen Erfassung von (Sonder-)Pflichtverletzungen im Unternehmen. Unter besonderer Berücksichtigung des Zusammenspiels von § 14 StGB, (§ 9 OWiG), § 130 OWiG und § 30 OWiG. 2003.

Band 11 Martina Seeliger: Entwicklung der Kinderdelinquenz und Folgerungen im Hinblick auf eine Änderung der Strafmündigkeitsgrenze. 2003.

Band 12 Silke Elli Jäger: Behandlung von Sexualstraftätern im Strafvollzug. 2003.

Band 13 Silke Marion Hirsch: Die Kommunikationsmöglichkeiten des Strafgefangenen mit seiner Familie. 2003.

Band 14 Volker Stiebig: Vollstreckungsverzicht und Grundfreiheiten. Ein Beitrag zur Entwicklung des Europäischen Strafrechts. 2003.

Band 15 Urte Nevermann-Jaskolla: Das Kind als Opferzeuge im Strafverfahren. 2004.

Band 16 Frank Och: Der strafrechtliche Schutz gegen ungerechtfertigte Vermögensverschiebungen in England und Wales im Vergleich mit dem deutschen Strafrecht. 2004.

Band 17 Michael Arlt: Der strafrechtliche Anlegerschutz vor Kursmanipulation. 2004.

Band 18 Anja Rieder-Kaiser: Vollzugliche Ausländerproblematik und Internationalisierung der Strafverbüßung. 2004.

Band 19 Katrin Malkmus: Prostitution in Recht und Gesellschaft. 2005.

Band 20 Susanne Werner-Eschenbach: Jugendstrafrecht. Ein Experimentierfeld für neue Rechtsinstitute. 2005.

Band 21 Stefanie Röhrs: Vergewaltigung von Frauen in Südafrika. Primäre, Sekundäre und Tertiäre Viktimisierung. 2005.

Band 22 Andrea Lindner: 100 Jahre Frauenkriminalität. Die quantitative und qualitative Entwicklung der weiblichen Delinquenz von 1902 bis 2002. 2006.

Band 23 Michael Steiner: Der Strafgefangene im System der gesetzlichen Sozialversicherung. 2006.

Band 24 Simone Kleespies: Kriminalität von Spätaussiedlern. Erscheinungsformen, Ursachen, Prävention. 2006.

Band 25 Caroline Vöhringer: Tötung auf Verlangen. Die Abgrenzung des § 216 StGB zur straflosen Beihilfe zum Suizid sowie das Verhältnis von privilegierenden zu qualifizierenden Tötungsumständen. 2008.

Band 26 Jörg Weddig: Mittelbare Täterschaft und Versuchsbeginn bei der Giftfalle. Eine Auseinandersetzung mit dem „Passauer Apothekerfall" (BGHSt 43, 177 ff.). 2008.

Band 27 Isabel Albert: Innerfamiliäre Gewalt gegen Kinder. Eine kriminologische und rechtliche Betrachtung der Erscheinungsformen, Ursachen und Möglichkeiten der Bekämpfung. 2008.

Band 28 Nina Nestler: Churning. Strafbarkeit der Spesenschinderei nach deutschem Recht. 2009.

Band 29 Leonie Ackermann: Die Altersgrenzen der Strafbarkeit in Deutschland, Österreich und der Schweiz. 2009.

Band 30 Annika Flaig: Die nachträgliche Sicherungsverwahrung. 2009.

Band 31 Simona Markert: Der bayerische Jugendstrafvollzug in Theorie und Praxis. Betrachtet vor dem Hintergrund der Entscheidung des Bundesverfassungsgerichts vom 31.5.2006. 2012.

Band 32 Klaus Jünemann: Gesetzgebungskompetenz für den Strafvollzug im föderalen System der Bundesrepublik Deutschland. Eine Analyse anlässlich der Föderalismusreform 2006 unter besonderer Berücksichtigung der Ziele und Aufgaben des Strafvollzugs. 2012.

Band 33 Lars Firchau: Das fachgerichtliche Rechtsbehelfssystem der Untersuchungshaft sowie die Regelung des Vollzuges. Unter Einbeziehung des Bayerischen Untersuchungshaftvollzugsgesetzes. 2013.

Band 34 Sabine Carl: Proliferation and Implementation of Prison Ombudsmen. Comparative Analysis of the Prisons and Probation Ombudsman for England and Wales and the Justizvollzugsbeauftragter des Landes Nordrhein-Westfalen. 2014.

Band 35 Maximiliane Friederich: John Howard und die Strafvollzugsreformen in Süddeutschland in der ersten Hälfte des 19. Jahrhunderts. 2013.

Band 36 Daniela Ruderich: Führungsaufsicht. Die Entwicklung und Ausgestaltung des Instituts der Führungsaufsicht auch im Hinblick auf die einzelnen Bundesländer sowie die Darstellung und Bewertung der Übergangskonzepte zum Umgang mit rückfallgefährdeten Sexualstraftätern. 2014.

www.peterlang.com

www.ingramcontent.com/pod-product-compliance
Ingram Content Group UK Ltd.
Pitfield, Milton Keynes, MK11 3LW, UK
UKHW021827290926
8980IPUK00004B/291

9 783631 652701